iLrn: Learning Center gives you everything you need to master the skills and concepts of the course and is built to meet the needs of face-to-face, distance, and hybrid courses equally.

INCLUDES:

Dynamic all-in-one diagnostic, tutorial, assessment, assignment, and course management system saves time and enhances language-learning experience. The online platform features: a fully interactive eBook, an online Student Activities Manual with audio, a trackable self-test study tool, and interactive VoiceBoard. The new **Share It!** feature enables uploading and sharing of files, such as videos, for assignments and projects. **Share It!** also allows students to create text or voice comments and rate their classmates' uploaded material.

ON THE
WEB

INTRO
ITAL

D1263331

ONLINE RESOURCES INCLUDED!

iLrn Learning Center:
- Online Student Activities Manual
- Interactive eBook Viewable on an iPad
- Grammar Tutorials
- Access to Audio and Video
- Auto-Graded Quizzes
- Audio-Enhanced Flashcards
- Diagnostics Quizzes
- Personalized Study Plan
- Individual and Group Voiceboard
- Multi-Media Discussion Forum
- Review Cards

Students sign in at **ilrn.heinle.com**

INSTRUCTOR RESOURCES:
- All Student Resources
- Audio-Enhanced Testing Program
- Instructor Prep Cards
- Sample Syllabi and Lesson Plans
- Instructor Dashboard – Assign, Grade and Assess Progress
- Assignable Diagnostics and Study Tool
- Testing Program with Audio and Answer Keys
- Instructional PowerPoint® Slides
- Instructor Prep Cards

Instructors sign-in at **www.cengage.com/login**

Piazza: Luogo di incontri
Donatella Melucci, Elissa Tognozzi

Product Director: Beth Kramer

Product Director, 4LTR Press: Steve Joos

Senior Product Manager: Lara Semones

Managing Developer: Katie Wade

Content Coordinator: Joanna Alizio

Product Assistant: Kimberley Hunt

Associate Media Developer: Patrick Brand

Executive Market Development Manager:
  Ben Rivera

Senior Content Project Manager: Tiffany Kayes

Senior Art Director: Linda Jurras

Manufacturing Planner: Betsy Donaghey

Rights Acquisition Specialist: Jessica Elias

Production Service and Compositor:
  PreMediaGlobal

Text and Cover Designer: Polo Barrera

Cover Images: Front - © age fotostock/
SuperStock; Gatefold, outside flap -
© iStockphoto.com/brebca; Gatefold, inside
flap – Active woman: © iStockphoto.com/
sdominick; College hangout: © iStockphoto.
com/A-Digit; pile of dollars: © iStockphoto.
com/alexsl; Inside front cover – Learning curve,
Desktops, Student Kiosk: © iStockphoto.com/
A-Digit; People in a crowd: © iStockphoto.com/
Leontura; Laptop: © iStockphoto.com/CostinT;
A+: © iStockphoto.com/photovideostock; Back
cover – Laptop in use: © iStockphoto.com/
René Mansi

For product information and technology assistance, contact us at
Cengage Learning Customer & Sales Support, 1-800-354-9706
For permission to use material from this text or product,
submit all requests online at **www.cengage.com/permissions**
Further permissions questions can be emailed to
permissionrequest@cengage.com

Library of Congress Control Number: 2013935031

ISBN-13: 978-1-285-07481-8

ISBN-10: 1-285-07481-5

Heinle
20 Channel Center Street
Boston, MA 02210
USA

Cengage Learning is a leading provider of customized learning solutions with office locations around the globe, including Singapore, the United Kingdom, Australia, Mexico, Brazil, and Japan. Locate your local office at
www.cengage.com/global

Cengage Learning products are represented in Canada by Nelson Education, Ltd.

To learn more about Heinle, visit **www.cengage.com/heinle**

Purchase any of our products at your local college store or at our preferred online store **www.cengagebrain.com**

Instructors: Please visit **login.cengage.com** and log in to access instructor-specific resources.

Printed in the United States of America
3 4 5 6 7 8 19 18 17 16

DEDICATION

Ad Alessandro, Francesca, Nicolò e Steve
D.M.

To my family

Olando, Victoria

Anthony, Anna

Arthur, Lucas, and Christi
E.T.

SCOPE AND SEQUENCE

CHAPTER	COMMUNICATIVE GOALS	VOCABULARY
CAPITOLO preliminare **Piacere! Io mi chiamo…**  Jean Bernard Carillet / Lonely Planet Images	› Greet others, introduce yourself, and say good-bye › Learn the Italian alphabet, sounds, and pronunciation › Exchange personal information › Ask and answer questions	› Greetings and salutations 7 › Questions and expressions 11 › Months of the year and dates 15 › Numbers 16

CHAPTER	COMMUNICATIVE GOALS	VOCABULARY
CAPITOLO 1 **In piazza dopo le lezioni**  Neil Setchfield / Alamy	› Discuss your classes and your school day › Talk about purchasing school supplies › Describe people and objects › Talk about wants, needs, and physical states	› The classroom 24 › Subject matter 24 › Descriptions and colors 38 › Nationalities 38
CAPITOLO 2 **La vita in piazza e in famiglia**  ©imagebroker.net / SuperStock	› Talk about family and family relationships › Indicate ownership and possession › Describe your place of residence › Describe your activities in your place of residence	› Family and extended family 60 › Family relationships 60 › Residence and furnishings 74 › Places inside and outside of the residence 74

SCOPE AND SEQUENCE

SCOPE AND SEQUENCE

CHAPTER	COMMUNICATIVE GOALS	VOCABULARY
CAPITOLO 9 **In piazza per un ambiente sano** Peter Adams/Getty Images	› Discuss the environment › Talk about ways to improve the environment › Talk about geographical characteristics and landscape › Make comparisons	› The environment 324 › Recyclable items 324 › Domesticated animals 338 › Nature and protected wildlife 338
INTERMEZZO: **Il punto della situazione (Capitoli 7–9) 356**		
CAPITOLO 10 **Moda e tecnologia s'incontrano in piazza** © Fausto Fiori/Dreamstime	› Talk about progress and contemporary society › Talk about technology: computers, text messaging, social networks › Express opinions about new technologies › Express opinions about "the best" or "the worst"	› Technology 366 › Fashion 366 › Hi-tech 380 › Computer science 380
CAPITOLO 11 **Piazze multiculturali** © Gianpetro Mighelì Photography/Getty Images	› Talk about multiethnic societies in Italy and other countries › Talk about immigration › Express opinions about past events › Discuss the effects of globalization and new economies	› Immigration 402 › Multiethnic societies 402 › Integration 416 › Globalization 416

SCOPE AND SEQUENCE

CHAPTER	COMMUNICATIVE GOALS	VOCABULARY
CAPITOLO 12 **Gli italiani uniti nelle piazze e nel mondo**  © Lucertolone / Shutterstock.com **INTERMEZZO:** **Il punto della situazione** **(Capitoli 10–12) 470**	› Talk about the Italian government › Make hypotheses › Talk about famous Italians in history › Talk about accomplishments of famous Italians at home and abroad	› Government 438 › Politics 438 › Famous Italians 452 › Italians living abroad 452

Piazza: luogo di incontri is intended to bring the life of the piazza and the region into the classroom by embedding culture in all the activities and providing virtual experiences, which encourage you to make your own discoveries. *Piazza* focuses on learning the language simultaneously with the culture and addresses the interests of the modern-day student by finding a balance between what is traditionally sound pedagogy and new ways to present material. We know that you are motivated to learn how to communicate in Italian and *Piazza* is based on an experiential approach to language instruction that targets real-life communicative and cultural situations. Through instructional activities that emphasize the interconnectedness between reading, writing, listening, speaking, and culture, you will have opportunities to synthesize all skills and to experience the language and culture. It is our goal to prepare you to communicate in Italian and appreciate the culture as you navigate your way through the regions and numerous great piazzas of Italy.

Throughout the development process of Piazza, hundreds of students like you were asked to tell us about your experiences, needs, concerns, and successes in introductory Italian courses. Instructors were then informed about the findings, and reactions and solutions were discussed. The results of these "conversations" directly impacted the approach and contents of Piazza, serving to strengthen and fine-tune the final product.

ORGANIZATION

Every chapter of *Piazza* opens with learning strategies that help you get the most from your study of Italian. Read and follow these suggestions which will help you to gradually understand and communicate more easily in and out of the classroom. It is unrealistic to expect your language to be perfect but these strategies will help increase your fluency and confidence.

To better understand the layout of the textbook, it is beneficial to spend some time going over its features. *Piazza* is composed of 12 chapters (plus a preliminary chapter). Every third chapter is followed by **Intermezzo: Il punto della situazione**. This section brings together the structures learned in the previous three chapters along with the regional information, life in the piazzas, and the characters encountered in the preceding three chapters. It serves as a review and prepares you for midterm and final examinations.

Each chapter follows this format:

Nel cuore della regione: Colorful photos with captions highlight unique and noteworthy information about the region or regions presented in the chapter.

Andiamo in piazza! Photographs and descriptions introduce the two principal piazzas that will be discussed in the chapter in depth.

Vocabolario: Visual presentations and exercises provide guided and pair work opportunities to help you gain an understanding of meaning.

Angolo culturale: Italian culture is presented in a light-hearted, conversational way to promote thinking and conversation about cross-cultural comparisons between Italy and your country of origin.

Share it! This "blog" feature that lets you write comments, post photos, videos, ideas, and comment on what other students discover can be accessed through the iLrn Heinle Learning Center.

Lingua dal vivo: Dialogues introduce you to the characters of each chapter as you follow their activities throughout the day. Simple questions following the dialogues help you verify comprehension.

Osserviamo: Grammatical structures are highlighted in the dialogues. This section helps you notice, summarize, and draw conclusions about structures you have seen expressed in context.

Strutture: This section gives details about the new grammatical structures you encountered in the previous dialogues.

Pratichiamo: Numerous guided exercises prepare you to better learn the mechanics and usage of the structure. Open-ended oral activities give you needed practice of the new language you are learning.

Come si dice? Useful expressions and/or simple grammatical uses that require little explanation are presented here, where you learn their functions and how to use them in context to facilitate more sophisticated communication.

Leggiamo! Readings from Italian publications are in every chapter to help you quickly become more comfortable reading authentic texts. Each reading is preceded by exercises that will prepare you to understand the text.

Scriviamo! Writing strategies and exercises are geared toward functional communication that can be used in real life. By working through the guided writing workshop, you learn to write more creatively, thoroughly, accurately, and in an organized manner.

Tiriamo le somme! includes *Insieme in piazza* and *Presentazioni orali*. *Insieme in piazza* provides role-play practice and the *Presentazioni orali* suggest topics for further exploration of culture. The oral presentations can be done collaboratively and through multiple media outlets.

Videoteca: *Piazza's* **Videoteca** includes interview questions asked of native speakers in Italy. Questions are based on the themes, vocabulary, and structures of the chapter. Interview questions are asked using both formal and informal registers. The **Videoteca** section prepares you to comprehend language of native speakers and to do extended activities.

Intermezzo: Occurring every three chapters, these serve as an opportunity to review and reinforce your knowledge of grammar and vocabulary as well as expose you to the diversity of cultures within Italy and the Italian-speaking communities throughout the world.

Tear-out Cards: This study tool highlights key chapter concepts through practice and usage rather than memorization. The cards include a comprehensive vocabulary list designed to help you prepare for the chapter tests: the Italian vocabulary words are provided and you provide the English. By the time you've completed your own vocabulary list, you'll be well on your way to having learned the words! The *Parole in azione* section isolates the more challenging expressions and constructions from the chapter vocabulary and demonstrates how to use them in context. Finally, a thorough checklist reviews chapter objectives and identifies specific steps you can follow to check your understanding of chapter concepts. By taking advantage of the wide range of practice opportunities *Piazza* has to offer, you will be prepared for your next test.

ACKNOWLEDGMENTS

The authors would like to thank the many people at Cengage Learning who shared our vision for this new project and who helped make it a reality. In particular, we would like to thank Lara Semones for her continual guidance and support, Katie Wade, Tiffany Kayes, as well as the many other people who helped with the design, production, and art, for their innovative and creative contributions. We would also like to thank Andrea Casson, Fashion Institute of Technology, for lending her talent and imagination to the creation of the Student Activities Manual.

A special thanks goes to our editors, Christine Cervoni and Cat Thomson who worked tirelessly and oftentimes around the clock to juggle the many parts of the text and its ancillaries, and whose expertise was most evident in the exceptional attention to detail and organization. They both provided a sounding board for our ideas and concerns, and above all kept the human element in a project of this magnitude at the forefront. For their hard work and their understanding, we are most grateful.

Donatella would like to thank Elissa Tognozzi for being such a great companion on this long journey, and her colleague and dear friend Louise Hipwell for her precious advice and support. Elissa would like to thank Arthur Morey for being her "personal editor" at the drop of a hat and for his love and support during the writing of this text and always. Elissa would also like to thank Donatella for her talent, her endurance, and for her support that kept us both going when we needed it most.

WRITERS

Bruna Boyle, U of Rhode Island, Diagnostic Quizzes

Nancy Esposito, Naugatuck Valley Community College, Hybrid Syllabus

Melina Masterson, U of Connecticut, Grammar Modules, Media Correlations Teacher annotations and *Angolo Culturale*

Lucia Ghezzi, Fashion Institute of Technology, Native Read and Copy Edit

Alessandro Zafarana, Native Read and Copy Edit

Lillyrose Veneziano Broccia, U of Pennsylvania, PowerPoint Presentations

Susanna Williams, Macomb Community College, Sample Syllabus

Denise Caterinacci, Case Western Reserve U, Testing Program

Brian Barone, U of Central Florida, Testing Program

Sabina Perrino, U of Michigan, Testing Program

Bryan Cracchiolo, SUNY New Paltz, Web Search Activities

The authors and publisher would like to acknowledge the work of the many reviewers who have provided insightful comments and constructive criticism for *Piazza*:

ADVISORY BOARD MEMBERS

Brunella Windsor, California State U, Chico

Elise Magistro, Scripps College

Maria Keyes, SUNY - Albany

Nicoletta Tinozzi Mehrmand, U of California, Riverside

Alessia Colarossi, U of Florida

Tiziana Serafini, U of Wisconsin - Madison

REVIEWERS AND FOCUS GROUP PARTICIPANTS

Maria Villa, Accent International Consortium for Academic Programs Abroad, Reviewer

Antonella Dell'Anna, Arizona State U, Reviewer

Gina Pietrantoni, Arizona State U, Reviewer

Humberto Gonzalez, Baylor U, Reviewer

Antonietta D'Amelio, Bernard M. Baruch College, CUNY, Reviewer

Maria Enrico, Borough of Manhattan CC/CUNY, Reviewer

Brian O'Connor, Boston College, Reviewer

Barbara Carle, California State U Sacramento, Reviewer

Janice Vairo, Carnegie Mellon U, Reviewer

Barbara Baraff, City College of San Francisco, Reviewer

Claudio Concin, City College of San Francisco, Reviewer

Giorgio Spano, City College of San Francisco, Reviewer

Eileen Juskie, College of DuPage, Reviewer

Karolina Serafin, Cornell U, Reviewer

Ti Alkire, Cornell U, Reviewer

Jose Ortiz-Bautista, County College of Morris, Reviewer

Anna Minardi, Dartmouth, Reviewer

Susan Rosenstreich, Dowling College, Reviewer

Anna Chiaramonte, Dowling College (also teaching at St. Joseph's), Reviewer

Kristy Cardellio, Eckerd College, Reviewer

Annemarie Tamis-Nasello, Fashion Institute of Technology, Reviewer

Ilaria Serra, Florida Atlantic U, Reviewer

Silvia Valisa, Florida State U, Reviewer

Kristina Olson, George Mason U, Reviewer

Cynthia Capone, George Washington U, Reviewer

Louise Hipwell, Georgetown U, Reviewer

Federica Santini, Georgia/Kennesaw, Reviewer

Chiara Frenquellucci, Harvard U, Reviewer

Colleen Ryan-Scheutz, Indiana U, Reviewer

Alicia Vitti, Indiana U Bloomington, Reviewer

Silvia Abbiati, Ithaca College, Reviewer

Laura Cangiano, James Madison U, Reviewer

Renata Creekmur, Kennesaw State U, Reviewer

Rosa Commisso, Kent State U, Reviewer

Enza Antenos, Montclair State U, Reviewer

Teresa Fiore, Montclair State U, Reviewer

Morena Svaldi, Mount Holyoke College, Reviewer

Santa Zanchettin, Muhlenberg College, Reviewer

Maria Mann, Nassau CC, Reviewer

Maria Rosaria Vitti-Alexander, Nazareth College, Reviewer

Lionel Chan, New York U, Reviewer

Mirta Pagnucci, Northern Illinois U, Reviewer

Antonella O'Neal, Old Dominion U, Reviewer

Christine Hoppe, Old Dominion U, Reviewer

Jason Laine, Penn State U, Reviewer

Donna Stutzman, Pueblo CC, Reviewer

Annalisa Mosca, Purdue U, Reviewer

Kristen Grimes, Saint Joseph's U, Reviewer

Alberta Gatti, Saint Xavier U, Reviewer

Victoria Surliuga, Texas Tech U, Reviewer

Veronica Vegna, The U of Chicago, Reviewer

Debbie Contrada, The U of Iowa, Reviewer

Evelina Badery Anderson, The U of Montana-Missoula, Reviewer

Laura Chiesa, U at Buffalo, Reviewer

Beatrice D'Arpa, U of Arizona, Reviewer

Fabian Alfie, U of Arizona, Reviewer

Giuseppe Cavatorta, U of Arizona, Reviewer

Antonella Bassi, U of California, Davis, Reviewer

Brittany Asaro, U of California, Los Angeles (UCLA), Reviewer

Sara Guzzetti-Saposnik, U of California, Los Angeles (UCLA), Reviewer

Ambra Meda, U of Central Florida, Reviewer

Maria Grazia Novelli Spina, U of Central Florida, Reviewer

Mary Watt, U of Florida, Reviewer

Guido Carlo Pigliasco, U of Hawaii, Reviewer

Jan Kozman, U of Kansas, Reviewer

Frank Nuessel, U of Louisville, Reviewer

Maria Belaustegui, U of Missouri Kansas City, Reviewer

Jessica Greenfield, U of North Texas, Reviewer

Alessia Blad, U of Notre Dame, Reviewer

Veronica Dristas, U of Pittsburgh, Reviewer

Lorraine Denman, U of Pittsburgh, Reviewer

Francesca Italiano, U of Southern California, Reviewer

Renee D'Elia-Zunino, U of Tennessee, Reviewer

Giuseppe Tassone, U of Washington, Reviewer

Elena Bender, U of Wisc., Madison, Reviewer

Silvia Giorgini-Althoen, Wayne State U, Reviewer

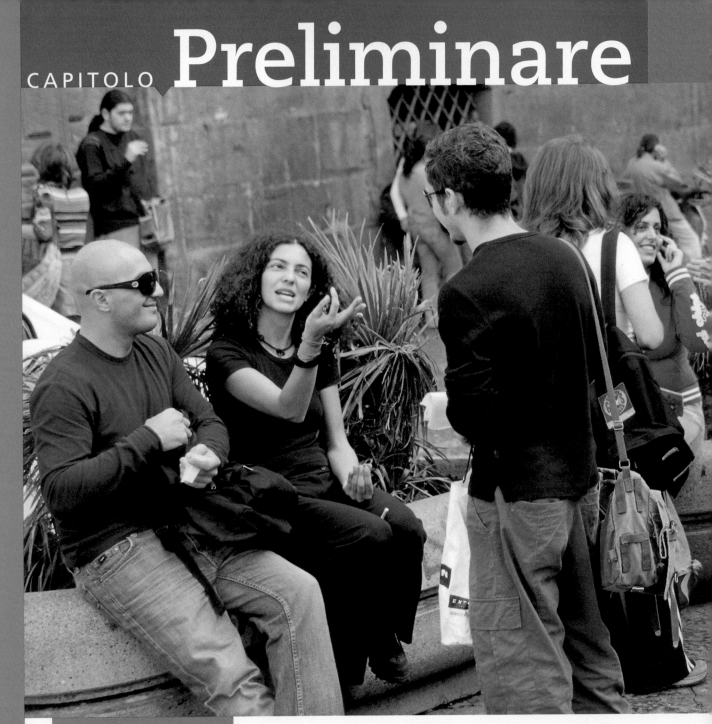

LEARNING STRATEGY

Building a Foundation

Language learning is an ongoing process based on the mastery of a sequence of skills acquired in a variety of settings, some formal, some informal. Language learning is also cumulative. You will continue to build your understanding of the language as you proceed through this text by practicing previously learned concepts with new material. Make sure you understand any new material before going forward so that you build accurate language skills. In the beginning, especially, set reasonable goals for yourself. No one learns a language overnight, but you can attain fluency if you continue to take the right steps!

PIACERE! IO MI CHIAMO...

— Ciao, io sono Marco. E tu?
— Piacere! Io sono Marina.

Jean Bernard Carillet / Lonely Planet Images

COMMUNICATIVE GOALS

❯ Greet others, introduce yourself, and say good-bye
❯ Learn the Italian alphabet, sounds, and pronunciation
❯ Exchange personal information
❯ Ask and answer questions

Risorse Audio Video **iLrn** ilrn.heinle.com

❯ For many years, various regions in Italy were dominated by other countries such as Austria, Spain, and France and by different imperial powers. In 1861, Italy became a unified country and today is divided into 20 regions. Because of its geographical position, the Italian peninsula has always been like a **piazza** in the Mediterranean where people of diverse languages and cultures meet for study, business, and tourism.

Geospace / Photo Researchers, Inc.

ilrn

Share it! • • •   Italy is divided into 20 separate regions. Each region has a capital city. Choose a few regions and list their capitals. Find the Italian names of cities such as Florence, Genoa, Milan, Rome, Venice, and Naples. Post a photo of the capital city if possible on *Share it!*

Andiamo in piazza!

iLrn Students can take a virtual trip around most major piazzas in Italy. Go to to find out more.

▲ **Piazza della Signoria, Firenze**

©Radius / Superstock

©imagebroker.net / SuperStock

▲ **Piazza di Spagna, Roma**

Mihai-Bogdan Lazar / Shutterstock.com

▲ **Piazza del Campo, Siena**

Studio 37 / Shutterstock.com

▲ **Piazza San Marco, Venezia**

iLrn

Share it!••• Search the Web for Italian piazzas and select a photo of a piazza to post on *Share it!* Explain why that piazza attracts you. If you have your own pictures of piazzas that you've actually visited, post them as well. Be prepared to talk about your favorite piazza in class.

Piazza: The focal point of Italian culture

> The Italian piazza is an open public space, usually surrounded by buildings and businesses such as a church, a bank, a school, a fountain, small stores selling tourist trinkets, cafés, restaurants, and, of course, a **gelateria** (*ice cream parlor*).

> Although the word *piazza* in English is translated as "square," piazzas are not necessarily square in shape. In this book, you'll find piazzas in all sorts of layouts and designs, including three-sided piazzas, piazzas that look like a chess board, and many others. One of the great joys of visiting Italy is spending time in the piazzas, meeting people, and eating ice cream.

La lingua italiana

P-1. Lingua. In groups of three, try to answer the following questions, and then compare your answers with other groups.

1. **"Piazza"** is a word you may already know. List any other Italian words you already know.
2. Do you know any words of Italian origin in your language?
3. Do you know of any Italian communities around the world?
4. Do you know where Italian is spoken outside of Italy?

NOTA CULTURALE

La lingua italiana (*The Italian language*) is the official language of Italy. There are also other languages and dialects spoken in Italy, influenced by the languages of Italy's previous inhabitants, including French, German, Spanish, Arabic, and Albanian.

age fotostock / First Light

pio3 / Shutterstock.com

A group of students from all over the world is meeting in Rome, in Piazza del Campidoglio, to start their study-abroad program in Italy. They are being introduced to professors who will travel with them to their assigned cities and universities.

Come si dice *you*? (*How do you say "you"?*)

In Italian there are two ways to address an individual: the formal **Lei** with a capital "L" and the informal **tu**.

- The formal **Lei** is used as a form of respect with adults (male or female) you don't know well and with professional people such as professors, doctors, lawyers, etc.

  Salve professoressa Tucci. Come sta?   *Hi, Professor Tucci. How are you?*
  Io sto bene. E **Lei**, professor Mancini?   *I am fine. And you, Professor Mancini?*

- The informal **tu** is used with friends and families.

  Ciao Marco, come stai?   *Hi, Marco, how are you?*
  Io sto bene. E **tu**, Federica?   *I am fine. And you, Federica?*

Piacere!
1–2

Mi chiamo...
1–3

I saluti (*Greetings and Salutations*)		
	Informale (*Informal*)	**Formale (*Formal*)**
Hi! / Bye!	Ciao! / Salve!	Salve!
Good morning!	Buon giorno!*	Buon giorno!
Good evening!	Buona sera!*	Buona sera!
I (would like to) introduce you to. . .	Ti presento…	Le presento…
What is your name?	Come ti chiami (tu)?	Come si chiama (Lei)?
And you?	E tu?	E Lei?
Nice to meet you!	Piacere (di conoscerti)!	Piacere (di conoscerLa)!
See you later!	A dopo! / Arrivederci!	A dopo! / ArrivederLa! (*talking to one person*)
		Arrivederci! (*talking to more than one person*)

*The greetings **Buon giorno**, **Buona sera**, and **Buona notte** can also be written as one word: **Buongiorno**, **Buonasera**, and **Buonanotte**.

VOCABOLARIO

Espressioni utili	*Useful Expressions*	Scusa / Scusami	*Excuse me / Pardon me / I apologize* (informal)
A presto!	*See you soon!*	Scusi / Mi scusi	*Excuse me / Pardon me / I apologize* (formal)
Buona notte!	*Good night!*		
Ci vediamo (dopo)! / A più tardi!	*See you later!*	Mi dispiace.	*I am sorry.*
A domani!	*See you tomorrow!*		
Il piacere è mio!	*My pleasure!*		

Pratichiamo!

P-2. Conversazione informale. Write the appropriate expression that completes each exchange.

1. _____ ?   Mi chiamo Maria.
2. Ti presento Gianni.   _____ .
3. Ciao! Sono Roberto, e tu?   _____ Sofia.

P-3. Conversazione formale. Reenact the exchanges found in **P-2** using the formal. Write both questions and answers. You can use the dialogues on page 7 to help.

P-4. Ciao! Io mi chiamo (*your name*). E tu? Greet your classmates on either side and introduce yourself.

> **Esempio** **S1:** *Ciao! Io mi chiamo Isabella. E tu?*
> **S2:** *Ciao! Io...*

P-5. Come ti chiami? Stand up, circulate, and ask four people: **Come ti chiami?** Write down their names.

"P" come Piazza — The Italian Alphabet

1–4

© Cengage Learning 2015

A: automobile (*car*)	H: hotel	Q: quaderno (*notebook*)
B: bar (*coffee / snack bar*)	I: insegnante (*teacher*)	R: ragazzo (*young man*)
C: cane (*dog*)	L: lampione (*street light*)	S: statua (*statue*)
D: donna (*woman*)	M: motocicletta (*motorcycle*)	T: tabaccheria (*tobacco shop*)
E: erba (*grass*)	N: negozio (*store*)	U: uomo (*man*)
F: fontana (*fountain*)	O: obelisco (*obelisk*)	V: Vespa (*motor scooter*)
G: gelato (*ice cream*)	P: piazza (*square*)	Z: zaino (*backpack*)

Come si scrive il tuo nome?

1–5

Listen to and/or read the conversation and respond to the questions that follow.

The city of Imola in the region of Emilia-Romagna, is famous for its Renaissance architecture; good examples can be seen in **Piazza Matteotti**. It is also the site of the Ferrari race track.

Professoressa: Come ti chiami?

Studentessa: Stephanie Smith.

Professoressa: Grazie! Come si scrive il cognome[1]?

Studentessa: **Esse** come *Savona*, **emme** come *Milano*, **i** come *Imola*, **ti** come *Taranto*, **acca** come *Hotel*.

[1]*last name*

Comprensione

È vero o è falso? Indicate whether the following statements are true (**vero**) or false (**falso**).

1. _____ The professor and Stephanie are friends.
2. _____ The professor knows how to spell Stephanie's last name.

Osserviamo la struttura!

Look at the dialogue again and answer the following questions.

When the student spells her last name, she uses names of Italian cities, when possible, to clarify each letter for the listener. It is not always possible to use an Italian city for the letter.

1. What word does Stephanie use for the letter H?
2. How do you say "h" in Italian?

NOTA CULTURALE

"A" come *Ancona*. To spell out names in Italian, typically Italian cities are used to refer to each letter of the alphabet. Visit iLrn for a complete list and try to spell your full name.

L'alfabeto italiano (*The Italian alphabet*)

A. The Italian alphabet has 21 letters. Five of these letters are vowels (**a, e, i, o, u**). Italian pronunciation is fairly easy because it is a phonetic language. Pronounce the letters of the alphabet with your teacher.

A (*ah*)	D (*di*)	G (*gi*)	L (*elle*)	O (*oh*)	R (*erre*)	U (*oo*)
B (*bi*)	E (*ay*)	H (*acca*)	M (*emme*)	P (*pi*)	S (*esse*)	V (*vi / vu*)
C (*ci*)	F (*effe*)	I (*ee*)	N (*enne*)	Q (*cu*)	T (*ti*)	Z (*zeta*)

B. The Italian alphabet does not include the following foreign letters (**lettere straniere**):

j (*i lunga*)   k (*kappa*)   w (*doppia vu*)   x (*ics*)   y (*i greca / ipsilon*)

La pronuncia e i suoni italiani (*Pronunciation and Italian sounds*)

Because Italian is a phonetic language, once you know the Italian alphabet, you can sound out most words. There are a few exceptions. Some Italian consonants vary in sound depending on the vowel that follows them.

- **c** sounds like the **c** in *cat*, and **g** sounds like the **g** in *good* whenever they are followed by the vowels **a, o,** or **u**. When **c** or **g** is followed by **h** and the vowels **e** or **i**, they form a hard sound.

  casa (*house*)   **co**sa (*thing*)   **cu**cina (*cuisine*)   ami**che** (*girlfriends*)   **chia**ve (*key*)

  gara (*contest*)   **go**mma (*eraser*)   **gu**ida (*guide*)   spa**ghe**tti   fun**ghi** (*mushrooms*)

- When **c** and **g** are followed by the vowels **e** or **i**, **c** sounds like the **ch** in *church,* and **g** sounds like the **j** in *jeans.*

  pia**ce**re   **ci**nema   **cia**o   **ge**lato (*ice cream*)   **gio**rno (*day*)   o**ggi** (*today*)

- The sound produced by the letters **gli** is very similar to the English **ll** as in *million.* **Gn** is similar to the letters **ny** as in *canyon.*

  fami**glia** (*family*)   fi**glio** / fi**gli** (*son / sons*)   fi**glia** / fi**glie** (*daughter / daughters*)

  lava**gna** (*whiteboard / blackboard*)   biso**gno** (*need*)   lasa**gne**

Consonanti doppie (*Double consonants*)

Some words contain double consonants. The following pairs of words are similar in spelling but they are different in meaning. You can distinguish the meaning of each word from the way they sound.

casa (*house*) / **ca**ssa (*box*)   pe**na** (*pain*) / pe**nna** (*pen*)   se**te** (*thirst*) / se**tte** (*seven*)

Pratichiamo!

P-6. Parole italiane. Make a list of five Italian words or names that you know. For example, list Italian foods or famous Italian people, cars, motorcycles, clothing designers, etc. Then check the spelling with your teacher.

P-7. Come si scrive il tuo nome (*How do you spell your name*)? Find a classmate you haven't yet spoken with and ask each other: **Come ti chiami?** Then say: **Come si scrive?** Follow the example.

Esempio   **S1:** *Ciao. Come ti chiami?*   **S1:** *Come si scrive "Luca"?*
          S2: *Ciao. Mi chiamo Luca Rossi.*   **S2:** *Si scrive elle, u, ci, a.*

1–9

Io sto bene, e tu?

Domande ed* espressioni utili	Questions and Useful Expressions	Altre espressioni utili in classe	Other Useful Classroom Expressions
bene / male / così così	well / not well, badly / so-so	Apri / Aprite il libro!	(You / You all) Open your book!
Come sta? (*formale*)	How are you? (formal)	Come si dice... in italiano?	How do you say . . . in Italian?
Come stai? (*informale*)	How are you? (informal)	Ho una domanda.	I have a question.
Come va?	How's it going?	Leggi! / Leggete!	(You / You all) Read!
Di dov'è Lei? (*formale*)	Where are you from? (formal)	Non capisco.	I don't understand.
Di dove sei tu? (*informale*)	Where are you from? (informal)	(Non) Lo so.	I (don't) know.
Di dove siete voi?	Where are you all from?	Ripeta!	(You, formal) Repeat!
		Ripeti! / Ripetete!	(You / You all) Repeat!
Io sono di...	I am from . . .	Scriva!	(You, formal) Write!
Grazie	Thank you	Scrivi! / Scrivete!	(You / You all) Write!
Per favore / Per piacere	Please	Scusa! / Scusate!	(You / You all) Excuse me!
Prego!	You are welcome!		

ATTENZIONE!

To ask somebody where he/she is from, the expression **di dove** followed by the appropriate verb form of **essere** is used. Notice that the word **dove** is elided** (**dov'**) when followed by the verb **è**.

Where are you from?   Di dove **sei**?   Di dov'è Lei?   Di dove **siete**?

Pratichiamo!

P-8. Come si scrive? In pairs, each of you will choose five words from the vocabulary list on page 18. Read each word out loud and have your partner spell it for you.

P-9. Cosa diciamo (*What do we say*)? Use the expressions in the vocabulary section to respond to the following situations.

1. You accidentally bump into someone you don't know.
2. You didn't hear what your professor said.
3. You don't know the answer to a question.
4. You want to apologize to someone informally.
5. You want to know how to say . . . in Italian.
6. You didn't understand the question or answer.
7. You're grateful for something someone said.
8. You accidentally pick up your friend's pen.

iLrn

Share it!••• **On location in Italy!** Have you ever seen a movie that took place in Italy? In which city and region was it filmed? Search the Web to find clips, movie posters, and reviews. Post what you find interesting about one or more films on *Share it!*

*The conjunction **ed** (*and*) can be used instead of **e** when it precedes a word starting with the letter "e" or another vowel.
**To *elide* means to omit a vowel, consonant, or syllable in pronunciation.

Io sono Marco, e tu?

1–10

iStockphoto

PhotoAlto / Alamy

Marco: Ciao Federica, **come stai**?

Federica: **Sto bene**, grazie. Ti presento Serena.

Marco: Ciao Serena. Io **sono** Marco. Piacere.

Serena: Piacere di conoscerti! Tu **sei di Roma**?

Marco: No, io **non** sono di Roma. **Sono di Firenze**.

Federica: Scusa Marco, ma siamo in ritardo¹. Ci vediamo. Ciao.

¹*we are late*

Prof. Mancini: Salve professoressa Tucci, **come sta**?

Prof. Tucci: **Sto bene**, grazie. Le presento il signor Nuzzi.

Prof. Mancini: Buon giorno signor Nuzzi. Io **sono** Stefano Mancini. Piacere.

Signor Nuzzi: Piacere di conoscerLa. Lei **è di Roma**?

Prof. Mancini: No, io **non** sono di Roma. Sono di Milano.

Prof. Tucci: Scusi professor Mancini, ma siamo in ritardo. ArrivederLa. A presto.

Comprensione

È vero o è falso? Indicate whether the following statements are true **(vero)** or false **(falso)**.

1. _____ Marco and Serena have never met before.
2. _____ Marco is from Rome.
3. _____ Mr. Nuzzi is a professor.

Osserviamo la struttura!

Observe the expressions in bold in the two dialogues above and answer the following questions.

1. What is the main difference between the two dialogues?

2. What is the difference between the two sentences below, and how would you express them in English?

    a. Io **sono** Marco.   b. Io **sto** bene.

3. What is the difference between an affirmative and a negative sentence?

    a. Io sono di Roma.   b. Io non sono di Roma.

NOTA CULTURALE

Buon giorno and **Buona sera** are more formal salutations than **Ciao**. With people you don't know, especially adults and professional people, you should only use **Buon giorno** or **Buona sera**. With friends, peers, and family, you usually use **Ciao**.

Essere e stare (To be)

When people introduce themselves or when they provide personal information (name, place of origin) the verb **essere** (*to be*) is often used.

Io **sono** Paolo e lei è Marta.

| Io **sono** Marco e **sono** di Roma. | *I am Marco and I am from Rome.* |
| E tu, di dove **sei**? | *And you, where are you from?* |

essere (*to be*)			
io sono	*I am*	**noi siamo**	*we are*
tu sei	*you are* (informal)	**voi siete**	*you* (plural) *are*
Lei è	*you are* (formal)		
lui/lei è	*he/she is*	**loro sono**	*they are*

A. The subject of the verb indicates who is performing the action. Subject pronouns **(io, tu, Lei, lui/lei, noi, voi, loro)** can often be omitted because the form of the verb indicates the subject of the sentence. They are necessary to make a distinction or to place emphasis.

Sara e Carlo, di dove **siete**?	*Sara and Carlo, where are you from?*
Siamo di Firenze. E voi?	*We are from Florence. And you?*
Paolo è di Napoli e **io**[1] **sono** di Roma.	*Paul is from Naples and I am from Rome.*

B. The pronoun **Lei** (*you, formal*) takes the same verb form as **lui/lei**. In written Italian, **Lei** is usually capitalized to help distinguish it from **lei** meaning *she*.

| Scusi, **Lei** è il professor Ricci? | *Excuse me, are you Professor Ricci?* |

C. **Voi** (*you, plural*) is used to address a group of people (male and female) in both formal and informal situations.

| Scusate, **voi** siete di Pisa? | *Excuse me, are you from Pisa?* |

D. When an expression is negative, the word *non* (*not*) precedes the verb.

| Io **non** sono di Roma. Io sono di Firenze. | *I am not from Rome. I am from Florence.* |

The verb **stare** (*to be*) expresses how someone is doing or feeling.

stare (*to be*)			
io sto	*I am*	**noi stiamo**	*we are*
tu stai	*you are* (informal)	**voi state**	*you* (plural) *are*
Lei sta	*you are* (formal)		
lui/lei sta	*he/she is*	**loro stanno**	*they are*

Ciao Marco, come **stai**?	*Hi Marco, how are you?*
Sto bene, grazie. E tu?	*I am fine, thanks. And you?*
Buon giorno signor Nuzzi. Come **sta**?	*Good morning Mr. Nuzzi. How are you?*
Sto bene, grazie. E Lei?	*I am fine, thank you. And you?*

[1]Note that **io** is always lowercase unless it is at the beginning of a sentence.

Come si dice *Mr., Miss, Professor, . . .?*

- In Italian, titles (**i titoli**) are used in formal situations. When titles are not followed by names, they are: **signore** (*Mr.*), **signora** (*Mrs.*), and **signorina** (*Miss*). Some professional titles used in the workplace are: **professore** (*male professor*), **professoressa** (*female professor*), **dottore** (*male doctor*), **dottoressa** (*female doctor*), etc.

    Buon giorno **signorina**, come sta?   Bene, grazie, **dottore**. E Lei?

- When followed by names, the masculine forms drop the final vowel and are shortened to **signor**, **professor**, **dottor**.

    Salve **professor** Mancini, le presento il **signor** Nuzzi.

ATTENZIONE!

Usually, to form a question, the word order stays the same as a statement but the intonation of the voice rises.

Maria è di Roma? ➔   *Is Mary from Rome?*

Sì, Maria è di Roma.   *Yes, Mary is from Rome.*

Pratichiamo!

P-10. Di dove sei (*Where are you from*)? Match the subject pronouns on the left with the proper expressions in the right column to create a complete sentence.

1. Io
2. Noi
3. Tu
4. Marco
5. Tu e Stefania

a. siamo di Chicago.
b. stai bene?
c. sto male.
d. siete di Roma?
e. è di Roma.

P-11. Di dove siamo? Complete the following paragraph which gives information about where the international students are from. Use the correct form of the verb **essere**.

Tu _____ (1) di New York ma (*but*) Hilda _____ (2) di Berlino. Miguel _____ (3) di Barcellona ma Pierre e Danielle _____ (4) di Parigi. Voi _____ (5) di Lisbona e io e Maria _____ (6) di Roma!

P-12. Come state (*How are you all*)? Complete the following dialogue with the appropriate form of the verb **stare**.

Carlo: Ciao Marco. Perché non siete in piazza oggi? Tu e Rossella _____ (1) bene?
Marco: Io _____ (2) bene, ma Rossella _____ (3) così così.
Carlo: Mi dispiace! Anche (*Also*) Stefano e Luisa _____ (4) male.
Marco: Che peccato (*What a shame*)! Almeno (*At least*) noi _____ (5) bene.

P-13. Anche noi (*We are, too*)! Provide the appropriate subject pronoun and the verb **essere** or **stare**.

Esempio   Io sono di New York e anche Mary è di New York.
       Noi siamo di New York.

1. Io sto bene e anche Marco sta bene. _____ bene.
2. Hiroko, tu sei di Tokyo e anche tu Seiji sei di Tokyo. _____ di Tokyo.
3. Pablo sta così così e anche Mercedes sta così così. _____ così così.
4. Paola è di Roma e anche Stefania e Marcella. _____ di Roma.

P-14. Presentazioni. In groups, create one formal conversation and one informal conversation similar to those in **Lingua dal vivo** (p. 12). Then demonstrate them to the class.

NOTA CULTURALE

In Italy, it is common for friends and family, male and female, to kiss each other on both cheeks when greeting and taking leave of each other.

1–11

I mesi dell'anno (*Months of the year*)

gennaio	febbraio	marzo
aprile	maggio	giugno
luglio	agosto	settembre
ottobre	novembre	dicembre

© Cengage Learning 2015

Numeri e date

In Italian, names of the months are not capitalized except at the beginning of a sentence. In Italian, the first day of the month can be expressed as **il primo** (*first*) or **l'uno** (*one*). Also, unlike English, Italian generally does not use a preposition between the number of the day and the name of the month.

Oggi è il tre gennaio.   *Today is the third of January (January 3rd).*

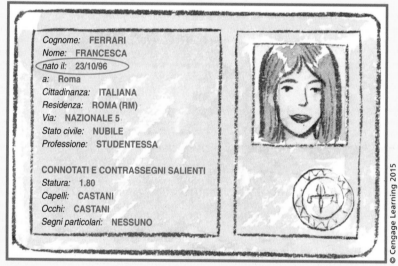

Cognome: FERRARI	
Nome: FRANCESCA	
nato il: 23/10/96	
a: Roma	
Cittadinanza: ITALIANA	
Residenza: ROMA (RM)	
Via: NAZIONALE 5	
Stato civile: NUBILE	
Professione: STUDENTESSA	
CONNOTATI E CONTRASSEGNI SALIENTI	
Statura: 1.80	
Capelli: CASTANI	
Occhi: CASTANI	
Segni particolari: NESSUNO	

© Cengage Learning 2015

In Italian, the date is written with the day first, followed by the month, and then the year: 23/10/96 is October 23, 1996.

La data di nascita (*date of birth*) è il ventitré ottobre millenovecentonovantasei (1996).

Come si dice *e-mail* and *website addressess*?

To write and say e-mail or website addresses in Italian, you will need the following:

www (vu vu vu)   . (punto)   - (trattino)   @ (chiocciola)

www.corriere.it = vu vu vu + punto + corriere + punto + it

Piazza-italia@gmail.it = Piazza + trattino + italia + chiocciola + gmail + punto + it

Practice in pairs asking each other the following questions and spelling the answers for your partner.

1. Come si scrive il tuo indirizzo mail? (*How do you spell your e-mail address?*)
2. Come si scrive il tuo sito Web preferito? (*How do you spell your favorite website?*)

I numeri (*Numbers*)

0–9	10–19	20–29	30–39	40–90	100 +
0 zero	10 **dieci**	20 **venti**	30 trenta	40 **quaranta**	100 **cento**
1 uno	11 undici	21 **ventuno**	31 **trentuno**	50 cinquanta	101 centouno
2 due	12 dodici	22 **ventidue**	32 trenta**due**	60 sessanta	102 centodue
3 tre	13 tredici	23 ventitré	33 trentatré	70 settanta	200 duecento
4 quattro	14 quattordici	24 ventiquattro	34 trentaquattro	80 ottanta	300 trecento
5 cinque	15 quindici	25 venticinque	35 trentacinque	90 novanta	1.000 **mille**
6 sei	16 sedici	26 ventisei	36 trentasei		2.000 **duemila**
7 sette	17 diciassette	27 ventisette	37 trentasette		3.000 tremila
8 otto	18 **diciotto**	28 **ventotto**	38 **trentotto**		10.000 diecimila
9 nove	19 diciannove	29 ventinove	39 trentanove		100.000 centomila
					1.000.000 **un milione**
					2.000.000 **due milioni**

Notice that numbers formed with 1 and 8 in the second half are elided: **ventuno, trentuno, ventotto, trentotto,** etc. Also, unlike English, numbers over 1.000 in Italian use a period instead of a comma. Commas are used to indicate decimals (for example: 3,5%).

Pratichiamo!

P-15. Date e numeri. In pairs, indicate the following information in Italian.

- your birthday
- your favorite month
- today's date
- the first and last day of school
- the year of your graduation

- the date of your favorite holiday
- the total number of students in class
- the number of boys in class
- the number of girls in class

P-16. Le date. Test your friends to see if they know important information. Use the verb **essere** in the answers when possible.

1. The month for Father's Day in the U.S.
2. The day in December for Christmas
3. Number and names of months with 30 days
4. Number and names of months with 31 days
5. The day in February for Valentine's Day
6. The day and the month for Halloween
7. The year the first man stepped on the moon
8. The year Columbus landed in America

P-17. Che numero è? In groups of three, take turns being the leader. Each leader will dictate five numbers and the others will write them down. You must use both single and multiple-digit numbers. Then check to see if you wrote down the correct numbers.

▶ Presentazioni

Prima della visione

A. Le parole. Try to match the Italian words and expressions with their English translations.

1. Di dov'è Lei?   a. *I'd like to introduce you to . . .*
2. Le presento…   b. *I was born . . .*
3. Sono nato…   c. *Where are you from?*

B. Domanda corretta. Mark the correct question for the following answers.

1. Tutto bene, grazie.   a. Come ti chiami?   b. Da dove vieni?   c. Come stai?
2. Vengo da Casablanca.   a. Scusa, come ti chiami?   b. Di dove sei?   c. Ti chiami Roshdi?

Durante la visione

C. Chi sono e di dove sono (*Who are they and where are they from*)? Watch the video two times. The first time, pay attention to the overall meaning of each interview. The second time, write the names of the following people and where they come from.

© Cengage Learning 2015

1. Lei si chiama _____.   2. Lui si chiama _____.   3. Lei si chiama _____.

   È di _____.   È della _____.   È di _____.

D. Chi lo dice (*Who says it*)? When you hear the following words or phrases, write the name of the person who said each statement. Is it **Nicola, Gioia,** or **Michele**?

1. Vengo da Ravenna. (*I'm from Ravenna.*) _____

2. Scusate ma sono in ritardo. (*Excuse me but I'm late.*) _____

3. Studio a Ferrara. (*I study in Ferrara.*) _____

Dopo la visione

E. È vero o è falso? Indicate whether the following statements are true (**vero**) or false (**falso**). When a statement is false, provide the correct answer.

1. Roshdi è italiano.   V   F
2. Andrea è del sud Italia.   V   F
3. Il signor Alberto è in ritardo.   V   F

F. Imitiamoli (*Let's imitate them*)! Form groups of three. Half of the groups will view the formal conversation again and the other half will view the informal conversation. Then try to imitate the conversation (formal or informal), including gestures and facial expressions of the Italian speakers.

iLrn

Share it!•••   **I luoghi.** List all the places mentioned in the video and find them on a map of Italy. Then look for a picture of the place mentioned that you would like to visit and post it on *Share it!*

VOCABOLARIO

Le domande ed espressioni utili in classe
Questions and Useful Expressions in Class

Apri il libro! / Aprite il libro!	*(You / You all) Open your book!*
Come si dice... in italiano?	*How do you say . . . in Italian?*
Come si scrive... ?	*How do you write . . . ?*
Grazie	*Thank you*
Ho una domanda.	*I have a question.*
Io sono di...	*I am from . . .*
Leggi! / Leggete!	*(You / You all) Read!*
Mi dispiace.	*I'm sorry.*
(Non) Capisco.	*I (don't) understand.*
(Non) Lo so.	*I (don't) know.*
Per favore / Per piacere	*Please*
Prego!	*You are welcome!*
Ripeta!	*(You, formal) Repeat!*
Ripeti! / Ripetete!	*(You / You all) Repeat!*
Scriva!	*(You, formal) Write!*
Scrivi! / Scrivete!	*(You / You all) Write!*
Scusa (*informale*) / Scusi (*formale*) / Scusate!	*Excuse me, Pardon me (informal / formal) / (You / You all) Excuse me!*
Scusami (*informale*) / Mi scusi (*formale*)	*Excuse me, I apologize (informal / formal)*
Scusi, ripeta per favore! (*formale*)	*Excuse me, repeat please! (formal)*

In piazza
In the Piazza

l'automobile (f.)	*car*
il bar (m.)	*coffee / snack bar*
il cane (m.)	*dog*
la donna (f.)	*woman*
l'erba (f.)	*grass*
la fontana (f.)	*fountain*
il gelato (m.)	*ice cream*
l'hotel (m.)	*hotel*
l'insegnante (m./f.)	*teacher*
il lampione (m.)	*street light*
la motocicletta (f.)	*motorcycle*
il negozio (m.)	*store*
l'obelisco (m.)	*obelisk*
la piazza (f.)	*square*
il quaderno (m.)	*notebook*
il ragazzo (m.)	*young man*
la statua (f.)	*statue*
la tabaccheria	*tobacco shop*
l'uomo (m.)	*man*
la Vespa (f.)	*motor scooter*
lo zaino (m.)	*backpack*

I mesi dell'anno
Months of the Year

gennaio	*January*
febbraio	*February*
marzo	*March*
aprile	*April*
maggio	*May*
giugno	*June*
luglio	*July*
agosto	*August*
settembre	*September*
ottobre	*October*
novembre	*November*
dicembre	*December*

I saluti
Greetings and Salutations

A domani!	*See you tomorrow!*
A presto!	*See you soon!*
A dopo! / A più tardi!	*See you later!*
Arrivederci	*Good-bye (to more than one person)*
ArrivederLa (*formale*)	*Good-bye (to one person, formal)*
bene / male / così così	*well / not well, badly / so-so*
Buon giorno (*or* Buongiorno)	*Good morning*
Buona notte (*or* Buonanotte)	*Good night*
Buona sera (*or* Buonasera)	*Good evening*
Ci vediamo!	*See you later!*
Ciao / Salve (*informale*)	*Hi / Bye (informal)*
Come si chiama Lei? (*formale*)	*What is your name? (formal)*
Come ti chiami tu? (*informale*)	*What is your name? (informal)*
Come sta? (*formale*)	*How are you? (formal)*
Come stai? (*informale*)	*How are you? (informal)*
Come va?	*How's it going?*
Di dov'è Lei? (*formale*)	*Where are you from? (formal)*
Di dove sei tu? (*informale*)	*Where are you from? (informal)*
Di dove siete voi?	*Where are you all from?*

E Lei? (*formale*)	*And you? (formal)*
E tu? (*informale*)	*And you? (informal)*
Le presento… (*formale*)	*I (would like to) introduce you to / you to meet . . . (formal)*
Ti presento… (*informale*)	*I (would like to) introduce you to / you to meet . . . (informal)*
Piacere (di conoscerLa)! (*formale*)	*Nice to meet you! (formal)*
Piacere (di conoscerti)! (*informale*)	*Nice to meet you! (informal)*
Il piacere è mio!	*My pleasure!*

I titoli *Titles*

Signore	*Mr.*
Signora	*Mrs.*
Signorina	*Miss*
Dottore	*Dr.*
Professore	*Professor (m.)*
Professoressa	*Professor (f.)*

I verbi *Verbs*

| essere | *to be* |
| stare | *to be* |

I numeri (*Numbers*)

0–9	10–19	20–29	30–39	40–90	100 +
0 zero	10 dieci	20 venti	30 trenta	40 quaranta	100 cento
1 uno	11 undici	21 ventuno	31 trentuno	50 cinquanta	101 centouno
2 due	12 dodici	22 ventidue	32 trentadue	60 sessanta	102 centodue
3 tre	13 tredici	23 ventitré	33 trentatré	70 settanta	200 duecento
4 quattro	14 quattordici	24 ventiquattro	34 trentaquattro	80 ottanta	300 trecento
5 cinque	15 quindici	25 venticinque	35 trentacinque	90 novanta	1.000 mille
6 sei	16 sedici	26 ventisei	36 trentasei		2.000 duemila
7 sette	17 diciassette	27 ventisette	37 trentasette		3.000 tremila
8 otto	18 diciotto	28 ventotto	38 trentotto		10.000 diecimila
9 nove	19 diciannove	29 ventinove	39 trentanove		100.000 centomila
					1.000.000 un milione
					2.000.000 due milioni

Dizionario personale

_____   _____
_____   _____
_____   _____
_____   _____
_____   _____
_____   _____
_____   _____

CAPITOLO 1

LEARNING STRATEGY

Daily Study

Foreign language learning is cumulative, and there are several things you can do to increase your ability to retain what you've learned:

- Do assignments and review daily.
- Take time to review material already covered.
- Attend class regularly for opportunities to learn, speak, and ask questions.
- Listen to the audio program that accompanies your textbook.

IN PIAZZA DOPO LE LEZIONI

Piazza Plebiscito is the largest piazza in Naples, where every year there are many events including a New Year's Eve celebration, international horse races, concerts, political demonstrations, and of course, victory celebrations of the soccer team il Napoli.

Neil Setchfield / Alamy

COMMUNICATIVE GOALS

> Discuss your classes and your school day

> Talk about purchasing school supplies

> Describe people and objects

> Talk about wants, needs, and physical states

Risorse ◀ Audio ▶ Video **iLrn** ilrn.heinle.com

La Campania e la Puglia

> Throughout history, Puglia and Campania have been dominated by many outsiders, including Greeks, Romans, Turks, Saracens, French, and Spanish.

> The influence of these cultures can be seen in the architecture, food, culture, and language of these regions.

© Cengage Learning 2015

Donatella Melucci

◀ The Roman city of **Pompeii** was destroyed by the eruption of Vesuvius in CE 79. Excavation has provided insight into the everyday lives of people before Pompeii's destruction.

©Stock Connection / SuperStock

Puglia, the **"tacco dello stivale"** (*heel of the boot*) ▶ of Italy, is known for its archaic homes, the **trulli di Alberobello.** Today these structures are a UNESCO World Heritage Site.

Andiamo in piazza!

iLrn Take a virtual tour of **Piazza San Domenico Maggiore, Napoli.** Go to iLrn for more information.

◄ **Piazza San Domenico Maggiore** is on the street called **Spaccanapoli** which literally means *split Naples*. In the center of the piazza there is a marble obelisk. The statue on top of the obelisk honors San Domenico (1170–1221), the founder of the Dominican order.

Richard I'Anson / Lonely Planet Images

Piazza Sant'Oronzo is the central piazza in Lecce. Lecce is commonly called the "Capital of Baroque" for its distinctive Baroque architecture. ►

©Cuboimages / Photoshot

iLrn

Share it!• • • **Quale regione ti interessa di più?** Do some research on the Internet about a particular aspect (food, traditions, monuments, famous people, etc.) of Campania and Puglia. Post information and pictures. Then look at the information posted by at least one of your classmates, choose a photo or something interesting that you like, and indicate **Mi piace** (*I like it*).

▶ To learn more about **la Campania** and **la Puglia,** watch the cultural footage in the Video Library.

La classe (*The classroom*)

1–13

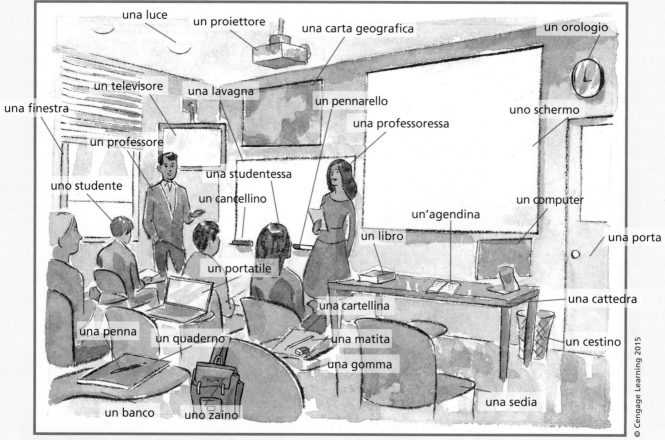

una luce · un proiettore · una carta geografica · un orologio · un televisore · una lavagna · un pennarello · uno schermo · una finestra · una professoressa · un professore · una studentessa · uno studente · un cancellino · un computer · un'agendina · una porta · un libro · un portatile · una cattedra · una cartellina · una penna · un quaderno · una matita · un cestino · una gomma · una sedia · un banco · uno zaino

© Cengage Learning 2015

Ecco l'aula di Paolo, Dolores e Marta all'Università degli Studi di Napoli – L'Orientale.

Le facoltà e le materie	Schools and Subjects	le scienze politiche	political science
la biologia	biology	la storia	history
la chimica	chemistry	la storia dell'arte	art history
l'economia	economy	**I giorni della settimana***	Days of the Week
il giornalismo	journalism	lunedì**	Monday
la giurisprudenza	law	martedì	Tuesday
l'informatica	computer science	mercoledì	Wednesday
l'ingegneria	engineering	giovedì	Thursday
la letteratura	literature	venerdì	Friday
le lingue straniere	foreign languages	sabato	Saturday
la matematica	mathematics	domenica	Sunday
la psicologia	psychology		
le scienze	science		

*Days of the week in Italian are capitalized only if at the beginning of a sentence.

**In Italy, Monday is considered the first day of the week.

Pratichiamo!

1-1. L'intruso! Select the item in each line that is not in the same category as the others.

1. la penna	il quaderno	la finestra
2. lo studente	la studentessa	la luce
3. il cestino	il professore	la professoressa
4. la lavagna	il proiettore	lo studente
5. il francese	l'inglese	la psicologia
6. l'ingegneria	la matematica	le lingue straniere

1-2. Lo zaino. Select the items that would go into a student's backpack.

1. un cestino	3. una matita	5. una gomma	7. uno schermo
2. un pennarello	4. un portatile	6. una sedia	8. un libro

1-3. Le materie. Your friends are interested in the following subjects. Write the field of study that corresponds to their academic interests.

1. l'italiano, lo spagnolo, il francese: _____
2. la rivoluzione francese, la guerra civile, la battaglia dell'Alamo: _____
3. il computer, il software, i programmi: _____
4. Shakespeare, James Joyce, F. Scott Fitzgerald: _____
5. Michelangelo, Leonardo da Vinci, Picasso: _____
6. il governo, la politica, le leggi (*laws*): _____
7. la geometria, la trigonometria, l'algebra: _____
8. Sigmund Freud, Ivan Pavlov, Carl Jung: _____

1-4. L'agendina. List the classes that you have on the days of the week written below. Then create a complete sentence by following the example.

Esempio   *Lunedì c'è la lezione di matematica.* (Monday there is math class.)

lunedì	martedì	mercoledì	giovedì	venerdì
1. _____	1. _____	1. _____	1. _____	1. _____
2. _____	2. _____	2. _____	2. _____	2. _____

1-5. Associazioni. In pairs, take turns naming as many items as possible associated with the words below.

Esempio   aula: *università, studente, professore…*

1. lavagna
2. cattedra
3. penna
4. zaino
5. banco

1-6. Vota la materia (*Rate the subject matter*)! In groups, rate the following academic subjects based on your personal experience or interest from *0* to *5*, with *5* being the favorite. Based on your results, determine which subject is the favorite (**materia preferita**) in your group. Report the results to the class.

storia	letteratura americana	informatica	biologia
storia dell'arte	matematica	chimica	ingegneria

Prima di tutto... When you were in elementary school, what school supplies did you have to buy at the beginning of the school year? Make a list. Identify those school supplies that you still use, and which ones you only used in elementary school.

Danilo Donadoni / Marka / age fotostock

Davvero?! The Italian school system consists of five years of **scuola elementare**
(*elementary school*), three years of **media** (*middle school*), and four or five years of **superiore** (*high school*). Students buy their school supplies at the **cartoleria**. One item that is essential to Italian students, especially at the elementary and middle school levels, is the **astuccio** (*pencil case*). This is where they keep tools for writing, drawing, and highlighting, and the choice of the **astuccio** and its contents is an important one.

artproem / Shutterstock.com

Chiacchieriamo un po'! In pairs, use **c'è** (*there is*) and **ci sono** (*there are*) to identify the contents of the **astuccio** pictured above. Then, use **non c'è** and **non ci sono** to talk about what you DON'T find in an **astuccio**. Then do the same with the photo of the classroom: **Che cosa c'è e non c'è?** What is there in this Italian elementary classroom that you also find in your own classroom? What don't you find in your own classroom?

iLrn

Share it! • • • **La scuola italiana.** Do you know anybody from Italy? If you do, ask him/her how the school system (elementary to high school) works there and post your comments on the blog. If you don't know anybody, search the Internet to find information. Share your opinion as to whether the Italian school system is similar to or different from the one in your country. Explain why or why not.

1–14

Il primo giorno di scuola

Listen to and/or read the conversation and respond to the questions that follow.

Paolo is a student at the Università degli Studi di Napoli – L'Orientale. Right before class, Paolo meets Marta at a coffee bar in Piazza San Domenico Maggiore. The piazza is crowded with students and professors.

Marta: Allora come stai? Sei nervoso?

Paolo: Nervoso? Non è l'esame di maturità[1], è solo il primo giorno all'università. Sono pronto. Guarda cosa c'è nello zaino: un **libro** e una **cartellina** per il corso di cinese, due **libri** per il corso di letteratura, tre **cartelline** per gli appunti[2] e poi **quaderni** e **penne**.

Marta: Mamma mia! Sei uno studente perfetto! Andiamo![3] Professori e studenti entrano in facoltà. Ci vediamo in piazza dopo le lezioni.

Riccardo Siano

Palazzo Corigliano in Piazza San Domenico Maggiore, today houses the **Università degli Studi di Napoli – L'Orientale** where there are many classes in European, Asian, and African languages and culture as well as in classical languages. **L'Orientale** began in the 18th century as a school for Chinese students of religion. This picture is of a lesson taking place in the piazza during a protest against school reform in 2008.

[1]*high school exit exam*   [2]*notes*   [3]*Let's go!*

Comprensione

È vero o è falso? Indicate whether the following statements are true **(vero)** or false **(falso)**. When a statement is false, provide the correct answer.

1. _____ Paolo e Marta sono in un bar in piazza.
2. _____ Nello zaino di Paolo ci sono (*there are*) tre libri e due quaderni.
3. _____ Nello zaino di Paolo non c'è (*there is*) un'agendina.

Osserviamo la struttura!

In the dialogue above, observe the words in bold and complete the following activities.

1. Italian nouns can be masculine or feminine. Can you guess the gender of these two nouns?
   a. un lib**ro**   b. una cartell**ina**
2. In the dialogue, find the plural form of the following nouns. Then try to figure out the rule to change these words from singular to plural.
   a. un libro / due _____   b. una cartellina / tre _____
3. Provide the singular form of the following nouns.
   a. (*pl.*) quadern**i** (*s.*) _____   b. (*pl.*) matit**e** (*s.*) _____

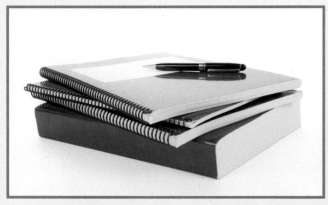

Ecco **una**[1] penna, **un** libro e tre quaderni.

Sostantivi (*Nouns*)

Sostantivi (*Nouns*) name a person, animal, object, place, or concept. Italian nouns are distinguished by gender: **maschile** (*masculine*) or **femminile** (*feminine*), and number: **singolare** (*singular*) or **plurale** (*plural*). The gender and number of a noun can usually be determined by its ending vowel. As a general rule:

- Nouns ending in **-o** are singular and masculine: **libro, zaino, dizionario**
- Nouns ending in **-a** are singular and feminine: **aula, matita**
- Singular nouns ending in **-e** can be masculine or feminine: **esame** (*m.*), **calcolatrice** (*f.*)[2]

Il plurale (*Plural forms*)

To change a noun from singular to plural, the ending vowel of the noun changes as shown in the following table.

	Singolare	Singolare → Plurale	Plurale
Maschile (-o / -e)	libro, zaino, dizionario esame, professore	-o → -i -e → -i	zaini, libri, dizionari[3] esami, professori
Femminile (-a / -e)	aula, matita calcolatrice, luce	-a → -e -e → -i	aule, matite calcolatrici, luci

---

ATTENZIONE!

Use these tips to determine the gender of some nouns.

❯ Most nouns ending in **-ione** are feminine and singular, while those ending in **-ore** are masculine and singular.

    lez**ione** (*f.*) / lez**ioni**   professore (*m.*) / profess**ori**

❯ Nouns ending in **-ista** can be masculine or feminine. In the plural, the masculine form ends in **-isti** and the feminine form ends in **-iste**.

    tur**ista** (*m.*) / tur**isti**   tur**ista** (*f.*) / tur**iste**

❯ Nouns ending with a consonant are foreign words. Their gender may vary and they do not change in the plural form.

    un computer (*m.*) / due computer   una T-shirt (*f.*) / due T-shirt

---

Forme irregolari al plurale (*Irregular plural forms*)

Some nouns do not follow the rule when changing from singular to plural.

[1]In **Struttura 2** we will learn when and how to use un / un'/una / uno.

[2]If you encounter a noun ending in **-e** and don't know its gender, the best way to figure it out is to look in your dictionary. Most dictionaries will indicate *m.* for *masculine* or *f.* for *feminine*.

[3]Generally, nouns ending in **-io** do not add another **-i**.

- In general, nouns ending in **-co / -ca / -go / -ga** add an **h** before the ending vowel in order to keep the hard sound of the **c** and **g**.

  banco → ban**chi**   amica → ami**che**   lago → la**ghi**   biologa → biolo**ghe**

- Most nouns ending in **-ico** change to **-ici** in the plural form.

  am**ico** → am**ici**   med**ico** → med**ici**

Pratichiamo!

1-7. Maschile o femminile? Each group of words is either mostly feminine or masculine. Select the word in each group that doesn't belong and explain why.

1. città	penna	bici	zaini
2. dizionari	computer	lezione	professore
3. università	moto	T-shirt	lago
4. proiettore	orologio	auto	amici
5. calcolatrice	aule	studente	matita
6. banco	sedie	luce	cattedra

1-8. Non solo uno, ma... (Not only one, but . . .) Change the nouns from singular to plural. Spell out the numbers in parentheses in your answers.

Esempio   proiettore (2)   *due proiettori*

1. studentessa (3) _____
2. zaino (4) _____
3. professore (2) _____
4. facoltà (3) _____
5. liceo (2) _____
6. materia (5) _____
7. esame (2) _____
8. calcolatrice (2) _____

1-9. La coppia giusta (The right match). Place the following words in the correct category (**maschile** or **femminile**), and then supply the missing form (**singolare** or **plurale**). Follow the examples.

1. **amiche**
2. **banco**
3. biologa
4. calcolatrici
5. cestini
6. lago
7. lezioni
8. libri
9. luce
10. orologio
11. pennarelli
12. moto
13. sedie
14. televisore
15. turisti
16. università

Maschile		Femminile	
Singolare	**Plurale**	**Singolare**	**Plurale**
banco	*banchi*	*amica*	**amiche**

NOTA CULTURALE

When Italian students begin high school they must choose an area of study. There are two kinds of high school: the **istituto professionale**, which issues a diploma and students can start working, and the **liceo**, which requires students to continue on to earn a college degree.

PE Forsberg / Alamy

1-10. Una classe "diversa" dal solito (*A class out of the ordinary*). Look at the photo on page 27, where a professor is holding class in a piazza. In pairs, describe this unusual classroom by identifying what you see and what you don't see. Use the expressions **c'è** (*there is*) and **ci sono** (*there are*) as shown in the example. Use the following list.

Esempio   C'è una lavagna?
          Sì, c'è una lavagna. OR *No, non c'è una lavagna.*

1. C'è un professore?
2. Ci sono i banchi?
3. Ci sono i libri?
4. C'è un lampione?
5. Ci sono gli zaini?
6. Ci sono gli studenti?
7. Ci sono le sedie?
8. C'è un obelisco?
9. C'è una cattedra?
10. Ci sono i balconi (*balconies*)?

1-11. Cosa c'è nello zaino (*What is in the backpack*)? In pairs, ask if the following items are in your partner's backpack. Follow the example.

Esempio   un libro
          S1: *C'è un libro?*
          S2: *Sì, c'è un libro.* OR *No, non c'è un libro.*
              Ci sono tre libri.

un quaderno / un dizionario / una penna / una matita / una calcolatrice

1-12. Jeopardy! In groups, write at least three words for each of these categories on different pieces of paper. Then collect them, sort by categories, and play Jeopardy!

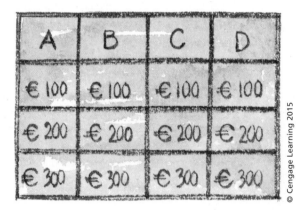

© Cengage Learning 2015

Categories:

a. Come si scrive...?
b. Qual è il plurale di...?
c. È maschile o femminile?
d. Qual è il singolare di...?

La cartolibreria

1–15

Listen to and/or read the conversation and respond to the questions that follow.

Marta is in a bookstore in Piazza Plebiscito. She is at the counter ready to pay, but she wants to know how much something costs.

Commessa: Posso aiutarLa?[1]

Marta: Sì, quanto costa[2] **lo** zaino in vetrina[3]?

Commessa: 35 euro, signorina, con **lo** sconto[4]. E poi c'è **uno** zaino a 25 euro. Eccolo.[5]

Marta: Sì, mi piace questo[6] zaino a 25 euro, va bene! **Il** conto[7] per favore.

Commessa: **Lo** zaino è 25 euro, **le** matite sono 5 euro, **un** quaderno, **un** libro, **le** cartelline… **Il** totale è 75 euro.

Marta: Ecco **la** carta di credito.

Commessa: Grazie, ecco **lo** scontrino[8]. ArrivederLa!

The **cartolibreria**, or **cartoleria**, sells books, notebooks, school supplies, DVDs, etc.

MARKA / Alamy

[1]*May I help you?* [2]*how much* [3]*store window* [4]*discount* [5]*Here it is.* [6]*this* [7]*total* [8]*receipt*

Comprensione

È vero o è falso? Indicate whether the following statements are true **(vero)** or false **(falso)**. When a statement is false, provide the correct answer.

1. _____ Marta è in una cartolibreria con Paolo.
2. _____ Lo zaino a 35 euro va bene.
3. _____ Marta compra solo lo zaino.
4. _____ Il negozio offre (*offers*) gli sconti.

Osserviamo la struttura!

In the dialogue above, observe the words in bold and answer the following questions.

1. What is the difference in the use of **lo** and **uno** in the following phrases?
   a. Quanto costa **lo** zaino in vetrina? b. C'è **uno** zaino a 25 euro.
2. How do you explain the use of **lo** and **la** in the following examples?
   a. **lo** scontrino b. **la** carta di credito
3. What do you think is the singular form of the following words?
   a. le matite b. le cartelline

NOTA CULTURALE

The **libreria** is usually a typical bookstore. The **cartoleria** sells mostly school and office supplies. The **cartolibreria** is a combination of a **libreria** and a **cartoleria**.

Bloomberg / Getty Images

Gli articoli (Articles)

Italian nouns are generally preceded by an indefinite article (*a / an*) or by a definite article (*the*).

- Indefinite articles (*a / an*) are used for any unspecified or undefined person, object, or place.

una professoressa	*a (female) professor*
uno zaino	*a backpack*
una piazza	*a piazza*

- Definite articles (*the*) are used for a specific person, object, or place. Definite articles are used much more in Italian than they are in English.

la professoressa	*the (female) professor*
lo zaino	*the backpack*
la piazza	*the piazza*

iStockphoto

Ecco lo zaino.

Articoli indeterminativi (*Indefinite articles*)

Italian **articoli indeterminativi** (*indefinite articles*) are used only in the singular form. They vary according to the gender (*masculine, feminine*) of the noun they precede as well as its initial letter, which can be a **vocale** (*vowel*) or a **consonante** (*consonant*).

Articoli indeterminativi			
Maschile		**Femminile**	
un + consonante	un **libro**	**una** + consonante	una **cattedra**
un + vocale	un **orologio**	**un'** + vocale	un'**aula**
uno + s + consonante	uno **studente**		
uno + z	uno **zaino**		

In **un'**aula c'è **un** orologio, c'è **una** cattedra e c'è **uno** zaino.
*In **a** classroom there is **a** clock, there is **a** teacher's desk, and there is **a** backpack.*

Articoli determinativi (*Definite articles*)

A. Italian **articoli determinativi** (*definite articles*) are used in both the singular and the plural forms. They vary according to the gender and number of the noun they precede as well as its initial letter. In the following table you will find the rules for use of **articoli determinativi**.

Articoli determinativi			
Singolare		**Plurale**	
Maschile			
il + consonante	il libro	**i** + consonante	i libri
l' + vocale	l'orologio	**gli** + vocale	gli orologi
lo + s + consonante	lo studente	**gli** + s + consonante	gli studenti
lo + z	lo zaino	**gli** + z	gli zaini
Femminile			
la + consonante	la cattedra	**le** + consonante	le cattedre
l' + vocale	l'aula	**le** + vocale	le aule

In classe c'è **il** professore d'italiano e ci sono **gli** studenti e **le** studentesse.

In the classroom there is the Italian professor and there are male and female students.

B. The definite article precedes the names of the days of the week when an action or an event recurs every week on the same day. **Domenica** takes the article **la** because it is feminine. All other days take **il** because they are masculine.

Il lunedì ci sono due corsi di lingua.

On Mondays there are two language courses.

Lunedì c'è un film in TV.

On Monday there is a movie on TV.

La domenica non ci sono lezioni. È festa.

There are no classes on Sundays. It's a holiday.

ATTENZIONE!

Masculine nouns starting with **ps-** or **gn-** also take the indefinite article **uno** and the definite articles **lo** in the singular form and **gli** in the plural form.

uno psicologo (*psychologist*)	**lo ps**icologo	**gli ps**icologi
uno gnomo (*gnome*)	**lo gn**omo	**gli gn**omi

Come si dice *I like it?*

The verb **piacere*** (*to like*) is mostly used in the two forms **piace** and **piacciono**. **Piace** is used when the object is singular and **piacciono** is used when the object is plural. Note the use of the **articolo determinativo** when **piace** and **piacciono** precede a noun.

Ti **piace** <u>la</u> matematica?   Sì, mi **piace** molto.   OR   No, <u>non</u> mi piace.

Ti **piacciono** <u>le</u> lingue straniere?   Sì, mi **piacciono**.   OR   No, <u>non</u> mi **piacciono**.

Note the use of **mi** and **ti** in the expressions *mi* **piace** / **piacciono** (*I like*) and *ti* **piace** / **piacciono** (*You like*).

*The literal translation of **mi piace** is "*something is pleasing to me.*" The verb **piacere** will be covered more in detail in **Capitolo 6.** Do not confuse the verb **piacere** with the expression **Piacere!** (*Nice to meet you!*).

Pratichiamo!

1-13. Oggetti. Paolo is making a list of things he needs to buy for his classes. Write the noun and the **articolo indeterminativo** of the following objects.

1.

2.
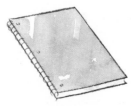

3.

4.

5.

6.

© Cengage Learning 2015

1-14. Cosa ti piace di Napoli? Create complete sentences using the expressions **mi piace** or **mi piacciono** and the items listed preceded by **articoli determinativi**.

Esempi   arte → *Mi piace l'arte.*
          monumenti → *Mi piacciono i monumenti.*

1. università
2. studenti
3. piazze
4. pizza
5. sfogliatelle
6. mozzarelle di bufala
7. corsi di letteratura
8. caffè

1-15. Una piazza per la poesia. Paolo and Marta are in Piazza del Plebiscito to see an event called **Una piazza per la poesia**, dedicated to poetry. The event has not started yet and they are wandering around the piazza. Complete the following dialogue with the **articoli determinativi** or **indeterminativi**.

Marta: Paolo, guarda (*look*)! C'è _____ (1) libreria.

Paolo: Sì, è _____ (2) libreria Treves e ci sono _____ (3) sconti del 30% (percento).

Marta: C'è _____ (4) zaino che mi piace molto (*a lot*) e con _____ (5) sconto è solo 35 euro.

Paolo: Peccato (*It's a shame*)! _____ (6) domenica _____ (7) negozi sono chiusi (*closed*).

Marta: Guarda lì in piazza! C'è _____ (8) professore di letteratura. Andiamo! È ora (*It's time*).

1-16. C'è / Ci sono (*Is / Are there*)? Ecco (*There / Here it is*)! In pairs, ask your partner about what items there are in your classroom. If the item is in the class, your partner will point at it and respond affirmatively. If it is not, your partner will answer accordingly. Use the appropriate form, **c'è** or **ci sono** and the appropriate articles. Follow the examples.

Esempi **S1:** *C'è **un** computer?*
S2: *Sì, ecco **il** computer.* OR *No, non c'è **un** computer.*
S1: *Ci sono **gli** studenti?*
S2: *Sì, ecco **gli** studenti.* OR *No, non ci sono **gli** studenti.*

1-17. Spese in cartoleria (*Shopping in the school-supply store*). You just bought some items in the **cartoleria** near Piazza San Domenico where there is a 20% discount. Your friend asks you how much **(quanto)** each item costs and you answer. You show him/her the receipt. In pairs, take turns asking for the price and answering. Use the appropriate forms of the verb **essere** and the **articolo determinativo**.

Esempi **S1:** *Quanto sono le matite (How much are the pencils)?* (€ 2,00)
S2: *Le matite sono due euro (The pencils are 2 euro).*
S1: *Quanto è il computer (How much is the computer)?* (€ 700)
S2: *Il computer è settecento euro (The computer is 700 euro).*

NOTA CULTURALE

Euro (€) coins and banknotes are the currency for 17 of the 27 countries in the European Union, including Italy, which adopted the Euro in 2002.

LiliGraphie / Shutterstock.com

```
04/15/13      08:12
REF#042601

zaino              €40,00
pennarelli         € 7,00
quaderni           € 5,00
agenda             €15,00
calcolatrice       €18,00
                 ----------
Totale             €85,00
Sconto 20%         €17,00
                 ----------
Totale             €68,00
```

© Cengage Learning 2015

1-18. Gioco della memoria. In groups of four, choose one person as the leader; he or she will collect two different items from each member of the group. These items should be words from your vocabulary lists or other words that you have already learned such as pen, calculator, book, key, etc. When the leader has all six items in hand, he or she will organize them by owner in three rows on a table or desk. For 30 seconds, the other three students will memorize the items while the leader writes a list of the objects in Italian. The leader will then clear the table, and ask students to take turns naming the items until they have remembered all six. The leader will have the answers written down if they need help.

Esempio *C'è una calcolatrice, c'è un quaderno, ci sono le penne...*

LEGGIAMO!

Pre-lettura

1. Before reading this article, think about bookstores in your city and add other bookstores that you know. Put a check in the boxes that accurately describe those bookstores.

Libreria	C'è un caffè.	Ci sono CD e DVD.	Ci sono giornali.	Gli autori parlano (*speak*).	C'è più di (*more than*) un piano (*floor*).
Rizzoli, NYC		✓	✓	✓	✓
Barnes & Noble					
libreria dell'università					

2. Look at the photo in the article. What does it tell you about the possible content of the reading?

3. Before reading the article, underline all of the words in the text that are cognates. By looking at the cognates what do you think this text talks about? Can you describe in one or two sentences in Italian the main idea of the reading?

4. In this advertisement you will see verbs that you have not studied yet. Look at the verbs in column A and try to match them to those in column B. Use cognates to help you guess the meanings.

A
a. _____ trovare
b. _____ ascoltare
c. _____ guardare
d. _____ consultare
e. _____ parlare
f. _____ presentare

B
1. *to consult*
2. *to present*
3. *to find*
4. *to talk*
5. *to listen to*
6. *to look at*

La Feltrinelli Libri e Musica

via S. Caterina a Chiaia, 23 (Piazza dei Martiri) -
80121 Napoli NA
Telefono: 081.2405411
Orari: *lun–ven*: 10.00–21.00 *sab*: 10.00–23.00
dom e festivi: 10.00–14.00 / 16.00–22.00

La libreria Feltrinelli

In Piazza dei Martiri, nel centro di Napoli, c'è il megastore La Feltrinelli Libri e Musica. Ci sono quattro piani°, più di 100.000 titoli tra libri, musica, DVD, giochi, cartoleria, gadget e riviste. Ci sono tutti i tipi di libri: libri di narrativa, libri scolastici, libri tascabili° e libri per bambini. Ci sono anche segnalibri°, T-shirt e calendari. Qui i clienti ascoltano° la musica, guardano° i DVD e consultano i libri preferiti.

Il Caffè La Feltrinelli non solo è un posto per prendere un caffè ma è anche uno spazio dove autori e artisti presentano le loro opere.

levels

paperbacks / bookmarks / listen to / look at

Dopo la lettura

1. La Feltrinelli. Put a check in the boxes that accurately describe **La Feltrinelli**.

	C'è un caffè.	Ci sono CD e DVD.	Ci sono giornali.	Gli autori parlano.	C'è più di un piano.
La Feltrinelli					

2. Comprensione. Now indicate whether the following statements are true **(vero)** or false **(falso)**.

	Vero	Falso
a. La Feltrinelli Libri e Musica è in Piazza San Domenico.	____	____
b. La libreria è aperta (*open*) lunedì.	____	____
c. L'indirizzo è via Santa Chiara, 23.	____	____
d. Il numero di telefono è 081.2405450.	____	____
e. C'è un bar nella libreria Feltrinelli.	____	____
f. Ci sono anche T-shirt alla Feltrinelli.	____	____

3. In libreria. In pairs, write a dialogue that takes place in the bookstore. One person works there and the other is a student looking to buy books for school. Some useful expressions: **Posso aiutarla?** (*Can I help you?*), **Vorrei...** (*I would like*), **Quanto costa?** (*How much does it cost?*), **Avete... ?** (*Do you have . . . ?*) **Sì, abbiamo...** (*Yes, we have . . .*)

(iLrn)

Share it!••• **In giro per Napoli...** Look at the website for **Caffè del Professore**, a famous place in Naples, and take a virtual tour to learn about their coffee and its history. Write something about the caffè that you find interesting and post a picture on *Share it!* Read at least one comment of a classmate that gives different information.

1–16

Descrizioni

bionda, capelli corti, antipatica

carino

giovane, magro, alto

anziano, grasso, calvo, basso

bruna, capelli lunghi, simpatica

© Cengage Learning 2015

Marco è giovane (*young*), magro (*thin*) e alto (*tall*). Giovanni è anziano (*old*), grasso (*fat*), calvo (*bald*) e basso (*short*). Chiara è bionda (*blonde*), ha i capelli corti (*short hair*) ed è antipatica (*not nice*). Sara è bruna (*dark hair*), ha i capelli lunghi (*long hair*) ed è simpatica (*nice*). Il figlio è carino (*cute*).

I colori (*Colors*)

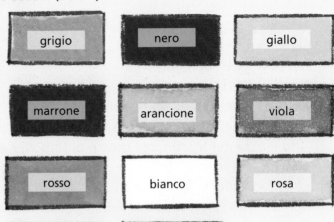

grigio | nero | giallo
marrone | arancione | viola
rosso | bianco | rosa
verde | blu

I contrari (*Opposites*)

affettuoso	*affectionate* ↔	**indifferente**	*indifferent*
altruista	*altruistic*	**egoista**	*selfish*
bello	*beautiful*	**brutto**	*ugly*
buono	*good*	**cattivo**	*bad*
divertente	*fun*	**serio**	*serious*
estroverso	*outgoing*	**timido**	*shy*
facile	*easy*	**difficile**	*difficult*
felice	*happy*	**triste**	*sad*
generoso	*generous*	**tirchio**	*stingy, cheap*
gentile	*polite, kind*	**scontroso**	*rude*
grande	*big*	**piccolo**	*small, little*
intelligente	*intelligent, smart*	**stupido**	*stupid*
interessante	*interesting*	**noioso**	*boring*
nuovo	*new*	**vecchio**	*old*
ottimista	*optimistic*	**pessimista**	*pessimistic*
paziente	*patient*	**impaziente**	*impatient*
sportivo	*athletic*	**pigro**	*lazy*

Alcune nazionalità (*Some Nationalities*)

americano	*American*	**arabo**	*Arab*
cinese	*Chinese*	**francese**	*French*
giapponese	*Japanese*	**inglese**	*English*
italiano	*Italian*	**messicano**	*Mexican*
spagnolo	*Spanish*	**tedesco**	*German*

Pratichiamo!

1-19. Com'è (*What's it like*)? Complete the following sentences with the most appropriate adjective.

1. La matematica è (*difficile / gentile*).
2. La storia è (*interessante / piccola*).
3. Il computer è (*nuovo / lungo*).
4. L'aula è (*grande / tirchia*).
5. Lo zaino è (*noioso / nero*).
6. La lezione è (*paziente / divertente*).
7. La libreria è (*grande / difficile*).
8. La Vespa è (*italiana / generosa*).

1-20. Trova il contrario. Match the word in the left column to one with the opposite meaning in the right column.

1. _____ impaziente
2. _____ noioso
3. _____ facile
4. _____ corto
5. _____ vecchio
6. _____ generoso
7. _____ bianco
8. _____ piccolo

a. giovane
b. difficile
c. tirchio
d. nero
e. interessante
f. paziente
g. grande
h. lungo

1-21. Com'è il professore ideale? Select the adjectives that best describe your ideal teacher.

1. simpatico
2. paziente
3. pigro
4. vecchio
5. generoso
6. egoista
7. noioso
8. interessante
9. divertente
10. giovane
11. gentile
12. serio

1-22. I colori della bandiera. Take turns and ask your partner about the colors of the flags for the countries listed below. Follow the example.

Esempio **S1:** *Quali sono i colori della bandiera italiana?*
S2: *I colori della bandiera italiana sono: verde, bianco e rosso.*

1. americana
2. messicana
3. tedesca
4. giapponese
5. cinese

1-23. La personalità. Together, think of four famous men and women you both know. Write down their names. Then, determine whether these people can be described with the following adjectives. If not, decide which adjectives would be most accurate. Compare your results with another pair. Follow the examples.

Esempi *Channing Tatum è bello e bravo ma (but) non è alto.*
Lady Gaga è bella, brava e giovane ma (but) non è alta.

Uomo (*Man*)	**Donna (*Woman*)**
alto / bello / biondo / bruno / grasso / giovane intelligente / gentile / simpatico / antipatico	bella / brava / intelligente / magra / giovane bassa / alta / simpatica / divertente

1-24. Siamo d'accordo (*Do we agree*)? Think about one or two examples for each of the following categories. Then compare your answers with your partner to see if you both agree.

un film divertente
un libro noioso

una lezione interessante
un museo importante

una piazza famosa
una città antica

Prima di tutto... Where is Puglia? Is it in the north, south, east, or west of Italy? Is it near the sea? Which one? What else is interesting about Puglia?

Davvero?! There are many interesting things to see and do in Puglia, some traditional, some culinary, some historical, and some in nature. Look at the photos below. Which photo represents:

a. i "trulli", le case molto particolari del paese* Alberobello?
b. la "pizzica", un ballo tradizionale salentino?
c. la costa bellissima del Gargano?
d. le "orecchiette", un piatto tipico della cucina pugliese?

1.

2.

3.

4.

👥 **Chiacchieriamo un po'!** In pairs, describe the photos above. Use the following questions to help you.

- La **pizzica** è un ballo (*dance*) o un piatto (*dish*) pugliese?
- Dov'è il **Gargano**, vicino (*near*) al mare (*sea*) o lontano dal (*far from*) mare?
- I **trulli** sono case (*houses*) o un piatto pugliese?
- Le **orecchiette** sono un tipo di pasta o un dolce (*dessert*) della Puglia?

iLrn

Share it! ● ● ● **Andiamo in Puglia!** On the Internet, find information about events in Puglia. Choose one you find interesting and post information and photos on *Share it!*

*When the word **Paese** is capitalized, it means *country*. However, when **paese** is lower case, it means *town* or *village*.

Che bella foto!
1–17

Listen to and/or read the message and respond to the questions that follow.

Marta and Paolo are in Lecce to see some of their friends and to participate in the GPace Day. Marta posted a picture with her friends in Piazza Sant'Oronzo on Facebook. Then she tagged her friends on the picture and wrote:

Che bella foto, vero? Qui siamo a Lecce in Piazza Sant'Oronzo durante la Giornata dei Giovani per la Pace. Il ragazzo **alto** e **biondo** è Paolo. La ragazza **bassa** e **bruna** è Dolores, lei è **spagnola**. Loro sono molto **simpatici**. Poi ci sono Federica e Nina. Loro sono di Lecce e anche loro sono molto **simpatiche**. E lì in fondo[1] ci sono io con un rustico leccese[2]. Uhm, che buono!

Gianfranco Rotondo / Shoot4Change

Every year in Italy people celebrate the **Giornata dei Giovani per la Pace** (*Youth for Peace Day*). In 2009, students from Lecce sewed the world's largest flag and laid it out in Piazza Sant'Oronzo.

[1]*In the back*   [2](*See next* **Nota culturale**.)

NOTA CULTURALE

The **rustico leccese** is a classic puff salty pastry filled with béchamel and tomato. Variations can include adding mozzarella and prosciutto.

iStockphoto

Comprensione

È vero o è falso? Indicate whether the following statements are true **(vero)** or false **(falso)**. When a statement is false, provide the correct answer.

1. _____ Marta non è con gli amici.
2. _____ Paolo è basso e Dolores è alta.
3. _____ Dolores, Federica e Nina sono italiane.
4. _____ A Marta non piace il rustico.

Osserviamo la struttura!

In the message above, observe the words in bold and answer the following questions.

1. Do the adjectives in bold precede or follow the nouns they describe?
2. In the following sentences, can you explain why adjectives describing Paolo end in **-o** and those describing Dolores end in **-a**?
   a. Il ragazzo **alto** e **biondo** è Paolo.   b. La ragazza **bassa** e **bruna** è Dolores.
3. Can you explain why the adjective **simpatico** has been changed in the following sentences?
   a. Loro sono molto **simpatici**.   b. Loro sono molto **simpatiche**.

iStockphoto

Aggettivi (Adjectives)

Aggettivi (*Adjectives*) are words used to describe people, places, and things. In Italian, adjectives must agree in gender (*masculine / feminine*) and number (*singular / plural*) with the person, place, or thing they describe.

Susanna è italiana. Lei è bruna, ha i capelli **corti** e gli occhi **castani.**

A. Most adjectives have four forms, two in the singular (*masculine, feminine*) and two in the plural (*masculine, feminine*). Some adjectives end in **-e** in the singular form and describe both masculine and feminine nouns. Their plural form ends in **-i** for both genders.

	Singolare	Plurale
Maschile	alt**o**	alt**i**
Femminile	alt**a**	alt**e**
Maschile/Femminile	intelligent**e**	intelligent**i**

Paolo è alt**o** e magr**o**. Marta è bass**a** e magr**a**. Loro sono intelligent**i**.

La professoressa Wing è ingles**e**.

Paolo is tall and slim. Marta is short and slim. They are intelligent.

Professor Wing is English.

B. When an adjective refers to a mixed pair (*masculine and feminine*) or a group of people or things, the adjective takes the masculine plural form.

John e Mary sono american**i**.

John and Mary are American.

C. The singular form of adjectives ending in **-ista** applies to both masculine and feminine forms. In the plural, the masculine form ends in **-isti** and the feminine form ends in **-iste**.

Paolo è altru**ista** e Marta è ottim**ista**.

Paolo e Luigi sono altru**isti** e Marta e Dolores sono ottim**iste**.

Paolo is altruistic and Marta is optimistic.

Paolo and Luigi are altruistic and Marta and Dolores are optimistic.

D. When colors are used as adjectives, they agree in gender and number with the nouns they describe. The colors **rosa, blu,** and **viola** are invariable.

La bandiera italiana è verd**e**, bianc**a** e **rossa**.

Le macchine sono **blu**.

The Italian flag is green, white, and red.

The cars are blue.

ATTENZIONE!

The adverb **molto** (*very*) is always invariable and precedes the adjective to give it more emphasis. The suffixes **-issimo/issima / issimi/issime** can also be used in place of **molto**. They are attached at the end of the adjective after deleting the ending vowel.

Lecce è una città **molto** bella (*or* **bellissima**).

Lecce is a very beautiful city.

Buono e Bello

Unlike most other adjectives, **buono** (*good*) and **bello** (*nice, beautiful*) often *precede* the nouns they refer to.

A. When the adjective **buono** precedes a noun in the singular form, it varies following the same rules as the indefinite articles (**un, uno, un', una**).

un caffè → Che **buon** caffè!	*What a good coffee!*
una pizza → Che **buona** pizza!	*What a good pizza!*
un'idea → Che **buon'**idea!	*What a good idea!*

In the plural form, the adjective **buono** has two forms, **buoni** and **buone**.

Giovanni e Paolo sono **buoni** amici.	*Giovanni and Paolo are good friends.*
Marta e Mercedes sono **buone** amiche.	*Marta and Mercedes are good friends.*

B. When the adjective **bello** (*nice, beautiful*) precedes a noun, it varies following the same rules as the definite articles (**il, lo, la, l', i, gli, le**).

il libro → Che **bel** libro!	**i** libri → Che **bei** libri!
lo zaino → Che **bello** zaino!	**gli** zaini → Che **begli** zaini!
l'obelisco → Che **bell'**obelisco!	**gli** obelischi → Che **begli** obelischi!
l'università → Che **bell'**università!	**le** università → Che **belle** università!
la piazza → Che **bella** piazza!	**le** piazze → Che **belle** piazze!

Che bella piazza!

Che bel libro!

C. When **buono** e **bello** follow the noun they describe, there is less emphasis placed on the adjective.

Lecce è una città **bella** e interessante.	*Lecce is a beautiful and interesting city.*
La pizza è **buona** ed economica.	*The pizza is good and inexpensive.*

Pratichiamo!

1-25. La coppia perfetta (*The perfect match*). Match the items from columns A and B to create complete sentences.

A	B
1. _____ Paolo è uno studente...	a. giovane, intelligente e studiosa.
2. _____ La professoressa Wing è...	b. giovani, sportivi e simpatici.
3. _____ Sergio e Roberto sono...	c. italiane, sportive e socievoli.
4. _____ Mary e Jane sono...	d. italiano, timido e sincero.
5. _____ Françoise è...	e. italiano, anziano e generoso.
6. _____ Il professor Tucci è...	f. francese, alta e bionda.
7. _____ Marta è...	g. inglese, anziana e paziente.
8. _____ Io e Marta siamo...	h. inglesi, alte e magre.

1-26. Come sono? Describe the following people with complete sentences.

1. Jennifer Lopez
2. Lady Gaga
3. Brad Pitt
4. Orlando Bloom
5. Adele

1-27. Generalizzazioni. Rewrite the following sentences from singular to plural.

1. Lo studente è ottimista.
2. Il turista cinese è simpatico.
3. La moto giapponese è veloce.
4. La lezione è noiosa.
5. L'esame di matematica è difficile.
6. L'amico di Paolo è antipatico.
7. La professoressa d'italiano è simpatica.
8. L'aula è lunga e larga.

NOTA CULTURALE

Uhm, che bella focaccia! E che buona!

Focaccia Blues is a movie based on a true story about two bakers from Altamura, a little town in Puglia. In 2006 these two bakers put the local McDonald's out of business by stealing away their customers, enticing them with the local version of fast food, fresh baked focaccia.

FOCACCIA BLUES; Diretto da Nico Cirasola; Con Dante Marmone, Luca Cirasola, Renzo Arbore, Lino Banfi, Michele Placido, Nichi Vendola, Onofrio Pepe; Prodotto da Alessandro Contessa per Bunker Lab; DISTRIBUZIONE: Bunker Lab; GENERE: Commedia; DURATA: 88 Min; ITA 2009; PRODUZIONE: Alessandro Contessa per Bunker Lab

1-28. In giro per la Puglia. Paolo and Marta are traveling around Puglia. Now they are sitting at a table in the famous Caffè letterario in Lecce, and they are commenting on what they saw and ate during their trip. Use **buono** and **bello** to describe the following things they see and taste.

> Esempi   un caffè → *Che buon caffè!*
>
> un museo → *Che bel museo!*

1. la focaccia di Altamura
2. i trulli di Alberobello
3. il duomo di Bari
4. i rustici leccesi
5. le orecchiette pugliesi
6. il mare (*sea*) del Gargano
7. l'Università di Lecce
8. il gelato al cioccolato

1-29. Come sono i tuoi corsi e i tuoi professori? In pairs, take turns asking your partner what his/her classes and professors are like. Try to explain the reasons for your likes and dislikes. Then report to the class what your partner said.

1-30. La tua città. In pairs, take turns and ask your partner where he/she is from. Then ask questions to find out what his/her city is like and if there are the places listed below. Report your findings to the class.

> Esempio   **S1:** *Di dove sei?*
>
> **S2:** *Sono di Chicago.*
>
> **S1:** *Com'è la città? Ti piace?*
>
> **S2:** *Chicago è una bella città. È grande e...*
>
> **S1:** *C'è un'università a Chicago?*
>
> **S2:** *Sì, a Chicago c'è una bella università. Si chiama...*

1. piazza
2. università
3. cinema
4. bar
5. parco
6. museo

1-31. E tu, come sei? In groups, find people who share the following characteristics. Then report back to the class.

> Esempio   *Jane e Robert sono alti, biondi e divertenti.*

	Nome	Nome	Nome
1. alto 2. bruno 3. biondo 4. sincero 5. sportivo			

Io ho fame, e tu?
1–18

Listen to and/or read the conversation and respond to the questions that follow.

Paolo and Marta are now in Piazza Garibaldi, in Taranto. They are waiting for Marta's friend, Stefania.

Paolo: Che bella piazza! Ma dov'è Stefania?

Marta: Paolo, sei sempre il solito[1], non **hai** mai pazienza! **Abbiamo** un appuntamento, qui in Piazza Garibaldi a mezzogiorno[2].

Paolo: Com'è Stefania?

Marta: **Ha** i capelli neri e lunghi. È alta, magra e **ha** circa vent'anni.

Paolo: Marta, io **ho** fame[3], e tu?

Marta: Anch'io e **ho** anche sete[4]. Qui vicino c'è una pizzeria. **Hanno** i panzerotti pugliesi[5] e la focaccia. Sono la fine del mondo[6]! Oh, ecco Stefania.

Piazza Garibaldi is a very popular piazza in Taranto. On one side of the piazza there is the famous National Archeology Museum, which displays rare and precious examples of the art of Magna Grecia, the biggest colony of ancient Greece in the Mediterranean.

[1]*the same* [2]*at noon* [3]*am hungry* [4]*am thirsty*
[5]*fried calzones* [6]*out of this world*

Comprensione

È vero o è falso? Now indicate whether the statements are true **(vero)** or false **(falso)**. When a statement is false, provide the correct answer.

1. _____ L'appuntamento con Stefania è a mezzogiorno.
2. _____ Stefania ha i capelli corti.
3. _____ Stefania ha ventun anni.

Osserviamo la struttura!

In the dialogue above, observe the words in bold and complete the following activities.

1. The bolded words are forms of the verb **avere** (*to have*). Based on how it was used in the dialogue, try to identify the subject pronoun for each of the following phrases:
   a. _____ non hai mai pazienza.　　　b. _____ ho fame.

2. Find in the text the Italian equivalent of the following English expressions:
   a. *I am hungry.*　　　　　　　　b. *I am thirsty.*

3. What is the meaning of the following expression?
   Ha circa vent'anni.

Il presente indicativo di *avere* e gli usi idiomatici (*Present tense of "to have" and idiomatic uses*)

Il verbo *avere* (*The verb "to have"*)

A. The following table shows the present tense of the verb **avere** (*to have*).

avere (to have)	
io **ho**	*I have*
tu **hai**	*you have*
Lei, lui/lei **ha**	*he/she has* *you* (formal) *have*
noi **abbiamo**	*we have*
voi **avete**	*you* (pl.) *have*
loro **hanno**	*they have*

Io sono Dolores. Ho 20 anni. Ho i capelli ricci, lunghi e neri e gli occhi castani.

B. The verb **avere** (*to have*) not only indicates ownership but it is often used to describe physical characteristics.

Io **ho** una macchina blu.	*I **have** a blue car.*
Paolo **ha** i capelli lisci e gli occhi verdi.	*Paolo **has** straight hair and green eyes.*

C. The verb **avere** is also used in some idiomatic expressions. The most common are:

Io sono Paolo. Ho 19 anni. Ho i capelli lisci, biondi e corti e gli occhi verdi.

to be hot	**avere caldo**	Ho caldo!
to be cold	**avere freddo**	Hai freddo?
to be hungry	**avere fame**	Paolo ha fame.
to be thirsty	**avere sete**	Marta ha sete.
to be sleepy	**avere sonno**	Noi abbiamo sonno.
to be . . . years old	**avere... anni**	Voi avete 23 anni.
to be right / wrong	**avere ragione / torto**	Loro hanno torto.
to be in a hurry	**avere fretta**	Ho fretta!
to be afraid of	**avere paura di**	Io ho paura degli esami.

Pratichiamo!

1-32. Com'è Paolo e cosa ha? Describe Paolo's physical appearance and his possessions by matching the items in the two circles.

una moto,
uno zaino,
i capelli, gli
occhi

lisci, verdi,
nera, nuovo,
biondi, corti,
rosso

1-33. I compagni di stanza (*Roommates*). Paolo is telling Stefania about two of his friends who are also from Puglia. Complete the following paragraph with the present tense of the verb **avere**.

Paolo: Io _____ (1) due amici, Marco e Roberto. Marco _____ (2) vent'anni, è alto e _____ (3) i capelli corti e neri. Roberto e io invece _____ (4) diciannove anni. Noi siamo buoni amici.

Stefania: Voi _____ (5) la macchina?

Paolo: Marco e Roberto _____ (6) la macchina e io _____ (7) la moto. E tu Dolores, _____ (8) la macchina?

1-34. Cosa succede (*What happens*)? Complete the following sentences with the appropriate form of **avere** and the idiomatic expression.

1. È mezzanotte (*midnight*) e Paolo _____.
2. Brrr! È gennaio. Tu e Marta _____.
3. Secondo Marta, oggi è venerdì, ma oggi è mercoledì. Lei _____.
4. È tardi (*late*). Gli studenti corrono (*run*). Loro _____.
5. Io mangio (*I eat*) la focaccia. Io _____.
6. È luglio e noi _____.
7. I Negramaro sono bravissimi. È vero! Tu _____.
8. Vorrei (*I would like*) una limonata. Io _____.

1-35. Che cos'hai? In pairs, ask your partner if he or she has the following things, and then ask some of your own questions.

Esempio   una macchina

S1: (*Tu*) *Hai una macchina (Do you have a car)?*

S2: *Sì / No, (non) ho una macchina (Yes / No, I have / don't have a car).*

1. uno zaino pesante (*heavy*)
2. gli occhi blu
3. un amico straniero (*foreign*)
4. una bici nuova
5. i capelli corti
6. un CD dei Negramaro
7. amici tirchi
8. vent'anni

1-36. E ora tocca a te (*And now it's your turn*). In pairs, ask each other questions using the verb **avere** and when possible, its **usi idiomatici** (idiomatic uses). For example, ask about each other's schedules and/or teachers. You can also ask if your partner has certain items. Write down the information on a separate piece of paper and report back to the class.

Esempi
S1: *Hai lezioni oggi?*
S2: *Io oggi ho tre lezioni: matematica, italiano e storia. E tu?*
S1: *Io ho solo una lezione, italiano.*
S2: *Ma tu hai paura degli esami?*

1-37. L'identikit. In groups, create a biographical and physical profile of one member of your group similar to the one below. The other groups will ask questions to guess the identity of the person you chose. The questions should be about physical characteristics (age, size, hair, eyes) and clothing items, including colors. Follow the example.

Esempio

Identikit	
Nome:	Riccardo Scamarcio
Età:	33 anni
Nazionalità:	italiano
Città:	Trani (Bari)
Capelli:	castani, corti
Occhi:	verdi
Chi è?	un attore

Gruppo 1: *Ha i capelli corti?*
Gruppo 2: *No, non ha i capelli corti. Ha i capelli lunghi.*

Identikit
Nome:
Età:
Nazionalità:
Città:
Capelli:
Occhi:
Chi è?

iLrn

Complete the diagnostic tests to check your knowledge of the vocabulary and grammar structures presented in this chapter.

Insieme in piazza

With a partner, choose one of the following scenarios and create a logical conversation or create a dialogue for your own scenario. Try to incorporate the vocabulary and the structures learned in this chapter by discussing your classes and your school day; talking about purchasing school supplies; describing people and objects; and talking about wants, needs, and physical states.

Scena 1: Il primo giorno all'università. Pretend to be at the **Università degli Studi di Napoli – L'Orientale** on your first day of school. You and your classmate discuss your classes and your school day.

Scena 2: In libreria. You are at the Treves bookstore in Naples and need to purchase a few items for your classes. Create a dialogue between you (the customer) and the salesperson.

Scena 3: La visita di un amico. You are in Puglia with a study-abroad program. Your best friend comes to see you. Tell your friend about your new classmates. You can even show your friend (imaginary cellphone) photos of your classmates and Puglia. Describe them (nationality, physical characteristics, age, personality, etc.). Talk about what you like or don't like about Italy.

Scena 4: In giro per la Puglia. You and your friend are visiting Puglia and its beautiful piazzas. You admire the places you see **(Che bel museo! Che bella piazza!)**. Then you get hungry and thirsty and decide to get something to eat. You see a pastry shop **(pasticceria)** and decide to try some of their specialties. Your friend will comment on everything he/she sees and tastes **(Che belle sfogliatelle! Che buon caffè!)**.

Presentazioni orali

From the topics listed below, choose the one that intrigues you and your partner the most or choose a different topic that you learned about in the chapter. Find basic information (biographical, geographical, historical, culinary) that can be accompanied by visuals. Present the information to the class in the medium of your choice (PowerPoint, video, photos, etc.).

1. The view from Villa Rufolo in Ravello, Costiera Amalfitana, Salerno

2. There are two churches in Piazza Sant'Oronzo in Lecce: one is the small church of San Marco, and the other church is Santa Maria delle Grazie.

3. Many tourists arrive at the island of Capri through Marina Grande where they can stay at the beach or take the funicular railway up to the piazzas, shopping, restaurants, and take walks or visit landmarks.

Scriviamo!

Work in pairs to create and write postcards about a piazza.

> **Writing Strategy: Writing Postcards**
> Many Italians write very brief messages on postcards. It's not uncommon for them just to sign the back of the postcard with an expression such as **Baci** (*Kisses*), **Carissimi saluti** (*Warm greetings*), or even just **Ciao!** Some people do, however, write more about their experiences, providing the name of the city, the location, or the piazza they are writing from, describing what they see, or simply summing up: **"È bellissimo!"**

1. Brainstorming

You and your roommate both study at the **Università degli Studi di Napoli – L'Orientale**. You've both taken short weekend trips and have promised to send each other postcards from the piazzas you've visited. Once you have chosen your piazza, create a chart (like the one below) with at least six words that describe the things, goods, people, or places you see **(nomi)**, and words that describe them **(aggettivi)**.

Nomi	Aggettivi
duomo	*grande*
bar	*piccolo*

2. Organizzazione

Now flesh out the content of your postcard by including the following information.

a. City: Write the name of the city.

b. Date: Write the day first, the month, and then the year **(3 luglio 2014)**.

c. Address: Name, street number (comes after the name of the street: **Via Buozzi 33**), and zip code (comes before the city and is followed by the name of the province: **82010 San Nicola Manfredi (BN) [BN = Benevento]**)

d. Greeting: **Caro/a** or **Ciao**

e. Message: Jot down ideas that answer these questions:
   1. Where are you?
   2. What do you see in this piazza?
   3. What is especially beautiful or tasty?

f. Sign off: **Un abbraccio** (*A hug*), **A presto** (*See you soon*), or another expression

3. Scrittura libera

Write a complete rough draft of your postcard. Use the verbs **essere** and **avere** to describe the piazza and elaborate on your ideas.

4. Prima correzione

Exchange your rough draft with a partner. Read the content and correct the spelling in Italian. Ask any questions you might have about content.

5. Finale

After you have finished with peer corrections, write the final postcard. Be sure to share them in a group when you have completed them.

▶ Parliamo di scuola

Prima della visione

A. Le parole. Try to match the words with their meanings.

1. infermieristica	a. *there are some*
2. belli tosti	b. *demanding*
3. ribelle	c. *anatomy*
4. esigenti	d. *quite tough*
5. ce ne sono	e. *nursing*
6. anatomia	f. *rebellious*

B. Indovina cosa fanno (*Guess what they do*)! Write what you think these people do.

1. Lui è uno _____. 2. Lei è una _____. 3. Lei è una _____.

Durante la visione

Watch the video two times. The first time, pay attention to the overall meaning of each interview. The second time, complete the following activities.

C. Cosa dicono (*What are they saying*)? Choose all the adjectives that best complete each phrase.

1. According to Marco, the professors are:

    a. esigenti

    b. ribelli

    c. severi

    d. buoni

2. According to Gioia, the professors are:

    a. severi

    b. bravi

    c. esigenti

    d. belli tosti

3. According to the professor, the students are:

    a. bravi

    b. ribelli

    c. belli tosti

    d. severi

D. Chi lo dice (Who says it)? When you hear the following words or phrases, mark an **X** next to the name of the person who said each one.

	Marco	Gioia	Professoressa
1. Si capisce. (*We understand.*)			
2. Odontoiatria (*Dentistry*)			
3. Ci mettono alla prova. (*They put us to the test.*)			
4. Ho due corsi. (*I have two courses.*)			
5. Mi piace di più anatomia. (*I like anatomy more.*)			
6. Ci devo pensare un attimo. (*I have to think about it for a moment.*)			
7. Studio infermieristica. (*I study nursing.*)			
8. Non spiegano bene. (*They don't explain well.*)			

Dopo la visione

E. È vero o è falso? Indicate whether the following statements are true **(vero)** or false **(falso)**. When a statement is false, provide the correct answer.

1. Oggi Marco ha due corsi.	V	F
2. A Marco non piace infermieristica.	V	F
3. Gioia studia a Ferrara.	V	F
4. Oggi Gioia ha due corsi nel pomeriggio.	V	F
5. L'ultima persona intervistata è una studentessa.	V	F
6. La professoressa ha quindici studenti nella sua classe.	V	F

F. Facciamo un'intervista (*Let's do an interview*)! Imagine interviewing the professor. With your partner, create an interview with questions and answers, and then recite it in front of the class. Use the formal register. (*Hint:* you may need to watch one more time and pay attention to the questions!)

© Cengage Learning 2015

iLrn

Un'aula / Una classe	A Classroom
un'agendina	daily planner
un banco	desk
un cancellino	board eraser
una carta geografica	map
una cartellina	folder
una cattedra	teacher's desk
un cestino	wastebasket
un computer	computer
una finestra	window
una gomma	rubber eraser
una lavagna	whiteboard or chalkboard
un libro	book
una luce	light (f.)
una matita	pencil
un orologio	clock / watch
una penna	pen
un pennarello	marker / felt-tip pen
una porta	door
un portatile	laptop
un professore	professor (m.)
una professoressa	professor (f.)
un proiettore	projector
un quaderno	notebook
uno schermo	screen
una sedia	chair / seat
uno studente	student (m.)
una studentessa	student (f.)
un televisore	television
uno zaino	backpack

Le facoltà e le materie	Schools and Subjects
la biologia	biology
la chimica	chemistry
l'economia	economy, economics
il giornalismo	journalism
la giurisprudenza	law
l'informatica	computer science
l'ingegneria	engineering
la letteratura	literature
le lingue straniere	foreign languages
la matematica	mathematics
la psicologia	psychology
le scienze	science
le scienze politiche	political science

la storia	history
la storia dell'arte	art history

Gli aggettivi	Adjectives
affettuoso	affectionate
alto	tall
altruista	altruistic
antipatico	mean, not nice
anziano	old
basso	short
bello	beautiful
biondo	blonde
bruna	dark hair, brunette
brutto	ugly
buono	good
calvo	bald
carino	cute
cattivo	bad
corto	short
difficile	difficult
divertente	fun
egoista	selfish
estroverso	outgoing
facile	easy
felice	happy
generoso	generous
gentile	polite, kind
giovane	young
grande	big
grasso	fat
impaziente	impatient
indifferente	indifferent
intelligente	intelligent, smart
interessante	interesting
lungo	long
magro	thin, slim
noioso	boring
nuovo	new
ottimista	optimistic
paziente	patient
pessimista	pessimistic
piccolo	small, little
pigro	lazy
scontroso	rude, impolite
serio	serious
simpatico	nice
sportivo	athletic
stupido	stupid
timido	shy

tirchio	stingy, cheap	messicano	Mexican
triste	sad	spagnolo	Spanish
vecchio	old	tedesco	German

I colori — *Colors*

arancione	orange
bianco	white
blu	blue
giallo	yellow
grigio	gray
marrone	brown
nero	black
rosa	pink
rosso	red
verde	green
viola	purple

Alcune nazionalità — *Some Nationalities*

americano	American
arabo	Arab
cinese	Chinese
francese	French
giapponese	Japanese
inglese	English
italiano	Italian

Espressioni con *avere* — *Expressions with to have*

avere... anni	to be . . . years old
avere caldo	to be hot
avere fame	to be hungry
avere freddo	to be cold
avere fretta	to be in a hurry
avere paura di	to be afraid of
avere ragione / torto	to be right / wrong
avere sete	to be thirsty
avere sonno	to be sleepy

I giorni della settimana — *Days of the Week*

lunedì	Monday
martedì	Tuesday
mercoledì	Wednesday
giovedì	Thursday
venerdì	Friday
sabato	Saturday
domenica	Sunday

Dizionario personale

_____

_____

_____

_____

_____

_____

_____

_____

_____

_____

CAPITOLO 2

LEARNING STRATEGY

Learn Useful Phrases Early On

Start early learning useful expressions and groups of words that work together. This will help you to:
- commit to memory sequences, patterns, and formulas.
- learn to listen to and speak chunks of language.
- become aware of recurring patterns.
- use more idiomatic language.

Committing useful phrases to memory helps you learn language as a whole rather than as single elements.

LA VITA IN PIAZZA E IN FAMIGLIA

Piazza delle Erbe hosts the largest daily fruit and vegetable market in Padova. Families, students, and tourists shop here Monday through Saturday.

COMMUNICATIVE GOALS

❯ Talk about family and family relationships

❯ Indicate ownership and possession

❯ Describe your place of residence

❯ Describe your activities in your place of residence

Risorse ◀)) Audio ▶ Video iLrn ilrn.heinle.com

Il Veneto

> Venice, one of the most beautiful cities in the world, is built on an archipelago made up of 118 little islands.

> The Veneto region has many cities rich with art. Venice, Verona, and Vicenza have all been designated by UNESCO as World Heritage sites.

© Cengage Learning 2015

Peter Phipp / Travelshots.com / Alamy

◀ Any day except Sunday you can take a gondola from the Grand Canal off **Piazza San Marco** to the iconic Rialto Bridge. On **Ponte Rialto** there is a famous market which has been in operation for about 1000 years.

The Arena, a Roman amphitheater, is located ▶ in the corner of **Piazza Bra,** Verona. Large-scale opera productions take place here every summer.

EmmePi Travel / Alamy

Andiamo in piazza!

iLrn Go to iLrn for more information on Piazza Bra in Verona.

age fotostock

◄ **Piazza San Marco** in Venice is considered the city's only true piazza and has been called "the drawing room of Europe." In this piazza, the famous Venetian carnival takes place every year.

Piazza Bra, a three-sided space, is ▶ found in the heart of Verona. The colorful palaces in the piazza, which were once owned by old Veronese families, have been transformed into elegant stores, restaurants, and cafes.

Jon Arnold Images / Masterfile

iLrn

Share it! • • • **Scriviamo un po'!** Write your impressions about this region so far. Have you ever been to any of these places? What did you already know? What have you learned? Which part of the regional information interests you most? What would you like to learn more about (history, art, food, traditions)? Post any personal photos you may have or information you found on the Web on *Share it!*

▶ To learn more about **il Veneto**, watch the cultural footage in the Video Library.

La famiglia

1–19

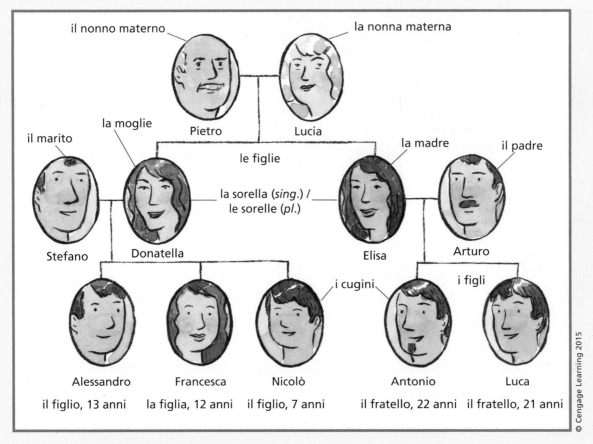

il nonno materno — Pietro
la nonna materna — Lucia

il marito — Stefano
la moglie — Donatella
le figlie
la sorella (*sing.*) / le sorelle (*pl.*)
la madre — Elisa
il padre — Arturo

i cugini
i figli

Alessandro — il figlio, 13 anni
Francesca — la figlia, 12 anni
Nicolò — il figlio, 7 anni
Antonio — il fratello, 22 anni
Luca — il fratello, 21 anni

© Cengage Learning 2015

Ecco la famiglia di Antonio.

Il nucleo familiare	*The Nuclear Family*	il parente/ la parente	relative
i genitori	*parents*	il suocero/ la suocera	*father-in-law/ mother-in-law*
il figlio unico	*only child*		
maggiore / minore	*older / younger*	lo zio/la zia	*uncle/aunt*
il gemello/ la gemella	*twin*	**Relazioni**	*Relationships*
		divorziato/a	*divorced*
La famiglia estesa	*The Extended Family*	fidanzato/a	*engaged*
il cognato/ la cognata	*brother-in-law/ sister-in-law*	nubile	*unmarried woman*
		scapolo	*unmarried man, bachelor*
il cugino/la cugina	*cousin*		
il genero	*son-in-law*	separato/a	*separated*
il nipote/ la nipote	*niece/nephew; grandson/ granddaughter*	single	*single*
		sposato/a	*married*
la nuora	*daughter-in-law*	vedovo/a	*widower/widow*

Pratichiamo!

2-1. Il nucleo familiare. Look at the family tree on page 60, and indicate whether or not the following statements are true **(vero)** or false **(falso)**.

1. Donatella e Elisa hanno due nipoti che si chiamano Pietro e Lucia. _____
2. Pietro e Lucia sono cognati. _____
3. Lucia ha un marito. Si chiama Luca. _____
4. Donatella ed Elisa sono sorelle. _____
5. Antonio, Luca, Alessandro, Francesca e Nicolò sono cugini. _____
6. Lucia ha una nonna. Si chiama Francesca. _____
7. Alessandro ha uno zio. Si chiama Pietro. _____
8. Elisa ha un fratello. Si chiama Arturo. _____

2-2. La famiglia estesa. Complete the following paragraph with the words below.

> cugini / single / sposati / figli / nipoti / genitori

Pietro e Lucia sono _____ (1) da molti anni. Loro sono i _____ (2) di Elisa e Donatella. Hanno cinque _____ (3) che si chiamano Antonio, Luca, Alessandro, Francesca e Nicolò. Antonio e Luca non hanno una fidanzata, sono _____ (4). Loro sono i _____ (5) di Elisa e Arturo. Alessandro, Francesca e Nicolò sono i _____ (6) di Antonio e Luca.

2-3. Personaggi famosi. Indicate the relationship between the following famous people.

1. Malia Obama è _____ di Sasha.
2. Kate Middleton è _____ di William Philip.
3. Roberto Benigni è _____ di Nicoletta Braschi.
4. Hillary Clinton è _____ di Chelsea.
5. Laura Bush è _____ di Barbara Bush.
6. Maddox, Pax, Zahara, Shiloh, Knox, Léon e Vivienne Marcheline sono _____ di Brad e Angelina.

2-4. Come si chiama? Ask your partner about whether or not he or she has the following relatives and then ask their names. You can make up answers if you like!

> **Esempio** **S1:** *Hai fratelli?*
> **S2:** *Sì, ho un fratello.* OR *Sì, ho due fratelli.*
> **S1:** *Come si chiama?* OR *Come si chiamano?*
> **S2:** *Si chiama Massimo.* OR *Si chiamano Massimo e Luigi.*

1. fratelli/sorelle   2. cugini   3. nonni   4. cognati   5. zii

2-5. Il mio parente preferito? In groups, ask information about one of your classmates' favorite relatives (or friends: **il mio amico preferito/la mia amica preferita**) that you would like to talk about. Collect the information and write a short description. Then describe your classmate's relative to the class.

The following are some sample questions: **Come si chiama? Di dov'è? Quanti anni ha? È italiano/a? È alto/a o basso/a? Ha i capelli lunghi / corti? È simpatico/a? È generoso/a?**

The following is an example of how to start your report to the class: *John ha uno zio preferito. Si chiama Mark. Lui è di New York...*

Prima di tutto... Are you acquainted with an Italian family? Is it big or small? If you have never met an Italian family, what do you think it would be like? Do you know of any famous Italian families?

©Image Source / Superstock

Davvero?! One American stereotype of Italian families is that they tend to be very big. At one time, Italian families were large in number, but that is no longer true in Italy today. In fact, Italy has one of the lowest birthrates in the world. Most families now have just one child, or generally no more than two.

Chiacchieriamo un po'! Working in pairs, imagine that the people in the photo are your big, Italian family and that you are going to a family reunion with a friend or boyfriend/girlfriend who has never met your family before. Introduce the different members of your family, including their names (why not use Italian ones?), their relationships to you, and a few words to describe their personalities.

iLrn

Share it!··· **Che bella foto!** Post a picture of you and your family or you and your friends from a long time ago. Tell the class something about the picture. Who is in it? What are the relationships? Don't give your name. Try to guess who at least three of your classmates are by looking at the photos. Write down your guesses.

1–20

Foto di famiglia

Listen to and/or read the conversation and respond to the questions that follow.

Antonio and his friend Isabella are at a caffè in Piazza San Marco during their break.

Isabella: Antonio, hai progetti[1] per il fine settimana[2]?

Antonio: Sì, sabato è il compleanno di **mio** fratello e nel pomeriggio c'è una festa[3] a casa con **la mia** famiglia, con la torta[4] e le candeline[5]. Poi, la sera, ci vediamo con **i nostri** amici al Caffè Florian. È **il suo** posto preferito, proprio qui in Piazza San Marco.

Isabella: Come si chiama **tuo** fratello e quanti anni ha?

Antonio: Si chiama Luca e ha ventun anni. Lui è il figlio minore. Ho **la sua** foto nello zaino. C'è tutta la famiglia. Ecco!

Isabella: Oh, che grande famiglia! Chi sono tutte queste persone?

Antonio: Questo è Luca. Lei è **mia** madre e lui è **mio** padre. Loro sono **i miei** zii, **i miei** cugini e questi sono **i miei** nonni. Questa invece è **la sua** amica Francesca.

Isabella: Complimenti! È veramente una bella famiglia!

Caffè Florian, opened in 1720, is one of Venice's symbols. Many famous people have patronized this caffè, including Casanova, who also used it as a place to meet women since it was the only bar that admitted women at the time.

[1]*plans* [2]*weekend* [3]*party* [4]*cake* [5]*candles*

Comprensione

È vero o è falso? Determine whether or not each of the following statements is true **(vero)** or false **(falso)**. When a statement is false, provide the correct answer.

1. _____ Antonio non ha progetti per il fine settimana.
2. _____ Antonio è maggiore di Luca.
3. _____ Antonio ha una foto della sua famiglia nello zaino.
4. _____ Nella foto ci sono solo i genitori e il fratello di Antonio.

Osserviamo la struttura!

In the dialogue above, observe the words in bold and answer the following questions.

1. Can you guess the meaning of the bolded words in the following phrases? What element determines their gender (*m./f.*) and number (*sing./pl.*)? Find more examples to support your explanation.
   a. **la mia** famiglia
   b. **il suo** compleanno
   c. **i miei** nonni
   d. **i nostri** amici

2. What difference(s) do you notice between the following two sets of examples and how would you explain it?
   a. mio padre / mia madre / mio fratello   b. i miei nonni / i miei zii / i miei cugini

3. What difference do you notice between the two pairs of examples below? What characteristic distinguishes the first pair from the second? How would you explain this difference?
   a. Come si chiama **tuo** fratello?
   b. Lui è **mio** padre e lei è **mia** madre.
   a. Ho **la sua** foto nello zaino.
   b. Questa è **la sua** amica Francesca.

Aggettivi possessivi e pronomi (*Possessive adjectives and pronouns*)

Ecco la mia famiglia.

©Cultura Limited / SuperStock

Aggettivi possessivi

Possessive adjectives (*my*, *your*, *his*, etc.) are used to indicate possession, ownership, or relationship.

A. In Italian, **aggettivi possessivi** (*possessive adjectives*) must agree in gender (*masculine* or *feminine*) and number (*singular* or *plural*) with the nouns they describe. They are usually formed by using the definite article followed by the adjective. The table below shows the forms of **aggettivi possessivi**.

Gli aggettivi possessivi				
	Maschile		**Femminile**	
	Singolare	**Plurale**	**Singolare**	**Plurale**
my	il mio	i miei	la mia	le mie
your *Your* (formal)	il tuo il Suo[1]	i tuoi i Suoi	la tua la Sua	le tue le Sue
his/her	il suo	i suoi	la sua	le sue
our	il nostro	i nostri	la nostra	le nostre
your	il vostro	i vostri	la vostra	le vostre
their	il loro	i loro	la loro	le loro

Antonio è **il mio** amico.	*Antonio is **my** friend.*
La tua famiglia è grande.	***Your** family is big.*
Vediamo **i nostri** amici al Caffè Florian.	*We meet **our** friends at Caffè Florian.*
Le vostre feste sono sempre fantastiche.	***Your** parties are always fantastic.*

B. When referring to family members in the <u>singular</u> form (**madre, padre, fratello, sorella, zia, nonno**, etc.), possessive adjectives usually do not use the article. However, in the <u>plural</u> form, **aggettivi possessivi** are always formed with the definite article.

Mia madre è generosa.	*My mother is generous.*
Tuo padre è simpatico.	*Your father is nice.*
Mia sorella è maggiore di me ma **i miei** fratelli sono minori.	*My sister is older than I am but **my** brothers are younger.*
Loro sono **i miei** nonni.	*They are **my** grandparents.*

> ### ATTENZIONE!
> › A definite article is required when possessive adjectives referring to family members in the singular form are <u>modified</u> by another adjective.
>> **La mia** zia <u>americana</u> è simpatica.
>> *My American aunt is nice.*
>
> › **Loro** is invariable and always requires the definite article (**il loro/la loro, i loro/le loro**).
>> **La loro** madre è tedesca.
>> *Their mother is German.*

[1]The use of the upper case for the formal **il Suo/la Sua / i Suoi/le Sue** in writing is found only in commercial correspondence.

Pronomi possessivi

Possessive pronouns (*mine, yours, his, hers*, etc.) replace the nouns they refer to. The form of **pronomi possessivi** (*possessive pronouns*) is identical to that of **aggettivi possessivi** (**il mio, la mia, il tuo, la tua**, etc.). Unlike possessive adjectives, **pronomi possessivi** are *always* accompanied by a definite article.

Il mio compleanno è a febbraio, e **il tuo**?	*My birthday is in February, and **yours**?*
Mia madre si chiama Elisa, e **la tua**?	*My mother's name is Elisa, and **yours**?*
Luca incontra i suoi amici in piazza e noi incontriamo **i nostri** al bar.	*Luca meets his friends in the piazza and we meet **ours** at the coffee shop.*

ATTENZIONE!

The expression **i miei** is equivalent to **i miei genitori**. It is also common to use **i tuoi** (*your parents*) and **i suoi** (*his/her parents*).

Come stanno **i tuoi**?	*How are **your parents**?*
I miei stanno bene, grazie.	*My parents are fine, thanks.*

Come si dice 's (*possession / ownership*)?

- The English **'s** indicating possession or ownership is expressed in Italian by the preposition **di,** which is placed between the object and the possessor.
  Antonio's family → la famiglia **di** Antonio
  Isabella's friends → gli amici **di** Isabella

- The interrogative expression *whose* in Italian is **di chi.**

Di chi è il compleanno oggi?	***Whose** birthday is today?*
Oggi è il compleanno **di** Luca.	*Today is Luca's birthday.*

Pratichiamo!

2-6. In altre parole (*In other words*). Complete the following sentences using **aggettivi possessivi.** Follow the example.

Esempio   Nicolò ha una sorella. / *Sua* sorella si chiama Francesca.

1. Io ho un fratello, Luca. / _____ fratello si chiama Luca.
2. Tu hai una grande famiglia. / _____ famiglia è grande.
3. Luca e Antonio hanno due nonni giovani. / _____ nonni sono giovani.
4. Donatella ha una sorella molto generosa. / _____ sorella è molto generosa.
5. Io e Isabella abbiamo amiche molto simpatiche. / _____ amiche sono molto simpatiche.
6. Tu e Antonio avete corsi molto difficili. / _____ corsi sono molto difficili.
7. Io ho uno zaino pesante. / _____ zaino è pesante.
8. Tu hai due sorelle gemelle. / _____ sorelle sono gemelle.

NOTA CULTURALE

Palazzo Ca' Foscari on the Grand Canal was built for Doge Francesco Foscari in 1437 and is now part of the University Ca' Foscari.

Peter Barritt / age fotostock

2-7. Conversazioni. Isabella, Antonio, and their friends are taking a break between classes and they are chatting. Complete the answers to the following questions using **pronomi possessivi**.

> Esempio   Qual è il tuo corso preferito?   *Il mio è il corso di storia.*

1. Ragazzi, chi è la vostra professoressa preferita? _____ è la professoressa d'italiano.
2. Paolo, i tuoi corsi sono noiosi?   No, _____ sono molto interessanti.
3. Quando è l'esame di Isabella e Antonio? _____ è a febbraio.
4. Come sono le lezioni del Prof. Baldi e della Prof. Pucci? _____ sono molto difficili.
5. Antonio, la tua famiglia è di Venezia?   Sì, _____ è di Venezia.
6. Qual è il bar preferito della professoressa di storia? _____ è il Caffè Florian.

2-8. Due signore sul vaporetto (*steamboat*). Complete the following dialogue with **aggettivi possessivi** or **pronomi possessivi**. Use the **Lei** form of address when necessary.

Signora Fabbri: Buon giorno signora Grandi. Che bei ragazzi! Sono _____ (1) figli?

Signora Grandi: Buon giorno. Sì, questo è _____ (2) figlio Roberto e questa è _____ (3) figlia Alessandra. E _____ (4) figlio dov'è?

Signora Fabbri: _____ (5) è a casa a studiare. Domani ha un esame.

Signora Grandi: Che bravo ragazzo! Anche Roberto ha un esame ma _____ (6) è la settimana prossima. Ma _____ (7) genitori come stanno?

Signora Fabbri: _____ (8) stanno bene, grazie. Oggi è _____ (9) anniversario di matrimonio e c'è una bella festa.

Signora Grandi: Che bello! Tanti auguri! E arrivederci!

2-9. Il mio e il tuo. In pairs, ask and answer questions about the items in the list using possessive adjectives and pronouns. Follow the example.

> Esempio   macchina   S1: *La mia macchina è blu. E la tua?*
> S2: *La mia non è blu. È bianca.* or *Anche la mia è blu.*

1. corsi
2. compleanno
3. città
4. appartamento
5. amiche
6. professore/professoressa

2-10. La tua famiglia. In pairs, ask your partner questions about his/her family or a family he/she knows. Then share the information with the class. For example you can ask:

- if his/her family is small/large
- if he/she has brothers/sisters and their ages
- his/her parents' names
- what his/her brother/sister looks like

> Esempio   *La tua famiglia è grande o piccola?*
>
> *La famiglia di John è grande. Ci sono sei persone: suo padre, sua madre e quattro figli. Sua sorella si chiama…, Sua sorella è alta e…*

2-11. La mia festa di compleanno. You are a student in Venezia and want to have your birthday party in the **Sala degli Uomini Illustri**. Your friends want to know about it. In groups, first decide who among you is celebrating his/her birthday next. Then the other people in the group will ask questions similar to those listed below.

> Quanti anni hai? Quando è la festa? Quante persone ci sono alla festa? Chi sono?

Act out your dialogues in front of the class and vote for the person who is organizing the best party.

NOTA CULTURALE

The **Sala degli Uomini Illustri** (*Hall of the Illustrious Men*) is one of the rooms in Caffè Florian where there are paintings of ten famous people from Veneto including Marco Polo, Tiziano, Andrea Palladio, and Carlo Goldoni, to name a few.

1–21

Io canto e tu suoni la chitarra.

Listen to and/or read the conversation and respond to the questions that follow.

Antonio goes to Treviso to visit Isabella and to see the famous Festa della famiglia *in* Piazza della Borsa.

Piazza della Borsa, located in the center of the city, is one of the most beautiful meeting places for the community of Treviso.

Antonio: Che bella piazza! E che bella festa!

Isabella: Sì, io **adoro**[1] questa festa. Ci sono attività, giochi e musica. Sai che mi piace **cantare**[2] e, infatti stasera c'è un piccolo concerto e io **canto**[3] con un gruppo.

Antonio: Tu **canti**? Che forte![4]

Isabella: Sì, e anche la mia sorellina **canta** stasera in un gruppo.

Antonio: Davvero? E che cosa **cantate**?

Isabella: Mia sorella e il suo gruppo **cantano** canzoni[5] per bambini. Io e il mio gruppo **cantiamo** musica pop. Ma oggi il ragazzo che **suona**[6] la chitarra è malato. Ma… tu non **suoni** la chitarra?

Antonio: Sì, io **suono** la chitarra con il mio gruppo. Ma **suoniamo** musica rock. Non pensi mica di[7]…

Isabella: Ma certo! È perfetto! Io **canto** e tu **suoni** la chitarra. Più tardi facciamo le prove[8].

Antonio: Oh, mamma mia, sono nei guai[9]!

[1]*adore* [2]*to sing* [3]*sing* [4]*How cool!* [5]*songs* [6]*play* [7]*You are not thinking about* [8]*we rehearse*
[9]*am in trouble*

Comprensione

È vero o è falso? Determine if each of the following statements is true (**vero**) or false (**falso**). When a statement is false, provide the correct answer.

1. _____ In Piazza della Borsa c'è una festa per le famiglie.
2. _____ Stasera Isabella canta da sola (*alone*).
3. _____ Antonio suona il violino.
4. _____ Stasera Antonio canta al concerto con Isabella.

Osserviamo la struttura!

In the dialogue above, observe the words in bold and complete the following activities.

1. In the dialogue there is the verb **cantare** in all its verb forms for the present indicative. List the correct form for each pronoun.

   io _____   Lei, lui/lei _____   voi _____

   tu _____   noi _____   loro _____

2. Based on your findings in question 1, can you determine the ending for each verb form and conjugate the verb **suonare**?

   io _____   Lei, lui/lei _____   voi _____

   tu _____   noi _____   loro _____

3. Are questions formulated differently than statements? How are negative sentences formulated? Provide an example for each from the text.

Verbi regolari in -are (Regular verbs ending in -are)

Italian verbs are divided into three groups called **coniugazioni** (*conjugations*). Each conjugation is identified by the ending of the infinitive form. The infinitive form is the base form of the verb that you would find in a dictionary. In English, it is the equivalent of "to…," for example, "to study."

Nel tempo libero **noi suoniamo** e **cantiamo** insieme.

Prima coniugazione (*First conjugation*)	Seconda coniugazione (*Second conjugation*)	Terza coniugazione (*Third conjugation*)
Verbi in -*are* (*Verbs ending in* -**are**)	Verbi in -*ere* (*Verbs ending in* -**ere**)	Verbi in -*ire* (*Verbs ending in* -**ire**)
cantare (*to sing*)	**scrivere** (*to write*)	**dormire** (*to sleep*)

In this chapter you will learn how to conjugate verbs ending in **-are** in the present indicative. In **Capitolo 3** you will learn the other two conjugations: verbs ending in **-ere** and **-ire**.

A. The **presente indicativo** (*present indicative*) in Italian can be expressed three different ways in English as shown in the examples with the verb **cantare**: *I sing, I am singing,* and *I will sing. I will sing* is used when an action is very likely to happen in the near future.

Io **canto** con un gruppo di musica pop.	*I **sing** with a pop music band.*
Quest'anno io **canto** con un nuovo gruppo.	*This year I **am singing** with a new band.*
Stasera io **canto** in piazza con il mio gruppo.	*Tonight **I will sing** in the piazza with my band.*

B. The **presente indicativo** of Italian verbs is formed by dropping the ending of the infinitive (-**are**, -**ere**, and -**ire**) and adding the ending for each subject[2] to the remaining part, which is called the stem of the verb. The following table shows the conjugation of regular verbs ending in -**are**.

Presente indicativo dei verbi regolari in -*are*			
cantare (*to sing*)			
io cant**o**	*I sing*	noi cant**iamo**	*we sing*
tu cant**i** Lei cant**a**	*you sing* *You sing* (formal)	voi cant**ate**	*you sing* (pl.)
lui/lei cant**a**	*he/she sings*	loro cant**ano**	*they sing*

Io **canto** con un gruppo e anche la mia sorellina **canta**.	*I **sing** with a group and my little sister **sings**, too.*

[2]Recall from **Capitolo preliminare** that the subject of the verb is the person performing the action.

C. Most verbs ending in **-are** are conjugated like **cantare**. However, verbs having an *i* in the stem, like **stud*i*are** (*to study*) and **mang*i*are** (*to eat*), do not add an extra *i* in the **tu** and **noi** forms. Verbs ending in **-care**, like **gio*care*** (*to play*), and **-gare**, like **pa*gare*** (*to pay*), add an *h* with the **tu** and **noi** forms to maintain the hard sound that is heard in **-care** and **-gare**. See the following table.

Verbi in *-iare, -care, -gare*			
	stud*i*are	**gio*care***	**pa*gare***
io	studi**o**	gioc**o**	pag**o**
tu	stud**i**	gio**chi**	pag**hi**
Lei, lui/lei	studi**a**	gioc**a**	pag**a**
noi	studi**amo**	gio**chiamo**	pag**hiamo**
voi	studi**ate**	gioc**ate**	pag**ate**
loro	studi**ano**	gioc**ano**	pag**ano**

Mentre tu **studi**, noi **mangiamo** il gelato.	*While you **study**, we **eat** ice cream.*
Tu **giochi** a calcio e noi **giochiamo** a tennis.	*You **play** soccer and we **play** tennis.*
Noi **paghiamo** il conto al ristorante.	*We **pay** the check at the restaurant.*

D. The following list contains some common verbs ending in **-are**. Practice their conjugations several times before starting the **Pratichiamo!** section.

amare	*to love*	**frequentare**	*to attend*
arrivare	*to arrive*	**ordinare**	*to order*
cominciare	*to begin*	**portare**	*to bring / to take*
comprare	*to buy*	**spiegare**	*to explain*
desiderare	*to desire*	**studiare**	*to study*
festeggiare	*to celebrate*	**visitare**	*to visit*

ATTENZIONE!

The verbs **ascoltare** (*to listen to*), **aspettare** (*to wait for*), **cercare** (*to look for*), and **guardare** (*to look at*) are not followed by a preposition as they are in English.

Mentre **aspetto** la mia amica, **ascolto** la musica e **guardo** una rivista.	*While I **wait for** my friend, I **listen to** music and **look at** a magazine.*

E. Remember that to formulate negative sentences in Italian, place the word **non** before the verb. The English adverb *never* is expressed in Italian as **non... mai**. The verb is placed between **non** and **mai**.

Io parlo spagnolo. E tu?	*I speak Spanish. And you?*
Io **non** parlo spagnolo.	*I **don't** speak Spanish.*
Io **non** studio **mai** in biblioteca.	*I **never** study in the library.*

Pratichiamo!

2-12. Associazioni. First match the verbs from circle A with the items in circle B. Then for each combination, write one complete sentence using the subjects indicated below.

Esempio! incontrare / gli amici   *Francesca incontra gli amici in piazza.*

A
ascoltare, guardare, ordinare, festeggiare, aspettare, frequentare, spiegare

B
l'autobus, il compleanno, il caffè, i corsi, la televisione, la musica, la lezione

1. Francesca	3. Io e Antonio	5. Tu
2. Gli studenti	4. Tu e Marco	6. Io

2-13. Verona in Love. Isabella finds the following ad on the Internet about a romantic weekend in Verona. Complete the paragraph with the correct form of the verbs in parentheses.

Ogni (*Every*) anno gli organizzatori (*organizers*) dell'evento *Verona in Love* _____ (1. invitare) gli innamorati (*couples in love*) a festeggiare la *Festa di San Valentino* nel centro storico di Verona, la città di Romeo e Giulietta. È un fine settimana d'amore. Gli innamorati _____ (2. ascoltare) la musica, _____ (3. guardare) rappresentazioni teatrali (*theatrical productions / performances*), _____ (4. mangiare) le delizie di Verona e _____ (5. passeggiare – *to walk*) sul Liston (*promenade*). Voi _____ (6. desiderare) passare San Valentino a Verona? Perché non _____ (7. chiamare) subito l'Hotel Verona al numero 045-595-944 per prenotare una camera (*to reserve a room*)? (Noi) _____ (8. aspettare) la vostra chiamata!

2-14. Una lettera alla mamma. Isabella is in Verona with Antonio and his family for the weekend. They are sitting at a coffee shop right outside the arena. Isabella is writing a letter to her mother. Complete the following letter using the verbs from the list.

arrivare / ascoltare / amare / trovare / mangiare / cercare / festeggiare

Cara mamma,
sono a Verona con Antonio e la sua famiglia. È una città così romantica. Perché tu e papà non _____ (1) il vostro anniversario qui a Verona? Ci sono tanti eventi di musica e teatro. C'è l'opera che tu _____ (2) tanto. Adesso io sono in un bar e mentre noi _____ (3) un panino, _____ (4) la musica dell'*Aida* che viene (*comes*) dall'Arena. Con la macchina, da Treviso, voi _____ (5) a Verona in tre ore. Se tu _____ (6) su Internet, tu e papà _____ (7) sicuramente molte informazioni interessanti. Pensaci (*Think about it*)!
Baci,
Isabella

2-15. **Dove, quando e con chi (*Where, when, and with whom*)?** In pairs, ask each other questions to find out where, when, and with whom your partner does the following activities.

Esempio   ascoltare la musica
   S1: *Dove ascolti la musica, quando e con chi?*
   S2: *Ascolto la musica a casa, la sera e con i miei amici.*

1. parlare del Carnevale
2. studiare
3. festeggiare il compleanno
4. indossare (*wear*) una maschera
5. mangiare la pizza
6. guardare un film

2-16. **Nel tempo libero (*In your free time*).** In pairs, alternate asking and answering questions with the expressions provided or others of your choice. Follow the example.

Esempio   guardare un film
   S1: *Nel tempo libero, io guardo un film, e tu guardi un film?*
   S2: *Io non guardo un film. Io ascolto la musica.*

1. giocare a tennis
2. suonare la chitarra
3. ballare (*dance*)
4. guardare una rivista

2-17. **Cosa fate (*What do you do*)?** Circulate and ask as many people as possible, including your professor, if they do the following things.

Esempio   *John, parli due lingue?*
   Professore/Professoressa, Lei festeggia il compleanno questo mese?

	Sì	No	Nome
1. parlare due lingue			
2. pagare sempre il caffè per gli amici			
3. arrivare in ritardo (*late*)			
4. mangiare spesso (*often*) al ristorante			
5. festeggiare il compleanno questo mese			
6. indossare il pigiama la sera			

Reading Strategy: Skimming for the Gist

Skimming for the gist in Italian is the same as skimming in your own language. Do the following when trying to read an Italian text to improve comprehension:

> Look for the main idea in the introduction.
> Don't worry about every detail.
> Look at topic sentences in each paragraph.
> Find the main idea of the conclusion.

Skimming will give you some background information before you try to read the entire text.

Pre-lettura

The following selection is adapted from an Italian magazine and is a series of very short requests made by grandparents.

1. a. In this text, you will find unfamiliar words and grammar. Instead of stopping on those words, go quickly through the text and write down any word that you know represents a family member. (*Hint:* There are 10 of these words—don't forget to look at the title!)

   b. Having listed these words, what did you learn about the reading?

2. Now, skim the magazine article again and this time write the ages of the following people:

Nome	Età (*Age*)
Francesca	
Leonardo	
Piero	

Alessandra

Francesca

Piero e Leonardo

3. Read the article straight through without stopping, and then try to answer the questions that follow.

Nonni e nipoti, benvenuti in famiglia

Caro direttore, può pubblicare l'adorabile broncio della mia piccola nipotina Alessandra, la luce dei miei occhi?

— *nonna Milena*

Caro direttore, ho appena compiuto 1 anno. Vorrei fare una sorpresa alla nonna Margherita, che è una sua grande ammiratrice, e mandare tanti baci al mio fratello maggiore Pietro, a mamma e papà, zii e nonni.

— *Francesca*

Gentile direttore, sono un bisnonno di 90 anni, davvero felice di avere tempo per giocare con la mia gioia, il mio pronipotino, Leonardo, 6 mesi. Eccolo qui con me.

— *Piero*

Dopo la lettura

1. **Comprensione.** Determine whether each of the following statements is true **(vero)** or false **(falso)**.

	Vero	Falso
a. I nonni domandano al direttore di pubblicare le loro foto.	_____	_____
b. Francesca ha una sorella minore.	_____	_____
c. Il nonno di Leonardo ha 90 anni.	_____	_____
d. Piero è un bisnonno.	_____	_____

2. **Definizioni.** In groups of three, read the article again and this time, try to match the following words with their meanings.

   a. può pubblicare?   1. *truly happy*
   b. l'adorabile broncio   2. *I'd like to surprise*
   c. vorrei fare una sorpresa 3. *my joy*
   d. davvero felice   4. *can you publish?*
   e. la mia gioia   5. *adorable little sulky face*

3. **La tua lettera.** Now write a short request to the director asking him to publish one of your photos and explain why.

(iLrn™)

Share it! ● ● ●   Your personal request. Post your request to the director on *Share it!* Be sure to include your picture as they did in the reading.

1–22

La casa

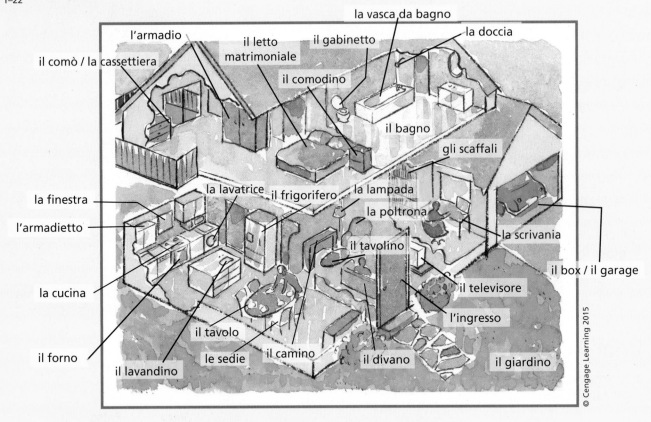

Labels on the illustration:

- la vasca da bagno
- la doccia
- l'armadio
- il letto matrimoniale
- il gabinetto
- il comò / la cassettiera
- il comodino
- il bagno
- gli scaffali
- la finestra
- la lavatrice
- il frigorifero
- la lampada
- l'armadietto
- la poltrona
- la scrivania
- il tavolino
- il box / il garage
- la cucina
- il televisore
- l'ingresso
- il forno
- il tavolo
- le sedie
- il camino
- il divano
- il giardino
- il lavandino

© Cengage Learning 2015

Per gli italiani, la cucina è il luogo della casa dove la famiglia passa molto tempo insieme.

Gli edifici	Buildings
l'appartamento	apartment
l'ascensore (m.)	elevator
il monolocale	studio apartment
il palazzo	building / palace
il pianoterra / il pianterreno	ground floor
il primo piano	first floor
il secondo piano	second floor
l'ultimo piano	last floor

Il bagno	Bathroom
il dentifricio	toothpaste
il pettine	comb
lo spazzolino da denti	toothbrush

Luoghi della casa	Places in the House
il balcone	balcony
la camera da letto	bedroom
la cantina / lo scantinato	basement
la cucina	kitchen

il soggiorno	living room
lo studio	study
il terrazzo (or la terrazza)	terrace

Altre parole utili	Other Useful Words
l'affitto	rent
l'arredamento	furnishings
arredato	furnished
comodo	comfortable
il forno a microonde	microwave
in centro	in town
in periferia	in the outskirts
la lavastoviglie	dishwasher
luminoso	bright
i metri quadrati	square meters / yards
i mobili	furniture
il padrone/la padrona di casa	landlord
il pavimento	floor
la sedia	chair
lo specchio	mirror
la sveglia	alarm clock

Pratichiamo!

2-18. Associazioni. List the names of pieces of furniture that you associate with the rooms listed below. Some pieces of furniture can be used more than once.

Soggiorno	Studio	Cucina

2-19. Il nuovo appartamento. Antonio is on his way to pick up Isabella and asks about her new apartment in Mestre, near Venice. Complete the following dialogue, using the vocabulary words listed.

> centro / piano / numero / ascensore / luminoso / periferia

Antonio: Passo a prenderti alle 3.00. A quale _____ (1) di via Adda abiti?

Isabella: Al 380.

Antonio: E a quale _____ (2) abiti?

Isabella: Al quarto (*fourth*).

Antonio: C'è un _____ (3)?

Isabella: Certo ma Antonio, quanto sei pigro!

Antonio: Sono tante scale (*stairs*)! Com'è il nuovo appartamento?

Isabella: È molto comodo e _____ (4) perché entra il sole e mi piace abitare in _____ (5), lontano dalla città e in mezzo alla natura.

Antonio: È vero, in _____ (6) la vita è più caotica. A presto!

2-20. Affittiamo un appartamento. You and your roommate need to find a new apartment. Read the following announcement and decide if this apartment is acceptable. Here are sample questions that you can ask each other. Explain why it is acceptable or not.

> Ci sono abbastanza (*enough*) camere da letto / bagni? / È troppo piccolo? / C'è posto per la macchina? / C'è un terrazzo? / Avete animali? / Quanto costa? / Ci sono mobili nell'appartamento?

€650 Venezia DORSODURO - CALLE LUNGA SAN BARNABA					
Bagni:	1	**Superficie:**	80 mq (metri quadrati)	**Camere:**	2
Cucina:	angolo cottura*	**Terrazzo:**	sì	**Piano:**	2
Totale Piani:	3	**Box:**	sì, singolo	**Giardino:**	No
Arredamento:	Parzialmente arredato				
*kitchenette or small cooking area					

2-21. La vostra casa. In groups, interview two classmates to find out some information about their houses. Write their answers on a separate piece of paper.

1. Dove abiti?
2. A quale piano abiti? C'è un ascensore?
3. In quale stanza passi più tempo?
4. La tua casa è in affitto?
5. Ci sono mobili? Quali?
6. Con quante persone abiti?
7. Quante camere da letto ci sono?
8. C'è un balcone o un giardino?

Prima di tutto... Do you live in a house or in an apartment? Do you like your house? Is it big or small? How many people live in this house? Have you ever been the guest of a family in Italy? If so, can you describe their house?

PjrTravel / Alamy

Davvero?! Venice is a unique city with no cars, no motorcycles, and very limited use of other means of transportation, such as bicycles. Venetians get around on foot, by boat, and by **vaporetto**, the water bus that navigates the Grand Canal. There are different ways to do many things in Venice with respect to how things work on the "mainland," and construction of houses is one of them: How do you build a house that has its foundation in the water?

Chiacchieriamo un po'! Come siete fortunati! You and your partner live in an apartment in one of the buildings pictured above. Take turns describing the inside of the home (the rooms, the furniture, the colors, etc.) as you imagine it. Also include the things you *don't* find in the apartment. Be as creative as possible!

iLrn

Share it! • • • **Si mangia!** Find some typical dishes from Veneto by checking out menus of local restaurants. For example, **l'Osteria Madonnetta** in Marostica has many examples. Write your favorite dish and/or recipe on *Share it!*

1–23

A Marostica, a casa degli zii

Listen to and/or read the conversation and respond to the questions that follow.

Antonio invited Isabella to go to Marostica where his Uncle Stefano and Aunt Donatella live. They just arrived and Antonio's aunt greets them.

Zia Donatella: Ciao ragazzi, benvenuti! Come state? Entrate, prego, così **vi riposate** un po'!

Antonio: Grazie zia! Sì, **ci riposiamo** per qualche minuto. Lei è una mia amica, **si chiama** Isabella.

Isabella: Piacere! E complimenti! Che bella casa e com'è grande!

Antonio: Guarda[1] Isabella, il balcone del salotto dà[2] su Piazza degli Scacchi. C'è una vista[3] bellissima.

Zia Donatella: Domani c'è la partita con gli scacchi[4] umani. Perché non **vi fermate**[5] qui e tutti insieme guardiamo la partita dal balcone?

Antonio: È una buon'idea. Domani **ci svegliamo**[6] presto, **ci prepariamo**[7] e durante il giorno visitiamo la città.

Zia Donatella: Poi verso sera, **ci incontriamo**[8] qui a casa, guardiamo la partita e per cena preparo *risi e bisi*[9]. Zio Stefano ne va pazzo[10].

Antonio e Isabella: Va bene! Buon'idea.

Piazza degli Scacchi is located in the medieval walled town of Marostica in the province of Vicenza. In this piazza, chess is played with humans in place of chess pieces on an enormous chessboard laid into the pavement.

[1]*Look!* [2]*overlooks* [3]*view* [4]*chess* [5]*you stop* [6]*we wake up* [7]*we get ready* [8]*we'll meet each other* [9]*rice and peas* [10]*he is crazy about it [that dish]*

Comprensione

È vero o è falso? Determine if each of the following statements is true **(vero)** or false **(falso)**. When a statement is false, provide the correct answer.

1. _____ Piazza degli Scacchi non piace ad Antonio.
2. _____ Il balcone del salotto dà su Piazza Marostica.
3. _____ Domani c'è una partita di tennis in televisione.
4. _____ A zio Stefano piacciono risi e bisi.

Osserviamo la struttura!

In the dialogue above, observe the words in bold and complete the following activities.

1. Fill in the missing elements in the following sentences taken from the dialogue.
   a. _____ chiama Isabella. b. Domani _____ svegliamo presto. c. Perché non _____ fermate qui?
2. What do you think the words you inserted in the preceding question mean?
3. Which of the following expressions indicates a <u>reflexive</u> action (*an action that you do to yourself, such as prepare yourself*) and which a <u>reciprocal</u> action (*an action that you do to or with each other / one another*)?
   a. **ci** prepariamo   b. **ci** incontriamo

Verbi riflessivi e azioni reciproche in -are (*Reflexive verbs and reciprocal actions in -are*)

Verbi riflessivi

Shutterstock.com

Isabella è nel bagno, **si guarda** allo specchio, **si pettina** e **si prepara**. Più tardi lei e i suoi amici **si incontrano** in piazza.

A. Verbi riflessivi (*Reflexive verbs*) are verbs whose actions refer back to the subject. This means that the subject not only performs the action but also receives it (for example, *I wash my hands, she combs her hair, we enjoy ourselves*). Whereas English often uses -*self* / -*selves* or possessive adjectives (*my, your,* etc.) to convey a reflexive meaning, Italian reflexive verbs use **pronomi riflessivi** (*reflexive pronouns*) **(mi, ti, si, ci, vi, si)** before their conjugated verb forms.

Isabella **si lava** i denti, **si pettina** e **si prepara** per incontrare gli amici.	*Isabella brushes her teeth, combs her hair and gets (herself) ready to meet her friends.*

B. The following is an example of the present indicative of a reflexive verb in **-are**.

Soggetto (*Subject*)	Pronomi riflessivi (*Reflexive pronouns*)	Forme verbali (*Verb forms*) alzarsi (*to get up*)
io	**mi**	alz**o**
tu	**ti**	alz**i**
Lei, lui/lei	**si**	alz**a**
noi	**ci**	alz**iamo**
voi	**vi**	alz**ate**
loro	**si**	alz**ano**

C. Notice that many verbs can also have a reflexive form. The infinitive form of a reflexive verb contains the pronoun **si** at the end after deleting the final vowel **-e**.

Non-reflexive

lavare: *to wash (something / somebody)*
svegliare: *to wake up (somebody)*

Noi laviamo la macchina.
We wash the car.
La mamma sveglia i suoi figli.
The mother wakes her kids up.

Reflexive

lavarsi: *to wash oneself*
svegliarsi: *to wake (oneself) up*

Noi **ci** laviamo le mani.
*We wash **our** hands.*
La mamma **si** sveglia presto.
*The mother wakes (**herself**) up early.*

D. When a sentence is negative, **non** precedes the reflexive pronoun.

Ti svegli tardi la mattina?	*Do you wake up late in the morning?*
No, **non** mi sveglio tardi, mi sveglio presto.	*No, I don't wake up late, I wake up early.*

E. The following is a list of the most common reflexive verbs of the first conjugation (verbs in **-are**). Practice the conjugation of these verbs and their meanings before you start the **Pratichiamo!** section.

addormentarsi	*to fall asleep*	**laurearsi**	*to graduate*
alzarsi	*to get up*	**lavarsi**	*to wash oneself*
annoiarsi	*to get bored*	**pettinarsi**	*to comb one's hair*
arrabbiarsi	*to get angry, upset*	**prepararsi**	*to get ready*
asciugarsi	*to dry oneself off*	**riposarsi**	*to rest*
chiamarsi	*to be called*	**svegliarsi**	*to get up*

Azioni reciproche

A. Azioni reciproche (*Reciprocal actions*) express what people do to *each other* or *one another* (*we call each other, they see each another*, etc.). Therefore, reciprocal actions can only be expressed with plural subjects **(noi, voi, loro).** In order to express a reciprocal action in the present indicative, the reciprocal pronouns, **ci, vi, si,** precede the conjugated verb. Like reflexive verbs, infinitive forms of **azioni reciproche** have the pronoun **si** attached to the end of the verb after deleting the final **-e**. See the verbs **incontrare** (*non-reciprocal*) and **incontrarsi** (*reciprocal*) in the following examples.

Non-reciprocal	**Reciprocal**
incontrare: *to meet*	**incontrarsi:** *to meet each other*
Io incontro gli amici in Piazza degli Scacchi.	Noi **ci** incontriamo in Piazza degli Scacchi.
I meet my friends in Piazza degli Scacchi.	*We meet each other in Piazza degli Scacchi.*
Tu incontri Luca a casa di zia Donatella.	Voi **vi** incontrate a casa di zia Donatella.
You meet Luca at Aunt Donatella's house.	*You two will meet (each other) at Aunt Donatella's house.*
Zio Stefano incontra sua moglie al ristorante.	Loro **si** incontrano al ristorante.
Uncle Stefano meets his wife at the restaurant.	*They will meet (each other) at the restaurant.*

B. The following is a list of the most common **azioni reciproche** for verbs of the first conjugation (verbs in **-are**). Practice the conjugation of these verbs and their meanings by yourself or with a partner before you start the **Pratichiamo!** section.

abbracciarsi	*to hug each other*	**salutarsi**	*to greet (take leave of) each other*
aiutarsi	*to help each other*		
baciarsi	*to kiss each other*	**scambiarsi**	*to exchange with each other*
chiamarsi / telefonarsi	*to call each other*	**sposarsi**[3]	*to get married*
fidanzarsi	*to get engaged*		
incontrarsi	*to meet each other*		

[3]**Sposarsi** and **fidanzarsi** can be used as reflexive verbs (**Io mi sposo con Luca**) or reciprocal actions (**Alberto e Maria si sposano**).

Pratichiamo!

2-22. Cosa fanno a casa (*at home*)? Indicate what the following people do in the places indicated. Use and conjugate the verbs in the list. Include every action applicable, using both **verbi riflessivi** and **verbi non riflessivi**.

> lavare la frutta / lavarsi / preparare la colazione / prepararsi / svegliarsi / alzarsi
> addormentarsi / riposarsi / guardare la televisione / pettinarsi / guardarsi allo specchio

1. Zia Donatella ... nel bagno.
2. Luca e Antonio ... nella loro camera.
3. Zio Stefano ... in soggiorno.
4. Tu ... sul divano.
5. Tu e il tuo compagno di stanza ... in cucina.

2-23. La nostra giornata a Marostica. Isabella plans a day in Marostica with her friends. Create complete sentences with the following **azioni reciproche**, changing the subject as indicated.

> Esempio   *Io e Luca **ci incontriamo** in piazza.*

1. telefonarsi la sera prima   Io e Antonio / Tu e Luca / Stefania e Luca
2. incontrarsi in piazza il giorno dopo   Io e Luca / Tu e Luca / Luca e Stefania
3. abbracciarsi e baciarsi   Io e i miei amici / Antonio e Stefania / Tu e Luca
4. scambiarsi le ciliegie di Marostica   Tu e io / Io e i miei amici / Tu e Isabella
5. salutarsi   Io e Isabella / Tu e Luca / Luca e Stefania

2-24. La domenica a Marostica. Complete the following sentences using the verbs indicated. **Attenzione:** Based on the context, choose from the regular, reflexive, or reciprocal forms of the verbs.

1. La zia Donatella (*svegliare / svegliarsi*) presto la domenica e poi (*svegliare / svegliarsi*) suo marito.
2. Antonio, Isabella e i loro amici (*incontrare / incontrarsi*) al bar alle 8.00. Poi (*incontrare / incontrarsi*) gli zii di Antonio in Piazza degli Scacchi.
3. La zia Donatella prima (*chiamare / chiamarsi*) Antonio, poi parla con un'amica che (*chiamare / chiamarsi*) Paola.
4. Isabella (*lavare / lavarsi*) la sua macchina e poi (*lavare / lavarsi*) le mani.
5. Antonio e Isabella (*organizzarsi / organizzare*) per andare al mercato. Luca non (*organizzarsi / organizzare*) mai niente ed è sempre a letto!

> **NOTA CULTURALE**
>
>
>
> Marostica is famous for its exquisite and unique **ciliegie** (*cherries*) which benefit from the Protected Geographical Identification marking (IGP), which means that the product can only be sold as such if it is produced around Marostica. Legend says that these cherries bring luck to those who eat them. Therefore, it is a tradition for friends and family to exchange them as gifts.

© marka / SuperStock

2-25. Parliamo di te. In pairs, ask and answer questions to find out more about each other.

1. Come ti chiami?
2. Ti svegli presto o tardi durante la settimana?
3. Ti alzi subito quando ti svegli o ami stare a letto un po' di tempo?
4. Ti riposi nel pomeriggio?
5. Ti mascheri a Carnevale o Halloween? Come?
6. Ti addormenti tardi durante il fine settimana?
7. Tu e i tuoi amici vi baciate e vi abbracciate quando vi incontrate?
8. Tu e il tuo migliore (*best*) amico/la tua migliore amica vi telefonate tutti i giorni?

NOTA CULTURALE

Le maschere veneziane (*Venetian masks*) were used to conceal their wearers' identities during promiscuous or decadent activities. Made for centuries in Venice, these distinctive masks were formed from paper-mache and wildly decorated with fur, fabric, gems, or feathers.

2-26. Siamo uguali o no? In pairs, find out who does the following things. Take turns reporting back to the class.

Esempio   lavarsi i denti tre volte al giorno

S1: *Io mi lavo i denti tre volte al giorno. E tu?*

S2: *Anch'io mi lavo i denti tre volte al giorno.* OR *Io invece* (on the other hand) *mi lavo i denti cinque volte al giorno.*

1. svegliarsi presto
2. lavarsi i capelli tutti i giorni
3. asciugarsi i capelli con l'asciugacapelli
4. alzarsi prima di mezzogiorno (*noon*)
5. riposarsi il pomeriggio
6. prepararsi per la scuola più velocemente
7. addormentarsi tardi

2-27. Amici o solo compagni di stanza? Ask your classmate how often, **spesso** (*often*), **qualche volta** (*sometimes*), or **mai** (*never*), he/she does the following things with his/her roommate. Then decide if they know each other very well or if they are just roommates.

Esempio   incontrarsi all'università

S1: *Vi incontrate all'università?*

S2: *No, non ci incontriamo mai.* OR *Sì, ci incontriamo spesso / qualche volta.*

	Spesso	Qualche volta	Mai
1. telefonarsi durante il giorno			
2. aspettarsi dopo lezione			
3. incontrarsi all'università			
4. mandarsi tante mail			
5. parlare dei problemi			
6. aiutarsi con i compiti			

Facciamo una gita?

1–24

Listen to and/or read the message and respond to the questions that follow.

Isabella posts a message on Facebook.

Ragazzi, che **fate** questo fine settimana? Avete intenzione di **stare** a casa, di **fare** qualcosa di divertente o di **andare** da qualche parte? Io **vado** a Oderzo per **dare** una mano a mia zia che **fa** un trasloco[1]. E ho un'idea. **Andiamo** a Oderzo tutti insieme? Sabato mattina ci svegliamo presto, **facciamo** colazione a casa mia e poi partiamo. Quando arriviamo, tutti insieme **diamo** una mano a mia zia e lei ci **dà** ospitalità a casa sua. È anche una brava cuoca e sono sicura che per noi **fa** la sua ricetta preferita con il famoso radicchio rosso di Treviso. Naturalmente **do** un passaggio a tutti. Se mi **date** una risposta entro stasera, **faccio** una telefonata a mia zia. A presto!

The main piazza in the city of Oderzo, **Piazza Grande**, is laid out like a theatre with the clock tower as the rear of the stage. Piazza Grande is the stage for many cultural, religious, civic, and social events.

©SIME / estockphoto

[1]*move*

Comprensione

È vero o è falso? Indicate whether each of the following statements is true **(vero)** or false **(falso)**. When a statement is false, provide the correct answer.

1. _____ Isabella va a Oderzo per il fine settimana.
2. _____ La sorella di Isabella abita a Oderzo.
3. _____ Isabella invita i suoi amici a fare una gita insieme.
4. _____ A Oderzo Isabella e i suoi amici stanno in un hotel.

Osserviamo la struttura!

In the message above, observe the words in bold and complete the following activity.

In the text there are four verbs, indicated below. For each of these verbs:

a. Find the verb forms used in the text and list them in the table below according to their subjects.
b. Fill in the rest of the verb **stare** that you learned in **Capitolo preliminare**.
c. Complete the table by noticing patterns and guessing the remaining forms.

	io	tu	lui/lei	noi	voi	loro
andare	*vado*		*va*			*vanno*
dare						
fare			*fa*			
stare						

NOTA CULTURALE

Radicchio rosso di Treviso is one of the most distinctive Italian vegetables. It is a kind of lettuce with wine-red leaves and bone-white ribs. It's produced only around Treviso. It enjoys the IGP status.

federicofoto / Shutterstock.com

Verbi irregolari in -*are* (*Irregular verbs in -are*)

© Westend61 / SuperStock

The verbs **andare**, **dare**, **fare**, and **stare** are irregular verbs in the **presente indicativo**. This means that they do not follow the general pattern. These four verbs are similar in their conjugations. Note the patterns in the chart below.

Facciamo una gita e **andiamo** a Oderzo.

Presente indicativo dei verbi irregolari in -*are*				
	andare (*to go*)	**dare** (*to give*)	**fare** (*to do / to make*)	**stare** (*to be / to stay*)
io	vado	do	faccio	sto
tu	vai	dai	fai	stai
Lei, lui/lei	va	dà	fa	sta
noi	andiamo	diamo	facciamo	stiamo
voi	andate	date	fate	state
loro	vanno	danno	fanno	stanno

Espressioni con *andare, dare, fare* e *stare*

A. The verb **andare** (*to go*) is usually followed by the preposition **a** or **in** (*to / at / in*).

> Io vado **a** casa. Tu dove vai? *I am going home. Where are you going?*
> Io ho fame e vado **a** mangiare. *I am hungry and I am going to eat.*
> Papà va **al** lavoro **in** ufficio. *Dad is going to work at the office.*

- However, **andare** is also used with the following expressions:

andare bene / male (*to go well / bad*)   **andare d'accordo** (*to get along*)

Come **va**? **Va** tutto bene?   **Vai** d'accordo con i tuoi fratelli?

How is it going? Is everything well?   *Do you get along with your brothers?*

B. The verb **dare** (*to give*) is used in some idiomatic expressions as well.

dare / darsi la mano[4] (*to hold / shake hands*)   **dare una mano** (*to give a hand / help*)

La mamma **dà la mano** a suo figlio.   *The mother holds her son's hand.*
Antonio e Isabella camminano e **si danno la mano**.   *Antonio and Isabella walk hand-in-hand.*
Le persone **si danno** la mano quando si presentano.   *People shake hands when they meet each other.*

[4]The noun **mano** is feminine. The plural is **mani**.

ATTENZIONE!

Dare del tu / Dare del Lei (*address someone informally / formally*) are two very common Italian expressions that indicate whether a person should speak with a familiar or formal register.

La maestra **dà del tu** ai suoi studenti e gli studenti **danno del Lei** alla maestra.

The teacher addresses her students informally and students address their teacher formally.

C. The verb **fare** (*to do / to make*) is used in many idiomatic expressions. The following is a list of the most common.

fare attenzione	*to pay attention*	**fare una passeggiata**	*to take a walk*
fare / farsi il bagno /	*to take a bath /*	**fare silenzio**	*to be quiet*
la doccia	*a shower*	**fare la spesa**	*to do grocery shopping*
fare / farsi la barba	*to shave*	**fare le spese**	*to do "fun" shopping*
fare colazione	*to have breakfast*	**fare un viaggio / una gita**	*to take a trip*
fare un esame	*to take an exam*		

Antonio prima **fa** la doccia e poi **si fa** la barba.

Io la mattina **faccio** la spesa al supermercato
e la sera io e mio marito **facciamo** una
passeggiata e **facciamo** le spese nei negozi.

Antonio takes a shower first and then he shaves.

*In the morning I do the grocery shopping
and at night my husband and I take a walk
and do "fun" shopping in the stores.*

D. The verb **stare**, which means *to stay,* is also used to:

- indicate health conditions expressed in English by *to be* and an adverb, such as *fine, well, bad, so-so* (**bene / male / così-così**).

  Come **stai**?

  Sto benissimo, grazie!

  How are you?

  I am very well, thanks!

- describe appearance (*look*).

  Sto bene con i pantaloni blu?

  Laura, **stai** benissimo!

  Do I look good in blue pants?

  Laura, you look great!

- Other common expressions include **stare zitto** (*to be quiet*) e **stare attento** (*to pay attention*).

Pratichiamo!

2-28. Una gita a Oderzo. Complete the following dialogue between Antonio and his friends by writing the conjugated forms of **fare, dare, stare,** or **andare,** according to the meaning of the sentence.

Antonio: Allora ragazzi, cosa (voi) _____ (1) questo fine settimana? (Voi) _____ (2) a Oderzo?

Pietro: Forse io _____ (3) a casa. Il sabato _____ (4) una mano a mia madre a fare la spesa.

Antonio: Ma dai (*Come on*)! Perché (tu) non _____ (5) un'eccezione? Io _____ (6) a Oderzo con Isabella domani mattina e torniamo domenica sera.

Erica: E per la notte prenotate un hotel?

Antonio: No. (Noi) _____ (7) a casa della zia di Isabella. Ha una grande villa e c'è posto anche per voi.

Pietro: _____ (8) bene! _____ (9) tutti a Oderzo!

2-29. Incontro in pasticceria. Complete the following formal dialogue with the verbs **andare / fare / stare**.

Signor Fabbri: Buona sera signor Grandi! Come _____ (1) oggi? Che cosa _____ (2) di bello in pasticceria?

Signor Grandi: _____ (3) bene, grazie. (io) _____ (4) una sorpresa a mia moglie, una bella torta! È il suo compleanno.

Signor Fabbri: Auguri! Perché Lei e sua moglie non _____ (5) alla nuova Gelateria Savoia sul Liston? Loro _____ (6) un gelato buonissimo.

Signor Grandi: È una buon'idea. Stasera io e mia moglie _____ (7) alla gelateria Savoia e dopo _____ (8) una bella passeggiata sul Liston.

2-30. Uno strano sogno. Elisa had a strange dream about her son Antonio and his friend Isabella. Conjugate the verbs given in parentheses to find out about Elisa's dream.

Antonio e Isabella sono a Verona. _____ (1. fare) una passeggiata per la città e _____ (2. andare) a casa di Giulietta. Antonio _____ (3. fermarsi) e _____ (4. dare) la mano a Isabella. I due ragazzi _____ (5. guardarsi) negli occhi, poi _____ (6. abbracciarsi) e _____ (7. baciarsi). Poi Antonio e Isabella sono in una chiesa e _____ (8. sposarsi).

Elisa si sveglia all'improvviso perché il telefono squilla (*rings*).

Elisa: Pronto?

Antonio: Ciao mamma. Sono io, Antonio. Sono a Verona con Isabella.

Elisa: Oh mamma mia!

2-31. Cosa fai in Veneto? You and your family are in Veneto on vacation. In pairs, ask your partner what each member of his/her family does in Veneto. Use the suggestions below. You can also give some of your own answers.

Esempio   **S1:** *Cosa fate stasera?*
            S2: *Stasera c'è Cena di note. Io e la mia famiglia andiamo perché i miei genitori amano la musica classica. E tu cosa fai?*

1. andare in gondola
2. fare una passeggiata a Venezia
3. dare cibo (*food*) ai piccioni (*pigeons*) in Piazza San Marco

2-32. Facciamo una chiacchierata (*Let's chat*)! In groups, ask and answer questions with the verbs **andare, dare, fare,** and **stare.** Then report the information to the class. Here are some suggestions.

1. andare d'accordo con i tuoi fratelli/le tue sorelle
2. dare una mano a un amico che ha bisogno di aiuto
3. fare la spesa tutti i giorni
4. stare attento/a in classe
5. fare le spese

iLrn

Complete the diagnostic tests to check your knowledge of the vocabulary and grammar structures presented in this chapter.

Insieme in Piazza

With a partner, choose one of the following scenarios and create a logical conversation or create a dialogue for your own scenario. Try to incorporate the vocabulary and the structures learned in this chapter.

Scena 1: La vita in Piazza Bra. You meet some friends in the piazza. Act out the conversation with your friends (talk about your family, or a trip you all are planning, or things to do together during the weekend).

Scena 2: Una giornata in Piazza degli Scacchi. You and some friends are in Marostica for the weekend. Talk about your plans (What time will you get up? Where do you want to have breakfast? What do you plan to do that day? Do you have plans for the evening?) Discuss the possibilities.

Scena 3: La tua casa a Venezia. You and some friends are exchange students in Venezia. You are in Piazza San Marco drinking a coffee and eating a croissant. You talk about the apartment assigned to you, the roommates you have, and your daily routine.

Presentazioni orali

From the topics listed below, choose the one that intrigues you and your partner the most. Alternatively, come up with your own topic based on something you learned in the chapter. Find basic information (biographical, geographical, historical, culinary) that can be accompanied by visuals. Present the information to the class in the medium of your choice (PowerPoint, Prezi, video, photos, etc.).

Jorg Hackemann / Shutterstock.com

1. The Olympic theatre in Vicenza, designed by Andrea Palladio

©Arco Images GmbH / Alamy

2. The University of Padova, one of the oldest universities in Europe

Cutcaster

3. Tiziano Vecelli (or Vecellio), considered the greatest Venetian artist of the 16th century

Scriviamo!

Create a simple family tree of your family or invent one.

Writing Strategy: Using Photographs to Develop a Narrative

Photographs of families and friends often remind us of important people and moments in our lives. To complete this writing assignment, bring in a couple of photographs of your family and/or friends that have special meaning.
You will need these photos to create a family tree for you or your friend's family; indicate the people in the picture on the family tree; establish relationships; and write descriptions.

L'albero genealogico

© Cengage Learning 2015

1. Brainstorming

In two columns, list the verbs and adjectives you will use to describe your family.

Verbi   **Aggettivi**

2. Organizzazione

Choose 3–4 family members and describe them on a separate piece of paper, using the categories below.

Chi abita vicino e chi abita lontano? Chi lavora? Chi studia? Dove?

3. Scrittura libera

Now write a complete rough draft about your real or invented family. Write a minimum of 75 words.

Esempio: *Nella mia famiglia ci sono quattro persone: mio padre Remo, mia madre Franca, mio fratello Davide e io, Maria. Mio fratello studia a Ca' Foscari. ... ecc.*

4. Prima correzione

Exchange your rough draft with a partner. Comment on content and correct errors only if you are sure of an error. Some useful phrases are:

- Mi piace molto quest'idea. Puoi elaborare? (*I like this idea. Can you elaborate?*)
- Non capisco questa frase. (*I don't understand this sentence.*)
- Questo è divertente! (*This is fun!*)
- Che significa questa parola / questa frase? (*What does this word / sentence mean?*)

5. Finale

After you have finished with peer corrections, write your final composition at home. If possible, include photos.

▶ Dove festeggi le feste di famiglia?

Prima della visione

A. Le parole. Match the Italian words or expressions to their English equivalents.

1. in periferia	a. *we go to dinner*
2. studiolo	b. *in the center, downtown*
3. tante scale	c. *the ancient walls*
4. le mura antiche	d. *on the outskirts (of town)*
5. andiamo a cena	e. *small study*
6. in centro	f. *many stairs*

B. Il tuo compleanno. With a partner, write a list of questions that you would expect to hear in this video about celebrating birthdays. Then compare your questions with those written by other students.

Durante la visione

Watch the video two times. The first time, pay attention to the overall meaning of each interview. The second time, complete the following activities.

C. Cosa dicono (*What are they saying*)? Listen to the answers to the interview questions and fill in the blanks with the missing word.

1. La mia famiglia non è né _____ né piccola.

2. Il mio compleanno è il ventisei _____.

3. Nella mia _____ siamo in quattro.

4. Ho un _____ gemello.

5. Il mio compleanno è il _____ di maggio.

6. Mentre la sera esco con le mie _____ o con il mio fidanzato.

D. Com'è la loro casa? Write how the following people describe their homes.

1. _____.

2. _____.

3. _____.

Dopo la visione

E. È vero o è falso? Indicate whether the following statements are true **(vero)** or false **(falso)**. When a statement is false, provide the correct answer.

1. Clara ha due sorelle.   V   F

2. Di solito Filippo va con gli amici in macchina.   V   F

3. La signora Annamaria ha una casa piccolina.   V   F

4. Il signor Gianfranco ha una grande famiglia.   V   F

5. La signora Cristina abita in periferia.   V   F

6. Per le feste la famiglia di la signora Cristina va al ristorante.   V   F

F. Una conversazione tra Cristina e Clara (*A conversation between Cristina and Clara*). Imagine a conversation where Cristina and Clara meet each other for the first time. They ask where each lives and about each other's families. Use the formal register.

Clara

La signora Cristina

© Cengage Learning 2015

Share it!•••   **Una casa in Italia.** Search the Internet for the house of your dreams in Italy. Post a picture of it and describe it using the language used in the interviews **(quante stanze, quanti bagni, giardino, ecc.).** Look at two or more posts from other classmates, choose a house that you like, and give it a thumbs-up.

VOCABOLARIO

Il nucleo familiare	*The Nuclear Family*
il figlio/la figlia	*son/daughter*
il figlio unico	*only child*
i figli	*children*
il fratello	*brother*
il fratello maggiore / minore	*older brother / younger brother*
il gemello/la gemella	*twin*
i genitori	*parents*
la madre	*mother*
il marito	*husband*
la moglie	*wife*
il nonno/la nonna	*grandfather/ grandmother*
il padre	*father*
la sorella	*sister*
la sorella maggiore / minore	*older sister / younger sister*

La famiglia estesa	*The Extended Family*
il cognato/la cognata	*brother-in-law/ sister-in-law*
il cugino/la cugina	*cousin*
il genero	*son-in-law*
il/la nipote (*m./f.*)	*nephew/niece; grandson/ granddaughter*
la nuora	*daughter-in-law*
il/la parente (*m./f.*)	*relative*
il suocero/la suocera	*father-in-law/ mother-in-law*
i suoceri	*in-laws (mother- and father-in-law)*
lo zio/la zia	*uncle/aunt*

Relazioni	*Relationships*
divorziato/a	*divorced*
fidanzato/a	*engaged*
materno/a	*maternal*
nubile	*unmarried woman*
paterno/a	*paternal*
scapolo	*unmarried man, bachelor*
separato/a	*separated*
single	*single*
sposato/a	*married*
vedovo/a	*widower/widow*

Gli edifici	*Buildings*
l'appartamento	*apartment*
il box / il garage	*garage*
la casa	*house, home*

il monolocale	*studio apartment*
il palazzo	*building / palace*
il pianoterra / il pianterreno	*ground floor*
il primo piano	*first floor*
il secondo piano	*second floor*
l'ultimo piano	*last floor*

Il bagno	*Bathroom*
la doccia	*shower*
il dentifricio	*toothpaste*
il gabinetto	*toilet*
il lavandino	*sink*
il pettine	*comb*
lo spazzolino da denti	*toothbrush*
lo specchio	*mirror*
la vasca da bagno	*bathtub*

La camera da letto	*Bedroom*
l'armadio	*closet*
il comò / la cassettiera	*dresser*
il comodino	*night stand*
il letto	*bed*
il letto matrimoniale	*queen / king-sized bed*
il pavimento	*floor*
la sveglia	*alarm clock*

Lo studio	*Study*
il computer	*computer*
gli scaffali	*bookshelves*
la scrivania	*desk*
la sedia	*chair*

La cucina	*Kitchen*
l'armadietto	*cabinet*
la cucina	*stove, range*
il forno	*oven*
il frigorifero	*refrigerator*
la lavastoviglie	*dishwasher*
la lavatrice	*washing machine*
il microonde (il forno a microonde)	*microwave (microwave oven)*
la tavola / il tavolo	*table (dining)*

Il salotto / Il soggiorno	*Living Room*
il camino	*fireplace*
il divano	*couch, sofa*
la lampada	*lamp*
la poltrona	*armchair*
il tavolino	*coffee table*
il televisore	*television*

Altri luoghi della casa — *Other Places in the House*

il balcone	*balcony*
la cantina / lo scantinato	*basement*
il giardino	*yard*
l'ingresso	*entrance*
il terrazzo/la terrazza	*terrace*

Altre parole utili — *Other Useful Words*

l'affitto	*rent*
l'arredamento	*furnishings*
arredato	*furnished*
l'ascensore	*elevator*
in centro	*in town*
comodo	*comfortable*
la finestra	*window*
luminoso	*bright*
i metri quadrati	*square meters / yards*
i mobili	*furniture*
il padrone/ la padrona di casa	*landlord*
in periferia	*in the outskirts*

I verbi — *Verbs*

abitare	*to live*
amare	*to love*
andare	*to go*
arrivare	*to arrive*
ascoltare	*to listen to*
aspettare	*to wait for*
cercare	*to look for*
chiamare	*to call*
cominciare	*to begin*
comprare	*to buy*
dare	*to give*
desiderare	*to desire / to want*
fare	*to do / to make*
festeggiare	*to celebrate*
frequentare	*to attend*
giocare	*to play (a sport or a game)*
guardare	*to look at*
invitare	*to invite*
mangiare	*to eat*
ordinare	*to order*
pagare	*to pay*
parlare	*to speak*
passare	*to spend (time)*
portare	*to bring / to take*
preparare	*to prepare*
spiegare	*to explain*
stare	*to be / to stay*
studiare	*to study*

suonare	*to play (a musical instrument)*
trovare	*to find*
visitare	*to visit*

I verbi riflessivi — *Reflexive Verbs*

addormentarsi	*to fall asleep*
alzarsi	*to get up*
annoiarsi	*to get bored*
arrabbiarsi	*to get angry, upset*
asciugarsi	*to dry oneself off*
chiamarsi	*to be called / to call oneself*
farsi	*to do something to oneself*
laurearsi	*to graduate (from university)*
lavarsi	*to wash oneself*
pettinarsi	*to comb one's hair*
prepararsi	*to get ready*
riposarsi	*to rest*
svegliarsi	*to wake (oneself) up / to get up*

I verbi reciproci — *Reciprocal Verbs*

abbracciarsi	*to hug each other*
aiutarsi	*to help each other*
baciarsi	*to kiss each other*
chiamarsi	*to call each other*
darsi	*to give to each other*
fidanzarsi	*to get engaged (to each other)*
incontrarsi	*to meet each other*
salutarsi	*to greet (to take leave of) each other*
scambiarsi	*to exchange with each other*
sposarsi	*to get married (to each other)*
telefonarsi	*to call each other*

Espressioni con *fare* — *Expressions with* fare

fare attenzione	*to pay attention*
fare (farsi) il bagno / la doccia	*to take a bath / a shower*
fare / farsi la barba	*to shave*
fare colazione	*to have breakfast*
fare un esame	*to take an exam*
fare una passeggiata	*to take a walk*
fare silenzio	*to be quiet*
fare la spesa / fare le spese	*to do grocery shopping / to do "fun" shopping*
fare un viaggio / una gita	*to take a trip*

CAPITOLO 3

LEARNING STRATEGY

Listening to Instructions

Listening comprehension can be a difficult task when you learn a new language. There are several things that will make it easier:

- Pay attention to repeated directions.
- Learn the language for instructions, such as: "open your book, take out a pencil and paper, and form pairs and groups." You will then recognize them immediately.
- Realize that you will not understand everything at first.
- When listening, as when reading, aim at getting the gist of the message.

If you still don't understand an instruction, don't be afraid to ask!

LO SPORT IN PIAZZA

Piazza Solferino a Torino è stata una pista di pattinaggio sul ghiaccio e uno Sponsor Village per i giochi olimpici del 2006.

© Cubo Images / SuperStock

COMMUNICATIVE GOALS

> Talk about seasons and weather

> Talk about clothing items

> Talk about sports

> Talk about daily routines, obligations, and leisure-time activities

> Talk about what you can do, what you have to do, and what you want to do

Risorse Audio ▶ Video **iLrn** ilrn.heinle.com

NEL **CUORE** DELLA **REGIONE**

Il Piemonte e la Valle d'Aosta

> La Valle d'Aosta è la regione più piccola d'Italia. La regione è anche conosciuta perché ha più di 100 castelli tra cui il Castel Savoia.

> Nel Piemonte ("piede del monte", *literally, foot of the mountain*), la regione della Fiat, della Juventus e del Torino, della Nutella e dello spumante, il vecchio e il nuovo coesistono in perfetta armonia.

© Cengage Learning 2015

Roberto Caucino / Shutterstock.com

◀ La regione della Valle d'Aosta vanta (*boasts*) il **Monte Bianco**, la montagna più alta d'Europa. È anche un posto meraviglioso per sciare.

©DeAgostini / SuperStock

La Venaria Reale, un palazzo reale con giardini bellissimi nella Provincia di Torino, è considerata la Versailles italiana. ▶

Andiamo in piazza!

iLrn Vai su iLrn per fare un giro virtuale di Piazza Castello.

▲ **Piazza Castello** è una delle piazze principali di Torino. È conosciuta per i suoi palazzi storici che sono vicini (*close*) come il Palazzo Reale (*Royal Palace*), dove abitava la nobiltà franco-italiana dei Savoia. La piazza è anche vicina al Duomo, dove si trova la Sacra Sindone (*the Holy Shroud*).

Le Alpi svizzere e francesi fanno da cornice (*frame*) a **Piazza Chanoux** ad Aosta. La piazza diventa un luogo per giochi ed eventi sportivi. ▶

iLrn

Share it! ● ● ● **Le regioni.** Quali di queste informazioni sono nuove per te? Quali sono interessanti? Hai un amico/un'amica che conosce queste regioni, che va in vacanza lì o che abita lì? Cerca qualcosa che ti può interessare di queste regioni e metti una foto su *Share it!*

▶ To learn more about **il Piemonte** and **la Valle d'Aosta**, watch the cultural footage in the Video Library.

1–25

Il tempo, le stagioni e le attività sportive

l'inverno
- il cappello
- gli occhiali da sole
- la giacca
- i guanti
- i pantaloni da neve
- gli sci
- gli scarponi

la primavera
- la maglietta
- la racchetta da tennis
- i pantaloncini
- i calzini
- le scarpe da tennis

© Cengage Learning 2015

1. Federica **va a sciare. Fa freddo**, ma **c'è il sole**.

2. Marco ed Erica **giocano a tennis. Fa bel tempo.**

l'estate
- il costume da bagno
- il cappellino
- i sandali

l'autunno
- il maglione
- l'impermeabile
- gli stivali da pioggia

© Cengage Learning 2015

▲ 3. La famiglia Martini **gioca a pallavolo** sulla spiaggia. È estate e **fa caldo.**

▶ 4. Marco e i suoi amici **fanno una passeggiata. Piove** ma non fa freddo.

L'abbigliamento	*Clothing*	**è nuvoloso**	*it's cloudy*
l'abito	*suit*	**fa bel tempo**	*it's nice weather*
la camicia	*dress shirt*	**fa brutto tempo**	*it's bad weather*
la felpa	*sweatshirt*	**fa fresco / freddo**	*it's cool / cold*
la gonna	*skirt*	**nevica**	*it's snowing*
la maglia	*shirt, jersey*	**c'è vento / tira vento**	*it's windy*
le scarpe da ginnastica	*gym shoes, sneakers*		
il vestito	*dress*	**Sport e attrezzatura**	*Sports and Equipment*
Il tempo	*Weather*	**andare in barca**	*to go boating*
c'è (la) nebbia	*it's foggy*	**andare in barca a vela**	*to go sailing*
c'è (la) neve	*it's snowy*	**andare in bicicletta**	*to ride a bike*
è sereno	*it's clear*	**correre / fare una corsa**	*to run*
è afoso / c'è afa	*it's humid / muggy*		

fare alpinismo	to mountain climb	giocare a baseball (m.)	to play baseball
fare il bagno (nel mare / in piscina)	to swim (in the sea / pool)	giocare a calcio (a pallone)	to play soccer
fare ciclismo	to cycle	giocare a pallacanestro (f.)	to play basketball
fare una gara	to race	giocare a tennis	to play tennis
fare ginnastica / fare attività fisica	to exercise / to work out	nuotare	to swim
fare sport / praticare uno sport	to play a sport	pattinare (sul ghiaccio)	to skate (ice skate)
		sciare	to ski

Pratichiamo!

3-1. Le stagioni e i mesi. Nel **Capitolo preliminare** abbiamo imparato (*we learned*) i mesi dell'anno. Elenca i mesi per ogni stagione nelle colonne qui sotto.

inverno	primavera	estate	autunno
1. *dicembre*	1. _____	1. _____	1. *settembre*
2. _____	2. _____	2. *luglio*	2. _____
3. _____	3. *maggio*	3. _____	3. _____

3-2. Abbigliamento. Scrivi i capi d'abbigliamento (*clothing items*) adatti alle seguenti situazioni.

1. Nevica: _____
2. Fa caldo: _____
3. Tira vento: _____
4. Piove: _____

3-3. L'intruso. Cancella la parola che non appartiene alla categoria.

1. **lo sci**	i guanti	il cappello	i sandali	i pantaloni da neve
2. **l'hockey**	i calzini	i pantaloni	la maglia	le scarpe da ginnastica
3. **il tennis**	i pantaloncini	il costume da bagno	la maglietta	le scarpe da tennis
4. **la vela**	l'impermeabile	la giacca	la gonna	la felpa
5. **il ciclismo**	la maglia	il cappello	i guanti	i sandali

3-4. Qual è la tua stagione preferita? A coppie, chiedete a turno quale stagione dell'anno preferite e cosa vi piace fare. Ecco alcune domande che potete fare:

1. Quale stagione ti piace di più? Perché?
2. Che tempo fa durante la tua stagione preferita?
3. Quali sport pratichi nella tua stagione preferita?
4. Cosa indossi (*wear*) per praticare il tuo sport preferito?

3-5. Mi piace / Non mi piace. Ognuno di voi elenca i propri sport e gli atleti preferiti in ordine di preferenza. Poi fate la stessa cosa per gli sport e gli atleti che non vi piacciono. Alla fine, paragonate i risultati con i compagni e spiegate la vostra scelta.

Mi piace...		Non mi piace...	
1. _____	3. _____	1. _____	3. _____
2. _____	4. _____	2. _____	4. _____

Prima di tutto... Ti piace andare in montagna? Dove vai di solito? Quali montagne ti piacciono? Preferisci andare in montagna d'estate o d'inverno?

Paolo Gianti / Shutterstock

Davvero?! In Italia le catene montuose più famose sono le Alpi e gli Appennini. Molti italiani fanno la "settimana bianca", che significa una vacanza sulla neve. La gente va a sciare e a fare altre attività invernali. È un'occasione per rilassarsi, divertirsi e, per alcuni, anche per imparare a sciare. Oltre agli sport invernali, le Alpi sono famose anche per i deliziosi prodotti tipici che si trovano in queste zone e che sono famosi in tutto il mondo come il formaggio, il tartufo, l'olio e infine, il cioccolato, soprattutto quello di Alba, terra del cioccolato per eccellenza.

iStockphoto

Chiacchieriamo un po'! Lavorate a coppie. Guardate le foto qui sopra. Discutete le varie attività che potete fare in montagna durante le diverse stagioni, il clima (*weather / climate*) e quale abbigliamento è più adatto per queste attività e condizioni meteorologiche.

iLrn

Share it!••• **Mmm... cioccolato!** Vai sul Web per sapere cosa è "il ChocoPass". Cerca alcuni bar e pasticcerie a Torino che vorresti (*you would like*) visitare con il ChocoPass. Metti le foto dei posti che preferisci su *Share it!* e spiega perché, secondo te, sono i posti migliori (*the best*).

1–26

Cosa fai nel tempo libero?

Ascolta e/o leggi il dialogo e rispondi alle domande.

*Federica e Roberto studiano **a** Torino, **in** Piemonte, **all'**università. Però Federica è **di** Aosta e Roberto è **di** Cuneo. Adesso loro sono **in** un bar **in** Piazza Vittorio Veneto a Torino. Mangiano baci di dama[1] mentre parlano **delle** loro attività preferite.*

Roberto: Federica, cosa fai **nel** tempo libero?

Federica: Mi piace praticare sport. **In** inverno, **a** gennaio e **a** febbraio, faccio lo sci e il pattinaggio **sul** ghiaccio. **In** primavera e in estate, invece, faccio lunghe passeggiate **all'**aria aperta.

Roberto: È bello sciare, ma hai bisogno di tante cose: **degli** sci, **della** giacca, **dei** pantaloni da neve, **degli** scarponi, **dei** guanti...

Federica: È vero, però a me piace molto. E tu pratichi sport?

Roberto: Sì, gioco **a** calcio e **nel** tempo libero faccio giri **in** bicicletta o **a** piedi[2]. Magari[3] uno di questi giorni andiamo insieme.

MARKA / Alamy

Piazza Vittorio Veneto, nel centro di Torino, è una tra le più grandi piazze d'Europa e ogni anno ospita la festa patronale di San Giovanni Battista, con dei bellissimi fuochi d'artificio.

[1](See next **Nota culturale**.)   [2]*walking*
[3]*Maybe, Perhaps*

Comprensione

È vero o è falso? Indica se le seguenti frasi sono vere **(V)** o false **(F)**. Correggi le frasi false.

1. _____ Federica e Roberto sono di Torino.
2. _____ Federica e Roberto sono in classe.
3. _____ Federica fa lo sci e il pattinaggio sul ghiaccio.
4. _____ Roberto non fa sport.

Osserviamo la struttura!

Nel dialogo sopra, osserva le parole in grassetto (*bold*) e completa le seguenti attività.

1. Try to determine the meanings of the following prepositions in bold.
   Federica è **di** Aosta e Roberto è **di** Cuneo.   di = _____
   Sono **in** un bar **in** Piazza Castello **a** Torino.   in = _____   a = _____

2. Determine which preposition, **a** or **in**, is used before names of:
   cities: Loro studiano _____ Torino.   *regions*: Loro studiano _____ Piemonte.
   months: _____ gennaio e _____ febbraio   *seasons*: _____ estate e _____ inverno
   sports: Io gioco _____ calcio.   *means of transportation*: _____ bicicletta

3. The words in bold in the following sentence are a combination of the preposition **di** (*of*) and the definite article. Try to explain the combination of each form. Then find the combinations of **a** + *definite article* in the dialogue and see if they share the same characteristics.
   Esempio   **degli** sci = *di* + *gli sci*
   È bello sciare ma hai bisogno di tante cose: *degli* sci, *della* giacca, *dei* pantaloni da neve, *degli* scarponi e *dei* guanti.

Preposizioni semplici e articolate (*Simple and Compound Prepositions*)

Riccardo Piccinini / Shutterstock.com

— Roberto, vai **in** palestra oggi?
— No, oggi resto **a** casa **con** gli amici
e guardiamo la partita **in** TV.

Preposizioni semplici

A. Prepositions are words that link nouns, pronouns, and phrases to other words. Italian prepositions can be *simple* (**di, a, da, in, con, su, per, tra, fra**) or *compound* when they are joined to the definite article (**di + il = *del***). **Preposizioni semplici** (*Simple prepositions*) are invariable. The following table shows simple prepositions and their meanings.

Preposizioni semplici			
a	*at, in, to*	**in**	*at, in, to*
con	*with*	**per**	*for, in order to*
da	*from*	**fra / tra**	*among, between, in*
di	*of (to be from)*	**su**	*on, about*

Io e Federica studiamo **a** Torino. Io sono **di** Cuneo e Federica viene **da** Aosta.

Federica and I study in Turin. I am from Cuneo and Federica comes from Aosta.

Il Piemonte si trova **tra** (*or* **fra**) la Valle d'Aosta e la Lombardia.

Piedmont is located between Valle d'Aosta and Lombardy.

B. The meaning of some prepositions varies according to the context. The following table shows some differences between **a** and **in**.

a (*at / in / to*) **is used before:**	**in** (*at / in / to*) **is used before:**
• names of cities: **a** Torino • names of months: **a** settembre, **a** gennaio • the following expressions: **a** casa, **a** scuola, **a** letto, **a** teatro, **a** tavola (*at the table*), **a** piedi (*on foot*)	• names of regions, countries, and continents: **in** Piemonte, **in** Italia • names of seasons: **in** autunno, **in** estate, **in** inverno, **in** primavera • the following expressions: **in** banca (*at / in / to the bank*), **in** ufficio, **in** piazza, **in** palestra (*at / in / to the gym*), **in** chiesa, **in** discoteca, **in** piscina (*at / in the pool*), **in** campagna (*in the countryside*), **in** montagna, **in** vacanza, **in** televisione (*on television*) • means of transportation (*in / by*): **in** macchina, **in** aereo, **in** treno

A settembre Roberto e Federica vanno **a** Cervinia **a** sciare.

In September, Roberto and Federica are going to Cervinia to ski.

Ad[1] aprile fa bel tempo **in** Piemonte.

In April, the weather is nice in Piedmont.

[1]**Ad** can be used instead of **a** when it precedes a noun starting with the letter "a."

In autunno, Roberto e Federica vanno **in** Valle d'Aosta, **in** montagna e viaggiano **in** macchina.

In the fall, Roberto and Isabella are going by car to the mountains in Valle d'Aosta.

The preposition **di** indicates:

- possession (*of, 's*)

  La macchina **di** Paolo è rossa.
  Paolo's car is red.

- place of origin (*to be from*)

  Io sono **di** Cuneo.
  I am from Cuneo.

- material (*made from*)

  La nutella è una crema **di** cioccolato e nocciole.
  Nutella is a cream made from chocolate and hazelnuts.

The preposition **da** is used to indicate:

- place of origin (*from*)

  Il treno arriva **da** Torino.
  The train arrives from Torino.

- a person's place of residence or business

  Oggi mangiamo **da** Maria.
  Today we're eating at Maria's.

The preposition **per** is used to say:

- *for*

  Federica compra i biglietti **per** la partita di calcio.
  Federica buys the tickets for the soccer game.

- *in order to*

  I bambini vanno in piscina **per** imparare a nuotare.
  Children go to the pool in order to learn how to swim.

- *across, through(out)*

  La gara passa **per** tutte le piazze della città.
  The race goes through all the piazzas of the city.

The preposition **su** usually corresponds to:

- *on (something)*

  Gli sciatori sono **su** una pista del Monte Bianco.
  Skiers are on a slope at Mt. Bianco.
  Le mie foto di Aosta sono **su** Internet[2] e precisamente **su** Facebook.
  My pictures are on the Internet and specifically on Facebook.

- *about (topic of a book / movie, etc.)*

  Roberto legge un saggio **su** Cesare Pavese.
  Roberto is reading an essay about Cesare Pavese.

The prepositions **tra** and **fra** are interchangeable. They can be used to say:

- *in (time)*

  Fra (Tra) due giorni vado in montagna.
  In two days I will go to the mountains.

- *between / among*

  Il Monte Bianco si trova **tra (fra)** la Francia e l'Italia.
  Mt. Blanc is located between France and Italy.
  Il Piemonte si trova **tra** la Valle d'Aosta, la Liguria e la Lombardia.
  Piedmont is located between Valle d'Aosta, Liguria, and Lombardy.

[2]Notice that in Italian, the expression "on the Internet" is **su Internet**, with no article after the preposition **su**.

Preposizioni articolate

A. The prepositions **a**, **di**, **in**, and **su**, when combined with a definite article, form a **preposizione articolata** (*compound preposition*).

Preposizioni articolate							
	il	**lo**	**l'**	**la**	**i**	**gli**	**le**
a	al	allo	all'	alla	ai	agli	alle
da	dal	dallo	dall'	dalla	dai	dagli	dalle
di	del	dello	dell'	della	dei	degli	delle
in	nel	nello	nell'	nella	nei	negli	nelle
su	sul	sullo	sull'	sulla	sui	sugli	sulle

Io studio **all'**università. — *I study **at** the university.*

La giacca **della** mia amica è molto bella. — *My friend's jacket is very beautiful.*

La Juventus è stata fondata **nel** 1897. — *Juventus was founded **in** 1897.*

Mettiamo gli sci **sul** tetto della macchina. — *We put the skis **on** the roof of the car.*

Le informazioni **dell'**albergo sono **sul**[3] Web. — *The information **about** the hotel is **on** the Web.*

B. When the object of the preposition is modified, simple prepositions become compound.

Vado **in** Italia.	→	Vado **nell'**Italia del nord.
*I am going **to** Italy.*	→	*I'm going **to** northern Italy.*
Studio **in** biblioteca.	→	Studio **nella** biblioteca nazionale.
*I study **in** the library.*	→	*I study **in** the national library.*
Vado **a** teatro.	→	Vado **al** Teatro Regio a Torino.
*I am going **to** the theater.*	→	*I'm going **to** the Royal Theater in Turin.*

[3]Notice that in Italian, the expression *on the Web* is **sul Web** or **sulla rete**. Both expressions use a compound preposition. The word **Web** is masculine, but the word **rete** is feminine.

ATTENZIONE!

In Italian, no preposition precedes a day of the week as it does in English in cases like the example below.

Sabato Federica va a sciare.

On (this) Saturday Federica is going skiing.

However, as seen in **Capitolo 1** (p. 33), the definite article precedes the names of the days of the week when an action recurs every week on the same day.

Il sabato Federica va a sciare.

Federica goes skiing on Saturdays (every Saturday).

Pratichiamo!

3-6. Andiamo a Tutta dritta? Roberto trova questo annuncio su Internet e lo condivide (*shares*) su Facebook. Completa il seguente annuncio con le **preposizioni semplici**.

Tutta dritta è una maratona lunga due chilometri che si tiene (*takes place*) _____ (1) Torino, _____ (2) Piemonte, ogni anno, _____ (3) primavera e precisamente _____ (4) aprile. La maratona parte (*leaves*) _____ (5) Piazza San Carlo, passa _____ (6) le piazze e le strade della città e arriva _____ (7) Piazza Principe Amedeo. La maratona è aperta _____ (8) tutti. _____ (9) partecipare, la quota (*fee*) è 15 euro. Trovate altre informazioni _____ (10) Internet. Comincia domenica prossima, quindi (*so*) ci vediamo _____ (11) una settimana, tutti in piazza con Tutta dritta.

NOTA CULTURALE

Tutta dritta è una famosa maratona ma anche un'occasione per fare sport in compagnia e apprezzare (*appreciate*) la città di Torino. Leggi l'esercizio qui accanto per saperne di più.

Roberto Zilli / Shutterstock.com

3-7. Di cosa ha bisogno Roberto? Federica invita Roberto a sciare durante il fine settimana in Valle d'Aosta. Lui accetta l'invito. Si organizza per il viaggio e fa una lista delle cose di cui ha bisogno e di cui non ha bisogno. Scrivi frasi usando le **preposizioni articolate** con **di + articolo**. Segui l'esempio.

Esempi i pantaloni da neve (sì)   il costume da bagno (no)

*Roberto ha bisogno **dei** pantaloni*   *Non ha bisogno **del** costume*
da neve.   *da bagno.*

1. i guanti (sì)   4. gli sci (sì)   7. il cappello (sì)
2. l'ombrello (no)   5. lo zaino (no)   8. il maglione (sì)
3. la giacca pesante (sì) 6. le scarpe da tennis (no)

3-8. La settimana di Roberto. Completa il seguente paragrafo con le **preposizioni semplici** o **articolate**.

Roberto il lunedì mattina va _____ (1) università e il pomeriggio _____ (2)
palestra. La sera resta _____ (3) casa e guarda un film _____ (4) televisione.
Tre giorni alla settimana, _____ (5) martedì _____ (6) giovedì, gioca a
calcio _____ (7) gli amici. Il sabato, se ci sono i saldi va _____ (8) fare
spese _____ (9) suoi negozi preferiti. Poi incontra i suoi amici _____ (10)
ristorante in piazza.

3-9. I tuoi sport. Tu e il tuo amico/la tua amica parlate degli sport che fate.
A coppie e a turno, chiedete altri dettagli su questi sport o queste attività.
Rispondete con frasi complete e spiegate le ragioni delle vostre risposte.

1. Pratichi sport stagionali? Quali? Perché?
2. Ti piacciono gli sport all'aperto o in palestra? Spiega.
3. Quanti giorni alla settimana pratichi lo sport? Quali?
4. Preferisci praticare o osservare gli sport? Perché?

3-10. La settimana bianca. Leggete i seguenti annunci di vacanze sulla neve.
In gruppo, discutete su ogni annuncio e votate quale, secondo voi, è la
vacanza migliore (*the best*). Giustificate la vostra scelta.

Giovanni Mereghetti / Alamy

Grand Hotel Billia★★★★

albergo di lusso / vicino alle piste sciistiche alpine per lo sci
e lo snowboarding / paradiso naturale con parchi nazionali /
parcheggio con garage / tre ristoranti con cucina locale /
casinò / vista panoramica e TV satellitare / camera standard
per due persone / colazione compresa / €248 notte

Hotel De Ville★★★★

situato in Piazza Chanoux / elegante strada pedonale / TV
via cavo, TV satellitare, Pay TV / 200 mt. dal Casinò / minibar /
prodotti da bagno / comfort moderni / parcheggio privato €5 /
balcone o terrazzo / connessione Internet gratuita / camere
per ospiti disabili / camere anallergiche / trasporto alle piste /
camera matrimoniale €142

imagebroker / Alamy

Tu corri per vincere!

1–27

Ascolta e/o leggi il dialogo e rispondi alle domande.

Federica e Roberto passeggiano in Piazza San Carlo e aspettano di incontrare alcuni amici.

Piazza San Carlo, nel centro storico di Torino, è definita il salotto della città.

Federica: Roberto, a maggio c'è la maratona CorriTorino che parte proprio da qui, in Piazza San Carlo. **Conosco** molte persone che **corrono** a questa maratona. Che ne dici[1], **corriamo** anche noi?

Roberto: Oh no, io non sono in forma per una maratona. Tu, invece, sei allenata e **corri** non solo per **raggiungere** il traguardo[2] ma anche per **vincere**. E infatti, **vinci** sempre. Perché non vai con qualcuno che **conosci**? Io so che Paola **corre** tutti gli anni. Perché non **correte** voi due insieme? Durante la maratona, io non **corro** ma resto a casa, **leggo** un bel libro e **vedo** la maratona in TV.

Federica: Stare a casa, **leggere**, che noia! Domani cominciamo ad allenarci[3]!

Roberto: Mamma mia! Tu non **perdi** mai le speranze[4]!

[1]*What do you say . . . ?* [2]*the finish line*
[3]*practice* [4]*hope*

Comprensione

È vero o è falso? Indica se le seguenti frasi sono vere (V) o false (F). Correggi le frasi false.

1. _____ Federica e Roberto sono in Piazza San Carlo per fare spese.
2. _____ In primavera c'è la maratona CorriTorino.
3. _____ Federica non vuole partecipare alla maratona.
4. _____ Roberto non è in forma per la maratona e ha bisogno di allenarsi.

Osserviamo la struttura!

Nel dialogo sopra, osserva le parole in grassetto e completa le seguenti attività.

1. List all the infinitives in the dialogue. What is the ending that characterizes verbs in this new conjugation?

2. Find the endings for the **presente indicativo** for each of the following subjects and conjugate the verb **correre**.

   io corr_____   Lei, lui/lei corr_____   voi corr_____
   tu corr_____   noi corr_____   loro corr_____

3. Now conjugate the verb **leggere** with the same verb endings you used for the verb **correre**. Read them aloud. What do you notice about the pronunciation?

   io legg_____   Lei, lui/lei legg_____   voi legg_____
   tu legg_____   noi legg_____   loro legg_____

NOTA CULTURALE

CorriTorino è una corsa che si svolge ogni anno a Torino e a cui possono partecipare tutti quelli che vogliono passare una giornata all'aperto e in compagnia. La gara parte da Piazza San Carlo e attraversa il centro della città.

Corriamo per **raggiungere** il traguardo.

Verbi in -*ere* (*Verbs ending in -ere*)

Verbi regolari in -*ere*

A. The present tense of verbs ending in **-ere** is formed by dropping the **-ere** of the infinitive and replacing it with the appropriate ending as determined by the subject. The following table shows the conjugation of regular verbs ending in **-ere**.

correre (*to run*)			
io corr**o**	*I run*	noi corr**iamo**	*we run*
tu corr**i**	*you (sing.) run*	voi corr**ete**	*you (pl.) run*
Lei, lui/lei corr**e**	*you (form.) run* he/she runs	loro corr**ono**	*they run*

Paola **corre** tutti gli anni alla maratona.   *Paola **runs** the marathon every year.*
Perché voi due non **correte** insieme?   *Why don't you two **run** together?*

B. Most verbs ending in **-ere** are conjugated like **correre**. Some of the most common are:

cadere	*to fall*	**perdere**	*to lose*	**scrivere**	*to write*
chiedere[4]	*to ask for*	**prendere**	*to take*	**spendere**	*to spend*
conoscere	*to know*	**promettere**	*to promise*	**vedere**	*to see*
decidere	*to decide*	**raggiungere**	*to reach*	**vendere**	*to sell*
leggere	*to read*	**rispondere**	*to reply*	**vincere**	*to win*
mettere	*to put*	**rompere**	*to break*	**vivere**	*to live*

C. Verbs ending in **-gere** (**leggere** – *to read*), **-cere** (**vincere** – *to win*) and **-scere** (**conoscere** – *to know*) will have a hard sound of **-go** and **-co** only in the **io** and **loro** forms.

Io **leggo** un libro e tu **leggi** il giornale.   *I **read** a book and you **read** the newspaper.*
Io non **vinco** mai nelle gare ma tu **vinci** sempre.   *I never **win** in the races but you always **win**.*
Io **conosco** i tuoi amici ma tu non **conosci** i miei.   *I **know** your friends but you don't **know** mine.*

D. Reflexive verbs and reciprocal actions ending in **-ere** are conjugated using the same principles that you learned in **Capitolo 2** (see pp. 78–79) for verbs ending in **-are**.

metter*si* (*reflexive*)   Quando fa freddo, **mi** metto un maglione. E tu cosa **ti** metti?
(*to wear / to put something on*)   *When it is cold, I put a sweater on. And what do you wear?*

veder*si* (*reciprocal*)   Io e i miei amici **ci vediamo** spesso in piazza.
(*to see each other*)   *My friends and I **see each other** often in the piazza.*

[4]The verb **chiedere** (*to ask for*) does not require the preposition **per** in Italian. **Esempio:** A Torino noi chiediamo sempre informazioni perché non conosciamo molto bene la città. (*In Turin, we always ask for information because we don't know the city very well.*)

Verbi irregolari in *-ere*

The following verbs ending in **-ere** are irregular in their conjugations.

> **bere** (*to drink*): io bevo, tu bevi, lui/lei beve, noi beviamo, voi bevete, loro bevono
>
> **rimanere** (*to stay*): io rimango, tu rimani, lui/lei rimane, noi rimaniamo, voi rimanete, loro rimangono
>
> **scegliere** (*to choose*): io scelgo, tu scegli, lui/lei sceglie, noi scegliamo, voi scegliete, loro scelgono
>
> **sedersi** (*to sit down*): io mi siedo, tu ti siedi, lui/lei si siede, noi ci sediamo, voi vi sedete, loro si siedono
>
> **spegnere** (*to turn off*): io spengo, tu spegni, lui/lei spegne, noi spegniamo, voi spegnete, loro spengono
>
> **tenere** (*to keep / to hold*): io tengo, tu tieni, lui/lei tiene, noi teniamo, voi tenete, loro tengono

Ogni mattina **mi siedo** a tavola e **bevo** un bel cappuccino prima di uscire.	*Every morning **I sit** at the table and **drink** a nice cappuccino before leaving.*
Maria **spegne** la luce quando va a dormire e **tiene** la sveglia sul comodino.	*Maria **turns off** the light when she goes to sleep and **keeps** the alarm clock on the nightstand.*

Pratichiamo!

3-11. Che cosa facciamo? Crea frasi complete con gli elementi forniti e cambiando i soggetti indicati.

1. Roberto (Io e Marco / Roberto e gli amici) *leggere* i giornali sportivi e *conoscere* tutte le squadre di calcio.
2. Quando fa freddo, io (io e i miei amici / Federica) *mettersi* un maglione pesante e *bere* una buona cioccolata calda.
3. Io e i miei amici (Tu e Roberto / Federica e i suoi amici) *vedersi* in piazza tutte le sere.
4. Se tu (io / il mio amico) *vincere* la lotteria, *spendere* tutti i soldi subito o *mettere* i soldi in banca?
5. Se Roberto (io / io e Roberto) *perdere* il treno, come *raggiungere* gli amici in montagna?
6. Cosa tu (tu e i tuoi amici / Roberto e Federica) *prendere* al bar? *Bere* solo un caffè o *chiedere* un cappuccino e un cornetto?

3-12. La gara di ciclismo. Federica va ad Asti con alcuni amici a vedere il **Giro del Piemonte**, perché un suo amico partecipa alla gara. Quest'anno la gara parte da Piazza Campo del Palio. Roberto non può andare e fa molte domande a Federica. Crea le risposte per le seguenti domande usando il verbo della domanda.

Esempio   **R:** Che cosa <u>bevi</u> durante una gara?   **F:** *Bevo* solo acqua.

1. **R:** Chi (*Who*) <u>corre</u> in questa gara?   **F:** I ciclisti italiani e stranieri _____ in questa gara.

2. **R:** Chi <u>conosci</u> tra i ciclisti?   **F:** (Io) _____ Stefano tra i ciclisti.

3. **R:** A chi <u>chiedi</u> un passaggio (*ride*)?

    F: (Io) _____ un passaggio a Stefania per andare ad Asti.

4. **R:** Dove <u>vivono</u> i tuoi amici?

    F: Paolo _____ ad Asti e gli altri in Valle d'Aosta come me.

5. **R:** Cosa <u>si mettono</u> i ciclisti durante la gara?

    F: Stefano _____ la maglia della sua città.

6. **R:** Dove <u>vi vedete</u> con gli amici dopo la gara?

    F: (Noi) _____ in Piazza Campo del Palio.

3-13. Prima lo sport, poi il riposo. Roberto e Federica vanno a fare jogging. Si fermano in un bar per bere qualcosa. Completa il seguente dialogo con i verbi della lista.

> sedersi / promettere / bere / spegnere / vendere / rimanere (2x) / leggere

Roberto: Federica, cosa _____ (1), un caffè o un tè?

Federica: Un tè freddo, grazie. Andiamo a un tavolino così (noi) _____ (2) e ci riposiamo un po'? Adesso (io) _____ (3) il mio lettore mp3 così parliamo.

Roberto: Buon'idea! Stasera alcuni amici _____ (4) a cena a casa mia. E tu, che cosa fai?

Federica: Stasera vado a fare spese. Ci sono gli sconti e i negozi _____ (5) tutto a prezzi bassi. Poi, se fa freddo, forse mi riposo a casa e _____ (6) un buon libro.

Roberto: Perché non stai con noi a cena a casa mia?

Federica: Fino a che ora tu e i tuoi amici _____ (7) a casa?

Roberto: Non più tardi delle nove e mezzo. Allora (tu) _____ (8) che ci vediamo?

Federica: Va bene!

3-14. E tu cosa fai se... ? A coppie, fate domande per sapere cosa il vostro compagno/la vostra compagna fa nelle seguenti situazioni. Formate domande e risposte complete e aggiungete alcuni dettagli. Seguite l'esempio.

Esempio   *vincere al Totocalcio*
           S1: *Che cosa fai se* (if) *vinci al Totocalcio?*
           S2: *Se io vinco al Totocalcio, spendo tutti i miei soldi. E tu?*

1. fare caldo
2. vedersi al bar con gli amici
3. piovere nel fine settimana
4. spendere tutti i soldi
5. la tua squadra perdere
6. perdere le chiavi di casa

3-15. Chi fa queste cose? Lavorate in gruppo per sapere chi dei compagni del vostro gruppo fa le seguenti cose. Scrivete i loro nomi. Riferite i risultati alla classe.

	Nome	Nome
1. conoscere una persona famosa		
2. bere molti caffè		
3. chiedere soldi ai genitori		
4. scrivere molti SMS (*text messages*)		
5. perdere spesso (*often*) il telefonino		
6. mettersi il pigiama per andare a letto		

NOTA CULTURALE

Il **Totocalcio** è una lotteria settimanale legata al calcio. Chi gioca deve prevedere i risultati di 14 partite di calcio. La somma vinta è molto alta. Per un lungo periodo le previsioni erano solo per 13 partite. Così l'espressione *fare tredici* equivale a dire vincere la lotteria.

Sebastian Edwards / Alamy

Reading Strategy: Scanning for Details

Scanning is a technique you often use already when trying to locate specific information on a page or computer screen. It is a strategy involving rapid but focused reading of text. When scanning, you can:

> search for key words, phrases, or even ideas.
> search for an answer to a specific question.
> determine whether a source will serve your needs.
> find dates, times, locations, and activities.

Pre-lettura

1. **I miei giochi preferiti.** Indica le tue preferenze da *1–4* per i seguenti tipi di giochi. Poi paragona le tue preferenze con quelle dei tuoi compagni. Scrivi anche il nome del tuo gioco preferito.

   _____ giochi di società (*board games*)
   _____ giochi di improvvisazione (*improvisational games*)
   _____ giochi di carte (*card games*)
   _____ giochi di narrazione (*story-telling games*)
   Gioco preferito: _____

2. **Informazioni importanti.** Scorri (*Scan*) il seguente articolo per trovare le seguenti informazioni su GiocAosta.

   a. mese: _____ d. partecipanti: _____
   b. ore: _____ e. costo: _____
   c. luogo: _____

GiocAosta

Courtesy of Aosta Iacta Est

Grandi e piccoli, vecchi e giovani, tutti partecipano a GiocAosta.

GiocAosta è una festa di giochi in città ad agosto, per due giorni interi. Piazza Chanoux si trasforma in un'enorme ludoteca° a cielo aperto. Non solo per bambini, questa è una giornata che ricorda anche agli adulti, il valore e il piacere del gioco. È organizzata da un gruppo di giovani appassionati° del mondo ludico° che si occupano del gioco intelligente.
    Dalle 10.00 alle 21.00, la piazza è piena° di giochi in scatola°, di

recreation center, game room

impassioned, enthusiastic

play (world of play)

full / box, game box

carte, di interpretazione, di strategia, di ruolo, di improvvisazione, di narrazione. Il cuore della manifestazione è la ludoteca che, con i suoi 200 giochi in scatola, mette, intorno ai tavoli°, giocatori di ogni età. Ci sono molti volontari che spiegano le regole dei giochi e delle partite.

around the tables

Gli spazi della piazza sono divisi in diverse aree tematiche°: il calcio in miniatura, i piccoli eserciti° di figurine storiche, i giochi per bambini e le riproduzioni di armi bianche°. Altri eventi speciali in Piazza

Courtesy of Aosta Iacta Est

GiocAosta (*Game Aosta*) è un evento che include più di 200 giochi di società, di attività divertenti e di sport, tra cui anche la scherma (*fencing*). Chi non ha voglia di giocare, può sedersi a un caffè e osservare la gente. Adesso, leggi l'annuncio che parla dei giochi previsti per l'estate ad Aosta.

subject categories

armies

war weapons

Chanoux sono tornei, cacce al tesoro°, giochi di movimento, laboratori di pittura°, appuntamenti speciali per i più piccoli e gare° di ogni tipo.

treasure hunts

painting / contests / free

Tutte le iniziative legate a GiocAosta sono gratuite° e organizzate in maniera volontaria. Informazioni sui diversi elementi del progetto sono disponibili sul Web.

Dopo la lettura

1. **È vero o è falso?** Indica se le seguenti frasi sono vere (**V**) o false (**F**). Correggi le frasi false.

	V	F
a. Lo scopo della festa del gioco è vivere i valori del gioco.	___	___
b. La giornata è organizzata dagli anziani della zona.	___	___
c. La giornata dei giochi dura 10 ore.	___	___
d. Ci sono molte informazioni sul Web.	___	___
e. La piazza è divisa in due: uno spazio per i bambini e uno per gli adulti.	___	___
f. Ci sono molti tipi di gare.	___	___

2. **Una giornata di giochi.** Organizzate una giornata di giochi alla vostra università. Decidete la data, la durata (*duration*), il costo e i giochi che preferite. Chi partecipa? Ci sono gare? Ci sono premi? Quali?

iLrn

Share it! • • • **Giochiamo!** Trova immagini e informazioni su GiocAosta che sono interessanti. Scrivi su *Share it!* le attività a cui ti piacerebbe partecipare e spiega perché. Metti delle belle immagini.

VOCABOLARIO

1–28

Il centro della città

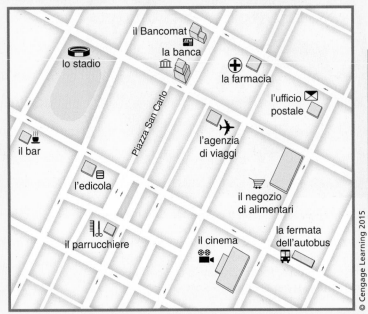

La mattina molti italiani comprano un giornale all'edicola e mentre prendono un caffè al bar, leggono le notizie.

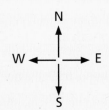

Indicazioni	Directions
diritto / dritto	straight ahead
indietro	back
a sinistra (di)	to the left (of)
a destra (di)	to the right (of)
all'angolo (di)	at the corner (of)

© Cengage Learning 2015

I luoghi	Places	Preposizioni	Prepositions
il barbiere	barber shop	accanto a	next to
la discoteca	discotheque / club	davanti a	in front of
l'Internet Point / Train / Café	Internet business	dentro	inside
la macelleria	butcher	dietro	behind
la questura	police station	di fronte (a)	opposite side
la stazione dei treni	train station	fuori (da)	outside
il supermercato	supermarket	lontano (da)	far
la tabaccheria	tobacco shop	sopra	above
		sotto	under(neath)
		vicino (a)	near

Pratichiamo!

3-16. Che giornata! Il sabato Roberto e Federica fanno tutte le faccende (*errands*). Completa il dialogo con i nomi dei posti dove devono andare.

Roberto: Federica, stamattina vado presto dal _____ (1) a tagliare i capelli. Tu vai al _____ (2) per fare la spesa?

Federica: Sì, ma prima vado all'_____ (3) postale per spedire un pacco (*mail a package*).

Roberto: Perfetto. Poi vado in _____ (4) e prendo dei soldi così stasera quando andiamo allo _____ (5) per vedere la partita non abbiamo problemi.

Federica: D'accordo, io vado all'_____ (6) di viaggi per comprare biglietti per il treno per domani.

Roberto: Perfetto. Insieme, facciamo tutto!

3-17. Dov'è? Roberto deve andare nei luoghi indicati sotto e guarda la piantina della città su Internet. Scrivi dove si trovano i seguenti luoghi usando la mappa accanto. Segui l'esempio.

Esempio la banca

La banca è all'angolo di via Mazzini e via Cavour.

1. la farmacia
2. il barbiere
3. il Bancomat
4. il cinema
5. l'ufficio postale
6. la tabaccheria

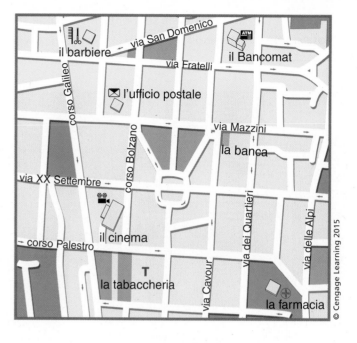

© Cengage Learning 2015

3-18. La giornata di Roberto. Leggete qui sotto i piani di Roberto per sabato. A turno, uno di voi fa la parte di Roberto e l'altro fa domande sulla sua giornata usando le informazioni elencate qui sotto. Rispondete con frasi complete aggiungendo informazioni a vostra scelta. Seguite l'esempio.

Esempio edicola / giornale e...

S1: *Perché vai all'edicola?*
S2: *Vado all'edicola per comprare il giornale e una rivista.*

1. bar / fare colazione e...
2. Internet Point / leggere e rispondere
3. Bancomat / prendere soldi e...
4. farmacia / prendere le medicine e...
5. Caffè San Carlo / prendere un caffè con amici e...
6. casa / prepararsi e... alle mail e...
7. stadio / vedere una partita di calcio e...
8. discoteca / ballare e...

3-19. La vostra giornata. A turno, fate domande per sapere i piani del vostro compagno/della vostra compagna per il fine settimana e scrivete gli impegni della giornata nell'agendina (*daily planner*). Indicate l'attività e il posto. Quando avete finito, controllate con il vostro compagno/la vostra compagna per vedere se avete scritto le informazioni giuste.

3-20. Che giorno? In gruppo, fate domande per sapere che giorno fate le seguenti cose.

Esempio giocare a tennis

S1: *Che giorno giochi a tennis?*
S2: *Gioco a tennis il lunedì.*

	Nome	Nome	Nome
1. andare in discoteca			
2. fare colazione			
3. fare sport			
4. correre			
5. vedersi con gli amici			

Prima di tutto... Guarda la seguente foto. Come si chiama il negozio sulla sinistra? Secondo te, che cosa si può comprare lì?

Bildgentur-Online / age fotostock

Davvero?! **La tabaccheria** (o il tabacchino) non vende solo sigarette! Potete comprare molte cose utili come i francobolli, le schede telefoniche (*phone cards*), le ricariche per i cellulari, le cartoline, i biglietti della lotteria, le schedine del Totocalcio, penne, matite, ecc.

Chiacchieriamo un po'! Uno studente/Una studentessa è un/una turista e l'altro è proprietario di un tabaccheria. Il/La turista chiede indicazioni per diversi posti nella città e spiega perché cerca quel posto (per esempio: *Scusi, dov'è l'ufficio postale? Devo comprare i francobolli.*) Il proprietario risponde che non c'è bisogno di andare lì perché si può comprare e fare di tutto al tabacchino (per esempio: *Non deve andare all'ufficio postale! Può comprare i francobolli qui!*). Usate la vostra fantasia!

iLrn

Share it! **Piatti tipici....** Fa' una ricerca sui piatti tipici della Valle d'Aosta. Metti delle foto su *Share it!* dei cibi che ti interessano di più. Guarda anche le foto dei tuoi compagni e commenta se la loro scelta ti sembra buona o no.

🔊 Vuoi passare un fine settimana ad Aosta?

1–29

Ascolta e/o leggi il messaggio e rispondi alle domande.

Federica scrive una mail a Roberto per invitarlo ad andare a passare qualche giorno ad Aosta durante la pausa invernale.

Ciao Roberto, ho un'idea fantastica! **Vuoi** passare un fine settimana qui ad Aosta durante le vacanze di Natale[1]? Nel periodo tra dicembre e gennaio, vicino a Piazza Chanoux c'è una pista per pattinare sul ghiaccio. **Possiamo** andare insieme. Se ricordo bene, tu **sai** pattinare sul ghiaccio. Se non **vuoi** viaggiare in macchina, **puoi** arrivare in treno. Ci sono partenze dalla stazione di Cuneo, ma **devi** andare alla stazione o su Internet per vedere gli orari delle partenze. Non **devi** prenotare un albergo. **Puoi** stare a casa mia. I miei genitori non ti **conoscono** ma **sanno** tutto di te. Mia madre **sa** cucinare molto bene e **vuole** preparare per te la sua specialità, la Carbonade[2], un piatto tipico locale. Anche i miei amici vogliono **conoscerti**. Pensaci![3]

A presto,

Federica

Hermes Images / Glow

Nel periodo natalizio **Piazza Chanoux** si trasforma in un suggestivo luogo dove tutti gli abitanti si ritrovano per fare una passeggiata.

[1]*Christmas*   [2]*(See next **Nota culturale**.)*
[3]*Think about it!*

Comprensione

È vero o è falso? Indica se le seguenti frasi sono vere **(V)** o false **(F)**. Correggi le frasi false.

1. _____ Roberto non sa pattinare sul ghiaccio.
2. _____ Ci sono treni da Cuneo ad Aosta.
3. _____ Roberto va in albergo.
4. _____ Roberto non conosce i genitori di Federica.

Osserviamo la struttura!

Nel messaggio sopra, osserva le parole in grassetto e rispondi alle seguenti domande.

1. What form of the verb follows the words **vuoi, possiamo,** and **devi**?
2. In the following sentence both verbs, **conoscono** and **sanno**, mean *they know*. From the context, can you tell which verb is used to say "to know someone" and which one is used to say "to know a fact"?

   I miei genitori non ti **conoscono** ma **sanno** tutto di te.
3. What do you think **sai** in the expression **sai pattinare sul ghiaccio** means?

NOTA CULTURALE

La **Carbonade** è un piatto tipico della Valle d'Aosta che si mangia solitamente nel periodo di Natale. È un secondo piatto a base di carne di bue (*beef*) marinata in erbe aromatiche, cotta nel vino e arricchita con le cipolle.

©FOOD-images / fotolia

Verbi modali: *dovere, potere, volere (Modal verbs: to have to, to be able to, to want to)*

> **Vuoi** andare alla partita stasera?

> Non **posso**, ho un esame domani e **devo** studiare.

©Pixtal / SuperStock

Dovere (*must, to have to*), **potere** (*can, to be able to*), and **volere** (*to want to*) are **verbi modali** (*modal verbs*) because they express the modality (necessity, ability, desire) in which an action occurs.

A. Italian modal verbs **dovere**, **potere**, and **volere** are followed by an infinitive. The verbs **dovere**, **potere**, and **volere** are irregular in their conjugations.

	dovere (*must, to have to / to owe*)	**potere** (*can, to be able to*)	**volere** (*to want to*)
io	devo	posso	voglio
tu	devi	puoi	vuoi
Lei, lui/lei	deve	può	vuole
noi	dobbiamo	possiamo	vogliamo
voi	dovete	potete	volete
loro	devono	possono	vogliono

Vuoi <u>andare</u> al cinema stasera?	*Do **you want** to go to the movies tonight?*
Io non **posso** <u>andare</u> al cinema stasera; **devo** <u>riposarmi</u> per la maratona di domani.	*I **can't** go to the movies tonight; I **have to** rest for tomorrow's marathon.*

B. When **verbi modali** accompany a reflexive or reciprocal verb, the reflexive or reciprocal pronoun can be placed before the verb or attached to the infinitive.

Domani **mi** devo alzare alle 7. *or* Domani devo alzar**mi** alle 7.	*Tomorrow I have to get up at 7.*
Oggi io e i miei amici non **ci** possiamo incontrare (*or* non possiamo incontrar**ci**) in piazza.	*Today my friends and I cannot meet in the piazza.*

C. The verbs **volere** and **dovere** can also be followed by a noun (or a pronoun). In this case, their meanings are different: **volere** (*to want something*) and **dovere** (*to owe something*).

Voglio andare alla partita ma **voglio** anche un bel voto all'esame.	*I want to go to the game but I also **want** a good grade on the exam.*
Devo andare in banca perché **devo** 100 euro al mio compagno di stanza.	*I have to go to the bank because I **owe** my roommate 100 euros.*

Come si dice *What time is it?*

Che ora è? / Che ore sono?	*What time is it?*
Sono le 9.	*It is 9 o'clock.*
È l'una e cinque.	*It is 1:05.*

In the examples below, notice the use of the definite article (**l'** and **le**) and the verb forms **è** and **sono**.

 Sono le nove <u>di mattina</u> (*in the morning*).

 Sono le due e <u>un quarto</u> (*a quarter*). / **Sono le** due e quindici.

 È l'una <u>di pomeriggio</u> (*in the afternoon*).

 Sono le cinque <u>meno</u> (*minus*) <u>un quarto</u>. / **Sono le** quattro e quarantacinque.

 **Sono le** nove meno venti <u>di sera</u> (*in the evening*). / **Sono le** otto **e quaranta**.

 Sono le dodici. / **È mezzogiorno** (*noon*).

 Sono le tre e **mezzo** <u>di notte</u> (*at night*). / **Sono le** tre **e trenta di notte**.

 Sono le dodici. / **È mezzanotte** (*midnight*).

A che ora è il pranzo?	*At what time is lunch?*
Il pranzo è **alle** dodici (*or* **a mezzogiorno**).	*Lunch is at 12 (**noon**).*
A che ora andiamo in banca?	*At what time are we going to the bank?*
Andiamo in banca **all'**1.00.	*We're going to the bank at 1:00.*

- The definite article does not precede the expressions **mezzanotte** and **mezzogiorno**.
- The 24-hour clock is used in Italian for formal situations, official schedules such as train schedules, and in conversation when referring to appointments. It is very common to use the 12-hour clock for informal situations such as talking with family and friends.
- Italians write the time with a period instead of a colon as shown in the final example above.

Sapere vs. conoscere

A. The verb **sapere** (*to know*) can be used as a modal verb to express the ability to do something (*can / to know how to do something*).

Federica **sa** sciare molto bene.   *Federica knows how to ski very well.*

- **Sapere** is an irregular verb in the present tense.

io **so**	noi **sappiamo**
tu **sai**	voi **sapete**
Lei, lui/lei **sa**	loro **sanno**

B. **Sapere** can also be used to express knowledge of facts and/or information. It differs from **conoscere** (*to know*) learned in **Struttura 2** in that **conoscere** is the English equivalent of *to be familiar or acquainted with* people, places, and things.

Roberto non **conosce** bene Aosta.   *Roberto does not know Aosta very well.*

Federica **sa** dove abita Roberto.   *Federica knows where Roberto lives.*

- *ATTENZIONE!* One way to distinguish when to use **sapere** instead of **conoscere**, is that **sapere** is generally <u>followed</u> by **chi** (*who*), **che cosa** (*what*), **quale** (*which*), **dove** (*when*), **come** (*how*), **quando** (*when*), **quanto/a** (*how much*), **quanti/e** (*how many*), **perché** (*why*), **se** (*if*), etc.

So <u>dov</u>'è Aosta ma non **conosco** la città.   *I know where Aosta is but I don't know the town.*

Alessandra **conosce** un buon ristorante a Torino ma non **sa** <u>se</u> è aperto oggi.   *Alessandra knows a good restaurant in Torino but she doesn't know if it's open today.*

> **ATTENZIONE!**
>
> The short answers *I know* and *I don't know* in Italian are **Lo so** and **Non lo so**.
>
> Sai che oggi arriva Roberto ad Aosta?
>
> *Do you know that Roberto arrives in Aosta today?*
>
> Sì, **lo so**. / No, **non lo so**.
>
> *Yes, I know. / No, I don't know.*

Pratichiamo!

3-21. Voglio ma non posso perché devo… Ci sono molte cose che noi vogliamo fare ma non possiamo perché dobbiamo fare qualcos'altro. Scrivi delle frasi usando il verbo **volere** dove c'è (v), **potere** dove c'è (p) e **dovere** dove c'è (d). Segui l'esempio.

Esempio   Roberto (v) vedere la partita in TV ma non (p) perché (d) studiare per l'esame.
           *Roberto **vuole** vedere la partita in TV ma non **può** perché **deve** studiare per l'esame.*

1. Federica (v) correre nel parco ma non (p) perché (d) andare a prendere sua madre alla stazione dei treni.
2. Io (v) leggere un libro ma non (p) perché Roberto e Federica (d) cenare a casa mia alle nove.
3. Io e Roberto (v) guardare un film in TV alle dieci ma non (p) perché io (d) mettere in ordine la casa.
4. Roberto (v) vedere gli amici in piazza ma non (p) perché (d) lavorare in ufficio fino a tardi.
5. Tu e Federica (v) andare a fare spese ma non (p) perché Federica (d) andare dal parrucchiere.
6. Io (v) andare alla festa ma non (p) perché (d) restare a casa a studiare.
7. Roberto e Federica (v) prendere la macchina per andare allo stadio ma non (p) perché (d) dare la macchina a un amico.
8. Voi (v) comprare nuovi vestiti ma non (p) perché (d) aspettare i saldi (*sales*).

3-22. Al negozio d'abbigliamento. Federica va in un negozio d'abbigliamento. Completa il seguente dialogo tra Federica e il commesso con i verbi **dovere, volere, potere** e **sapere**. Usa il registro formale.

Commesso: Buongiorno signorina, _____ (1) aiutarla (*help you*)?

Federica: Sì, vorrei vedere dei guanti da neve.

Commesso: Certo! _____ (2) vedere i guanti rossi che sono in vetrina? Sono molto belli. Lei _____ (3) che c'è lo sconto del 30%?

Federica: Sì, lo so e _____ (4) provare proprio i guanti che sono in vetrina. Però non _____ (5) che taglia (*size*) prendere.

Commesso: Allora Lei _____ (6) provare prima la taglia media. Così noi _____ (7) vedere se è grande o piccola.

Federica: Sì, la media va bene. Ma _____ (8) tornare più tardi perché non ho la carta di credito con me. Va bene?

Commesso: Certo, va benissimo. Arrivederci.

3-23. Che cosa sai? Roberto e i suoi amici si stanno preparando (*are getting ready*) per partire per Aosta per andare a vedere il Torneo di calcio a 5. Controllano per vedere se hanno tutte le informazioni del viaggio. Crea frasi complete usando il soggetto indicato e il verbo **sapere** o **conoscere** a seconda del contesto.

Esempio   Gianni e gli amici / quale strada prendere per arrivare ad Aosta
           *Gianni e gli amici **sanno** quale strada prendere per arrivare ad Aosta.*

1. Federica / bene tutta la Valle d'Aosta
2. Federica / come arrivare a Piazza Chanoux
3. Gianni e gli amici / a che ora è la prima partita
4. Roberto / il giocatore di una squadra
5. Voi / se Gianni e gli altri amici sono puntuali
6. Noi / un buon ristorante vicino all'albergo

3-24. Andiamo a fare spese (*Let's go shopping*)! Tu vai a fare spese per degli articoli d'abbigliamento estivi. A coppie, create un dialogo con il commesso/la commessa. Prima, fate una lista di cose da comprare. Usate i verbi modali quando è necessario. Indicate al commesso/alla commessa quello che volete vedere, chiedete se potete vedere o provare un articolo. Usate l'esercizio **3-22** come modello e le frasi elencate qui sotto.

- Posso vedere...
- Devo comprare...
- Voglio (Vorrei) un altro colore...
- Mi piace...
- Non mi piace...
- È troppo grande, posso...
- Quanto costa...
- Quale taglia (*size*) porta?

Esempio   **Commesso/a:** *Buon giorno, cosa desidera?*
           Tu: *Vorrei vedere...*

3-25. La capitale internazionale dei giovani. Immagina che la tua città (o una città a tua scelta) sia nominata (*was nominated*) la Capitale Internazionale dei Giovani per quest'anno. Tu e i compagni del tuo gruppo volete partecipare all'evento. Decidete cosa ognuno di voi vuole e può fare e cosa deve fare. Descrivete i vostri progetti alla classe. In cosa consiste la vostra partecipazione?

Ma quando finisce la partita?

1-30

Ascolta e/o leggi il dialogo e rispondi alle domande.

Roberto e Federica sono in Piazza Martiri della Libertà, a Novara, per vedere sul maxi-schermo[1] la partita finale del campionato dove gioca la Juventus, la squadra del cuore[2] di Roberto.

Federica: Ma quando **finisce** la partita? Io sono stanca e voglio andare a **dormire!**

Roberto: Fra poco. Ma perché non cerchi di **seguire** la partita? Non ti **senti** bene?

Federica: Mi **sento** benissimo. È solo che io non **seguo** molto il calcio. Voi vi **divertite** perché **capite** le regole[3] del gioco. Ma se una persona non **capisce** questo sport, non si **diverte** molto. Infatti io non **capisco** molto di calcio e non mi **diverto**. Lo sai che io **preferisco** altri sport.

Roberto: Se segui la partita, **capisci** anche le regole del calcio.

Gianni: Shhh! Fate silenzio, non **sentiamo** niente! Ma... è gol! Viva[4] la Juve!

Federica: Certe persone non **capiscono** niente!

Photo Mere Made in Italy 2 / Alamy

Piazza Martiri della Libertà, la piazza più grande di Novara, è dominata dalla statua di Vittorio Emanuele II incoronato re proprio a Novara.

[1]*jumbo screen* [2]*favorite team* [3]*rules*
[4]*Hurray!*

Comprensione

È vero o è falso? Indica se le seguenti frasi sono vere (**V**) o false (**F**). Correggi le frasi false.

1. _____ Federica è a Novara con Roberto.
2. _____ Federica si diverte molto perché a lei piace molto il calcio.
3. _____ Federica conosce bene le regole del calcio.
4. _____ La Juve fa un gol.

Osserviamo la struttura!

Nel dialogo sopra, osserva le parole in grassetto e completa le seguenti attività.

1. Find the two infinitives from the dialogue. How are their endings different from the other infinitives that you have seen so far?
2. Can you find the missing endings for the **presente indicativo** of the verb **sentire** and complete the conjugation of the verb?

   io sent_____   Lei, lui/lei sente   voi sentite
   tu sent_____   noi sent_____   loro sentono

3. Complete the conjugation of the verb **capire** by referring to the verb forms from the dialogue. What difference do you notice when you compare **capire** with **sentire**? Can you find another verb like **capire** in the dialogue?

   io cap_____   Lei, lui/lei cap_____   voi cap_____
   tu cap_____   noi capiamo   loro cap_____

NOTA CULTURALE

Il Piemonte ha tre squadre di calcio di rilievo: la Juventus, il Novara e il Torino. Nel 2012 la squadra della Juventus ha vinto il campionato nazionale detto anche (*also called*) lo **scudetto**.

Valerie Pennicino / Getty Images

Verbi in -ire (Verbs ending in -ire)

Verbi regolari in *-ire*

A. Verbs ending in **-ire** have two types of conjugations: verbs conjugated like **partire**, which follow the typical pattern, and verbs conjugated like **finire**, which add **-isc** to the ending of some verb stems. Both conjugations are considered regular.

	seguire (*to follow*)	**capire** (*to understand*)
io	segu**o**	cap**isco**
tu	segu**i**	cap**isci**
Lei, lui/lei	segu**e**	cap**isce**
noi	segu**iamo**	cap**iamo**
voi	segu**ite**	cap**ite**
loro	segu**ono**	cap**iscono**

I tifosi (*fans*) della Juventus **si divertono** alla partita e, quando **finisce**, vanno a festeggiare.

Reuters / Landov

Io non **seguo** molto il calcio e **preferisco** altri sport.

*I don't **follow** soccer much and I **prefer** other sports.*

Se **segui** la partita, **capisci** le regole del calcio.

*If you **follow** the game, you **understand** soccer rules.*

B. The list below shows some verbs that follow the same pattern as **seguire**.

aprire	*to open*	**scoprire**	*to discover / to find out*
coprire	*to cover*	**sentire**	*to hear / to feel*
divertire	*to amuse / to entertain*	**sentirsi (bene / male)**	*to feel (good / bad)*
dormire	*to sleep*	**servire**	*to serve*
offrire	*to offer*	**vestire / vestirsi**	*to dress / to get dressed*
partire	*to leave*		

C. The list below shows some verbs that follow the same pattern as **capire**.

distribuire	*to distribute*	**pulire**	*to clean*
finire	*to finish*	**restituire**	*to give back*
preferire	*to prefer*	**spedire**	*to send / to mail*

D. Reflexive verbs and reciprocal actions ending in **-ire** are conjugated using the same principles that you learned for verbs ending in **-are** and **-ere**. See the following examples:

divertirsi (*reflexive*) → Quando vado alla partita di calcio, **mi** diverto molto. E tu, **ti** diverti?
(*to enjoy / to have fun*)   *When I go to the soccer game, I have a lot of fun. And do you have fun?*

riunirsi (-isc) (*reciprocal*) → Io e i miei amici **ci** riuniamo in piazza ogni sera. E voi dove **vi** riunite?
(*to get together*)   *My friends and I get together in the piazza every night. And where do you guys get together?*

Verbi irregolari in *-ire*

The following table shows some irregular verbs ending in **-ire**.

	dire (*to say / to tell*)	**morire** (*to die*)	**salire** (*to go up*)	**uscire** (*to go out*)	**venire** (*to come*)
io	dico	muoio	salgo	esco	vengo
tu	dici	muori	sali	esci	vieni
Lei, lui/lei	dice	muore	sale	esce	viene
noi	diciamo	moriamo	saliamo	usciamo	veniamo
voi	dite	morite	salite	uscite	venite
loro	dicono	muoiono	salgono	escono	vengono

Tu **dici** sempre la verità o **dici** le bugie?

Io e i miei amici **usciamo** tutte le sere.

A che ora **vengono** i tuoi amici?

Gli sciatori **salgono** sulla vetta della montagna.

*Do you always **tell** the truth or do you **tell** lies?*

*My friends and I **go out** every night.*

*At what time **are** your friends **coming**?*

*The skiers **go up** to the top of the mountain.*

ATTENZIONE!

> **Venire** can be used to refer to a total for a check or bill.

Quanto **viene** il conto?   *How much is the check / bill?*

> The verb **morire** (*to die*) is used in several idiomatic expressions:

morire dal ridere OR dalle risate	*to die laughing*
morire di fame / sete / freddo / caldo / sonno	*to die of hunger / thirst / cold / heat / lack of sleep*
Muoio dal ridere quando vedo un film comico.	*I **die** laughing when I watch a comedy.*
Fa caldo e noi **moriamo** di sete.	*It's hot and we are **dying** of thirst.*

Pratichiamo!

3-26. SportDay. Federica riceve il seguente articolo su Facebook da una sua amica, Rossella, che vive a Cuneo e vuole invitare Federica a passare qualche giorno con lei. Completa il seguente articolo con i verbi indicati in parentesi.

Una bellissima cerimonia _____ (1. aprire) la manifestazione. L'evento _____ (2. coprire) diverse attività sportive. In questa occasione noi _____ (3. offrire) ai bambini e agli adulti molte attività sportive a cielo aperto. La prima parte _____ (4. finire) alle 13.00 poi _____ (5. ripartire) alle 14.00. Durante la pausa, i rappresentanti _____ (6. distribuire) gustose mele (*tasty apples*). Se _____ (7. voi, spedire) il modulo d'iscrizione, potete partecipare all'evento. Nel frattempo, se voi _____ (8. seguire) Facebook o Twitter avrete (*you'll get*) maggiori informazioni sugli aggiornamenti (*updates*).

NOTA CULTURALE

SportDay è un evento sportivo che si svolge ogni anno in Piazza Duccio Galimberti, a Cuneo, e riunisce adulti e bambini.

Valter Manetta

3-27. Allo stadio olimpico di Torino. Crea le risposte con gli elementi forniti e coniugando il verbo della domanda a seconda dei vari soggetti indicati per sapere cosa fanno i tuoi amici.

Esempio Dove *andate* stasera?   (io al cinema / i miei amici allo stadio)
Io vado al cinema. *I miei amici* **vanno** allo stadio.

1. A che ora *uscite* di casa? (Roberto alle 6.00 / io alle 6.15 / io e Gianni alle 5.45)

2. Come *preferite* andare allo stadio? (Roberto, in taxi / io, in macchina / loro, in autobus)

3. Voi *seguite* molto lo sport? (Roberto, solo il calcio / Gianni, tutto / io, non molto)

4. *Vi divertite* alla partita di solito? (Roberto, molto / io, mai / Federica e Gianni, così così)

5. Voi *capite* le regole del calcio? (Federica, no / Roberto e Gianni, sì / io, non molto)

6. Dove *vi riunite* dopo la partita? (io e Roberto, in piazza / Lui e Gianni, a casa / loro, in discoteca)

Torino ha ospitato le **Olimpiadi invernali** nel 2006. I giochi invernali hanno fatto tappa per la seconda volta in Italia, che li aveva già ospitati cinquant'anni prima a Cortina d'Ampezzo.

Max Rossi / Reuters / Landov

3-28. Il mercato in Piazza Duccio Galimberti. Federica riceve una mail da Rossella che la invita a Cuneo. Completa il seguente testo con i verbi indicati sotto. Ogni verbo va usato una volta, eccetto per il verbo venire.

> avere / potere / venire (2 v.) / ospitare / uscire / vendere / divertirsi / andare / dire

Cara Federica,
perché non _____ (1) a Cuneo a trovarmi martedì prossimo? Ogni martedì i miei amici _____ (2) a casa mia e noi tutti insieme _____ (3) di casa alle 10.00 per andare al mercato. A Cuneo c'è il mercato in Piazza Galimberti che tu vuoi vedere. È il più grande della zona. Il mercato _____ (4) 265 banchi e i mercanti _____ (5) ogni tipo di merce: abbigliamento, prodotti per la casa, prodotti di bellezza, fiori e ogni tipo di generi alimentari. Noi _____ (6) al mercato tutte le settimane e _____ (7) sempre molto. Se tu _____ (8) di sì, noi _____ (9) anche pranzare insieme, Dai! Io _____ (10) tanta voglia di vederti!

3-29. La tua giornata tipica. A coppie, fate domande per sapere cosa fate in una giornata tipica.

1. A che ora ti alzi?
2. Come ti vesti (in modo elegante / sportivo)? Cosa ti metti precisamente?
3. A che ora esci di casa per andare all'università?
4. Tu e gli amici vi riunite per studiare? (dove e quando)
5. Quando finisci di fare i compiti ogni giorno?

3-30. Che tipo sei? In gruppo, fate le seguenti domande con i verbi in **-ire**. Secondo le risposte che ricevete, decidete se il vostro compagno/la vostra compagna di classe è **estroverso/a** (*outgoing*), **sportivo/a**, **generoso/a**, **sincero/a** o altro.

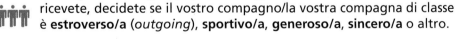

1. Cosa fai per divertirti?
2. Ti riunisci spesso con gli amici?
3. Esci spesso la sera? Esci da solo/a o con gli amici?
4. Offri spesso al bar o al ristorante?
5. Dici sempre la verità (*truth*) o dici le bugie (*lies*)?
6. Se devi andare al secondo piano (se*cond floor*), sali le scale (*up the stairs*) o prendi l'ascensore (*elevator*)?

iLrn

Complete the diagnostic tests to check your knowledge of the vocabulary and grammar structures presented in this chapter.

Insieme in Piazza

Scegliete una delle seguenti situazioni e create una conversazione con il compagno/la compagna. Ricordate di usare le strutture imparate nel capitolo, ma non limitatevi solo a quelle.

Scena 1: La nostra giornata. Immaginate di essere in Piazza Castello a Torino. Incontrate alcuni amici e parlate della vostra giornata, di quello che dovete e volete fare. Purtroppo ci sono cose che non potete fare.

Scena 2: Come ci organizziamo? Immaginate di essere in Piazza Chanoux (o un'altra piazza che abbiamo visitato) a gustare una buona cioccolata calda e decidete di andare a vedere o di partecipare a un evento sportivo. Come vi organizzate? Come andate? Prenotate un albergo? Che cosa portate con voi? Ci sono cose che volete o dovete fare prima di partire?

Scena 3: Create la vostra situazione in uno dei posti visitati nel capitolo.

Presentazioni orali

A coppie o in gruppo, preparate una breve presentazione orale. Potete scegliere uno degli argomenti (*subjects*) menzionati nel capitolo, o un particolare che vi ha interessato, qualcosa che avete letto (*read*) **Nel cuore della regione** o nelle note culturali e volete approfondire (*study in depth*). Oppure potete fare una ricerca su una città in particolare o un monumento, o un personaggio famoso di queste regioni oppure sulla cucina. Lavorate insieme e preparate una presentazione in PowerPoint con musica e immagini da presentare alla classe. Ecco alcuni suggerimenti, oppure decidete voi su cosa volete fare la ricerca.

Giuliano Marchisciano / age fotostock

1. La Juventus e i suoi legami con la Fiat

Martin Turzak / Shutterstock.com

2. La storia della Nutella

Everett Collection

3. Carlo Levi (29/11/1902–4/1/1975), l'autore, il libro e il film

Scriviamo!

Scrivete un dialogo insieme. Parlate dei vostri passatempi preferiti che potete fare, quando li potete fare, dove e a che ora.

> **Writing Strategy: Learning to Converse by Writing Dialogues**
>
> Learning to create dialogues will help you to converse better in Italian. A dialogue is one way to express thoughts and feelings, ask questions, and receive and give information. Before writing a dialogue:
>
> ❯ create a sense of place (location).
>
> ❯ create a sense of time.
>
> ❯ use the most interesting and emotional words to convey your message.
>
> Remember that the role of the listener is as important as the role of the speaker. Create a dialogue that will interest your classmates.

1. Brainstorming

a. Prima di scrivere il vostro dialogo, provate a trasformare la seguente storia in un dialogo. Nel dialogo non è necessario includere frasi come "dice" o "chiede", ecc. Scrivete tre righe per Cristina e tre righe per Gianluca. Poi leggete il vostro dialogo a un'altra coppia.

> Cristina chiede a Gianluca se lui vuole andare alla partita di calcio della Juventus. Gianluca non ama il calcio. Cristina chiede se lui non fa il tifo per la Juve. Gianluca preferisce fare dello sport, non fare lo spettatore. Infatti, Gianluca gioca spesso a tennis. Cristina è d'accordo che è bello giocare e propone un compromesso. Prima loro vanno alla partita e poi giocano a tennis. Gianluca è contento del compromesso e dice che è una buon'idea. Vuole sapere l'ora della partita.

b. A coppie, fatevi domande a turno per completare la tabella. Scrivete le attività che potete fare insieme, quando le potete fare, dove, e a che ora.

STUDENTE/STUDENTESSA A			STUDENTE/STUDENTESSA B		
Attività	Luogo	Ora	Attività	Luogo	Ora

2. Organizzazione

Lavorate insieme per scrivere alcune domande e risposte che potete usare in questo dialogo.

3. Scrittura libera

Scrivete un dialogo insieme con almeno sei domande e sei risposte. Quando finite il dialogo, leggetelo (*read it*) ad alta voce per vedere se funziona (*it works*).

4. Prima correzione

Scambiate il vostro dialogo con un'altra coppia e fate correzioni, se necessario. Ecco alcune domande:

a. Tutte le domande hanno una risposta?

b. I personaggi sono interessanti?

c. Capite tutto?

d. Ci sono errori da correggere?

5. Finale

Scrivete la stesura finale e poi recitate la conversazione alla classe.

◉ Tempo libero e sport

Prima della visione

A. La risposta giusta. Abbina le domande della colonna A alle risposte della colonna B.

A	B
1. Cosa fai nel tempo libero?	a. Sì, è un po' fuori dal centro.
2. Quali sport ti piacciono?	b. Sì, abbastanza bene.
3. Segui lo sport?	c. Faccio un giro con gli amici.
4. Conosce bene questa città?	d. Seguo solamente le partite di calcio.
5. Sa dov'è lo stadio?	e. Mi piace molto nuotare e andare a correre.

B. Sono sportivi? Secondo te, queste persone sono sportive o no? Se sono sportive, quale o quali sport praticano?

1. Gioia è
   (*sportiva* / *non sportiva*).

   Sport: _____

2. Filippo è
   (*sportivo* / *non sportivo*).

   Sport: _____

3. Il signor Alberto è
   (*sportivo* / *non sportivo*).

   Sport: _____

Durante la visione

Guarda il video due volte. La prima volta, fai attenzione al significato generale. La seconda volta, completa le seguenti attività.

C. Cosa fanno nel tempo libero? Scegli tutte le risposte che si riferiscono a ogni persona.

1. Gioia:

   a. esce con gli amici.   b. fa lunghe passeggiate.   c. legge un libro.

2. Filippo:

   a. guarda un film.   b. fa un giro con gli amici.   c. gioca a calcio con gli amici.

3. Il signor Alberto:

   a. va allo stadio.   b. guarda le partite in TV.   c. segue l'automobilismo.

D. Chi lo dice? Indica con una **X** le persone che dicono le seguenti cose.

	Gioia	Filippo	Il signor Gianfranco	Il signor Alberto
1. Esco con il mio ragazzo.				
2. È molto vicino a casa mia.				
3. Preferisco guardarle in TV.				
4. Ascolto musica.				
5. Seguo l'hockey sul ghiaccio.				
6. Stare comunque in compagnia.				

Dopo la visione

E. È vero o è falso? Indica se le seguenti affermazioni sono vere **(V)** o false **(F)**. Quando un'affermazione è falsa, fornisci la risposta giusta.

1. A Gioia non piacciono gli sport sulla sabbia (*sand*).   V   F

2. Filippo non pratica sport ma segue il calcio.   V   F

3. Il signor Alberto pratica molti sport.   V   F

4. Il signor Alberto va sempre allo stadio.   V   F

5. Il signor Gianfranco abita vicino allo stadio.   V   F

6. Il signor Gianfranco segue il ciclismo.   V   F

F. Facciamo un'intervista (*Let's do an interview*)! Immaginate di intervistare il signor Gianfranco che è appassionato di diversi sport. Con un compagno/una compagna, fate un'intervista con domande e risposte sugli sport che piacciono a lui. Usate il formale.

© Cengage Learning 2015

iLrn

Share it! • • •   **Lo sport.** Quale tra gli sport menzionati in questo video ti piace di più? Trova su Internet alcuni nomi di squadre italiane e giocatori di questo sport. Metti le informazioni e le foto della squadra e/o dei giocatori su *Share it!*

VOCABOLARIO

L'abbigliamento — *Clothing*

l'abito	*suit*
i calzini (*m., pl.*)	*socks*
la camicia	*dress shirt*
il cappello	*hat*
il cappellino	*cap*
il costume da bagno	*bathing suit*
la felpa	*sweatshirt*
la giacca	*jacket (parka)*
la gonna	*skirt*
i guanti (*m., pl.*)	*gloves*
l'impermeabile (*m.*)	*raincoat*
la maglia	*shirt / jersey*
la maglietta	*T-shirt*
il maglione (*m.*)	*pullover sweater*
gli occhiali da sole	*sunglasses*
i pantaloncini	*shorts*
i pantaloni	*pants*
i pantaloni da neve	*snowpants*
i sandali	*sandals*
le scarpe da ginnastica	*gym shoes, sneakers*
le scarpe da tennis	*tennis shoes*
gli scarponi (*m., pl.*)	*ski boots*
gli stivali da pioggia	*rain boots*
il vestito	*dress*

Il tempo — *Weather*

c'è afa	*it's muggy*
c'è (la) nebbia	*it's foggy*
c'è (la) neve	*it's snowy*
c'è il sole	*it's sunny*
c'è vento	*it's windy*
è afoso	*it's humid / muggy*
è nuvoloso	*it's cloudy*
è sereno	*it's clear*
fa bel tempo	*it's nice weather*
fa brutto tempo	*it's bad weather*
fa caldo	*it's hot*
fa freddo	*it's cold*
fa fresco	*it's cool*
nevica	*it's snowing*
piove	*it's raining*
tira vento	*it's windy*

Le stagioni — *The Seasons*

la primavera	*spring*
l'estate (*f.*)	*summer*
l'autunno	*fall*
l'inverno	*winter*

Sport e attrezzatura — *Sports and Equipment*

andare in barca	*to go boating*
andare in barca a vela	*to go sailing*
andare in bicicletta	*to ride a bike*
correre / fare una corsa	*to run*
fare alpinismo	*to hike / to mountain climb*
fare il bagno (nel mare / in piscina)	*to swim (in the sea / pool)*
fare ciclismo	*to cycle*
fare una gara	*to race*
fare ginnastica / fare attività fisica	*to exercise / to work out*
fare sport / praticare uno sport	*to play a sport*
fare una passeggiata	*to take a walk*
giocare a baseball (*m.*)	*to play baseball*
giocare a calcio / giocare a pallone	*to play soccer*
giocare a pallacanestro (*f.*)	*to play basketball*
giocare a pallavolo	*to play volleyball*
giocare a tennis	*to play tennis*
nuotare	*to swim*
il nuoto	*swimming*
la palla / il pallone	*ball / soccer ball*
la pallacanestro (*f.*) / basket	*basketball*
il pattinaggio	*skating*
pattinare (sul ghiaccio)	*to skate (ice skate)*
la racchetta da tennis	*tennis racquet*
gli sci	*skis*
lo sci	*skiing*
sciare	*to ski*
il tennis	*tennis*

I luoghi — *Places*

l'agenzia di viaggi	*travel agency*
la banca	*bank*
il Bancomat	*automatic teller (ATM)*
il bar	*coffee / snack bar*
il barbiere	*barber shop*
il cinema	*movie theater*
la discoteca	*discotheque / club*
l'edicola	*newsstand*
la farmacia	*pharmacy*
la fermata dell'autobus	*bus stop*
il negozio di alimentari	*grocery store*

l'Internet Point / Train / Cafè	*Internet business*
la macelleria	*butcher*
il parrucchiere	*hair dresser*
la questura	*police station*
la spiaggia	*beach*
lo stadio	*stadium*
la stazione dei treni	*train station*
il supermercato	*supermarket*
il tabacchino / la tabaccheria	*tobacco shop*
l'ufficio postale	*post office*

Le preposizioni — *Prepositions*

a casa	*at home*
a letto	*in bed*
a lezione	*in class*
a piedi	*walk / on foot*
a tavola	*at the table*
a teatro	*at the theater*
in aereo	*in the airplane / by airplane*
in autobus	*on the bus*
in biblioteca	*in the library*
in bicicletta	*on the bike*
in campagna	*in the country*
in centro	*downtown*
in macchina	*in the car / by car*
in montagna	*in the mountains*
in moto	*on the motorcycle*
in palestra	*at the gym*
in piscina	*in the pool*
in treno	*on the train / by train*
in ufficio	*in the office*
in vacanza	*on vacation*

I verbi — *Verbs*

bere	*to drink*
cadere	*to fall*
capire	*to understand*
correre	*to run*
decidere	*to decide*
dire	*to say / to tell*
divertirsi	*to have fun*
dormire	*to sleep*
dovere	*to have to / to owe*
finire	*to finish*
mettere	*to put / to place*
mettersi	*to put something on*
perdere	*to lose*
potere	*to be able to*
preferire	*to prefer*
prendere	*to take*
pulire	*to clean*
raggiungere	*to reach*
restituire	*to give back*
ricevere	*to receive*
ridere	*to laugh*
riferire	*to refer*
riunirsi	*to reunite*
sapere	*to know*
scegliere	*to choose*
scrivere	*to write*
spegnere	*to turn off*
spendere	*to spend (money)*
tenere	*to keep / to hold*
uscire	*to go out*
vedere	*to see*
vedersi	*to see each other*
vendere	*to sell*
venire	*to come*
vincere	*to win*
vivere	*to live*
volere	*to want to*

Indicazioni — *Directions*

all'angolo (di)	*at the corner of*
a destra (di)	*to the right*
a sinistra (di)	*to the left*
diritto / dritto	*straight ahead*
indietro	*back*

Altre preposizioni — *Other Prepositions*

accanto a	*next to*
davanti a	*in front of*
dentro	*inside*
dietro	*behind*
di fronte (a)	*opposite side*
fuori (da)	*outside*
lontano (da)	*far*
sopra	*above*
sotto	*under(neath)*
vicino (a)	*near*

Pratichiamo!

1-1. Una mail. Dolores scrive una mail alla sua amica Tiziana. Completa la mail con gli **articoli indeterminativi** o **articoli determinativi**.

Ciao Tiziana, come stai? Io sto bene e _____ (1) università mi piace molto. _____ (2) studenti sono molto simpatici e _____ (3) professori sono bravi. _____ (4) prossimo (*next*) sabato, voglio fare _____ (5) gita ad Amalfi. C'è _____ (6) autobus che parte da Napoli ogni giorno. Ad Amalfi c'è _____ (7) piazza molto bella che si chiama Piazza Duomo dove c'è _____ (8) chiesa bellissima. Non vedo l'ora (*I can't wait*) di andare.

Baci (*Kisses*),

Dolores

Piazza Duomo, Amalfi

1-2. Il plurale. Cambia interamente le seguenti frasi dal **singolare** al **plurale**.

Esempio L'aula è grande. *Le aule sono grandi.*

1. La studentessa francese è molto simpatica e divertente.
2. Lo studente tedesco è intelligente e sportivo.
3. La professoressa di mia sorella gira per la città con la bici.
4. Lo zaino della mia amica è rosa e bianco.

1-3. Gli opposti. Completa le seguenti frasi con il verbo **essere** o **avere** e con gli aggettivi o le espressioni di significato opposto.

Esempio Marco è basso e magro. Luigi e Filippo *sono alti e grassi.*

1. Io _____ i capelli corti e neri. Tu e Stefania _____.
2. Marco _____ timido e studioso. Io ed Elisabetta _____.
3. Tu _____ sempre ragione e _____ generoso. Marco e Lucia _____.
4. Io _____ caldo. Lucia e Roberto _____.

1-4. Qualche giorno a Lecce. Marta scrive su Facebook a Dolores da casa di sua cugina a Lecce. Completa il seguente messaggio con gli **aggettivi possessivi**.

Carissima Dolores,

Ciao! Come stai? Come sta _____ (1) famiglia? Sono a Lecce! Sono qui con _____ (2) cugina, Roberta. Lei abita con _____ (3) genitori in un piccolo appartamento in centro. _____ (4) appartamento è molto comodo e spazioso. Venerdì sera io e Roberta facciamo un giro con _____ (5) amiche che sono molto simpatiche. Quando torno da Lecce invito tutti a Positano per il weekend. _____ (6) nonno ha una casa al mare ed è contento quando io e mio fratello portiamo tutti _____ (7) amici!

A presto,

Marta

1-5. A casa di Marta. Ieri, Antonio, Isabella, Federica e Roberto sono arrivati a casa di Marta. Adesso è sabato mattina e si preparano per fare colazione. Completa il seguente dialogo scegliendo i verbi dalla lista e coniugandoli al **presente indicativo**.

> dormire / svegliare / avere / svegliarsi /
> fare / dovere / vestirsi / potere

Marta: Buon giorno ragazzi, come state?

Antonio: Io benissimo, ma _____ (1) fame! Che cosa _____ (noi) (2) per colazione?

Marta: Io _____ (3) preparare dei toast con la marmellata e un buon caffè. Va bene?

Isabella: Oh sì! Ma dov'è Roberto?

Federica: Roberto è a letto, _____ (4) ancora. Lui non _____ (5) mai prima delle 10.00. Mentre Marta fa il caffè io _____ (6) Roberto. Dopo la colazione noi tutti _____ (7) per uscire. Io _____ (8) ancora mettere il costume da bagno nella borsa.

Antonio: Dai, sbrighiamoci (*Come on, let's hurry*)!

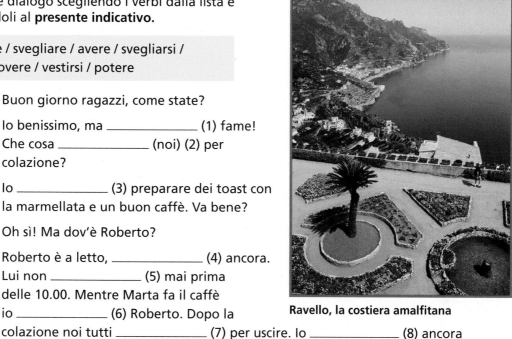

Ravello, la costiera amalfitana

1-6. La storia del caffè. Antonio legge un articolo interessante che parla della storia del caffè. Completa il seguente testo con le **preposizioni semplici o articolate**.

Il caffè arriva _____ (1) Italia prima in due città, _____ (2) Napoli e _____ (3) Venezia _____ (4) 1615, grazie _____ (5) veneziani, famosi commercianti d'oltremare (*overseas*). Il dottore _____ (6) console (*consul general*) di Venezia durante un viaggio _____ (7) Egitto, suggerisce il caffè _____ (8) le sue proprietà mediche e digestive. Quando i veneziani capiscono che è possibile guadagnare molti soldi _____ (9) il caffè, nascono le prime "botteghe del caffè" e Il Caffè Florian è una _____ (10) queste. Goldoni, in una _____ (11) sue commedie *La bottega del caffè*, scrive proprio del fenomeno del caffè.

Tiriamo le somme!

1-7. Al negozio di abbigliamento. Antonio va a comprare un costume da bagno. A coppie, create un dialogo tra il commesso/la commessa e Antonio. Includete tanti dettagli (taglia, colore, prezzo, ecc.). Poi rappresentate il dialogo in classe.

1-8. La cena a casa di Marta. Il padre di Marta per cena ha preparato risi e bisi per Marta e i suoi amici. Anche tu puoi fare risi e bisi! Ecco la ricetta. Leggi e vedi se agli amici di Marta piace.

Risi e bisi

Comugnaro Silva/fotolia

Ingredienti

400 gr. di riso arborio

500 gr. di piselli (freschi o surgelati)

100 gr. di pancetta a cubetti

1 piccola cipolla bianca tritata

50 gr. di burro

2 cucchiai di olio d'oliva

2 litri di brodo

100 gr. di parmigiano reggiano

1 dado di burro

1 manciata di prezzemolo tritato

sale

Preparazione

Fate soffriggere la pancetta e la cipolla nell'olio e nel burro.

Aggiungete i piselli e una tazza di brodo e lasciate cuocere per 10–20 minuti (10 min. i piselli surgelati e 20 min. i piselli freschi).

Unite il riso e aggiungete il brodo caldo un po' alla volta.

Mescolate e portate a cottura il riso.

Aggiungete il sale a piacere.

Quando il riso è pronto, aggiungete il parmigiano.

Aggiungete un po' di prezzemolo tritato e un dado di burro.

Servite subito.

Quando hanno finito di mangiare, Roberto fa il gesto "Che buono (*good*)!" e tutti dicono "Sì, è proprio squisito (*it's delicious*)!" Questo è un tipico gesto italiano quando si parla di buone cose da mangiare.

Adesso tocca a voi. A coppie, leggete la seguente lista di alimenti (*foods*). Indicate con un gesto per indicare "Che buono!" o "Squisito!" Poi formate una frase come nell'esempio.

Esempio   il caffè   *Che **buon** caffè!*

DEKANARYAS/Shutterstock.com

1. il babà
2. la pizza Margherita
3. il cappuccino
4. un panino al formaggio
5. la torta al cioccolato
6. le lasagne
7. gli spaghetti alle vongole (*clams*)
8. i risi e bisi
9. il gelato
10. la mozzarella

1-9. La storia della "Pizza Margherita". Antonio, Isabella, Marta, Roberto e Federica sono seduti in una pizzeria a Positano. Sul muro c'è un articolo che racconta (*tells*) la storia della pizza Margherita. Leggete la storia e poi indicate se le frasi sono vere (**V**) o false (**F**).

Barbara Dudzinska/fotolia

Un pizzaiolo di Napoli e sua moglie sono famosi per la loro pizza Margherita. Quando la Regina Margherita e suo marito, Re Umberto I° di Savoia, sono in visita a Napoli nel 1889, il pizzaiolo e sua moglie preparano per loro una pizza con pomodoro, mozzarella e basilico. La Regina è contentissima, non solo di vedere i tre colori della bandiera italiana, ma anche di mangiare una pizza buonissima e freschissima. Così il pizzaiolo chiama la sua creazione "Pizza Margherita" in onore della regina.

°primo

	V	F
1. Re Umberto è famoso per la sua pizza.	____	____
2. Il re e la regina sono di Napoli.	____	____
3. La pizza Margherita è verde, bianca e rossa.	____	____
4. Re Umberto chiama la pizza Margherita in onore di sua moglie.	____	____

1-10. Re Umberto I. Fate una ricerca su Internet su Re Umberto I per sapere di più su di lui e sulla sua famiglia. Trovate le seguenti informazioni e poi paragonate i risultati con quelli dei vostri compagni.

Nome completo _____   Padre _____

Nascita: città / data _____   Madre _____

Morte: città / data _____   Moglie _____

Casa reale _____   Figli _____

1-11. Conversazioni. In gruppi, create una conversazione con gli spunti (*ideas*) dati. Poi rappresentate il dialogo in classe.

1. Descrivete un vostro giorno tipico a scuola (aule, studenti, professori e orario delle lezioni, quello che vi piace fare e quello che non vi piace fare).

2. È il compleanno di tua madre (o tuo padre, tua sorella, tuo fratello, i tuoi nonni). Volete organizzare una festa a sorpresa ma avete bisogno di aiuto dagli altri membri della famiglia. Incontratevi con loro e organizzate la festa.

3. Tu e i tuoi amici organizzate un viaggio per il fine settimana. Decidete ogni dettaglio (luogo, ora, mezzo di trasporto, cosa dovete comprare per il viaggio, cosa portare). Quando siete pronti rappresentate il dialogo in classe.

Faccia a faccia
L'Italia e il tuo Paese

1-12. Confronti (*Comparisons*) tra culture. In gruppi di tre o quattro, parlate dei seguenti argomenti e paragonate (*compare*) le cose simili e differenti tra l'Italia e il vostro Paese.

1. **L'uso del caffè nelle diverse culture:** Gli italiani bevono l'**espresso** o il **cappuccino**. L'espresso è una bevanda ristretta (*short*). Il caffè è molto popolare nella tua cultura? (Se no, cos'è popolare nella tua cultura?) Ci sono molti caffè (*coffee shops*) nella tua nazione / città? Ci sono molte varietà di bevande a base di caffè? Fai qualche esempio.

Lago d'Orta, Piemonte

2. **La famiglia:** Nelle famiglie italiane, membri e parenti di solito vivono nella stessa città o abbastanza vicino l'uno con l'altro, così si possono incontrare spesso. Quali sono le caratteristiche della famiglia nella tua cultura? Quando celebri il compleanno, inviti i parenti? I nonni vivono nella stessa città?

3. **Piatti tradizionali:** Nei **Capitoli 1–3** abbiamo visto che ogni regione ha le sue specialità tradizionali (il babà, i risi e bisi, la pizza, la mozzarella). Quali sono i piatti tradizionali del tuo Paese? Ci sono varietà specifiche di certe zone? Fai qualche esempio.

4. **La piazza:** Qual è la tua piazza preferita tra quelle presentate nei **Capitoli 1–3**? Perché? Nel tuo Paese ci sono piazze o luoghi di incontro simili, dove la gente socializza? Descrivi i luoghi.

Piazza San Marco, Venezia

Visitiamo l'Italia!

1-13. Eventi e posti da visitare. Cerca su Internet informazioni sui seguenti luoghi. Poi racconta alla classe quello che hai trovato.

1. **La biennale di Venezia:** Quando è l'evento? Su cosa è? Chi partecipa? Quanto costano i biglietti? Qual è la tua parte preferita?

2. **La Fiat:** Una delle più famose fabbriche automobilistiche, la Fiat ha sede a Torino. Vai sul sito e vedi dove sono le sedi della Fiat nel mondo. La Fiat è presente nel tuo Paese? Se sì, quali modelli vende? Quali altre informazioni puoi presentare alla classe?

Gli italiani nel mondo

1-14. L'impronta italiana nel mondo. Fate una delle seguenti ricerche per sapere di più sull'impronta italiana nel mondo.

1. Un gruppo di esperti italiani ha restaurato il Mausoleo di Sunqur e la Takiyya Mevlevi al Cairo, in Egitto. Cerca su Internet informazioni e foto da portare alla classe.

2. Lo statista americano Thomas Jefferson ha creato la sua residenza neoclassica a Monticello, in Virginia, secondo il modello di un famoso architetto del Rinascimento. Il progetto di Monticello somiglia a Villa Rotonda fatta da Andrea Palladio e che si trova a Vicenza. Palladio ha ispirato molti altri architetti, non solo del Nord America ma di tutto il mondo. Cerca su Internet altri palazzi, opere, monumenti ispirati a Palladio che si trovano intorno al mondo.

LEARNING STRATEGY

Retaining Information

As you study another language, you will build on what you have already learned. Before absorbing new information, make sure that you understand what has already been covered. You can do this by:

- prioritizing the information you've learned in order to retrieve what's most relevant.
- continuing to review what you've studied before.
- participating in all activities. Your retention is directly affected by the amount of practice you've had while learning.
- talking to your instructor if you still have questions.

Your ability to build on your previous experiences and knowledge will help you continue your progress towards fluency.

CHE BELLO SPETTACOLO IN PIAZZA!

Ogni estate a Pesaro, in Piazza del Popolo, c'è la Mostra Internazionale del Nuovo Cinema. È uno dei più importanti festival cinematografici italiani.

COMMUNICATIVE GOALS

❯ Talk about music, theater, and cinema

❯ Talk about leisure activities

❯ Refer to people and things that have already been mentioned

❯ Talk about past events

Risorse ◀)) Audio ▶ Video **iLrn** ilrn.heinle.com

L'Umbria e le Marche

> L'Umbria non ha accesso al mare e questo fatto geografico sicuramente influisce su tante cose tra cui la sua gastronomia che non è cambiata nel corso dei secoli.

> Le Marche, terra di grandi musicisti, artisti e letterati, è anche famosa per le sue spiagge sull'Adriatico che coprono 180 chilometri di costa.

© Cengage Learning 2015

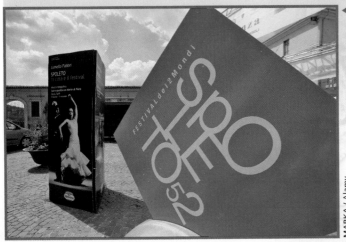

iLrn Vai su iLrn per trovare informazioni su Spoleto USA.

Il fondatore, Gian Carlo Menotti, ha creato il **Festival dei Due Mondi** per facilitare un incontro culturale tra il mondo americano e quello europeo. I vari teatri di Spoleto ospitano spettacoli di musica, teatro e danza. Nella città gemella, Charleston, nella Carolina del Sud, ha luogo lo Spoleto Festival USA.

MARKA / Alamy

Le Marche sono note come la "regione dei cento teatri" per i numerosi teatri storici che oggi costituiscono un prezioso patrimonio culturale per la regione. Il **Teatro Flora**, in provincia di Macerata, è noto per il suo stile barocco, per le sue originali decorazioni e per la rara bellezza rimasta intatta nei secoli.

Laura Fortunato

Andiamo in piazza!

iLrn Vai su iLrn per trovare informazioni su corso Vannucci, Perugia.

Martin Thomas Photography / Alamy

▲ Ogni anno a Perugia ci sono molti concerti (spesso gratuiti) di jazz, R&B e rock, soprattutto durante il famoso festival musicale, Umbria Jazz, che si tiene ogni estate. Musicisti di fama internazionale arrivano da tutto il mondo per suonare in **Piazza IV Novembre.**

© Atlantide Phototravel / Corbis

Piazza del Plebiscito è anche conosciuta come "Piazza del Papa" per la statua di Papa Clemente XII. È una delle quattro piazze centrali di Ancona ed è anche il centro principale della vita sociale della città.

iLrn

Share it! • • • **Le regioni.** Quale regione ti interessa di più? Vai sul blog e scrivi le tue impressioni sull'Umbria e/o (*and/or*) sulle Marche. Quali informazioni ti interessano di più? Cos'altro vorresti (*would you like*) sapere? Puoi fare una ricerca sulle tradizioni o sulla cucina di una di queste due regioni. Metti informazioni e foto su *Share it!* Poi guarda le informazioni di almeno uno dei tuoi compagni e indica quello che ti piace.

▶ To learn more about **l'Umbria** and **le Marche,** watch the cultural footage in the Video Library.

La musica

2–2

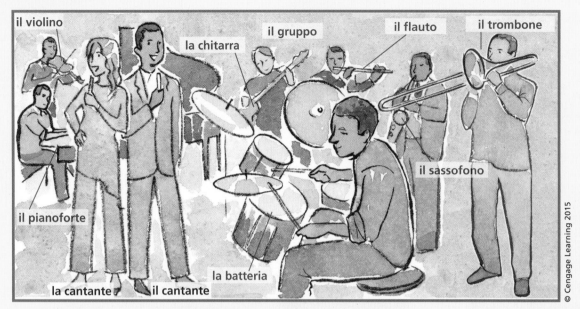

il violino · la chitarra · il gruppo · il flauto · il trombone · il sassofono · il pianoforte · la batteria · la cantante · il cantante

© Cengage Learning 2015

I musicisti suonano il jazz a un concerto di Umbria Jazz.

La musica	Music
l'artista	artist
la banda	concert / marching band
il baritono	baritone
il basso	bass (voice)
la biglietteria	ticket office
il cantautore (m.) / la cantautrice (f.)	singer-songwriter
la canzone	song
il concerto	concert
il direttore	conductor
il gruppo	the band (rock, jazz, etc.)
il/la musicista	musician
il palco(scenico)	stage
la prenotazione	reservation
il pubblico	audience
il soprano	soprano
lo spartito	score
lo spettacolo	performance
il tenore	tenor
il testo	lyrics

Gli strumenti	Instruments
il contrabbasso	string bass
la fisarmonica	accordion

l'organo	organ
la tromba	trumpet
la tuba	tuba
il violoncello	cello
la voce	voice

I generi musicali (Types of music)

il blues
l'hip-hop
il jazz
la musica (classica / rock)
il pop
il rap
lo ska
la techno

I verbi	Verbs
applaudire	to applaud
cantare	to sing
dirigere	to conduct / to direct
esercitarsi / praticare	to practice
esibirsi	to perform
fare le prove / provare	to rehearse
fischiare	to whistle
prenotare	to reserve
suonare	to play a musical instrument

Pratichiamo!

4-1. Strumenti a fiato (*wind*), a corda (*string*) o a tastiera (*keyboard*)? Metti gli strumenti nella categoria corretta.

> chitarra / sassofono / organo / flauto / trombone / fisarmonica / violoncello / piano / violino

A fiato	A corda	A tastiera
_____	_____	_____
_____	_____	_____
_____	_____	_____

4-2. Cosa fanno? Abbina gli elementi della colonna A con quelli della colonna B per formare una frase completa.

A
1. _____ Il giorno prima di esibirsi gli artisti…
2. _____ Il concerto non è bello e il pubblico…
3. _____ Cecilia Bartoli è un famoso mezzosoprano. Lei…
4. _____ Prima di andare al concerto noi…
5. _____ Il direttore d'orchestra non suona, lui…
6. _____ Giulia vuole diventare una musicista famosa. Lei…

B
a. si esercita molte ore al giorno.
b. fanno le prove.
c. dobbiamo comprare i biglietti.
d. dirige i musicisti.
e. canta molto bene.
f. fischia.

4-3. Cosa significa? Abbina le parole della colonna A alle definizioni della colonna B.

A
1. _____ il cantautore
2. _____ il concerto
3. _____ il palcoscenico
4. _____ la biglietteria
5. _____ il pubblico
6. _____ il testo

B
a. il luogo dove comprare i biglietti
b. la gente che assiste a uno spettacolo
c. le parole di una canzone
d. uno che scrive e canta le sue canzoni
e. il luogo dove recitano gli attori
f. uno spettacolo musicale

4-4. Un invito a un concerto. Avete due biglietti per un concerto e decidete di invitare un amico. Parla con il tuo amico/la tua amica e invitalo/la al concerto. Usate anche i verbi **volere, potere** e **dovere** per formulare le domande e le risposte. Indicate chi è l'artista / il gruppo, che tipo di musica suona, il luogo e l'ora del concerto. Recitate la vostra conversazione in classe.

4-5. In cerca di artisti! In gruppo, fate domande per sapere se i vostri compagni hanno una passione per la musica, per il cinema o per il teatro. Forse tra di voi c'è un artista come un cantante, un attore o un regista (*movie director*). Le seguenti domande sono alcuni esempi. Poi riferite i risultati alla classe.

	Nome	Nome	Nome	Nome
1. Sai suonare uno strumento? Quale?				
2. Quante ore al giorno suoni?				
3. Sai recitare? Sai cantare? Che cosa?				
4. Chi è il tuo/la tua cantante preferito/a?				
5. Chi è il tuo attore/la tua attrice preferito/a?				

Prima di tutto... Che cosa guardi in televisione? Ti piacciono i programmi come *American Idol*, *X-Factor* e *America's Got Talent*? Perché sì o perché no? Conosci una canzone italiana famosa in tutto il mondo?

Claudio Onarati / EPA / Landov

Davvero?!

I concorsi canori (*singing contests*) sono popolari anche in Italia. Per esempio, il più famoso, il Festival di Sanremo (o il Festival della Canzone Italiana di Sanremo), si svolge ogni anno durante il periodo invernale. In questa occasione, molti cantanti italiani propongono canzoni nuove (mai sentite o cantate prima davanti a un pubblico) e una giuria vota la migliore canzone dell'anno. Per i nuovi talenti ci sono programmi come *X-Factor* che è iniziato in Italia nel 2008 e che finora ha avuto molto successo.

Photo Mere News / Alamy

Chiacchieriamo un po'! Lavorate a coppie. Siete due concorrenti (*competitors*) di *X-Factor Italia*. Decidete quali canzoni volete cantare, perché le avete scelte (*you chose them*), cosa rappresentano queste canzoni per voi a livello personale. Come vi vestite per lo spettacolo e cosa fate se vincete il concorso?

iLrn

Share it! ● ● ● **Viva la musica!** Cosa sai della musica italiana? Conosci musicisti o cantanti italiani? Fai una ricerca su un musicista o un cantante italiano che suona o canta il tipo di musica che ti piace. Metti una foto e, se possibile, un link a una sua canzone su *Share it!* Ascolta almeno una canzone di un compagno/una compagna e commentala.

2–3

Li vedo, sono sul palco!

Ascolta e/o leggi la conversazione e rispondi alle domande.

*Marisa ha appuntamento con Dario e altri amici in Piazza IV Novembre, a Perugia, per vedere un concerto dei P-Funking band. Non vede Dario e **lo** chiama al cellulare.*

© Atlantide Phototravel / Corbis

In **Piazza IV Novembre**, in estate ci sono molti concerti.

Marisa: Dario, dove siete tu e gli altri? Non **vi** vedo. Io sono qui in piazza vicino alla fontana. **Mi** vedi?

Dario: Oh, sì **ti** vedo. Arrivo subito! (*Finalmente si incontrano.*)

Marisa: Oh, finalmente sei qui. Ma Roberta e Giovanna dove sono? Non **le** vedo. **Le** chiamo?

Dario: No, Roberta non viene al concerto. Lei preferisce guardar**lo** dal balcone di casa sua che dà sulla[1] piazza. E Giovanna? **La** chiamo? Forse non **ci** vede con tutta questa confusione.

Marisa: Oh, eccola[2], **la** vedo. Viene verso di noi.

Giovanna: Ciao ragazzi! Scusate il ritardo.

Dario: Ciao Giovanna! Oh, ecco i P-Funking! Voi **li** vedete? Sono lì!

Marisa: Sì, ecco**li**, **li** vedo, sono sul palco. Dai! Godiamoci[3] lo spettacolo!

[1]looks on   [2]there she is   [3]Come on! Let's enjoy

Comprensione

È vero o è falso? Indica se le seguenti affermazioni sono vere (**V**) o false (**F**). Correggi le affermazioni false.

1. _____ Marisa e Dario arrivano insieme in Piazza IV Novembre.
2. _____ Roberta non va al concerto.
3. _____ Giovanna non trova Dario e Marisa.
4. _____ Marisa e Dario vedono i P-Funking sul palco.

Osserviamo la struttura!

Nel dialogo sopra, osserva le parole in grassetto e completa le seguenti attività.

1. Based on the examples provided below, what is the equivalent in English of the words in bold and what do they refer to? Follow the example.

   a. Marisa non vede Dario e **lo** chiama al cellulare.

   lo = _him → refers to Dario_

   b. E Giovanna? **La** chiamo?

   la = _____

   c. Ecco i P-Funking! Tu **li** vedi?

   li = _____

   d. Ma Roberta e Giovanna dove sono? Non **le** vedo.

   le = _____

2. Find the words in bold listed below in the dialogue and try to indicate their equivalents in English.

   mi: _____   **ti:** _____   **ci:** _____   **vi:** _____

3. Where are the bolded words usually placed in the sentence structure? Provide an example for each different case.

Pronomi di oggetto diretto (Direct-object pronouns)

Ecco la mia chiatarra. La suono nel tempo libero.

A. In this chapter you will learn about **oggetti diretti** (*direct objects*) and **pronomi di oggetto diretto** (*direct-object pronouns*). A direct object *receives* the action of the verb. It answers the questions **Che cosa?** (*What?*) or **Chi?** (*Who / Whom?*).

Soggetto	Verbo	Oggetto diretto (*Who? Whom? What?*)
Marisa	vede	**Dario.**
Marisa	*sees*	*Dario.*
Dario	suona	**la chitarra.**
Dario	*plays*	*the guitar.*

B. I pronomi (*pronouns*) are words used in place of one or more nouns (*people or things*). **I pronomi di oggetto diretto** (*me, you, him, her, it, us, them*) refer to objects (*people, things*) already mentioned and that receive the action. They make speech less repetitive.

Suoni <u>la chitarra</u>?	*Do you play <u>guitar</u>?*
Sì, **la** suono.	*Yes, I play **it**.*
Quando vedi <u>i tuoi amici</u>?	*When do you see <u>your friends</u>?*
Li vedo ogni giorno.	*I see **them** every day.*

C. The table below shows the Italian **pronomi di oggetto diretto**.

Pronomi di oggetto diretto			
Singolare		**Plurale**	
mi	*me*	ci	*us*
ti	*you*	vi	*you (pl., form. and inform.)*
La	*you (form.)*		
la	*her / it*	le	*them (f.)*
lo	*him / it*	li	*them (m.)*

Posizione dei pronomi di oggetto diretto (Placement of direct-object pronouns)

A. In Italian, direct-object pronouns often precede the verb.

Suoni **il pianoforte** tutti i giorni?	*Do you play **the piano** every day?*
Sì, **lo** suono tutti i giorni.	*Yes, I play **it** every day.*
Quando vedi **gli amici**?	*When do you see **your friends**?*
Li vedo la sera in piazza.	*I see **them** at night in the piazza.*

B. With modal verbs (**potere, volere, dovere**) or other verbs followed by an infinitive, the position of the direct-object pronoun may vary. It can be placed before the conjugated verb or attached to the infinitive after dropping the final **-e**.

Vuoi vedere **il concerto**?	*Do you want to see **the concert**?*
Sì, **lo** voglio vedere. *or* Sì, voglio veder**lo**.	*Yes, I want to see **it**.*
Passo a prender**ti** più tardi. *or*	*I (will) come to pick **you** up later.*
Ti passo a prendere più tardi.	

C. Italian direct-object pronouns can also be attached to the end of the expression **ecco** (*here it is, here they are, here I am . . .*).

Marisa, dove sei?	Ecco**mi**!
Dove sono i musicisti?	Ecco**li**!

> **ATTENZIONE!**
>
> The direct-object pronouns **lo** and **la** can elide to become **l'** before verbs beginning with a vowel. The pronouns **li** and **le** never elide.
>
> Ascolti **la musica**?   Sì, **l'**ascolto (*or* **la** ascolto).
>
> Ragazzi, avete **i biglietti**?   Sì, **li** abbiamo. Ecco**li**!

Pratichiamo!

4-6. Nuovi talenti. Dario e il suo gruppo vogliono partecipare a un concorso per nuovi talenti. Per fare i provini (*auditions*) loro devono iscriversi (*register*). Si dividono i compiti (*tasks*). Rispondi alle seguenti domande con il verbo opportuno e il **pronome di oggetto diretto** corrispondente alla parola sottolineata.

> Esempio   Quando *facciamo* <u>le iscrizioni</u> (*registration*) al concorso?
>   ***Le facciamo*** subito!

1. Dove *troviamo* <u>le informazioni</u> per partecipare?   (Noi) _____ su Internet.
2. Chi *fa* <u>i documenti</u> per l'iscrizione?   Giorgio _____ appena possibile.
3. Chi *paga* <u>la quota</u> (*fee*) di partecipazione?   Noi tutti _____.
4. Chi *suona* <u>il sassofono</u>?   Roberto _____, come al solito.
5. Chi <u>mi</u> *aiuta* a portare gli strumenti al provino?   Marisa _____. Lei ha la macchina.
6. Marisa, <u>ci</u> *accompagni* tu la sera del provino?   Ma certo, io _____ volentieri.

4-7. Al Chocohotel. Dario porta alcuni amici al famoso Etruscan Chocohotel di Perugia. Tutti fanno domande. Completa le risposte con la forma corretta del **verbo modale (dovere, volere, potere)** al presente indicativo e il **pronome di oggetto diretto** prima del verbo modale o attaccato (*attached*) all'infinito.

> Esempio   Marisa, vuoi ordinare <u>la torta di cioccolato</u>?
>   *Sì, **la** voglio ordinare. o Sì, voglio ordinar**la**.*

1. Possiamo prendere <u>una cioccolata calda</u>?
2. Devo chiedere <u>un menù</u>?
3. Volete ordinare <u>le paste al cioccolato</u>?
4. Dobbiamo prenotare (*reserve*) <u>il pranzo</u>?
5. Volete vedere <u>il Chocostore</u>?
6. Posso assaggiare <u>i cioccolatini</u>?

> **NOTA CULTURALE**
>
>
>
> L'**Etruscan Chocohotel**, a Perugia, è l'unico hotel al mondo dedicato al cioccolato. Gli ospiti possono gustare una buona cioccolata calda a qualsiasi ora e la sera trovano dei cioccolatini sparsi sul letto. Per i più golosi, c'è il chocostore con dei deliziosi choco gadget.
>
> *Courtesy Apice Hotels*

4-8. Andiamo a Umbria Jazz Winter. Marisa e gli amici si organizzano per andare a Orvieto per vedere un concerto di Umbria Jazz Winter, la versione invernale del famoso evento. Maria scrive una mail a Roberta. Completa il seguente messaggio con i **pronomi di oggetto diretto**.

Ciao Roberta,

io e Dario andiamo al concerto di Umbria Jazz Winter a Orvieto. Dario non ha la macchina e io _____ (1) accompagno con la mia. Se vuoi venire anche tu, passiamo a prender_____ (2). So che anche Gianni vuole venire. _____ (3) chiamo domani e se dice che viene anche lui, andiamo tutti insieme. Io e Dario passiamo da casa tua verso le cinque. Se non _____ (4) vedi arrivare, forse siamo bloccati nel traffico. Per il viaggio, portiamo dei panini. _____ (5) preparo io. Per dormire, invece, prenotiamo una pensione in centro dove io e la mia famiglia andiamo spesso. È bella, _____ (6) conosco molto bene e non è costosa. Per confermare con te e Gianni, _____ (7) chiamo fra un paio di giorni. Fammi sapere (*Let me know*) appena possibile per le prenotazioni. Dobbiamo far_____ (8) subito.

Marisa

4-9. Quando lo facciamo? A coppie, immaginate di essere in Umbria. Formulate delle domande e risposte con gli elementi forniti. Rispondete con un **pronome di oggetto diretto**. Se conoscete altre informazioni, aggiungetele.

> Esempio   visitare la Basilica di San Francesco ad Assisi
> **S1:** *Visitiamo la Basilica di San Francesco ad Assisi?*
> **S2:** *Sì, la visitiamo domani.* o *No, non la visitiamo perché non abbiamo tempo.*

1. comprare le famose ceramiche di Deruta
2. vedere il Gran Premio Mongolfieristico di Todi
3. vedere gli spettacoli al Festival dei Due Mondi di Spoleto
4. filmare il Carnevalandia di Todi
5. fotografare il palazzo dei Priori, in Piazza IV Novembre a Perugia
6. mangiare le salsicce di cinghiale (*wild boar*) di Norcia

4-10. Lo sai? A coppie e a turno, fate le seguenti domande e poi riferite i risultati alla classe. Rispondete con un **pronome di oggetto diretto**.

1. Sai suonare la chitarra? La suoni da molto tempo?
2. Conosci le opere liriche? Quali?
3. Riesci (*Are you able to*) a imparare a memoria le canzoni che ti piacciono?
4. Sai riconoscere tutti gli strumenti musicali?
5. Scrivi pezzi musicali? Come sono?
6. Sai riconoscere i vari tipi di musica, jazz, blues, pop... ?

4-11. Chi lo fa? In gruppo, chiedete ai vostri compagni se fanno le cose elencate (*listed*) qui sotto. Rispondete con il **pronome di oggetto diretto**. Seguite l'esempio e fate una lista delle persone. Poi riferite i risultati alla classe.

> Esempio   ascoltare la musica classica
> *Tu ascolti la musica classica? Io l'ascolto sempre.* o *No, io non l'ascolto mai.*

1. suonare il piano
2. mangiare il tartufo di Norcia
3. ballare l'hip-hop
4. cantare la lirica
5. vedere film stranieri
6. mangiare i Baci Perugina

NOTA CULTURALE

I **Baci Perugina** sono cioccolatini fatti a Perugia e famosi in tutto il mondo. In ogni incarto (*wrapper*) c'è un messaggio romantico scritto in diverse lingue.

©Marka / SuperStock

Ho comprato i biglietti per il Festival dei Due Mondi!

🔊
2–4

Ascolta e/o leggi il seguente brano e rispondi alle domande.

*Marisa è contenta perché **ha comprato** i biglietti per il Festival dei Due Mondi. Scrive un messaggio sul suo blog ai suoi amici.*

Evviva! Oggi **ho ricevuto** nella posta i biglietti per il Festival di Spoleto. Non ci posso credere! La settimana scorsa io e Dario **abbiamo sentito** che è possibile fare i biglietti su Internet. Appena[1] lui **ha trovato** le informazioni, **abbiamo comprato** i biglietti. Che bello! Andiamo[2] a Spoleto! E voi **avete comprato** i biglietti? Chi viene con noi?

[1]*As soon as* [2]*We are going*

©DeAgostini / SuperStock

Piazza della Libertà, a Spoleto, ospita alcuni eventi del famoso Festival dei Due Mondi. Qui si trova anche la biglietteria per il festival. È anche possibile acquistare i biglietti online.

Comprensione

È vero o è falso? Indica se le seguenti affermazioni sono vere **(V)** o false **(F)**. Correggi le affermazioni false.

1. _____ Marisa non vuole andare a Spoleto.
2. _____ Marisa va a Spoleto per comprare i biglietti per il festival.
3. _____ Dario ha trovato le informazioni su Internet.
4. _____ Marisa va a Spoleto da sola.

Osserviamo la struttura!

Nel brano sopra, osserva le parole in grassetto e completa le seguenti attività.

1. Below are some examples of the Italian **passato prossimo** (*past tense*). Look at them and answer the following questions.

   Noi abbiamo comprato   Noi abbiamo ricevuto   Noi abbiamo sentito

   a. How many words are used to form this tense in Italian? Do you recognize the first word in each example?

   b. The second word of this tense is called the **participio passato** (*past participle*). Can you determine the infinitive of each verb?

2. Based on your answers to the questions above and the examples provided, can you guess the **participio passato (pp)** of the following verbs?

ballare	(*pp*) ballato	cantare	(*pp*) _____
ricevere	(*pp*) ricevuto	credere	(*pp*) _____
finire	(*pp*) finito	applaudire	(*pp*) _____

Il passato prossimo con *avere* (*Simple past with avere*)

In this chapter, you will learn the **passato prossimo** which corresponds to both the English *simple past* (*I ate, I did eat*) and *present perfect* (*I have eaten*). It is used to express an action which occurred and was completed in the past in a precise time frame.

A. The **passato prossimo** is a compound tense because it is formed by combining:

1. the present indicative of the auxiliary verb (**avere** or **essere**)

and

2. the past participle of the main verb.

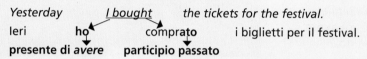

Ieri Dario **ha** mangiato a casa e **ha** guardato un concerto in televisione.

Yesterday	*I bought*	*the tickets for the festival.*
Ieri	**ho** comprato	i biglietti per il festival.
presente di *avere*	participio passato	

B. The **participio passato** (*past participle*) is generally formed by replacing the endings of the infinitive verbs (**-are, -ere, -ire**) as indicated below.

comprare → comprato   ricevere → ricevuto   sentire → sentito

C. The following table shows the **passato prossimo** of the verbs **comprare, ricevere,** and **sentire.**

Il passato prossimo con *avere*		
comprare (*to buy*)	**ricevere** (*to receive*)	**sentire** (*to hear*)
io	**ho** comprato	**ho** ricevuto	**ho** sentito
tu	**hai** comprato	**hai** ricevuto	**hai** sentito
Lei, lui/lei	**ha** comprato	**ha** ricevuto	**ha** sentito
noi	**abbiamo** comprato	**abbiamo** ricevuto	**abbiamo** sentito
voi	**avete** comprato	**avete** ricevuto	**avete** sentito
loro	**hanno** comprato	**hanno** ricevuto	**hanno** sentito

D. Many verbs form the **passato prossimo** with the auxiliary verb **avere** and the **participio passato** which is invariable. In **Struttura 3,** we will identify those verbs that use the auxiliary verb **essere** to form the **passato prossimo.**

La settimana scorsa Marisa **ha comprato** i biglietti per il festival.

Oggi **ho ricevuto** i biglietti.

Noi **abbiamo sentito** che è possibile comprare i biglietti su Internet.

*Last week Marisa **bought** the tickets for the festival.*

*Today I **received** the tickets.*

*We **heard** it is possible to buy the tickets on the Internet.*

ATTENZIONE!

Adverbs such as **già** (*already*), **appena** (*just*), **sempre** (*always*), **solo** (*only*) are placed between the auxiliary and the past participle. With negative adverbs such as **non … mai** (*never*), **non … ancora** (*not . . . yet*), the negative **non** is placed before the auxiliary.

Ho **già** comprato i biglietti per il concerto.
Marisa **non** ha **mai** ballato il tango.

*I **already** bought the tickets for the concert.*
*Marisa has **never** danced tango.*

Participi passati irregolari (*Irregular past participles*)

Some verbs have an irregular past participle. The following table shows the most common irregular past participles. They have been grouped by similar formation to facilitate memorization.

accendere (*to turn on*):	acce**so**
chiudere (*to close*):	chiu**so**
decidere (*to decide*):	deci**so**
prendere (*to take*):	pre**so**
spendere (*to spend*):	spe**so**
correggere (*to correct*):	corre**tto**
dire (*to say / to tell*):	de**tto**
fare (*to do / to make*):	fa**tto**
leggere (*to read*):	le**tto**
scrivere (*to write*):	scri**tto**
chiedere (*to ask*):	chie**sto**
rispondere (*to answer*):	rispo**sto**
vedere (*to see*):	vi**sto**
aprire (*to open*):	ape**rto**
offrire (*to offer*):	offe**rto**
soffrire (to suffer):	soffe**rto**
discutere (*to discuss*):	discu**sso**
mettere (*to put*):	me**sso**
promettere (*to promise*):	prome**sso**
spegnere (*to turn off*):	spe**nto**
vincere (*to win*):	vi**nto**
bere (*to drink*):	bev**uto**
conoscere (*to know*):	conosci**uto**
scegliere (*to choose*):	sce**lto**

Espressioni di tempo al passato

The following expressions are commonly used when narrating events in the past.

ieri	*yesterday*
l'altro ieri (*or* avantieri)	*the day before yesterday*
fa	*ago*
un giorno / due giorni fa	*one day / two days ago*
un mese / un anno fa	*a month / a year ago*
la scorsa settimana / la settimana scorsa	*last week*
lo scorso mese / il mese scorso	*last month*
lo scorso anno / l'anno scorso	*last year*
la scorsa estate / l'estate scorsa	*last summer*

Pratichiamo!

4-12. Preparativi per andare al festival di Spoleto. Marisa, tu e gli amici siete andati insieme al festival di Spoleto. Trasforma le frasi dal presente al **passato prossimo** per raccontare quello che ognuno di voi ha fatto prima della partenza e durante il viaggio.

> Esempio   Marisa *prepara* i panini per il viaggio.
>
> Marisa **ha preparato** i panini per il viaggio.

1. Io e Giovanna *compriamo* le bevande (*beverages*).
2. Tu *finisci* di preparare le valigie.
3. Io *ricevo* una mail da Marisa per sapere l'ora della partenza.
4. Dario *guida* la macchina.
5. Giovanna e Roberta *portano* la loro macchina fotografica.
6. Tu e Dario *sentite* le condizioni del traffico alla radio.
7. Io *chiamo* l'albergo per confermare la prenotazione.
8. Tu e Roberta *dormite* in macchina durante il viaggio.

4-13. A Nocera Umbra. Dario ha fatto una sorpresa a Marisa e la porta al Palio dei Quartieri. Lei è contenta e chiede a Dario quando ha programmato questa piccola gita. Completa il seguente dialogo con il **passato prossimo**.

Dario: La settimana scorsa _____ (1. io / leggere) il giornale locale e _____ (2. vedere) un articolo sul palio. So che ti piacciono queste cose e...

Marisa: Ma Dario, perché non _____ (3. dire) niente?

Dario: Perché io _____ (4. decidere) di farti una bella sorpresa. Allora _____ (5. io / chiedere) alcune informazioni a un amico che vive qui e lui _____ (6. promettere) di aiutarmi. Tu e io non _____ (7. fare) ancora una vacanza quest'anno ed eccoci qua.

Marisa: _____ (8. tu / avere) una bellissima idea. Grazie!

NOTA CULTURALE

A Nocera Umbra, ogni anno ad agosto, si celebra il **Palio dei Quartieri**. La città diventa un vero e proprio teatro vivente. Il centro storico si trasforma in un teatro vivente con antiche botteghe di arti e mestieri. Ci sono cortei e le sfilate in abiti d'epoca, mostre d'arte e di fotografia.

Photo by Giulia Micheli / Art Fabrica. Courtesy T.G.C. Eventi.

4-14. Veramente... (*Actually . . .*) Rispondi alle seguenti domande con il **passato prossimo** e le espressioni indicate in parentesi quando è necessario. Segui l'esempio.

> Esempio   Quando *suonano* i P-Funking? (già)
>
> *Veramente i P-Funking* **hanno già suonato**.

1. Tu *applaudi* ai concerti? (sempre)
2. Il pubblico *fischia* durante gli spettacoli? (non... mai)
3. Raphael Gualazzi *canta* sempre dal vivo? (sì, sempre)
4. Voi *suonate* la tuba? (no, mai)
5. Quando *provano* i musicisti? (già)
6. Quel (*That*) cantautore *scrive* testi per altri cantanti? (non... mai)
7. Voi *seguite* sempre il vostro gruppo preferito sui blog? (sì, sempre)
8. Che bravo soprano! *Ha* sempre tutto questo successo nei suoi concerti? (sì, sempre)

4-15. L'ultimo concerto (o spettacolo) che hai visto. A coppie, fate domande al vostro compagno/alla vostra compagna sull'ultimo concerto che ha visto. Ecco alcuni esempi di domande che puoi fare.

Esempio **S1:** *Quando hai visto l'ultimo concerto?*
S2: *Ho visto l'ultimo concerto l'anno scorso a Perugia.*
S1: *Chi ha cantato al concerto?*
S2: *Ha cantato Raphael Gualazzi.*

- Dove hai trovato le informazioni per il concerto?
- Dove hai comprato i biglietti?
- Con chi hai visto il concerto?
- Chi ha cantato / suonato / ballato?
- Hai incontrato altri amici?
- Hai conosciuto (*met*) qualcuno (*anyone*)?

NOTA CULTURALE

©Marka / SuperStock

Raphael Gualazzi, nato a Urbino, è un famoso cantautore italiano. Fa anche concerti in giro per il mondo. La sua musica è un misto di rag-time, blues, soul e jazz. Nel 2011 ha vinto, nella categoria dei "Giovani", il Festival di Sanremo, la più importante manifestazione di musica leggera in Italia.

4-16. Quando è stata l'ultima volta che hai fatto queste cose? A coppie, chiedete al vostro compagno/alla vostra compagna se ha fatto le seguenti cose. Per ogni risposta che ricevete, fate altre domande per sapere di più. Il vostro compagno/La vostra compagna riferisce le vostre informazioni alla classe. Usate le espressioni di tempo (**ieri, l'altro ieri, tre giorni fa, la settimana scorsa…**).

Esempio scrivere una mail
S1: *Quando è stata l'ultima volta che hai scritto una mail?*
S2: *Ho scritto una mail stamattina.*
S1: *A chi? Perché? Hai ricevuto una risposta?*

1. leggere un libro
2. dormire fino a tardi
3. fare la spesa
4. fare le spese
5. studiare per un esame
6. finire tutti i compiti per il giorno dopo
7. dire una bugia a un amico o un'amica (o altri)
8. ricevere un regalo

4-17. La giuria (*The jury*). In gruppo, immaginate di fare le selezioni per il prossimo programma di *X-Factor*. Alcuni di voi (due o tre) fanno parte della giuria e intervistano il candidato prima del provino (*audition*). La giuria vuole sapere dove il candidato ha imparato a suonare / cantare, se il candidato ha mai scritto un pezzo musicale, se ha mai cantato o ballato in pubblico, se ha mai vinto un premio, eccetera. Riferite poi alla classe chi avete scelto per il provino e perché.

Reading Strategy: **Building Vocabulary**

Rather than memorizing lists of words, try some of these strategies to help you remember new words and build your vocabulary.

> Read words aloud. Sometimes the pronunciation of a word that doesn't look familiar might help you recognize the cognate.

> Construct mental images representing the idea of the word.

> As you come across words that you don't know and that are not defined, words that interest you, or repeated words, write them in a special notebook and look up the meanings later.

> Color code masculine and feminine words that are hard to remember, such as words that end in **-e.**

> Note words built on a common root (for example: **commercio, commerciante, commerciale**).

Don't look up every unfamiliar word as long as you get the gist; a dictionary can be helpful especially when a word arouses your curiosity.

Pre-lettura

1. **Capire il vocabolario (***Vocabulary Building***).**

   a. Leggete ad alta voce la parola **ge-lo-si-a**. Secondo voi, cosa significa?

   b. **Una gara** in inglese significa "*a contest*" o "*competition*". Quali immagini vi suggerisce la parola **gara**? Le immagini possono aiutarvi a ricordare le parole.

   c. Usando due colori diversi, dividete in categorie le seguenti parole a seconda del genere.
      1. Paese (*country*)
      2. carne (*meat*)
      3. pace (*peace*)
      4. amore (*love*)

   d. Paragonate la parola **pace** (*peace*) e il verbo **(ri)appacificarsi**. Che cosa hanno in comune? Potete indovinare il significato del verbo **si riappacificano**?

©John Warburton Lee / SuperStock

Piazza Silvestri, in provincia di Perugia, è dove il film *Musica in piazza* è stato girato.

2. **Un film comico.** Il film *Musica in piazza* è un film comico. Pensate a un film comico che conoscete e indicate se gli elementi elencati qui sotto sono caratteristici del film che ricordate. Indicate sì e no.

   Come si chiama il film? _____

   a. vita caotica
   b. situazioni ironiche
   c. messaggio socio-politico
   d. vita giornaliera

   e. improvvisazione
   f. conflitto tra le classi sociali
   g. trionfo del povero / classe bassa
   h. protagonisti perdonano (*forgive*) tutti

Musica in piazza

Courtesy Officine Mattoli

Le Officine Mattoli è un istituto per la formazione cinematografica.

Il regista Mario Mattoli (30/11/1898–26/2/1980) è nato a Tolentino, nelle Marche, ma suo padre apparteneva° a una nobile famiglia originaria di Bevagna, in Umbria, dove Mattoli ha girato il suo film *Musica in piazza*. Nella sua lunga vita ha fatto più di 84 film. Oggi le sue commedie sono considerate classici del cinema italiano.

came from, belonged to

Trama: In un paesino dell'Umbria, due ricchi cugini sono ormai rivali da molto tempo. Prima la gelosia li ha divisi perché sono entrambi innamorati della stessa donna. Poi diventano rivali anche in campo artistico. Uno finanzia il teatro regionale e l'altro la banda musicale. Per risolvere quest'ultima rivalità, decidono di organizzare una gara° e invitano una commissione° per stabilire chi è il più bravo. Fanno una grande scommessa°. Il giorno della gara, alla fine, si scopre che c'è stato un grosso equivoco°. Infatti, scoprono che la commissione che li ha giudicati non è altro che un gruppo di commercianti di carne che arriva in paese per trattare un grosso affare°. I due cugini rivali si riappacificano e la storia termina a lieto fine.

competition
jury
bet
misunderstanding

transact a big deal

Dopo la lettura

1. **Comprensione.** Rispondete alle seguenti domande con una frase completa.

   a. Chi sono i protagonisti?
   b. Che rapporto c'è fra di loro?
   c. Per quali cose competono?
   d. Perché decidono di fare una gara?
   e. Chi giudica (*judge*) la gara?
   f. Come si risolve la situazione?

2. ***Musica in piazza.*** Riguardate le caratteristiche di un film comico (p. 150). Elencate le caratteristiche che sembrano presenti nel film *Musica in piazza*. Vi sembra un bel film?

(iLrn)

Share it!••• **Andiamo al cinema!** Vai su iLrn per trovare informazioni sui film proiettati nelle sale cinematografiche in Italia. Conosci alcuni di questi film? Li hai visti? Quale consigli a un amico? Metti informazioni su *Share it!* Poi guarda le informazioni di almeno uno dei tuoi compagni e indica quello che ti piace.

Il cinema e il teatro

2–5

la scena

l'attore

il regista

l'attrice

il copione

© Cengage Learning 2015

Gli attori recitano una scena di una nuova commedia.

Il cinema e il teatro	Cinema and Theater
il cinema all'aperto	outdoor cinema
la colonna sonora	soundtrack
il film	film, movie
il premio	prize, award
il/la protagonista	protagonist
il/la regista	director
il ruolo	role
lo sceneggiatore	screenwriter
la sceneggiatura	script
lo spettacolo	play
la stella	star
lo schermo	screen
lo scenario	scenery, set
la trama	plot

Il genere	Genre
l'avventura	adventure
i cartoni animati	cartoons
la commedia	comedy
il documentario	documentary
il dramma	drama
gli effetti speciali	special effects
la fantascienza	science fiction
il giallo	mystery
l'orrore	horror

I verbi	Verbs
dare (un film al cinema)	to show a film
girare	to film
interpretare	to play a role
recitare	to act
vincere	to win

Pratichiamo!

4-18. Che genere di film danno (*is showing*) stasera? Leggi il titolo del film e cerca di indovinare (*guess*) il genere del film. Scegli tra quelli offerti.

> Avventura / Cartone animato / Commedia / Documentario / Fantascienza / Giallo

1. *Divorzio all'italiana*: _____
2. *La vita del Duce*: _____
3. *Il codice da Vinci*: _____
4. *Pinocchio*: _____
5. *Avatar*: _____
6. *Pirati dei Caraibi*: _____

4-19. Definizioni. Trova la parola tra quelle offerte per ogni definizione data. Ci sono due parole in più.

> la protagonista / il documentario / lo spettacolo / la sceneggiatura / il regista / il giallo

1. _____: attrice con il ruolo più importante nel film o nel dramma
2. _____: film basato sulla realtà a scopo (*purpose*) informativo
3. _____: rappresentazione teatrale
4. _____: la persona che dirige un film

4-20. Quante stelle date al film? A coppie, leggete la descrizione del seguente film e rispondete alle domande. Poi decidete quante stelle dare al film.

© Cengage Learning 2015

Manuale d'amore 3 – Terzo capitolo del franchise sentimentale di De Laurentiis.

Regia: Giovanni Veronesi. **Attori:** Robert De Niro, Carlo Verdone, Riccardo Scamarcio, Monica Bellucci, Michele Placido.

Genere: Commedia, produzione Italia, 2011. **Durata:** 100 minuti circa.

Roberto e Sara sono fidanzati e tra breve si sposano. Pochi giorni prima del matrimonio Roberto va in Toscana, dove incontra la bella e dolce Micol e si innamora di lei.

Eliana, una giovane e bella donna che vive nello stesso palazzo di Sara, conosce Fabio, un uomo sposato che fa l'anchorman televisivo. I due hanno una relazione molto turbolenta.

Nel palazzo vive anche un vecchio professore americano, Adrian (Robert de Niro). Adrian incontra Viola (Monica Bellucci) e scopre che la passione non invecchia mai con l'età.

1. Chi è il regista?
2. Di che genere è il film?
3. Quante storie d'amore nascono nel film?
4. Come si chiamano gli amanti?
5. Perché, secondo voi, ha solo 2 stelle?
6. Quante stelle date voi al film?

4-21. Le vostre preferenze cinematografiche. Chiedete informazioni ai vostri compagni sulle loro preferenze cinematografiche. Riferite le risposte alla classe.

1. Ti piace andare al cinema? Quante volte al mese vai al cinema?
2. Che tipo di film ti piace di più?
3. Chi è il tuo attore/la tua attrice preferito/a?
4. Qual è il tuo film preferito?
5. Conosci qualche film / attore italiano?

Prima di tutto... Vai al cinema più spesso durante le vacanze? Vedi molti film a casa durante l'estate e durante le vacanze invernali? C'è un film che vedi ogni anno durante il periodo delle feste invernali?

Davvero?! Durante il periodo di Natale in Italia, ogni anno esce un nuovo film divertente noto come "cinepanettone", un genere che prende il nome dal tipico dolce natalizio. Questi film, ogni anno, propongono più o meno il tema delle vacanze. Alcuni titoli sono *Vacanze di Natale a Cortina* (2011) e *Colpi di fulmine* (2012).

Maximus256 / Shutterstock.com

iStockphoto

👥 **Chiacchieriamo un po'!** Lavorate a gruppi di tre o quattro. Dovete creare un "cinepanettone" per il prossimo Natale, Hannukah o un'altra festa dello stesso periodo. Decidete la trama, i personaggi, il luogo, gli attori e il/la regista. Scrivete una conversazione del film e fate la rappresentazione ai vostri compagni di classe.

(iLrn™

Share it! ••• **Altro che Hollywood!** Fai una breve ricerca sul cinema italiano, sugli attori più famosi e sui registi. Quale tipo di film ti sembra più interessante? Conosci già qualche attore italiano o attrice italiana? Trova un poster di un film italiano che ti piace e mettilo su *Share it!* Guarda i poster dei tuoi amici e indica quale ti piace e perché.

2–6

Siamo andati a teatro.

Ascolta e/o leggi il seguente brano e rispondi alle domande.

Courtesy Comune di Ancona

Piazza della Repubblica è una delle più belle piazze di Ancona. Qui si trova il famoso Teatro delle Muse.

*Dario **è andato** ad Ancona con sua madre per vedere* Il Barbiere di Siviglia *di Rossini a teatro. Tra i cantanti c'è anche il cugino di Dario, Alberto. Alla fine della serata Dario scrive sul suo blog:*

Ieri **siamo andati** al Teatro delle Muse a vedere *Il Barbiere di Siviglia*. **Siamo arrivati** al teatro alle 8.00. Mia madre e mio cugino **si sono incontrati** prima dello spettacolo. Lui ha interpretato un piccolo ruolo nell'opera. Che emozione! Lo spettacolo **è iniziato** alle 9.00 ed **è stato** un grande successo. **Ci siamo divertiti** tanto! Dopo lo spettacolo, io, mia madre e mio cugino **siamo usciti** dal teatro e **siamo andati** a festeggiare in un ristorante in Piazza della Repubblica. Ecco le foto! E voi **siete andati** da qualche parte? Marisa, tu **sei uscita** con le tue amiche? A presto!

Comprensione

È vero o è falso? Indica se le seguenti affermazioni sono vere **(V)** o false **(F)**. Correggi le affermazioni false.

1. _____ Dario e la madre hanno visto *Il Barbiere di Siviglia* in TV.
2. _____ Il cugino di Dario ha avuto un piccolo ruolo nell'opera.
3. _____ Il pubblico ha fischiato dopo lo spettacolo.
4. _____ Dario ha raccontato la sua esperienza al telefono.

Osserviamo la struttura!

Nel brano sopra, osserva le parole in grassetto e completa le seguenti attività.

1. What difference do you notice between the formation of the past tense used in Dario's message and what we learned in **Struttura 2**?
2. Find a reflexive verb and a reciprocal action in the dialogue and explain the formation of the past tense.
3. Is the past participle invariable, as we learned in **Struttura 2**? If not, what does it agree with?

NOTA CULTURALE

Il **Teatro delle Muse** di Ancona è un teatro di grande importanza storica e si trova in Piazza della Repubblica. È stato inaugurato nel 1827 con due opere del grande compositore marchigiano Gioacchino Rossini (1772–1868). Ogni anno qui si svolge una stagione operistica e di balletto, una di musica sinfonica, una concertistica, una di prosa, oltre a una rassegna di jazz.

Giovanni Guarino / glowimages.com

Il passato prossimo con *essere*
(*Simple past with essere*)

La casa di essere

salire • partire • entrare • venire • uscire • diventare • cadere • morire • crescere • rimanere • ritornare • andare

© Cengage Learning 2015

Benvenuti alla casa di essere! Stamattina la signora Rossi **è andata** al lavoro. Sua figlia Giovanna **è partita** per una breve vacanza. Il signor Rossi invece è appena **entrato** in casa. Lui e il cane **sono ritornati** da una bella passeggiata. Sandro è **rimasto** a casa. Suo fratello Marco **è salito** nella sua stanza per studiare.

Che bello! La pianta vicino alla finestra **è cresciuta** ed **è diventata** molto grande. L'altra pianta invece **è morta**. Oh no! Che peccato! La tazza **è caduta**.

In serata **sono venuti** alcuni amici a cena. Poi tutti insieme **sono usciti** per fare una bella passeggiata.

A. Some verbs use the auxiliary verb **essere** to form the **passato prossimo**. In this case the **participio passato** has to agree in gender and number with the subject of the verb. The table below shows some examples of verbs taking **essere** in the **passato prossimo**.

Verbi in -*are*: andare (*to go*)			
io	**sono** andato/a	noi	**siamo** andati/e
tu	**sei** andato/a	voi	**siete** andati/e
(Lei) lui	**è** andato	loro	**sono** andati/e
(Lei) lei	**è** andata		

Ieri noi **siamo andati** a teatro a vedere *Il Barbiere di Siviglia*.

Yesterday we went to the theatre to see The Barber of Seville.

B. Verbs requiring the auxiliary **essere** in the **passato prossimo** are:

- Some verbs that express movement *from* one place *to* another or *in / out* and *up / down*:

andare (*to go*) → p.p. **andato**	venire (*to come*) → p.p. **venuto**
(ri)tornare (*to go back / to come back*) → p.p. **tornato**	
partire (*to leave*) → p.p. **partito**	arrivare (*to arrive*) → p.p. **arrivato**
entrare (*to enter / to go in*) → p.p. **entrato**	uscire (*to go out*) → p.p. **uscito**
salire (*to go up*) → p.p. **salito**[1]	scendere (*to go down*) → p.p. **sceso**

Dario e sua madre **sono partiti** da Perugia e **sono arrivati** a Pesaro.	*Dario and his mother **left** from Perugia and **arrived** in Pesaro.*
Il pubblico ha applaudito quando l'attrice **è salita** sul palco.	*The audience applauded when the actress **went** on stage.*

- Verbs describing *states of being* and *changes in status* such as:

essere (*to be*) → p.p. **stato**	stare (*to stay*) → p.p. **stato**
restare (*to stay / to remain*) → p.p. **restato**	rimanere (*to remain / to stay*) → p.p. **rimasto**
nascere (*to be born*) → p.p. **nato**	morire (*to die*) → p.p. **morto**
vivere (*to live*) → p.p. **vissuto**[2]	
crescere (*to grow*) → p.p. **cresciuto**	diventare (*to become*) → p.p. **diventato**
iniziare (*to begin*) → p.p. **iniziato**	finire (*to end*) → p.p. **finito**

Lo spettacolo **è stato** un grande successo.	*The show **was** a great success.*
Marisa **è rimasta** a casa tutta la settimana.	*Marisa **stayed** home all week.*
Gioacchino Rossini **è nato** nel 1772 ed **è morto** nel 1868.	*Gioacchino Rossini **was born** in 1772 and **died** in 1868.*
Il concerto **è iniziato** alle nove ed **è finito** a mezzanotte.	*The concert **began** at 9:00 and **ended** at midnight.*
L'attore ha studiato molto ed **è diventato** bravissimo.	*The actor studied hard and **became** very good.*

ATTENZIONE!

The verbs **iniziare**, **cominciare,** and **finire** generally take **essere** when the subject of the action is inanimate, such as a movie, a concert, a book, or when a direct object is not expressed or implied. Otherwise these verbs take **avere**.

Il film **è iniziato** alle 7.00 ed **è finito** alle 8.00.	*The movie started at 7:00 and finished at 8:00.*
Io **ho finito** di fare i compiti.	*I finished doing my homework.*

- All <u>reflexive</u> verbs and <u>reciprocal</u> actions take **essere**.

Oggi Dario **si è alzato** alle 7.00.	*Today Dario got up at 7:00.*
Dario e Marisa **si sono incontrati** a teatro.	*Dario and Marisa met at the theater.*

[1]The verbs **salire** and **scendere** take **essere** when they are followed by a preposition: **Paolo è salito** *sul* **palco. Maria è scesa** *dal* **letto.** Otherwise both verbs take **avere.** Oggi **ho salito** le scale a piedi.

[2]The verb **vivere**, along with a few other Italian verbs, such as **piovere** (*to rain*) and **nevicare** (*to snow*), can take either **essere** or **avere** to form the **passato prossimo: Ho vissuto** (*or* **Sono vissuto**) in Italia per un mese. (*I lived in Italy for a month.*) **L'anno scorso ha piovuto** (*or* **è piovuto**) **e ha nevicato** (*or* **è nevicato**) molto. (*Last year it rained and snowed a lot.*)

Pratichiamo!

4-22. Quante domande! Marisa è rimasta a Perugia mentre Dario è nelle Marche con sua madre. Quando Dario telefona o scrive, Marisa fa tante domande. Crea le domande per le seguenti risposte di Dario. Le parti sottolineate (*underlined*) sono le informazioni che vuoi sapere.

> **Esempio** Io e mia madre siamo partiti da Perugia <u>alle 4.00 del pomeriggio</u>.
> *A che ora siete partiti?*

1. Ci siamo fermati <u>in un piccolo ristorante</u> per mangiare qualcosa.
2. Sono arrivato ad Ancona <u>verso le sei</u>.
3. Certo, mia madre si è riposata <u>in albergo</u>.
4. Lo spettacolo è iniziato <u>alle otto</u>.
5. Io e mio cugino ci siamo incontrati <u>dopo lo spettacolo</u>.
6. Mio cugino e mia madre sono usciti insieme <u>il giorno dopo</u>.
7. No, <u>io non sono andato con loro</u> e sono rimasto in albergo.
8. Ci siamo divertiti <u>molto</u>.

4-23. A casa di Gioacchino Rossini. Questo è un nuovo messaggio di Dario sul suo blog. Completa il seguente brano con il **passato prossimo** dei verbi della lista. Segui l'esempio.

Courtesy of Rossini Opera Festival

> andare / diventare / entrare / incontrarsi / nascere
> rimanere / salire / scendere / svegliarsi

Sì, avete capito proprio bene! Ieri io, mia madre e mio cugino *siamo andati* a Pesaro, a visitare la casa di Gioacchino Rossini. Ieri mattina, io _____ (1) alle 8.00 e ho fatto colazione. Mia madre _____ (2) a letto fino a tardi. Verso mezzogiorno noi _____ (3) in Piazza del Popolo con Alberto e poi abbiamo fatto una passeggiata insieme. Lungo via G. Rossini ho visto un cartello con la scritta "La casa di Rossini". Sì, proprio la casa dove Rossini _____ (4). Naturalmente noi _____ (5) per visitarla. In realtà la casa _____ (6) un bellissimo museo in un palazzo di quattro piani e un sotterraneo (*basement*). Mia madre, che adora Rossini, _____ (7) fino al quarto piano ed _____ (8) anche giù nel sotterraneo. Una grande fatica, ma anche una bella esperienza.

4-24. La festa degli innamorati. Marisa ha conservato questo articolo dell'anno scorso perché durante questo evento ha conosciuto Dario. Lo ha ritrovato tra le sue cose. Completa l'articolo con il **passato prossimo** dei verbi in parentesi. Fai attenzione all'uso dell'ausiliare (**essere** o **avere**)!

La scorsa settimana, la città di Perugia _____ (1. regalare) a tutti gli innamorati due giorni di arte e di cultura. Il 13 e 14 febbraio, ogni coppia _____ (2. entrare) in tutti i musei per il prezzo di un solo biglietto. Inoltre, più di 2.000 persone _____ (3. riunirsi) in Piazza della Repubblica e _____ (4. scrivere) messaggi d'amore su un cartiglio lungo 200 metri.

NOTA CULTURALE

Per la **festa di San Valentino,** i cittadini di Perugia fanno il **cartiglio** (*roll of paper*) più lungo del mondo, dove migliaia di innamorati scrivono messaggi d'amore e poi lo aprono (*lay it down*) lungo una strada principale della città.

Courtesy Colavita

Alle 17.30 gli organizzatori _____ (5. aprire) il cartiglio da Corso Vannucci fino a Piazza IV Novembre. Con questi messaggi tutti i partecipanti _____ (6. mostrare) il loro amore. Poi, alla fine della serata, tutti i presenti _____ (7. ricevere) i Baci Perugina. Gli innamorati _____ (8. tornare) a casa felici e soddisfatti.

4-25. Cosa hai fatto ieri? A coppie, fate le seguenti domande per scoprire come il vostro compagno/la vostra compagna ha passato la giornata di ieri. Scrivete le informazioni per poi riferirle alla classe.

Esempio
S1: *Cosa hai fatto ieri?*
S2: *Sono rimasto a casa a guardare la televisione.*
S1: *Cos'hai visto?*
S2: *Ho visto un documentario su Assaggi di Cinema sul Travel Channel.*

1. A che ora ti sei svegliato/a?
2. Sei rimasto/a a casa la mattina?
3. Che cosa hai fatto nel pomeriggio?
4. Sei uscito/a con gli amici?
5. Sei andato/a al cinema? A che ora è cominciato il film?
6. Vi siete divertiti?
7. A che ora sei andato/a a dormire ieri?

4-26. Conosciamoci meglio! A coppie, fate le seguenti domande per scoprire (*find out*) informazioni sul vostro compagno o sulla vostra compagna.

1. Dove e quando sei nato/a?
2. Dove sei cresciuto/a?
3. Sei sempre vissuto nella stessa casa o hai traslocato?
4. Ti sei mai trasferito/a in un'altra città?
5. Sei mai andato/a all'estero (*abroad*)?
6. Ti sei mai innamorato/a?
7. Dove vi siete conosciuti tu e il tuo migliore amico/la tua migliore amica?

4-27. Sondaggio. In gruppo, fate un sondaggio per trovare persone che hanno fatto le seguenti cose. Ricordate di formulare le domande con il verbo al **passato prossimo**.

	Nome	Nome	Nome
1. alzarsi alle 7.00 stamattina			
2. andare al cinema venerdì sera			
3. tornare a casa dopo le 2.00 ieri			
4. guardare un video di un concerto			
5. arrivare all'università in autobus / a piedi oggi			
6. fare un corso di ballo			
7. ...			

🔊 Quando li hai conosciuti?
2–7

Ascolta e/o leggi la conversazione e rispondi alle domande.

Dario è a casa di Marisa e insieme guardano alcune foto.

Dario: Che bella foto! **L'**hai fat**ta** tu? E dov'è?

Marisa: Sì, **l'**ho fat**ta** io. Questa è Piazza della Repubblica, a Urbino, durante la Notte Bianca. È stata una bellissima serata di concerti e spettacoli. Ho anche altre foto di quella sera. Dove **le** ho mes**se**? Ah, eccole! In quest'altra foto c'è Paola e vicino a lei c'è Sergio. Tu non **l'**hai mai conosciut**o**, vero?

Dario: Sergio no, non **l'**ho mai incontrat**o**. Ma tu, dove **li** hai conosciut**i**?

Marisa: **Li** ho conosciuti l'anno scorso, proprio quella sera a casa di amici e poi siamo andati in piazza.

Dario: La prossima volta che c'è la Notte Bianca, andiamo a Urbino così rivediamo Paola e io conosco Sergio.

Marisa: Buon'idea!

Andre Jenny / Alamy

Piazza della Repubblica nel cuore di Urbino ospita la Chiesa di San Francesco.

Comprensione

Rispondi alle seguenti domande con frasi complete.

1. Dove sono Dario e Marisa e cosa fanno?
2. Chi ha fatto la foto in Piazza della Repubblica?
3. Dario conosce Paola?
4. Marisa dove ha conosciuto Sergio e Paola?

Osserviamo la struttura!

Nel dialogo sopra, osserva le parole in grassetto e completa le seguenti attività.

1. In the following examples, indicate what the direct-object pronouns represent.
   a. Sì, **l'**ho fatta io.
   b. Non **l'**ho mai incontrato.
   c. Dove **le** ho messe?
   d. Dove **li** hai conosciuti?
2. In **Struttura 2** we learned that when the **passato prossimo** is formed with **avere,** the past participle ends in **-o** and is invariable. However, in the examples above, the past participle varies. In your opinion, what determines this change? Find other examples that support your findings.
3. Which direct-object pronouns (**lo, la, li, le**) elide (**l'**) in front of the auxiliary verb **avere**?

NOTA CULTURALE

notte bianca
urbino 25 maggio

La **Notte Bianca** è una manifestazione organizzata a Urbino. Ogni anno, in una sera di settembre, musei aperti, mostre, musica, danza, sport e tante altre occasioni di intrattenimento, allegria e cultura animano la notte più lunga dell'anno attraverso le piazze e le strade del centro della città.

Accordo tra participio passato e pronomi di oggetto diretto (*Agreement between past participle and direct-object pronouns*)

When the direct-object pronouns **lo, la, li, le** precede a verb in **passato prossimo**, the past participle has to agree in gender and number with them. **Lo** and **la** elide to become **l'** before all forms of **avere**. The pronouns **li** and **le** never elide.

> *Che belle foto!*
> **Le hai fatte tu?**

> *Sì,* **le ho fatte** *io.*

Che bella foto! **L'hai fatta** tu? | *What a beautiful picture! Did you take it?*

Sergio no, non **l'ho** mai conosciut**o**. | *Sergio no, I have never met him.*

Ho altre foto. Dove **le** ho mess**e**? | *I have other pictures. Where did I put them?*

E tu, dove **li** hai conosciut**i**? | *And you, where did you meet them?*

© Cengage Learning 2015

ATTENZIONE!

The agreement with the pronouns **mi / ti / ci / vi** is optional.

Marisa, Dario ti ha aiutat**a** (*or* aiutat**o**) a imparare il testo della canzone?
Marisa, did Dario help you learn the lyrics of the song?

Sì, Dario **mi** ha aiutat**a** (*or* aiutat**o**) molto.
Yes, Dario helped me a lot.

Come si dice *how long*?

- The expression *how long* may vary in Italian according to the context:

Quanto tempo al giorno pratichi la chitarra?	*How long do you practice guitar every day?*
Da quanto tempo studi il piano?	*How long have you been studying piano?*
Lo studio **da** due mesi.	*I have been studying it for two months.*
Per quanto tempo hai vissuto in Italia?	*How long did you live in Italy?*
Ho vissuto in Italia **per** tre anni.	*I lived in Italy for three years.*
Quanto tempo fa hai comprato la chitarra?	*How long ago did you buy your guitar?*
L'ho comprat**a** un anno **fa**.	*I bought it a year ago.*

- Notice that the expression **Da quanto tempo** is followed by a *present-tense* verb because the action is still current. The expressions **Quanto tempo fa** and **Per quanto tempo** are followed by the **passato prossimo** because the action is completed. In the answers above, notice the use of **da, per,** and **fa**.

Pratichiamo!

4-28. L'hai fatto o no? Rispondi alle seguenti domande con il **pronome di oggetto diretto** e il **passato prossimo**. Fai attenzione all'accordo del participio passato.

> Esempio   Hai visto il concerto di Andrea Bocelli? (sì, l'estate scorsa)
>
> *Sì, **l'ho visto** l'estate scorsa.*

1. Hai visto il film *UP*? (sì, due volte)
2. Avete incontrato i vostri amici al cinema? (sì, alle 8.00)
3. Per quanto tempo avete aspettato le amiche a teatro? (per 20 minuti)
4. Quanto tempo fa (*ago*) hai conosciuto Marisa? (l'anno scorso)
5. Hai sentito la nuova canzone di Raphael Gualazzi? (non ancora)
6. Marisa e Dario hanno visitato la casa di Rossini? (Dario sì, Marisa no)
7. Avete fatto le foto durante la Notte Bianca? (sì, Eccole)
8. In che anno Mario Fiore ha vinto l'Oscar per il film *Avatar*? (nel 2010)

4-29. Allo spettacolo. Dario e alcuni amici hanno visto uno spettacolo bellissimo a teatro. Per sapere della serata, crea domande e risposte al **passato prossimo** e usa i **pronomi di oggetto diretto**.

> Esempio   Dario, (*tu*) *comprare* i biglietti su Internet?
>
> *Dario, **hai comprato** i biglietti su Internet?*
>
> *Sì, **li** ho comprati su Internet.*

1. (*Voi*) *leggere* le recensioni prima dello spettacolo? (sì)
2. Dario, (*tu*) *portare* la macchina fotografica? (sì)
3. (*Tu*) *incontrare* gli amici a teatro? (no, a casa)
4. Sabina e Marco *fare* le fotografie? (sì)
5. Marco *vedere* tutto lo spettacolo senza addormentarsi? (sì)
6. Ragazzi, (*voi*) *chiedere* l'autografo agli attori dopo lo spettacolo? (no)
7. Dario, *accompagnare* tutti i tuoi amici a casa? (no)
8. (*Voi*) *mettere* già le foto sul blog? (non ancora)

4-30. A domanda, risposta. Completa le seguenti risposte con i **pronomi di oggetto diretto** e il tempo verbale opportuno.

1. Suoni ancora la chitarra?   No. _____ per tre anni, ma ora non più.
2. Da quanto tempo non vedete Paola e Sergio?   _____ tre mesi fa ad Ancona.
3. Per quanto tempo hai studiato danza?   _____ per molti anni.
4. Quanto tempo fa Dario ha visto i P-Funking?   _____ la settimana scorsa.
5. Perché Michael Giacchino ha vinto l'Oscar?   _____ per la miglior colonna sonora di *UP*.
6. Dario, sai dove Luchino Visconti ha girato il film *Ossessione*?   _____ ad Ancona.
7. Chi ha scritto *Il Barbiere di Siviglia*?   _____ Gioacchino Rossini.
8. Chi ha interpretato il ruolo da protagonista nel film *Malena*?   _____ Monica Bellucci.

4-31. Cosa hai fatto? A coppie, fate domande in cui potete usare il **passato prossimo** con **avere** e i **pronomi di oggetto diretto**. Usate i suggerimenti indicati sotto o fate altre domande a vostra scelta. Per ogni risposta, chiedete altri dettagli per saperne di più. Seguite l'esempio.

Esempio   mangiare le olive ascolane
   S1: *Hai mai mangiato le olive ascolane?*
   S2: *Sì, le ho mangiate. Sono buonissime.*
   S1: *Dove le hai mangiate?*
   S2: …

1. vedere l'ultimo film che ha vinto l'Oscar
2. vedere Monica Bellucci in un film
3. assaggiare i Baci Perugina
4. ascoltare un'opera intera
5. dare lezioni di musica o canto
6. seguire lezioni di ballo

NOTA CULTURALE

Le **olive ascolane** sono una specialità delle Marche ma in particolare della città di Ascoli Piceno. Sono olive verdi, ripiene con carne o pesce, impanate (*breaded*) e fritte. Sono una vera delizia!

©Marka / SuperStock

4-32. Tanto tempo? A coppie, fate domande usando le espressioni **da quanto tempo, per quanto tempo** e **quanto tempo fa** e i pronomi di oggetto diretto quando è possibile. Usate i suggerimenti indicati sotto o fate domande a vostra scelta. Fate attenzione all'uso dei tempi.

Esempio   studiare italiano
   S1: *Per quanto tempo hai studiato italiano ieri?*
   S2: *L'ho studiato per due ore.*

1. guardare la televisione
2. ascoltare la musica
3. leggere un libro
4. parlare con gli amici
5. lavorare
6. riposarsi

4-33. Chi vince il record? In gruppo, fate un sondaggio per trovare chi ha fatto o non ha mai fatto le seguenti cose. Poi riferite i risultati alla classe.

	Nome	Nome	Nome
1. Ha visto un'opera a teatro o in TV?			
2. Ha visto un concerto dal vivo?			
3. Ha scritto musica (o una canzone)?			
4. Ha incontrato un attore / cantante famoso?			
5. Ha visto un film italiano?			

iLrn

Complete the diagnostic tests to check your knowledge of the vocabulary and grammar structures presented in this chapter.

Insieme in Piazza

Scegliete una delle seguenti situazioni e create una conversazione con il compagno/la compagna. Ricordate di usare le strutture imparate nel capitolo, ma non limitatevi solo a quelle.

Scena 1: Che bel concerto! Immaginate di essere in Piazza IV Novembre, a Perugia, con un amico/un'amica e di raccontare di un concerto che avete appena visto. Descrivete l'intera giornata prima del concerto e poi parlate del concerto.

Scena 2: Lo scorso fine settimana. Immaginate di essere in Piazza del Popolo a Pesaro e di raccontare a un amico quello che avete fatto durante il fine settimana. Tra le tante cose, siete anche andati al cinema a vedere un film e avete incontrato alcuni amici.

Scena 3: Create la vostra situazione in una delle piazze visitate nel capitolo.

Presentazioni orali

A coppie o in gruppo, preparate una breve presentazione orale. Potete scegliere uno degli argomenti (*topics*) menzionati nel capitolo, o un particolare che vi ha interessati, qualcosa che avete letto (*read*) **Nel cuore della regione** o nelle **Note culturali** e volete approfondire (*study in depth*). Oppure potete fare una ricerca su una città in particolare o un monumento, o un personaggio famoso di queste regioni oppure sulla cucina. Per l'argomento che scegliete, cercate di fare dei paragoni con la vostra cultura. Per esempio, se parlate di cinema, parlate anche del cinema nel vostro Paese e fate dei paragoni. Se scegliete la cucina, parlate anche della cucina del vostro Paese. Organizzate la presentazione come meglio credete. Lavorate insieme e preparate una presentazione in PowerPoint con musica e immagini da presentare alla classe. Ecco alcuni suggerimenti oppure decidete voi l'argomento su cui volete fare la ricerca.

2. Monica Bellucci, attrice

1. Orvieto, luogo dell'antica civiltà etrusca

3. Il teatro Sferisterio a Macerata

Scriviamo!

Scegli sei foto, immagini o altri disegni che raccontano una storia e poi scrivi la storia.

Writing Strategy: Creating a Story through Images

Images offer opportunities to work with culture, vocabulary, grammar, voice, and characterization in the specific context of the image. You can use images to:

> be an inspiration for narrative writing.
> illustrate a sequence of events that move the plot forward.
> increase ability to discuss processes taking place.

1. Brainstorming

Le immagini sopra raccontano una storia della sera precedente. Narra la storia e descrivi quello che è successo. Prima di narrare la storia, leggi i seguenti suggerimenti:

a. Guarda tutte le immagini e decidi l'inizio, il corpo e la conclusione della storia.
b. Descrivi non solo le immagini ma anche le azioni. Dai tutti i dettagli possibili.
c. Includi informazioni che possono essere sottointese (*implied*).
d. Dai un nome a ogni personaggio.
e. Dove possibile, indica l'ora del giorno.
f. Usa le seguenti parole per aiutarti nella narrazione:
   prima / poi / dopo / più tardi / alla fine

2. Organizzazione

Con le tue foto o immagini, crea la tua storia. Con un foglio di carta, fai sei riquadri (*frames*) e metti un'immagine in ogni riquadro. Poi scrivi le seguenti informazioni per ogni immagine.
   Personaggio / Luogo / Azione / Ora / Giorno / Altro?

3. Scrittura libera

Con le informazioni nella sezione *Organizzazione*, e seguendo l'esempio nel *Brainstorming*, scrivi una prima stesura di 100 parole per descrivere le immagini e le azioni. Ricorda di usare il **passato prossimo**.

4. Prima correzione

Scambiate la vostra narrazione con un compagno/una compagna e fate commenti.
a. C'è l'inizio, il corpo, e la conclusione?
b. Le immagini comunicano gli eventi?
c. Ci sono abbastanza dettagli? Hai domande?
d. Conosciamo qualcosa dei personaggi?
e. C'è una buona conclusione?

5. Finale

Fai le correzioni necessarie e scrivi la storia. Alcuni studenti possono leggere il loro racconto agli altri mostrando le immagini.

● Il cinema e la musica

Prima della visione

A. La parola giusta. Completa le seguenti frasi con la parola giusta.

> spiazzato (*disarmed / surprised*) / geniale (*ingenius / clever*) / simbolista / le storie / guerra / entrambi (*both*)

1. Mi piacciono _____ d'amore in un film d'azione.

2. Ritrae bene un clima medioevale molto _____.

3. Ascolto _____ i generi.

4. Mi è piaciuto tantissimo perché l'ho trovato _____.

5. Insomma, mi ha proprio _____.

6. Non amo i film di _____.

B. Quali film hanno visto? Indovina chi ha visto i seguenti film: *Holy Motors, Iron Man 3, Settimo sigillo.* Abbina il film alla persona giusta, poi indovina se è piaciuto.

Gaia

Film: _____

È piaciuto? Sì ___ No ___

Filippo

Film: _____

È piaciuto? Sì ___ No ___

La signora Annamaria

Film: _____

È piaciuto? Sì ___ No ___

Durante la visione

Guarda il video due volte. La prima volta, fai attenzione al significato generale. La seconda volta, completa la seguente attività.

C. Chi lo dice? Indica con una **X** le persone che dicono le seguenti cose.

	Gaia	Filippo	Il signor Alberto	La signora Annamaria
1. È un film francese.				
2. È stato un concerto di Lou Reed.				
3. L'ho ritenuto un film molto interessante.				
4. Preferisco andare a un concerto.				
5. Con dei miei amici.				
6. Mi piacciono un po' tutti i generi.				
7. Mi è piaciuto molto.				
8. Decisamente quattro su cinque.				

Dopo la visione

D. È vero o è falso? Indica se le seguenti affermazioni sono vere (**V**) o false (**F**). Quando un'affermazione è falsa, fornisci la risposta giusta.

1. Gaia è andata al cinema con l'università.   V   F

2. Filippo ha dato cinque stelle su cinque al film.   V   F

3. Al signor Alberto piace solo la musica classica.   V   F

4. Il signor Alberto è andato a un concerto una settimana fa.   V   F

5. Alla signora Annamaria piace moltissimo andare ai concerti.   V   F

6. Alla signora Annamaria piacciono tutti i generi di film.   V   F

E. Una conversazione! Immaginate una conversazione tra la signora Annamaria e il signor Alberto. Lui vuole andare al concerto e lei al cinema. Dove decidono di andare alla fine? Usate l'informale e recitate la conversazione alla classe.

© Cengage Learning 2015

© Cengage Learning 2015

iLrn™

Share it! • • • **Concerti in Italia.** Cerca sul Web informazioni sui concerti in Italia. Scegli un concerto che ti interessa. Metti su *Share it!* il nome del gruppo, la data e luogo del concerto, una foto se c'è, e spiega perché vuoi andare a questo concerto. Leggi la scelta di almeno un compagno/una compagna e indica se ti piace la loro scelta.

VOCABOLARIO

La musica — *Music*

l'artista	*artist*
la banda	*concert / marching band*
il baritono	*baritone*
il basso	*bass (voice)*
la biglietteria	*ticket office*
il/la cantante	*singer*
il cantautore (*m.*)/ la cantautrice (*f.*)	*singer-songwriter*
la canzone	*song*
il concerto	*concert*
il direttore	*conductor*
il gruppo	*band (rock, jazz, etc.)*
il/la musicista	*musician*
il palco(scenico)	*stage*
la prenotazione	*reservation*
il pubblico	*audience*
il soprano	*soprano*
lo spartito	*score*
lo spettacolo	*performance*
il tenore	*tenor*
il testo	*lyrics*

Gli strumenti — *Instruments*

la batteria	*drums*
la chitarra	*guitar*
il contrabbasso	*string bass*
la fisarmonica	*accordion*
il flauto	*flute*
l'organo	*organ*
il pianoforte	*piano*
il sassofono	*saxophone*
la tromba	*trumpet*
il trombone	*trombone*
la tuba	*tuba*
il violoncello	*cello*
il violino	*violin*
la voce	*voice*

I generi musicali (*Types of Music*)

il blues
l'hip-hop
il jazz
la musica (classica / rock)
il pop
il rap
lo ska
il techno

Il cinema e il teatro — *Cinema and Theater*

l'attore (*m.*)/l'attrice (*f.*)	*actor/actress*
il cinema all'aperto	*outdoor cinema*

la colonna sonora	*soundtrack*
il film	*film, movie*
il premio	*prize, award*
il/la protagonista	*protagonist*
il/la regista	*director*
il ruolo	*role*
la scena	*scene*
lo scenario	*scenery, set*
lo sceneggiatore	*screenwriter*
la sceneggiatura / il copione	*script*
lo schermo	*screen*
lo spettacolo	*play*
la stella	*star*
la trama	*plot*

Il genere — *Genre*

l'avventura	*adventure*
i cartoni animati	*cartoons*
la commedia	*comedy*
il documentario	*documentary*
il dramma	*drama*
gli effetti speciali	*special effects*
la fantascienza	*science fiction*
il giallo	*mystery*
l'orrore	*horror*

Espressioni di tempo al passato — *Time Expressions*

ieri	*yesterday*
l'altro ieri / avantieri	*the other day / the day before yesterday*
un giorno / due giorni fa	*one day / two days ago*
la settimana scorsa / la scorsa settimana	*last week*
un mese fa	*a month ago*
il mese scorso / lo scorso mese	*last month*
un anno fa / l'anno scorso / lo scorso anno	*last year*

I verbi — *Verbs*

accendere	*to turn on / to light*
andare	*to go*
applaudire	*to applaud*
aprire	*to open*
arrivare	*to arrive*
bere	*to drink*
cadere	*to fall*
cantare	*to sing*
chiedere	*to ask (for)*
chiudere	*to close*
conoscere	*to know*
correggere	*to correct*

correre	to run	promettere	to promise
costare	to cost	recitare	to act
crescere	to grow	restare	to stay / to remain
dare (un film al cinema)	to show a film	rimanere	to remain / to stay
decidere	to decide	rispondere	to answer
dire	to say / to tell	ritornare	to return / to go back / to come back
dirigere	to conduct / to direct	salire	to go / climb up (or in)
discutere	to discuss	scegliere	to choose
diventare	to become	scendere	to go down
entrare	to enter / to go in	scrivere	to write
esercitarsi / praticare	to practice	soffrire	to suffer
esibirsi	to perform	spegnere	to turn off
fare le prove / provare	to rehearse	spendere	to spend (money, energy)
finire	to end / to finish	stare	to stay / to be
fischiare	to whistle	succedere	to happen
girare	to film	suonare	to play a musical instrument
iniziare	to begin	tornare	to go back / to come back / to return
interpretare	to play a role		
leggere	to read	uscire	to go out
morire	to die	vedere	to see
nascere	to be born	venire	to come
offrire	to offer	vincere	to win
partire	to leave (for a destination)	vivere	to live
perdere	to lose		
prendere	to take		
prenotare	to reserve		

Dizionario personale

_____   _____

_____   _____

_____   _____

_____   _____

_____   _____

_____   _____

_____   _____

_____   _____

_____   _____

CAPITOLO 5

LEARNING STRATEGY

Using Circumlocution

When speaking, sometimes you can't find the word you need to convey your message and it is not possible to consult a dictionary. Circumlocution can be helpful when you can't recall or don't know a word. In that case, use other words to get your idea across, describing what an object or action looks like, what it's made of, etc. These tips can help:

- Use synonyms.
- Offer details; explain who, what, why, when, or where.
- Try negatives; explain what an object is *not*.
- Use gestures, actions, and sounds.

FESTE IN PIAZZA

Piazza del Campo, a forma di conchiglia (*shell*), è la piazza principale di Siena. È conosciuta per la sua straordinaria bellezza e per il Palio delle Contrade che ha luogo ogni anno il 2 luglio e il 16 agosto. La Torre del Mangia del Palazzo Comunale è tra le torri antiche più alte d'Italia.

Paulo Lazzeroni / AP Photo

COMMUNICATIVE GOALS

> Narrate and describe memories of events

> Talk about holidays, traditions, and celebrations

> Recount childhood and adolescent experiences

> Recall childhood friends

> Talk about social and cultural events

Risorse 🔊 Audio ▶ Video **ilrn** ilrn.heinle.com

La Toscana

> La Toscana è una regione piena di natura con il mare, le montagne, la campagna e le terme. La Toscana è anche famosa per il marmo di Carrara esportato in tutto il mondo.

> Firenze è la culla del Rinascimento e la Toscana è la patria dei più grandi artisti rinascimentali.

© Cengage Learning 2015

Alice Peretti

◄ **San Gimignano** è conosciuta come la città delle belle torri. Alcuni la definiscono la Manhattan del medioevo. La torre del comune si chiama la Rognosa, detta anche la Torre dell'Orologio. È la più alta torre della città. Ogni Capodanno, sotto le torri in Piazza del Duomo, si celebra la fine dell'anno con musica, spumante, dolci e poi, a mezzanotte, lo spettacolo dei fuochi d'artificio (*fireworks*) per inaugurare il nuovo anno.

Monteriggioni è un piccolo borgo medioevale fortificato da un muro che lo circonda completamente. Ogni anno, a luglio, qui c'è un festival medioevale con personaggi in costumi d'epoca che suonano strumenti medioevali. Dante ha descritto Monteriggioni nell'*Inferno*, canto XXXI. ▶

Bertl123 / Shutterstock.com

Andiamo in piazza!

iLrn Vai su iLrn per fare un giro virtuale delle piazze di Firenze.

▲ **Piazza Santa Croce** a Firenze è nota anche per la presenza dominante della Basilica di Santa Croce. La piazza è stata ed è ancora oggi luogo di molte feste, celebrazioni, concerti, partite di calcio storico ed eventi moderni come la fiera del cioccolato che si tiene durante il Carnevale fiorentino.

Piazza dell'Anfiteatro oggi si chiama anche ▶ Piazza del Mercato. In questa piazza, nel mese di aprile, si festeggia la santa patrona di Lucca, Santa Zita, protettrice delle casalinghe (*housewives*) e delle domestiche (*maids*). Per l'occasione, si fa il mercato dei fiori primaverili. Ogni primavera c'è anche la festa nazionale dei fumetti e la piazza si trasforma in uno spazio dedicato ai fumetti, ai giochi e alla fantasia in tutte le sue forme.

iLrn Vai su iLrn per fare un giro virtuale di Piazza dell'Anfiteatro e altri posti di Lucca.

iLrn

Share it! • • • **La Toscana.** Cosa sai della Toscana? Quali immagini associ a questa regione? Cosa ti piacerebbe (*would you like*) sapere (tradizioni, luoghi e personaggi famosi, cibo)? Conosci qualcuno che ha viaggiato o ha studiato in questa regione o che è andato in vacanza lì? Metti le tue risposte e le foto su *Share it!* Poi leggi quello che i tuoi compagni hanno scritto, guarda le foto che hanno messo e fai dei commenti.

▶ To learn more about **la Toscana**, watch the cultural footage in the Video Library.

Le feste

2–8

l'albero di Natale
le luci
le palline
il regalo   le decorazioni
Babbo Natale

Buon Natale!

il candelabro

Felice Chanukah!

le caramelle / i cioccolatini
la calza
il carbone

La Befana

la maschera
la sfilata
il carro

Il Carnevale di Viareggio

© Cengage Learning 2015

Le tradizioni italiane possono variare a seconda della regione o della provincia.

Le feste	Holidays
il Capodanno	New Year's Day
la vigilia di Capodanno / San Silvestro	New Year's Eve / St. Sylvester's Day
l'Epifania / la Befana	Epiphany
San Valentino	Valentine's Day
la Pasqua	Easter
la Pasqua ebraica	Passover
la Festa del papà / San Giuseppe (19/3)	Father's Day / St. Joseph's Day
la Festa della donna (8/3)	International Women's Day
la Festa della Liberazione (25/4)	Liberation Day
la Festa del lavoro (1/5)	Labor Day
la Festa della mamma	Mother's Day
la Festa della Repubblica (2/6)	Republic Day
il Palio di Siena (2/7 / 16/8)	horse race in Siena
il Ferragosto (15/8)	Feast of the Assumption
la Festa di Ognissanti (1/11)	All Saints' Day
la vigilia di Natale	Christmas Eve
la Festa della Chanukah (Festa delle luci)	Hanukkah (Festival of Lights)
la sagra gastronomica	food festival
la festa del patrono	feast of the patron saint
la Festa di San Giovanni Battista (24/6)	St. John's Day (Patron Saint of Florence)

Le tradizioni e i cibi tradizionali — *Traditions and Their Foods*

il Capodanno

il brindisi	celebratory toast
il cenone	dinner for Christmas Eve / New Year's Eve
il cotechino	spiced Italian sausage
le lenticchie	lentils
lo spumante	sparkling white wine

la Festa della donna

le mimose	mimosas

la Festa di San Giuseppe

le frittelle di riso	sweet rice fritters

la Pasqua

la colomba	dove-shaped Easter cake
l'uovo (*pl.* le uova) di Pasqua	Easter egg (eggs)

il Natale

le castagne	chestnuts
il pandoro	Christmas cake
il panettone	Christmas cake with candied fruit
il panforte	Sienese fruit and nut cake
il pesce	fish
la tombola	type of bingo

I verbi — *Verbs*

addobbare	to adorn / to decorate
augurare	to wish
benedire	to bless
brindare	to make a toast
celebrare	to celebrate
decorare	to decorate
incartare	to wrap
regalare	to give a gift
scambiarsi	to exchange

Note: The numbers in parentheses refer to the day and month the holiday occurs.

Pratichiamo!

5-1. Cosa si fa a questa festa? Abbina l'attività con la festa e poi forma una frase completa, coniugando il verbo alla terza persona plurale usando il soggetto "molti" (*many people*).

Esempio   Festa del Ringraziamento (*Thanksgiving*) → mangiare il tacchino (*turkey*)
*Per la Festa del Ringraziamento molti **mangiano** il tacchino.*

Festa	Attività
1. _____ la Festa della donna	a. ricordare la liberazione del popolo israelita
2. _____ la Pasqua	b. assaggiare tante pietanze locali (*local food specialities*)
3. _____ la Pasqua ebraica	c. regalare un mazzo di mimose
4. _____ la sagra gastronomica	d. scambiare regali tra persone innamorate
5. _____ San Valentino	e. aspettare l'arrivo della Befana
6. _____ l'Epifania	f. dare un uovo di cioccolato

5-2. Le specialità tradizionali. Completa le frasi con il piatto (o bevanda) tradizionale associato alla festa menzionata.

> pesce / lenticchie / spumante / panforte / frittelle di riso / colomba

1. Per il cenone di capodanno la mia nonna toscana prepara sempre le _____.
2. La cena della vigilia di Natale è tradizionalmente a base di _____.
3. Quando s'avvicinano le feste, i senesi (*people of Siena*) comprano, mangiano e regalano il _____.
4. Beviamo dello _____ per inaugurare l'anno nuovo!
5. C'è una sagra delle _____ a San Donato, in provincia di Firenze, per la Festa di San Giuseppe il 19 marzo. È un dolce tipico toscano, sono fritte e sono squisite.
6. A Pasqua, il dolce tipico che si mangia è la _____.

5-3. Scopri l'artista. Scrivi il verbo che completa la definizione. Poi con le lettere scritte nelle caselle, scopri il cognome di un famoso artista fiorentino. Dove c'è "2 v.", bisogna scrivere la lettera due volte nella "Risposta".

> addobbare / augurare / benedire / brindare / celebrare / incartare / regalare / scambiarsi

1. Fare un brindisi: ☐ _ _ _ _ _ _
2. Decorare un albero di natale: _ _ _ ☐ _ _ _ _ _
3. Mettere un pacco o un regalo nella carta: _ _ _ _ _ ☐ _ _ _ (2 v.)
4. Dare la benedizione: _ _ _ _ _ ☐ _ _
5. Festeggiare con solennità: ☐ _ _ _ _ _ _ _
6. Esprimere un augurio: _ _ _ _ _ _ _ ☐
7. Dare qualcosa in regalo: _ _ _ _ ☐ _ _ _ (2 v.)
8. Dare e prendere qualcosa in cambio: _ _ _ _ _ _ _ _ _ ☐

Risposta: _ _ _ _ _ _ _ _ _ _ _

5-4. Adotta una festa. A coppie, scegliete la festa italiana che vi piacerebbe aggiungere al vostro calendario. Spiegate perché avete scelto questa festa e organizzate una celebrazione con tutti i particolari: come, dove e quando potete festeggiare. Dite la vostra idea alla classe che voterà (*will vote for*) la festa più interessante. Poi festeggiate!

Prima di tutto... Pensa alle tue esperienze con diverse feste locali in tutto il mondo. Qual è la festa più strana che abbia mai visto (*that you have ever seen*) di persona o in TV o sul giornale, ecc.? La più divertente?

©Angela Ravaioli/Dreamstime.com

Davvero?! Tutte le città italiane hanno un santo patrono che protegge il luogo e per ogni santo c'è un giorno di festa nel calendario ecclesiastico. Per esempio, il santo patrono di Firenze è San Giovanni Battista e si celebra il 24 luglio. Quello di Prato è Santo Stefano, che viene festeggiato il 26 dicembre, e a Pisa si festeggia San Ranieri il 17 giugno. Quando si festeggia il patrono della città, si chiudono le scuole e non si lavora. Alcune città festeggiano anche con parate, processioni, fuochi d'artificio e tanti mercatini e bancarelle con le specialità gastronomiche del luogo.

Chiacchieriamo un po'! Lavorate a coppie. Immaginate di essere stati alla festa del santo patrono di una città come Firenze, Prato, Pisa o un'altra città a vostra scelta. Raccontate la vostra esperienza al vostro compagno/alla vostra compagna.

iLrn

Share it!••• **Che bei ricordi!** Hai delle foto di feste passate insieme a famiglia e amici? Mettile sul blog. Descrivi le persone alla festa e quello che avete fatto in quell'occasione. Poi guarda le foto dei tuoi compagni e commenta. Stampa la foto che hai messo sul blog e portala in classe. La useremo (*We will use it*) per alcune attività (5-9).

🔊 Qual era la tua festa preferita?
2–9

Ascolta e/o leggi la conversazione e rispondi alle domande.

Fabio e Tiziana sono a Firenze e passeggiano in Piazza Santa Croce. È il periodo delle feste natalizie.

Tiziana: Ah, quanti ricordi ho di questa piazza! Questo mercatino, la giostra, il profumo dei dolci natalizi. Quando **ero** piccola, **venivo** spesso qui con i miei genitori, soprattutto in questo periodo.

Fabio: Davvero? Ed **era** tutto com'è adesso?

Tiziana: Oh sì. Ricordo che **c'era** tanta gente, **faceva** sempre tanto freddo ma Firenze **era** più bella del solito. Tutto **sembrava** così magico e io **ero** felicissima. Sai, da bambina **abitavo** in una casa qui vicino. Tutti gli anni, quando **c'erano** i mercatini, io **chiedevo** sempre a mio padre di portarmi qui. Però la mia festa preferita **era** la Befana perché ci **portava** non solo i giocattoli, ma **metteva** anche tanti cioccolatini nella calza che **lasciavo** sul mio lettino. E da bambino, qual **era** la tua festa preferita?

Fabio: La mia festa preferita **era** Natale perché la mia famiglia e i nostri parenti si **riunivano** tutti gli anni. Insieme **giocavamo** a carte o a tombola mentre **mangiavamo** una buona fetta di panettone. E la sera della vigilia **aprivamo** i regali che **erano** sotto l'albero.

Tiziana: Eh sì, che bei ricordi!

I mercati natalizi in Toscana sono tanti ma quello in **Piazza Santa Croce,** a Firenze, ha un sapore tedesco. Ogni anno c'è un mercatino tradizionale: il Weihnachtsmarkt. Ci sono prodotti dell'artigianato tedesco di Heidelberger, una giostra (*merry-go-round*) per i bambini e specialità gastronomiche tedesche per tutti.

Comprensione

Rispondete alle seguenti domande con frasi complete.

1. Dove abitava Tiziana da bambina?
2. Dove andavano Tiziana e i suoi genitori nel periodo natalizio?
3. Qual era la festa preferita di Tiziana e perché?
4. Fabio come passava il Natale?

Osserviamo la struttura!

Nel dialogo sopra, osserva le parole in grassetto e completa le seguenti attività.

1. Overall, how would you define the content of the dialogue between Fabio and Tiziana? Select as many as apply.
   a. Description of past events
   b. Descriptions of people, places, and weather in the past
   c. Recurring actions in the past
   d. Two ongoing and simultaneous actions in the past
   e. Completed actions in the past
2. Provide an example from the dialogue for each item you selected in the previous question.
3. In the dialogue above, the words in bold are verb forms of a new tense you are about to learn, the **imperfetto**. Look at the dialogue and note all of the verb forms. Try to find verbs from each conjugation (**-are, -ere, -ire**) and determine their infinitive forms.

Esempio	Imperfetto	Infinito
-are	*sembrava*	*sembrare*

iLrn

NOTA CULTURALE

La **Befana,** termine che deriva da Epifania, è una vecchia donna che vola su una scopa (*broom*) e la notte del 6 gennaio porta giocattoli e caramelle ai bambini buoni e carbone (*charcoal*) ai bambini cattivi. Le sue origini sono molto antiche. Per saperne di più, puoi visitare iLrn.

L'imperfetto (*Imperfect tense*)

The **imperfetto** (*imperfect tense*) is a tense used to express habitual, recurring, and ongoing actions that took place in the past. Characteristically, the beginning and ending times of these events are not defined. In English, the **imperfetto** is usually expressed by *used to* (or *would*[1]) + verb or *was / were + -ing* verb.

Quando **ero** bambina, ogni anno, i miei zii **venivano** a Firenze per passare le vacanze natalizie con noi.

*When I was a child, my aunt and uncle **used to come** to Florence every year to spend the Christmas holidays with us.*

Giocavamo a carte mentre **mangiavamo** una buona fetta di panettone.

We used to play cards while we were eating a delicious slice of panettone.

Era l'anno 2012. **Eravamo** in Piazza Napoleone e **aspettavamo** il nuovo anno.

Verbi regolari nell'imperfetto

A. The following table shows the three conjugations of regular verbs in the **imperfetto**.

	Imperfetto		
	giocare (*to play*)	**vivere** (*to live*)	**uscire** (*to go out*)
io	giocavo	vivevo	uscivo
tu	giocavi	vivevi	uscivi
Lei, lui/lei	giocava	viveva	usciva
noi	giocavamo	vivevamo	uscivamo
voi	giocavate	vivevate	uscivate
loro	giocavano	vivevano	uscivano

B. In order to convey the idea of being habitual, certain expressions of time, such as **ogni** (*every*), **tutti gli anni / tutti i mesi** (*every year / month*), **sempre** (*always*), **di solito** (*usually*), **spesso** (*often*), etc., are used with the **imperfetto**.

Da bambino, <u>ogni giorno</u> (*or* tutti i giorni) **andavo** al parco con gli amici.

*When I was a child, **I used to go** to the park <u>every day</u> with friends.*

Nelle feste natalizie **giocavamo** <u>sempre</u> a tombola con la famiglia.

*During the Christmas holidays, we <u>always</u> **played** tombola with my family.*

C. When two or more ongoing actions are happening at the same time in the past, they are connected by the adverb **mentre** (*while*).

Io **addobbavo** l'albero di Natale <u>mentre</u> Fabio **incartava** i regali e i bambini **dormivano**.

*I **was decorating** the Christmas tree <u>while</u> Fabio **was wrapping** the presents, and the kids **were sleeping**.*

---

[1]In English, the imperfect tense can also be expressed with *would* + verb, but it should not be confused with the conditional mode.

D. The **imperfetto** is also used to express descriptions in the past of places, people (age, physical characteristics), physical and emotional states, likes and dislikes, weather conditions, and time of day. The expressions **da bambino** (*when I was a child*) and **da giovane** (*when I was young*) often require the **imperfetto**.

Quando **avevo** sei anni, **abitavo** in una casa qui vicino.

Da bambina, le feste natalizie **erano** le mie preferite.

Tutto **sembrava** magico e io **ero** felicissima.

Ricordo che **c'era** tanta gente in piazza, **faceva** tanto freddo e a volte **nevicava**.

Era mezzanotte quando Babbo Natale **portava** i regali ed erano le due quando tutti **andavamo** a dormire.

When I was six years old, I used to live in a house nearby.

When I was a child, Christmas holidays were my favorite.

Everything seemed magical and I was very happy.

I remember that there were a lot of people in the piazza, it was very cold, and it snowed at times.

It was midnight when Santa Claus would bring our presents, and it was 2 (a.m.) when we would go to sleep.

Verbi irregolari nell'imperfetto

The following verbs are *irregular* in the formation of the **imperfetto**.

Verbi irregolari nell'imperfetto				
	essere	**bere**	**dire**	**fare**
io	ero	bevevo	dicevo	facevo
tu	eri	bevevi	dicevi	facevi
Lei, lui/lei	era	beveva	diceva	faceva
noi	eravamo	bevevamo	dicevamo	facevamo
voi	eravate	bevevate	dicevate	facevate
loro	erano	bevevano	dicevano	facevano

Da bambino, la sera della vigilia di Capodanno, stavamo svegli fino a tardi. A mezzanotte gli adulti **bevevano** lo spumante, **dicevamo** tutti "Buon anno!" e ci davamo baci e abbracci. Poi, anche se **faceva** freddo, uscivamo per vedere i fuochi d'artificio. Ricordo che **eravamo** tutti felici.

When I was a child, on the night of New Year's Eve, we used to stay up late. At midnight adults used to drink spumante, we would all say "Happy New Year!" and we would kiss and hug each other. Then, even if it was cold, we would go out to watch the fireworks. I remember we were all happy.

Pratichiamo!

5-5. La sera della vigilia. Abbina gli elementi della colonna A con quelli della colonna B per vedere come Fabio, da bambino, trascorreva la sera della vigilia. Poi indovina di quale vigilia si tratta.

A

1. _____ La sera verso le 7.00, i nostri zii e cugini
2. _____ Ogni anno io
3. _____ Prima della cena tu e i cugini
4. _____ Tu
5. _____ Verso le 9.00 nostra madre
6. _____ La cena
7. _____ Alle 11 di sera noi tutti
8. _____ Dopo la messa, io a casa

B

a. uscivamo per andare in chiesa.
b. ricevevo molti regali.
c. portava la cena in tavola.
d. arrivavano a casa mia per la cena della vigilia.
e. vincevi sempre a tombola.
f. giocavate a tombola.
g. potevo finalmente aprire i miei regali.
h. terminava sempre con il panettone.

Quale vigilia è? _____

5-6. La Festa della Befana in piazza. Tiziana ha appena trovato una foto dell'anno scorso della Festa della "Befana in piazza" a Pistoia dove era andata con Fabio. Tiziana mette la foto su Facebook e scrive questo messaggio a Fabio. Completa il seguente messaggio con l'**imperfetto** dei verbi in parentesi.

Ciao Fabio, ho trovato questa foto dell'anno scorso. Ti ricordi la Festa della Befana a Pistoia? Quel giorno _____ (1. fare) un freddo incredibile ma io _____ (2. volere) andare lo stesso. Tu _____ (3. avere) un cappotto (*coat*), una sciarpa (*scarf*) e il naso rosso. Nella piazza _____ (4. esserci) tante persone che _____ (5. addobbare) la piazza con cento calze. Noi non _____ (6. capire) il motivo di tutti quei giocattoli in piazza, ma poi abbiamo capito che con il "Girogioco" i bambini _____ (7. scambiare) i giocattoli usati con altri bambini. E mi ricordo la tua faccia sorpresa mentre la Befana _____ (8. scendere) dal campanile del Duomo! Che bella giornata!

5-7. Aspettando il nuovo anno a Lucca. Fabio, che è di Lucca, racconta a Tiziana come passava la vigilia di Capodanno nella sua città. Completa il seguente brano con l'**imperfetto** dei verbi della lista.

uscire / trasformarsi / dire / fare / bere / mettersi / esserci / darsi

Ogni anno, la sera del 31 dicembre, dopo cena, io e la mia famiglia _____ (1) per andare in Piazza Napoleone dove _____ (2) sempre una festa fino al mattino con musica e balli. Io _____ (3) sempre una maglia rossa per portafortuna. Ogni volta la piazza _____ (4) in una grande discoteca per tutta la città. Al momento della mezzanotte, con il tradizionale brindisi in piazza, tutti _____ (5) lo spumante e io e i miei genitori _____ (6) gli auguri. Tutti _____ (7): Buon anno! Ma a Lucca, dopo circa diciotto minuti dalla mezzanotte, la gente _____ (8) un secondo brindisi per celebrare la "mezzanotte di Lucca". Lucca è proprio una città unica!

NOTA CULTURALE

A Lucca, in **Piazza Napoleone**, ogni anno si celebra la mezzanotte due volte. La prima volta che si brinda (*toast*) coincide con la mezzanotte italiana. Però la meridiana (*sundial*) che si trova sulla Torre delle Ore segna la mezzanotte dopo quasi 18 minuti e si brinda una seconda volta per la "mezzanotte di Lucca".

5-8. Le tue feste e tradizioni preferite da bambino/a. A coppie, prima descrivete al vostro compagno/alla vostra compagna una tradizione del vostro Paese che vi piaceva (o no) da bambini. Poi il vostro compagno/la vostra compagna vi fa alcune domande per conoscere i dettagli. Ecco alcuni esempi di domande.

1. Dove vivevi quando eri piccolo/a?
2. Qual era la tua tradizione preferita?
3. Che cosa facevi durante questa festa?
4. Perché (non) ti piaceva questa festa?
5. In che periodo dell'anno era?
6. Che cosa si mangiava?
7. A Halloween, come ti mascheravi?
8. …

Poi fate un resoconto alla classe con le informazioni raccolte.

NOTA CULTURALE

Il **carnevale** è una festa che precede la quaresima (*Lent*) e si conclude con il martedì grasso. In Toscana è famoso il carnevale di Viareggio, un evento spettacolare tra i più belli e grandiosi del mondo, con sfilate di carri di cartapesta (*paper-mâché*) e maschere per festeggiare in piazza, fra la gente.

jbor/Shutterstock.com

5-9. La foto di una festa. Portate in classe la foto della festa passata in famiglia o con gli amici che avete messo su *Share it!* (Che bei ricordi!). A coppie, il vostro compagno/la vostra compagna deve chiedere informazioni.

Esempio   *Che festa era? Chi c'era alla festa? Dove eravate? Che cosa facevate?*

5-10. E adesso parliamo di regali. Durante le feste, amici e familiari si scambiano regali. Chiedete ad almeno tre compagni di classe se, da bambini, di solito, ricevevano molti o pochi regali, da chi, che tipo di regali, se piacevano o no e cosa facevano con i regali che non gli/le piacevano. Poi riferite i risultati alla classe.

	Nome	Nome	Nome	Nome
1. Ricevevi molti regali?				
2. Ricevevi pochi regali?				
3. Che tipo di regali ricevevi di solito?				
4. Ti piacevano i regali che ricevevi?				
5. Cosa facevi con i regali che non ti piacevano?				

◀)) 2–10

Quando siamo arrivati in piazza, il tempo era bellissimo.

Ascolta e/o leggi il seguente brano e rispondi alle domande.

*Fabio e i suoi amici **sono andati** a vedere lo Scoppio del carro a Firenze. Ma Tiziana non **è andata** perché **era** malata. Fabio le racconta sul suo blog la sua esperienza.*

Ieri io e alcuni amici **siamo andati** a vedere lo Scoppio del carro. Quando **siamo arrivati** in piazza, il tempo **era** bellissimo e la piazza era piena di gente. Mentre noi tutti **aspettavamo** l'inizio della cerimonia, i bambini **giocavano** e **si divertivano**. Poi, all'improvviso, **ha cominciato** a piovere. Io **volevo** fare alcune foto ma **avevo** paura di rovinare la macchina fotografica. A un certo punto, **abbiamo visto** la colomba volare[1], poi il fuoco e subito dopo il carro **è scoppiato**[2]. Mentre tutti **dicevamo**, "Evviva! Auguri!", all'improvviso **ha smesso** di piovere e subito dopo un arcobaleno[3] **è apparso**[4] nel cielo. Che bello spettacolo!

La Festa dello Scoppio del carro in **Piazza Duomo**, a Firenze.

[1]*dove flying* [2]*exploded* [3]*rainbow*
[4]*appeared*

Pecold/Shutterstock.com

Comprensione

Rispondi alle seguenti domande con frasi complete.

1. Dove sono andati Fabio e i suoi amici? Tiziana è con loro?
2. Com'era il tempo durante tutta la celebrazione?
3. Fabio ha fatto le foto? Perché (sì / no)?
4. Che cosa è apparso nel cielo e quando?

Osserviamo la struttura!

Nel brano sopra, osserva le parole in grassetto e completa le seguenti attività.

1. In the blog that Fabio wrote, there are verbs in the **passato prossimo** and verbs in the **imperfetto**. Make a list for each tense and try to explain when to use these two tenses based on what you have already learned.

2. Can you explain the reason why in sentence (a) below the **imperfetto** is the only tense used and in (b) both the **imperfetto** and the **passato prossimo** are used?
   a. Mentre tutti **aspettavano** l'inizio della cerimonia, i bambini **giocavano** e **si divertivano**.
   b. Mentre tutti **dicevamo**, "Evviva! Auguri!", all'improvviso **ha smesso** di piovere e subito dopo un arcobaleno **è apparso** nel cielo.

Passato prossimo e imperfetto (*Past tense and imperfect*)

Andrea Lazzini

Siamo andati a vedere l'uovo di cioccolato più grande del mondo. **Era** davvero grande e tutti **volevano** fare una foto.

In **Capitolo 4** we covered the **passato prossimo** and earlier in this chapter you learned about the **imperfetto**.

A. Although both the **passato prossimo** and **imperfetto** are tenses used to talk about past events, each of them has a different function.

Imperfetto	Passato prossimo
Use the **imperfetto** to express: – descriptions (people, places, weather, emotions). – habitual or ongoing actions in the past where the beginning and ending times are not specified.	Use the **passato prossimo** to express: – completed actions which happened at a specific point in time. – sequence of completed events in the past.

Fabio e i suoi amici **sono andati** a vedere lo Scoppio del Carro a Firenze. Ma Tiziana non **è andata** perché **era** malata.

Quando **siamo arrivati** in piazza, il tempo **era** bellissimo e la piazza **era** piena di gente. Poi, all'improvviso, **ha cominciato** a piovere.

Fabio and his friends went to see the Scoppio del Carro. But Tiziana did not go because she was sick.

When we arrived in the piazza, the weather was very beautiful and the piazza was crowded with people. Then, all of a sudden, it started raining.

B. Both tenses can also be found in the same sentence when a description or an ongoing action in the past (**imperfetto**) is interrupted by a sudden action (**passato prossimo**).

Mentre tutti noi **dicevamo** "Evviva!", all'improvviso **ha smesso** di piovere e subito dopo un arcobaleno **è apparso** nel cielo.

While we were all saying "Hurray!", suddenly it stopped raining and immediately afterwards a rainbow appeared in the sky.

Imperfetto con i verbi modali (*Imperfect with Modal Verbs*)

With modal verbs (**volere, potere, dovere**), whether or not to use the **imperfetto** or the **passato prossimo** depends on the information the speaker wants to convey. The **imperfetto** is used when the <u>intention</u> (of the subject) is expressed but it is uncertain whether the action was carried out or not. The **passato prossimo** is used when the action actually happened.

Uncertain outcome: L'anno scorso Tiziana **voleva** passare la vigilia di Capodanno a Lucca.
Last year Tiziana wanted (intended) to spend New Year's Eve in Lucca.

Certain outcome: L'anno scorso **ho voluto** passare la vigilia di capodanno a Lucca.
Last year I wanted to spend New Year's Eve in Lucca. (implied: I did it.)

Uncertain outcome: A Natale **dovevo** andare dalla mia famiglia perché loro non **potevano** viaggiare.
At Christmas I was supposed to go see my family because they were not able to travel.

Certain outcome: Però la mia macchina si è rotta e non **sono**[2] più **potuto** andare.
But my car broke down and I wasn't able to go.

[2]When the **passato prossimo** is formed with a modal verb (**volere, potere, dovere**) the auxiliary **avere** can always be used. However, the auxiliary **essere** can be used when the infinitive that follows the modal verb would normally take **essere**. Both forms are correct.

Conoscere e sapere

The verbs **conoscere** (*to know / to be acquainted with / to meet*) and **sapere** (*to know a fact / to find out*) change in meaning according to whether they are used in the **imperfetto** or the **passato prossimo.** For example:

Un anno fa non **conoscevo** nessuno a Lucca; poi **ho conosciuto** Fabio.

A year ago I did not know (I was not acquainted with) anyone in Lucca; then I met Fabio.

Quando ci **siamo conosciuti,** Tiziana non **sapeva** che sono di Lucca. Lo **ha saputo** dopo.

When we met, Tiziana did not know I am from Lucca. She found out later.

Pratichiamo!

5-11. L'uovo di cioccolato più grande del mondo. Tiziana invita Fabio ad andare a Marina di Massa a vedere l'uovo di cioccolato più grande del mondo. Gli racconta in una mail quello che ha visto l'anno scorso. Decidi, dal contesto, se il verbo è all'**imperfetto** o al **passato prossimo.**

Ciao Fabio,

vuoi venire con me a Marina di Massa a vedere l'uovo di cioccolato in Piazza Betti? Da bambina ci (1. *andavo / sono andata*) sempre con i miei genitori e l'anno scorso (2. *sono ritornata / ritornavo*) con i miei amici. (3. *Faceva / Ha fatto*) un po' freddo ma (4. *mi sono divertita / mi divertivo*) molto. Appena (5. *siamo arrivati / arrivavamo*), io (6. *vedevo / ho visto*) quest'uovo gigante. (7. *Abbiamo fatto / Facevamo*) tante fotografie. C'erano molti bambini che (8. *volevano / hanno voluto*) fare le foto vicino all'uovo. (9. *C'era / C'è stata*) gente da tutta Marina di Massa. Noi (10. *abbiamo incontrato / incontravamo*) anche alcuni nostri amici di Firenze. Mentre noi (11. *andavamo / siamo andati*) via dalla piazza, (12. *ci siamo fermati / fermavamo*) in un bel ristorante per pranzare. (13. *Siamo rimasti / Rimanevamo*) a Marina di Massa fino a tardi e (14. *eravamo / siamo stati*) stanchissimi. Quando (15. *sono arrivata / arrivavo*) a Firenze (16. *erano / sono state*) le due del mattino.

Fammi sapere se puoi venire, così ci organizziamo.

Ciao, Tiziana

5-12. Come sta Tiziana? Completa il seguente racconto di Fabio con il **passato prossimo** o l'**imperfetto.** Leggi tutto attentamente prima di scrivere la risposta.

Oggi io _____ (1. telefonare) a Tiziana per sapere se lei _____ (2. volere) venire con me e con Roberta a vedere la partita di calcio storico. Quando lei _____ (3. rispondere), io _____ (4. capire) subito che lei _____ (5. essere) malata. Infatti lei _____ (6. dire) che non _____ (7. sentirsi) bene. Così io e Roberta _____ (8. andare) a casa sua. Prima di andare noi _____ (9. sapere) che lei _____ (10. avere) bisogno di aiuto. E così noi _____ (11. preparare) qualcosa di caldo da mangiare. Dopo pranzo, lei _____ (12. mettersi) a letto a dormire e noi _____ (13. andare) via. Fra un po' la chiamo e vedo come sta.

5-13. Il calcio storico in Piazza Santa Croce. Il seguente brano è la cronaca in diretta (*live play-by-play*) di una partita finale di calcio storico. La cronaca è al presente e devi riscriverla al passato perché deve essere pubblicata sul giornale. Trasforma i verbi in corsivo (*italics*) dal presente al **passato prossimo** o all'**imperfetto**. Leggi molto attentamente tutto il testo prima di trasformare i verbi.

> **Firenze, giugno 2013 – Partita di calcio storico fiorentino: Bianchi contro Azzurri nel giorno di San Giovanni, in Piazza Santa Croce.**
>
> Ecco che Piazza Santa Croce *si trasforma* (1), per l'occasione, in una vera e propria "arena" di gioco. Il tempo *è* (2) bellissimo. Mentre fiorentini e turisti *arrivano* (3) da tutte le parti della città per tifare (*cheer*) per una o l'altra squadra, i "calciatori" *si preparano* (4) alla grande partita con i loro costumi storici. *È* (5) l'una del pomeriggio quando le squadre *entrano* (6) in campo. *Vediamo* (7) uno spettacolo assolutamente bellissimo. La partita *finisce* (8) con la vittoria degli Azzurri contro i Bianchi. Arrivederci al prossimo anno!
>
> Ieri Piazza Santa Croce _____

5-14. La scorsa vigilia di Capodanno. A coppie e a turno, fate domande su come avete trascorso la scorsa vigilia di Capodanno. Nelle domande e nelle risposte dovete usare l'**imperfetto** o il **passato prossimo**. Ecco alcuni esempi di domande.

- Dove hai passato la scorsa vigilia di Capodanno?
- Chi c'era con te?
- Com'era il tempo?
- Avevi desideri particolari per il nuovo anno?
- Mi descrivi il posto?
- Come ti sei vestito/a?
- Cosa hai mangiato / bevuto?
- Dov'eri quando è arrivata la mezzanotte?

5-15. Che bella festa! Succede a tutti di passare una festa particolarmente bella. A coppie, raccontate al vostro compagno/ alla vostra compagna di una festa che vi è piaciuta particolarmente. Ricordate di descrivere prima la scena (tempo / luogo / persone / posti) usando l'**imperfetto** e poi spiegate quello che ha reso (*made*) la festa così bella.

5-16. Piani realizzati (*Plans fulfilled*) o no? Quando inizia un nuovo anno, tutti guardiamo indietro per ricordare:

- quello che volevamo avere / fare
- quello che potevamo fare ma non abbiamo fatto
- quello che abbiamo avuto / fatto
- quello che dovevamo fare ma non abbiamo potuto

In gruppi, fate una lista di tutte queste cose e poi fate un resoconto alla classe. Chi ha realizzato più piani? Quali non si sono realizzati?

Esempi
1. *L'anno scorso Joshua voleva una nuova macchina e l'ha comprata.*
2. *Amy doveva trovare un nuovo appartamento ma non ha potuto perché i prezzi erano troppo alti.*

Reading Strategy: Understanding Sequence in Text Organization

Part of understanding narrative texts is in recognizing their basic structures. When you understand structural elements, you can remember and correctly interpret the ideas you read. Some organizational patterns include:

> signal words which introduce sequences in time or importance.

> statements which tell you whether an argument is beginning or concluding.

> dates which also provide sequence.

Some key words that help are:

prima	*first*	allora	*then*
secondo	*second*	quando	*when*
dopo*	*later, after(wards)*	finalmente	*finally*
dopodiché	*after which*	infine	*at last*
poi	*then*	in conclusione	*in the end*
più tardi	*later*		

*Until you learn otherwise, **dopo** must be followed by a noun.

Pre-lettura

1. **Associazioni.** Prova a indovinare quale verbo è associato con l'oggetto. (Ci sono varie possibilità.) Dopo aver letto l'articolo, scoprirai le risposte.

a. _____ accendevamo
b. _____ andavamo
c. _____ aspettavamo
d. _____ cantavamo
e. _____ facevamo
f. _____ preparavamo
g. _____ recitavamo

1. le benedizioni
2. il dolce
3. i salmi (*psalms*)
4. a casa
5. la pasta
6. le sorprese
7. le candele

2. **Domande.** A coppie, rispondete alle seguenti domande.

a. Celebrate una festa in cui si accendono le candele? Chi le accende? Qual è il significato delle candele? Quante candele si accendono?

b. C'è un dolce o un piatto in particolare associato alla festa? Come si chiama? Ti piace? Sai quali sono gli ingredienti del piatto? Lo sai preparare?

c. Adesso racconta i risultati della domanda **a** o della domanda **b** usando almeno quattro delle parole presentate nella strategia.

Martin Froyda / Shutterstock

Pitigliano è un piccolo paese noto come la "Piccola Gerusalemme" per la presenza della comunità ebraica che ci ha vissuto per mezzo millennio. La sinagoga di Pitigliano, costruita nel sedicesimo secolo (*16th century*), si trova nel centro storico della città. È stata restaurata più volte e, tutti i giorni tranne (*except*) il sabato e altre feste ebraiche, si possono visitare la sinagoga e il museo che si trova accanto.

La Festa di Chanukah

La sinagoga di Pitigliano

La Festa di Chanukah era molto sentita a Pitigliano. Io ricordo, —continua la signora Elena Servi,— che nella sinagoga° a Pitigliano il rabbino accendeva la channucchia° d'argento. Recitavamo le benedizioni della festa, ed erano tre la prima sera e due per ogni giorno seguente. Dopo le benedizioni tutti insieme cantavamo i salmi° in sinagoga.

Alla conclusione della cerimonia andavamo a casa e noi bambini eravamo particolarmente felici perché, per la Festa della Chanukah, era uso fare doni° ai piccoli, e noi aspettavamo la sorpresa. Ogni famiglia accendeva la propria lampada°. Io ero la più giovane e spettava a me° il compito di accendere lo shammash (la luce evidenziata nella channucchia è la prima che deve essere accesa°). A casa mia, come in tutte le case degli ebrei di Pitigliano era consuetudine° preparare un dolce speciale per la festa, le donne di casa lo facevano con la pasta del pane, l'olio, l'anice° e l'uva passa°. Tagliavano il dolce a fette a forma di rombi° che poi ricoprivano° di miele e zucchero.

synagogue

menorah

psalms

gift

light / it was my job

lit

custom

anise / raisins

diamonds / covered

Dopo la lettura

1. **Comprensione.** Metti in ordine da *1* a *8* le seguenti azioni.

_____ a. Dopo la cerimonia andavamo a casa.

_____ b. I bambini aspettavano una sorpresa.

_____ c. I bambini erano particolarmente felici.

_____ d. Il rabbino accendeva la channucchia.

_____ e. Le donne preparavano i dolci.

_____ f. Recitavamo le benedizioni.

_____ g. Spettava alla più giovane accendere la prima candela.

_____ h. Tutti insieme cantavano i salmi.

2. **Tocca a voi.** A coppie, fate il racconto di una festa che celebravate da piccoli, seguendo l'esempio della Signora Servi dove possibile.

iLrn™

Share it!••• **Scopriamo un po'!** Quale festa italiana, tra quelle descritte fino ad ora, non conoscevi (*you didn't know*)? Scegli una festa italiana tra quelle elencate e cerca delle informazioni sulle celebrazioni e sui cibi tradizionali associati. Scrivi su *Share it!* almeno tre caratteristiche della festa. Metti anche una foto che hai trovato sul Web.

I ricordi dell'infanzia e dell'adolescenza

2–11

la scuola elementare

la maestra

il mio amico del cuore

©contrastwerkstatt/fotolia

Una foto dei compagni di classe e la maestra della terza elementare in una scuola a Larciano, provincia di Pistoia.

Il passato	*The Past*
l'adolescenza	adolescence
l'infanzia	childhood
la malinconia	melancholy, sadness
la nostalgia	nostaglia
un ricordo	memory / a souvenir
un vecchio amico	an old friend
un vecchio amore	an old love

La scuola	*School*
il cestino	lunch box
il diario	diary
l'esame	exam
l'esame di maturità	high school exit exam
la gara	competition
la gita scolastica	field trip
la laurea	college degree

un professore indimenticabile	unforgettable professor
la recita	a play, a performance
la scuola media	middle school
la scuola superiore	high school

Gli altri ricordi	*Other Memories*
andare a cavallo	to go horseback riding
il circo	circus
essere entusiasta/e/i	to be enthused
(fare) uno scherzo	to play a joke
i fumetti	comics
fuochi d'artificio	fireworks
giocare a carte / tombola	to play cards / bingo
le giostre	amusement park / rides
la parata	parade
la processione	procession
lo zucchero filato	cotton candy

Pratichiamo!

5-17. La parola intrusa. Cancella la parola che non appartiene, per contesto, alla categoria indicata.

1. L'infanzia: amico del cuore, un vecchio amore, i fumetti, la scuola elementare
2. La nostalgia: l'infanzia, un professore indimenticabile, un vecchio amico, un esame
3. La scuola: fuochi d'artificio, una recita, una gara, uno scherzo
4. L'adolescenza: giocare a carte, una gita scolastica, l'esame di maturità, la laurea

5-18. Definizioni. Abbina la definizione con la parola giusta.

A	B
1. _____ parata	a. una donna che insegna
2. _____ zucchero filato	b. contiene cibo e bevande
3. _____ il cestino	c. rappresentazione teatrale
4. _____ la recita	d. divertimento al luna park
5. _____ la giostra	e. un dolce
6. _____ la maestra	f. una processione con carri

5-19. Saluti dalla Maremma. Scegli otto delle parole date e completa la cartolina di Luciana con la parola corretta.

andiamo a cavallo / la gara / diario / gita / facciamo uno scherzo / nostalgia / l'esame di maturità / esami / amica del cuore / ricordi / nostalgia / entusiasta

Cara Isabella,

ti scrivo dalla Maremma dove stiamo facendo una

_____ (1) con la scuola. Oggi

sono molto _____ (2) perché noi

_____ (3) proprio come i butteri

(*cowboys*). Ho tanti bei _____ (4)

dell'infanzia, quando i nonni ci portavano qui in

vacanza. Che _____ (5)! È anche

bello perché oggi non abbiamo né compiti né _____ (6). Dobbiamo solo

scrivere una cartolina all'_____ (7) e scrivere nel _____ (8)

della nostra esperienza. Ti chiamo al mio ritorno.

Baci,

Luciana

©Solidano/fotolia

5-20. Una gita scolastica. A coppie, parlate di una gita scolastica che ricordate con nostalgia. Descrivete dove siete andati, cosa avete fatto e perché vi è piaciuto.

5-21. La vita scolastica. Scambiatevi idee sulla vostra vita scolastica di oggi e del passato. Cosa vi piaceva di più o piace di più oggi? Parlate di esperienze positive o negative, se ce ne sono. Avete bei ricordi di esperienze in particolare che avete avuto? Cosa insegnavano allora che non insegnano più oggi? La scuola è cambiata molto? Date esempi e motivate le vostre risposte.

Prima di tutto... Descrivi le seguenti immagini. Secondo te, che cosa si festeggia in queste foto? Come si festeggia?

Davvero?! Anche se la festa

di Halloween fino a qualche anno fa non veniva festeggiata in Italia, oggi è molto diffusa l'usanza di festeggiare questa "notte delle streghe" (*night of witches*). Si tratta di un secondo carnevale, ma a differenza del primo, dove i costumi e le maschere sono divertenti e colorate, le maschere di Halloween rappresentano streghe (*witches*), diavoli (*devils*) e personaggi che fanno paura. Mentre i bambini bussano (*knock*) alle case e dicono "Dolcetto o scherzetto?" (*Trick or treat?*), gli adulti si preparano per andare alle feste in discoteca. Halloween sta diventando molto popolare in Italia ma le tradizioni carnevalesche rimangono sempre più importanti.

Alice Peretti

Nicolò M. Shapiro

Chiacchieriamo un po'! A coppie, raccontate i ricordi delle vostre tradizioni e esperienze di Halloween. Alla scuola elementare, quale costume indossavate? Andavate a fare dolcetto o scherzetto? Vi divertivate? Cosa mangiavate? C'erano delle tradizioni speciali nel tuo Paese o nella tua scuola? E alla scuola media? Alla scuola superiore? Indossate ancora dei costumi a Halloween? Come festeggiate questa tradizione "da grandi"?

iLrn™

Share it!••• **Com'eravamo piccoli!** Metti una foto della tua classe delle elementari. Descrivi dove sei nella foto e chi c'era dei tuoi amici. Indica la maestra e racconta un bel ricordo che conservi di quella classe. Metti la foto su *Share it!* Guarda le foto che i tuoi amici hanno messo e commenta se sono cambiati molto / poco...

Fortunatamente ci sono le gite scolastiche.

2–12

Ascolta e/o leggi il seguente brano e rispondi alle domande.

Tiziana ha trovato un suo vecchio diario dei tempi della scuola. Lo sfoglia[1] e si ferma su questa pagina.

Ci sono tanti posti bellissimi in Italia ma, anche se con la mia famiglia viaggiamo **sempre** in estate, **solitamente**[2] non abbiamo molto tempo per vedere tutto. **Fortunatamente**[3] ci sono le gite scolastiche e posso girare la Toscana. Per esempio, con la mia famiglia vado **spesso** a Pisa e la conosco **bene** ma non conoscevo Arezzo. **Oggi** l'ho visitata durante la gita e **finalmente** ho visto la famosa Giostra del Saracino. È bellissima! Questa è una foto di Piazza Grande. La professoressa ha spiegato molto **chiaramente**[4] la storia della città e dei posti che abbiamo visto. Vorrei vedere altri posti. Per esempio, **non** ho **mai** visto Siena e non vedo l'ora di visitarla, **specialmente**[5] perché voglio vedere il famoso palio. E **non** ho **ancora** visto Sondrio e Lucca. Forse durante la prossima gita? Speriamo!

Piazza Grande ad Arezzo è una delle più belle piazze medioevali della Toscana.

[1]*skims* [2]*usually* [3]*Luckily* [4]*clearly*
[5]*especially*

Comprensione

Rispondete alle seguenti domande con frasi complete.

1. Tiziana conosce bene tutta la Toscana? Perché?
2. Perché dice "fortunatamente ci sono le gite scolastiche"?
3. Tiziana ha imparato molto durante la visita ad Arezzo? Perché?
4. Cosa vuole vedere Tiziana a Siena?

Osserviamo la struttura!

Nel brano sopra, osserva le parole in grassetto e completa le seguenti attività.

1. Where are the Italian adverbs **spesso** and **sempre** placed in the sentence?
2. How are the adverbs **non… mai** (*never*) and **non… ancora** (*not . . . yet*) placed in the sentence?
3. List some of the adverbs ending in **-mente**. What is the common characteristic of these adverbs? Can you recognize the word they derive from? And what is the equivalent of **-mente** in English?

NOTA CULTURALE

La **Giostra del Saracino** è una rievocazione storica in costume di origine medioevale della lotta tra il mondo cristiano e quelli che allora erano considerati "infedeli".

Gli avverbi (Adverbs)

A. An **avverbio** (*adverb*) is a word that modifies or qualifies verbs, adjectives, or other adverbs usually in relation to time, manner, and degree. Some adverbs include:

sempre (*always*)
prima (*first*)
spesso (*often*)
presto (*early*)
già (*already*)
molto (*very*)
ancora (*still*)
bene (*well*)
non… mai (*never*)
dopo (*after*)
qualche volta / a volte (*sometimes*)
tardi (*late*)
non… ancora (*not yet*)
poco (*not much*)
non… più (*not anymore*)
male (*badly*)

Puoi parlare **lentamente**? Non capisco!

B. Usually adverbs, in Italian, follow the verb, especially when the verb is in the present tense. With compound tenses some adverbs (**mai, già, ancora**) are usually placed between the auxiliary and the past participle.

La mia famiglia viaggia **sempre** in estate.	*My family always travels in the summer.*
Vado **spesso** a Pisa e la conosco **bene**.	*I often go to Pisa and I know it well.*
Tiziana **non** è **mai** stata a Siena.	*Tiziana has never been to Siena.*

Avverbi che finiscono in -mente (Adverbs ending in -ly)

Most English adverbs ending in *-ly*, have the Italian equivalent ending in **-mente**. To form these kinds of adverbs in English, *-ly* is attached to the adjective (*usual / usually, general / generally*, etc.).

- In Italian, the suffix **-mente** is attached to the adjective which must first be changed to the feminine form:

  sol**o** → solit**a** → **solitamente** (*usually*)
  rar**o** → rar**a** → **raramente** (*rarely*)

- Most adjectives ending in **-e** form the adverb by attaching the suffix **-mente**:

  felice → **felicemente** (*happily*)
  veloce → **velocemente** (*quickly or rapidly*)

- One exception to the last rule is for adjectives ending in **-le** or **-re** which drop the "e" before attaching the suffix **-mente**.

> general**e** → **generalmente** (*generally*)
>
> regolar**e** → **regolarmente** (*regularly*)

Fortunatamente ci sono le gite scolastiche e posso girare la Toscana.	*Fortunately, there are field trips and I can travel around Tuscany.*
La professoressa ha spiegato molto **chiaramente** la storia della città.	*The professor explained the history of the city very clearly.*
Generalmente viaggiamo in macchina quando andiamo in vacanza.	*We generally travel by car when we go on vacation.*

Come si dice *time / times*?

- The word *time* in Italian can have different meanings according to the context.

Che **ora** è?	*What time is it?*
Quante **volte** sei stata a Pisa e Arezzo?	*How many times have you been to Pisa and Arezzo?*
Sono stata a Pisa molte **volte**, ad Arezzo solo una volta.	*I have been to Pisa several times, to Arezzo only one time (once).*
Lei guarda le foto una **alla volta**.	*She looks at the pictures one at a time.*

- *To have a good time,* in Italian, is expressed by the verb **divertirsi**.

Ci siamo divertiti durante la gita scolastica.	*We had a good time during the field trip.*

Christine Cervoni

Vado spesso a Pisa e mi diverto sempre.

Christine Cervoni

Piazza Santa Maria Novella è una delle principali piazze di Firenze. La Basilica di Santa Maria Novella domina la piazza.

Pratichiamo!

5-22. Invece... Completa le seguenti frasi con il verbo opportuno e l'avverbio opposto a quello indicato in corsivo. Usa i pronomi di oggetto diretto quando è necessario.

> Esempio   L'anno scorso vedevo *spesso* Tiziana.
> Quest'anno invece **non** la vedo **mai**. o la vedo **qualche volta**.

1. Da bambina Tiziana mangiava *sempre* le verdure. Sua sorella invece...
2. Quando Fabio è in vacanza si alza *tardi*. Quando lavora invece...
3. Io vado *spesso* al cinema con i miei amici di scuola. Al teatro noi invece...
4. Tu, da bambino, studiavi sempre *molto*. Tuo fratello invece...
5. Mio fratello *non* frequenta *più* la scuola elementare. Io invece ho dieci anni e...
6. Io *non* ho *ancora* visto il Palio di Siena. Tu invece...
7. Per fortuna oggi sto *bene*, non ho più l'influenza. La settimana scorsa invece...
8. Io finisco di lavorare alle tre e arrivo a casa *prima*. Fabio invece...

5-23. In che modo? Completa le frasi con l'avverbio formato dall'aggettivo in parentesi.

> Esempio   I bambini parlano (semplice) *semplicemente*.

1. Loro parlano (allegro) _____.
2. Lui saluta sempre (amichevole) _____.
3. Concludo molto (breve) _____.
4. La lettera è scritta (chiaro) _____.
5. Tiziana guida molto (lento) _____.
6. La mia maestra trattava i bambini (gentile) _____.
7. I professori oggi spiegano le lezioni (veloce) _____.
8. Da bambino andavo al circo (frequente) _____.

5-24. Per essere precisi. Completa le seguenti frasi con l'avverbio opportuno.

> Esempio   Mia nonna era una brava cuoca. Infatti lei cucinava proprio *bene*.

1. Da bambino Fabio era un po' stonato (*tone-deaf*). Infatti cantava proprio _____.
2. Da piccola, Tiziana non aveva difficoltà a imparare. Infatti imparava molto _____.
3. Tiziana ogni anno andava al circo perché si divertiva. Infatti le piaceva _____.
4. Gli anni dell'infanzia non passano lentamente. Infatti passano molto _____.
5. Devo correre, non ho molto tempo. Infatti è proprio _____.
6. Non vado spesso al cinema. Infatti vado _____.
7. Sei molto stanco perché lavori tutto il giorno e non dormi molte ore. Infatti dormi _____.
8. Non è facile per me ricordare i nomi degli amici d'infanzia. Infatti _____ li ricordo tutti.

NOTA CULTURALE

Il **circo... in piazza** è un evento che si tiene nelle piazze della Toscana. È organizzato da varie scuole di "circo per bambini" e ha lo scopo di creare momenti per conoscersi, socializzare e collaborare reciprocamente.

Patrick Pinchon

5-25. Da bambino/Da bambina. A coppie e a turno, fate le seguenti domande o altre a vostra scelta e rispondete con gli **avverbi** e il corretto uso dei tempi.

1. Da bambino facevi spesso gite scolastiche? Dove? / Quando? / Con chi?
2. Chi leggeva sempre le favole quando andavi a dormire?
3. Mangiavi le verdure spesso o raramente?
4. Generalmente facevi tutti i compiti o a volte non li facevi?
5. Trattavi tutti i compagni di classe amichevolmente?
6. La mattina ti svegliavi presto per andare a scuola?

NOTA CULTURALE

Ferragosto è una festa di antiche origini e si celebra il 15 agosto in tutta Italia per indicare la fine delle vacanze estive. A Grosseto ci sono feste e concerti anche il giorno dopo per celebrare San Rotto, il santo protettore della città. La sera del 16 agosto si conclude con spettacolari fuochi d'artificio.

©Riccardo Meloni/fotolia

5-26. Passato e presente. A coppie e a turno, fate le seguenti domande, o altre a vostra scelta, per sapere le seguenti informazioni sul passato e sul presente del vostro compagno/della vostra compagna. Rispondete usando gli avverbi. Poi riferite i risultati alla classe.

1. Come, dove e con chi passavi l'estate da bambino/a? E adesso?
2. C'erano feste con i fuochi d'artificio nella tua città? Tu andavi a vederli? E adesso?
3. Quali giochi facevi durante le feste? E adesso?
4. Provi nostalgia dei tempi passati? Quando succede (*happens*)?
5. Rivedi spesso le foto di un vecchio amore?
6. Riesci a mantenere regolarmente contatti con i vecchi amici?

5-27. Con quale frequenza? In gruppo, fate domande per sapere quante persone fanno, facevano o hanno fatto le seguenti cose o altre a vostra scelta. Fate attenzione all'uso dei tempi verbali.

	Frequentemente	Raramente	Una volta	Mai
1. andare a cavallo				
2. fare uno scherzo				
3. essere entusiasta della scuola (da bambino / adesso)				
4. mangiare lo zucchero filato				
5. andare alle giostre				
6. praticare sport				

Che cosa ti ha detto?

2–13

Ascolta e/o leggi la conversazione e rispondi alle domande.

Fabio e un suo amico d'infanzia, Alberto, sono in Piazza dell'Anfiteatro per vedere Lucca Comics and Games. Prima di incontrare Alberto, Fabio ha visto la sua maestra delle elementari.

Courtesy of Lucca Comics and Games

Fabio: Sai che ho appena incontrato la maestra delle elementari?

Alberto: Davvero? E cosa **ti** ha detto? Ricorda ancora tutti gli scherzi che **le** facevamo?

Fabio: "Noi" **le** facevamo? Solo tu **le** facevi gli scherzi. **Mi** ha detto che insegna ancora. **Mi** ha chiesto cosa faccio adesso e io **le** ho detto che adesso disegno fumetti per professione. È stata molto contenta. Ah, e **ti** manda i saluti.

Alberto: Oh grazie! Era molto brava. Ricordo che **ci** dava sempre dei premi quando eravamo bravi in classe. E poi, c'era Giorgio... lui adorava leggere, e la maestra **gli** regalava sempre libri. A proposito di Giorgio, da quanto tempo non lo senti?

Fabio: **Gli** ho telefonato proprio ieri. Vuole sapere se andiamo con lui a vedere il Palio di Siena.

Alberto: Mah... non so, forse. La settimana prossima **vi** posso dire con sicurezza se vengo o no.

Fabio: Va bene! Adesso godiamoci Lucca Comics and Games.

In **Piazza dell'Anfiteatro**, a Lucca, ogni anno si svolge Lucca Comics and Games, evento in cui si riuniscono gli amanti di fumetti per partecipare a giochi, disegnare fumetti e divertirsi in compagnia.

Comprensione

Rispondete alle seguenti domande con frasi complete.

1. Secondo te, come si sono conosciuti Fabio e Alberto?
2. Chi faceva scherzi alla maestra?
3. Chi era Giorgio e perché la maestra gli dava sempre libri?
4. Che cosa ha chiesto Giorgio a Fabio?

Osserviamo la struttura!

Nel dialogo sopra, osserva le parole in grassetto e completa le seguenti attività.

1. List all the words in bold as they appear in the dialogue. Can you guess what they are and whom they refer to in each sentence? For example, in the following sentences, what do **ti** and **mi** mean and what words do they replace?

   a. Cosa **ti** ha detto?   b. **Mi** ha chiesto cosa faccio adesso.

2. Based on the examples provided, try to guess whom the words in bold refer to in **c** and **d**.

   a. **Mi** ha detto che insegna ancora.   A chi ha detto che insegna? *a me*
   b. **Ti** manda i saluti.   A chi manda i saluti? *a te*
   c. Tu **le** facevi scherzi.   A chi faceva gli scherzi? ____
   d. La maestra **gli** regalava sempre libri.   A chi la maestra regalava libri? ____

3. What do you think is the difference between these pronouns and the direct-object pronouns learned in **Capitolo 4**?

Pronomi di oggetto indiretto (*Indirect-object pronouns*)

Pressmaster/Shutterstock.com

La maestra delle elementari ci dava sempre buoni voti.

In this chapter we study indirect objects and their pronouns (*to / for me, you, him, her, it, us, them*). An indirect object answers the questions **A / Per chi?** (*To / For whom?*).

A. The table below shows the **pronomi di oggetto indiretto** (*indirect-object pronouns*).

Pronomi di oggetto indiretto			
Singolare		**Plurale**	
mi	*to / for me*	ci	*to / for us*
ti	*to / for you* (inform.)	vi	*to / for you* (form. and inform.)
Le	*to / for you* (form.)		
le	*to / for her*	gli (a loro)	*to / for them* (m./f.)[3]
gli	*to / for him*		

B. As seen in **Capitolo 4** with direct-object pronouns, indirect-object pronouns often precede the verb.

Da bambino, mia madre **ci** comprava sempre lo zucchero filato.

When I was a child, my mother always bought cotton candy for us.

C. Unlike with direct-object pronouns, the past participle does not change to agree with the indirect-object pronoun.

Cosa **ti** ha detto la maestra?
Mi ha detto che insegna ancora.

What did the teacher say to you?
She told me she is still teaching.

D. When modal verbs like **potere**, **volere**, and **dovere** are followed by an infinitive, the position of the indirect-object pronoun may vary. It can be placed before the conjugated verb or attached to the infinitive after dropping the final **-e**.

La settimana prossima **vi** posso dire (*or* posso dir**vi**) se vengo o no.

Next week I can tell you whether or not I'll come.

Verbi seguiti dalla preposizione *a* o *per*

The following Italian verbs often require the preposition **a** or **per** + *noun* (indicating people) to complete a sentence and therefore take an indirect object.

dare *qualcosa* **a**	mandare *qualcosa* **a**
chiedere **a** (*to ask*)	preparare *qualcosa* **per**
dire **a**	scrivere *qualcosa* **a**
fare *qualcosa* **a**	rispondere **a** (*to answer / to reply*)
fare *qualcosa* **per**	telefonare **a** (*to call by phone*)

[3]The pronoun **gli** is often used in spoken Italian to say *to / for them*. However, the traditional form is **a loro** and is placed after the verb.

Dai le mimose **a** Tiziana per la Festa della donna?	*Do you give mimosas to Tiziana for Women's Day?*
Certo, **le** do le mimose tutti gli anni.	*Certainly, I give her mimosas every year.*
Cosa fai **per** tuo padre per la Festa del papà?	*What do you do for your father for Father's Day?*
Di solito **gli** faccio una sorpresa.	*Usually, I surprise him.*

Pratichiamo!

5-28. A chi ti riferisci (*To whom are you referring*)? Trova **l'oggetto indiretto** nella colonna a destra corrispondente al **pronome** di ogni frase della colonna a sinistra.

1. _____ La maestra *gli* manda sempre i saluti. Erano i suoi studenti.
2. _____ La maestra *ci* dava i premi quando eravamo buoni.
3. _____ Domani *vi* dico se vengo con voi.
4. _____ Andiamo al bar, *ti* offro un caffè!
5. _____ *Le* ho fatto gli auguri.
6. _____ La maestra *gli* dava sempre libri da leggere.

a. alla maestra
b. a te
c. a me e a Fabio
d. a Giorgio
e. a te e a Giorgio
f. a Giorgio e a Fabio

5-29. Quando eravamo piccoli... Fabio e Alberto parlano dei vecchi tempi dell'infanzia. Completa le seguenti risposte con i **pronomi di oggetto indiretto.** Segui l'esempio.

Esempio   Tu leggevi le favole *a tua sorella*? Sì, **le** leggevo sempre la favola di Pinocchio.

1. Facevi gli scherzi *al tuo migliore amico*?

   No, non _____ facevo mai scherzi.

2. Dicevi le bugie *a tua madre*?

   No, _____ dicevo sempre la verità.

3. Che cosa *ti* regalavano gli amici per le feste?

   _____ regalavano libri e CD.

4. A volte la maestra non dava buoni voti *a me e a lui*.

   Cosa? Lei _____ dava sempre voti alti.

5. La maestra telefonava *ai genitori* se c'erano problemi?

   _____ ha telefonato solo una volta.

6. Chi preparava la merenda *per te e tua sorella*?

   Mia madre _____ preparava sempre la merenda.

7. Prima tutti *mi* scrivevano lettere, ora non più.

   Sì, ma ora molti _____ scrivono su Facebook.

5-30. Al bar. Tiziana, Fabio e una vecchia amica di scuola vanno al bar per prendere qualcosa. Al momento dell'ordinazione, Fabio e l'amica si allontanano un attimo e Tiziana deve ordinare anche per loro. Completa il seguente dialogo usando i **pronomi di oggetto indiretto.**

Cameriere: Buon giorno signorina. Cosa _____ (1) porto da bere?

Tiziana: _____ (2) può portare un caffè?

Cameriere: Certo. E al signore che è con Lei? Che cosa _____ (3) porto?

Tiziana: Ma, veramente devo chieder _____ (4) cosa prende da mangiare. Però intanto, per me e per lui, può portar _____ (5) due caffè. Per la mia amica invece, so cosa vuole. _____ (6) può portare una cioccolata calda e un cornetto?

Cameriere: Va bene! E da bere _____ (7) porto dell'acqua minerale per tutti e tre?

Tiziana: Sì, per ora dell'acqua minerale va bene. Quando gli altri arrivano _____ (8) possiamo chiedere se vogliono altro. Grazie!

5-31. I prossimi regali. Avete bisogno di idee per i prossimi regali. A coppie, fate una lista di persone a cui di solito fate regali. Poi chiedete al vostro compagno/alla vostra compagna quello che intende regalare a ogni persona della sua lista nelle prossime occasioni (compleanno, anniversario, festa, ecc.). Poi chiedete cosa ha regalato a questa persona lo scorso anno e cosa questa persona ha regalato al vostro compagno/alla vostra compagna. Potete scegliere i regali dalla lista indicata. Usate i **pronomi di oggetto indiretto** come nell'esempio. Riferite i risultati del compagno/della compagna alla classe.

borsa / navigatore / lettore mp3 / un bel libro / dei fiori / uno smart phone / un buono (*gift card*) per un massaggio

Esempio **S1:** *Cosa regali a tua madre per il suo compleanno?*
S2: *Le regalo una borsa.*
S1: *E che cosa le hai regalato l'anno scorso?*
S2: *Le ho regalato un bel libro.*
S1: *E lei cosa ti ha regalato?*
S2: *Lei mi ha regalato un cellulare.*

NOTA CULTURALE

Buon Onomastico!

L'onomastico indica il giorno dell'anno in cui una persona festeggia il santo di cui porta il nome, o la ricorrenza alla quale il proprio nome è ispirato. Anche in questa occasione molti italiani festeggiano in famiglia e la persona che celebra l'onomastico riceve dei regali.

© Cengage Learning

5-32. Mi fai un favore? A coppie e a turno, chiedete al vostro compagno/alla vostra compagna se può fare le seguenti cose (o altre a vostra scelta) per voi. Usate **potere** nelle domande, e i verbi modali **(potere, volere, dovere)** anche nelle risposte. Giustificate perché potete fare o no determinate cose.

Esempio **S1:** *Puoi prepararmi la colazione?* (o *Mi puoi preparare la colazione?*)
S2: *No, non posso prepararti la colazione stamattina perché…*

1. dare un passaggio ai miei amici in discoteca
2. prestare (*lend*) soldi a me e al mio compagno di stanza
3. fare un favore alla professoressa
4. telefonare ai miei genitori con il tuo cellulare
5. preparare una festa di compleanno per me

iLrn

Complete the diagnostic tests to check your knowledge of the vocabulary and grammar structures presented in this chapter.

Insieme in piazza

Scegliete una delle seguenti situazioni e create una conversazione con il compagno/la compagna. Ricordate di usare le strutture imparate nel capitolo ma non limitatevi solo a quelle.

Scena 1: La festa in piazza. Immagina di mostrare a un amico una tua foto che hai fatto in una delle piazze visitate in questo capitolo durante una festività.

Scena 2: La mia infanzia. Sei in piazza con alcuni amici e parlate della vostra infanzia, della scuola, dei vostri maestri, degli amici, ecc. Condividete i vostri ricordi, ma non dimenticate di ordinare qualcosa da bere o da mangiare.

Scena 3: Create una situazione a vostra scelta.

Presentazioni orali

A coppie, preparate una breve presentazione orale sulla Toscana. Potete anche creare un video. Ecco alcuni suggerimenti oppure decidete voi cosa volete ricercare.

1. La Toscana è una regione rinomata per le ricette semplici fatte con il pane. Parla di una ricetta, degli ingredienti e come prepararla.

2. Programmate una giornata a Forte dei Marmi.

3. L'isola d'Elba

Scriviamo!

Scrivi di una festa o di una tradizione che hai festeggiato in passato.

> ### Writing Strategy: **Writing a Narrative Essay**
>
> A narrative essay expresses your point of view, your thoughts, memories, and personal experiences about a specific subject. It is generally written in the past tense and usually in the first or third person. A narrative essay is a personal story and can usually be done without research. It should include real-life details and must come to some meaningful conclusion. Include:
>
> ❭ an introduction that clearly indicates what kind of narrative essay it is.
>
> ❭ details about a personal experience, or an observation.
>
> ❭ descriptions of people, scenes, or events in some detail.
>
> ❭ descriptions that lead the reader to reflect on your experience.
>
> ❭ a conclusion.

1. Brainstorming

a. Pensa alle seguenti domande e scrivi le parole che ti vengono in mente: Quale festa celebravi? Hai un ricordo particolare? Qual è l'origine della festa? Qual è il significato (religioso, sociale, nazionale, familiare)? Quando, dove e con chi la festeggiavi? Cosa mangiavi, cosa facevi? Come ti vestivi?

b. Scrivi una lista di verbi e aggettivi che possono essere usati per descrivere la festa.

2. Organizzazione

Ora, scrivi risposte brevi alle seguenti domande.

a. Che festa celebravi? Quale tipo di festa è? Qual è l'origine? Ha dei significati particolari? Ti piaceva o non ti piaceva? C'è una data particolare in cui è celebrata? Perché?

b. Con chi festeggiavi? Come e dove la festeggiavate?

c. Che cosa mangiavate alla festa? Il cibo è associato alla festa? Il cibo ha qualche significato? Avevate dei piatti tradizionali in famiglia?

d. Quali vestiti indossavi alla festa? Il colore era importante? Ti mettevi maschere o costumi? Ti vestivi in modo elegante?

e. Come finiva la celebrazione?

3. Scrittura libera

Scrivi 12–14 frasi complete che elaborano le risposte alle domande e poi leggile per accuratezza grammaticale. Includi un'introduzione, qualche paragrafo che descrive la festa, le attività e i tuoi ricordi, e una conclusione.

4. Prima correzione

Scambiate le frasi con un compagno/una compagna.

a. L'argomento e il punto di vista sono chiari? É ben organizzata?

b. I dettagli descrivono bene la festa, le persone, le attività?

c. L'hai trovata interessante? Come può essere migliorata la storia?

5. Finale

Scrivi la versione finale a casa.

▶ Ricordi di infanzia

Prima della visione

A. La coppia giusta. Abbina le parole alle definizioni.

1. chiacchierona
2. curiosa
3. tranquilla
4. un sacco di cose
5. lucine
6. letterine

a. decorazioni
b. calma, non esuberante
c. persona che fa tante domande
d. lettere che i bambini scrivono per fare gli auguri
e. molte cose
f. persona che parla molto

B. Com'era da bambina? Secondo te, com'era Clara da bambina nell'aspetto fisico e nel carattere? Che cosa le piaceva fare? Prepara una breve descrizione, poi la confronterai (*you will compare it*) con quello che Clara dice nell'intervista.

© Cengage Learning 2015

Durante la visione

Guarda il video due volte. La prima volta, fai attenzione al significato generale. La seconda volta, completa le seguenti attività.

C. Com'erano? Scegli tutte le risposte che si riferiscono a ogni persona.

Clara:

1. a. aveva i capelli corti   b. aveva i capelli biondi   c. aveva i capelli rossi

2. a. era timida   b. era una chiacchierona   c. era calma

La signora Marina:

3. a. era curiosa   b. era calma   c. era tranquilla

4. a. era pigra   b. era creativa   c. era viziata

D. Chi lo dice? Indica con una **X** le persone che dicono le seguenti cose.

	Clara	La signora Marina
1. Ero molto chiacchierona.		
2. Ero una bambina calma e tranquilla.		
3. Mi piaceva moltissimo la musica.		
4. Vivevo a Marina di Romea.		
5. Ho vissuto sempre girando per varie città.		
6. Facevo sempre un sacco di domande.		
7. Non mi leggevano libri.		
8. Scrivevo le letterine.		

Dopo la visione

E. È vero o è falso? Indica se le seguenti affermazioni sono vere **(V)** o false **(F)**. Quando un'affermazione è falsa, fornisci la risposta giusta.

1. Clara non ha sempre vissuto nella stessa città.	V	F
2. A Clara non piacevano le bambole.	V	F
3. La mamma leggeva le storie a Clara.	V	F
4. Natale era la festa preferita della signora Marina.	V	F
5. Alla signora Marina non piacevano le decorazioni della città.	V	F
6. La signora Marina comprava i regali per la sua famiglia.	V	F

F. Facciamo un'intervista! Immaginate un incontro tra Clara e la signora Marina. Ognuna vuole sapere informazioni sull'infanzia dell'altra. Con un compagno/una compagna, create un'intervista e poi recitatela alla classe.

© Cengage Learning 2015

iLrn

Share it! ••• **I giocattoli del passato.** Fai una ricerca su Internet sui giocattoli (*toys*) che si usavano negli anni '70 o '80. Fornisci una descrizione di quello che trovi e metti una foto. Poi guarda quello che hanno scritto i tuoi compagni di classe e indica il giocattolo che ti piace di più.

Le feste	Holidays
il Capodanno (1/1)	New Year's Day
la vigilia di Capodanno / San Silvestro (31/12)	New Year's Eve / St. Sylvester's Day
l'Epifania / la Befana (6/1)	Epiphany
San Valentino (14/2)	Valentine's Day
il Carnevale	Carnival
la Pasqua	Easter
la Pasqua ebraica (Festa di Pessach)	Passover
la Festa del papà (19/3) / San Giuseppe	Father's Day / St. Joseph's Day
la Festa della donna (8/3)	International Women's Day
la Festa della Liberazione (25/4)	Liberation Day
la Festa del lavoro (1/5)	Labor Day
la Festa della mamma	Mother's Day
la Festa della Repubblica (2/6)	Republic Day
il Palio di Siena (2/7 / 16/8)	horse race in Siena
il Ferragosto (15/8)	Feast of the Assumption
la Festa di Ognissanti (1/11)	All Saints' Day
la vigilia di Natale	Christmas Eve
il Natale (25/12)	Christmas Day
la Festa della Chanukah (Festa delle luci)	Hanukkah (Festival of Lights)
la sagra gastronomica	food festival
la festa del patrono	feast of the patron saint
la Festa di San Giovanni Battista (24/6)	St. John's Day (Patron Saint of Florence)

I verbi	Verbs
addobbare	to adorn / to decorate
augurare	to wish
benedire	to bless
brindare	to make a toast

celebrare	to celebrate
decorare	to decorate
incartare	to wrap
regalare	to give a gift
scambiarsi (auguri / regali)	to exchange (wishes / presents)

Le tradizioni e i cibi tradizionali	Traditions and Their Foods
il Capodanno (e la vigilia)	New Year's Day (and New Year's Eve)
il brindisi	celebratory toast
il cenone	dinner for Christmas Eve / New Year's Eve
il cotechino	spiced Italian sausage
le lenticchie	lentils
lo spumante	sparkling white wine
la Festa della donna	International Women's Day
le mimose	mimosas
la Festa di San Giuseppe	St. Joseph's Day / Father's Day
le frittelle di riso	sweet rice fritters
la Pasqua	Easter
la colomba	dove-shaped Easter cake
l'uovo (pl. le uova) di Pasqua	Easter egg (Easter eggs)
il Natale	Christmas
le castagne	chestnuts
il pandoro	Christmas cake (topped with powdered sugar)
il panettone	Christmas cake with candied fruit
il panforte	Sienese fruit and nut cake
il pesce	fish
la tombola	type of bingo

Altre parole	Other Words
l'albero di Natale	Christmas tree
Babbo Natale	Santa Claus
Buon Natale!	Merry Christmas!
la calza	stocking
il candelabro	menorah
le caramelle	candies

il carbone	coal	la gara	competition
il carro	float	la gita scolastica	field trip
i cioccolatini	little chocolates	la laurea	college degree
le decorazioni	ornaments	la maestra	teacher
Felice Chanukah!	Happy Hanukah!	un professore indimenticabile	unforgettable professor
le luci	lights	la recita	a play, a performance
la maschera	mask		
le palline	Christmas ball decorations	la scuola elementare	elementary school
il regalo	gift	la scuola media	middle school
la sfilata	parade	la scuola superiore	high school

Il passato — *The Past*

Gli altri ricordi — *Other Memories*

l'adolescenza	adolescence	amici del cuore	best friends
l'infanzia	childhood	andare a cavallo	to go horseback riding
la malinconia	melancholy, sadness		
la nostalgia	nostalgia	il circo	circus
un ricordo	memory, remembrance / a souvenir	essere entusiasta/e/i	to be enthusiastic
		(fare) uno scherzo	to play a joke
un vecchio amico	an old friend	i fumetti	comics
un vecchio amore	an old love	fuochi d'artificio	fireworks
		giocare a carte / tombola	to play cards / bingo

La scuola — *School*

il cestino	lunch box	le giostre	amusement park / rides
il diario	diary	la parata	parade
l'esame	exam	la processione	procession
l'esame di maturità	high school exit exam	lo zucchero filato	cotton candy

Dizionario personale

_____ _____

_____ _____

_____ _____

_____ _____

_____ _____

_____ _____

_____ _____

_____ _____

CAPITOLO 6

LEARNING STRATEGY

Grammar Rules

Grammar is an essential part of any language. Italian and English have some similar grammar structures as you will learn in this chapter. While it may be helpful at times to compare and refer to your native language, it is important to learn the new language without directly translating so that you learn to think in Italian. Especially when writing, be sure to write your first draft in Italian.

AL RISTORANTE DELLA PIAZZA CON I COLLEGHI

Piazza del Duomo è il cuore e il centro religioso di Parma con la cattedrale in stile romanico e il battistero in stile gotico.

COMMUNICATIVE GOALS

> Talk about ordering a meal in a restaurant
> Talk about grocery shopping, quantities, preparing meals
> Talk about likes and dislikes
> Talk about professions and internships
> Talk about things we had done

Risorse Audio ▶ Video **iLrn** ilrn.heinle.com

L'Emilia-Romagna

› L'Emilia-Romagna è una regione rinomata per i suoi prodotti alimentari.

› È divisa in nove province e le sue città sono importantissime dal punto di vista culturale, storico ed economico.

© Cengage Learning 2015

Walter Zerla / age fotostock

◀ **Il palazzo dell'Archiginnasio** fu (*was*) la prima sede dell'Università di Bologna che è considerata l'università più vecchia del mondo occidentale. Ci sono sedi anche a Forlì, Cesena, Ravenna e Rimini.

Ferrara, città circondata ▶ da nove chilometri di mura (*walls*) e Patrimonio Mondiale dell'Umanità (UNESCO), nel Rinascimento è stata trasformata in un centro artistico dalla famiglia degli Este. **Il Castello Estense** è al centro della città.

quasarphotos/fotolia

Andiamo in piazza!

iLrn Vai su iLrn per trovare più informazioni su Luciano Pavarotti.

Ferdinando Piezzi / Alamy

◀ **Piazza Maggiore** è considerata il cuore della città di Bologna. Ogni anno la piazza è luogo di molti eventi tra cui sagre gastronomiche, feste del lavoro (*job fairs*) e manifestazioni per il volontariato. Al centro della piazza c'è la fontana di Nettuno, uno dei simboli della città.

Piazza Grande, la piazza ▶ principale di Modena si trasforma spesso in palcoscenico per concerti e altri spettacoli. La città offre concerti di musica classica e leggera. Il grande Luciano Pavarotti, nato in questa città, aveva spesso cantato proprio in questa piazza.

© Duccio/Dreamstime.com

iLrn

Share it! • • • **Non lo sapevo!** Nelle informazioni sulla regione, cosa hai imparato? Cos'altro sai di questa regione? Conosci qualcuno che ha studiato in questa regione o che è andato in vacanza lì? Cerca un video di una delle due piazze menzionate e descrivi sul blog cosa succede nel video. Metti anche il link del video per gli altri studenti.

▶ To learn more about **l'Emilia-Romagna**, watch the cultural footage in the Video Library.

◀))
2–14

Al ristorante

Ristorante da Anna

Gli antipasti	*Appetizers*	Il prezzo (*Price*)
affettati misti	*mixed sliced deli meats*	€ 12,00
bruschette al pomodoro	*toasted bread with chopped tomatoes*	€ 8,00
crostini al fegato di pollo	*toasted and crispy bread with chicken liver*	€ 8,00
parmigiano reggiano	*chunks of parmesan cheese*	€ 7,00
piadina romagnola	*typical regional flat bread*	€ 10,00
prosciutto e melone	*prosciutto and canteloupe*	€ 13,00

I primi piatti	*First Dishes*	
cappellacci di zucca	*pasta pockets shaped like hats filled with pumpkin*	€ 12,00
lasagne alla bolognese	*lasagna bolognese (meat sauce)*	€ 11,00
minestrone	*vegetable soup with pasta*	€ 8,00
risotto con funghi	*Italian rice dish with mushrooms*	€ 11,00
tortellini in brodo	*pasta rings filled with cheese or meat in broth*	€ 13,00
zuppa di asparagi	*creamed asparagus soup*	€ 8,00

Le pizze	*Pizzas*	
pizza margherita	*pizza with mozzarella, tomato, and basil*	€ 10,00
pizza quattro stagioni (mozzarella, funghi, carciofi, prosciutto cotto)	*pizza four seasons/four parts (mozzarella, mushrooms, artichokes, ham)*	€ 11,00

I secondi	*Second (Main) Dishes*	
bistecca	*steak*	€ 22,00
cotoletta alla bolognese	*cutlet*	€ 18,00
grigliata	*mixed grilled meats*	€ 20,00
pesce alla griglia	*grilled fish*	€ 20,00
pollo arrosto	*roasted chicken*	€ 14,00

I contorni	*Side Dishes*	
fagiolini	*green beans*	€ 5,00
insalata mista	*mixed green salad*	€ 6,00
patatine fritte	*french fries*	€ 5,00
verdure alla griglia	*grilled vegetables*	€ 6,00
spinaci	*spinach*	€ 6,00

I dolci	*Desserts*	
crostata di frutta	*fruit tart*	€ 8,00
frutta fresca (fragole, mirtilli, lamponi)	*fresh fruit (strawberries, blueberries, raspberries)*	€ 6,00
gelato	*ice cream*	€ 6,00
macedonia	*fruit salad*	€ 9,00
torta	*cake*	€ 8,00
zuppa inglese	*custard type desert*	€ 7,00

Coperto e pane	*Cover charge and bread*	€ 3,00

Marc Xavier/fotolia

Alimenti vari	Various Foods	la mela	apple
l'aglio	garlic	la noce	walnut
le arachidi	peanuts	il pane	bread
l'aragosta	lobster	la pasta	spaghetti
biologico	organic	il peperone	bell pepper
i broccoli	broccoli	il prosciutto crudo	cured ham
la carne	meat	il riso	rice
la cipolla	onion	l'uovo / le uova*	egg / eggs
il formaggio	cheese	l'uva	grapes
il grano / i cereali	grain / cereal	le zucchine	zucchini

*The word **uovo** is singular and masculine. The plural form becomes feminine and plural, **le uova**.

Pratichiamo!

6-1. La frutta e la verdura. Studia il menù del Ristorante da Anna e cerca tutta la frutta e le verdure. Mettile nella categoria corretta.

Esempio Bruschetta al **pomodoro**

Frutta	Verdura
	pomodoro

6-2. Fare la spesa (*To go grocery shopping*). Per una settimana il macellaio (*butcher*) è stato chiuso. Adesso al Ristorante da Anna, non hanno la carne per nessun piatto sul menù. Lo chef ti manda a comprare tutta la carne necessaria per i primi e i secondi. Fai riferimento al menù per scoprire la carne che devi comprare per ogni categoria e poi scrivila nella categoria corretta.

6-3. Cosa prendiamo? Vittoria e Dina vogliono pranzare insieme tra una lezione e l'altra. Completa la seguente conversazione con le parole date.

zuppa di verdure / panino / panini / pizze / tortellini / Trattoria

Vittoria: Ho fame. Mangiamo un _____ (1) insieme al bar?

Dina: Io preferisco andare alla mensa e mangiare una _____ (2).

Vittoria: Ma i _____ (3) al bar sono buoni.

Dina: Va bene, ma non voglio andare al bar. Preferisco mangiare con calma.

Vittoria: Alla _____ (4) del Rosso, in centro, hanno i _____ (5) in brodo e anche le _____ (6) sono buonissime. Vuoi mangiare una pizza?

Dina: Sì, buon'idea. Lì si mangia bene e non costa tanto. Andiamo!

6-4. Parliamo di dieta. Fate a turno domande sul vostro tipo d'alimentazione. Ad esempio: Fate sempre colazione? Cosa mangiate / bevete per colazione? Qual è la vostra cucina preferita? Vi piace la cucina italiana? Quale piatto in particolare? Mangiate spesso fast food o no? Perché? Quando mangiate fuori, dove preferite mangiare? Ci sono alimenti che non mangiate? Credete alle diete? Perché?

Prima di tutto... Nella tua città o nella tua regione, c'è una cucina particolare? C'è un piatto o un prodotto alimentare famoso che è tipico della tua città?

HLPhoto / Shutterstock.com

iStockphoto

Willi Deganello / Shutterstock.com

Davvero?! Tutte le regioni italiane hanno le proprie specialità locali e la regione dell'Emilia-Romagna in particolare produce alcuni dei prodotti noti non solo in Italia ma anche all'estero. Nelle foto, riesci a identificare i prodotti tipici della città di Parma? Di Bologna? Di Modena? Conosci anche altri piatti o prodotti tipici della regione?

Chiacchieriamo un po'! Lavorate a coppie. Guardate il menù del Ristorante di Anna (p. 210) e fate un paragone tra questo menù e un menù tipico del vostro Paese. Quali piatti sono simili e quali sono diversi?

iLrn™

Share it!••• **Che fame!** Trova su Internet un ristorante, trattoria, pizzeria o gelateria a Bologna e scrivi delle informazioni sul locale e sul menu. Quali sono le specialità? Che cosa ti ha colpito (*impressed you*) di questo posto? Metti una foto interessante del posto, di un piatto, dello chef, ad esempio, e spiega la tua scelta. Indica, con **un pollice** (*thumb*) in su, quale dei posti indicati dai compagni di classe ti interesserebbe frequentare.

2–15

Al ristorante

Ascolta e/o leggi la conversazione e rispondi alle domande.

Marcello è in un ristorante in Piazza Maggiore con alcuni colleghi per festeggiare la promozione[1] sul lavoro. Arriva il cameriere.

Peter Adams / Alamy

Cameriere: Buona sera, cosa ordinate?

Marcello: Io vorrei cominciare con **degli** antipasti. Cosa ci consiglia[2]?

Cameriere: Vi consiglio **dei** salumi e **dei** formaggi misti, oppure **delle** piadine miste. **Alcune** piadine sono farcite[3] con **del** prosciutto e formaggio. Possiamo anche fare **delle** piadine vegetariane. Come primi piatti vi consiglio **degli** spaghetti alla bolognese, o **dei** tortellini in brodo. Tra i secondi, stasera abbiamo **del** filetto con i funghi porcini, una vera delizia.

Marcello: Bene, per antipasto prendiamo **qualche** piadina mista. Poi, per primo prendiamo i tortellini. Ragazzi, per voi va bene?

Ilaria: Sì, e come secondo piatto prendiamo il filetto e **dell'**insalata come contorno.

Cameriere: E da bere cosa prendete?

Marcello: **Dell'**acqua gassata e **del** vino della casa. Poi prendiamo anche **del** dessert. Ah, anche **dello** spumante secco. Stasera brindiamo alla mia promozione sul lavoro.

Cameriere: Auguri allora! Bene, torno fra **qualche** minuto con gli antipasti.

Ci sono **dei** buoni ristoranti in **Piazza Maggiore.**

[1]*promotion* [2]*recommend* [3]*filled*

Comprensione

Rispondete alle seguenti domande con frasi complete.

1. Dove sono Marcello e i colleghi e perché?
2. Cosa vuole ordinare Marcello per prima cosa?
3. Che cosa consiglia il cameriere tra gli antipasti, i primi e i secondi?
4. Cosa ordinano da mangiare come primo e come secondo? E da bere?

Osserviamo la struttura!

Nel dialogo sopra, osserva le parole in grassetto e completa le seguenti attività.

1. In the text there are many instances of the preposition **di** + *definite article*. Refer to the dialogue to fill in the following blanks. Can you guess the meaning of these expressions?

   _____ vino   _____ piadine   _____ insalata   _____ dessert
   _____ spumante   _____ tortellini   _____ spaghetti   _____ acqua

2. Both the expressions **qualche** and **alcune** mean *some* but they are used differently. What differences do you observe?

   qualche piadina = **alcune** piadine   **qualche** minuto = **alcune** minuti

3. In Italian, we can express the same concept in the following three ways:

   qualche bottiglia   **alcune** bottiglie   **delle** bottiglie

   However, with some nouns, we can only use **di** + *definite article*. Look at the examples and try to explain the reason why this happens and provide some more examples.

   del vino   **dell'**insalata   **del** vitello

I partitivi (Partitives)

Cosa devo comprare per la cena?

Dell'olio, del pane, della pasta, dei pomodori e... degli spinaci.

Partitivi (*Partitives*) are expressions that indicate quantities that are not exactly quantifiable (*some, a little bit of*). The English partitive *some* can always be expressed in Italian by the preposition **di** + *definite article*. The forms vary (**del, dell', dello, dei, degli, della, delle**) according to the number and gender of the noun they precede.

Per antipasto vi consiglio **dei** salumi e **dei** formaggi misti, oppure **delle** piadine.	*For appetizer, I recommend some mixed deli meats and cheeses, or some piadinas.*

Qualche vs. *alcuni/alcune*

The English partitive *some* can also be expressed in Italian with the indefinite adjectives **qualche** and **alcuni/alcune**. They are interchangeable and are used only with countable items. They are equivalent to **di** + *definite article*, but notice that:

- **qualche** is invariable and it is always followed by a noun in the singular form.
- **alcuni** (*m. pl.*) / **alcune** (*f. pl.*) is always followed by a noun in the plural form.

Io compro **delle** bottiglie di aranciata. =
I buy some bottles of orange soda.

→ **qualche** bottiglia di aranciata.

→ **alcune** bottiglie di aranciata.

Un po' (poco) di...

Un po' di (or **un poco di**) (*a little bit of*) is an invariable expression which indicates a small quantity.

Metto **un po' di** zucchero nel caffè.	*I put a little bit of sugar in my coffee.*
Io mangio **un po' di** pasta tutti i giorni.	*I eat a little bit of pasta every day.*

ATTENZIONE!

Partitives are not used in negative sentences.

C'è **del** latte nel frigorifero?	*Is there any milk in the refrigerator?*
No, non c'è latte nel frigorifero.	*No, there is no milk in the refrigerator.*

The following table summarizes the use of partitives with countable and uncountable items.

Partitivi con "oggetti" numerabili (*Partitives with countable items*)	Partitivi con "oggetti" non numerabili (*Partitives with uncountable items*)
di + *definite article:* **dei** pomodori, **delle** mele **qualche** + *sing. noun:* **qualche** pomodoro / mela **alcuni** (*m.*) + *pl. noun:* **alcuni** pomodori **alcune** (*f.*) + *pl. noun:* **alcune** mele	**di** + *definite article:* **dell'**acqua, **degli** spinaci **un poco (po')** di: **un po'** di pane / riso

> **ATTENZIONE!**
>
> The adjectives **molto** (*a lot of*) and **poco** (*a little bit of*) can also be used to express non-quantifiable amounts. They are variable (**molta / molti / molte** and **poca / pochi / poche**) because they must agree in gender and number with the noun they modify.
>
> Marcello beve **molto** (*o* **poco**) caffè.   *Marcello drinks a lot (or a little bit) of coffee.*
>
> Ilaria beve **molta** (*o* **poca**) acqua.   *Ilaria drinks a lot (or a little bit) of water.*

Pratichiamo!

6-5. La lista della spesa. Ilaria vuole fare una cena per gli amici. Dà a Marcello la lista delle cose che deve comprare. Purtroppo però non dà delle quantità precise. Ricostruite la lista della spesa accoppiando (*pairing*) i partitivi della bolla (*bubble*) B con le parole della bolla A.

NOTA CULTURALE

In Italia, come in molti altri Paesi, si usa il sistema metrico per pesare e misurare. Il peso è calcolato in chilogrammi. Un chilogrammo o chilo (kg = 1000 grammi) equivale a circa 2,2 libbre (*pounds*). Un etto (hg.) corrisponde a 100 grammi (gr.). Ci sono molti siti sul Web che possono aiutare a convertire le misure e i pesi.

Richard Semik/Shutterstock.com

A

(pane, acqua minerale, pomodori, fragole, spinaci, mozzarella, gelato)

B

(dell', del, degli, delle, del, della, dei)

La spesa

1. *del pane*
2. _____

6-6. Apparecchiamo la tavola per la cena. Ilaria e Marcello apparecchiano la tavola per una cena con gli amici. Accoppia i partitivi **qualche, alcuni** e **alcune** con gli elementi elencati qui sotto. Che cosa vuoi aggiungere tu?

Per apparecchiare la tavola, Marcello e Ilaria mettono:

1. _____ piatti
2. _____ forchette
3. _____ bottiglia di vino
4. _____ piadina vegetariana
5. _____ coltelli
6. _____ bicchieri
7. _____ cestino (*basket*) di pane
8. _____ bottiglie di acqua minerale

Io voglio aggiungere _____.

6-7. Gli avanzi (*Leftovers*)! Dopo la cena a casa di Ilaria, ci sono molti avanzi e lei non vuole conservare tutto. Allora divide gli avanzi con gli amici. Completa il paragrafo con i partitivi appropriati: *di + articolo determinativo*, **qualche, alcuni, alcune** e **un po' di**. Non usare sempre lo stesso partitivo.

Stefano porta a casa _____ (1) gelato al cioccolato, _____ (2) bottiglia di aranciata e _____ (3) vitello tonnato. Ilaria dà a Massimo _____ (4) piadine vegetariane, _____ (5) piatti di antipasti e _____ (6) spinaci. Marcello e Ilaria tengono (*keep*) _____ (7) torta e _____ (8) tortellini in brodo.

6-8. Che cosa hai mangiato ieri? A coppie, fate domande per sapere che cosa il vostro compagno/la vostra compagna ha mangiato ieri. Poi giudicate se il vostro compagno/la vostra compagna ha una dieta equilibrata (*balanced diet*) o no. Rispondete con i **partitivi**. Riferite i risultati alla classe.

| Colazione (*Breakfast*) |
| Pranzo (*Lunch*) |
| Cena (*Dinner*) |
| Spuntini (*Snacks*) |

6-9. Che cosa preparo per cena? Non sapete cosa preparare per cena e chiedete consiglio a un amico/un'amica. Lui/Lei ti aiuta, ma ha bisogno di sapere cosa hai nel frigorifero e nella dispensa (*pantry*). A coppie, fate domande per sapere cosa il vostro compagno/la vostra compagna ha nella dispensa e nel frigorifero. Fate una lista degli alimenti e, in base alle risposte, scambiatevi (*exchange*) dei consigli su cosa preparare per cena. Riferite i risultati alla classe.

6-10. *La prova del cuoco.* Partecipate a un programma televisivo in cui dovete dimostrare le vostre capacità culinarie. In gruppo, scegliete una ricetta e indicate gli ingredienti (usate i partitivi), indicate i tempi di preparazione, di cottura (*cooking time*) e il costo. Poi fate finta (*pretend*) di preparare questo piatto in classe e ognuno di voi indica i propri compiti (*tasks*): chi ha fatto la spesa, chi ha cucinato, chi ha aiutato. La classe deve votare il cuoco migliore. Seguite l'esempio.

Esempio   *La ricetta che presentiamo si chiama tiramisù.*

Gli ingredienti sono: dei savoiardi (ladyfingers), del caffè, dello zucchero, delle uova, del mascarpone e del rhum.

Il tempo di preparazione è 20–30 minuti.

Il costo di questo dolce è di € 20 (sei porzioni).

Per preparare questo dolce, bagniamo dei savoiardi nel caffè e li mettiamo in fila in un contenitore... Per la crema, mescoliamo del mascarpone con lo zucchero...

NOTA CULTURALE

I **tortellini** sono un piatto tipico di Bologna. Sono un tipo di pasta ripiena spesso di carne o prosciutto crudo e formaggio. Si possono mangiare in brodo o con altri condimenti. Una leggenda racconta che l'inventore dei tortellini si ispirò all'ombelico (*belly button*) della dea Venere, per questo vengono anche chiamati "Ombelico di Venere".

lorenzo-graph / Shutterstock.com

Espressioni utili

Cosa desidera? (*formal*)	*What would you like?*
Desidero / Gradirei / Vorrei*	*I would like*
Mi può portare (*formal*)… ?	*Can you bring me . . . ?*
Cosa prende? (*formal*) / Cosa prendi? (*informal*)	*What are you having?*
fare la dieta / essere a dieta	*to go / to be on a diet*
Io prendo… / Prenderei…	*I'll have . . .*
Hai voglia di… ?	*Would you like . . . ? / Are you in the mood for . . . ?*
Sì, ho voglia di…	*Yes, I would like . . . / I am in the mood for . . .*

Useful Phrases

6-11. Trattoria Verdi. Dopo il lavoro, andate a mangiare in una trattoria in piazza. Uno/Una di voi fa il cameriere/la cameriera e gli altri due ordinano da mangiare. Quando arriva il cameriere, c'è un problema. Qual è il problema? Come lo risolvete? Create una conversazione e poi recitatela alla classe.

*Gradirei and **Vorrei** are used in the conditional form to express politeness. You will learn about this in detail in **Capitolo 9**.

2–17

Ti piace?

Ascolta e/o leggi la conversazione e rispondi alle domande.

Ilaria e Marcello sono a Parma a CibusinCittà. Ilaria lavora per una ditta che organizza questa manifestazione. Marcello è andato a trovarla e durante una pausa si incontrano.

Ilaria: Allora, cosa mi dici, **ti piace** CibusinCittà?

Marcello: Mi piace moltissimo! Poi, lo sai che **mi piace** molto questa città in generale. Mentre tu lavoravi, ho fatto un giro e ho mangiato tanto. **Mi è piaciuto** tutto, ma **mi sono piaciuti** soprattutto i dolci.

Ilaria: E lo credo, sei così goloso[1]. Io a pranzo ho assaggiato delle tagliatelle e **mi sono piaciute** moltissimo. Erano proprio la fine del mondo[2]. Che strano! Da piccola non **mi piacevano** le tagliatelle e adesso le adoro.

Marcello: Invece **a me**, da piccolo, **non piaceva** il formaggio e adesso **mi piacciono** tutti i tipi di formaggi. Oh, guarda che coincidenza, lì ci sono degli assaggi[3] di vari formaggi. Andiamo? **A te** piacciono?

Ilaria: A me piacciono, ma non ho più fame. Ma **a te** cosa non piace? E comunque io devo tornare a lavoro. Si è fatto tardi. Vai da solo e poi mi dici se **ti sono piaciuti**.

Piazza Garibaldi, a Parma, rappresenta il centro della vita cittadina e ospita molti eventi tra i quali CibusinCittà.

[1]*you have a sweet tooth* [2]*very good (lit. out of this world)* [3]*samples to taste*

Comprensione

Rispondete alle seguenti domande con frasi complete.

1. Dove sono Ilaria e Marcello e perché?
2. Cosa dice Marcello dei dolci che ha mangiato?
3. A Ilaria piacevano le tagliatelle quando era piccola? E adesso?
4. Marcello mangiava il formaggio da piccolo? E adesso?

Osserviamo la struttura!

Nel dialogo sopra, osserva le parole in grassetto e completa le seguenti attività.

1. In the previous chapters we used some forms of the verb **piacere**. What are the most frequently used forms of the verb **piacere** in the present tense? Find a few examples from the dialogue.
2. What do the words **mi** and **ti** preceding the verb forms of **piacere** mean in the two examples below? Why do you think the forms **a me / a te** are sometimes used? Find some examples to support your explanation.
   a. **Ti** piace CibusinCittà?   b. Sì, **mi** piace molto.
3. How is the verb **piacere** formed in the **imperfetto** and in the **passato prossimo**? Provide some examples from the dialogue.

Piacere (To like)

A. The verb **piacere** means *to like* and it is formed differently than most verbs. It literally means *to be pleasing*. Most often, the forms **piace** (+ *singular nouns* or *an infinitive*) and **piacciono** (+ *plural nouns*) are used in the **presente indicativo**. They are usually preceded by an indirect-object pronoun (**mi, ti, gli, le, ci, vi, gli**).

Cosa ti piace della cucina emiliana? Oh, **mi piace** tutto, ma soprattutto **mi piacciono** i tortellini.

	Piacere + sostantivo al singolare o verbo	*Piacere* + sostantivo al plurale
I like	**Mi** piace il caffè.	**Mi** piacciono i tortellini.
you like	**Ti** piace andare a CibusinCittà?	**Ti** piacciono le tagliatelle?
he likes	**Gli** piace leggere le ricette sul giornale.	**Gli** piacciono i funghi fritti.
she likes	**Le** piace il cappuccino.	**Le** piacciono i libri di cucina.
we like	**Ci** piace fare la spesa.	**Ci** piacciono i film italiani.
you like	**Vi** piace il vostro lavoro?	**Vi** piacciono le macchine sportive?
they like	**Gli** piace uscire con gli amici.	**Gli** piacciono le motociclette.

B. Indirect-object pronouns are not used when the proper name of the person who is pleased is expressed. In this case the name is preceded by the preposition **a** and followed by **piace / piacciono**. When whoever is pleased is expressed by a noun, the preposition **a** forms a compound preposition (**al, alla, ai, ecc.**) with the article accompanying the noun.

A Maria piace il caffè.　　　　　*Maria likes coffee.*
Agli italiani piace andare in piazza.　　*Italians like to go to the piazza.*
Ai miei amici piacciono i tortellini.　　*My friends like tortellini.*

Piacere nel passato

A. When **piacere** is used in the **passato prossimo**, it takes the auxiliary **essere** in the third-person singular **è** or plural **sono**. The past participle must agree in gender and number with what pleases the person: **piaciuto** (*sing., m.*), **piaciuta** (*sing., f.*), **piaciuti** (*pl., m.*), and **piaciute** (*pl., f.*).

Ho mangiato tanto e mi è piaciuto tutto.　　*I ate a lot and I liked everything.*
Ti è piaciuta la manifestazione di CibusinCittà?　　*Did you like the CibusinCittà event?*
Ci **sono** piaciute le tagliatelle che abbiamo assaggiato.　　*We like the tagliatelle we tasted.*
Gli **sono** piaciuti i nuovi colleghi che ha appena conosciuto.　　*He liked the new colleagues he just met.*

> **ATTENZIONE!**
>
> The preposition **a** precedes the pronouns **me, te, lui, lei, noi, voi,** or **loro** + **piace / piacciono** when more emphasis is needed.
>
> **A me** piace molto il prosciutto, e **a te**?
> *I like prosciutto a lot, and you?*
> Oh, sì, anche **a me** piace molto.
> *Oh yes, I like it a lot, too.*

Vanja Ivosevic / iStockphoto

B. In the **imperfetto,** the forms of **piaceva** (+ *singular noun* or *verb*) and **piacevano** (+ *plural noun*) are used.

Da piccolo, non mi **piaceva** il formaggio e non mi **piacevano** nemmeno le verdure.

When I was little, I did not like cheese and I did not like vegetables either.

Come si dice *which*?

- The interrogative *which*, in Italian, is expressed with **quale** (*sing., m./f*) and **quali** (*pl., m./f.*). **Quale** and **quali** are used to distinguish specific things or people, as it does in English.

  Quale piatto del menu preferisci?   *Which entree on the menu do you prefer?*
  Non so **quale**. Mi piace tutto.   *I don't know which one. I like everything.*

- When the pronoun **quale** precedes the verb **è,** it drops the -**e** and changes to **qual**:

  Qual è il tuo film preferito?   *Which is your favorite movie?*

- **Che** (*What*) is used instead of **quale** to inquire about a more general category of things or people.

  Che tipo di film ti piace?   *What kind of movies do you like?*

Pratichiamo!

6-12. Parma e dintorni (*surrounding areas*). Ilaria, Marcello, tu e altri amici siete a Parma per una gita della città e della sua provincia. Leggi i commenti di ogni persona e completa le frasi con le forme del verbo **piacere**. Fai attenzione all'uso dei tempi tra **presente** e **passato prossimo.**

Esempio   Voglio andare a Cioccolandia perché *mi piace* la cioccolata.

1. Ilaria dice che Parma è una bella città. Le _____ molto.
2. Il concerto di Verdi che ho visto ieri è stato molto bello. Mi _____ molto.
3. Marcello, cosa pensi dei monumenti nel centro di Parma? Ti _____?
4. A Cioccolandia abbiamo mangiato dei cioccolatini al pepe. Non ci _____ affatto.
5. Ieri Marcello ha ordinato delle tagliatelle squisite. Gli _____ davvero molto.
6. Marcello e Ilaria, ieri siete andati a Busseto a vedere la casa di Verdi. Vi _____?
7. Marcello e Ilaria visitano tutti i musei e le chiese dei dintorni perché a loro _____ l'arte.
8. Noi tutti siamo d'accordo che il viaggio a Parma è stato fantastico. Ci _____ molto.

NOTA CULTURALE

Cioccolandia, la "favola di cioccolato", è una manifestazione che si tiene in provincia di Parma, alla fine di ottobre, per tutti quelli che amano il legame tra gusto, arte e cultura. Ci sono infatti iniziative che vanno dalla gastronomia alla musica, dalla lavorazione del cioccolato alla danza.

6-13. I gusti cambiano. Completa il seguente brano con l'**imperfetto** e il **passato prossimo** del verbo **piacere** e i pronomi indiretti necessari.

I gusti cambiano con l'età. Da piccolo non _____ (1) i formaggi. Poi, una volta, ho assaggiato dei formaggi di Parma e _____ (2) tanto. Mia sorella invece non mangiava le verdure perché non _____ (3). Una volta la nonna ha fatto una ricetta bolognese, le verdure fritte, e _____ (4) tantissimo. Anche a scuola i miei gusti sono cambiati. A mio fratello, da piccolo non _____ (5) la matematica. Poi ha avuto un professore straordinario e grazie a lui, da allora in poi, _____ (6) la matematica. I miei genitori andavano sempre a teatro perché _____ (7) l'opera, ma io e i miei fratelli ci lamentavamo sempre perché dicevamo che era noiosa. Ieri io ho visto Il Rigoletto e _____ (8) moltissimo.

6-14. Cosa vi piace? Rispondi alle seguenti domande usando il **passato prossimo** del verbo **piacere** e gli elementi indicati. Segui l'esempio e fai attenzione all'accordo del participio passato.

> Esempio A Marcello piace l'opera italiana? (sì, sempre)
> *Sì, gli è sempre piaciuta.*

1. Ai tuoi amici piace visitare posti nuovi? (no, mai)
2. Al tuo compagno di stanza piacciono i tuoi amici? (sì, sempre)
3. A Ilaria piacciono i tortellini? (sì, sempre)
4. A tuo padre piace il sugo alla bolognese? (no, mai)
5. Ti piace il vitello? (sì, sempre)
6. A Marcello e ai suoi amici piace l'Emilia-Romagna? (sì, sempre)
7. A te e a Ilaria piacciono le lasagne? (no, mai)
8. A Ilaria e a Marcello piace la cioccolata? (sì, sempre)

6-15. Un viaggio speciale. A coppie, raccontate di un viaggio che avete fatto e che vi è piaciuto molto o che non vi è piaciuto affatto (*at all*). Descrivete luoghi e specialità gastronomiche. Spiegate perché questo viaggio è stato così speciale.

6-16. Come sono cambiati i tuoi gusti? A coppie, chiedete al vostro compagno/alla vostra compagna come sono cambiati i suoi gusti sulle cose indicate (o altre scelte da voi) durante gli anni e il motivo del cambiamento. Usate **quale** o **quali** quando è necessario.

> libri / alimenti / film / andare a scuola / città / festa tradizionale

> Esempio **S1:** *Quali libri ti piacevano da piccolo/a?*
> **S2:** *Mi piacevano i libri di... ma adesso non piacciono più perché...*

6-17. Hai gusti stravaganti (*Do you have extravagant tastes*)? In gruppo, scoprite i gusti stravaganti dei vostri compagni. Poi riferite i risultati alla classe che alla fine voterà il gusto più stravagante. I seguenti sono alcuni esempi per la vostra discussione.

> in cucina / nell'abbigliamento / nei viaggi / nei libri / nella musica

Reading Strategy: Understanding Newspaper Articles

To understand a newspaper article, you can draw on the reading strategies that you learned in the previous chapters. With newspapers, there are additional components that help your comprehension:

> headings and subheadings

> photographs and captions

> lists, diagrams, figures, statistics

> pull-quotes (a quotation or excerpt from an article that is usually set in a larger or distinctive typeface on the same page where the text appears)

Headings summarize the main points, but you may have difficulty understanding them because they are often written as incomplete sentences, use word play, puns, and double entendres to suggest multiple meanings. If that is the case, use the other strategies to grasp the gist.

Pre-lettura

1. Prima di leggere l'articolo, completa la seguente attività.

The selection that you will read comes from the weekly magazine *Il Venerdì* published by the newspaper *La Repubblica.* It talks about high enrollment at the **Università del Gelato Carpigiani** in Anzola, in the province of Bologna, due in part to worldwide loss of employment. The title of the selection you will read is: **"Dimmi cosa scegli e ti dirò chi sei."** It matches types of gelato to personalities. This title is a play on a famous Italian proverb: **"Dimmi con chi vai e ti dirò chi sei."** Can you figure out the meaning of the proverb? If you can't, your teacher will help you. Can you explain why they used a form of this proverb for this article?

2. Abbina le parole alle definizioni. Poi decidi quale termine ti descrive meglio.

a. _____ voglioso
b. _____ effimero
c. _____ bambino
d. _____ controllato
e. _____ insicuro
f. _____ moderno

1. di breve durata
2. esprime gusto della modernità
3. (*fig.*) persona ingenua, senza esperienza e poco matura
4. che mostra o esprime voglia, desiderio
5. misurato, domina gli impulsi
6. rivela incertezza

3. Ora studia i seguenti tipi di gelato. Prima, indica qual è il tuo preferito. Metti le tue preferenze in ordine da *1–6*. Poi, a coppie, discuti con il tuo compagno/la tua compagna il motivo della tua scelta.

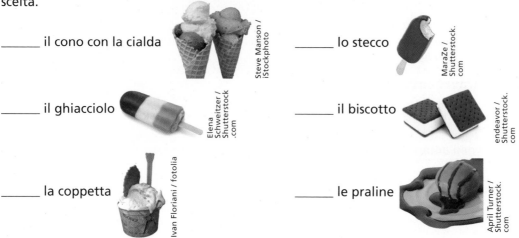

_____ il cono con la cialda

Steve Manson / iStockphoto

_____ lo stecco

MaraZe / Shutterstock.com

_____ il ghiacciolo

Elena Schweitzer / Shutterstock.com

_____ il biscotto

endeavor / Shutterstock.com

_____ la coppetta

Ivan Floriani / fotolia

_____ le praline

April Turner / Shutterstock.com

"Dimmi cosa scegli e ti dirò chi sei"

Il cono con cialda

Chi sceglie il cono preferisce un'esperienza sensoriale completa: la crema e la panna° ma anche la cialda croccante°. È un gelato da consumare con calma, passeggiando. (Voglioso)

whipped cream / crunchy

Lo stecco

Chi mangia questo tipo di gelato è un individuo che ama provare i tanti gusti possibili, ma rivela anche una scarsa attitudine alla scelta personale. (Insicuro)

Il ghiacciolo

È considerato l'ideale per persone che preferiscono un piacere da gustare subito, convinte che sia° meglio non aspettare (come nel cono): persone che tollerano poco la frustrazione dell'attesa°. (Effimero)

is

wait

Il biscotto

Ottimo per chi ha bisogno di rassicurazioni°: ricorda la merenda preparata dalla mamma e la parte fatta di biscotto risponde bene al bisogno di un surplus di nutrimento affettivo. (Bambino)

assurances

La coppetta

È l'unico gelato contenuto° da mangiare con il cucchiaino. È il formato preferito da chi non si lascia andare fino in fondo, teme di sporcarsi° e si preoccupa delle buone maniere°. (Controllato)

a small quantity
get dirty
good manners

Le praline

Scelta "mordi e fuggi"°. Sono delle palline di gelato per chi sceglie un piacere più piccolo, non dilagante°, ma ripetuto nel tempo. In più si possono mangiare in contesti diversi, anche lavorativi. (Moderno)

eat and run
not too much

Dopo la lettura

1. **Comprensione.** Indica se, secondo l'articolo, le seguenti affermazioni sono vere **(V)** o false **(F)**.

   a. I gelati si possono associare alla personalità. _____
   b. Il cucchiaino è usato per mangiare tutti i tipi di gelato. _____
   c. Per chi ha fretta, il cono è la scelta migliore. _____
   d. Il ghiacciolo è preferito da chi ha poca pazienza. _____

2. In gruppi, parlate del gelato che avete scelto e determinate se la definizione del vostro tipo è giusta o no. Spiegate perché.

3. Con la classe, fate un sondaggio per sapere quanti studenti appartengono a ogni categoria di gelato e determinate come si descrive la maggioranza della classe.

iLrn

Share it! • • • **Chi vuole fare il gelataio?** Trova una gelateria o una ditta in Italia dove ti piacerebbe lavorare. Metti sul blog le informazioni e le immagini che trovi interessanti su *Share it!*

Le professioni e i mestieri

2–18

1. Lavoro in farmacia, sono una farmacista.*

2. Lavoro in un garage, sono un meccanico.

3. Lavoro in ospedale, sono un'infermiera.

4. Lavoro al ristorante, sono una cuoca.

5. Lavoro per una ditta di software, sono un programmatore.

6. Lavoro in un salone, sono parrucchiere.

La professione / Il mestiere	Profession
l'artista grafico	graphic artist
l'autista (m./f.)	driver
l'avvocato	lawyer
il/la giornalista	journalist
l'ingegnere	engineer
il medico / il dottore / la dottoressa	doctor
il poliziotto	policeman/woman
il postino	mail carrier
il segretario / la segretaria	administrative assistant
il vigile del fuoco	firefighter

Il luogo (di lavoro)	Place of Work
l'ufficio	office
lo studio legale	law office
la redazione	editorial office
lo studio medico	doctor's office
la questura	police headquarters
l'ufficio postale	post office

la caserma dei vigili del fuoco	fire station

Il lavoro	Work
l'annuncio di lavoro	classified ad
assumere (p.p. assunto)	to hire (p.p. hired)
l'aumento	raise
l'azienda	company
il capo	boss
il/la collega	co-worker
il curriculum vitae	CV / resume
fare domanda	to apply
fare un colloquio	to have an interview
le ferie	days off / vacation
la lettera di presentazione	cover letter
la lettera di raccomandazione	letter of recommendation
il posto	position
il salario	salary
lo stage / il tirocinio	internship
lo stagista / il tirocinante	intern
lo stipendio	(monthly) pay / wages
il volontariato	volunteer

*Con il verbo **essere** e le professioni, non è necessario usare l'articolo: "Sono un/una farmacista" o "Sono farmacista".

Pratichiamo!

6-18. Chi sono? Completa le seguenti frasi con la professione giusta.

1. Lavoro in ufficio. Devo rispondere al telefono e scrivere lettere al computer. Sono una

   _____.

2. Se la Ferrari non parte o non funziona, io posso aggiustarla (*fix*). Io sono un

   _____.

3. Posso consegnare lettere, cartoline, bollette (*bills*) dal lunedì al sabato. Sono un

   _____.

4. Il mio lavoro non ha orario. Vado quando c'è un incendio. Sono un

   _____.

5. Spesso passo la giornata in tribunale (*court*) per difendere i miei clienti.
   Sono un _____.

6-19. Definizioni. Scrivi la parola e l'articolo (quando necessario) per la definizione data.

> stage / giornalista / assumere / stipendio / ferie / collega

1. _____: la paga spesso mensile per un lavoro.
2. _____: il periodo delle vacanze.
3. _____: la persona che scrive le notizie per
   professione.
4. _____: dare un lavoro a una persona.
5. _____: periodo di preparazione professionale.
6. _____: una persona che fa la stessa professione.

6-20. Offerta di lavoro. Completa la seguente offerta di lavoro con la parola adatta.

> cuoco / curriculum vitae / dolci / lavoro / Ristorante / salumi / stipendio / verdure

Cerchiamo un _____ (1) per il _____ (2) al Canarino a Modena.
Il _____ (3) richiede preparazione di piatti tipici, affettare _____ (4), lavare
e pulire le _____ (5), e preparazione dei _____ (6). Lo _____ (7) è
in base all'esperienza. Potete inviare (*send*) il _____ (8) via fax a Riccardo al numero
3383634879. Disponibilità immediata.

6-21. Il colloquio di lavoro. Il manager del Ristorante al Canarino ti ha chiamato per un colloquio
per il posto di cuoco. A coppie, create la conversazione tra il manager e l'intervistato.
Includete alcune di queste informazioni: perché cerchi un lavoro al ristorante, esperienza,
titolo di studio (*degree*), disponibilità dell'orario, condizioni di lavoro, piatti particolari che sai
preparare, stipendio, se ricevi un'offerta, se la accetti, conclusione.

6-22. Vantaggi e svantaggi. Chiedete a quattro persone quali sono i vantaggi e gli svantaggi
delle seguenti professioni. Potete discutere orario, stipendio, preparazione, talento,
creatività, utilità, titolo di studio, ecc. Scrivete il nome della persona intervistata. Dopo aver
parlato con quattro persone, discutete i risultati in gruppi di tre.

> avvocato / farmacista / infermiera / ingegnere / giornalista / artista grafico / segretaria

Prima di tutto... Che tipo di lavoro hai fatto in passato? Sei un tipo creativo o un tipo pratico? Preferisci lavorare con le mani o con la testa? Quale sarebbe il lavoro ideale per le tue capacità?

pcruciatti / Shutterstock.com

Davvero?! In Emilia-Romagna ci sono molte ditte e aziende famose in tutto il mondo. Nel campo gastronomico si produce la pasta Barilla o altri prodotti come il Parmigiano Reggiano e il prosciutto di Parma. Nel campo automobilistico ci sono la Ferrari e la Maserati e nel campo della moda femminile c'è Max Mara.

Chiacchieriamo un po'! Devi fare un colloquio di lavoro in una delle ditte citate (*mentioned*) sopra. Prima, decidi per quale ditta ti piacerebbe lavorare. Scegli un lavoro che esalti le tue capacità. Poi lavora con un compagno/una compagna per prepararti per il colloquio. Spiega al compagno/ alla compagna perché vuoi fare il lavoro in questione e perché sei il miglior candidato. Il compagno/ La compagna ti fa delle domande sul tuo ruolo (*role*) e i tuoi compiti (*tasks*) in questa ditta. Poi scambiate ruoli.

iLrn™

Share it!●●● Se si cerca lavoro in Italia... Cerca su Internet un CV italiano e fai un paragone con un CV che si usa nel tuo Paese. Nota le differenze sulle informazioni date e sul formato. Hai trovato qualcosa di interessante sul CV? Scrivi un esempio di quello che hai trovato e spiega perché ti ha colpito.

2–19

Ce ne sono tanti!

Ascolta e/o leggi la conversazione e rispondi alle domande.

Ilaria ha un lavoro part-time e vuole trovare un lavoro fisso. Lei ha appena finito un master in Store Management per la Ristorazione di Marca. Ha trovato degli annunci e ha spedito alcune domande. Una ditta di Ferrara l'ha chiamata per fare un colloquio. Ora è a Ferrara, in Piazza Trento e Trieste per prendere un caffè e parla al cellulare con Marcello.

Marcello: Quando vai a fare il colloquio?

Ilaria: **Ci** vado domani. Ho un appuntamento alle 11.00.

Marcello: So che hai mandato molti CV.

Ilaria: Sì, **ne** ho mandati tanti e **ne** mando ancora quando vedo degli annunci interessanti. **Ce ne** sono molti nel mio settore[1].

Marcello: Quanto tempo resti a Ferrara?

Ilaria: **Ci** resto solo due giorni. Senti, ma se sono assunta, prometti che vieni a trovarmi a Ferrara?

Marcello: **Ci** vengo, ma solo se mi porti in un buon ristorante.

Ilaria: Certo, **ce ne** sono tanti. C'è l'imbarazzo della scelta.[2] Se mi assumono, ti porto a cena nel miglior ristorante di Ferrara.

Marcello: Eh no! Se ti assumono, offro io per festeggiare e **ci** andiamo con tutti i nostri amici.

© Vvoevale/Dreamstime.com

Piazza Trento e Trieste, una piazza rettangolare, è la più importante di Ferrara. È situata nel centro storico della città.

[1]*field* [2]*There are so many to choose from.*

Comprensione

Rispondi alle seguenti domande con frasi complete.

1. Dov'è Ilaria e perché?
2. Ilaria ha fatto domanda solo per questo lavoro?
3. Quanto tempo Ilaria resta a Ferrara?
4. Che cosa succede se Ilaria è assunta a Ferrara?

Osserviamo la struttura!

Nel dialogo sopra, osserva le parole in grassetto e rispondi alle seguenti domande.

1. What do you think the word **ci** means in the following exchange? Can you find another example in the text? (*Hint*: **c'è** = *there is* / **ci** sono = *there are*)
   Quando vai a fare il colloquio? → **Ci** vado domani.

2. What do you think the word **ne** means in the following exchange?
   So che hai mandato molti CV. → Sì, **ne** ho mandati tanti e **ne** mando ancora.

3. What does the expression "**ce ne**" refer to in the following two examples?
   a. **Ce ne** sono molti nel mio settore.   b. **Ce ne** sono tanti a Ferrara.

Ci e *ne*

Ci (There / About)

A. The adverb **ci** (*there*) often refers to locations and it is used to replace the name of a place that has been mentioned immediately before. It is usually placed before the verb.

> Quando vai <u>a Ferrara</u>?
> *When are you going to Ferrara?*
> **Ci** vado mercoledì.
> *I'm going there Wednesday.*

Ha una copia del suo CV?

Sì, **ne** ho una. Eccola.

B. Ci can also substitute the preposition **a** with verbs like **pensare <u>a</u>** (*to think about*), **andare <u>a / in</u>** (*to go to*), or the preposition **in** like **credere <u>a / in</u>** (*to believe in*).

Pensi <u>al tuo futuro nel lavoro</u>?	*Do you think about your future employment?*
Sì, **ci** penso spesso.	*Yes, I often think about it.*
Credi <u>nella fortuna</u>?	*Do you believe in luck?*
Sì, **ci** credo.	*Yes, I believe in it.*
A che ora vai <u>in ufficio</u> di solito?	*At what time do you usually go to the office?*
Di solito **ci** vado alle 8.00.	*I usually go (there) at 8:00.*

Ne (Of / About)

A. The Italian pronoun **ne** (*of it / of them*) is often used to replace an expression of quantity which has been specified immediately before. **Ne** usually precedes the verb.

<u>Quanti annunci di lavoro</u> leggi al giorno?	*How many job ads do you read every day?*
Ne leggo molti.	*I read many (of them).*
<u>Quante copie del CV</u> spedisci oggi?	*How many copies of your CV will you mail today?*
Ne spedisco due.	*I will mail two (of them).*

B. The pronoun **ne** can also be used to replace the object (*topic*) of verbs followed by the preposition **di** (*about*) like **parlare di** (*to talk about*), **dire di** (*to say about*), **pensare di** (*to think about*), **sapere di** (*to know about*).

Marcello parla spesso <u>del suo lavoro</u>?	*Does Marcello often talk about his job?*
No, non **ne** parla mai.	*No, he never talks about it.*
Sai qualcosa <u>di quella ditta</u>?	*Do you know anything about that firm?*
No, non **ne** so niente.	*I don't know anything about it.*
Guarda quest'<u>annuncio</u>. Che **ne** pensi?	*Look at this ad. What do you think about it?*

C. When **ne** precedes a **passato prossimo** (or any compound tense), the past participle agrees with the gender and number of the noun replaced by **ne**.

<u>Quanti CV</u> hai spedito questa settimana?   *How many resumes did you send out this week?*

Ne ho spediti molti.   *I sent out many (of them).*

<u>Quante telefonate</u> hai fatto oggi?   *How many phone calls did you make today?*

Ne ho fatte tante.   *I made many (of them).*

D. Ne is often used in idiomatic expressions indicating the day of the month and a person's age.

Quanti **ne** abbiamo oggi?   *What's the date today?*

Oggi **ne** abbiamo dodici.   *Today is the twelfth.*

Quanti anni hai?   *How old are you?*

Ne ho ventuno.   *I am 21.*

Posizione di *ci* e *ne* (*Placement of* ci *and* ne)

The pronouns **ci** and **ne** are usually placed before the verb. However, one exception is with modal verbs **(dovere, potere, volere)**. They can be placed before the verb or attached to the infinitive, which drops the final **-e**.

Quante interviste devi fare questo mese?   *How many interviews do you have this month?*

Ne devo fare tre. *or* Devo far**ne** tre.   *I have to do three (of them).*

Vuoi andare <u>a Ferrara</u>?   *Do you want to go to Ferrara?*

Sì, **ci** voglio andare. *or* Voglio andar**ci**.   *Yes, I want to go there.*

ATTENZIONE!

Ci + ne = Ce ne

Both **ci** and **ne** can be related to the same verb, in which case **ci** changes to **ce** and always precedes **ne**.

Quanti annunci di lavoro ci sono nel giornale di oggi?   *How many job ads are in today's paper?*

Ce ne sono molti.   *There are many (of them).*

CERCASI SEGRETARIA

per studio dentistico

contratto di lavoro part-time, richiesta bella presenza e residenza zona Magione. Inviare CV con foto a piazza@cengage.com.

© Cengage Learning 2015

8A9000.1

Pratichiamo!

6-23. Parlando di lavoro. Leggi le domande della colonna A e trova nella colonna B la risposta opportuna.

NOTA CULTURALE

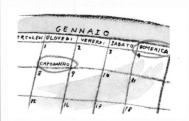

I **giorni feriali** indicano i giorni lavorativi, mentre i **giorni festivi** indicano i giorni di festa in cui non si lavora. Le **ferie** invece indicano i giorni di riposo retribuiti (*paid vacation days*) che spettano ogni anno ai lavoratori e che spesso sono usati per andare in vacanza.

© Cengage Learning 2015

A

1. _____ Quanti giorni di ferie hai all'anno?
2. _____ A che ora sei in ufficio?
3. _____ Sai che Roberto si è licenziato?
4. _____ Hai chiesto del salario?
5. _____ Pensi già alla pensione?
6. _____ Ci sono molti impiegati?
7. _____ Quanti giorni di ferie hai già chiesto quest'anno?
8. _____ C'è un aumento di stipendio quest'anno?

B

a. No, non ne abbiamo parlato durante il colloquio.
b. Davvero? Non ci posso credere.
c. Io non ci spero molto, con questa crisi.
d. Sono ancora giovane. Per ora non ci voglio pensare.
e. Di solito ci arrivo verso le 8.30.
f. Ne ho chiesti solo quattro per una breve vacanza.
g. Ce ne sono molti e sono tutti simpatici.
h. Ne ho solo 20 il primo anno, poi chissà.

6-24. Un colloquio di lavoro. Completa il seguente dialogo con **ci, ne** e con l'accordo del **participio passato** quando è necessario.

Signor Fabbri: Vedo che Lei non è di Ferrara. Conosce la città?

Ilaria: Sì, veramente _____ (1) vengo spesso e mi piace molto.

Signor Fabbri: Bene. Ha portato una copia del CV?

Ilaria: Sì, _____ (2) ho portat_____ (3) una, eccola.

Signor Fabbri: Ha già esperienza nel campo della ristorazione?

Ilaria: Sì, _____ (4) ho un po'. Ho fatto molti lavori part-time in giro per l'Italia.

Signor Fabbri: Ha fatto degli stage?

Ilaria: Sì, _____ (5) ho fatt_____ (6) alcuni. Un paio mentre studiavo e poi uno stage a Londra.

Signor Fabbri: Ah, e quanto tempo è stata a Londra?

Ilaria: _____ (7) sono stata sei mesi e ho seguito anche dei corsi d'inglese.

Signor Fabbri: Parla altre lingue straniere?

Ilaria: Sì, _____ (8) parlo tre in tutto, l'inglese, il francese e lo spagnolo. In questo campo possono essere utili.

Signor Fabbri: Bene, Il suo curriculum mi sembra interessante. La ringrazio e le faremo sapere (*we'll let you know*). Arrivederci.

6-25. Cosa ha fatto Ilaria dopo il colloquio? Ilaria scrive a Marcello una mail per raccontargli cosa ha fatto dopo il colloquio. Completa il seguente messaggio con **ci**, **ne** o **ce ne**.

Dopo il colloquio sono uscita con una mia cara amica di Ferrara. Lei mi ha chiesto del colloquio, e _____ (1) abbiamo parlato per un po'. Lei mi ha chiesto se mi piacerebbe vivere a Ferrara. Io le ho detto che per ora non _____ (2) voglio pensare. Però, in realtà, Ferrara mi piace molto. Se mi assumono _____ (3) vado molto volentieri. Poi siamo andate al cinema. _____ (4) siamo andate verso le 7.00. Dopo il film avevamo fame e abbiamo cercato un buon ristorante. _____ (5) sono tanti qui a Ferrara che abbiamo avuto l'imbarazzo della scelta. Però _____ (6) abbiamo trovato uno che non conoscevamo e abbiamo mangiato benissimo. La prossima volta che vieni a Ferrara _____ (7) andiamo insieme. Che _____ (8) pensi?

A presto,

Ilaria

6-26. Parliamo di te. A coppie, fate a turno le seguenti domande e riferite alla classe le risposte del compagno/della compagna.

1. Pensi al tuo futuro nel mondo del lavoro?
2. Credi nel destino?
3. Parli del tuo lavoro con amici o parenti?
4. Parli spesso della tua famiglia quando sei a lavoro (o a scuola)?
5. Vai in ufficio durante il fine settimana se hai del lavoro da fare?
6. Hai mai avuto una promozione o un aumento?

6-27. La tua esperienza. A coppie, fate a turno le seguenti domande e riferite le risposte del compagno/della compagna alla classe.

1. Hai mai fatto una domanda di lavoro?
2. Quante copie del CV hai mandato con la domanda?
3. Quante risposte hai ricevuto?
4. Hai mai fatto un colloquio di lavoro?
5. Hai mai fatto del volontariato?

6-28. Il volontariato. In gruppo, fate un sondaggio per sapere le seguenti informazioni.

1. Quanti studenti ci sono nel gruppo che fanno o hanno fatto del volontariato? Cosa hanno fatto? Dove e quando?
2. Qualcuno pensa di fare del volontariato in futuro? Per fare cosa?
3. Ci sono organizzazioni che fanno attività di volontariato nella vostra università / città?
4. Ci sono vantaggi nel campo del lavoro per chi fa del volontariato? Se sì, quali?

NOTA CULTURALE

In Italia ci sono molti eventi per incoraggiare i cittadini a fare attività di volontariato. In estate, in Piazza Garibaldi, a Bondeno, in provincia di Ferrara, si celebra la **Festa del Volontariato e dello Sport** per diffondere e valorizzare la cultura del volontariato.

Simone Saletti, Festa del Volontariato e dello Sport 2011

Avevo perso le speranze.

Ascolta e/o leggi il brano e rispondi alle domande.

*Ilaria ha appena accettato un'interessante offerta di lavoro da una ditta di Modena, dove **aveva fatto** domanda un paio di mesi prima e **aveva** anche **fatto** un colloquio prima di andare a Ferrara.*

Ora è in un bar in Piazza Duomo a Modena e manda una mail a Marcello.

Piazza Duomo, a Modena

Ciao Marcello, sono a Modena e ho appena firmato il contratto. Sono così contenta. Questo è esattamente il lavoro che volevo e non devo nemmeno trasferirmi da Bologna. Modena è così vicina. Non ci posso credere! **Avevo perso** le speranze. Pensa che prima di andare a fare il colloquio a Ferrara, **avevo chiamato** questa ditta. La responsabile del personale mi **aveva detto** che i direttori non **avevano** ancora **preso** una decisione perché uno di loro **era partito** per affari e non **era** ancora **tornato**. Mi **ero** quasi **rassegnata**. E invece...

Beh, quando lavoro a Modena, ci puoi venire più spesso e puoi tornare a visitare la fabbrica Ferrari che ti piace tanto. Che ne dici?

Ci vediamo stasera e... brindiamo con gli amici!

Comprensione

Rispondi alle seguenti domande con frasi complete.

1. Dov'è Ilaria e perché?
2. Che cosa aveva fatto Ilaria prima di andare a Ferrara?
3. Che cosa le aveva detto la responsabile del personale?
4. Perché i direttori non avevano preso una decisione prima?

Osserviamo la struttura!

Nel brano sopra, osserva le parole in grassetto e completa le seguenti attività.

1. List a few of the verbs indicated in bold and indicate whether you find any similarity with other tenses learned in the past.
2. Can you tell how this new tense is formed?
3. Can you explain the use of this tense versus the **passato prossimo?**

NOTA CULTURALE

A Maranello, in provincia di Modena, c'è lo stabilimento della **Ferrari**. C'è anche il museo dove sono esposte le auto, le immagini e i trofei dei successi della Ferrari. Il museo vende accessori come orologi, collane (*necklaces*), vestiti e altro. I biglietti possono essere acquistati online al sito della Ferrari.

Il trapassato prossimo (*The past perfect*)

The **trapassato prossimo** (*past perfect*) is a compound tense used to express an action that took place before another past action.

A. It is formed by using the **imperfetto** of the auxiliary (**avere** or **essere**) and the past participle of the main verb.

> Prima di andare a Ferrara, **avevo chiamato** questa ditta di Modena.
>
> *Before going to Ferrara, I had called this company in Modena.*

B. For the **trapassato prossimo,** as for all compound tenses, the use of the auxiliary is determined by the main verb (see **Capitolo 4,** *Struttura 3*). When the **trapassato prossimo** is formed with **essere,** the **participio passato** (past participle) must agree in gender and number with the subject of the verb.

William Perugini / iStockphoto

È la prima volta che vieni a Modena? No, c'ero già stata con la famiglia quando avevo 14 anni.

C. The following table shows the **trapassato prossimo** of the verbs **lavorare** and **andare.**

Il trapassato prossimo		
	lavorare	**andare**
io	avevo lavorato	ero andat**o/a**
tu	avevi lavorato	eri andat**o/a**
Lei, lui/lei	aveva lavorato	era andat**o/a**
noi	avevamo lavorato	eravamo andat**i/e**
voi	avevate lavorato	eravate andat**i/e**
loro	avevano lavorato	erano andat**i/e**

D. It is very common to use adverbs like **già** (*already*), **non... ancora** (*not yet*), **non... mai** (*never*), etc. with the **trapassato prossimo.**

> La segretaria mi ha detto che i direttori non **avevano** ancora **preso** una decisione perché uno di loro **era partito** per affari e non **era** ancora **tornato.**

> *The secretary told me that the managers had not yet made a decision because one of them had left for business and had not come back yet.*

Pratichiamo!

6-29. Enzo Ferrari. Marcello è un grande ammiratore di Enzo Ferrari. Trova questo breve articolo sul giornale. Completa il testo con i verbi al **trapassato prossimo**.

Enzo Ferrari era molto affezionato a Modena perché _____ (1. nascere) proprio in questa città. Prima di diventare famoso, Enzo Ferrari _____ (2. fare) tante cose. Per esempio, lui _____ (3. lavorare) come giornalista, _____ (4. entrare) nell'esercito (*army*), ma ci _____ (5. rimanere) solo per poco perché _____ (6. avere) problemi di salute durante la guerra. Prima di fondare la Ferrari, _____ (7. cercare) di lavorare per la Fiat ma senza successo. Prima di diventare un imprenditore _____ (8. essere) un meccanico e anche un pilota automobilistico.

Nel 1943 Enzo Ferrari aprì (*opened*) lo stabilimento di Maranello, ma qualche anno prima ne _____ (9. aprire) uno proprio a Modena. La Ferrari deve il suo successo al genio del grande Enzo, ma anche al valido aiuto di collaboratori che, fin dall'inizio, _____ (10. credere) nelle sue potenzialità.

6-30. Ma perché? Completa le seguenti frasi usando il **trapassato prossimo** del verbo in corsivo facendo tutti i cambiamenti necessari. Fai l'accordo del participio passato con il pronome di oggetto diretto quando è necessario.

Esempio   Io non *ho mangiato* niente al ristorante ieri perché **avevo** già **mangiato** prima di uscire.

1. Loro non *sono andati* al cinema ieri, perché ci _____ il giorno prima.
2. Marcello non *ha chiamato* Ilaria oggi pomeriggio perché l'_____ due giorni fa.
3. Stasera tu e i tuoi amici non vi *siete incontrati* in piazza perché vi _____ già nel pomeriggio.
4. Marcello non *ha mandato* il CV alla Ferrari perché l'_____ il mese scorso.
5. Io non *ho fatto* il colloquio la settimana scorsa perché l'_____ due settimane fa.
6. Il nostro capo non è *andato* in ferie perché c'_____ due mesi fa.
7. I capi di Marcello non gli *hanno dato* un aumento perché gli _____ un aumento l'anno scorso.
8. I miei colleghi non *hanno ricevuto* una promozione perché l'_____ sei mesi fa.

6-31. Cos'è successo ieri? Completa il seguente brano al passato usando il **passato prossimo**, l'**imperfetto** e il **trapassato prossimo**.

Oggi io non *sono uscito* con i miei amici perché _____ (1. fare) molto freddo e io _____ (2. essere) stanchissimo. Stamattina non _____ (3. fare) colazione perché ieri _____ (4. mangiare) molto tardi. Ieri sera, prima di uscire, Ilaria mi _____ (5. chiamare) e noi _____ (6. darsi) appuntamento in piazza per le 9.00. Erano le 11.00 e Paolo ancora non _____ (7. arrivare). Poi Ilaria _____ (8. trovare) un SMS sul suo telefonino che Paolo le _____ (9. mandare) due ore prima per dirci che sua madre _____ (10. arrivare) da Ferrara e loro _____ (11. volere) passare un po' di tempo insieme. E così noi _____ (12. tornare) molto tardi e adesso sono ancora molto stanco.

6-32. Le tue scelte. Discutete con il vostro compagno/la vostra compagna su cosa vi ha portato a fare determinate scelte.

Esempio   *Prima di scegliere... questa università, avevo chiesto consigli ad amici e parenti.*

i corsi / l'appartamento / la macchina / il computer / il telefonino

6-33. Una giornata a ritroso (*backwards*). A coppie e a turno, ognuno di voi scrive una lista di quello che ha fatto il giorno prima, dalla mattina alla sera. Il compagno/La compagna deve riferire la giornata dell'altro ma a ritroso, cioè partendo dall'ultima cosa della lista.

Esempio   *John ieri è andato a dormire alle 11.00 ma prima aveva guardato un film in TV. Prima del film era uscito con gli amici per andare alla Festa della Gastronomia...*

NOTA CULTURALE

Ogni anno, in autunno, la provincia di Modena organizza la **Festa della Gastronomia,** che presenta prodotti gastronomici locali come le tigelle (*bread shaped like small pancakes*), le crescentine (*bread shaped like small rectangles*), i borlenghi (*type of crepes*), gli gnocchi fritti (*fried dough*), e l'aceto balsamico.

Stefano Pareschi/Shutterstock.com

6-34. Indagine. In gruppo, chiedete ai vostri compagni che cosa avevano già fatto, o non avevano mai fatto prima delle età indicate qui sotto.

Esempio   *Prima di compiere 18 anni, non avevo ancora spedito una domanda di lavoro, ma avevo già imparato a scrivere il CV.*

Età: 18 anni   14 anni   10 anni   5 anni

Alcuni suggerimenti:

prendere un aereo   assaggiare l'aceto balsamico

usare il computer   fare un colloquio di lavoro

mangiare un gelato italiano   guidare

iLrn

Complete the diagnostic tests to check your knowledge of the vocabulary and grammar structures presented in this chapter.

Insieme in piazza

Scegliete una delle seguenti situazioni e create una conversazione con il compagno/la compagna. Ricordate di usare le strutture imparate nel capitolo ma non limitatevi solo a quelle.

Scena 1: Una cena con gli amici. Immaginate di organizzare una cena in un bel ristorante della piazza per festeggiare il nuovo lavoro di un vostro amico/una vostra amica. Dovete decidere cosa ordinare in base a quello che piace a voi e a lui/lei. Avete scelto quel particolare ristorante perché ci eravate già stati prima e vi era piaciuto. Alla fine avete scelto dal menu piatti che non avevate mai assaggiato prima.

Scena 2: Parliamo di lavoro. Immaginate di andare con un amico/un'amica a una fiera del lavoro che si tiene in piazza. Parlate di lavoro, di quello che vi piace fare per poi decidere il lavoro che volete cercare.

Scena 3: Create una situazione a vostra scelta.

Presentazioni orali

L'Italia e il tuo Paese. A coppie o in gruppo, preparate una breve presentazione orale su uno degli argomenti (*subjects*) menzionati nel capitolo o un particolare che vi ha interessati, qualcosa che avete letto (*read*) e volete approfondire (*study in depth*). Per l'argomento che scegliete, cercate di fare dei paragoni con la vostra cultura. Lavorate insieme e preparate una presentazione in PowerPoint con musica e immagini da presentare alla classe. Ecco alcuni suggerimenti oppure decidete voi la ricerca che volete fare.

1. Zucchero, cantante e cantautore dell'Emilia-Romagna

2. La riviera adriatica a Gabicce

3. Il grande regista Federico Fellini (20 gennaio 1920–31 ottobre 1993)

Scriviamo!

Compila un modulo con i dati personali per fare domanda per uno stage che ti interessa.

> **Writing Strategy: Filling out Forms and Applications**
>
> If you study abroad, you sometimes have opportunities for internships. Filling out applications and forms requires knowing how to express personal information, your abilities, motivation, education, and/or experience. Forms will most often ask you to:
>
> ❭ list your name, where you are from, your present occupation, and your goals.
>
> ❭ give details to express your interest.
>
> ❭ give evidence that you have the required skills.
>
> ❭ express why you are the best candidate.

1. Brainstorming

a. Scegli tra gli stage offerti qui sotto o cerca sul Web uno stage in Emilia-Romagna che ti interessa di più.

> **Agricoltura biologica:** stage nel marketing dei prodotti biologici.
>
> **Artista grafico:** Agenzia Forlì cerca un artista grafico per uno stage nell'ambito della produzione di campagna pubblicitaria. Sviluppare (*develop*) un sito Web.
>
> **Cuoco:** laboratorio gastronomico. Tirocinante riceverà (*will receive*) un diploma professionale nel settore culinario e la possibilità di assunzione.
>
> **Ingegnere ambientale:** A Piacenza. Laurea essenziale. Conoscenza AutoCAD e inglese.
>
> **Parrucchiera:** Cerca ragazzi stage di formazione. Part-time 8 ore alla settimana.
>
> **Turismo:** Stage a Rimini nell'ufficio turistico. Conoscenza inglese. Mesi estivi.

b. Quando hai preso una decisione, scrivi le informazioni necessarie nelle seguenti categorie: 1) Nome e città del business; 2) Qualifiche richieste; 3) Le tue qualifiche (lingue, computer, titolo di studio); 4) Le tue motivazioni; 5) Le tue capacità.

2. Organizzazione

a. Scrivi brevi risposte alle seguenti domande.
   1. Chi sei e di dove sei? Sei studente? Lavori?
   2. Qual è il tuo obiettivo (*goal*)?
   3. Quali sono le tue qualifiche?
   4. Perché sei tu la persona giusta?

b. Completa le informazioni personali nel modulo che si trova su iLrn.

3. Scrittura libera

Scrivi 10–12 frasi complete che elaborano le risposte alle domande nell'*Organizzazione.*

4. Prima correzione

Con un compagno/una compagna, scambia le frasi e usa le seguenti domande per commentare.

a. L'obiettivo e il messaggio sono chiari?

b. Ci sono dettagli concreti?

c. Lo stage può rispondere ai suoi interessi?

d. Ha parlato delle sue esperienze pertinenti?

5. Finale

Scrivi la versione finale del modulo a casa.

Al ristorante della piazza con amici e colleghi

Prima della visione

A. Le parole. Trova la traduzione giusta. Abbina la parola italiana della colonna A a quella in inglese della colonna B.

A	B
1. strati	a. *eel*
2. insipido	b. *creamy soft cheese*
3. condita	c. *rabbit*
4. burrata	d. *tasteless*
5. coniglio	e. *layers*
6. anguilla	f. *seasoned / dressed*

B. La risposta giusta. Abbina le domande della colonna A alle risposte più logiche della colonna B.

A	B
1. Avete mai lavorato in un ristorante?	a. Io vorrei diventare una chimica.
2. Quale professione vi interessa per il futuro?	b. Sì, varie volte.
3. Di solito ordina primo e secondo?	c. La carbonara che è una pasta.
4. Qual è la tua ricetta preferita?	d. La sera a cena ordino tutti e due.
5. Eravate già stati in questo ristorante?	e. Io sì, ho fatto la cameriera.

Durante la visione

Guarda il video due volte. La prima volta, fai attenzione al significato generale. La seconda volta, completa le seguenti attività.

C. Qual è la ricetta preferita? Scrivi la ricetta preferita e poi gli ingredienti delle seguenti persone.

Francesca

Ricetta: _____

Ingredienti: _____

_____

Roberta

Ricetta: _____

Ingredienti: _____

_____

Silvia

Ricetta: _____

Ingredienti: _____

_____

© Cengage Learning 2015

D. Chi lo dice? Indica con una **X** le persone che dicono le seguenti cose.

	Antonia	Il signor Lorenzo	Roberta	Giorgio	Valeria
1. Ho ordinato del coniglio.					
2. Il mio piatto preferito è la cotoletta alla bolognese.					
3. Mi piace cucinare.					
4. Mi è piaciuto abbastanza.					
5. Io faccio l'impiegata.					
6. Anche le tagliatelle al ragù.					

Dopo la visione

E. È vero o è falso? Indica se le seguenti affermazioni sono vere **(V)** o false **(F)**. Quando un'affermazione è falsa, fornisci la risposta giusta.

1. Sara non ha mai lavorato in un ristorante. V F

2. Antonia vuole fare l'aiuto cuoco nel futuro. V F

3. Il signor Lorenzo ha mangiato in una trattoria vicino a Piazza Maggiore. V F

4. A Filippo piacciono gli spaghetti in bianco. V F

5. Il signor Stefano fa l'ingegnere meccanico. V F

6. Il signor Alberto fa il matematico. V F

F. Continuate l'intervista! In gruppi di tre, immaginate di continuare l'intervista con Mauro e Stefano. Fate altre domande su quello che hanno mangiato e sul lavoro che fanno. Una persona fa le domande e altre due fanno i ruoli di Mauro e Stefano. Recitate l'intervista alla classe.

© Cengage Learning 2015

iLrn

Share it! • • • **Le professioni.** Quali tra le professioni menzionate in questo video ti interessano di più? Se devi scegliere tra quelle menzionate, quali scegli e perché? Metti la tua risposta su *Share it!* e poi leggi almeno un commento di un compagno/una compagna.

La tavola — *Table*

il bicchiere	*glass*
il coltello	*knife*
il cucchiaio	*spoon*
la forchetta	*fork*
il piatto	*plate*
il piatto fondo	*pasta bowl*
la tovaglia	*tablecloth*
il tovagliolo	*napkin*

Gli antipasti — *Appetizers*

gli affettati	*sliced deli meats*
la bruschetta	*toasted bread with topping*
il crostino	*toasted and crispy bread with topping*
il parmigiano	*parmesan cheese*
la piadina	*flat bread*
il prosciutto	*cured ham*

I primi piatti — *First Dishes*

i cappellacci	*filled pasta pockets shaped like hats*
le lasagne	*lasagna*
il minestrone	*vegetable soup with pasta*
il risotto	*Italian rice dish*
il tortellino	*pasta ring filled with cheese or meat*
la zuppa	*creamed soup*

Le pizze — *Pizzas*

la pizza margherita	*pizza with mozzarella, tomato, and basil*
la pizza quattro stagioni	*pizza (four seasons / four parts: mozzarella, mushrooms, artichokes, ham)*

I secondi — *Second (Main) Dishes*

la bistecca	*steak*
la cotoletta	*cutlet*
la grigliata	*mixed grilled meats*
il pesce	*fish*
il pollo	*chicken*

I contorni — *Side Dishes*

il fagiolino	*green bean*
l'insalata mista	*mixed green salad*
le patatine fritte	*french fries*
gli spinaci	*spinach*
le verdure	*vegetables*

I dolci — *Desserts*

la crostata di frutta	*fruit tart*
la frutta fresca	*fresh fruit*
il gelato	*ice cream*
la macedonia	*fruit salad*
la torta	*cake*
la zuppa inglese	*custard type desert*

La frutta — *Fruit*

la fragola	*strawberry*
il lampone	*raspberry*
la mela	*apple*
il melone	*melon*
il mirtillo	*blueberry*
l'uva	*grapes*

Le verdure — *Vegetables*

l'aglio	*garlic*
gli asparagi	*asparagus*
i broccoli	*broccoli*
la cipolla	*onion*
il fungo	*mushroom*
il peperone	*bell pepper*
il pomodoro	*tomato*
le zucchine	*zucchini*

Altre parole — *Other Words*

l'aceto	*vinegar*
alla griglia	*grilled*
le arachidi	*peanuts*
l'aragosta	*lobster*
arrosto	*roasted*
il brodo	*broth*
la carne	*meat*
i cereali	*cereal*
il coperto	*cover charge*
il formaggio	*cheese*
il grano	*grain*
la noce	*walnut*
l'olio	*olive oil*
il pane	*bread*
la pasta	*spaghetti*
il pepe	*pepper*
il prosciutto crudo	*cured ham*
il riso	*rice*
il sale	*salt*
l'uovo (*s.*) / le uova (*pl.*)	*egg / eggs*

Le bevande	*Drinks*	il posto	*position*
l'acqua minerale gassata	*carbonated mineral water*	il salario	*salary*
		lo stage / il tirocinio	*internship*
l'acqua minerale naturale	*mineral water (with no bubbles)*	lo stagista / il tirocinante	*intern*
l'aranciata	*orange soda*	lo stipendio	*(monthly) pay / wages*
		il volontariato	*volunteer*

Espressioni utili — *Useful Phrases*

biologico	*organic*
Cosa desidera? (*formal*)	*What would you like?*
Desidero / Gradirei / Vorrei	*I would like*
Mi può portare... ? (*formal*)	*Can you bring me . . . ?*
Cosa prende? (*formal*) / Cosa prendi? (*informal*)	*What are you having?*
fare la dieta / essere a dieta	*to go / to be on a diet*
Io prendo... / Prenderei...	*I'll have . . .*
Hai voglia di... ?	*Would you like . . . ? / Are you in the mood for . . . ?*
Sì, ho voglia di...	*Yes, I would like . . . / I am in the mood for . . .*

Il lavoro — *Work / Job*

l'annuncio di lavoro	*classified ad*
assumere (*p.p.* assunto)	*to hire (p.p. hired)*
l'aumento	*raise*
l'azienda	*company*
il capo	*boss*
il/la collega	*co-worker*
il curriculum vitae	*CV / resume*
la ditta	*company*
fare domanda	*to apply*
fare un colloquio	*to have an interview*
le ferie	*days off / vacation*
la lettera di presentazione	*cover letter*
la lettera di raccomandazione	*letter of recommendation*

Le professioni / I mestieri — *Professions*

l'artista grafico	*graphic artist*
l'autista (*m./f.*)	*driver*
l'avvocato	*lawyer*
il cuoco/la cuoca	*cook*
il/la farmacista	*pharmacist*
il/la giornalista	*journalist*
l'infermiera/ l'infermiere	*nurse*
l'ingegnere	*engineer*
il meccanico	*mechanic*
il medico / il dottore/la dottoressa	*doctor*
il parrucchiere/la parrucchiera	*hair dresser*
il poliziotto	*policeman/woman*
il postino	*mail carrier*
il programmatore	*computer programmer*
il segretario/la segretaria	*administrative assistant*
il vigile del fuoco	*firefighter*
l'ufficio	*office*
lo studio legale	*law office*
il ristorante	*restaurant*
la farmacia	*pharmacy*
la redazione	*editorial office*
l'ospedale	*hospital*
il garage / l'officina	*garage, repair shop*
lo studio medico	*doctor's office*
il salone (di bellezza)	*hair (beauty) salon*
la questura	*police headquarters*
l'ufficio postale	*post office*
la caserma dei vigili del fuoco	*fire station*

Dizionario personale

_____

_____

_____

_____

Pratichiamo!

2-1. Oggi e ieri. Completa le frasi usando il **presente indicativo**. Poi trasformale al **passato prossimo**.

1. Il mio amico Paolo / andare in bicicletta
2. Due ragazzi / riposarsi sull'erba
3. Tu / leggere un libro
4. Stefania / finire il saggio di letteratura
5. Voi / camminare nel parco
6. Io e i miei amici / fare piani (*plans*) per il weekend

L'Università degli studi di Parma

2-2. Corto Maltese. Tiziana vede a casa di Alberto una grande collezione di fumetti di Corto Maltese, un famoso personaggio dei fumetti italiani. Completa il seguente brano con il **passato prossimo** o **il trapassato** dei verbi in parentesi.

Tiziana: Alberto, quando _____ (1. tu / cominciare) a collezionare i fumetti di Corto Maltese?

Alberto: _____ (2. io / leggere) il primo fumetto quando avevo otto anni, ma prima ancora di sapere leggere _____ (3. appassionarsi) a questo personaggio e alle sue avventure. Pensa che nel 2005 il suo autore, Hugo Pratt _____ (4. ricevere) a San Diego un premio come un Oscar ma per i fumetti. Putroppo, Pratt _____ (5. morire) dieci anni prima.

Corto Maltese, famoso personaggio dei fumetti italiani, è stato creato da Hugo Pratt, fumettista di Rimini.

Tiziana: Ma l'autore è italiano?

Alberto: Sì, _____ (6. nascere) a Rimini. Io e Dario _____ (7. fare) un corso molto interessante all'università proprio sui fumetti di Pratt.

Tiziana: Oh, sì, adesso mi ricordo che Dario mi _____ (8. dire / già) che voi _____ (9. scrivere) una tesina su Corto Maltese.

Alberto: Eh, sì, Pratt e Corto Maltese sono una delle nostre passioni.

2-3. *Alfredo, Alfredo.* Giorgio fa una piccola ricerca sui film ambientati nelle Marche e scrive la trama di uno. Sceglie il film *Alfredo, Alfredo.* Riscrivi il seguente brano con l'**imperfetto** o il **passato prossimo**.

Il film *Alfredo, Alfredo*, diretto dal grande Pietro Germi, *esce* (1) nel 1972. Gli attori protagonisti *sono* (2) Dustin Hoffman, famoso attore americano, e Stefania Sandrelli, bellissima e famosa attrice italiana. Nel film Alfredo *conosce* (3) Mariarosa e *si innamora* (4) di lei. I due *si sposano* (5), ma purtroppo il matrimonio tra i due *finisce* (6) perché Mariarosa è (7) una donna molto possessiva e difficile e i due coniugi *litigano* (8) sempre…

2-4. Ti piacciono le specialità regionali? Gli amici fanno una cena e portano delle specialità delle proprie regioni. Completa il seguente dialogo con le forme del verbo **piacere** nei tempi appropriati (**presente, passato prossimo, imperfetto**) e con i **partitivi** (**del, della, qualche, alcuni…**).

Fabio: Marcello mi dai _____ (1) parmigiano? Mi _____ (2) moltissimo. Ragazzi, come sono le olive ascolane (*stuffed olives from Ascoli*) che ha portato Giorgio?

Dario: Sono buonissime! Eppure io e un mio amico una volta abbiamo mangiato _____ (3) olive ascolane e non ci _____ (4) tanto. Ma queste sono deliziose. Mi passi _____ (5) frittelle, per favore?

Marisa: Queste frittelle di riso sono squisite. Io le adoro. Invece mia sorella le mangiava sempre quando era piccola e le _____ (6) moltissimo, ma non le mangia più perché non le _____ (7) le cose fritte.

Marcello: E cosa ne dite dei salumi dell'Umbria che ha portato Marisa?

Giorgio: Questi sono buonissimi, ma _____ (8) tipi di salume che si comprano al supermercato non sono così buoni.

2-5. Acquacotta all'Umbra. Studia la ricetta e poi completa la conversazione tra Marisa e Dario.

Acquacotta all'Umbra

Comugnaro Silvana/Fotolia

Ingredienti

1 kg di pomodori pelati (*peeled*)

1 tazza di brodo vegetale

alcune foglie di menta

4 cipolle

parmigiano

sale

olio

Preparazione

Unite i pomodori pelati con le cipolle tritate e alcune foglie di menta.

Mettete tutto in una pirofila (*oven-proof dish*) con un po' di brodo, di sale e lasciate cuocere per mezz'ora circa.

Se il brodo diminuisce troppo, aggiungetene un altro po'.

Quando il "sugo" sarà pronto, servitelo in un piatto con pane tostato, condito con olio e sale, con una spolverata di parmigiano.

Completa il dialogo con la forma corretta del **pronome oggetto diretto**. Fai l'accordo tra **pronome oggetto diretto** e **participio passato** e scegli gli **avverbi** opportuni.

Marisa: Dario, devi aiutar _____ (1) a fare l'acquacotta all'Umbra.

Dario: Certo, (io) _____ (2) aiuto volentieri. Hai _____ (3. *sempre / già*) comprato tutti gli ingredienti?

Marisa: Sì, sono pronta a imparare! Cosa faccio?

Dario: _____ (4. *Prima / Dopo*) prendi le cipolle e _____ (5) devi tritare _____ (6. *bene / mai*). Poi, taglia i pomodori a pezzetti, _____ (7) unisci alle cipolle e metti tutto in una pirofila.

Marisa: E la menta? Non _____ (8) ho aggiunt _____ (9).

Dario: _____ (10) aggiungi prima di aggiungere il brodo. Fai cuocere tutto per mezz'ora.

Marisa: L'olio e il parmigiano quando _____ (11) metto?

Dario: Alla fine, quando il sugo è pronto.

Marisa: Grazie! _____ (12. *Finalmente / Raramente*) ho imparato a fare l'acquacotta.

Tiriamo le somme!

2-6. Abitudini alimentari. Chiedete ai compagni le loro preferenze tra cibi e bevande durante i pasti. Usate i **partitivi** e variate nell'uso (*di* + *articolo*, **alcuni/alcune, qualche, un po' di**). Usate **ci** e **ne** per sapere dove usano certi ingredienti e le quantità.

> **Esempio**   Colazione: caffè e cereali / zucchero
>
> **S1:** *Che cosa prendi a colazione di solito?*
>
> **S2:** *Bevo del caffè e mangio dei cereali.*
>
> **S1:** *Metti lo zucchero nel caffè?*
>
> **S2:** *Sì, ci metto lo zucchero.*
>
> **S1:** *Quanto zucchero metti nel caffè?*
>
> **S2:** *Di solito ne metto un cucchiaino...*

Colazione: i biscotti nel latte

Spuntino: la frutta nello yogurt

Pranzo: il formaggio sulla pasta o le olive nell'insalata

Merenda: il latte nel tè

Cena: il ketchup sull'hamburger

2-7. Made in Italy. Da dove si parte, come si mischia. Leggete il seguente brano della gelateria Carapina. Poi a coppie, rispondete alle domande.

Bianca, crema, cacao: le basi per fare un classico (*modificato*)

In un angolo della gelateria Carapina di Firenze c'è una porta a vetro, con su scritto "Gelato in corso". È il laboratorio di Simone Bonini che spiega la sua ricetta per il gelato:

"Esistono tre basi da cui si parte: bianca, crema e cacao. Per le prime due si prende il latte e si versa con lo zucchero nel pastorizzatore che, dopo un po', richiede la panna, per la bianca o panna e uova, per le creme. Dopo la cottura, devono passare nel mantecatore (*ice cream machine*) che le solidifica creando il gelato. Per il gelato al cioccolato, invece, si mescolano polveri di cacao, zucchero e uova e si cuoce il tutto. Saper bilanciare (*balance*) è l'operazione più importante. Vuol dire trovare un equilibrio tra le sostanze in ogni fase della lavorazione".

---

1. "Gelato in corso" significa:

   a. il gelato sta per arrivare.   c. stanno facendo il gelato in quel momento.

   b. la classe per fare il gelato è già iniziata.   d. il laboratorio è chiuso.

2. Tutti i gelati richiedono:

   a. la panna.   c. il cacao.

   b. lo zucchero.   d. il latte.

3. L'operazione più importante è:

   a. cuocere.   c. bilanciare.

   b. mescolare.   d. assaggiare.

2-8. Il detto. Leggete il famoso detto di Bologna. Poi seguendo il formato, scrivete un detto per descrivere la vostra città universitaria.

Bologna è detta "la rossa, la grassa, la dotta e la turrita". Si chiama **La rossa** per il colore dei palazzi nel centro storico e rossa per il colore politico di sinistra. Si chiama **La grassa** per la cucina, in particolare i tortellini, le lasagne e il bolognese. Si chiama **La dotta** per l'università antica e prestigiosa. Si chiama **La turrita** perché una volta c'erano più di 180 torri.

Definite la vostra città universitaria seguendo il modello sopra e poi leggetela alla classe. Includete:

1. Colore
2. Politica
3. Cucina
4. Scuole / Università importanti
5. Caratteristiche architettoniche

2-9. Conversazioni. In gruppo, scegliete e discutete di uno dei seguenti argomenti.

1. Stavate uscendo dal concerto quando avete visto degli amici del liceo. Chiedete quali sono le loro novità e poi parlate del concerto, se è piaciuta la musica e l'evento in generale. Spiegate perché vi è piaciuto o no.

2. Parlate di un colloquio che avete fatto e raccontate la vostra esperienza. Quando e dove lo avete fatto? Eravate nervosi, tranquilli? Com'era la persona che vi ha fatto il colloquio? Che cosa vi ha chiesto (studi, esperienze lavorative)? Vi ha detto subito l'esito (*outcome*) del colloquio o vi ha fatto aspettare? Siete stati assunti?

2-10. Lavorare per Gucci. Tiziana ha saputo che la casa di moda Gucci sta cercando nuovi stilisti. Tiziana ha fatto domanda ma non ha ancora ricevuto nessuna notizia. Telefona per avere qualche informazione. Completa il dialogo con i **pronomi di oggetto indiretto**. Usa il registro formale (*Lei*) quando è necessario.

Segretaria: Signorina, *ci* ha telefonato la scorsa settimana?

Tiziana: No, _____ (1) ho telefonato due settimane fa.

Segretaria: Ma io ho chiamato a casa sua e _____ (2) ho lasciato un messaggio giovedì scorso.

Tiziana: Mi dispiace, ma io non ho ricevuto il messaggio.

Segretaria: Non importa. Volevo dir _____ (3) che il direttore del personale La vuole vedere. Infatti, lui _____ (4) ha detto di fissare un appuntamento con Lei.

Tiziana: Davvero? Quando?

Segretaria: Vediamo... Può venire il prossimo giovedì alle 15.00?

Tiziana: Certamente. Devo fare altro?

Segretaria: Sì, il direttore vuole che Lei _____ (5) mandi un fax del suo CV aggiornato. Adesso (io) _____ (6) do il numero del direttore.

Tiziana: Perfetto. _____ (7) mando subito tutti i documenti.

Segretaria: Benissimo. Ci vediamo la prossima settimana.

Tiziana: Grazie mille e arrivederci!

Faccia a faccia
L'Italia e il tuo Paese

2-11. **Confronti tra culture.** In gruppi di tre o quattro, parlate dei seguenti argomenti e paragonate (*compare*) le cose simili e differenti tra l'Italia e il vostro Paese.

1. **Cinema:** Hai mai visto un film italiano? Ti è piaciuto? Perché? Raccomandi questo film ai tuoi compagni? Poi discuti se, secondo te, i film italiani sono diversi dai film americani o di altre nazionalità.

2. **Feste tradizionali:** Nel **Capitolo 5** abbiamo visto le feste tradizionali italiane. Nel tuo Paese ci sono tante feste come nel calendario italiano? Quali sono le differenze tra il modo di celebrare le feste in Italia e quelle nel tuo Paese? Quali sono i cibi tradizionali?

Visitiamo l'Italia!

2-12. **Eventi e posti da visitare.** Cerca su Internet informazioni sui seguenti luoghi. Poi racconta alla classe quello che hai trovato.

Cascata delle Marmore, Umbria

1. Piazza della Signoria, Firenze (Toscana)
2. Italia in Miniatura (Emilia-Romagna)
3. Le Grotte di Frasassi (Marche)
4. Cascata delle Marmore (Umbria)

Italia in Miniatura, Emilia-Romagna

Gli italiani nel mondo

2-13. L'impronta italiana nel mondo. Fate una delle seguenti ricerche per sapere di più sull'impronta italiana nel mondo.

1. Il metodo Montessori è famoso in molte scuole nel mondo. È stato sviluppato da un'insegnante italiana, Maria Montessori, nata in provincia di Ancona. Cerca su Internet informazioni e foto da portare in classe e parla della sua biografia.

2. Quando si parla dell'opera italiana, non si può negare l'importanza di Rossini che ha scritto *il Barbiere di Siviglia* ispirata alla commedia di Beaumarchais. La musica del *Barbiere* è stata più volte usata nei film e cartoni animati moderni, per esempio *The Rabbit of Seville*. Trova delle informazioni biografiche di Rossini e alcuni esempi dell'adattamento della sua musica. Se possibile, trova anche una clip su Web in cui si sente l'aria famosa di *Figaro*.

3. Lo sapevi che puoi passeggiare e fare spese per le vie di San Gimignano anche se sei negli Stati Uniti? Ebbene sì! A Scottsdale, in Arizona, è stato fedelmente riprodotto (*reproduced*) un pezzo del paese di San Gimignano. Perfino (*Even*) le strade hanno gli stessi nomi del paese originale. Visita *The Borgata* e troverai molti negozi che vendono firme italiane (*Italian designers*) o puoi mangiare in uno dei tanti ristoranti italiani che ci sono in questo posto.

4. Corto Maltese è un famoso personaggio di fumetti italiani, ma non solo. Le avventure del misterioso marinaio (*sailor*) sono famose in Europa ma anche in Canada e negli Stati Uniti. Corto Maltese è stato creato dal fumettista e scrittore italiano Hugo Pratt, nato a Rimini. Pratt è considerato uno dei più grandi autori di fumetti mondiali di tutti i tempi. Nel 2005, a San Diego, in California, a Hugo Pratt è stato conferito il premio Eisner (sezione *Hall of Fame*), uno dei più prestigiosi riconoscimenti statunitensi riguardanti il mondo dei fumetti.

CAPITOLO **7**

LEARNING STRATEGY

Just say it!

When traveling in Italy or when you're in class, don't be afraid to speak the language because you think you will make mistakes. Everyone makes mistakes, even in their own language! The more you speak, the easier it becomes. You will find that listeners are generally sympathetic and most of the time, Italians appreciate your attempts to honor their language.

IN VACANZA TRA PIAZZE E BELLEZZE NATURALI

Piazza del Duomo ad Acireale, in Sicilia – Al centro di Acireale c'è Piazza del Duomo, dove si trovano alcuni degli edifici più importanti della città come il Duomo, la Basilica e il Palazzo Comunale. La piazza si affaccia su corso Umberto I, che è la strada principale della città.

luigi nifosi/Shutterstock.com

COMMUNICATIVE GOALS

❯ Talk about vacations and taking trips

❯ Discuss methods of transportation

❯ Express plans and intentions

❯ Make hotel or room reservations

  **Risorse** 🔊 Audio ▶ Video **iLrn** ilrn.heinle.com

La Sicilia e la Sardegna

❭ La Sicilia è l'isola più grande del Mare Mediterraneo, ma ci sono anche molte isole minori che offrono bellissime località turistiche.

❭ La Sardegna, destinazione delle vacanze, offre tutto: mare, montagna, natura, cultura, sport, tradizione, gusto e benessere.

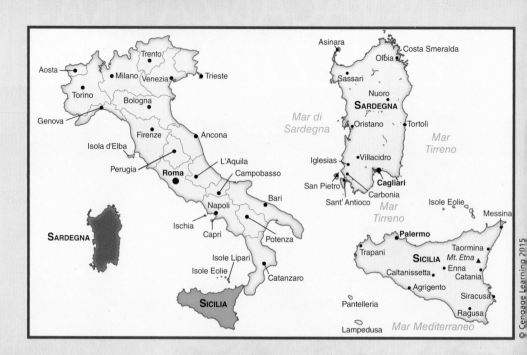

◀ La **Valle dei Templi**, ad Agrigento, in Sicilia, è un sito archeologico che conserva rovine e monumenti greci di eccezionale bellezza. Si possono ammirare numerosi templi, santuari, necropoli, basiliche e altre strutture che erano parte di una delle colonie greche più importanti della Sicilia. Per la sua importanza storica, dal 1997, è parte del Patrimonio Mondiale dell'Umanità dell'UNESCO. Oggi la Valle offre visite guidate anche di notte ed è un luogo ideale per celebrare matrimoni.

©Gianpiero Marceno / fotolia

La **Costa Smeralda** è la costa ▶ più frequentata dai VIP. È una costa meravigliosa con profonde grotte, spiagge ed enormi rocce di granito. Ma oltre ai chilometri di costa per i vacanzieri del Mar Tirreno, la Costa Smeralda ospita un centro internazionale di ricerca sui delfini, il *Bottlenose Dolphin Research Institute*, che svolge anche attività di conservazione e informazione.

iLrn Vai su iLrn per trovare più informazioni sui delfini.

©Arcobaleno/Dreamstime.com

© Cengage Learning 2015

Andiamo in piazza!

©Absente/Dreamstime.com

◀ **Piazza Vigliena** a Palermo ha una struttura ottagonale e si trova all'incrocio di due strade principali che suddividono la città nei cosiddetti *Quattro Canti*. Ci sono quattro palazzi in stile barocco che sono quasi identici: ognuno ha una fontana e tre statue disposte su tre piani che raffigurano (*represent*) rispettivamente una stagione, un re spagnolo della Sicilia e una santa protettrice di Palermo.

Piazza d'Italia, nel centro ▶ storico, è considerata il *salotto* di Sassari. Sulla piazza si affaccia lo scenografico Palazzo Sciuti, in stile neoclassico, e la chiesa di San Nicola con la facciata barocca.

©al-kan/fotolia

iLrn

Share it! ● ● ● **Che cosa sai?** Sai qualcosa delle tradizioni, della storia, dell'arte o della cucina della Sicilia o della Sardegna? Hai mai visto un film ambientato in una di queste due regioni? Cerca su Internet qualcosa che ti interessa. Metti quello che sai o che hai trovato su *Share it!* Poi leggi le informazioni dei compagni e indica quello che ti piace.

▶ To learn more about **la Sicilia** and **la Sardegna**, watch the cultural footage in the Video Library.

2–21

I mezzi pubblici

arrivi / partenze

la biglietteria

l'orario

i biglietti

la fila

la stazione ferroviaria

la valigia

Vorrei due biglietti per Palermo, per favore: un adulto e un bambino.

la macchinetta

il binario

timbrare

i bagagli

il carrello

Siamo in ritardo (*late*). Andate avanti e trovate uno scompartimento libero. Io timbro i biglietti e poi arrivo così non prendiamo una multa (*fine*).

lo scompartimento

il controllore

Biglietti, prego!

i passeggeri

I mezzi pubblici	Public Transportation
l'aereo	airplane
l'autobus	city bus
l'automobile	car
la metro / la metropolitana	subway
la nave	ship
il pullman	coach, tour bus
il taxi	taxi cab
il traghetto	ferry
il treno	train

I luoghi	Places
l'aeroporto	airport
l'agenzia di viaggi	travel agency
la fermata (dell'autobus)	(bus) stop

I verbi	Verbs
andare in vacanza	to go on vacation
atterrare	to land (airplane)
decollare	to take off (airplane)
imbarcare	to embark
noleggiare (l'auto, la bicicletta, la barca…)	to rent (car, bike, boat . . .)
prenotare	to reserve
salire a bordo	to board

Altre parole	Other Words
in anticipo	early
all'estero	abroad
costoso	expensive
il documento / la carta d'identità	ID card
economico	affordable
lento	slow
in orario	on time
il passaporto	passport
rapido	fast
regionale	local (train)
la sala d'attesa	waiting room
lo sciopero	labor strike
il supplemento	additional fee
la vacanza studio	study and vacation combined

Pratichiamo!

7-1. L'intruso. Cancella la parola che non appartiene alla categoria.

1. la metro, atterrare, economica, la fermata
2. il traghetto, regionale, imbarcare, il porto
3. il treno, rapido, la stazione ferroviaria, decollare
4. l'aereo, la sala d'attesa, lento, lo sciopero
5. lo scompartimento, il taxi, prenotare, il supplemento
6. l'autobus, la fermata, salire a bordo, il passaporto

7-2. Terra o mare? Quali mezzi di trasporto vanno nelle seguenti categorie? Scrivi i mezzi di trasporto nella casella appropriata.

Per terra	Per mare

7-3. Un viaggio in treno. Ruggero e Valentina sono due studenti all'Università di Palermo. Hanno qualche giorno di vacanza e decidono di fare un piccolo viaggio in treno per conoscere meglio la Sicilia. Ruggero scrive una mail a Valentina la sera prima della loro partenza. Completa il messaggio con la parola giusta.

> biglietti / binario / partenza / documento d'identità / stazione / taxi / in anticipo / valigia

Ciao Valentina!

Ho appena prenotato il _____ (1) per domani mattina. Mi lascerà (*It will let me off*) davanti alla _____ (2). La _____ (3) è alle 9.43 al _____ (4) 13. Perché non ci incontriamo alle 9.00 al bar per prendere un caffè? Preferisco arrivare _____ (5). Penso di essere pronto. Ho fatto la _____ (6). Ho messo i nostri _____ (7) nella mia valigia. Altro? Non dimenticare di portare il _____ (8)!

Buona notte.

Ruggero

7-4. Vacanza studio. A coppie, parlate dei vantaggi e degli svantaggi di una vacanza studio. Vi piace l'idea di fare una vacanza studio in Sicilia? Perché? Parlate di possibili esperienze nuove, un'esperienza indipendente dalla famiglia, nuove amicizie, ecc.

7-5. Mezzo di trasporto preferito. Con quale mezzo di trasporto preferite viaggiare e perché? A coppie, parlate di un viaggio che avete fatto con questo mezzo di trasporto e poi riferite i risultati alla classe.

7-6. In un'agenzia di viaggi. Siete in un'agenzia di viaggi per chiedere informazioni sui viaggi in traghetto per la Sardegna o per la Sicilia. In gruppo, una persona fa l'agente e gli altri sono i viaggiatori. Cercate informazioni sulle date, sui prezzi, sul punto di partenza e altro. Poi chiedete le stesse informazioni sui viaggi in aereo. Usate la cartina all'inizio del capitolo. Tra i due mezzi, quale decidete di prendere e perché? Alla fine comprate i biglietti.

Prima di tutto... Hai mai visitato un'isola? Quale? Con quale mezzo di trasporto hai viaggiato? Com'era? Quanto è costato il viaggio? Quanto è durato il viaggio? Ti è piaciuto? Quali sono i vantaggi di questo mezzo di trasporto?

Pinosub/Shutterstock.com

Davvero?! Per arrivare in Sicilia, si può prendere l'aereo, oppure la macchina o il treno e poi il traghetto. Sul traghetto si può portare anche la macchina o la moto. I traghetti partono da Reggio Calabria (in Calabria) e arrivano a Messina, attraversando lo Stretto di Messina. Il viaggio dura 40 minuti e costa circa 50 euro andata e ritorno.

Chiacchieriamo un po'! Lavorate a coppie. Uno studente/Una studentessa è il bigliettaio e l'altro è il passeggero/la passeggera che deve prenotare un viaggio in traghetto: deve scegliere il giorno e l'ora, se sale con la macchina, la moto o a piedi, e se fa un viaggio di "andata e ritorno" o "solo andata". Il bigliettaio deve determinare il prezzo e spiegare al passeggero/alla passeggera i dettagli necessari per il viaggio.

iLrn

Share it!●●● **Giriamo per le isole!** Vai su Internet e cerca informazioni per fare un viaggio in treno in Sicilia. Scegli il punto di partenza, quello di arrivo, per esempio da Palermo a Catania, e la data del tuo viaggio. Quali informazioni riesci a trovare sui tipi di treni (regionale, regionale veloce, Intercity), sul prezzo del biglietto, sulla durata del viaggio? Condividi tutte queste informazioni e il tuo itinerario su *Share it!*

Signori, si parte! Rotta sul Barocco.

Ascolta e/o leggi il testo e rispondi alle domande.

Valentina studia Storia dell'Arte all'università e adora il Barocco. Ha trovato un annuncio che le interessa molto nella sezione viaggi del quotidiano.

Courtesy Treno Doc, Trenitalia

TRENO DEL BAROCCO: Si riparte con il Treno del Barocco, un'iniziativa organizzata da Trenitalia e dalla Regione Sicilia. Per trenta domeniche, fino al 23 ottobre, **si viaggia** lungo centododici chilometri da Siracusa a Ragusa, attraverso uno dei paesaggi più suggestivi[1] dell'isola seguendo un itinerario culturale. Lungo i binari, **si visitano** Siracusa, Noto, Scicli, Modica e Ragusa. **Si parte** con il treno alle 8.45 e **si prevede** il rientro alle 19.00. In ciascuna località **si prevedono** visite guidate con degustazioni[2] delle specialità locali come i cannoli, gli arancini e la granita siciliana. A Scicli **si passeggia** nella scenografica via Mormino Penna; a Ragusa Ibla **si vede** il vecchio Portale di San Giorgio; a Modica **si possono visitare** il duomo di San Pietro e la chiesa di San Nicolò Inferiore. Per le prenotazioni **si può chiamare,** dal lunedì al venerdì, l'ufficio turistico di Modica, tel. 0932-759634. Biglietti: 20 euro.

Treno del Barocco

© Cengage Learning 2015

Sicilia: Signori, in carrozza! Rotta[3] sul Barocco.

[1]*striking*   [2]*tasting*   [3]*Bound for*

Comprensione

Rispondi alle seguenti domande con frasi complete.

1. Per quante settimane all'anno si può viaggiare sul Treno del Barocco?
2. Da quale città si parte e dove si arriva?
3. Quali luoghi si possono visitare?
4. Come si prenota per viaggiare sul Treno del Barocco?

Osserviamo la struttura!

Nel testo sopra, osserva le parole in grassetto e rispondi alle seguenti domande.

1. On a separate piece of paper, make a list of the expressions in bold by dividing them into those with the *verb in the third-person singular* and those with the *verb in the third-person plural*.
2. What characteristics do you notice in the bolded verb forms? In your opinion, what determines whether the verb form is singular or plural?
3. What do you think the word **si** means in the expressions you found? What is its function?

NOTA CULTURALE

Tra le specialità gastronomiche siciliane famose in tutto il mondo ci sono gli **arancini,** che sono delle palle di riso ripiene (*filled*) e fritte, i **cannoli,** dolci ripieni di ricotta, e la famosa **granita** (*shaved ice*) di limone o di qualsiasi altra frutta.

©Antonio Gravante/fotolia

Si impersonale
(Impersonal form)

The impersonal form is used when the person who performs the action is not identified. In English, the impersonal subject corresponds to *one*, *they*, *people*, *we*, *you*, and *you all*. In Italian, the impersonal can be formed by the pronoun **si** and the third-person singular form of the verb.

A. The *si impersonale* is often used to express common habits and rules, or to request and give information. It can be used with any tense.

> In Sicilia, **si va** al mare fino a ottobre.
> *In Sicily, **people go** to the beach until October.*

> Mi dispiace, non **si fuma** in aereo.
> *I'm sorry, **there is no smoking** in the airplane.*

> Come **si va** a Palermo da Catania?
> *How do **we get** to Palermo from Catania?*

> Ragazzi, cosa **si fa** oggi?
> *Guys, what are **we going to do** today?*

> Molto tempo fa **si viaggiava** spesso in treno.
> *A long time ago **people used to travel** by train often.*

B. If the sentence contains a direct object in the singular form, the pronoun **si** is followed by the third-person singular form of the verb.[1] If the direct object is plural, the verb is conjugated in the third-person plural.

In Italia, **si prende** spesso l'<u>autobus</u>.	*In Italy, **one takes** the bus very often.*
Come **si scrive** <u>la parola</u> *Sicilia*?	*How do **you write** the word Sicilia?*
Per andare in Sicilia, **si deve** prendere <u>il traghetto</u>.	*To go to Sicily, **one must** take a ferryboat.*
In Sicilia, **si mangiano** <u>i cannoli</u>.	*In Sicily, **people eat** cannoli.*
A Modica, **si possono** visitare <u>i monumenti barocchi</u>.	*In Modica, **you (one) can** visit the Baroque monuments.*

C. When the *si impersonale* is used with reflexive or reciprocal verbs, **ci si** is used to avoid repeating the word **si** twice.

> In vacanza **ci si alza** tardi e la sera **ci si incontra** con gli amici.
> *On vacation **people (we all) get up** late and in the evening **meet with their (our)** friends.*

---

[1]When the *si impersonale* precedes a direct object, it is called *si passivante* because the impersonal construction implies the passive voice.

Come si dice *people*?

- The word *people* in Italian can be **la gente** or **le persone**. Notice that **gente** is feminine and singular and is followed by a verb in third-person singular. **Le persone** is feminine and plural and takes a verb in the third-person plural.

  In Sicilia <u>la gente</u> è molto simpatica. = In Sicilia <u>le persone</u> **sono** molto simpatiche.
  People in Sicily are very nice.
  Molta <u>gente</u> **va** in vacanza in Sicilia. = Molte <u>persone</u> **vanno** in vacanza in Sicilia.
  Many people go to Sicily on vacation.

- It is common to use the pronoun **si** to express **la gente / le persone**.

  In Sicilia, **la gente va** (*or* **le persone vanno**) al mare anche a dicembre. = In Sicilia **si va** al mare anche a dicembre.
  In Sicily, people go to the beach even in December.

Pratichiamo!

7-7. Cosa si fa prima di partire per le vacanze? Accoppia gli elementi della colonna A con quelli della colonna B per creare frasi complete e per scoprire come ci si organizza per un viaggio.

A

1. _____ Si decide
2. _____ Si scelgono
3. _____ Si va
4. _____ Si fanno
5. _____ Si comprano
6. _____ Si preparano
7. _____ Finalmente ci si prepara

B

a. le date di partenza e di arrivo.
b. i biglietti.
c. il posto dove andare.
d. le prenotazioni.
e. all'agenzia di viaggi o su Internet.
f. per partire.
g. le valigie.

7-8. Cosa si fa in vacanza in Sicilia? Ruggero e Valentina raccontano ad alcuni amici cosa si fa in Sicilia nella vita quotidiana e in vacanza. Trasforma le seguenti frasi usando il *si* **impersonale**. Usa **ci si** quando è necessario. Segui l'esempio.

Esempio   In estate, ad Acireale, <u>le persone celebrano</u> il Carnevale.
           In estate, ad Acireale, *si celebra* il Carnevale.

1. In Sicilia, <u>le persone mangiano</u> la famosa granita di limone siciliana.
2. <u>La gente va</u> al mare a Taormina e <u>si abbronza</u>.
3. Ad Acireale <u>possiamo visitare</u> gli edifici in Piazza del Duomo.
4. <u>Tutti mangiano</u> i cannoli alla siciliana che sono squisiti.
5. <u>Uno fa</u> una passeggiata ai siti archeologici della Valle dei Templi.
6. <u>Le persone prendono</u> il Treno del Barocco per fare un viaggio culturale.
7. <u>La gente si diverte</u> molto al Carnevale estivo di Acireale.
8. <u>Molti fanno</u> escursioni sull'Etna.

NOTA CULTURALE

Ad Acireale, ad agosto, si celebra il **Carnevale estivo** durante il quale le vie cittadine si riempiono dei carri caratteristici e si rivivono i colori e i suoni della manifestazione invernale.

©Paolocas/Dreamstime.com

7-9. Ieri e oggi. Crea le seguenti frasi usando il *si impersonale* facendo tutti i cambiamenti necessari. Usa l'**imperfetto** per indicare come si viaggiava tanto tempo fa (*a long time ago*) e usa il **presente** per dire come si viaggia oggi.

Esempio   Tanto tempo fa _____ (andare) spesso a piedi. Oggi invece _____ (andare) spesso in macchina.

                Tanto tempo fa *si andava* spesso a piedi. Oggi invece *si va* spesso in macchina.

1. Tanto tempo fa _____ (usare) le carrozze (*coaches*) con i cavalli (*horses*). Oggi _____ (usare) le automobili.

2. Tanto tempo fa _____ (vedere) molte biciclette. Oggi _____ (vedere) più motociclette e macchine.

3. Tanto tempo fa _____ (viaggiare) soprattutto nel proprio Paese. Oggi _____ (viaggiare) molto all'estero.

4. Tanto tempo fa _____ (fare) viaggi lunghi in treno o in nave. Oggi _____ (fare) viaggi lunghi in aereo.

5. Tanto tempo fa _____ (prendere) spesso il treno. Oggi _____ (prendere) spesso l'aereo.

6. Tanto tempo fa _____ (prenotare) sempre all'agenzia di viaggi. Oggi _____ (prenotare) spesso su Internet.

7. Tanto tempo fa _____ (fumare) sugli aerei e sui treni. Oggi non _____ (fumare) sugli aerei e su molti treni.

8. Tanto tempo fa _____ (incontrarsi) raramente con amici lontani. Oggi _____ (vedersi) spesso grazie al progresso.

7-10. Cosa si fa nel tuo luogo preferito? A coppie, scegliete un luogo (città, nazione) che vi piace molto e descrivete al compagno/alla compagna come ci si arriva, quello che si fa, cosa si può visitare, cosa si mangia, cosa si compra, ecc. Poi ognuno deve riferire alla classe le informazioni del compagno/della compagna. Usate il *si impersonale*.

7-11. Idee per le vacanze. A coppie, indicate dove si va in vacanza nelle stagioni indicate sotto. Potete parlare dell'Italia, del vostro Paese oppure di altri posti che conoscete. Indicate con quale mezzo di trasporto si va, cosa si porta e cosa si fa (passatempi, sport, acquisti) per ogni stagione.

In inverno

In primavera

In estate

In autunno

Esempio   *In estate si può andare in Sicilia. Si arriva in traghetto o in aereo. Si va al mare…, si mangia / si mangiano si visita / si visitano…, si può / si possono mangiare…*

7-12. Vacanze in Sicilia. In gruppo, uno di voi conosce molto bene la Sicilia e cerca di convincere il resto del gruppo ad andare con lui/lei in vacanza. Naturalmente tutti fanno delle domande su cosa si fa in Sicilia, dove si va, cosa si vede, cosa si mangia, se si spende molto / poco, ecc. Usate le informazioni che avete imparato fino a ora sulla Sicilia. Il gruppo decide se partire o no e spiega la scelta alla classe.

NOTA CULTURALE

Per gli amanti della natura e della bicicletta, in Sicilia si pratica il **cicloturismo** che offre percorsi alternativi al turismo di massa. Per esempio si possono fare i **ciclogiri** sull'Etna o attraverso i parchi naturali più belli dell'isola oppure nelle città barocche.

Procycling Magazine/Getty Images

Wansford photo/Shutterstock.com

Cosa farai per le vacanze?

2–23

Ascolta e/o leggi il dialogo e rispondi alle domande.

Ruggero e Valentina sono seduti al tavolino di un bar in Piazza Castelnuovo e parlano delle prossime vacanze estive.

Ruggero: Valentina, hai deciso cosa **farai** per le vacanze estive?

Valentina: Mah, probabilmente **resterò** in Sicilia per la maggior parte dell'estate. Poi ad agosto una mia amica **arriverà** dalla Sardegna. Siamo entrambe appassionate del Barocco. La **porterò** anche a vedere uno spettacolo con *i pupi siciliani*[1] che lei adora.

Ruggero: Ah, se ricordo bene, **scriverai** la tesi sulle piazze barocche della Sicilia. È vero?

Valentina: Sì, infatti io e la mia amica **visiteremo** le piazze barocche siciliane e forse **faremo** anche un viaggio sul Treno del Barocco. Poi insieme **partiremo** per la Sardegna, dove **passeremo** qualche giorno. E tu?

Ruggero: Forse **parteciperò** a un Vespa Tour Sicily, un giro della Sicilia in Vespa. Oppure **farò** uno dei famosi ciclogiri organizzati per visitare l'isola in bicicletta.

Valentina: Davvero? In Vespa o in bicicletta? Ma è fantastico! Ti **divertirai** sicuramente. E chissà, forse ci **incontreremo** per strada!

Ruggero: Chissà! **Vedremo!**

Piazza Castelnuovo è una delle piazze principali di Palermo. Si trova vicino al famoso Teatro Politeama.

[1](*See next* **Nota culturale.**)

Comprensione

Rispondi alle seguenti domande con frasi complete.

1. Dove passerà l'estate Valentina? E Ruggero?
2. Da dove arriverà l'amica di Valentina?
3. Su cosa sarà la tesi di laurea di Valentina?
4. Secondo te, Ruggero e Valentina si incontreranno? Perché?

Osserviamo la struttura!

Nel dialogo sopra, osserva le parole in grassetto e completa le attività che seguono.

1. Read the text and try to determine the subject pronouns of the verb forms below. Then write the infinitives of the conjugated verbs.
   a. _____ porterò (inf.: _____)   c. _____ scriverai (inf.: _____)
   b. _____ partiremo (inf.: _____)
2. Find at least one other verb for each conjugation and list them below:
   -are: _____   -ere: _____   -ire: _____
3. Some verb forms have an accent mark on the last vowel. For which subjects does this occur?

L'estate prossima andrò in vacanza in Sicilia.

Il futuro (*Future tense*)

The **futuro** (*future tense*) is used to express events that will happen in the future.[2]

Fra tre anni, **finirò** l'università e **passerò** le vacanze estive in Sicilia.	*In three years, I **will finish** college and I **will spend** my summer vacation in Sicily.*

A. The table below shows how to conjugate regular verbs in the future tense.

Futuro			
	prenot-are	**prend-ere**	**part-ire**
io	prenot-**erò**	prend-**erò**	part-**irò**
tu	prenot-**erai**	prend-**erai**	part-**irai**
Lei, lui/lei	prenot-**erà**	prend-**erà**	part-**irà**
noi	prenot-**eremo**	prend-**eremo**	part-**iremo**
voi	prenot-**erete**	prend-**erete**	part-**irete**
loro	prenot-**eranno**	prend-**eranno**	part-**iranno**

Ruggero **parteciperà** a un viaggio in Vespa in giro per la Sicilia.	*Ruggero **will participate** in a motor scooter tour around Sicily.*
Valentina **scriverà** la tesi sul Barocco.	*Valentina **will write** her thesis on the Baroque period.*
L'estate prossima Valentina e Rossella **partiranno** insieme per andare in Sardegna.	*Next summer, Valentina and Rossella **will leave** together to go to Sardinia.*
Tu ti **divertirai** molto in Sicilia durante le vacanze.	*You **will have** a lot of **fun** in Sicily on your vacation.*
Noi ci **incontreremo** a Palermo e **visiteremo** le piazze barocche.	*We'll **meet** in Palermo and we **will visit** the Baroque piazzas.*

B. To form the **futuro** with verbs ending in **-ciare** and **-giare,** such as **cominciare** and **viaggiare,** drop the **-i** of the stem. With verbs ending in **-care** and **-gare** such as **giocare** and **pagare,** add an **-h** after the **c** and **g** in every verb form in order to maintain the hard sound.

Quando arriverò in Sicilia, **mangerò** i famosi cannoli e **giocherò** a bocce con i miei amici.	*When I arrive in Sicily, I'll **eat** the famous cannoli and I'll **play** bocce with my friends.*

---

[2]In Italian, the **futuro** is replaced by the **presente** if the event is very likely to happen in the near future. **Esempio:** Stasera **vado** al cinema con i miei amici. (*Tonight I'll go / I am going to the movies with my friends.*)

Verbi irregolari nel futuro

Some verbs are irregular in the formation of the **futuro**. The following list shows the most common irregular verbs in the future tense.

avere: io **avrò**, tu **avrai**, lui/lei **avrà**, noi **avremo**, voi **avrete**, loro **avranno**
andare: io **andrò**, tu **andrai**, lui/lei **andrà**, noi **andremo**, voi **andrete**, loro **andranno**
bere: io **berrò**, tu **berrai**, lui/lei **berrà**, noi **berremo**, voi **berrete**, loro **berranno**
dare: io **darò**, tu **darai**, lui/lei **darà**, noi **daremo**, voi **darete**, loro **daranno**
dire: io **dirò**, tu **dirai**, lui/lei **dirà**, noi **diremo**, voi **direte**, loro **diranno**
dovere: io **dovrò**, tu **dovrai**, lui/lei **dovrà**, noi **dovremo**, voi **dovrete**, loro **dovranno**
essere: io **sarò**, tu **sarai**, lui/lei **sarà**, noi **saremo**, voi **sarete**, loro **saranno**
fare: io **farò**, tu **farai**, lui/lei **farà**, noi **faremo**, voi **farete**, loro **faranno**
potere: io **potrò**, tu **potrai**, lui/lei **potrà**, noi **potremo**, voi **potrete**, loro **potranno**
rimanere: io **rimarrò**, tu **rimarrai**, lui/lei **rimarrà**, noi **rimarremo**, voi **rimarrete**, loro **rimarranno**
sapere: io **saprò**, tu **saprai**, lui/lei **saprà**, noi **sapremo**, voi **saprete**, loro **sapranno**
stare: io **starò**, tu **starai**, lui/lei **starà**, noi **staremo**, voi **starete**, loro **staranno**
tenere: io **terrò**, tu **terrai**, lui/lei **terrà**, noi **terremo**, voi **terrete**, loro **terranno**
vedere: io **vedrò**, tu **vedrai**, lui/lei **vedrà**, noi **vedremo**, voi **vedrete**, loro **vedranno**
venire: io **verrò**, tu **verrai**, lui/lei **verrà**, noi **verremo**, voi **verrete**, loro **verranno**
vivere: io **vivrò**, tu **vivrai**, lui/lei **vivrà**, noi **vivremo**, voi **vivrete**, loro **vivranno**
volere: io **vorrò**, tu **vorrai**, lui/lei **vorrà**, noi **vorremo**, voi **vorrete**, loro **vorranno**

ATTENZIONE!

❭ In Italian, the **futuro** can also be used to express conjecture and probability.

Dov'è Ruggero?	*Where is Ruggero?*
Non lo so, **sarà** in vacanza.	*I don't know, **he might be** on vacation.*
Che ore sono?	*What time is it?*
Non lo so. **Saranno** le 9.00.	*I don't know. **It's probably** about 9:00.*

❭ The **future anteriore** (*future perfect*) is a compound tense formed with the future of the auxiliary (**avere** or **essere**) and the past participle of the verb. It is used to express actions which will have already (or not yet) been completed before another action takes place in the future. The **futuro anteriore** often requires the adverbs **già** (*already*) and **non... ancora** (*not yet*). It is also used to express conjecture and probability.

Fra dieci anni **avrò** già **finito** l'università e mi **sarò trasferito** in Italia.	*In ten years I will already have finished college and I will have moved to Italy.*
Non sentiamo Ruggero da qualche settimana. **Sarà andato** in vacanza o non **avrà avuto** tempo di chiamarci.	*We have not heard from Ruggero for a few weeks. He might have gone on vacation or he might not have had time to call us.*

Pratichiamo!

7-13. Cosa faranno? Leggi le situazioni nella colonna A e scegli, nella colonna B, quello che le persone faranno.

A

1. _____ A Valentina piace l'archeologia.
2. _____ Valentina e Rossella non hanno mai visto un vulcano.
3. _____ Ci piacciono i treni e la storia dell'arte.
4. _____ A Ruggero piacciono i dolci.
5. _____ Valentina adora l'opera dei pupi siciliani.
6. _____ Vespa Tour parte alle 7.00 di mattina e Ruggero vuole andare.
7. _____ Valentina e Rossella vanno a Modica per vedere il Barocco. Anche Ruggero va a Modica con i suoi amici.
8. _____ Valentina e Rossella vanno in Sardegna.

B

a. Faranno una gita per vedere l'Etna.
b. Prenderemo il Treno del Barocco.
c. Andrà a vedere la Valle dei Templi.
d. Andrà a teatro a vedere uno spettacolo.
e. Mangerà i cannoli e la cassata.
f. Forse si incontreranno.
g. Partiranno con il traghetto dalla Sicilia.
h. Lui si sveglierà presto.

7-14. In bici sull'Etna. Ruggero è andato a Catania perché vuole fare un'escursione in bici sull'Etna. Queste sono le informazioni sul suo itinerario. (1) Prima scrivi il testo usando il **futuro**. (2) Poi cambia il soggetto (Ruggero) con quelli indicati qui sotto e riscrivi il testo facendo i cambiamenti necessari.

> Io / Io e i miei amici / Tu / I miei amici

Domani Ruggero _____ (1. alzarsi) la mattina alle 6.30. Lui e gli altri ciclisti _____ (2. incontrarsi) alle 9.00 al punto di partenza dell'escursione. Ruggero _____ (3. prendere) la bicicletta a noleggio e _____ (4. partire) con gli altri. Nel pomeriggio lui _____ (5. raggiungere) alcuni crateri e _____ (6. lasciare) la bicicletta per riposarsi e fare qualche foto. Quando Ruggero _____ (7. finire) il suo giro, _____ (8. tornare) in albergo per andare a dormire.

7-15. Un viaggio tra Barocco e cioccolato. Valentina spiega in una mail alla sua amica Rossella quello che faranno durante una gita guidata. Lei usa il **presente**, ma può anche usare il futuro. Cambia i verbi irregolari al **futuro**.

NOTA CULTURALE

L'**Etna** è il vulcano attivo più grande d'Europa. Per i turisti e gli appassionati della natura, si possono fare escursioni sul vulcano e giri in bici. Si consiglia un'escursione al tramonto quando si può ammirare uno splendido panorama.

Gurgen Bakhshetsyan/Shutterstock.com

Il primo giorno noi (1. vediamo) i luoghi barocchi più importanti di Palermo, come Piazza Vigliena. Il secondo giorno, (2. si va) ad Acireale per ammirare il Barocco in Piazza del Duomo. Il nostro gruppo (3. rimane) ad Acireale tutta la giornata. Nel pomeriggio, in una famosa gelateria del posto, noi (4. possiamo) assaggiare (*taste*) diversi tipi di gelati alla frutta, la loro specialità. Il giorno seguente, a Modica, dopo una gita culturale, i cuochi di un ristorante famoso (5. fanno) per noi una cena esclusivamente a base di cioccolato. Io (6. devo) stare attenta alla linea. La fermata seguente (7. è) Noto, la capitale siciliana del Barocco e poi in ultimo Ragusa. Sicuramente, dopo questo viaggio tu (8. hai) tante foto e tanti bei ricordi della Sicilia.

7-16. In Vespa attraverso la Sicilia. Anche voi non vedete l'ora (*can't wait*) di visitare la Sicilia. Tu hai appena trovato le informazioni sul prossimo Vespa Tour Sicily e le condividi con il tuo compagno/ la tua compagna. A turno, guardate l'itinerario, fate domande per ogni giornata e rispondete con le informazioni indicate. Le seguenti domande sono alcuni esempi.

a. A che ora comincerà l'evento (o la giornata)?
b. A che ora si partirà?
c. Dove mangeremo / dormiremo?
d. Dove ci fermeremo per pranzo / cena?

NOTA CULTURALE

Vespa Tour Sicilia è una manifestazione che offre agli appassionati della Vespa di fare il giro della Sicilia, in Vespa, alla scoperta dei meravigliosi paesaggi della regione, delle sue delizie enogastronomiche, della sua cultura e delle sue tradizioni.

www.vespatoursicilia.it

Primo giorno – Vespa Night	Secondo giorno
16.00 – Apertura evento 20.00 – Partenza da Catania e Aperitivo 23.30 – Arrivo a Caltagirone, cena in albergo e pernottamento (*overnight stay*)	10.30 – Partenza da Caltagirone 13.30 – Sosta pranzo a Modica Giro turistico e degustazione di cioccolato a Modica 17.30 – Partenza per Scicli / Passaggio per Sampieri 19.30 – Cena a Pozzallo e pernottamento 22.00 – Spettacolo
Terzo giorno	**Quarto e ultimo giorno – Vespa Day**
9.30 – Partenza da Pozzallo / Passaggio per Portopalo – Marzamemi 13.30 – Arrivo e pranzo a Noto Giro turistico per il Barocco cittadino 19.30 – Arrivo a Catania 21.00 – Cena a Catania e pernottamento	9.00 – Raduno in Piazza Duomo di Catania 11.00 – Meeting "La Vespa e i giovani" al palazzo della Cultura del Comune di Catania 13.30 – Pranzo a Catania – Spiaggia

7-17. Curiosità sulle vacanze. Tu e il tuo compagno/la tua compagna siete pronti per partire per le vacanze, ma non partirete insieme. Volete sapere nei minimi dettagli tutto quello che il vostro compagno/la vostra compagna farà e se partirà solo/a o in compagnia. Prendete nota perché riferirete le informazioni alla classe.

7-18. Un viaggio... nel futuro. In gruppo, cercate di immaginare un futuro lontano e indicate cosa farete, cosa avrete già fatto e cosa non avrete ancora fatto. Per esempio:

dove vivrete / con quali mezzi la gente comunicherà
con quali mezzi di trasporto si viaggerà / cosa mangerete
dove si andrà in vacanza / conoscerete popolazioni extraterrestri

Condividete le vostre previsioni con la classe.

Reading Strategy: **Reading an Itinerary**

Most itineraries will give you a general overview of destinations, schedules, excursions, costs covered, and additional expenses. Learning to identify this information will help you in planning your travels and getting around once you are in Italy. Look for answers to the following questions when reading an itinerary:

› Is this a typical tourist trip or something off the beaten path?

› What types of activities are scheduled?

› Follow the itinerary on a map. Does it cover enough ground for you? Too much?

› What are the costs? What costs are covered? What costs are not included?

If you gather this information ahead of time, you will have fewer unpleasant surprises when you get to your destination. **Buon viaggio!**

Pre-lettura

1. Preferite un'escursione guidata o preferite viaggiare da soli? Quali sono i vantaggi di un'escursione guidata e quali sono i vantaggi di viaggiare indipendentemente?

2. Trovate le seguenti destinazioni per la vostra gita sulla cartina della Sicilia: Capo Gallo, Capo Rama, Palermo, Gibellina, Riserva dello Zingaro, Alcamo, Scopello, Piana degli Albanesi, Portella della Ginestra. Quali sono i posti sul mare? Quali posti non hanno accesso al mare?

Provincia di Palermo

© Cengage Learning 2015

3. Paragonate un'escursione ambientale e una classica da turista di massa. Mettete le attività nella categoria giusta. È possibile mettere un'attività in tutte e due le categorie.

> andare al museo / camminare lungo i sentieri / sedersi sotto un ombrellone
> visitare i siti archeologici / fare il bagno nel mare / visitare una riserva naturale
> andare in giro per i negozi / mangiare al ristorante / andare alle terme

Scopello

©Moreno Novello / fotolia

Escursione Ambientale   Escursione Classica
Sicilia Nascosta – Tour Sicilia 5 giorni e 4 notti

Sicilia Nascosta° è un viaggio tra natura e tradizioni per scoprire aspetti della Sicilia Occidentale poco conosciuti e che meglio rappresentano la vera anima° dell'isola.

  Conosceremo le splendide falesie° di **Capo Gallo** e passeggeremo nel centro storico di **Palermo.**

Hidden Sicily

soul

cliffs

Capo Rama

Cammineremo lungo i sentieri° di **Capo Rama** e visiteremo gli affascinanti parchi archeologici. A **Gibellina Vecchia** ci troveremo immersi in un'atmosfera unica nel **Cretto di Burri.** Faremo un'escursione nella prima riserva naturale siciliana, lo **Zingaro.** Al ritorno visiteremo l'antica **Scopello,** dove il tempo sembra essersi fermato. La sera, faremo un bagno rilassante alle **terme naturali di Alcamo.** Il giorno dopo visiteremo **Piana degli Albanesi,** dove si conservano antiche tradizioni legate alla cultura greco-ortodossa, e **Portella della Ginestra,** teatro di uno dei più importanti avvenimenti storici del secondo dopoguerra. Un breve ma intenso viaggio per assaporare° ritmi di vita differenti, gustare della buona cucina e respirare l'atmosfera unica dei luoghi risparmiati dall'azione dell'uomo.

trails

to savor

    Quota: il costo è di **470 €** a persona, **380 €** per i bambini sotto i 10 anni. **La quota comprende:** trasferimento a/r° aeroporto, minibus privato, escursioni con accompagnatore, 3 pranzi e 4 cene, 4 pernottamenti°, assicurazione°, tasse°. **La quota non comprende:** il volo, il supplemento camera singola (su richiesta), i biglietti di ingresso, la mancia e tutto ciò che non è espresso nella voce "la quota comprende".

andata / ritorno

overnight stays

insurance / taxes

Dopo la lettura

1. Comprensione. Abbinate il luogo con l'attività.

a. _____ Alcamo
b. _____ Capo Gallo
c. _____ Capo Rama
d. _____ Piana degli Albanesi
e. _____ Portella della Ginestra
f. _____ Zingaro

1. luogo di avvenimenti storici del secondo dopoguerra
2. vedere le falesie
3. fare un bagno nelle terme naturali
4. fare un'escursione in una riserva naturale
5. osservare antiche tradizioni legate alla cultura greco-ortodossa
6. camminare lungo i sentieri

2. Vero o falso? Indica se le seguenti frasi sono vere **(V)** o false **(F)**. Correggi le frasi sbagliate.

_____ a. Alcamo è un posto di mare.
_____ b. Tutti i pernottamenti del viaggio sono compresi nel prezzo.
_____ c. La colazione è compresa nella quota.
_____ d. I viaggiatori mangeranno i piatti tipici della cucina della zona.
_____ e. I bambini sotto i dieci anni non devono pagare.
_____ f. La mancia alla guida alla fine dell'escursione non è inclusa.

iLrn

Share it! • • • **L'itinerario.** Quali dei posti nell'itinerario della Sicilia Nascosta ti interessano di più? Dai almeno due motivazioni per spiegare la tua scelta e mettile su *Share it!* Metti anche una foto dei posti che hai scelto.

L'albergo

2–24

il terzo piano

l'ascensore

il facchino

l'impiegato

la chiave

il ristorante

la cameriera (di camera)

le camere

la piscina

la palestra

gli asciugamani / le lenzuola

il ferro da stiro

© Cengage Learning 2015

I signori Bancheri vanno in vacanza in Sardegna. Arrivano in albergo, dove hanno fatto le prenotazioni e prendono la chiave per andare in camera.

I luoghi e gli alloggi — *Places and Lodgings*

l'albergo / l'hotel	*hotel*
la campagna	*countryside*
il campeggio	*campground*
il lago	*lake*
il mare	*sea*
la montagna / le montagne	*mountain(s)*
l'ostello	*hostel*
la pensione	*bed and breakfast (B&B)*

Altre parole — *Other Words*

l'aria condizionata	*air conditioning*
il bagnino	*lifeguard*
il balcone	*balcony*
il cambio	*exchange rate (money)*
la camera (singola / matrimoniale)	*room (single / double with double bed)*
il cameriere/la cameriera d'albergo / di camera	*waiter/waitress hotel maid / chamber maid*
la colazione compresa	*breakfast included*
il costume da bagno	*bathing suit*
la crema solare	*sunscreen*
la crociera	*cruise*
il frigobar	*minibar*
l'imprevisto	*unforeseen, unexpected event*

il lettino	*lounge chair*
la macchina fotografica	*camera*
la mancia	*tip*
gli occhiali da sole	*sunglasses*
l'ombrellone	*beach umbrella*
l'opuscolo / il dépliant	*brochure*
la (sedia a) sdraio	*beach chair*
la spiaggia	*beach*
la sveglia	*wake-up call*
il telo (da) bagno / (da) mare	*beach towel*
la tenda	*tent*
il trekking	*(mountain) hiking*

I verbi — *Verbs*

abbronzarsi	*to get a tan*
andare in campeggio	*to go camping*
mettere in ordine / sistemare (*es.* la camera)	*to tidy up (ex. the room)*
prendere il sole	*to sunbathe*
prendere le ferie / fare le ferie / andare in ferie	*to take time off from work (for a vacation)*
scappare	*to escape*
scoprire	*to discover*
scottarsi (al sole)	*to get a sunburn*
tuffarsi / fare un tuffo	*to dive / to take a dip*

Espressioni utili	Useful Expressions		Scusi, quant'è il cambio oggi?	Excuse me, what is the exchange rate today?
A che ora è la colazione?	What time is breakfast served?		Vorrei sapere se c'è un... in camera?	I'd like to know if there is a . . . in the room?
Fumatori o non fumatori?	Smoking or non smoking?			

Pratichiamo!

7-19. In altre parole. Abbina la parola con la definizione.

1. _____ l'opuscolo
2. _____ la sveglia
3. _____ il cambio
4. _____ il trekking
5. _____ l'imprevisto
6. _____ scoprire

a. conoscere cose nuove o avere nuove informazioni
b. situazione impossibile da prevedere
c. valore dei soldi espresso in un'altra moneta
d. pubblicità con informazioni
e. orologio che suona all'ora programmata
f. escursione in montagna o nella natura

7-20. Facciamo una prenotazione. Per ogni domanda dell'addetto (*clerk*) alla recezione (a sinistra) trova la risposta del cliente (a destra) e avrai una prenotazione completa.

1. _____ Pronto? Hotel Costa Smeralda. Posso aiutarla?
2. _____ Per quali date?
3. _____ Vuole una camera singola o doppia?
4. _____ Preferisce una stanza per fumatori?
5. _____ E la vuole con vista sul mare?
6. _____ Vuole la camera con la colazione compresa?
7. _____ Allora la stanza viene 150 € al giorno. Va bene?
8. _____ Bene! Prendo i suoi dati e ci vediamo ad agosto.

a. Sì, la mattina ho sempre molta fame.
b. Sì, il panorama lì è bellissimo.
c. Perfetto, grazie. Mi chiamo...
d. Dal 15 al 20 agosto.
e. Una matrimoniale va bene.
f. Sì, il prezzo va benissimo. La prenoto.
g. Sì, vorrei prenotare una camera.
h. No, noi non fumiamo.

7-21. Una cartolina. Giselle è in vacanza studio in Italia e scrive una cartolina ai suoi genitori. Completa la cartolina con le parole date.

balcone / camera / colazione / economico / mare / piscina / prendo

Ciao Mamma e Papà,

vi scrivo dalla _____ (1) dell'albergo dove _____ (2) il sole e studio anche un po'. È un albergo stupendo e in piscina c'è l'acqua salata del _____ (3). Sembra un albergo di lusso ma è veramente _____ (4). La _____ (5) è compresa nel prezzo e la mattina mangio tanto. Poi non mangio di nuovo fino a cena. È bellissimo! Dal _____ (6) della _____ (7) c'è anche una vista sul mare. Un vero paradiso!

Un abbraccio, *Giselle*

7-22. Sondaggio. Trovate due persone che hanno fatto le seguenti cose e chiedete altre informazioni per sapere dove, quando, con chi, perché, ecc.

essere in vacanza su un'isola / fare una crociera
andare all'estero / viaggiare in aereo negli ultimi quattro mesi
fare trekking / andare in campeggio / noleggiare una macchina o altro

ANGOLO **CULTURALE**

Prima di tutto... Descrivi l'immagine che segue. Che tipo di cultura e tradizioni suggerisce? Ci sono tradizioni simili negli Stati Uniti? Dove?

Angyalosi Beata/Shutterstock.com

Davvero?! Storicamente, la Sardegna è un'isola principalmente agricola. Tuttavia, al giorno d'oggi la prima industria della Sardegna è il turismo. Posti come Porto Cervo (sotto) e Porto Rotondo sono diventati destinazioni per i VIP. Descrivete l'immagine di Porto Cervo.

Web Picture Blog/Shutterstock.com

Chiacchieriamo un po'! Siete delle guide turistiche in Sardegna. Dovete mostrare ai vostri clienti tutti i vari aspetti dell'isola, dalle zone di campagna ai villaggi turistici, per dare loro una visione più ampia del posto. Lavorando a coppie, preparate un "tour" della Sardegna per i "turisti" (cioè, i vostri compagni di classe). Fate un giro virtuale dell'isola, descrivendo i diversi posti e dando raccomandazioni per alberghi, ristoranti e altre gite turistiche.

iLrn

Share it!●●● **La Sardegna.** Fai una ricerca sulle mete (*destinations*) turistiche della Sardegna come la Costa Smeralda o le piccole isole come l'isola di Sant'Antioco che circondano questa regione. Scrivi informazioni sui posti, sulle piazze, sui modi per raggiungerli e sui costi. Metti delle foto su *Share it!* Poi leggi quello che gli altri compagni hanno scritto e indica quale posto ti piace e perché.

2–25

Te la presto volentieri!

Ascolta e/o leggi il dialogo e rispondi alle domande.

Rossella e Valentina sono in Piazza Palazzo a Cagliari per vedere uno spettacolo. Lo spettacolo non è ancora iniziato e fanno un giro nella piazza.

Valentina: Che bella piazza e che bei palazzi antichi! Ce ne sono molti qui a Cagliari! Aspetta! Voglio fare qualche foto. Ma… dov'è la macchina fotografica? Se non la trovo, mi presti la tua per favore?

Rossella: Certo, se non la trovi, **te la** presto volentieri.

Valentina: Eh sì, devi proprio prestar**mela**. L'ho dimenticata in valigia. Spero di non dimenticarla domani quando andiamo al mare o a vedere i nuraghi[1]. Poi però mi mandi le foto? Voglio metterle su Facebook.

Rossella: Sì, **te le** mando. Non ti preoccupare. Senti, secondo te, se chiedo a quel passante[2] di farci qualche foto, **ce le** fa?

Valentina: Vediamo! **Glielo** chiedo io. Scusi, ci può fare un paio di foto?

Passante: Certo, **ve le** faccio volentieri! Che dite se **ve ne** faccio una proprio vicino al Palazzo Reale? Ecco qui. Sorridete!

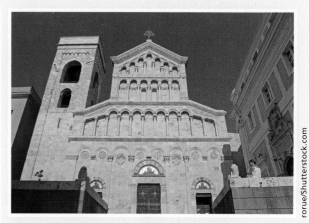

rorue/Shutterstock.com

Piazza Palazzo, a Cagliari, è famosa per l'importanza storica e artistica degli edifici che la circondano.

[1](*See next* **Nota culturale.**)   [2]*passer-by*

Comprensione

Rispondi alle seguenti domande con frasi complete.

1. Dove sono Rossella e Valentina e cosa fanno?
2. Dove ha dimenticato la macchina fotografica Valentina?
3. Chi gliela presta?
4. Dove il passante fa la foto a Valentina e a Rossella?

Osserviamo la struttura!

Nel dialogo sopra, osserva le parole in grassetto e rispondi alle seguenti domande.

1. In the following sentences, **ti** and **te** have the same meaning. Can you tell when **te** is used instead of **ti**? Find similar examples where pronouns such as **mi, ti, ci,** etc., change to **me, te, ce,** etc.
   Ti presto la mia.   **Te la** presto volentieri.
2. What does -**mela** represent and why is it attached to the infinitive in the following sentence?
   Sì, devi proprio prestar**mela.**
3. What is the difference in meaning between **ve le** and **ve ne** in the following two examples?
   Certo, **ve le** faccio volentieri.   Che dite se **ve ne** faccio una vicino al Palazzo Reale?

Pronomi doppi (Double Pronouns)

In the previous chapters we learned about different types of pronouns (**oggetti diretti, indiretti, riflessivi, ci,** and **ne**). In Italian, two pronouns can combine to create **pronomi doppi** (*double pronouns*). The following are the most common combinations.

Pronomi indiretti + *lo/la/li/le* o *ne*

A. Indirect-object pronouns (**mi, ti, Le, gli/le, ci, vi, gli**) can be used in combination with direct-object pronouns (**lo, la, li, le**) or the pronoun **ne**. When they are combined, indirect-object pronouns precede the others.

— **Mamma mia! Ho dimenticato la crema solare.**
— **Te la presto io, eccola.**

Michael De Leon/iStockphoto

- **Mi, ti, ci,** and **vi** change to **me, te, ce,** and **ve**.
- The indirect-object pronouns **Le, gli,** and **le** change to **glie-** and attach to the direct-object pronouns (**lo, la, li, le**) or **ne** creating one word.

Pronomi doppi (*Double pronouns*)					
	Pronomi di oggetto diretto (**Direct-object pronouns**) (*who / whom / what*)				
Pronomi di oggetto indiretto (*Indirect-object pronouns*) (*to / for whom*)	**+ lo**	**+ la**	**+ li**	**+ le**	**+ ne**
mi	me lo	me la	me li	me le	me ne
ti	te lo	te la	te li	te le	te ne
Le, gli/le	**glie**lo	**glie**la	**glie**li	**glie**le	**glie**ne
ci	ce lo	ce la	ce li	ce le	ce ne
vi	ve lo	ve la	ve li	ve le	ve ne
gli	**glie**lo	**glie**la	**glie**li	**glie**le	**glie**ne

Mi presti <u>la macchina fotografica</u>?   *Can you lend **me** your camera?*
Certo, **te la** presto.   *Of course, I will lend **it to you**.*
(**NOTE: te** (*p. ind.*) = a te; **la** (*p. dir.*) = la macchina fotografica)

B. As with single pronouns, all **pronomi doppi** usually precede a conjugated verb or may be attached to the infinitive.[3]

Ci puoi prestare <u>la macchina</u>?	*Can you lend your car **to us**?*
Mi dispiace, non **ve la** posso prestare.	*I'm sorry, I can't lend **it to you**.*
or Mi dispiace, non posso prestar**vela**.	
Scusi, **ci** può fare <u>qualche foto</u>?	*Excuse us, can you take some pictures **of us**?*
Sì, **ve ne** faccio una vicino al Palazzo Reale.	*Yes, I will take **one** of you near the Royal Palace.*

Pronomi riflessivi + pronomi di oggetto diretto (*lo/la/li/le*) o *ne*

Reflexive pronouns (**mi, ti, si, ci, vi, si**) can also be used in combination with the direct-object pronouns **lo, la, li, le,** or the pronoun **ne**. When they are combined, reflexive pronouns always precede the others and change their forms to **me, te, se, ce, ve, se.**

Ora <u>mi</u> metto <u>la crema solare</u>.	*Now I will put on (myself) the sunscreen.*
Se non **me la** metto, mi scotto.	*If I don't put **it** on (myself), I will get sunburned.*
Anche Rossella **se la** deve mettere (*or* deve metter**sela**) per non scottarsi.	*Rossella also has to put **it** on (herself) in order not to get sunburned.*
Ce ne dobbiamo mettere (*or* Dobbiamo metter**cene**) molta, altrimenti ci scottiamo.	*We have to put a lot **of it** on (ourselves), otherwise we will get sunburned.*

Ci + *lo/la/li/le*

In **Capitolo 6** we saw the combination of the adverb **ci** (*there*) and the pronoun **ne**. The adverb **ci** can also be used with the direct-object pronouns **lo/la/li/le**. In these cases, **ci** precedes the others and changes to **ce.**

Quando metti il costume da bagno in valigia?	*When will you put the bathing suit in the suitcase?*
Ce lo metto subito.	*I will put it in right away.*

Pronomi doppi e il participio passato

As we learned in **Capitolo 4** and **Capitolo 6**, if a direct-object pronoun or **ne** precedes a verb in the **passato prossimo**, the past participle has to agree in gender and number with the pronoun. The same rule applies to double pronouns.

Hai dato <u>le chiavi</u> della stanza a Valentina?	*Did you give the keys to the room to Valentina?*
Sì, glie**le** ho dat**e**.	*Yes, I gave them to her.*
Ti sei messo <u>i sandali</u> nuovi?	*Did you put on your new sandals?*
Sì, me **li** sono mess**i**.	*Yes, I put them on.*
Hai messo <u>le fotografie</u> in valigia?	*Did you put the photographs in the suitcase?*
Sì, ce **le** ho mess**e** qualche minuto fa.	*Yes, I put them in a few minutes ago.*
Quanti <u>lettini</u> ci ha portato il bagnino?	*How many lounge chairs did the lifeguard bring us?*
Ce **ne** ha portat**i** due.	*He brought two of them to us.*

---

[3]As seen in previous chapters, with modal verbs (**dovere, potere, volere**), or any verb immediately followed by an infinitive, pronouns can also be attached to the infinitive after deleting the ending vowel, making a single word.

Pratichiamo!

7-23. Sulla spiaggia. Trova le riposte alle domande della colonna a sinistra nella colonna a destra. Poi distingui ogni pronome e individua nella domanda quello che ogni pronome doppio rappresenta. Guarda l'esempio.

Esempio   Se vai al bar, puoi ordinare una granita per me, per piacere?
*Certo, **te la** ordino subito.*   (**NOTE: te** [*p. ind.*] = per te; **la** [*p. dir.*] = la granita)

1. _____ Mi dai gli occhiali da sole, per favore?
2. _____ Ci facciamo un bagno adesso?
3. _____ Hai dato la mancia al bagnino?
4. _____ Quando ti metti la crema solare?
5. _____ Comprerai un souvenir per Ruggero?
6. _____ Quella ragazza ha un costume diverso anche oggi.
7. _____ Scusi bagnino, ci fa una foto, per piacere?

a. È vero, **se ne** mette uno nuovo ogni giorno.
b. No, ma **gliela** darò quando lo vedo.
c. Certo, **ve ne** faccio una vicino all'ombrellone.
d. **Gliene** prendo uno stasera alla fiera in piazza.
e. No, **ce lo** facciamo più tardi. L'acqua è fredda.
f. Devo metter**mela** appena arrivo sulla spiaggia.
g. Certo, **te li** do subito.

7-24. Tante domande. Completa le seguenti risposte con i pronomi doppi: **pronomi di oggetto indiretto + diretto** o **ne**. Prima di rispondere, cerchia (*circle*) il pronome oggetto indiretto e sottolinea (*underline*) l'oggetto diretto. Attenzione perché alcune risposte richiedono il formale. Fai l'accordo tra pronome di oggetto diretto e participio passato quando è necessario.

Esempio   (Mi) offri un caffè?   Certo, *te lo* offro volentieri.

1. Cameriere, ci può portare un tè freddo?
2. Scusi, mi può fare la sveglia alle 7.00?
3. Hai mandato le foto a Ruggero?
4. Ti hanno portato la colazione in camera stamattina?
5. Scusi, ci può dare un opuscolo sulla Sardegna?
6. Mi dai un consiglio su cosa comprare come souvenir?
7. Signorine, vi porto dell'acqua minerale?

Certo! _____ porto subito.
Va bene! _____ farò alle 7.00 in punto.
_____ ho mandat__ proprio stamattina.
Sì, _____ hanno portat _____.

_____ do un paio, sono diversi.

Certo, _____ do volentieri.

Sì! _____ può portare una bottiglia, per favore?

7-25. Cosa ci mettiamo oggi? Completa le seguenti risposte con i **pronomi riflessivi** e i **pronomi oggetto diretto** o **ne**. Prima di rispondere, cerchia (*circle*) il **pronome riflessivo** e sottolinea (*underline*) l'**oggetto** diretto o l'oggetto da sostituire con **ne**.

1. Ti metti i sandali stasera?
2. Ma ti metti i sandali nuovi?
3. Perché Rossella si mette il costume da bagno oggi?
4. Quando mi metto il cappello?
5. Ma mi metto un cappello elegante?
6. Ci mettiamo la crema solare?
7. Ma quanta crema solare vi mettete?

Sì, _____ metto.
No, _____ metto un paio vecchio.
_____ mette perché va al mare.
Puoi metter _____ domani.
No, puoi metter _____ uno sportivo.
Se volete, potete metter _____.
_____ mettiamo abbastanza per non scottarci.

7-26. Prepariamo le seadas! Valentina ha assaggiato le famose seadas e chiede la ricetta a Rossella. Completa il seguente dialogo con il pronome **ci + pronome oggetto diretto** o **ne**.

Esempio   Metti lo zucchero in questa ricetta?   No, non *ce lo* metto.

1. Metti il formaggio?   Sì, _____ metto.
2. Quanto _____ metti?   _____ metto 1 chilo.
3. Metti la farina?   Sì, _____ metto. _____ metto mezzo chilo.
4. Ci sono delle uova?   Sì, _____ sono tre.
5. Ci aggiungi lo strutto (*lard*)? Sì, io _____ aggiungo, ma solo un cucchiaio.
6. Ci metti il miele (*honey*) sopra? No, io non _____ metto, ma uso lo zucchero.

7-27. Cosa fai quando viaggi? A coppie, chiedete al vostro compagno/ alla vostra compagna se, durante i suoi viaggi, di solito fa le seguenti cose, se le ha fatte in passato o se le farà in futuro. Poi ognuno riferirà alla classe quello che l'altro ha detto. Usate i **pronomi doppi** e variate nell'uso dei tempi (presente, passato, futuro).

Esempio   prestare soldi agli amici

S1: *Di solito presti soldi agli amici durante un viaggio?*   S2: *Sì, di solito glieli presto.*

o   *Hai mai prestato soldi ai tuoi amici durante un viaggio?*   S2: *Sì, glieli ho sempre prestati.*

S1: *Quanti gliene presti / hai prestati?*   S2: …

1. mandare le cartoline agli amici
2. comprare souvenir per la mamma durante l'ultimo viaggio
3. farsi il bagno in piscina (o nel mare)
4. mettere qualcosa che ti piace (es. burro di noccioline) nella valigia

7-28. Il tuo prossimo viaggio. A coppie, fate le seguenti domande sul vostro futuro viaggio e rispondete con i **pronomi doppi** quando è necessario.

1. Andrai in vacanza? Dove? Con chi?
2. Quanti giorni di vacanza ti prenderai?
3. Darai una mancia a tutti i camerieri?
4. Manderai delle foto a tutti gli amici? A chi le manderai e a chi non le manderai? Perché?

7-29. Che viaggiatore sei? In gruppo, create le domande per sapere le seguenti informazioni. Rispondete usando i **pronomi doppi** e riferite i risultati alla classe.

1. Chiedere soldi ai genitori / amici
2. Pagare il biglietto per un amico/un'amica
3. Fare le fotografie ai turisti che lo chiedono
4. Portare sempre i documenti con te
5. Fare le prenotazioni dell'albergo in anticipo

E tu, preferisci questa foto o quella?

Ascolta e/o leggi il dialogo e rispondi alle domande.

Le vacanze sono quasi finite e Valentina si prepara a tornare in Sicilia. Lei e Rossella guardano le foto delle due settimane passate insieme e parlano delle ultime cose da fare prima della partenza di Valentina.

Valentina: Guarda come sono belle **queste** foto! **Questa**, in Piazza Castello, è la mia preferita. E tu, preferisci **questa** foto o **quella**?

Rossella: Anche a me piace **quella**, ma la mia foto preferita è **questa** qui, dove noi siamo vicino a **quei** ragazzi che portavano i candelieri[1]. Senti, ma cos'altro vuoi fare prima di partire?

Valentina: Vorrei tornare in **quel** negozio di souvenir dove siamo state ieri, **quello** che vende **quegli** strumenti musicali così strani. Ne ho fotografato uno. Ma dov'è **quella** foto? Oh, eccola. **Questo** strumento nella foto. Ne voglio comprare uno per Ruggero.

Rossella: **Questi** strumenti sono le launeddas[2]. Ma a Ruggero piacerà **questo** regalo?

Valentina: Sì, lui adora gli strumenti musicali e la Sardegna. Ci torneremo insieme a maggio per vedere la Cavalcata Sarda[3]. Mamma mia! Non sono ancora partita e già non vedo l'ora[4] di tornare.

Davide Monteleone/Contrasto/Redux

Piazza Castello è stata costruita nel XVIII secolo sopra le rovine di un antico castello. Da questa piazza parte la famosa celebrazione della Discesa dei Candelieri (*Descent of Candle Holders*), una festa religiosa di antiche origini che si tiene ogni anno il 14 agosto. Alcuni uomini portano a spalla (*on their shoulders*) dei grandi Candelieri fino alla Chiesa di Santa Maria.

[1]*candle holders* [2]*traditional Sardinian woodwind instrument* [3]*(See next **Nota culturale**.)* [4]*I look forward to*

Comprensione

Rispondi alle seguenti domande con frasi complete.

1. Quale foto piace molto a Rossella?
2. Dove vuole andare oggi Valentina e perché?
3. Che cosa vuole comprare Valentina per Ruggero?
4. Valentina ha già progetti per tornare in Sardegna? Quando e con chi?

Osserviamo la struttura!

Nel dialogo sopra, osserva le parole in grassetto e rispondi alle seguenti domande.

1. Observe the use of **questo** (or **questa**, **questi**, **queste**) and **quello** (or **quel**, **quella**, **quegli**, etc.). Can you determine which one indicates when an object is close to (*this / these*) or far from (*that / those*) the speaker? Provide some examples.

2. Try to explain what determines the different uses of **quel**, **quella**, **quei**, **quegli**, etc., in the following examples. Do you notice any similarities with other structures learned in the past?
   quel negozio   **quei** ragazzi   **quella** fotografia   **quegli** strumenti

3. Sometimes **questo** and **quello** (and their variations) are followed by a noun and sometimes they are not. Can you explain why? Provide some examples.

NOTA CULTURALE

La **Cavalcata Sarda** si svolge a Sassari alla fine di maggio. Tutti i gruppi folkloristici della Sardegna sfilano per le piazze e le strade della città. La sfilata è poi seguita da un'esibizione di cavalli e cavalieri.

©Famed 01/Dreamstime.com

Aggettivi e pronomi dimostrativi (*Demonstrative adjectives and pronouns*)

Cosa sono **questi strumenti? Queste** sono le famose **launeddas,** gli strumenti a fiato tradizionali della Sardegna.

©Ann Johansson/Corbis

Aggettivi dimostrativi

Aggettivi dimostrativi (*Demonstrative adjectives*) are used to refer to specific objects or people and are the equivalent of the English *this / these* and *that / those*. They generally indicate whether the object is close to or far from the speaker. Demonstrative adjectives precede the noun they refer to and, as with all adjectives, they agree in gender and number with it.

A. *This / These*

- The table below shows the forms of the demonstrative adjectives *this* and *these*, which vary in gender (*m./f.*) and number (*sing./pl.*).

(*This*)	(*These*)
(*sing., m.*) quest**o** strumento	(*pl., m.*) quest**i** strumenti
(*sing., f.*) quest**a** fotografia	(*pl., f.*) quest**e** fotografie

Come si chiama **questo** strumento?	*What is **this** instrument called?*
Questi strumenti sono le launeddas.	***These** instruments are the launeddas.*
Questa fotografia è la mia preferita.	***This** picture is my favorite.*
Guarda come sono belle **queste** fotografie!	*Look how nice **these** pictures are!*

- The singular form of the adjective **questo/questa** can be elided (**quest'**) if followed by a noun starting with a vowel:

Quest'estate andrò in Sardegna.	***This** (coming) summer I will go to Sardinia.*
Quest'anno prenderò le ferie a luglio.	***This** year I will take my vacation in July.*

B. *That / Those*

- The demonstrative adjectives *that* and *those,* in Italian, have several forms which vary according to the noun they precede. They follow the same rules learned for the definite articles (see **Capitolo 1**).

articolo det. (*sing.*)	(*That*)	articolo det. (*pl.*)	(*Those*)
(*sing., m.*) **il** negozio	**quel** negozio	(*pl., m.*) **i** negozi	**quei** negozi
(*sing., m.*) **lo** strumento	**quello** strumento	(*pl., m.*) **gli** strumenti	**quegli** strumenti
(*sing., m.*) **l'**oggetto	**quell'**oggetto	(*pl., m.*) **gli** oggetti	**quegli** oggetti
(*sing., f.*) **l'**agenzia	**quell'**agenzia	(*pl., f.*) **le** agenzie	**quelle** agenzie
(*sing., f*). **la** fotografia	**quella** fotografia	(*pl., f.*) **le** fotografie	**quelle** fotografie

Io voglio andare in **quel** negozio di souvenir.	*I want to go to **that** souvenir store.*
Quello strumento è molto bello.	***That** instrument is very beautiful.*
Voglio assaggiare **quelle** seadas.	*I want to taste **those** seadas.*

Pronomi dimostrativi

Pronomi dimostrativi (*Demonstrative pronouns*) replace nouns (names of people or things) that have been already mentioned and that can be understood from the context. As the following table shows, demonstrative pronouns vary in gender (*m./f.*) and number (*sing./pl.*).

Pronomi dimostrativi					
this (one)	quest**o**	quest**a**	*that (one)*	quell**o**	quell**a**
these (ones)	quest**i**	quest**e**	*those (ones)*	quell**i**	quell**e**

Signorina, quale strumento vuole comprare?	*Miss, which instrument do you want to buy?*
Voglio comprare **questo**.	*I want to buy **this** one.*
Quale fotografia preferisci?	*Which picture do you prefer?*
Questa è la mia preferita.	***This** (one) is my favorite.*
Quale negozio ti piace di più?	*Which store do you like the most?*
Quello che vende le launeddas.	***That one** that sells launeddas.*

Pratichiamo!

7-30. Oh no! Le valigie non si chiudono! Le valigie di Valentina non si chiudono perché lei ha comprato tante cose. Allora deve decidere cosa lasciare. Completa l'esercizio con l'aggettivo **questo/a/i/e**.

Lascio _____ (1) sandali perché sono vecchi. _____ (2) telo da bagno non mi serve. _____ (3) foto me le può spedire Rossella. Lascio anche _____ (4) asciugamano grande e _____ (5) scarpe. _____ (6) giornali non li porto e nemmeno _____ (7) costume da bagno. Non mi sta bene. _____ (8) crema solare è di Rossella e gliela restituisco. Ecco fatto (*All done*)!

7-31. La fine di una vacanza. Valentina e Rossella fanno alcune considerazioni sulle loro vacanze. Completa le seguenti frasi con le forme dell'aggettivo dimostrativo **quello**.

1. Si mangia molto bene in _____ ristorante dove siamo state l'altra sera.
2. L'anno prossimo tornerò in _____ albergo di Alghero. Si sta molto bene.
3. Non dimenticherò mai _____ spiaggia di Alghero. Sembra un paradiso.
4. Che belle! _____ fotografie dei nuraghi sono venute proprio bene.
5. Mi devo ricordare di comprare un po' di _____ zafferano che abbiamo trovato ieri.
6. Che ne dici, andiamo a salutare _____ bagnini tanto gentili della spiaggia?
7. _____ occhiali da sole sono molto belli. Dove li hai comprati?
8. Consiglierò a tutti _____ agenzia che ci ha dato le informazioni per il nostro viaggio.

7-32. Ritorno a casa! Valentina è tornata a casa in Sicilia. Apre le valigie ed ecco alcune delle sue considerazioni. Completa le seguenti frasi con i **pronomi dimostrativi.**

1. Tra tutti i miei sandali, _____ qui (*here*) sono i miei preferiti. Voglio comprarmene un altro paio. _____ che ho lasciato in Sardegna erano vecchi e scomodi.

2. Ma dove sono le scarpe? Oh no! Ho dimenticato _____ nere in Sardegna. Devo chiedere a Rossella di spedirmele. E invece qui ci sono _____ che non voglio più.

3. Ho solo una valigia ma _____ qui è troppo piccola. La prossima volta porterò _____ di mia madre. Devo ricordarmi di chiedergliela.

4. _____ qui è un cappello che ho preso per me, _____ nella valigia è per Ruggero. Chissà se (*Who knows if*) lo metterà mai.

7-33. Scelte difficili. Tu e il tuo compagno/la tua compagna siete in vacanza insieme, ma non siete sempre d'accordo sui posti dove andare (ristoranti, musei, alberghi, spiagge), sulle cose da fare / comprare, ecc. Discutete e date un motivo per le vostre scelte. Usate gli **aggettivi** e i **pronomi dimostrativi** come nell'esempio.

Esempio	S1: *Andiamo in* **questo** *ristorante qui vicino?*	S2: *No, andiamo in* **quello** *vicino al mare.*
	S1: *Ma* **questo** *è più carino.*	S2: *Ma in* **quel** *ristorante si mangia bene.*
	S1: *...*	S2: *...*

7-34. In un negozio di souvenir. A coppie, uno di voi fa il commesso/la commessa e l'altro/altra è il/la turista che compra regali e souvenir. Il/La turista chiede di vedere e provare alcune cose, chiede i prezzi, e il commesso dà dei consigli al cliente. Usate gli **aggettivi** e i **pronomi dimostrativi** e altre strutture imparate in questo capitolo quando è possibile. Siate creativi! Alla fine rappresentate la scena alla classe.

Esempio	S1: *Scusi, vorrei vedere* **quel** *cappello in vetrina?*	S2: *Quale,* **quello** *rosso?*
	S1: *Sì, proprio* **quello.** *Posso provarmelo?*	S2: *Se lo può provare sicuramente!*
	S1: *Come sto?*	S2: *Bene, ma le consiglio* **questo** *bianco.*
	S1: *Sì, mi piace anche* **quello.** *Quanto costa?*	S2: **Questo** *cappello costa 65€.* **Quello** *rosso invece costa 55€.*

Possibili acquisti: occhiali da sole   telo da mare   costume da bagno   sandali

7-35. Questo o quel pacchetto vacanza? In gruppo, ognuno di voi prepara un "pacchetto vacanza" e lo presenta al resto del gruppo. Dopo aver presentato tutti i pacchetti, sceglietene uno e spiegate i motivi delle vostre scelte e della vostra decisone alla classe. Siate molto creativi nel creare i pacchetti. Nella discussione, cercate di usare tutte le strutture imparate in questo capitolo.

	Nome	Nome	Nome
1. Destinazione principale e luoghi da visitare			
2. Data			
3. Prezzo			
4. Particolarità			

iLrn

Complete the diagnostic tests to check your knowledge of the vocabulary and grammar structures presented in this chapter.

NOTA CULTURALE

In Italia, oltre agli alberghi, ci sono altri alloggi come le **pensioni**, gli **agriturismi** (*farms offering B&B*) e anche luoghi religiosi come **conventi** e **monasteri**. Questi ultimi sono economicamente più convenienti e offrono diverse possibilità come **mezza pensione**, che vuole dire soggiorno e un pasto, o **pensione completa**, che offre tutti i pasti.

© Omar Capelli / Dreamstime.com

Insieme in piazza!

Scegliete una delle seguenti situazioni e create una conversazione con il compagno/la compagna. Ricordate di usare le strutture imparate nel capitolo, ma non limitatevi solo a quelle.

Scena 1: Immaginate di programmare un viaggio in Sicilia o in Sardegna con un vostro amico/una vostra amica. Con quale mezzo di trasporto viaggerete, cosa si può fare in questa regione, e cosa visiterete, mangerete, ecc.? Uno di voi conosce bene il posto e mostra all'altro/a il tour virtuale della piazza.

Scena 2: Immaginate di fare una prenotazione in un albergo che si trova nella piazza principale della città. Uno di voi lavora in albergo e l'altro è il cliente che non ha una macchina e ha anche pochi soldi.

Scena 3: Create una situazione a vostra scelta.

Presentazioni orali

A coppie, preparate una breve presentazione orale su uno dei seguenti argomenti. Ecco alcuni suggerimenti, oppure decidete voi l'argomento della vostra ricerca.

Mondadori via Getty Images

ollirg/Shutterstock.com

1. Grazia Deledda (Nuoro, 1871–Roma, 1936) – Scrive dello spirito e del costume della gente sarda e vince il premio Nobel per la letteratura.

2. Lo Stretto di Messina

Eugenia Struk/Shutterstock.com

3. Le Isole Eolie hanno alcune delle spiagge più belle di tutta l'Italia.

Scriviamo!

Utilizza similitudini e metafore per arricchire la tua scrittura e migliorare le tue descrizioni.

> ### Writing Strategy: **Using Similes and Metaphors**
> Similes (**Similitudini**) are the comparison of two unlike things using the words *like* or *as* (**come**): **L'acqua è chiara *come* il cristallo.** Metaphors (**Metafore**) state that one thing is something else and does not use the signal words of a simile: **L'isola è una perla.** A metaphor is more of an equation, while a simile is more of an approximation.
>
> In Roberto Alajmo's book, *Palermo è una cipolla,* the author describes his hometown of Palermo.

1. Brainstorming

a. Secondo voi, perché l'autore intitola il suo libro *Palermo è una cipolla*?

b. Leggete la seguente citazione dal libro e commentatela:

> "La città è così. È fatta a strati. Ogni volta che ne sbucci uno ne resta un altro da sbucciare."

c. Il libro inizia con una descrizione del viaggiatore che guarda la bellezza incantevole di Palermo dall'aereo. Quando l'atterraggio (*landing*) è problematico, lui scrive:

> "La difficoltà del pilota in fase di atterraggio, il problema di evitare gli opposti disastri di mare e montagna, è una metafora delle difficoltà quotidiane… dell'Isola."

Spiegate questa metafora.

2. Organizzazione

a. Pensa a una città che conosci bene e a cui sei affezionato/a. Scrivi il nome.

b. Seguendo l'esempio di *Palermo è una cipolla,* crea un titolo per questa città usando una similitudine o una metafora per descrivere la città.

c. Alajmo contrasta i tesori segreti e pubblici di Palermo alle condizioni del terzo mondo di alcuni quartieri. Pensa alla città che hai scelto e scrivi una lista con due colonne contrastando le cose straordinariamente belle e quelle problematiche.

3. Scrittura libera

Usando la tua lista, scrivi 12–14 frasi che descrivono la città che hai scelto. Cerca di includere almeno due similitudini e una metafora nelle tue descrizioni.

4. Prima correzione

Scambiate le frasi con un compagno/una compagna e fate correzioni. Rispondete alle seguenti domande.

a. La metafora è spiegata nelle descrizioni della città?

b. I dettagli descrivono bene il lato positivo e quello negativo del posto?

c. Ti interessa la città dopo aver letto (*after having read*) le frasi?

5. Finale

A casa, scrivi un itinerario guidato per una tua amica italiana/un tuo amico italiano che verrà a trovarti nella tua città. Scrivi un paragrafo delle cose belle e poi uno per quelle meno belle che vedrà quando arriverà. Usa le metafore e le similitudini che hai scritto dove appropriato. Concludi con una spiegazione che dimostra l'affetto che hai per la città che hai descritto.

▶ In vacanza

Prima della visione

A. Dove andranno in vacanza? Secondo te, dove andranno in vacanza Francesco (a sinistra), Nicola (al centro) e Martina (a destra)? Viaggeranno insieme o ognuno con i propri amici? Con quale mezzo viaggeranno? E che cosa faranno? Inventa un breve itinerario e poi presentalo alla classe.

© Cengage Learning 2015

B. Il viaggio di un amico. Completa il brano con le seguenti parole o frasi.

aereo / si unisce / si prende / monumenti / mezzo / economico / posti / si va

Andrò con i miei amici a Ibiza in _____ (1) con un volo low-cost perché è il
_____ (2) più pratico ed _____ (3). Non so chi verrà, vediamo
chi _____ (4). I _____ (5) in cui vado io sono di mare. Di giorno
_____ (6) in spiaggia, così _____ (7) un po' di sole. Se la città è molto
bella si va anche a vedere _____ (8), chiese e cose così.

Durante la visione

Guarda il video due volte. La prima volta, fai attenzione al significato generale. La seconda volta, completa le seguenti attività.

C. Scopriamo le loro destinazioni. Scopri le destinazioni di Francesco, Nicola e Martina.

1. Francesco   a. Madrid

2. Nicola   b. Ibiza

3. Martina   c. Londra

D. A chi si riferisce? Indica con una **X** le persone a cui queste cose si riferiscono.

	Francesco	Nicola	Martina	La signora Anna
1. Non sa ancora con quanti amici viaggerà.				
2. Manda foto e cartoline agli amici.				
3. Compra souvenir di artigianato.				
4. Non va ai ristoranti perché costano troppo.				
5. Preferisce la cucina tipica locale.				
6. Visita le città e i musei.				
7. Va all'università.				

Dopo la visione

E. Comprensione. Rispondi alle seguenti domande con frasi complete.

1. Cosa farà Nicola prima di andare in vacanza?

2. Quanto tempo Nicola resterà a Londra?

3. Perché Martina andrà in vacanza alla fine dell'estate?

4. Cosa si fa nei posti in cui di solito va Francesco?

5. La signora Anna per chi compra dei regali quando va in vacanza?

6. Quali sono i vantaggi del ristorante che preferisce la signora Anna?

F. Facciamo un'intervista! Immagina di intervistare la signora Anna e di chiederle dove andrà in vacanza la prossima estate, perché, cosa farà, ecc. Con un compagno/una compagna, create un'intervista e poi recitatela alla classe.

© Cengage Learning 2015

iLrn

Share it! ••• **Questa località o quella?** Fai una ricerca su Internet per trovare due località di vacanza in Sicilia e/o in Sardegna. Sei indeciso/a su dove andare. Metti le foto e alcune informazioni sul blog e chiedi consiglio ai tuoi compagni di classe.

I mezzi pubblici — *Public Transportation*

l'aereo	airplane
l'autobus	city bus
l'automobile	car
la metro / la metropolitana	subway
la nave	ship
il pullman	coach, tour bus
lo scompartimento	train compartment, train car
il taxi	taxi cab
il traghetto	ferry
il treno	train

Gli alloggi — *Lodgings*

l'albergo / l'hotel	hotel
il campeggio	campground
l'ostello	hostel
la pensione	bed and breakfast (B&B)

Altre parole — *Other Words*

l'aria condizionata	air conditioning
gli arrivi	arrivals
l'ascensore	elevator
l'asciugamano / gli asciugamani	towel(s)
i bagagli	baggage
il bagnino	lifeguard
il balcone	balcony
il biglietto	ticket
il binario	train track
il cambio	exchange rate (money)
la camera	room
la camera (singola / matrimoniale)	room (single / double with double bed)
il cameriere / la cameriera	waiter/waitress
il cameriere/la cameriera d'albergo / di camera	hotel maid / chamber maid
il carrello	cart
la chiave	key
la colazione compresa	breakfast included
il controllore	controller
costoso	expensive
il costume da bagno	bathing suit
la crema solare	sunscreen
la crociera	cruise
il documento / la carta d'identità	ID card
economico	affordable
all'estero	abroad
il facchino	bell hop, porter
il ferro da stiro	iron
la fila	line
il frigobar	minibar
l'impiegato	employee
l'imprevisto	unforeseen, unexpected event
lento	slow
le lenzuola	sheets
il lettino	lounge chair
la macchina fotografica	camera
la macchinetta	machine to validate ticket
la mancia	tip
la multa	fine
gli occhiali da sole	sunglasses
l'ombrellone	beach umbrella
l'opuscolo / il dépliant	brochure
l'orario	schedule
la palestra	gym
le partenze	departures
il passaporto	passport
i passeggeri	passengers
la piscina	pool
rapido	fast
reception	reception (hotel)
regionale	local (train)
il ristorante	restaurant
la sala d'attesa	waiting room
lo sciopero	labor strike
la (sedia a) sdraio	beach chair
la spiaggia	beach
il supplemento	additional fee
la sveglia	wake-up call / alarm clock
il telo (da) bagno / (da) mare	beach towel
la tenda	tent
il terzo piano	third floor
il trekking	(mountain) hiking
la vacanza studio	study and vacation combined
la valigia	suitcase
in anticipo	early
in orario	on time
in ritardo	late

Espressioni utili — *Useful Expressions*

A che ora è la colazione?	*What time is breakfast served?*
Fumatori o non fumatori?	*Smoking or non smoking?*
La colazione è compresa nel prezzo?	*Is breakfast included in the price?*
Mi può fare la sveglia alle… ?	*Can you give me a wake-up call at . . . ?*
Non vedo l'ora di…	*I look forward / I can't wait to . . .*
Scusi, dov'è la fermata dell'autobus?	*Excuse me, where is the bus stop?*
Scusi, per andare a… ?	*Excuse me, how do you get to . . . ?*
Scusi, quant'è il cambio oggi?	*Excuse me, what is the exchange rate today?*
Vorrei chiedere / sapere un'informazione	*I'd like to get some information*
Vorrei fare una prenotazione	*I would like to make a reservation*
Vorrei sapere se c'è un… in camera?	*I'd like to know if there is a . . . in the room?*

I luoghi — *Places*

l'aeroporto	*airport*
l'agenzia di viaggi	*travel agency*
la biglietteria	*ticket counter / booth*
la campagna	*countryside*
la fermata (dell'autobus)	*(bus) stop*
il lago	*lake*
il mare	*sea*
la montagna / le montagne	*mountain(s)*
il porto	*port*
la stazione ferroviaria	*train station*

I verbi — *Verbs*

abbronzarsi	*to get a tan*
andare in campeggio	*to go camping*
andare in vacanza	*to go on vacation*
atterrare	*to land (airplane)*
decollare	*to take off (airplane)*
imbarcare	*to embark*
mettere in ordine / sistemare (es. la camera)	*to tidy up (ex. the room)*
noleggiare (l'auto, la bicicletta, la barca…)	*to rent (car, bike, boat . . .)*
prendere le ferie / fare le ferie / andare in ferie	*to take time off from work (for a vacation)*
prendere il sole	*to sunbathe*
prenotare	*to reserve*
salire a bordo	*to board*
scappare	*to escape*
scoprire	*to discover*
scottarsi (al sole)	*to get a sunburn*
timbrare	*to stamp*
tuffarsi / fare un tuffo	*to dive / to take a dip*

Dizionario personale

_____

_____

_____

_____

_____

_____

_____

_____

_____

_____

_____

_____

_____

_____

CAPITOLO 8

LEARNING STRATEGY

Increasing Vocabulary

As you advance in your language studies, your vocabulary will continue to increase. Try as often as you can to use the words in context. You have already learned some vocabulary-building tools such as recognizing cognates, associating images with words, or color-coding words. Another way to learn vocabulary is to recognize word families. In this chapter, for example, you'll see the words **malattia**, **malato**, and **ammalarsi**. They are all associated with the verb **ammalarsi,** "to get sick." Once you recognize the root word, you'll be able to infer the meaning of other words in that family.

IN PIAZZA PER PROMUOVERE LA SALUTE

Piazza Tre Novembre (Riva del Garda) in Trentino – Da sempre Piazza Tre Novembre, nel cuore della città di Riva del Garda, è circondata da palazzi medioevali. Al centro della piazza c'è la torre Apponale costruita nel XIII secolo e usata per difendere il porto. Dalla piazza si vedono le montagne e il lago.

© Taffi - Fotolia.com

COMMUNICATIVE GOALS

> Identify parts of the body

> Talk about health and physical conditions

> Give and receive advice about wellness

> Talk about maintaining a healthy lifestyle

Risorse Audio ▶ Video ilrn.heinle.com

Il Trentino Alto-Adige e il Friuli-Venezia Giulia

> Il Trentino-Alto Adige è una regione che ha molte cose da offrire. Qui si possono apprezzare la natura, lo sport, la gastronomia, l'arte e la storia.

> In Friuli-Venezia Giulia si parlano quattro lingue: l'italiano, lo sloveno, il tedesco e il ladino. Inoltre, esistono anche molti altri dialetti.

© Cengage Learning 2015

©scatto79/fotolia

Castel Beseno è il più grande castello del Trentino-Alto Adige, situato sulla sommità della collina da cui si vede tutta la Valle dell'Adige. Ha una forma ellittica. In passato, questa fortezza era usata principalmente per difendere il territorio ed è anche stata la sede di importanti dinastie. Oggi ci sono mostre, manifestazioni culturali e spettacoli in costume che ricreano una magica atmosfera del passato.

Le **Dolomiti** sono un insieme di gruppi montuosi delle Alpi Orientali italiane e sono tra le montagne più note del mondo. Nel 2009, l'UNESCO ha dichiarato le Dolomiti Patrimonio Mondiale dell'Umanità. È un vero paradiso per chi ama passeggiare all'aria aperta, scalare le montagne, andare in giro con la mountain-bike o fare le vacanze in montagna. Ma è anche un posto ideale per chi desidera semplicemente rilassarsi.

mary416/Shutterstock.com

Andiamo in piazza!

© Dennis_dolkens/Dreamstime

◀ **Piazza del Duomo** è nel cuore della città di Trento ed è famosa per eventi storici importanti come il Concilio della Controriforma cattolica alla riforma protestante. Ogni anno c'è qui il Palio delle Contrade della città di Trento. Durante questo evento, la piazza si trasforma e fa rivivere la Trento medioevale di una volta.

Piazza dell'Unità d'Italia è ▶ la piazza principale di Trieste e il centro della vita quotidiana. È un luogo per fare passeggiate, vedere spettacoli, manifestazioni o fare incontri d'affari. La piazza, a forma rettangolare, si affaccia, da un lato, sul mare, il golfo di Trieste, creando uno splendido panorama. Al centro della piazza si trova la fontana dei Quattro continenti: Europa, Asia, Africa e America, ognuno rappresentato da una statua allegorica.

bepsy/Shutterstock.com

iLrn™

Share it! • • • **Scopriamo il Trentino Alto-Adige.** Fai una ricerca su un aspetto del Trentino-Alto Adige che ti può interessare, per esempio, la cucina, l'arte o le tradizioni. Metti informazioni, foto e link su *Share it!* Poi guarda quello che hanno scritto i tuoi compagni, indica quello che ti piace e spiega il motivo.

▶ To learn more about **il Trentino Alto-Adige** and **il Friuli-Venezia Giulia**, watch the cultural footage in the Video Library.

🔊 3–2

Il corpo e la salute

Le parti del corpo

la testa
il naso
l'orecchio / le orecchie*
il gomito
il braccio / le braccia*
la bocca
il petto
la gamba

la mano / le mani
i capelli
l'occhio / gli occhi
i denti
la spalla
il collo
il ginocchio / le ginocchia*
il piede

© Cengage Learning 2015

Il ragazzo fa trekking sulle Dolomiti per mantenersi in forma e in buona salute.

*Some body parts, such as **braccio, orecchio, ginocchio,** have irregular plural forms. They are masculine in the singular form but change to feminine in the plural form.

I verbi — *Verbs*

ammalarsi	to get sick
avere mal di... (orecchio, schiena, testa, pancia, gola, ecc.)	to have a bad / achy ... (ear, back, head, stomach, throat, etc.)
contagiare	to infect
controllare	to check
farsi un taglio / un graffio	to get a cut / a scratch
migliorare	to get better
misurare (la temperatura)	to take (the temperature)
peggiorare	to get worse
prescrivere	to prescribe
sentirsi (bene / male)	to feel (good / bad)

Espressioni utili — *Useful Expressions*

mi fa male... (la testa, la gola,...)	my (head, throat, ...) hurts
mi fanno male... (le gambe, le braccia, i muscoli)	my (legs, arms, muscles) hurt
mi sono fatto/a male... (al braccio, alla gamba)	I hurt my (arm, leg)

I problemi di salute e i rimedi — *Health Problems and Remedies*

l'ambulanza	ambulance
le analisi	(*medical*) tests
l'aspirina	aspirin
il cerotto	bandage / Band-aid®
il consiglio	advice
la dose / il dosaggio	dose / dosage
il dottore / il medico	doctor
la febbre	fever
le gocce	drops
l'influenza	flu
l'iniezione / la puntura	injection
il malato (*or* l'ammalato)	sick person (*noun*)
malato/a	sick (*adj.*)
la malattia	illness
la medicina	medicine
il/la paziente	patient
la pillola	pill
la pomata	ointment
il raffreddore (avere il...)	cold (to have a ...)
la ricetta medica	prescription
lo sciroppo	cough syrup
il sintomo	symptom
il termometro	thermometer
la tosse	cough

I luoghi — *Places*

la farmacia	pharmacy
l'ospedale	hospital
il pronto soccorso	emergency room (*ER*)
lo studio medico	doctor's office

Pratichiamo!

8-1. Le parti del corpo. Scrivi le parti del corpo necessarie per fare le seguenti attività.

> correre / mangiare / leggere / ballare / fare trekking

8-2. Definizioni. Abbina la parola con la definizione.

A	B
1. _____ la dose	a. liquido medicinale
2. _____ lo sciroppo	b. segno di una malattia
3. _____ il consiglio	c. quantità proporzionata
4. _____ la pomata	d. suggerimento
5. _____ la febbre	e. crema farmaceutica
6. _____ il sintomo	f. temperatura alta

8-3. Le cure. Quali cure aiutano i seguenti problemi? Scegli tra le opzioni date.

> mal di testa / influenza / farsi un graffio / mal di orecchio / la tosse / irritazione alla pelle

1. Prendere lo sciroppo:
2. Mettersi un cerotto:
3. Fare un'iniezione:
4. Prescrivere le gocce:
5. Mettersi una pomata:
6. Prendere un'aspirina:

8-4. Pronto soccorso. Assegnate una categoria alle seguenti malattie, seguendo il codice italiano del pronto soccorso. Poi spiegate perché avete scelto quel codice.

Esempio   l'irritazione: *Codice bianco perché la situazione probabilmente non peggiorerà subito e il rischio non è serio.*

> Rosso: alto rischio e l'ingresso è immediato

> Giallo: rischio intermedio e l'attesa è breve

> Verde: basso rischio e l'attesa è intermedia

> Bianco: meno rischio e l'attesa è più lunga

> febbre alta / raffreddore / braccio rotto / tosse / influenza / mal di testa

8-5. Cure alternative. Quali sono alcune cure alternative che usate quando non vi sentite bene? Ci sono altre soluzioni alla medicina tradizionale per aiutarvi a stare bene? Parlate di cure alternative che usavano i vostri nonni o i vostri genitori. Alla fine, raccontate alla classe la cura alternativa più interessante.

8-6. Una vita sana. Secondo voi, quali sono le abitudini positive che possono aiutarci a evitare problemi di salute? Quali sono le abitudini negative che danneggiano la nostra salute? Parlate delle vostre abitudini e poi decidete chi nel gruppo ha una vita più sana.

Prima di tutto... Hai mai sentito l'espressione "old wives' tale" in inglese? Che cosa vuol dire? Qual è un esempio di un "old wives' tale", o "consigli della nonna", che hai sentito forse dai tuoi genitori o dai tuoi nonni? Guarda le seguenti immagini. Quali sono i consigli che si associano a queste attività?

©Yuri Arcurs/fotolia

Vasiliy Koval/Shutterstock.com

Davvero?! In Italia questi non sono considerati semplici "consigli della nonna", ma veri e propri consigli di vita: seguire queste raccomandazioni significa vivere bene e vivere sano. Questi consigli fanno parte della cultura italiana quotidiana del benessere e spesso vengono espressi nella forma di proverbi o aforismi. Ecco un esempio:

Una mela al giorno toglie il medico di torno.
Che cosa vuole dire questa espressione? C'è un proverbio equivalente in inglese?

Chiacchieriamo un po'! Lavorate a coppie. Qual è un vostro consiglio per vivere bene ed evitare malattie e infortuni? Usando il vocabolario di questo capitolo, create un nuovo proverbio che consigli un modo per vivere bene nel ventunesimo secolo. Come l'esempio di sopra, create una frase che faccia la rima. Usate la vostra fantasia!

iLrn

Share it! • • • **Emergenza!** Negli Stati Uniti, in caso di emergenza, si chiama il 9-1-1. Cerca su Internet il numero che si chiama in Italia in caso di emergenza per il pronto soccorso. Trova anche un'immagine con il numero e metti tutto su *Share it!* Se vieni da un altro Paese, metti il numero e il simbolo del tuo Paese.

🔊 Riposa e dormi un po'!
3–3

Ascolta e/o leggi il dialogo e rispondi alle domande.

*Danilo e Laura hanno partecipato alla gara in bicicletta **Bici Trento** e ora sono in Piazza del Duomo.*

Danilo: **Vieni** Laura, **lasciamo** le bici e **andiamo** a prendere qualcosa da bere.

Laura: Sì, buon'idea. **Guarda,** c'è un bar lì sotto i portici. Allora, come ti senti dopo la gara?

Danilo: Sono stanco! Ma **aspetta!** **Non correre!** Mi fanno male le gambe!

Laura: **Ascolta!** Quando vai a casa, **riposa** e **dormi** un po'! **Non fare** altri sforzi e domani starai meglio.

Danilo: Sì, hai ragione. Ma ho anche un po' di mal di testa e i sintomi dell'influenza.

Laura: Beh, **prendi** qualcosa di caldo e **non uscire** più oggi! Stasera io e Paola veniamo da te per vedere come stai. Va bene?

Danilo: No, per favore, **non venite!** Se ho l'influenza, non vi voglio contagiare.

Laura: D'accordo, ma domani **chiama** il dottore e **senti** cosa dice!

Entrano nel bar e si siedono a un tavolino.

Danilo: Cameriere, ci **porti** due caffè e due bicchieri d'acqua per favore.

Piazza del Duomo, a Trento, è spesso il luogo di incontro per molti eventi ciclistici della città.

Comprensione

Rispondete alle seguenti domande con frasi complete.

1. Come si sente Danilo?
2. Cosa consiglia Laura a Danilo di fare quando va a casa?
3. Perché Danilo non vuole vedere Laura e Paola stasera?
4. Che cosa ordina Danilo al bar?

Osserviamo la struttura!

Nel dialogo sopra, osserva le parole in grassetto e completa le seguenti attività.

1. What do you think the words in bold express? Circle all that apply.

   question   command   advice   statement   suggestion   doubt

2. Write the subject pronoun for each verb form, and then write the meaning of the expression.

   (_____) Ascolta! = _____   (_____) Prendi! = _____   (_____) Dormi! = _____

   (_____) Andiamo! = _____   (_____) Non venite! = _____   (_____) Porti! = _____

3. Modeling the examples below, can you tell (a) one of your friends "not to do something" and then (b) a group of friends the same thing?

   a. Non correre!   b. Non venite!

NOTA CULTURALE

Bici Trento è una gara in bicicletta organizzata dalla regione Trentino per incoraggiare le persone a fare attività fisica e a proteggere l'ambiente. Si parte da un punto della città e si arriva in Piazza del Duomo.

Daniel Prudek/Shutterstock.com

Vieni con me! **Andiamo** sotto i portici e **prendiamo** un caffè al Caffè Italia!

Imperativo (*Imperative*)

The **imperativo** (*imperative*) is the verb mood used to give commands, advice, instructions, directions, and strong suggestions. It is used with all persons except for the first-person singular (**io**) and the third-person plural (**loro**).[1]

Ascolta! Quando vai a casa, **riposa** e **dormi** un po'!	*Listen! When you go home, rest and sleep a little!*

A. The following table shows the **imperativo** of regular verbs.

Imperativo				
	controll-are	**prend-ere**	**sent-ire**	**fin-ire (-isc)**
(tu) (Lei) *(you, formal)*	controll-a controll-i	prend-i prend-a	sent-i sent-a	fin-isci fin-isca
(noi)	controll-iamo	prend-iamo	sent-iamo	fin-iamo
(voi)	controll-ate	prend-ete	sent-ite	fin-ite

B. Notice that most verb forms of the **imperativo** are the same as the **presente indicativo** with the exception of the second-person singular (**tu**) of **-are** verbs and the formal **Lei** for all verbs. The imperative of the **noi** form corresponds to the English *Let's* + verb. Also, in Italian, as in English, subject pronouns are not generally expressed with the **imperativo**. They are used in rare cases for emphasis.

(*Informal*) **Chiama** il dottore e **senti** cosa ti dice!	*Call the doctor and listen to what he tells you!*
(*Formal*) **Resti** a letto e **riposi** molto!	*Stay in bed and rest a lot!*
Andiamo dal dottore!	*Let's go to the doctor!*
Voi, **prendete** lo sciroppo per la tosse!	*You all (pl.), take the cough syrup!*

C. Verbs ending in **-care** and **-gare** add an **h** in the **Lei** form to keep the hard sound of the consonant. Verbs with an **-i** at the end of the stem, such as <u>studiare</u>, <u>mangiare</u>, do not double the **i.**

Signor Rossi, **cerchi** di riposare e **mangi** della zuppa calda.	*Mr. Rossi, try to rest and eat some warm soup.*

[1]There is also a formal imperative, the **Loro** form, to replace the **voi** form, which is used sometimes with customers, for example, by a waiter or a salesperson speaking to his/her customers. See the forms in the Appendix.

Verbi irregolari

The following verbs are irregular in the **imperativo**.[2] The verbs **andare, dare, fare, stare,** and **dire** can be shortened in the **tu** form, in which case they use an apostrophe. Both forms are commonly used.

	andare	avere	bere	essere	dare	fare	stare	dire	tenere	uscire	venire
tu	vai (va')	abbi	bevi	sii	dai (da')	fai (fa')	stai (sta')	di'	tieni	esci	vieni
Lei	vada	abbia	beva	sia	dia	faccia	stia	dica	tenga	esca	venga
noi	andiamo	abbiamo	beviamo	siamo	diamo	facciamo	stiamo	diciamo	teniamo	usciamo	veniamo
voi	andate	abbiate	bevete	siate	date	fate	state	dite	tenete	uscite	venite

Sii paziente! Il raffreddore passerà presto.   ***Be*** *patient! Your cold will soon pass.*
Stai (*or* **Sta'**) a letto e **bevi** qualcosa di caldo.   ***Stay*** *in bed and* ***drink*** *something warm.*
Signor Rossi, **venga** nel mio ufficio alle 12.00.   *Mr. Rossi,* ***come*** *to my office at 12:00.*

Imperativo negativo

To form the **imperativo negativo** (*negative imperative*), place **non** before the **imperativo** forms of **Lei, noi,** and **voi.** To form the **imperativo negativo** for the **tu** form, place **non** before the infinitive of the verb.

Signor Rossi, **non esca** con la febbre!   *Mr. Rossi,* ***don't go out*** *when you have a fever!*
Ragazzi, **non andate** a casa di Danilo. È malato!   *Guys,* ***don't go*** *to Danilo's. He's sick!*
Danilo, **non prendere** troppa aspirina!   *Danilo,* ***don't take*** *too many aspirin!*

Come si dice *first / second / last (Ordinal Numbers)?*

- Ordinal numbers indicate position or order.

  1st primo   *3rd* terzo   *5th* quinto   *7th* settimo   *9th* nono
  2nd secondo   *4th* quarto   *6th* sesto   *8th* ottavo   *10th* decimo

- Whether they are used as pronouns or adjectives, they have to agree in gender and number with the object they modify.

  Il **primo** giorno prendi dieci gocce,   *The first day take 10 drops, the second*
     il **secondo** solo cinque.   *(day) only five.*
  La **terza** settimana di ogni mese c'è   *The third week of every month there is a*
     un check-up gratuito in ospedale.   *free check-up at the hospital.*

- Most ordinal numbers from 11 and higher, drop the final vowel and add **-esimo/a/i/e** according to the gender of the noun they modify. Numbers ending with **-tre** or **-sei** just add **-esimo/a/i/e** without deleting the final vowel.

  11 undici = undic**esimo** → *11th*   12 dodici = dodic**esimo** → *12th*   20 venti = vent**esimo** → *20th*

  Quest'anno ci sarà la **tredicesima**   *This year there will be the 13th annual*
     edizione di Bici Trento.   *Bici Trento.*
  Danilo è arrivato **ventitreesimo**   *Danilo finished the race in 23rd place*
     alla gara e Laura **trentaseiesima.**   *and Laura in 36th.*

[2]Notice that these verbs are also irregular in the present tense.

Pratichiamo!

8-7. Consigli. Danilo non sta bene. Questi sono i consigli che lui riceve da Laura e dal dottore. Usa l'**imperativo affermativo** o **negativo** delle espressioni indicate nella forma del **tu** e del **Lei** come nell'esempio.

Esempio   stare attento alla salute

        Laura parla con Danilo: → *Stai* (o *Sta'*) *attento alla salute!*

        Il dottore parla con Danilo: → *Stia attento alla salute!*

1. misurare la temperatura
2. cercare di riposare
3. non prendere alcolici
4. finire tutto l'antibiotico
5. leggere le indicazioni prima di prendere le medicine
6. mettere lo zucchero se lo sciroppo è amaro
7. non dimenticare di prendere le medicine all'ora indicata
8. dormire molto

NOTA CULTURALE

Visite a domicilio. Spesso, in Italia, il dottore generico fa anche visite a domicilio, cioè visita i pazienti a casa loro soprattutto se si tratta di bambini.

Goodluz/Shutterstock.com

8-8. Raccomandazioni! Le seguenti sono alcune raccomandazioni utili che diamo a chi si prende cura di una persona malata. Crea le seguenti frasi con l'**imperativo affermativo** o **negativo** a seconda delle forme qui indicate.

tu / Lei / noi / voi

1. andare in farmacia
2. fare attenzione al dosaggio
3. dare le medicine tre volte al giorno
4. non essere impaziente/i con l'ammalato
5. tenere il termometro a portata di mano (*within reach*)
6. non stare a lungo lontano dall'ammalato
7. dire al dottore tutti i sintomi
8. non uscire se la situazione non migliora

8-9. Aiutateci! Cosa dobbiamo fare per stare bene? Completa le seguenti frasi con l'**imperativo affermativo** o **negativo** secondo i soggetti indicati in parentesi.

Esempio   Per il raffreddore: (tu / Lei) *prendere* l'aspirina e non *uscire* di casa.

        Prendi l'aspirina e ***non uscire*** di casa!

        Prenda l'aspirina e ***non esca*** di casa!

1. Per evitare le carie (*cavities*): (voi / tu) *lavare* i denti tre volte al giorno e non *mangiare* troppi zuccheri.
2. Per l'influenza: (Lei / tu) non *uscire* di casa e *dormire* molto.
3. Per perdere peso: (noi / voi) *mangiare* frutta e verdura e non *bere* alcolici.
4. Per una gamba rotta: (tu / noi) *andare* in ospedale e *restare* a riposo.
5. Per un'infezione: (Lei / voi) *prendere* l'antibiotico e non *saltare* (*skip*) le dosi.
6. Per la tosse: (tu / Lei) non *correre* e *coprire* la bocca con il braccio quando si tossisce.
7. Per un taglio: (Lei / noi) *pulire* il taglio con il disinfettante e *mettere* un cerotto.
8. Per un'emergenza: (noi / voi) *chiamare* il pronto soccorso o *andare* in ospedale.

8-10. Cosa dice il dottore? Il dottore oggi va a casa di due pazienti. Prima visita un bambino e poi un adulto. A coppie, uno di voi è il dottore e l'altro è il paziente. Il paziente descrive al dottore i suoi sintomi. Alcuni esempi possono essere: **la tosse / il mal di gola / il mal di pancia.**

> Durante la visita il dottore dice al paziente, usando l'**imperativo,** di fare alcune cose, per esempio: **aprire la bocca / mostrare la lingua / dire 33 / dire AAAA / respirare profondamente / ...**

> Dopo la visita, il dottore prescrive la cura. Il paziente chiede consigli su cosa fare o non fare. Usate l'**imperativo affermativo** e **negativo** e ricordate di usare il **tu** con il bambino e il **Lei** con l'adulto!

8-11. Andiamo a Bici Trento! Sei appena arrivato/a alla stazione di Trento e vuoi andare in Piazza del Duomo per la gara Bici Trento. Non sai come arrivarci e chiedi a un passante (*passerby*) le indicazioni. Al ritorno, tu incontri uno studente/una studentessa che ti chiede informazioni su come andare alla stazione. A coppie, preparate queste scene. Ricordatevi di usare l'imperativo formale con il passante e l'imperativo informale con lo studente. Usate l'**imperativo affermativo** e **negativo** con le espressioni indicate qui sotto o altre a vostra scelta.

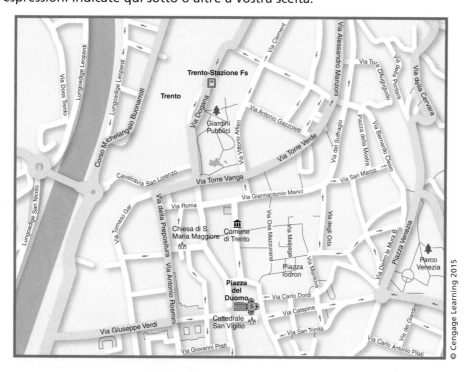

© Cengage Learning 2015

uscire dalla stazione	continuare verso (via / Piazza)
andare dritto su via...	girare a destra / a sinistra
prendere la prima / seconda... via sulla destra / sinistra	
non prendere la prima / seconda... via, ma la ...	

8-12. Il manuale della salute. In gruppo, fate una lista con almeno cinque cose da fare e cinque da non fare per stare in buona salute. Usate l'**imperativo** e indicate le cose in ordine di importanza (la prima, la seconda...). Poi condividete i risultati con la classe per vedere quale gruppo ha dato i consigli più validi.

🔊 Chiamami e dimmi come stai!
3–4

Ascolta e/o leggi il dialogo e rispondi alle domande.

Laura e Danilo sono andati a Bolzano. Stamattina sono in Piazza Walther von der Vogelweide e vanno in farmacia per comprare alcune medicine per Danilo.

Farmacista: Ecco le sue medicine. Qui ci sono le indicazioni. **Le legga** attentamente. Per l'antibiotico, il primo giorno prenda tre pillole, il secondo giorno **ne prenda** due, il terzo, il quarto e il quinto **ne prenda** solo una. **Non le prenda** mai a stomaco vuoto[1].

Laura e Danilo escono dalla farmacia.

Danilo: Laura, cosa dici, prendo adesso l'antibiotico?

Laura: No, **non lo prendere** adesso! **Prendilo** dopo pranzo! E **ricordati** quello che ha detto la farmacista per le pillole. Oggi **prendine** solo tre. Devi anche prendere lo sciroppo per la tosse. Ecco il foglietto illustrativo[2]. Te lo do adesso?

Danilo: Sì, grazie **dammelo,** per favore! E poi andiamo in piazza alla Fiera della Salute.

Laura: Eh no! Io vado in piazza. Tu, **va'** in albergo e **riposati!** Più tardi **chiamami** e **dimmi** come stai. Se stai meglio, **raggiungimi** in piazza nel pomeriggio.

Danilo: Certo, va bene a più tardi.

Piazza Walther von der Vogelweide prende il nome dal monumento dedicato a uno dei maggiori poeti e cantastorie medioevali di lingua tedesca. La piazza è il punto d'incontro per diverse feste come il famoso Mercatino di Natale di Bolzano e la Fiera per la Salute.

[1]*empty stomach* [2]*prescription information sheet*

Comprensione

Rispondete alle seguenti domande con frasi complete.

1. Quante pillole Danilo deve prendere il primo giorno?
2. Quante pillole di antibiotico deve prendere Danilo in tutto?
3. Danilo deve prendere l'antibiotico prima o dopo i pasti?
4. Perché Danilo non va alla fiera? Cosa fa?

Osserviamo la struttura!

Nel dialogo sopra, osserva le parole in grassetto e completa le seguenti attività.

1. In the expressions below, indicate what each pronoun replaces.
   a. **Le** legga attentamente. **Ne** prenda due. Non **le** prenda mai a stomaco vuoto.
   b. Prendi**lo** dopo cena. Prendi**ne** tre. Non **lo** prendere adesso.
2. In the two expressions listed below, indicate the subject and its infinitive form. What characteristic do these verbs have in common?
   (_____) Riposa**ti!** *Infinitive:* _____ (_____) Ricorda**ti!** *Infinitive:* _____
3. What do you think the expressions below mean? Can you identify the function of each pronoun? What is the difference between **Dammelo** and the other two imperatives?
   Chiama**mi!** Dim**mi!** Dam**melo!**

Imperativo e pronomi (*Imperative and pronouns*)

Ecco le medicine. Le prenda a stomaco pieno!

When object pronouns (direct or indirect), reflexive pronouns, reciprocal pronouns, **ci, ne,** or any combined forms (**pronomi doppi**) are used with the affirmative **imperativo,** their position varies according to the subject pronoun.

- With the **tu, noi,** and **voi** forms of the **imperativo,** pronouns are attached to the end of the verb form creating one word.

Chiama**mi**!	*Call **me**!*
Prendete**lo**!	*Take **it**!*
Riposiamo**ci**!	*Let's rest!*
Incontriamo**ci** dal dottore!	*Let's meet at the doctor's office!*

- With the *Lei* form, however, pronouns always precede the *imperativo.*

Ecco le indicazioni. **Le** legga attentamente!	*Here are the directions. Read **them** carefully!*
Questo è l'antibiotico. Non **lo** prenda a stomaco vuoto!	*This is the antibiotic. Don't take **it** on an empty stomach!*

Vai / Dai / Di' / Fai / Stai + pronomi

When the imperative form is a single syllable, such as **vai (va'), dai (da'), di', fai (fa'), stai (sta'),** drop the apostrophe from the shorter form and double the initial consonant of the pronoun being added. The exception is the pronoun **gli,** which is added in its regular form.

Da**mm**i le caramelle per la tosse, per piacere!	*Give **me** the cough drops, please!*
Da**mm**ele adesso, per piacere!	*Give **them to me** now, please!*
Vai dal dottore! Va**cc**i subito!	*Go to the doctor! Go **there** immediately!*
Danilo vuole una zuppa. Fa**gli**ela, per favore!	*Danilo wants soup. Make **it for him**, please!*

Imperativo negativo e pronomi

Pronouns may either precede or follow the **imperativo negativo** in the **tu, noi,** and **voi** forms.[3] When pronouns follow the negative imperative in the **tu** form, they attach to the infinitive after deleting the final -**e**, creating one word.

Non **mi** chiamare! *or* Non chiamar**mi**!	*Don't call **me**!*
Non **lo** prendiamo adesso! *or* Non prendiamo**lo** adesso!	*Let's not take **it** now!*
Non **lo** fate adesso! *or* Non fate**lo** adesso!	*Don't do **it** now!*

[3]Remember that the **imperativo negativo** for **tu** is formed by **non** + *infinitive.*

Pratichiamo!

8-13. Al Salone della Salute. Questi sono i consigli che gli esperti danno durante il Salone della Salute per gli argomenti indicati. Dai i seguenti consigli con l'**imperativo affermativo** o **negativo** e il **pronome singolo** appropriato. Crea una frase per ogni soggetto **(tu, Lei, noi, voi)**.

Esempio   il controllo → Far**lo** regolarmente.
*Fa**llo** regolarmente.*
Lo faccia regolarmente.
*Facciamo**lo** regolarmente.*
*Fate**lo** regolarmente.*

1. la colazione   →   Far**la** perché è importante.
2. le vitamine   →   Prender**le** perché aiutano a stare meglio.
3. lo sport   →   Praticar**lo** regolarmente.
4. la palestra   →   Andar**ci** almeno tre volte alla settimana.
5. i cibi grassi   →   Non mangiar**li.**
6. le analisi   →   Far**le** ogni anno.
7. l'acqua   →   Ber**ne** almeno otto bicchieri al giorno.
8. il riposo   →   Riposar**si** almeno otto ore al giorno e non alzar**si** tardi.

NOTA CULTURALE

Sani & Vital: il Salone della Salute è una fiera dedicata alla salute e si tiene a Bolzano ogni anno in Piazza Fiera. Sono a disposizione, gratuitamente, check-up ed esami per valutare lo stato di salute dei partecipanti.

©Claudio/fotolia

8-14. Chi lo fa? Crea frasi con l'**imperativo** usando tutti i soggetti indicati e i **pronomi doppi.**

Esempio   (tu / Lei) misurare la febbre a Danilo
Misuragliela!
Gliela misuri!

1. (tu / Lei) controllare la febbre al bambino
2. (voi / Lei) comprare lo sciroppo per noi
3. (Lei / noi) misurarsi la temperatura
4. (voi / tu) farsi un controllo medico
5. (Lei / voi) prescrivere a me le medicine
6. (tu / Lei) mettere cinque gocce in un bicchiere d'acqua
7. (noi / voi) dare il termometro a un'amica
8. (Lei / tu) dire a noi i risultati delle analisi

8-15. Aiuti e soccorsi. Completa le seguenti risposte usando l'**imperativo affermativo** o **negativo** e i **pronomi singoli** o **doppi** come necessario e come indicato dalle parole sottolineate.

Esempio   Ti faccio <u>un tè</u>? (Sì)   *Sì, fammelo!*

1. Portiamo <u>Danilo</u> dal dottore? (Sì)
2. <u>Vi</u> accompagniamo in farmacia? (No)
3. Signor Rossi, adesso <u>Le</u> devo fare <u>un'iniezione</u>. (No)
4. Compriamo <u>le medicine</u> per Danilo? (Sì)
5. <u>Ti</u> do <u>le gocce</u>? (Sì / 15)
6. Metto <u>le gocce</u> nell'acqua? (No)
7. Prendiamo <u>l'aspirina</u>? (Sì)
8. Vado oggi <u>dal dottore</u>? (No)

8-16. Una ricetta sana. A coppie, condividete con il vostro compagno/la vostra compagna una ricetta sana. Prima fate la lista degli ingredienti e poi spiegate come si prepara. Usate l'**imperativo** e i **pronomi**.

Esempio   *Prendi i pomodori, **lavali** e **tagliali** a piccoli pezzi. Poi...*

8-17. Siamo preoccupati. A coppie, date consigli al vostro compagno/alla vostra compagna su cosa fare in alcune situazioni che non sa come risolvere. Usate l'**imperativo** e i **pronomi**. Cominciate con le situazioni indicate e poi createne altre a vostra scelta. Seguite l'esempio.

Esempio   **S1:** *Un mio amico ha la febbre a 39°C ma non ha i soldi per andare dal dottore. Cosa faccio?*

S2: *Digli di chiamare il dottore per prendere un appuntamento. Poi prestagli i soldi per pagare la visita e le medicine.*

1. Mia madre lavora troppo e riposa poco. Cosa faccio?
2. Il mio amico ha bisogno di aiuto per perdere peso. Cosa faccio?
3. Il mio compagno di stanza suona sempre la chitarra e io non riesco a studiare. Cosa faccio?

NOTA CULTURALE

In Italia, la temperatura si misura in gradi centigradi (*Celsius*). Una temperatura corporea normale è di 36°C. Una temperatura dai 39°C in su è considerata febbre alta.

iStockphoto

8-18. Aiutiamo un amico! Uno dei vostri amici è a casa con una gamba rotta e volete aiutarlo. Decidete cosa fare per lui e chi lo fa. Dovete usare l'**imperativo** e i **pronomi doppi**. Variate nei soggetti dell'imperativo.

Esempio   Portiamo una torta a John?   *Sì, portiamogliela!* o *No, non gliela portiamo!*

Alcuni suggerimenti:	Preparare la colazione per lui/lei
	Pulire la casa per lui/lei
	Comprare le medicine per lui/lei

Reading Strategy: Reading Poetry

When reading poetry, some of the following tips may help you understand it.

> **Images:** What images does the author use?

> **Narrator:** Who is the speaker? Is it the author, another person, an omniscient observer?

> **Word choice:** Which words rhyme? Is it a perfect rhyme or is it off a little? Why do you think the author emphasized certain words by using rhyme?

> **Message:** What is the overall message of the poem? Can you put it in your own words?

Pre-lettura

 1. In questa poesia di Umberto Saba, troverete alcune rime baciate. Una rima si chiama "baciata" quando un verso rima con quello successivo (per esempio: attravers**ato** / viaggi**ato**).

Trovate parole che possono formare una rima baciata con le seguenti parole:

fiore	cosa
vorace (*greedy*)	schiva (*solitary*)
via	

2. Cercate di indovinare il significato delle seguenti espressioni. Abbinatele alla traduzione in inglese.

A

a. _____ Scontrosa grazia

b. _____ Ragazzaccio aspro

c. _____ Da quest'erta

d. _____ Mena all'ingombrata spiaggia

e. _____ Alla collina

f. _____ Sulla sassosa cima

g. _____ Ha il cantuccio a me fatto

h. _____ Alla mia vita pensosa

B

1. *Leads to the cluttered beach*

2. *To the stony crest*

3. *For my life brooding*

4. *Rude charm*

5. *To the hill*

6. *From this height*

7. *Tough kid / boy*

8. *Keeps this quiet spot for me*

 3. Prima di leggere la poesia, guardate le foto accanto alla poesia e a turno, descrivetele.

Leggete insieme la poesia "Trieste"* (da *Trieste e una donna*, 1910–12) e cercate di trovare i punti in cui il poeta esprime l'amore per la sua città.

> **Umberto Saba** (9 marzo 1883 Trieste–26 agosto 1957 Gorizia), il cui vero nome era Umberto Poli, nasce da madre ebrea e padre cattolico. Il padre abbandona presto la famiglia e lascia per sempre un vuoto nella vita del poeta. Per questo motivo e per il legame con la madre, Umberto sceglie lo pseudonimo *Saba* che, in ebraico, significa *pane*. Scrive spesso poesie semplici e autobiografiche che esprimono il suo depresso stato d'animo. Questa poesia ha come titolo il nome della sua città natale, un tema ricorrente nelle poesie di Saba.

*Se volete, potete andare su iLrn per leggere la traduzione di questa poesia in inglese.

Trieste

Trieste ha una scontrosa°   *rude*
grazia°. Se piace,   *charm*
è come un ragazzaccio aspro° e vorace°,   *tough / greedy*
con gli occhi azzurri e mani troppo grandi
per regalare un fiore;
come un amore
con gelosia.
Da quest'erta° ogni chiesa, ogni sua via   *height*
scopro, se mena° all'ingombrata° spiaggia,   *leads / cluttered*
o alla collina° cui, sulla sassosa°   *hill / stony*
cima° una casa, l'ultima, s'aggrappa°.   *crest / one clings*
Intorno
circola ad ogni cosa
un'aria strana, un'aria tormentosa,
l'aria natia°.   *native, home*
La mia città che in ogni parte è viva,
ha il cantuccio° a me fatto, alla mia vita   *quiet spot*
pensosa° e schiva°.   *brooding / solitary*

iko/Shutterstock.com

PhotonCatcher/ Shutterstock.com

Kushch Dmitry / Shutterstock.com

iStockphoto

👤👤👤 Dopo la lettura

1. **Comprensione.** Indicate se le seguenti frasi sono vere o false. Correggetele quando sono false.

	Vero	Falso
a. Trieste diventa come un personaggio in questa poesia.	_____	_____
b. Il ragazzo regala un fiore all'amore.	_____	_____
c. Dall'alto il poeta vede ogni chiesa.	_____	_____
d. Il poeta osserva la vita ma si sente solo.	_____	_____

2. Ora rileggete la poesia e scrivete le parole che il poeta ha usato per fare la rima con **fiore, vorace, via, cosa, schiva.** Sono simili alle vostre scelte nella *Pre-lettura*?

3. Il poeta usa due similitudini per descrivere la città. Dove sono?

4. Ogni gruppo prepara due frasi vero / falso per la classe. Poi leggete i vostri vero / falso alla classe e rispondete a quelli degli amici.

iLrn

Share it!●●●   **Che bella poesia!** Trova delle informazioni su Umberto Saba e/o sulla Libreria Antiquaria Umberto Saba a Trieste. Metti le informazioni e una foto su *Share it!* Cerca di non ripetere informazioni che sono già state messe su *Share it!*

Centri per il benessere

il panorama

la clinica estetica

il massaggio

la nutrizionista

i pesi

la palestra

l'estetista

la jacuzzi

l'erboristeria

© Cengage Learning 2015

Al centro per il benessere ci sono molti tipi di trattamenti per alleviare lo stress e aiutarti a stare bene.

Al centro per il benessere	At the Wellness Center		Essere in forma	To Be in Shape
l'alimentazione	nourishment, diet		fare la dieta / stare a dieta	to be / to go on a diet
il benessere	well-being		il fumo fa male alla salute	smoking is bad for your health
la fisioterapia	physical therapy		mangiare cibi sani	to eat healthy food
il/la fisioterapista	physical therapist		il movimento fa bene alla salute	activity is good for your health
il nutrimento	nourishment		perdere / prendere peso	to lose weight / to put on weight
la prevenzione	prevention		respirare aria pura	to breathe fresh air
le terme / le località termali	hot springs, thermal baths		seguire un'alimentazione corretta	to follow a healthy diet
il trattamento (per il corpo)	treatment (for the body)		stare all'aria aperta	to be outdoors
			tenersi in forma	to stay in shape
Gli aggettivi	Adjectives			
accogliente	welcoming		**I verbi**	Verbs
biologico	organic		dimagrire	to lose weight
magro (cibo)	nonfat / low-fat		ingrassare	to gain weight
salutare	healthy		prevenire	to prevent
sano	healthy, wholesome		rigenerarsi	to regenerate oneself / to renew
spettacolare	spectacular			
tranquillo	peaceful		rilassarsi	to relax

Pratichiamo!

8-19. Trova la soluzione. Scegli la risposta più logica.

1. Una persona che fa la dieta
   a. mangia cibo biologico.　b. beve solo vino bianco.　c. segue un'alimentazione corretta.
2. Per tenersi in forma bisogna
   a. andare dall'estetista.　b. curarsi alle terme.　c. fare movimento regolarmente.
3. Al centro per il benessere
   a. si fuma poco.　b. si mangiano cibi sani.　c. ci si ingrassa.
4. Alla clinica estetica è possibile
   a. godere il panorama.　b. comprare prodotti per la bellezza.　c. consultare il fisioterapista.
5. *Perdere peso* significa
   a. andare in palestra.　b. dimagrire.　c. respirare aria pura.

8-20. Mini-conversazione. Completa la mini-conversazione scegliendo tra le parole offerte.

accogliente / agriturismo / aria aperta / massaggio / spettacolare / trattamento

Beppe: Facciamo una vacanza in un _____ (1) quest'anno.

Cecilia: Perché? Preferirei andare al mare.

Beppe: Andiamo sempre al mare. Quest'anno voglio stare all' _____ (2) dove c'è non solo un ambiente _____ (3) ma anche un panorama _____ (4).

Cecilia: Mi hai quasi convinta anche perché ogni sera fanno un _____ (5) svedese (*Swedish*).

Beppe: Giusto, con un bel _____ (6) per il corpo, lo stress svanisce (*disappears*).

8-21. L'intruso. Cancella la parola che non appartiene alla categoria.

1. L'alimentazione:	biologica	prevenzione	nutrimento	dieta
2. Il peso:	dimagrire	ingrassare	fare sport	rilassarsi
3. Stare all'aria aperta:	prodotto	salutare	tranquillo	panorama
4. La palestra:	fisioterapia	tenersi in forma	nutrimento	ginnastica
5. Tenersi in forma:	rilassarsi	mangiare cibo magro	non fumare	bere alcolici

8-22. Un weekend sulle Dolomiti. Invita un tuo amico/una tua amica a passare un weekend nella tua casa nelle Dolomiti. Spiega perché gli/le fa bene accettare l'invito. L'amico/L'amica ti chiede come passi il weekend di solito. Tu gli/le spieghi le cose che ci sono da fare. Lui/Lei fa altre domande e infine esprime il suo entusiasmo.

8-23. Il benessere fisico e mentale. Chiedete a cinque compagni, quali sono, secondo loro, due attività che aiutano (1) il benessere fisico e (2) il benessere mentale. Scrivete il nome della persona e le risposte date per le due categorie. Poi in gruppo paragonate le risposte e scegliete le tre attività più comuni. Raccontate i risultati alla classe.

Nome	Il benessere fisico	Il benessere mentale

Prima di tutto... Fai colazione tutti i giorni? Che cosa mangi di solito? Quando eri piccolo/a, che cosa mangiavi? C'erano cose che i tuoi genitori ti proibivano (*forbid you*) di mangiare a colazione? Riesci a identificare le immagini qui sotto? Negli Stati Uniti, quando si mangiano / si bevono queste cose di solito?

©Nitr/Dreamstime.com

CashMedia/Shutterstock.com

Elena Elisseeva/Shutterstock.com

Davvero?! Gli italiani fanno una colazione dolce rispetto a quella americana. Le immagini che vedete mostrano tutte cose tipiche della colazione italiana. Bisogna dire, però, che i dolci italiani in generale contengono meno zucchero dei dolci americani. La dieta mediterranea è conosciuta in tutto il mondo ed è considerata molto sana.

Chiacchieriamo un po'! Lavorate a coppie. Uno o una di voi fa la parte di uno studente italiano/una studentessa italiana che viene a studiare nel tuo Paese per un semestre e che fa molte domande sulle abitudini locali soprattutto per quanto riguarda la colazione. L'altro/L'altra cerca di spiegare che cosa mangiano nel suo Paese la mattina e perché mangiano queste cose. La conversazione diventa un dibattito su quale dieta è più sana. Cercate di arrivare a un consenso e raccontate le vostre conclusioni alla classe.

iLrn

Share it! • • • **La dieta mediterranea.** Fai una ricerca su Internet sulla dieta mediterranea e sui principi su cui si basa. Fa' un esempio di alimenti usati nella dieta mediterranea e metti qualche foto sul blog. Poi indica se la tua alimentazione è simile o diversa dalla dieta mediterranea ed esprimi le tue preferenze. Poi leggi i commenti dei tuoi compagni di classe e indica quello che trovi più interessante.

Hai già qualcosa in mente?

Ascolta e/o leggi il dialogo e rispondi alle domande.

Laura e Danilo fanno una breve gita a Trieste. Sono al Caffè Tommaseo, in Piazza dell'Unità d'Italia.

Laura: Sai Danilo, dopo un anno di lavoro ho bisogno di **qualcosa** per rimettermi in forma. **Qualcuno** mi ha detto che ci sono delle bellissime località termali qui in Friuli. **Alcuni** ci vanno anche solo per rilassarsi. Mi piacerebbe andarci **qualche volta**. Che ne dici? Ci andiamo insieme prima della fine dell'estate?

Danilo: Mi sembra un'ottima idea. Anch'io ne ho bisogno, con **tutto lo** stress del lavoro e con **tutti i** chili che ho messo quest'anno. Hai già **qualcosa** in mente? Io non conosco **nessuna** località termale in Friuli, anche se sono sicuro che **qualsiasi** località sarà bella. **Tutti** dicono che le terme friulane sono belle in **qualsiasi** posto.

Laura: Posso cercare su Internet. Sicuramente troviamo **qualcosa** di interessante. Se non trovo **niente**, posso chiedere a Paola. Lei è friulana ed è una fisioterapista. Ha lavorato in **alcune** località termali e sa **tutto**.

Danilo: Ma allora telefonale subito! Non perdere tempo a cercare su Internet!

Laura: Hai ragione, lo faccio subito!

Travel Pictures/Alamy

In **Piazza dell'Unità** d'Italia si trova il **Caffè Tommaseo,** il più antico della città e riflette lo stile tradizionale dei Caffè Viennesi. Qui il famoso scrittore Italo Svevo passava giornate intere a scrivere o a chiacchierare con l'amico James Joyce, l'autore irlandese che ha scritto *Ulysses.*

Comprensione

Rispondi alle seguenti domande con frasi complete.

1. Dove vuole andare Laura?
2. Le cure termali possono aiutare la salute di Danilo? Perché?
3. Laura conosce già qualche località termale?
4. Perché Paola può essere d'aiuto a Laura e a Danilo?

Osserviamo la struttura!

Nel dialogo sopra, osserva le parole in grassetto e completa le seguenti attività.

1. In **Capitolo 6** we learned the use of **alcuni** (*some*) as a partitive. What do you think **alcuni** means in the following sentence? **Alcuni** ci vanno anche solo per rilassarsi.

2. Some of the words in bold are pronouns and others are adjectives. Can you list them in the appropriate category?
   Pronomi: **Aggettivi:**

3. Some of the words in bold are opposites. Can you find them?

NOTA CULTURALE

Le terme più note in Friuli sono **Arte Terme, Grado Terme** e le **Terme di Lignano Sabbiadoro.** Arte Terme si trova nella zona delle Alpi mentre le altre due sono in posti di mare. Tutte offrono trattamenti curativi in ambienti naturali e rilassanti.

Maria Savoia/Shutterstock.com

Espressioni indefinite e negative (*Indefinite and negative expressions*)

Indefinite expressions (pronouns, adjectives) are used to refer to an unspecified person, thing, place, or time. Indefinite expressions can be positive or negative.

Riccardo Piccinini/Shutterstock.com

> **Qualcuno** mi ha detto che il Friuli è molto bello.
>
> *Someone* told me that Friuli *is very nice.*

> Ho **alcuni** amici a Trieste ma non conosco **nessuno** a Gorizia.
>
> *I have **some** friends in Trieste but I don't know **anyone** in Gorizia.*

Quest'anno voglio fare qualcosa per rimettermi in forma.

Pronomi indefiniti

A. The following table shows the most common Italian **pronomi indefiniti** (*indefinite pronouns*).

Pronomi indefiniti			
In frasi affermative		**In frasi negative**	
qualcuno (*sing.*) alcuni/e (*pl.*) ognuno / chiunque (*sing.*) tutti/e (*pl.*)	*somebody / someone* *some / some people* *anybody / anyone* *everybody / all*	nessuno	*nobody / no one* *anybody / anyone*
qualcosa (*sing.*)	*something*	niente / nulla	*nothing*

B. Notice that the pronouns **qualcuno, chiunque,** and **ognuno** are singular and invariable. When they are used as subjects, the verb they precede must be in the third-person singular. **Alcuni** (*m.*)/**Alcune** (*f.*) and **tutti** (*m.*)/**tutte** (*f.*) on the other hand, are plural and variable when they are used as subjects. They precede a verb in the third-person plural.

> **Qualcuno** dice che mangiare una mela al giorno fa bene.[4]
>
> ***Some people** say that eating an apple a day is healthy.*

> **Tutti** devono pensare alla loro salute.
>
> ***Everybody** must think about their health.*

C. The indefinite pronouns **qualcosa** and **niente** require the preposition **di** before an adjective and **da** (*to*) or **per** (*in order to*) before a verb.

> Volete **qualcosa <u>da</u>** bere o **<u>da</u>** mangiare?
>
> *Do you want **something** to drink or to eat?*

> Sì, io voglio **qualcosa <u>di</u>** fresco **<u>da</u>** bere.
>
> *Yes, I want **something** cold to drink.*

> Io voglio **qualcosa <u>di</u>** buono **<u>da</u>** mangiare ma non voglio **niente <u>da</u>** bere.
>
> *I want **something** good to eat but I don't want **anything** to drink.*

> Laura vuole **qualcosa <u>per</u>** rilassarsi.
>
> *Laura wants **something** to help her relax.*

[4]Although **qualcuno** in Italian is singular and precedes a verb in the singular form, in English it can be translated as *some people* and therefore, the verb in English is in the plural form.

D. In Italian, unlike English, **pronomi indefiniti negativi** require the negative **non** before the verb unless they are the subject of the verb. **Pronomi indefiniti negativi** are all singular and invariable.

Non vedo **nessuno**!	*I don't see **anybody**.*
Nessuno dovrebbe trascurare il proprio corpo.	***No one** should neglect his/her own body.*

Aggettivi indefiniti

A. The following table shows the Italian **aggettivi indefiniti** (*indefinite adjectives*).

Aggettivi indefiniti			
In frasi affermative		**In frasi negative**	
ogni	*each, every*	nessun / nessun' / nessuno/a	*no / any + noun*
qualunque / qualsiasi	*any, any sort of, whatever*		
qualche (*sing.*) / alcuni/e (*pl.*)[5]	*some*		
tutti/e (+ def. art.)	*all*		

B. The indefinite adjectives **ogni, qualunque, qualsiasi,** and **qualche** precede nouns in the singular form. The use of **nessun, nessun', nessuna,** and **nessuno** follows the same rules as the indefinite articles. The adjectives **tutti/tutte** precede plural nouns with their definite articles.

Conosci **qualche** ristorante o **qualche** trattoria a Gorizia?	*Do you know **any** restaurants or **any** trattorias in Gorizia?*
No, non conosco **nessun** ristorante o **nessuna** trattoria a Gorizia.	*No, I don't know **any** restaurants or **any** trattorias in Gorizia.*
Ma a Trieste conosco **tutti i** ristoranti e **tutte le** trattorie.	*But in Trieste I know **all** the restaurants and **all** the trattorias.*

C. Some English adverbs can be expressed by indefinite expressions in Italian.

somewhere	da qualche parte
nowhere / not anywhere	da nessuna parte
everywhere / anywhere	da tutte le parti / da qualsiasi parte
sometimes	qualche volta / a volte
everytime	tutte le volte / ogni volta

Tutte le volte che vado in Friuli, mi fermo **da qualche parte** in montagna per qualche giorno.	***Everytime** I go to Friuli, I stop **somewhere** in the mountains for a few days.*
Non riesco a trovare un albergo **da nessuna parte**.	*I can't find a hotel **anywhere**.*

D. Notice that the negative of **qualche volta** is **non... mai** (*never*).

Vai in palestra **qualche volta**?	*Do you go to the gym **sometimes**?*
No, **non** ci vado **mai**.	*No, I **never** go.*

---

[5]We learned the use of **qualche** and **alcuni/e** in **Capitolo 6.**

Pratichiamo!

8-24. Friuli: Terra del benessere del corpo. Seleziona i **pronomi indefiniti** adatti per completare questo breve annuncio.

(1. *Alcuni / Ognuno*) definiscono il Friuli-Venezia Giulia come la regione in cui (2. *ognuno / tutti*) può prendersi cura del benessere del proprio corpo grazie alle risorse naturali e ai centri per il benessere. È infatti, un posto dove (3. *chiunque / niente*) riesce a trovare il modo per rilassarsi e stare bene. (4. *Nessuno / Qualcuno*) resta mai deluso, anzi (5. *tutti / ognuno*) ne parlano molto bene e non si lamentano mai di (6. *qualcosa / niente*). C'è sempre (7. *qualcosa / niente*) per tutti i gusti. Vi aspettiamo (8. *tutti / nessuno*) in questa terra del benessere.

NOTA CULTURALE

In piazza il 21 e 22 maggio
c'è tutto il gusto del bio

PIAZZA MATTEOTTI, GENOVA

A maggio in Friuli c'è la manifestazione "Le Piazze del Bio", evento nazionale che sostiene risorse rurali e agroalimentari. Ci sono degustazioni, mostre, mercati dei produttori biologici regionali e altro.

Festa del Bio www.agriligurianet.it

8-25. La salute in piazza. Completa il testo con l'**aggettivo indefinito** adatto indicato nella lista.

> tutta / ogni / nessun / alcune / tutte / qualsiasi / qualunque / nessuna

_____ (1) anno, non solo in Friuli, ma in _____ (2) l'Italia, ci sono _____ (3) manifestazioni per promuovere la salute. In _____ (4) le regioni italiane si organizzano eventi per informare le persone e ci sono dottori a disposizione per rispondere a _____ (5) domanda possibile. Per _____ (6) consulto o controllo non c'è _____ (7) costo. Quindi non c'è _____ (8) ragione per non partecipare. Vi aspettiamo!

8-26. L'opposto. Trasforma le seguenti frasi usando l'opposto delle espressioni indefinite o negative indicate in corsivo. Fai attenzione a tutti gli elementi della frase.

> Esempio Non vedo *niente*.
>
> Vedo **tutto.**

1. Ho fatto *tutte le diete*.
2. *Qualche volta* faccio *qualcosa* per tenermi in forma.
3. Andiamo *da qualche parte* per il fine settimana.
4. Non ci sono palestre *da nessuna parte*.
5. C'è *qualche erboristeria* in città.
6. Loro mangiano in *qualsiasi ristorante*.
7. Non farò *nessun trattamento* per dimagrire.
8. *Nessuno* conosce le terme del Friuli.

NOTA CULTURALE

In Italia, fino a qualche anno fa, era comune trovare per le strade delle città una bilancia pubblica a monete per pesarsi. Il peso, in Italia, si misura in chili. Ricorda che un chilogrammo equivale a 2.2 libbre.

©apeschi/fotolia

8-27. Cosa fai per tenerti in forma? A coppie, fate domande per sapere cosa l'altro fa per tenersi in forma. Questi sono alcuni suggerimenti:

preferire alcune attività invece di altre e perché

fare sport tutti i giorni o solo alcuni

fare sport in qualsiasi stagione

mangiare alcuni cibi e altri mai

8-28. Consigli per una vacanza salutare. A coppie, chiedete al compagno/alla compagna consigli su come programmare e passare una vacanza salutare. Usate le **espressioni indefinite** e **negative** nelle domande e nelle risposte. Usate anche l'**imperativo** quando esprimete i consigli. Seguite l'esempio.

Esempio   S1: *Secondo te, devo prendere solo qualche giorno di vacanza o tutta la settimana?*

S2: *Prendi tutta la settimana e fa' qualcosa per riposarti.*

S1: *Secondo te, invito anche qualche amico o non invito nessuno?*

8-29. Indagine. In gruppo, fate un'indagine per sapere le vostre opinioni su quello che la gente fa per tenersi in forma e sulla qualità delle palestre o dei centri sportivi. Secondo voi, ci sono differenze di attività tra uomini e donne? Ci sono alcune città o alcuni stati che offrono diverse possibilità per tenersi in forma? Naturalmente, usate le **espressioni indefinite**. Riferite i risultati alla classe.

© Andresr / Shutterstock.com

Cosa stai facendo?

Ascolta e/o leggi il dialogo e rispondi alle domande.

*Laura e Danilo sono in Friuli per l'evento "La qualità in piazza". Danilo è in albergo a riposare. Laura invece **sta facendo** una passeggiata quando riceve una telefonata dalla sua amica Paola che vive a Udine.*

Paola: Ciao Laura, dove sei? E cosa stai facendo?

Laura: **Sto passeggiando** in Piazza delle Erbe. C'è una fiera della salute e della sana alimentazione. È bellissimo! Alcuni espositori[1] **stanno distribuendo** cibi biologici e tanti piatti tipici friulani. E io li **sto assaggiando** tutti. Ci sono dei dottori che **stanno offrendo** dei rapidi check-up proprio qui in piazza.

Paola: Sì, lo **stavo leggendo** ieri sul giornale. Pensa che **stanno organizzando** la stessa cosa oggi in tutte le regioni italiane. Ieri sono passata dalla piazza e ho visto che **stavano preparando** gli *stand*. **Stavo pensando** di andarci. Senti, ma perché non ci incontriamo proprio lì più tardi?

Laura: Certo, perché no! Intanto chiamo anche Danilo così ci raggiunge. È rimasto in albergo e probabilmente adesso **starà dormendo.** Ma a che ora ci vediamo?

Paola: **Sto uscendo** proprio adesso, sarò lì forse fra mezz'ora.

Laura: Benissimo, a dopo!

Piazza delle Erbe, a Udine, ospita **La qualità in piazza,** una manifestazione che si svolge una volta all'anno nelle piazze di tutte le regioni d'Italia. Oltre a promuovere un'alimentazione sana con cibi biologici, si possono trovare informazioni sulla salute, su come stare in forma e si fanno perfino rapidi check-up.

[1]*exhibitors*

Comprensione

Rispondi alle seguenti domande con frasi complete.

1. Cosa fanno gli espositori?
2. Cosa fanno i dottori in piazza oggi?
3. Che cosa ha visto ieri Paola in piazza?
4. Dov'è Danilo?

Osserviamo la struttura!

Nel dialogo sopra, osserva le parole in grassetto e completa le seguenti attività.

1. In the following expressions, can you determine if the tense is present, past, or future? What element would help you determine the tense?

   a. sto passeggiando   b. stavo leggendo   c. starà dormendo

2. The words listed below are in the form of the Italian gerund which is the English equivalent of *-ing*. Can you determine the infinitive for each verb?

Gerundio	Infinito
passeggiando	_____
leggendo	_____
uscendo	_____

3. What do you think the construction formed by **stare** + *gerundio* expresses?

Il progressivo (*Progressive mood*)

A. The **modo progressivo** (*progressive mood*) express an action that is, was, or will be taking place at a specific moment in the present, past, or future. In Italian, the **progressivo** is expressed by a conjugated form of the verb **stare** plus the **gerundio** (verb form ending in -*ing*) of the main verb.

Cosa **stai facendo**?	*What **are you doing**?*
Sto lavorando.	*I **am working**.*
Cosa **stavi facendo** quando ti ho chiamato?	*What **were you doing** when I called you?*
Stavo leggendo un libro.	*I **was reading** a book.*
Cosa **starà facendo** adesso Danilo?	*What **might** Danilo **be doing** now?*
Starà dormendo adesso.	*He **might be sleeping** now.*

Loro **stanno passeggiando** nel parco.

B. The **gerundio** (*gerund*) is formed by deleting the ending **-are/-ere/-ire** of the infinitive and replacing it with the endings shown below. It is always invariable.

    parl**are** → parl**ando**   scriv**ere** → scriv**endo**   fin**ire** → fin**endo**

- The verbs **bere, dire**, and **fare** have an irregular gerund.

    bere → bev**endo**   dire → dic**endo**   fare → fac**endo**

C. The three progressive tenses, **presente, passato,** and **futuro,** are formed as follows:

- **presente progressivo:** presente indicativo di **stare** + gerundio
- **passato progressivo:** imperfetto di **stare** + gerundio
- **futuro progressivo:**[6] futuro di **stare** + gerundio

I tempi del progressivo		
Presente	**Passato**	**Futuro**
parlare	**leggere**	**dormire**
io **sto** parl**ando**	io **stavo** legg**endo**	io **starò** dorm**endo**
tu **stai** parl**ando**	tu **stavi** legg**endo**	tu **starai** dorm**endo**
Lei, lui/lei **sta** parl**ando**	Lei, lui/lei **stava** legg**endo**	Lei, lui/lei **starà** dorm**endo**
noi **stiamo** parl**ando**	noi **stavamo** legg**endo**	noi **staremo** dorm**endo**
voi **state** parl**ando**	voi **stavate** legg**endo**	voi **starete** dorm**endo**
loro **stanno** parl**ando**	loro **stavano** legg**endo**	loro **staranno** dorm**endo**

[6]The **futuro progressivo** is used to express probability or conjecture, things that might or might not be happening at a specific time.

Pratichiamo!

8-30. Cosa stanno facendo? Guarda le seguenti immagini e indica cosa stanno facendo queste persone. Accoppia i verbi dalla lista con le immagini e crea frasi complete.

riposarsi e dormire	parlare della terapia con il dottore
controllare il peso	cercare e leggere informazioni sulle terme friulane
allenarsi e fare ginnastica	prendere un caffè e chiacchierare

1. Maria _____

2. Maria _____

3. Sofia _____

4. Marco _____

5. La paziente _____

6. Laura e Anna _____

8-31. Ma cosa stavano facendo? Laura e i suoi amici commentano alcune foto che hanno fatto durante il viaggio in Friuli. Purtroppo alcune foto non sono molto chiare e non si capisce bene cosa stavano facendo in quel preciso momento. Ecco come le descrivono. Crea frasi usando il **passato progressivo** con i seguenti elementi.

Esempi Io / cercare qualcosa sulla cartina

*Io **stavo cercando** qualcosa sulla cartina.*

1. Loro / finire la corsa
2. Io e Danilo / comprare dei fiori in piazza
3. Un bambino / mangiare un gelato
4. Io e alcuni amici / correre a una maratona
5. Loro / partecipare alla Marcialonga il Tagliamento
6. Danilo / bere un tè al peperoncino
7. Voi / fare trekking
8. Noi / salutarsi prima di partire

NOTA CULTURALE

Marcialonga il Tagliamento – A Latisana, in provincia di Udine, ogni anno si organizza una passeggiata a cui tutti possono partecipare e che ha tra gli scopi anche quello di stimolare le persone all'attività fisica. La passeggiata parte da Piazza Indipendenza.

iStockphoto

8-32. Supposizioni. Leggi le seguenti situazioni e cerca di capire cosa **staranno facendo** queste persone in quel preciso momento.

Esempio   Laura va all'agenzia di viaggi.   *Starà progettando* una vacanza.

1. Paola ha messo il costume da bagno.
2. Io ho il telefonino in mano.
3. Danilo è dimagrito molto.
4. Laura è in palestra.
5. È sera tardi e i miei amici non rispondono al telefono.

6. Loro sono in montagna e hanno gli sci.
7. Paola e Danilo sono in un bar.
8. Laura e Danilo escono dall'albergo con le valigie.

8-33. Cosa stai facendo in questo periodo? A coppie, fate domande al compagno/alla compagna per sapere cosa sta facendo in questo periodo. Poi riferite i risultati alla classe. Per esempio:

lavorare (pieno tempo / part-time e perché)
alzarsi presto / tardi (perché?)
andare in palestra (quale?)

uscire con qualcuno (chi?)
seguire due (tre / quattro…)
corsi (quali?)

8-34. Cosa stavi facendo e cosa starai facendo? Un viaggio nel tempo.
A coppie, chiedete al compagno/alla compagna cosa stava facendo l'anno scorso in questo stesso periodo. Poi chiedete cosa pensa che starà facendo tra un anno in questo stesso periodo. Siate creativi!

8-35. E il gruppo cosa sta facendo per la salute? Chiedete ai compagni del vostro gruppo cosa stanno facendo in questo periodo per la loro salute. Poi riferite i risultati alla classe. Prima fate un resoconto generale e usate le espressioni indefinite. Poi riferite in modo dettagliato.

mangiare cibi sani
correre
dormire abbastanza corretta

fare prevenzione (che tipo)
andare in palestra
seguire un'alimentazione

Complete the diagnostic tests to check your knowledge of the vocabulary and grammar structures presented in this chapter.

NOTA CULTURALE

Sciare col Cuore associazione ONLUS

Sciare col Cuore è un'associazione ideata per creare una giornata di sci insieme a grandi campioni olimpionici con lo scopo di raccogliere fondi a favore di associazioni e progetti che si occupano di ricerca medica e di aiuti, in particolare ai bambini.

Noleggio Sci dei Maestri di Sci Nicolussi

Insieme in Piazza

Scegliete una delle seguenti situazioni e create una conversazione con il compagno/la compagna. Ricordate di usare le strutture imparate nel capitolo, ma non limitatevi solo a quelle.

Scena 1: Sei in Trentino per studiare e conosci bene il sistema sanitario (*health care*) italiano. Arriva un tuo amico/una tua amica e si preoccupa perché non sa cosa fare se ha bisogno di un dottore, di una farmacia, del pronto soccorso, ecc. Ti fa tante domande e tu devi rispondere ma devi anche tranquillizzarlo/la.

Scena 2: Vai alla Fiera della Salute in Piazza dell'Unità e chiedi consigli a dottori, terapisti e nutrizionisti per migliorare il tuo stato di salute.

Scena 3: Create una situazione a vostra scelta.

Presentazioni orali

A coppie, preparate una breve presentazione orale su uno dei seguenti argomenti. Ecco alcuni suggerimenti oppure decidete voi l'argomento della vostra ricerca.

Malgorzata Kistryn/Shutterstock.com

1. Il *maso chiuso* è un'antica abitazione che ha contribuito a definire l'ambiente alpino orientale.

INTERFOTO/Alamy

hockney71/Shutterstock.com

2. La provincia di Udine ha una delle spiagge più belle sull'Adriatico tra cui Lignano Sabbiadoro.

3. Italo Svevo ha scritto *La coscienza di Zeno* (1919–1922), il primo romanzo psicologico del '900.

Scriviamo!

Utilizza la scrittura persuasiva per convincere altri a essere d'accordo con le tue idee, a condividere i valori e ad accettare le argomentazioni e le conclusioni.

Writing Strategy: **Persuasive Writing**

When we want to promote a concept or product which the intended reader may be hesitant to accept or may know little about, we use persuasive writing. To make a persuasive argument, do the following:

> State your aim (i.e., convince a busy person to take time).

> Give facts, information, or examples (benefits of time off).

> Appeal to the reader's emotions (i.e., You'll feel great!).

> Tell them how to follow through (make space in his or her schedule).

> Write a conclusion (i.e., It would be great to do often . . .).

1. Brainstorming

Andate su iLrn e leggete l'annuncio per il weekend a Merano. Poi scrivete una lista di verbi utili per convincere una persona ad andare a Merano.

2. Organizzazione

Scrivi tre motivi, fatti e conclusioni per convincere l'amico ad andare a Merano. Segui l'esempio.

Esempio

Motivo: Ci aiuterà a metterci in forma.

Fatti: Dimagriamo.

Conclusione: Ci divertiremo e staremo insieme.

3. Scrittura libera

Scrivi 12–14 frasi per convincere l'amico/a ad andare al Festival della Salute.

4. Prima correzione

Scambiate le frasi con un compagno/una compagna e fate correzioni. Rispondete alle seguenti domande.

a. Ha scritto un'introduzione che attira il lettore?

b. Ha elencato tre motivi per convincere l'amico/a?

c. C'è una conclusione forte?

5. Finale

Hai un amico/un'amica a Roma che è molto stressato/a dalla vita frenetica. Lo/La vuoi convincere a incontrarti a Merano e a partecipare al Festival della Salute. L'amico/a lavora per una compagnia molto importante e lui/lei di solito lavora anche il weekend. Scrivigli/le una mail e incoraggialo/la a prendere un weekend libero per rigenerarsi. Dov'è opportuno, usa l'imperativo.

◉ In piazza per promuovere la salute

Prima della visione

A. Le parole giuste. Completa le seguenti frasi con le parole giuste.

> decorso (*course*) / respiri (*you breathe*) / mi raccomando (*I beg of you*) / farmaci (*medicine*) /
> assuefazione (*habit forming / build tolerance*) / tachipirina (*acetominophen*)

1. Il tuo raffreddore ha un _____ di suo.

2. _____, fammi sapere come stai.

3. Lo spray chimico ti dà _____.

4. Prendi i _____ che ti ho indicato.

5. Se di notte non _____, ti darò uno spray naturale.

6. Se ti viene la febbre, prendi una _____.

B. Parole analoghe. Leggi sotto il consiglio di un farmacista. Identifica le parole analoghe e poi cerca di capire il messaggio generale del farmacista. Indica se le frasi che seguono sono vere (**V**) o false (**F**).

© Cengage Learning 2015

"Io ti darei della vitamina C naturale perché la vitamina C naturale prendendo due grammi al giorno è un naturale antivirale. Vedrai che il tuo raffreddore che comunque ha un decorso di suo, guarirà più in fretta prendendo la vitamina C. Poi siccome mi dici che di notte non respiri, ti darò uno spray con delle essenze naturali che ti libera il naso in maniera naturale. Lo puoi usare quante volte vuoi, anzi ti consiglierei di usare di meno lo spray chimico che usi perché quello poi ti dà assuefazione. Quindi usalo quando non ce lo fai più e usi lo spray che ti do io, quindi vitamina C e spray naturale."

1. _____ Il farmacista dice di prendere due grammi di vitamina C al giorno.

2. _____ La vitamina C non aiuta il raffreddore.

3. _____ Lo spray naturale non ti dà assuefazione.

Durante la visione

Guarda il video due volte. La prima volta, fai attenzione al significato generale. La seconda volta, completa le seguenti attività.

C. Dov'è la farmacia? Ascolta le indicazioni di Gioia e Michele per trovare la farmacia. Cosa dice Gioia e cosa dice Michele? Metti una **X** per le indicazioni giuste.

__ sotto i portici, __ gira l'angolo, __ giri a destra, __ vai avanti, __ sempre dritto, __ sorpassi l'arco, __ cinquanta metri, __ ci sei, __ vai dritto

__ sotto i portici, __ gira l'angolo, __ giri a destra, __ vai avanti, __ sempre dritto, __ sorpassi l'arco, __ cinquanta metri, __ ci sei, __ vai dritto

D. Chi lo dice? Scrivi il nome delle persone che dicono le seguenti cose.

1. Beh, prima di tutto di rivedere la sua dieta... _____

2. ...sì, di dormire il più possibile... _____

3. Ricordati i consigli della nonna! _____

4. Lo puoi usare quante volte vuoi... _____

Dopo la visione

E. Comprensione. Rispondi alle seguenti domande con frasi complete.

1. Chi tra Michele e Gioia dà consigli meno tradizionali per la salute? Giustifica la tua risposta.

2. Cosa fa Gioia per tenersi in forma?

3. Perché il farmacista dà consigli di cure naturali per il raffreddore?

4. Quali sono le differenze tra i due tipi di spray di cui parla il farmacista?

F. Un video messaggio. Immagina di parlare con un amico/un'amica che non sta bene. Lasciagli/le un video messaggio. Quali consigli gli/le dai? Poi recita il tuo video messaggio alla classe.

iLrn

Share it!••• **Per tenerti in forma.** Quali attività ti piacerebbe fare in Trentino-Alto Adige o Friuli-Venezia Giulia per tenerti in forma? Scegli un'attività e trova informazioni e foto sul Web. Metti le tue informazioni su *Share it!* e poi leggi e commenta la scelta di un compagno/una compagna.

Le parti del corpo — *Parts of the Body*

la bocca	*mouth*
il braccio / le braccia	*arm / arms*
i capelli	*hair*
il collo	*neck*
i denti	*teeth*
la gamba	*leg*
il ginocchio / le ginocchia	*knee / knees*
il gomito	*elbow*
la mano / le mani	*hand / hands*
il naso	*nose*
l'occhio / gli occhi	*eye / eyes*
l'orecchio / le orecchie	*ear / ears*
il petto	*chest*
il piede	*foot*
la spalla	*shoulder*
la testa	*head*

I problemi di salute e i rimedi — *Health Problems and Remedies*

l'ambulanza	*ambulance*
le analisi	*(medical) tests*
l'aspirina	*aspirin*
il cerotto	*bandage / Band-aid®*
il consiglio	*advice*
la dose / il dosaggio	*dose / dosage*
il dottore / il medico	*doctor*
la febbre	*fever*
le gocce	*drops*
l'influenza	*flu*
l'iniezione / la puntura	*injection*
il malato (*or* l'ammalato) (*noun*)	*sick person*
la malattia	*illness*
la medicina	*medicine*
il/la paziente	*patient*
la pillola	*pill*
la pomata	*ointment*
il raffreddore (avere il...)	*cold (to have a . . .)*
la ricetta medica	*prescription*
lo sciroppo	*cough syrup*
il sintomo	*symptom*
il termometro	*thermometer*
la tosse	*cough*

Espressioni utili — *Useful Expressions*

mi fa male... (la testa, la gola...)	*my (head, throat . . .) hurts*
mi fanno male... (le gambe, le braccia, i muscoli)	*my (legs, arms, muscles) hurt*
mi sono fatto/a male... (al braccio, alla gamba)	*I hurt my (arm, leg)*

Gli aggettivi — *Adjectives*

accogliente	*welcoming*
biologico	*organic*
magro (cibo)	*nonfat / low-fat*
malato/a	*sick*
salutare	*healthy*
sano	*healthy, wholesome*
spettacolare	*spectacular*
tranquillo	*peaceful*

Al centro per il benessere — *At the Wellness Center*

l'alimentazione	*nourishment, diet*
il benessere	*well-being*
l'estetista	*esthetician, facialist*
la fisioterapia	*physical therapy*
il/la fisioterapista	*physical therapist*
il massaggio	*massage*
il nutrimento	*nourishment*
la nutrizionista	*nutritionist*
i pesi	*lifting weights*
la prevenzione	*prevention*
il trattamento (per il corpo)	*treatment (for the body)*

Essere in forma — *To Be in Shape*

fare la dieta / stare a dieta	*to be / to go on a diet*
il fumo fa male alla salute	*smoking is bad for your health*
il movimento fa bene alla salute	*activity is good for your health*
mangiare cibi sani	*to eat healthy food*
perdere / prendere peso	*to lose weight / to put on weight*
respirare aria pura	*to breathe fresh air*
seguire un'alimentazione corretta	*to follow a healthy diet*

stare all'aria aperta	to be outdoors	nono	ninth
tenersi in forma	to stay in shape	decimo	tenth
		undicesimo	eleventh
I luoghi	*Places*	dodicesimo	twelfth
il centro per il benessere	wellness center	ventesimo	twentieth
la clinica estetica / di bellezza	day spa	**I verbi**	*Verbs*
l'erboristeria	herbal remedy shop	ammalarsi	to get sick
la farmacia	pharmacy	avere mal di... (orecchio, schiena, testa, pancia, gola, ecc.)	to have a bad / achy . . . (ear, back, head, stomach, throat, etc.)
la jacuzzi	jacuzzi		
l'ospedale	hospital		
la palestra	gym		
il panorama	panorama	contagiare	to infect
il pronto soccorso	emergency room (ER)	controllare	to check
lo studio medico	doctor's office	dimagrire	to lose weight
le terme / le località termali	hot springs, thermal baths	farsi un taglio / un graffio	to get a cut / a scratch
		ingrassare	to gain weight
I numeri ordinali	*Ordinal Numbers*	migliorare	to get better
		misurare (la temperatura)	to take (*the temperature*)
primo	first		
secondo	second	peggiorare	to get worse
terzo	third	prescrivere	to prescribe
quarto	fourth	prevenire	to prevent
quinto	fifth	rigenerarsi	to regenerate oneself / to renew
sesto	sixth		
settimo	seventh	rilassarsi	to relax
ottavo	eighth	sentirsi (bene / male)	to feel (*good / bad*)

Dizionario personale

_____ _____
_____ _____
_____ _____
_____ _____
_____ _____
_____ _____
_____ _____
_____ _____

CAPITOLO 9

LEARNING STRATEGY

Continue Studying Outside of Class

Continue working in pairs or groups outside of the classroom. Working together helps you to learn Italian better because you are both student and teacher. You and your group members can pool ideas and resources to help each other with concepts that are difficult. You will also get additional speaking and listening practice and increase your opportunities to communicate in Italian.

IN PIAZZA PER UN AMBIENTE SANO

Piazza Ercole è una bellissima piazza nel centro storico di Tropea ed è il cuore della cittadina. Dalla piazza, corso Vittorio Emanuele scende fino a una terrazza che offre una panoramica spettacolare della costa. I negozi di Tropea vendono tantissimi prodotti tipici e artigianali, tra cui la cipolla rossa che è comunemente usata nella cucina regionale calabrese. Infatti, a Tropea c'è anche la sagra della cipolla rossa.

Peter Adams/Getty Images

COMMUNICATIVE GOALS

> Discuss the environment
> Talk about ways to improve the environment
> Talk about geographical characteristics and landscape
> Make comparisons

Risorse Audio ▶ Video **iLrn** ilrn.heinle.com

La Calabria e la Basilicata

> La Calabria è una regione essenzialmente agricola e in Italia ha la produzione più alta di arance e bergamotti oltre a un'importante produzione di olio d'oliva.

> La Basilicata è una delle regioni più piccole d'Italia. Potenza, però, il capoluogo della regione, è la città più alta d'Italia sul livello del mare.

© Cengage Learning 2015

©Giuliano Colliva/age fotostock

◄ I **Bronzi di Riace**, due statue di guerrieri attribuite al V° secolo avanti Cristo, sono stati ritrovati in ottime condizioni il 16 agosto 1972 da Stefano Mariottini, un giovane romano, che mentre faceva sport subacqueo nella marina di Riace ha visto, sul fondo del mare, il braccio di una delle due statue. La scoperta del giovane ha richiamato l'attenzione di studiosi e ricercatori di tutto il mondo. Oggi i Bronzi di Riace si trovano nel Museo Nazionale di Reggio Calabria.

Anche se conosciuta oggi come il posto in cui ▶ Mel Gibson ha girato *La Passione di Cristo*, **Matera**, chiamata anche la "città dei Sassi", è un luogo abitato sin dall'inizio della storia dell'uomo, oltre 10.000 anni. È tra le città più antiche del mondo ed è parte del Patrimonio Mondiale dell'UNESCO per la sua unicità. I Sassi, abitazioni scavate nelle grotte naturali e nelle rocce, testimoniano la capacità dell'uomo di adattarsi all'ambiente naturale.

Donatella Melucci

Andiamo in piazza!

iLrn Vai al sito iLrn per guardare un video fatto per i turisti per scoprire le meraviglie di Reggio Calabria.

Luigi Zito

▲ Nel centro storico di Reggio Calabria c'è **Piazza Duomo** con la Cattedrale Maria Santissima Assunta, una delle chiese più grandi della regione. In questa piazza hanno luogo tutte le manifestazioni religiose e tradizionali.

Nel Medioevo, **Piazza del Sedile**, a Matera, era il luogo principale per le discussioni politiche del popolo. Poi è diventata la sede politica della città. Oggi è il punto di ritrovo delle nuove e delle vecchie generazioni. I bar della piazza restano aperti fino a tardi. Da non perdere è la Focacceria del Sedile, dove fanno pizze locali cotte sulla pietra calda. ▶

Donatella Melucci

iLrn

Share it! • • • **Quale regione ti interessa di più?** Scegli una delle due regioni e cerca informazioni generali (storia, tradizioni, luoghi da visitare, cibi caratteristici, ecc.) che puoi mettere su *Share it!* Leggi i commenti degli altri e rispondi con la tua opinione sulle informazioni.

▶ To learn more about **la Calabria** and **la Basilicata**, watch the cultural footage in the Video Library.

L'ambiente

bidone / bidoni*

L'ambiente	*Environment*
l'alluvione	flood
l'ambientalista (*m./f.*)	environmentalist
l'ambiente	environment
il buco dell'ozono	hole in the ozone layer
la conservazione	conservation
il disboscamento	deforestation
l'energia alternativa	alternative energy
l'energia nucleare	nuclear energy
l'immondizia	trash, garbage
l'incendio	fire
l'industria	industry
l'inquinamento (atmosferico)	pollution (atmospheric)
i prodotti sintetici	synthetic products
i rifiuti tossici	toxic waste
le risorse naturali	natural resources
lo smog	smog
la sostenibilità	sustainability
il territorio	territory
la valanga (di fango)	avalanche (mudslide)

I luoghi	*Places*
l'area protetta	protected area
il bosco	woods
il fiume	river
il parco nazionale	national park
il torrente	torrent, stream

I verbi	*Verbs*
buttare (via)	to throw (away)
combattere	to fight
difendere	to defend
disperdere	to litter
distruggere	to destroy
incentivare	to incentivize / to provide an incentive
promuovere	to promote
proteggere	to protect
ricaricare	to refill / to reload
riciclare	to recycle
ridurre	to reduce
rispettare	to respect
sensibilizzare	to raise awareness of
sviluppare	to develop

Espressioni utili	*Useful Expressions*
fare la raccolta differenziata	to sort recyclables
non disperdere nell'ambiente	don't litter

*Every region is able to establish its own color-coding system for recycling bins. In general, the above colors are most common.

Pratichiamo!

9-1. La parola giusta. Scegli la parola che meglio completa la frase.

1. Mi piace nuotare nel (*fiume / torrente*).
2. Nel parco nazionale è importante (*proteggere / ridurre*) la natura.
3. Bisogna (*incentivare / difendere*) l'industria perché non danneggi l'ambiente.
4. È importante usare materiali che possano essere (*riciclati / buttati via*).
5. Il parco nazionale è (*un'area protetta / un'alluvione*).
6. Cerco di incoraggiare la gente a usare (*risorse naturali / prodotti sintetici*).

9-2. L'intruso. Cancella la parola che non appartiene alla categoria.

1. il fiume	l'inquinamento	il torrente	il mare
2. riciclare	proteggere	disperdere	conservare
3. la conservazione	la sostenibilità	l'energia alternativa	i rifiuti tossici
4. lo smog	il buco dell'ozono	il bosco	l'inquinamento
5. difendere	promuovere	distruggere	rispettare
6. l'energia nucleare	l'alluvione	la valanga	l'incendio

9-3. Definizioni. Metti la parola che corrisponde alla definizione.

1. _____: porzione protetta e definita di terra
2. _____: degrado ecologico causato dall'azione della gente
3. _____: terreno coperto da alberi
4. _____: oggetti tossici da buttare via
5. _____: fuoco di grandi proporzioni
6. _____: materiale trasparente che si rompe e può tagliare

9-4. Le risorse naturali. A coppie, parlate dello stato delle risorse naturali nel vostro Paese. Sono a rischio? Dovete preoccuparvi delle risorse? Indicate quattro cose che potete fare per preservarle. Date alcuni esempi che giustificano la vostra posizione.

9-5. Date un voto! Quanto è "verde" la tua università? Quale voto date alla vostra università per il riciclaggio? Ci sono bidoni nel campus per facilitare il riciclaggio? Quali sono e che colore hanno? Voi siete bravi a riciclare? Quali materiali riciclate? Quali materiali non riciclate? Perché? A coppie, date un voto alla vostra università da *0–5* e poi paragonate il voto con i voti degli altri studenti.

9-6. Completate la frase. Formate gruppi di tre e andate in giro e chiedete a due persone di completare le seguenti frasi. Scrivete le loro risposte e poi condividete le risposte con il vostro gruppo.

	Nome	Nome
1. Compro le bevande in bottiglie di ...	_____	_____
2. È importante chiedere all'industria di ...	_____	_____
3. L'inquinamento è causato in gran parte da ...	_____	_____
4. Il disboscamento succede perché ...	_____	_____
5. Per aiutare l'ambiente, le persone hanno l'obbligo di ...	_____	_____
6. Il buco dell'ozono è ...	_____	_____

Prima di tutto... Riesci a identificare i seguenti oggetti? In quale categoria di raccolta differenziata li metteresti? Quali altri oggetti metteresti negli stessi bidoni? Quali sono gli altri gruppi di materiali riciclabili?

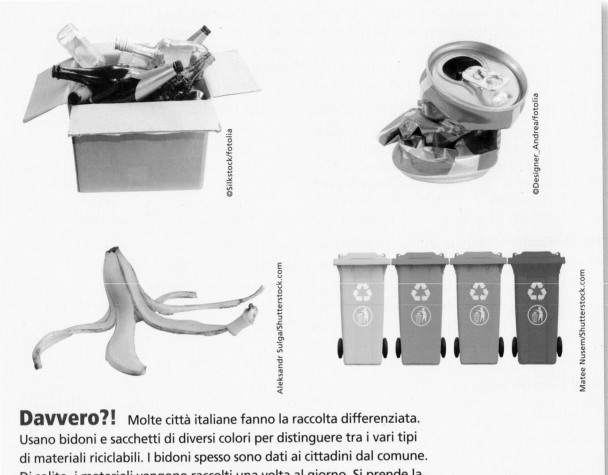

©Silkstock/fotolia

©Designer_Andrea/fotolia

Aleksandr Sulga/Shutterstock.com

Matee Nusem/Shutterstock.com

Davvero?! Molte città italiane fanno la raccolta differenziata. Usano bidoni e sacchetti di diversi colori per distinguere tra i vari tipi di materiali riciclabili. I bidoni spesso sono dati ai cittadini dal comune. Di solito, i materiali vengono raccolti una volta al giorno. Si prende la multa (*fine*) se si mettono nei bidoni del riciclaggio delle cose che non sono riciclabili.

Chiacchieriamo un po'! Lavorate a coppie per parlare del vostro rapporto con l'ambiente. Ecco alcune possibili domande: Riciclate? Com'è la situazione del riciclaggio nelle vostre città? Spiegate in dettaglio quello che fate personalmente per salvaguardare l'ambiente. Secondo voi, il sistema di raccolta differenziata è migliore in Italia o nel tuo Paese? Vi interessa cambiare qualcosa del sistema di riciclaggio nella vostra città? Come potete cambiare le vostre abitudini? Riferite le vostre idee alla classe e decidete chi ha la soluzione migliore.

iLrn

Share it!••• **Fumetti con una coscienza!** Cerca sul Web un fumetto in italiano che parli della difesa dell'ambiente o del riciclaggio. Metti il fumetto su *Share it!* Scrivi commenti per i due fumetti che trovi più belli e spiega perché.

3–9

Il mondo che vorrei

Ascolta e/o leggi la lettera e rispondi alle domande.

*Regina è andata a una manifestazione sull'ambiente in Piazza Duomo, a Reggio Calabria. Su un muro ci sono le lettere di alcuni studenti che hanno descritto il mondo che **vorrebbero**. Regina si ferma a leggere la lettera di Nicolò, un bambino calabrese di 9 anni.*

Courtesy of CONAI

Il mondo che **vorrei avrebbe** tanti alberi e l'aria **sarebbe** pulita. I grandi[1] **guiderebbero** solo macchine ecologiche e nessuno **distruggerebbe** più i boschi. Io **riciclerei** tutto. Noi bambini **puliremmo** le strade e le spiagge ma non **useremmo** mai più prodotti chimici perché fanno male alle piante. Gli adulti, che sono grandi, **potrebbero** pulire il cielo e il mare. Poi noi tutti **dovremmo** proteggere meglio gli animali, altrimenti la catena alimentare si **spezzerebbe**[2] e non **avremmo** più latte, cotone, lana… Infine tutti **mangerebbero** solo prodotti biologici. Mi **piacerebbe** un mondo così. E tu ci **aiuteresti**?

Nicolò

La manifestazione **Raccolta 10+**, per promuovere il riciclo e la raccolta differenziata si svolge spesso in Piazza Duomo, a Reggio Calabria.

[1]*adults*   [2]*would be broken*

Comprensione

Rispondete alle seguenti domande con frasi complete.

1. Cosa ci sarebbe nel mondo che vorrebbe Nicolò?
2. Che tipo di macchine ci sarebbero?
3. Chi pulirebbe le strade e le spiagge?
4. Perché, secondo Nicolò, dovremmo proteggere meglio gli animali?

Osserviamo la struttura!

Nella lettera sopra, osserva le parole in grassetto e completa le seguenti attività.

1. What is the infinitive of the following verbs? Can you guess the subject for each of these verb forms:
   a. **avrebbe:** (*inf.*)_____
   b. **sarebbe:** (*inf.*)_____
   c. **guiderebbero:** (*inf.*)_____
   d. **distruggerebbe:** (*inf.*)_____
   e. **puliremmo:** (*inf.*)_____
2. Can you find words in the text that correspond to the English words *would like*, *could*, and *should*?
   (*would like*) _____   (*could*) _____   (*should*) _____
3. What does the expression **mi piacerebbe** mean? When would the expression **mi piacerebbero** be used?

Condizionale semplice (*Simple conditional*)

Nicolò M. Shapiro

Com'è il mondo che tu vorresti?

A. The **condizionale semplice** (*simple conditional*) is used to express what one *would do* or what *would happen* in a particular situation or an event that is possible if a certain condition is met. It is also used to express wishes, preferences, or polite requests. The table below shows how to conjugate regular verbs in the **condizionale** (*would* + verb).

Condizionale (*would* + **verbo**)		
	ricicl-are	**protegg-ere**	**pul-ire**
io	ricicl-**erei**	protegg-**erei**	pul-**irei**
tu	ricicl-**eresti**	protegg-**eresti**	pul-**iresti**
Lei, lui/lei	ricicl-**erebbe**	protegg-**erebbe**	pul-**irebbe**
noi	ricicl-**eremmo**	protegg-**eremmo**	pul-**iremmo**
voi	ricicl-**ereste**	protegg-**ereste**	pul-**ireste**
loro	ricicl-**erebbero**	protegg-**erebbero**	pul-**irebbero**

Io **riciclerei** tutto.	*I **would recycle** everything.*
Noi **puliremmo** le strade e le spiagge.	*We **would clean** the streets and the beaches.*
Mi **aiuteresti** a fare la raccolta differenziata?	***Would you help** me sort the recyclables?*

B. To form the **condizionale** with verbs ending in **-ciare** and **-giare**, such as **cominciare** and **mangiare**, drop the **-i** of the stem.

Io **comincerei** a eliminare tutti i pesticidi e noi **mangeremmo** cibi sani.	*I **would start** eliminating all pesticides and we **would eat** healthy food.*

C. Verbs ending in **-care** and **-gare,** such as **cercare** and **spiegare**, add an **-h** after the **c** and **g** in every verb form in order to keep the hard sound.

Mi **spiegheresti** cosa fare per proteggere l'ambiente?	***Would you explain** to me what to do to protect the environment?*
Io **cercherei** di usare solo materiali riciclabili.	*I **would try** to use only recyclable materials.*

Verbi irregolari nel condizionale

Some verbs are irregular in the formation of the **condizionale**. The following list shows the most common irregular verbs. Notice that they are the same irregular verbs used with the **futuro** (**Capitolo 7**).

avere	io **avr**ei, tu avresti, ...		rimanere	io **rimarr**ei, tu rimarresti, ...
andare	io **andr**ei, tu andresti, ...		sapere	io **sapr**ei, tu sapresti, ...
bere	io **berr**ei, tu berresti, ...		stare	io **star**ei, tu staresti, ...
dare	io **dar**ei, tu daresti, ...		tenere	io **terr**ei, tu terresti, ...
dire	io **dir**ei, tu diresti, ...		vedere	io **vedr**ei, tu vedresti, ...
dovere	io **dovr**ei, tu dovresti, ...		venire	io **verr**ei, tu verresti, ...
essere	io **sar**ei, tu saresti, ...		vivere	io **vivr**ei, tu vivresti, ...
fare	io **far**ei, tu faresti, ...		volere	io **vorr**ei, tu vorresti, ...
potere	io **potr**ei, tu potresti, ...			

Il mio mondo ideale **avrebbe** tanti alberi e l'aria **sarebbe** pulita.	*My ideal world **would have** many trees and the air **would be** clean.*

Condizionale di *volere, potere, dovere*

With the verbs **volere** (*would like*), **potere** (*could*), or **dovere** (*should*), use the **condizionale** form of those verbs followed by the infinitive of the main verb.

Io **vorrei** <u>vivere</u> in un mondo non inquinato.	*I **would like** to live in a nonpolluted world.*
Noi tutti **dovremmo** <u>difendere</u> il nostro ambiente.	*We all **should** defend our environment.*
Potresti <u>spiegarmi</u> cosa vuol dire "sostenibilità"?	***Could** you explain to me what "sustainability" means?*

Condizionale of *piacere*

To express what one *would like to do,* the **condizionale** of the verb **piacere** is used in the third-person singular or plural.

Mi **piacerebbe** diventare un'ambientalista.	*I **would like** to become an environmentalist.*
Ti **piacerebbero** delle fragole biologiche?	***Would** you **like** some organic strawberries?*

Come si dice *I wish*?

- The exclamation "I wish!" in Italian is **Magari!**

Vorresti vincere la lotteria?	*Would you like to win the lottery?*
Magari!	*I wish!*

- The verb *to wish* in Italian can be **augurare** or **desiderare** (*to wish for*).

Ti **auguro** buona fortuna.	***I wish** you good luck.*
Desidero un mondo più sano.	***I wish** for a healthier world.*

- As a noun, the word *wish* is translated as **desiderio** or **augurio**.

Esprimi un **desiderio**!	*Make a **wish**!*
Tanti **auguri**!	*Best **wishes**!*

Pratichiamo!

9-7. Cosa farebbero i bambini? Nicolò riassume alla classe i risultati di un'indagine fatta per sapere cosa lui e i suoi compagni di classe farebbero per proteggere l'ambiente. Crea frasi complete con il **condizionale** e gli elementi forniti.

Esempio Marco (riciclare) i suoi giocattoli.

*Marco **riciclerebbe** i suoi giocattoli.*

1. I bambini (inventare) le automobili ad aria.
2. Io (usare) solo plastica ecologica.
3. Io e gli altri bambini non (comprare) prodotti chimici.
4. Paolo e Luca (proteggere) gli animali.
5. Tu e Luisa (scrivere) articoli sul giornale per sensibilizzare la gente.
6. Tu, Marco, (distribuire) informazioni alla gente.
7. La maestra (parlare) in televisione.
8. Io (cercare) di organizzare il prossimo Green Day.

NOTA CULTURALE

Tra i prodotti tipici e artigianali della Calabria ci sono gli 'nzuddi, dolci fatti di farina, zucchero, margarina, mandorle, uova, latte e aromi naturali.

Tobik/Shutterstock.com

9-8. Io farei il contrario. Riscrivi le frasi al contrario usando i soggetti in parentesi. Segui l'esempio.

Esempio Tu non *bevi* il latte biologico. (Io)

*Io **berrei** il latte biologico.*

1. Marco non *fa* la raccolta differenziata. (Noi)
2. Io non *vado* alla manifestazione per l'ambiente. (Loro)
3. Loro *dicono* che riciclare è inutile. (Voi)
4. Tu e Marco *vivete* in una città molto inquinata. (Io)
5. Quel negozio *ha* buste di plastica. (Il mio negozio)
6. Voi non *tenete* prodotti biologici in casa. (Tu)
7. Paola non *sta* attenta ai rifiuti tossici. (Io e i miei amici)
8. Tu non *vieni* in pasticceria a mangiare gli "'nzuddi" fatti con prodotti naturali. (Tommaso).

NOTA CULTURALE

NON BUTTO VIA, IO RICICLO!

Reggio Calabria, campionessa della raccolta differenziata!
Nel 2009, Reggio Calabria ha vinto le **Olimpiadi italiane del Riciclo** superando altre città italiane, come Milano, Roma, Bologna, Firenze e Palermo.

9-9. Buone maniere (*Good manners*). Riscrivi le seguenti frasi con il **condizionale** dei verbi **volere, potere** e **dovere** per renderle più gentili.

1. Dovete riciclare tutti i rifiuti!
2. Mi puoi dare un passaggio (*a ride*)?
3. Volete venire con noi in Piazza Duomo?
4. Scusate, mi potete dire l'ora?
5. Dobbiamo usare sacchetti di carta, non di plastica!
6. Cameriere, mi può fare un caffè?
7. Vuoi un cappuccino con gli 'nzuddi?
8. Vogliamo più alberi nelle città.

9-10. Si potrebbe fare di più (*We could do more*). Chiedete al vostro compagno/alla vostra compagna cosa farebbe nella sua città per migliorare le condizioni ambientali. Quali iniziative gli/le piacerebbe organizzare? Indicate almeno cinque proposte ciascuno. Poi riferite i risultati alla classe.

9-11. Esprimi un desiderio! Chiedete al compagno/alla compagna di esprimere almeno tre desideri e poi chiedete che cosa farebbe in ogni situazione e come reagirebbero (*react*) parenti e amici. Poi riferite i risultati alla classe.

Alcuni suggerimenti per i desideri: vincere la lotteria, finire l'università, vivere in Italia

9-12. Magari! In gruppo, chiedete ai vostri compagni se a loro piacerebbe essere nelle situazioni indicate (o altre create da voi), perché e che cosa farebbero. Poi riferite i risultati alla classe.

	Nome	Nome	Nome
1. essere un cantante / attore famoso			
2. essere milionario			
3. essere il presidente della nazione			
4. viaggiare nello spazio			

Tu cosa avresti fatto?

Ascolta e/o leggi il dialogo e rispondi alle domande.

Regina e Tommaso parlano del fine settimana appena passato.

> **Regina:** Allora Tommaso, hai fatto tutto quello che **avresti voluto fare** durante il fine settimana?
>
> **Tommaso:** Eh magari! Ieri c'erano tante cose che **avrei voluto fare**, per non parlare di quelle che **avrei dovuto fare**, ma non ho potuto. C'erano tre eventi per l'ambiente in posti diversi, uno era in Sila, al parco nazionale. Alla fine sono rimasto a Cosenza e ho partecipato a Bicincittà in Piazza XI Settembre ed è stato bellissimo. Ma per un ambientalista come me, tu cosa **avresti fatto**?
>
> **Regina:** Mah, non so, forse **sarei andata** in Sila. **Ti saresti divertito!** **Avresti passato** tutta la giornata all'aria pura. Io ci sono stata l'anno scorso.
>
> **Tommaso:** Ci **sarei voluto andare** e so che **mi sarebbe piaciuto** molto, ma ho scelto di restare in città. Dimmi, cosa **avrei fatto** in Sila?
>
> **Regina:** Beh, **avresti conosciuto** tanta gente e insieme voi **avreste visitato** il parco nazionale. Forse tu **avresti fatto** una gita in canoa e sicuramente **avresti mangiato** dei prodotti biologici squisiti. **Avrei partecipato** anch'io quest'anno, ma ieri ho dovuto lavorare. L'anno prossimo ci possiamo andare insieme. Che ne dici?
>
> **Tommaso:** Buon'idea!

Piazza XI Settembre è nel centro di Cosenza. È una zona pedonale chiusa al traffico.

Comprensione

Rispondete alle seguenti domande con frasi complete.

1. A quanti eventi era interessato Tommaso durante lo scorso fine settimana? E perché?
2. Dove sarebbe voluta andare Regina, ma non ha potuto?
3. Secondo Regina, che cosa avrebbe fatto Tommaso in Sila? Come fa a saperlo?
4. Che cosa propone Regina a Tommaso?

Osserviamo la struttura!

Nel dialogo sopra, osserva le parole in grassetto e completa le seguenti attività.

1. Are the verb forms indicated below simple or compound? Why does the auxiliary verb change?
   avresti fatto   **sarei andato**
2. When do you think these forms should be used?
   a. referring to a present action   c. referring to a past action
   b. referring to a future action
3. What difference do you see in the following expressions? Can you guess their meanings?
   a. Io **sarei andata** in Sila.   b. Io **sarei voluta andare** in Sila.

NOTA CULTURALE

Bicincittà è un evento che si svolge tutti gli anni in centinaia di città italiane e dà l'opportunità alle persone di tutte le età di vivere una giornata di sport per aiutare la salute e l'ambiente. Si parte in bici da una piazza e si attraversa insieme la città.

www.UISP.it

Condizionale passato (*Past conditional*)

Candy Box Images/Shutterstock.com

The **condizionale passato** (or **composto**) expresses what one *would have done* or what *would have happened* in a given situation which occurred in the past. The **condizionale passato** is a compound tense. It is formed with the **condizionale** of the auxiliary **avere** or **essere** followed by the past participle of the main verb.

— E tu cosa **avresti fatto?**
— Sicuramente non **avrei comprato** quella macchina...

As with all compound tenses, the use of the auxiliary is determined by the main verb and follows the same rules you learned for forming the **passato prossimo** (see **Capitolo 4**).

Tu che cosa **avresti fatto**?	*What **would you have done?***
Io **sarei andata** in Sila e **avrei passato** tutta la giornata all'aperto.	*I **would have gone** to Sila and **spent** all day outdoors.*

	riciclare	andare
io	avrei riciclato	sarei andato/a
tu	avresti riciclato	saresti andato/a
Lei, lui/lei	avrebbe riciclato	sarebbe andato/a
noi	avremmo riciclato	saremmo andati/e
voi	avreste riciclato	sareste andati/e
loro	avrebbero riciclato	sarebbero andati/e

Condizionale passato con *volere, potere* e *dovere*

The **condizionale passato** with modal verbs (**volere, potere, dovere**) expresses what one *would have / should have* or *could have done* under certain circumstances in the past. In Italian it is formed with the **condizionale** of the auxiliary, **avere** or **essere**, followed by **voluto, potuto,** or **dovuto** + the infinitive of the main verb. The use of the auxiliary is determined by the main verb.

Avrei voluto fare una gita e **sarei voluto andare**[1] in Sila.	*I **would like to have taken** a short trip and **to have gone** to Sila.*
Ci **saresti dovuto andare** e **avresti potuto visitare** il parco nazionale.	*You **should have gone** and you **could have visited** the national park.*

[1]With modal verbs, it is also common to use exclusively the auxiliary *avere* when forming **condizionale passato**. For example: *Avrei voluto* andare al cinema instead of *Sarei voluto* andare al cinema.

Pratichiamo!

9-13. **Cosa avrebbero fatto?** Abbina le frasi della colonna A con quelle della colonna B.

A

1. _____ Da bambina, a Regina piaceva molto la natura.
2. _____ Tommaso ieri è tornato a casa tardi e oggi è stanco.
3. _____ I miei amici mi hanno invitato a una festa.
4. _____ Perché hai comprato delle batterie nuove?
5. _____ Il vostro esame è andato male.
6. _____ Ieri c'è stata la mostra Ecologica-Mente.
7. _____ Ma perché hai buttato il computer?
8. _____ Allora hai vinto la lotteria?

B

a. Sarebbe dovuto tornare a casa prima.
b. Avresti dovuto riciclarlo.
c. Avrebbe voluto studiare ecologia.
d. Ci sarei andato, ma dovevo studiare.
e. Avresti potuto usare quelle ricaricabili.
f. Avreste dovuto studiare di più.
g. Magari! Sarei già partita per una vacanza.
h. Peccato! Mi sarebbe piaciuto vederla.

9-14. **Immaginiamo una giornata diversa.** Tommaso e Regina immaginano come sarebbe stata la loro giornata in Sila. Scrivi le frasi usando il **condizionale passato** del verbo indicato in corsivo.

Esempio   io / *svegliarsi* / alle 6.30
          *Mi **sarei svegliato** alle 6.30.*

1. io, tu e gli altri amici / *incontrarsi* / al bar per fare colazione
2. noi / *andare* / in macchina in Sila
3. tu, Regina / *guidare*
4. tu e gli altri amici / *vedere* / il parco nazionale
5. io / *fare* / un giro in canoa
6. Paolo / *assaggiare* / tutti i prodotti biologici
7. noi / *ripartire* / la sera
8. io / *arrivare* / a casa molto tardi

NOTA CULTURALE

Ecologica-Mente è un'iniziativa culturale organizzata a Vibo Valentia per sensibilizzare tutti gli abitanti con il forte messaggio sociale che chiede di riciclare, riusare e ridurre.

brux/Shutterstock.com

9-15. Lo avrebbero voluto (dovuto / potuto) fare ma... Rispondi alle seguenti domande con il **condizionale passato** dei **verbi modali** usati nella domanda. Poi inventa una ragione per cui queste persone non hanno fatto quello che **volevano / potevano / dovevano**.

    Esempio   Non *volevi* partecipare a Bicincittà?
                Avrei voluto partecipare ma **sono rimasto a casa per studiare.**

1. Non *potevate* riciclare i vecchi cellulari?
2. Tommaso non *voleva* andare a vedere il Treno Verde?
3. Regina, non *dovevi* scrivere un articolo sul prossimo evento ambientalista?
4. Le industrie non *potevano* distruggere i rifiuti tossici l'anno scorso?
5. Gli ambientalisti non *volevano* parlare in piazza delle risorse naturali la settimana scorsa?
6. La professoressa ieri non *doveva* spiegare cos'è la sostenibilità?
7. Tu non *potevi* chiedere un passaggio a Tommaso per andare in città?
8. Noi non *dovevamo* visitare il parco nazionale la settimana scorsa?

9-16. Ripensamenti. Avete mai organizzato una manifestazione per la difesa dell'ambiente (o per qualcos'altro che vi interessa)? O avreste voluto organizzarla? Se avete partecipato, che cosa avreste fatto di diverso? Se non l'avete mai organizzata, immaginate che cosa avreste fatto durante l'evento. Raccontate le vostre esperienze al vostro compagno/alla vostra compagna e poi riferite i risultati alla classe.

9-17. E tu cosa avresti fatto? A coppie, chiedete al vostro compagno/alla vostra compagna che cosa avrebbe fatto invece di iscriversi in questa università. Cos'altro avrebbe scelto o avrebbe voluto scegliere? Che cosa avrebbe studiato? Gli/Le sarebbe piaciuto andare in un'altra università o città? Poi riferite i risultati alla classe.

9-18. Avrei voluto vivere nel... In gruppo, chiedete ai vostri compagni in quale periodo della storia avrebbero voluto vivere. Che cosa avrebbero fatto? Avrebbero preferito essere un personaggio famoso della storia, o della musica, dell'arte, ecc.? Che cosa avrebbero fatto al posto di questo personaggio? Poi riferite i risultati alla classe.

NOTA CULTURALE

Reggio Calabria è la seconda città su nove città italiane dove è passato il **Treno Verde**, sponsorizzato da Legambiente, per promuovere la sostenibilità ambientale. Tutti i Comuni si impegnano a realizzare, entro il 2020, piani di azione per garantire alle città e ai cittadini pratiche semplici e concrete per risparmiare energia.

Courtesy of Legambiente

LEGGIAMO!

Pre-lettura

 1. Indicate se siete d'accordo o no con le seguenti affermazioni. Giustificate le vostre risposte.

Sono d'accordo	Non sono d'accordo	
_____	_____	a. Mi piacerebbe cambiare macchina ogni quattro anni.
_____	_____	b. I conservanti e i coloranti non fanno male.
_____	_____	c. Per me è importante acquistare i prodotti del Commercio equo e solidale (*Fair trade*).
_____	_____	d. Le macchine dovrebbero essere proibite nei centri storici.
_____	_____	e. Il nostro consumo materiale ha conseguenze sugli altri Paesi.
_____	_____	f. Preferisco mangiare cibi locali e biologici.

2. I ragazzi, autori del testo, credono al detto: "Pensare globalmente agire localmente". Siete d'accordo con questo detto? Spiegate.

3. LEGAMBIENTE è l'associazione ambientalista più diffusa in Italia. È presente in Basilicata in 14 centri. Ci sono associazioni simili nel vostro Paese? Come si chiamano? Cosa fanno per aiutare l'ambiente? Fate parte di un'associazione ambientalista?

4. Come definireste la parola *ambiente*? Scrivete le vostre definizioni.

www.legambiente.it

CAMBIAMBIENTE*

Ma cos'è l'ambiente?

Tutti parlano del problema del degrado° dell'ambiente. Ma non tutti sanno **cos'è l'ambiente**. La risposta più semplice potrebbe essere "la natura", "il verde che ci circonda", ma dietro tutto ciò si cela° una realtà più complessa e della quale l'uomo deve rispettare le regole. **L'ambiente**

deterioration

is concealed

*CAMBIAMBIENTE è la rivista dei ragazzi di Legambiente giovani di Potenza.

Galyna Andrushko/Shutterstock.com

è qualcosa che funziona insieme, "un organismo", nel quale un singolo intervento locale ha conseguenze sull'intero sistema. Poiché° i vari elementi sono collegati° tra loro, se si rompe questo equilibrio° il sistema è distrutto o si crea un nuovo equilibrio.

Since / connected

balance

Attualmente il problema dell'inquinamento ha assunto° proporzioni drammatiche. Prima l'estensione delle zone contaminate era molto modesta rispetto alla superficie terrestre°. Ora, invece, sta per raggiungere tutto il pianeta°. Stiamo avvelenando° tutta la Terra. Anche se vediamo il nostro ambiente semplicemente come luogo in cui viviamo, cioè la nostra città (Potenza), il nostro rione° o la nostra scuola, noi siamo parte di un tutto e le nostre azioni possono danneggiare° o sostenere qualcuno e/o qualcosa lontano da noi.

reached

Earth's surface

planet / poisoning

neighborhood

damage

Abbiamo deciso di darci°, come consumatori° "attenti", delle regole per fare la spesa tutti i giorni. Un prodotto che porta a un risparmio economico nell'immediato può avere un costo sociale e ambientale molto alto a lungo termine. Ecco le regole per un bravo consumatore:

give ourselves / consumers

1. Compra di meno (ogni prodotto comporta un invisibile "zaino ecologico°")
2. Compra durevole (non cambiare troppo spesso auto, frigoriferi, mobili)
3. Compra semplice (in genere gli oggetti più sofisticati sono più fragili)
4. Compra vicino (compra prodotti della tua regione)
5. Compra sano (alimenti freschi, di stagione, prodotti biologici)
6. Compra giusto (non prodotti fatti in condizioni sociali inaccettabili)
7. Compra sincero (evita le influenze dei prodotti troppo pubblicizzati)
8. Compra informato (prodotti che danno molte informazioni su come e dove sono fatti)

ecological backpack

ᛉᛈᛉ Dopo la lettura

1. Ora rileggete la definizione dell'*ambiente* dei ragazzi di Potenza e le vostre definizioni. Sono simili? Sono diverse? Perché? Siete d'accordo con la loro definizione? Dopo aver letto l'articolo, cambiereste la vostra definizione?

2. Siete d'accordo con la frase: "Attualmente il problema dell'inquinamento ha assunto proporzioni drammatiche"? Spiegate.

3. Quali delle regole da consumatori "attenti" seguite già? Quali non seguite e perché?

4. Scrivete due regole per un consumatore attento e condividetele con la classe.

iLrn

Share it!••• **Ancora in giro per i parchi!** A Parco Gallipoli Cognato, in Basilicata, si fanno delle escursioni al sito archeo-astronomico di Monte Croccia, dove c'è un planetario. Sul Web fai una ricerca sul planetario e sui nomi italiani dei pianeti. Metti informazioni e foto su *Share it!*

Gli animali e la natura

3–11

le colline · il falcone · la montagna · il sentiero · la vegetazione · il cavallo · il lago · la foresta · l'albero · il fiore · la roccia · le piante

©Cengage Learning

Il paesaggio della Basilicata è principalmente fatto di montagne e colline. Dalle colline si scende al mare.

Gli animali domestici	Domesticated Animals
il cane	dog
la capra	goat
il gatto	cat
la mucca	cow
la pecora	sheep
il pesce (i pesci)	fish
l'uccello	bird

La fauna	Wildlife
il gatto selvatico	wildcat
il lupo	wolf

Le indicazioni	Directions
est	east
nord	north
ovest	west
sud	south
centrale	central
meridionale	southern
a nord / a sud di...	(to the) north / south of . . .
settentrionale	northern

La flora	Plant Life
la quercia	oak tree
l'ulivo	olive tree

I luoghi	Places
la costa	coast
la fattoria	farm (livestock farm)
il giardino	yard
il mare	sea
la masseria	farm
l'orto	garden (vegetable)
la pianura	plain, flat country

Espressioni idiomatiche	Idiomatic Expressions
Chi dorme non piglia pesci.	The early bird gets the worm. (fig.)
essere forte come un leone	to be as strong as a lion
essere furbo come una volpe	to be as clever as a fox
essere lento come una tartaruga	to be as slow as a turtle
essere solo come un cane	to be as lonely as a dog
essere testardo come un mulo	to be as stubborn as a mule
In bocca al lupo!	Break a leg! Good luck! (fig.)
mangiare come un uccello	to eat like a bird

Pratichiamo!

9-19. Indicazioni. Guarda la mappa della Basilicata all'inizio del capitolo e completa le frasi con la parola corretta.

> settentrionale / sud-ovest / nord-ovest / meridionali / nord-est / sud / sud-est / nord

1. Il parco nazionale del Pollino è a _____ della regione.
2. Matera si trova nel _____ non lontano dalla Puglia.
3. Maratea è nel _____ sul golfo di Policastro.
4. La parte a nord dell'Italia è chiamata anche _____.
5. Melfi è nel _____.
6. Monte Volturino è al _____ da Melfi.
7. La Basilicata e la Calabria sono due regioni _____.

9-20. Indovina la parola! Completa le espressioni idiomatiche con l'animale corretto per scoprire il nome originale della Basilicata.

1. In bocca al ☐ ___ ___ ___

2. Testardo come un ___ ☐ ___ ___

3. Mangiare come un ___ ___ ☐ ___ ___ ___ ___

4. Essere lento come una ___ ___ ___ ___ ___ ___ ___ ☐

5. Essere forte come un ___ ___ ___ ☐ ___

6. Chi dorme non piglia ___ ___ ___ ☐

7. Solo come un ___ ☐ ___ ___

Risposta: La ___ ___ ___ ___ ___ ___ ___

9-21. Indovina l'animale! A coppie, per un minuto, studiate il vocabolario degli animali domestici. Poi a turno, e senza guardare la lista, scegliete un animale e chiedete al compagno/alla compagna: "Indovina l'animale che comincia con la lettera l". L'altra persona risponde: "Lupo". Se c'è più di un'opzione, il tuo compagno/la tua compagna deve continuare a fare ipotesi fino a quando indovina l'animale a cui tu pensavi.

9-22. Furbo come una volpe. A coppie, inventate una conversazione in cui usate minimo due espressioni idiomatiche. Una delle espressioni sarà la conclusione del dialogo. Poi recitate il dialogo alla classe.

9-23. Le vostre preferenze. In gruppi di tre, rispondete alle seguenti domande e giustificate le vostre risposte dando almeno due motivazioni.

Preferireste…
1. andare in vacanza al mare o al lago?
2. sapere di più della fauna o della flora?
3. lavorare nel giardino o nell'orto?
4. passare più tempo in un parco nazionale o sulla costa?

Prima di tutto... Cos'è un'espressione idiomatica? Quali sono alcune espressioni idiomatiche in inglese che si usano spesso nella vita quotidiana? Una delle seguenti immagini rappresenta un proverbio inglese e l'altra un'espressione idiomatica inglese. Riesci ad abbinarli ai loro corrispondenti in italiano?

  a. Piove a catinelle (*buckets*).
  b. Chi dorme non piglia (*catch*) pesci.

1.

2.

Davvero?!
Come hai visto in questo capitolo, gli italiani hanno molte espressioni idiomatiche che si riferiscono in qualche modo agli animali. Dalle espressioni che hai imparato, qual è la tua espressione idiomatica preferita? Perché ti piace?

Chiacchieriamo un po'! Lavorate a coppie. Usate il vocabolario per creare una nuova espressione idiomatica. Poi scambiate espressioni con un altro gruppo e cercate di indovinare il significato della loro espressione.

iLrn

Share it!•◦• **Le espressioni idiomatiche e i proverbi.** Cerca altri proverbi o espressioni idiomatiche in italiano e trova il corrispondente nella tua lingua. Secondo te, qual è più divertente? Metti tutto su *Share it!* e indica quale dei proverbi indicati dai tuoi compagni ti piace di più.

Vieni con me a vedere i Sassi?

3–12

Ascolta e/o leggi il dialogo e rispondi alle domande.

Regina e Tommaso sono in Piazza Vittorio Veneto, a Matera, per partecipare alla manifestazione L'Ora della Terra ma anche per incontrare alcuni amici e visitare questa bellissima regione. Adesso sono seduti al tavolino di un bar.

Tommaso: Regina, cosa ti piacerebbe fare in questi giorni?

Regina: **A me** piacerebbe fare un tour notturno dei Sassi. So che è stupendo. E **a te**?

Tommaso: Piacerebbe anche **a me**. E poi vorrei andare al Parco Nazionale del Pollino con i nostri amici. Stasera, quando li vediamo, possiamo anche chiedere **a loro** qualche consiglio su dove andare. Forse vogliono venire **con noi**?

Regina: Oppure posso chiamare Luisa o Giuseppe che vivono qui.

Tommaso: No, non chiamare **lei**, si è appena trasferita qui e non conosce bene questi posti. Giuseppe, invece, è di Matera e sa tutto dei dintorni. Dovremmo chiamare **lui** per un consiglio.

Regina: **Per me** va bene! Ma se loro non vogliono visitare i Sassi, tu vieni **con me**, vero?

Tommaso: Ma certo! Ecco che arriva il cameriere. Cameriere, scusi?

Cameriere: Sì signori, fra un attimo sono **da voi**.

Piazza Vittorio Veneto, nel centro di Matera, offre, su un lato, una meravigliosa vista panoramica della città vecchia. Al centro della piazza, invece, c'è l'accesso a una parte di una città sotterranea di antichissime origini. **iLrn™**

Donatella Melucci

Comprensione

Rispondi alle seguenti domande con frasi complete.

1. Che cosa vorrebbe fare Regina in Basilicata?
2. Perché Tommaso vuole chiedere consiglio agli amici?
3. Perché Regina propone di chiamare proprio Giuseppe?
4. Che cosa chiede Regina a Tommaso a proposito della visita ai Sassi?

Osserviamo la struttura!

Nel dialogo sopra, osserva le parole in grassetto e completa le seguenti attività.

1. What characteristics do you notice about the words in bold?
2. Can you tell the difference in the use of the pronouns in the following sentences?
   a. Cosa **ti** piacerebbe fare in questi giorni?
   b. **A me** piacerebbe fare un tour notturno dei Sassi. E **a te**?
3. Why do you think Tommaso used **lei** and **lui** in the following sentences instead of using the *direct-object pronouns* **lo** and **la** before the verb?
   Non chiamare **lei.** Dovremmo chiamare **lui** per un consiglio.

NOTA CULTURALE

L'Ora della Terra è un evento che si svolge non solo in Basilicata ma anche in molte città di tutto il mondo. Per un minuto, monumenti, piazze e strade spengono le luci per esprimere la loro solidarietà sulla difesa dell'ambiente.

arindambanerjee/Shutterstock.com

Pronomi tonici (Stressed pronouns)

A. Pronomi tonici (*Stressed pronouns*) are object pronouns used after a preposition.

Oggi vado al cinema. *Today I'm going to*
Vieni con **me**?   *the movies. Will*
          you come with me?

Possiamo chiedere **a** *We can ask them for*
loro qualche consiglio. *some advice.*

Venite con **noi** a visitare la Basilicata!

B. The following table shows the **pronomi tonici**.

Pronomi tonici			
me	*me*	**noi**	*us*
te / Lei	*you / You* (formal)	**voi**	*you* (pl.)
lui	*him*	**loro**	*them*
lei	*her*		
sé	*himself/herself*		

C. The **pronomi tonici** are also used to replace direct- and indirect-object pronouns learned in **Capitoli 4** and **5**[2] to express greater emphasis on the *object* of the verb or to make a distinction between two object pronouns. Notice that **pronomi tonici** always refer to people and they are placed after either a verb or a preposition.

Cosa ti piacerebbe fare? *What would you like to do?*

A me piacerebbe fare un tour notturno *I would like to take a night tour*
dei Sassi. E **a te**?   *of Sassi. And **you**?*

Forse Luisa o Giuseppe ci possono dare *Perhaps Luisa or Giuseppe can give us*
un consiglio. Li chiamo?   *some advice? Should I call them?*

No, non chiamare **lei**. *No, don't call **her**.*

Dovremmo chiamare **lui** invece. *We should call **him** instead.*

Tanti auguri a te,
tanti auguri a te,
tanti auguri a te
e la torta a me!

[2]Direct- and indirect-object pronouns learned in **Capitoli 4** and **5** are considered *unstressed* (**atoni**) because there is no emphasis on the object of the verb.

Pratichiamo!

9-24. Dov'è la risposta? Leggi le domande della colonna A e trova le risposte nella colonna B.

A

1. _____ Posso lasciare il cane a casa tua se parto?
2. _____ Andate allo zoo con Luisa e Giuseppe?
3. _____ Se hai bisogno di aiuto, chiami noi o Marco?
4. _____ Volete dei funghi nell'insalata?
5. _____ Regaliamo una pianta a Regina?
6. _____ Tommaso terrà il gatto che ha trovato per strada?
7. _____ Noi ordiniamo la focaccia, e per Tommaso?
8. _____ Cosa mi consigliate di vedere a Matera?

B

a. A lei proprio no, non ha il pollice verde.
b. Purtroppo non può tenerlo per sé, è allergico.
c. A te piacerebbe molto "Sassi by Night".
d. Sì, ci andiamo con loro.
e. No grazie, a noi non piacciono.
f. Certo, portalo pure da me!
g. Chiamo voi perché siete più vicini.
h. Anche per lui, è la sua preferita.

9-25. Parliamo con voi! Completa le seguenti frasi con i **pronomi tonici**.

1. Ho due biglietti per il parco nazionale. Vorresti venire con _____?
2. — Ragazzi, io vorrei andare a Maratea oggi, e voi?
   — Anche a _____ piacerebbe molto andare a Maratea. Andiamo tutti insieme!
3. — Chiamo Paolo o Luisa per chiedere consigli su cosa vedere in Basilicata?
   — Chiama _____ (a) perché è più informato. Se chiami _____ (b) forse è impegnata e non risponde.
4. — C'è tanta gente stasera in piazza per "Sassi by Night". Riesci a vedere Paolo e Stefania?
   — Non vedo _____, ma vedo Giuseppe.
5. — Invitiamo Giuseppe e Marco per andare al Maratea Outdoor Festival?
   — No, loro non possono venire con _____ (a). Hanno un altro impegno. Non viene nemmeno Paolo. Lui è un egoista e pensa solo a _____ (b).
6. Io prendo un caffè al bar. Ragazzi, per _____ che cosa ordino?

9-26. A chi? Per chi? Non sento! Durante la Festa dell'Albero c'è molto rumore (*noise*) e molti chiedono di ripetere o specificare per capire meglio. Riscrivi le seguenti frasi sostituendo il pronome in grassetto (*bold*) con il **pronome tonico**. Segui l'esempio.

Esempio Dal**le** il numero di telefono.
         ***Da'** il numero di telefono **a lei**.*

1. Manda**mi** il tuo indirizzo via mail.
2. Di**gli** a che ora devi partire, così viene a salutarti.
3. Regaliamo**le** una piantina.
4. Porta**ci** il cane a casa se devi partire.
5. Scrivete**mi** una cartolina.
6. Ordinate**gli** un caffè. Sono stanchi.
7. Chiama**mi** se hai bisogno.
8. Comprate**vi** un souvenir della Basilicata.

NOTA CULTURALE

La **Festa dell'Albero** è un evento che si svolge ogni anno nelle piazze della Basilicata per evitare la distruzione degli alberi. In questa occasione, tantissime piantine sono distribuite a grandi e bambini che poi le piantano nelle loro città. Un'azione per dare un piccolo ma significativo contributo al pianeta.

iStockphoto

9-27. Siamo simili o diversi? A coppie, fate domande su quello che vi piace o non vi piace. Potete parlare di corsi all'università, libri, musica, animali, piante, ecc. Indicate almeno cinque cose ciascuno. Poi riferite i risultati alla classe. Usate le parole **anche** (*also*), **neanche** (*neither*) **invece** (*instead*).

> Esempio **S1:** *A me piace il corso d'italiano. E a te?*
>
> **S2:** *Anche a me piace molto.* o *No, a me non piace.*
>
> o
>
> **S1:** *A me non piace il corso d'italiano. E a te?*
>
> **S2:** *Neanche a me piace.* o *Invece a me piace.*

9-28. A chi lo chiederesti e perché? A coppie, chiedete al vostro compagno/alla vostra compagna cosa farebbe in queste situazioni. Chiedereste un favore a qualcuno? A chi? E perché proprio a loro e non ad altri? Create anche altre situazioni. Rispondete con i pronomi tonici. Poi riferite i risultati alla classe.

1. Devi partire ma non sai a chi lasciare il tuo cane / gatto / uccello / pesce o le tue piante. A chi lo chiedi? Cominciate con le seguenti opzioni e poi create frasi con opzioni a vostra scelta.
   a. i tuoi genitori
   b. il tuo compagno/la tua compagna di stanza
2. Trovi un cane o un gatto abbandonato per strada. Cosa faresti?
   a. Lo tieni per te
   b. Lo dai a un amico / un parente

NOTA CULTURALE

sergioboccardo/Shutterstock.com

Il **Parco delle Piccole Dolomiti Lucane** protegge, oltre a una rigogliosa flora, un importante patrimonio faunistico: il territorio è infatti animato da bellissimi esemplari di **gatto selvatico** e **lupo**.

9-29. A voi cosa piacerebbe fare? In gruppo, scoprite a chi dei vostri compagni piacerebbe fare le cose indicate qui sotto e altre create da voi. Poi riferite alla classe nel seguente modo.

> Esempio *John e Mary hanno detto che a loro piacerebbe vivere in Basilicata. Mark invece ha detto che a lui…*

	Nome	Nome	Nome
1. visitare o vivere in Basilicata o in Calabria 2. avere una fattoria con tanti animali 3. coltivare piante 4. lavorare in uno zoo 5. pescare nel Mediterraneo 6. lavorare per la difesa dell'ambiente			

Le mie foto sono più belle delle tue!

Ascolta e/o leggi il dialogo e rispondi alle domande.

Tommaso e Regina sono seduti in Piazza Buraglia a Maratea e guardano alcune foto del viaggio.

Regina: Com'è bella questa foto della spiaggia di Maratea. Il mare è azzurro **come** il cielo e l'acqua è limpida **come** il cristallo. Ma perché le tue foto sono sempre **più** belle **delle** mie?

Tommaso: Beh, perché io sono un fotografo **più** bravo **di** te!

Regina: Davvero? Sicuramente sei **meno** modesto **di** me! O forse la tua macchina fotografica è **migliore della** mia.

Tommaso: Dai, scherzavo! Ma a proposito di paragoni, secondo te, la Basilicata è **più** bella **della** Calabria?

Regina: Mah, veramente non saprei. Sono due regioni simili ma anche diverse. Per esempio in Calabria c'è **più** mare **che** montagna. Ci sono alcune cose **più** belle in Calabria **che** in Basilicata e viceversa. E tu diresti che Piazza Buraglia è **più** bella o **meno** bella di Piazza del Sedile a Matera?

Tommaso: Hai ragione, sono **tanto** belle **quanto** diverse e non possiamo fare un paragone.

Regina: È vero. Ci resta da visitare la parte del Parco Nazionale del Pollino che si trova in Basilicata e possiamo vedere se il parco della Basilicata è **più** bello **di** quello in Calabria. Dai, andiamo! È **più** divertente visitare i posti **che** guardare le foto!

Piazza Buraglia è il punto d'incontro serale dei turisti e locali. Da questa piazza partono delle escursioni sui sentieri che permettono di conoscere le caratteristiche e meraviglie di Maratea.

Comprensione

Rispondi alle seguenti domande con frasi complete.

1. Di che colore sono il mare e il cielo nella foto di Maratea?
2. Quali possono essere le ragioni per cui le foto di Tommaso sono più belle di quelle di Regina?
3. Come descrive Regina la Basilicata e la Calabria? È possibile fare un paragone? Perché?
4. Cosa dice Tommaso di Piazza Buraglia e Piazza del Sedile?

Osserviamo la struttura!

Nel dialogo sopra, osserva le parole in grassetto e completa le seguenti attività.

1. The following sentences express comparisons. Can you indicate which one expresses *more than*, *less than*, or *equal to*?
   a. Il mare è azzurro **come il cielo**. _____
   b. Io sono un fotografo **più bravo di te**. _____
   c. Tu sei **meno modesto di me**. _____
2. Indicate how to say the following expressions in Italian:
   (*as . . .*) *as:* _____   *more . . . than:* _____   *less . . . than:* _____
3. In the dialogue, two different ways of expressing *than* are used. Can you find examples of each?

Comparativi (Comparatives)

The **comparativi** (*comparatives*) are used to compare two nouns (people, places, or things). Comparisons can be of **maggioranza** (*more . . . than*), **minoranza** (*less . . . than*), or **ugualianza** (*as . . . as*).

Il proprietario della salumeria il Buongustaio, a Matera, mostra un tipico formaggio della Basilicata, il **caciocavallo podolico**, che è **più** raro **di** altri formaggi e anche **più** costoso.

Donatella Melucci

A. The Italian **comparativo** is formed as follows:

• comparativo di **maggioranza**:	**più** (*more*) + *adjective* + **di** (*than*)
• comparativo di **minoranza**:	**meno** (*less*) + *adjective* + **di** (*than*)
• comparativo di **uguaglianza**:	(**così**) (*as*) + *adjective* + **come** (*as*) or (**tanto**) (*as*) + *adjective* + **quanto** (*as*) + *adjective*

Notice that the words **più, meno, così, tanto, come,** and **quanto** are invariable. The preposition **di** instead can form a compound preposition with the article of the noun it precedes.

Io sono **più** bravo **di** te.	*I am **more** talented **than** you are.*
Le mie foto sono **più** belle **delle** tue.	*My pictures are nicer **than** yours.*
Tu sei **meno** modesto **di** me.	*You are **less** modest **than** I am.*
Il mare è (**così**) azzurro **come** il cielo.	*The sea is **as** blue **as** the sky.*
Le due piazze sono (**tanto**) belle **quanto** diverse.	*The two piazzas are **as** beautiful **as** they are different.*

Notice that for the **comparativo di uguaglianza**, the words **tanto** and **così** are optional.

B. When the **comparativo di uguaglianza** is used for comparing quantities (*as much . . . as / as many as*), **tanto** and **quanto** must agree in gender and number with the nouns they precede.

Al Buongustaio Regina compra **tanta** pasta **quanto** formaggio.	*At Buongustaio Regina buys **as much** pasta **as** cheese.*
In Basilicata Tommaso ha **tanti** amici **quante** amiche.	*In Basilicata Tommaso has **as many** male friends **as** female friends.*

C. Adverbs can also be used in comparisons using the same construction.

Tu guidi **più** velocemente di **me**.	*You drive faster **than I** do.*

Comparativi irregolari

A. The following adjectives have their own form of the **comparativo**. However, it is also common to use the construction learned above, **più** + *adjective*.

Aggettivo		Comparativo	
buono	*good*	**migliore** (più buono)	*better*
cattivo / brutto	*bad*	**peggiore** (più cattivo / brutto)	*worse*
grande	*big*	**maggiore** (più grande)	*bigger / more*
piccolo	*small*	**minore** (più piccolo)	*smaller / less*

La tua macchina fotografica è **migliore** della mia.   *Your camera is **better** than mine.*

La popolazione in Calabria è **maggiore**   *The population is greater in Calabria*
(più grande) di quella in Basilicata.   *than in Basilicata.*

B. The only comparatives of the adverbs **bene** and **male** are **meglio** (*better*) and **peggio** (*worse*), respectively.

Come stai oggi, **meglio** o **peggio**?   *How do you feel today, **better** or **worse**?*

Mi sento **meglio**, grazie.   *I feel **better**, thank you.*

Che o di?

Che (*than*) is used instead of the preposition **di** in the following cases:

- Comparing two nouns in terms of quantity:
  In Calabria ci sono più <u>spiagge</u> **che** <u>montagne</u>.   *In Calabria there are more beaches **than** mountains.*

- Comparing two qualities of the same noun:
  La Calabria è più <u>lunga</u> **che** <u>larga</u>.   *Calabria is longer **than** it is wide.*

- Before a preposition:
  Ci sono più città <u>in</u> Calabria **che** <u>in</u> Basilicata.   *There are more cities in Calabria **than** in Basilicata.*

- Comparing two infinitives:
  Il film *Basilicata coast to coast* è bellissimo,   *The movie Basilicata Coast to Coast is very*
  ma è meglio <u>visitare</u> la Basilicata **che**   *beautiful, but it is better to visit Basilicata **than***
  <u>vederla</u> in un film.   *to see it in a movie.*

Basilicata coast to coast (2010) è una bellissima commedia diretta e interpretata da Rocco Papaleo. Il film racconta le avventure di un gruppo di amici musicisti che attraversano a piedi la Basilicata per partecipare ad un festival del teatro e della canzone. Il film ha ricevuto molti premi tra i quali tre David di Donatello, per migliore regista esordiente, migliore colonna sonora e migliore canzone originale.

Courtesy of Isabella Cocuzza

Pratichiamo!

9-30. Paragoni. Completa le seguenti frasi usando i **comparativi** di **maggioranza**, **minoranza** o **uguaglianza**.

> Esempio   Le foto di Tommaso sono molto belle. Le foto di Regina non lo sono.
> *Le foto di Tommaso sono… **più** belle **delle** foto di Regina.*

1. Tommaso ha 28 anni. Regina ne ha 26. *Tommaso è…*
2. La Basilicata si trova al Sud e anche la Calabria. *La Basilicata si trova…*
3. Io non sono paziente, ma tu sei molto paziente. *Io sono…*
4. La quercia è un albero molto alto. L'ulivo non lo è. *La quercia è…*
5. I calabresi sono simpatici e anche i lucani. *I calabresi sono…*
6. Tommaso è gentile e divertente. *Tommaso è…*
7. Nella fattoria ci sono cinque mucche e cinque capre. *Nella fattoria ci sono…*
8. La mucca fa molto latte. La capra non ne fa molto. *La mucca fa…*

NOTA CULTURALE

Basilicata tir
seduzioni in viaggio

Basilicata in Tir porta in giro per le piazze italiane le principali attrazioni turistiche della Basilicata, le sue bellezze, la gastronomia, il suo straordinario fascino, con semplicità e passione.

Basilicata in Tour www.basilicataintir.it

9-31. Di o che? Completa le seguenti frasi con **che** o **di** (o **di** + *articolo*).

1. In Basilicata ci sono più montagne _____ colline.
2. Potenza è più grande _____ Catanzaro.
3. Il clima della Calabria è più freddo _____ caldo.
4. È più bello visitare la Basilicata _____ conoscerla attraverso Basilicata in Tir, anche se questo è molto interessante.
5. La Basilicata è meno popolata _____ Calabria.
6. Ci sono meno colline in Basilicata _____ in Calabria.
7. La Calabria è più lunga _____ larga.
8. Il Parco Nazionale del Pollino è più grande _____ Parco Nazionale d'Abruzzo.

9-32. Avverbio o aggettivo? Scegli la parola (comparativo di avverbio o aggettivo) che completa le seguenti frasi.

1. La popolazione della Basilicata è (*minore / meglio*) di quella della Calabria.
2. Per chi non ama il freddo, il clima in Basilicata in inverno è (*meglio / peggiore*) di quello della Calabria dove la temperatura è più calda.
3. La superficie della Calabria è (*maggiore / meglio*) di quella della Basilicata.
4. Se ti piace il mare, è (*meglio / migliore*) andare in vacanza in Calabria in estate.
5. La qualità ambientale a Maratea è (*migliore / meglio*) di molti posti del resto d'Italia.
6. In Basilicata, l'area che si affaccia al mare è (*minore / peggio*) di quella della Calabria.
7. È (*meglio / migliore*) mangiare frutta e verdura di stagione che mangiare prodotti surgelati (*frozen*).
8. Secondo te, la cucina calabrese è (*migliore / meglio*) o (*peggiore / peggio*) di quella lucana?

9-33. Paragoniamo Basilicata e Calabria. A turno, fate almeno sei paragoni tra la Basilicata e la Calabria con le informazioni date. Usate aggettivi e avverbi.

	Basilicata	Calabria

Superficie kmq	9.992 47% montagna 45% collina 8% pianura	15.080 42% montagna 49% collina 9% pianura
Popolazione*	587.517	2.011.395
Capoluoghi di Provincia	Matera, Potenza	Catanzaro, Cosenza, Crotone, Reggio Calabria, Vibo Valentia
Fiumi	Bradano, Basento, Agri, Sinni	Crati, Neto
Laghi	Lago di Monticchio	0
Clima	Continentale (freddo)	Mediterraneo (mite)
Posizione in Italia	Sud	Sud

*Dati Istat 2010

9-34. Questione di gusti (*A matter of taste*). A coppie, chiedete al compagno/alla compagna di fare paragoni e poi spiegate il motivo della vostra preferenza. Fate almeno cinque paragoni ciascuno e variate tra cose che vi piacciono di più, di meno o allo stesso modo. Alcuni paragoni possono essere:

il caffè espresso / il caffè americano / il mare / la montagna / i cani / i gatti / la vostra città / la città in cui studiate / tu / il tuo compagno / la tua compagna di stanza

9-35. Paragoniamo l'Italia e gli Stati Uniti. In gruppo, fate una lista di paragoni tra l'Italia e gli Stati Uniti. Alcuni paragoni possono essere:

la cucina / l'arte / la musica / il cinema / l'ambiente / le piazze / le spiagge

Paragonate i risultati con gli altri gruppi per vedere quale gruppo ha trovato più paragoni degli altri.

iLrn

Complete the diagnostic tests to check your knowledge of the vocabulary and grammar structures presented in this chapter.

NOTA CULTURALE

Bandiera Blu

Bandiera Blu a Maratea: Spesso la FEE (*Foundation for Environmental Education*) assegna a Maratea il prestigioso riconoscimento internazionale "Bandiera Blu", simbolo di qualità non solo per le acque pulite ma anche per i servizi e il rispetto dell'ambiente.

©Blue Flag is a programme run by the Foundation for Environmental Education. You may refer to our website: www.blueflag.org

Insieme in Piazza

Scegliete una delle seguenti situazioni e create una conversazione con il compagno/la compagna. Ricordate di usare le strutture imparate nel capitolo, ma non limitatevi solo a quelle.

Scena 1: Tu e un tuo amico/una tua amica siete appena arrivati in Calabria (o in Basilicata) e siete in una bella piazza. Avete solo una settimana da passare in questi posti. Non avete organizzato niente quindi insieme ai vostri amici dovete decidere cosa vorreste, dovreste e potreste fare nei pochi giorni del vostro soggiorno. Quali posti vorreste visitare? Che cosa vorreste mangiare? Entrate nei bar, nelle focaccerie, nei ristoranti e ordinate qualcosa con cortesia, naturalmente.

Scena 2: Tu e un tuo amico/una tua amica siete alla fine del vostro viaggio in Basilicata o in Calabria. Seduti a un tavolino di un bar, guardate le vostre foto, i ricordi che porterete con voi. Fate commenti e paragoni sui posti che avete visitato, quello che avete visto, quello che avete mangiato, quello che vi è piaciuto e quello che non vi è piaciuto. Che cosa avreste fatto di diverso? In un futuro viaggio in queste regioni, quali posti visitereste che non avete visto durante questo viaggio e in quali ritornereste (o no) e perché?

Scena 3: Create la vostra situazione in uno dei posti visitati nel capitolo.

Presentazioni orali

A coppie, preparate una breve presentazione orale su uno dei seguenti argomenti. Ecco alcuni suggerimenti oppure decidete voi l'argomento della vostra ricerca.

Featureflash/Shutterstock.com

1. Fai una ricerca su un personaggio famoso della Calabria come ad esempio Donatella Versace.

Donatella Melucci

2. Questo è il pane tipico della Basilicata. Ricerca i prodotti e i piatti tipici della Basilicata.

Mi.Ti./fotolia

3. Trova delle informazioni storiche del Castello di Melfi e informazioni per fare una visita al castello.

Scriviamo!

In questo esercizio parteciperai al Festival delle lettere in onore della **Giornata Mondiale dell'Ambiente**. Scriverai una lettera facendo finta di essere un personaggio / una persona venuta da un altro pianeta.

> **Writing Strategy: Writing a Formal Letter**
>
> You may have occasion to write a formal letter in Italian, whether to a hotel, a school you might want to attend, a government official, or to anyone with whom you would normally use the **"Lei"** form. Letters in Italian are similar to those in English as far as order of content, but there are some differences in format.
>
> ❯ The name of the city that you are writing from is listed before the date: Los Angeles, 13 marzo 2014.
>
> ❯ The first letter of the first sentence after the salutation is not capitalized.

1. Brainstorming

Scegli un pianeta che preferisci (**Marte, Venere, Mercurio,** ecc.), scrivi al **Ministro dell'Ambiente** raccontandogli quello che hai osservato della Terra dal tuo pianeta ed esprimi le tue preoccupazioni. Dai alcuni suggerimenti di un sistema sostenibile per un ambiente più sano nel futuro e invita il Ministro a condividere i tuoi suggerimenti nel prossimo Summit G-8.

Studia gli elementi del formato di una lettera in italiano. Poi scrivi le tue informazioni nella lettera e aggiungi qualche idea per l'introduzione, la parte centrale e la conclusione della lettera.

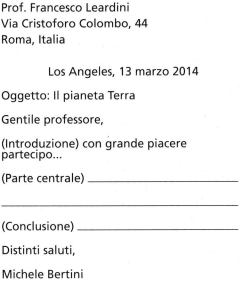

Prof. Francesco Leardini
Via Cristoforo Colombo, 44
Roma, Italia

Los Angeles, 13 marzo 2014

Oggetto: Il pianeta Terra

Gentile professore,

(Introduzione) con grande piacere partecipo...

(Parte centrale) _____

_____

(Conclusione) _____

Distinti saluti,

Michele Bertini

2. Organizzazione

Scrivi molti dettagli per le tue idee da usare nel contenuto della lettera: introduzione, parte centrale e conclusione.

3. Scrittura libera

Scrivi 12–14 frasi per descrivere le tue idee e per convincere il destinatario a svilupparle. Includi la tua interpretazione del concetto di sostenibilità, non solo verso l'ambiente, ma anche come valore universale.

4. Prima correzione

Scambiate le frasi con un compagno/una compagna e fate correzioni. Rispondete alle seguenti domande.

a. Ha scritto un'introduzione per attirare il lettore?

b. Ha elencato quattro motivi per sostenere un ambiente più sano?

c. La conclusione incoraggia il destinatario a fare qualcosa per salvare la Terra?

5. Finale

Un ambiente sostenibile. Completa tutte le parti della tua lettera formale. La lettera vincitrice sarà premiata!

▶ L'ambiente e la natura

Prima della visione

A. La signora Anna e il suo cane. Abbina le parole della colonna a sinistra alle definizioni della colonna a destra.

1. padrone
2. pensione
3. attaccato
4. giocoso
5. guinzaglio
6. sguinzagliatoio

a. affezionato
b. allegro e che ha voglia di giocare
c. zona dove i cani corrono liberi
d. alloggio, posto dove ci si può fermare
e. persona che possiede (*has*) un animale
f. striscia o catena per non far scappare il cane

B. I consigli di Matteo. Completa il brano con le seguenti parole o frasi.

macchine / meglio / sarebbe / proteggere / riciclaggio / più / potrebbero / raccolta

Per _____ (1) l'ambiente sicuramente bisognerà utilizzare le _____ (2) elettriche nel prossimo futuro e ancora _____ (3) sarebbe creare l'energia elettrica proprio nelle proprie case per i propri bisogni personali. E invece per l'ecologia in generale la _____ (4) differenziata deve essere _____ (5) diffusa.

Poi bisogna far conoscere meglio le stazioni ecologiche a tutti gli italiani. E questo _____ (6) un piccolo passo che potrebbero far tutti al fine di aumentare la proporzione di _____ (7) di tutti gli elementi come la carta, il vetro. E questo sarebbe un piccolo sforzo che _____ (8) fare tutti in maniera diffusa.

Durante la visione

Guarda il video due volte. La prima volta, fai attenzione al significato generale. La seconda volta, completa le seguenti attività.

C. Di cosa parlano? Abbina le persone con l'argomento di cui parlano.

1. Matteo
2. Giada
3. La signora Anna

a. zone dedicate agli animali
b. energia alternativa e riciclaggio
c. maggiore informazione a tutte le età

D. A chi si riferisce? Indica con una **X** le persone a cui queste cose si riferiscono.

	Matteo	Giada	La signora Anna
1. Crede nell'uso dell'energia elettrica.			
2. Spiega cosa sono gli sguinzagliatoi.			
3. La gente dovrebbe capire che proteggere la natura aiuta anche le persone.			
4. Si dovrebbe riciclare di più.			
5. È allergica ai gatti.			
6. Conosce una pensione per animali.			
7. Preferirebbe essere più a contatto con la natura.			

Dopo la visione

E. Comprensione. Rispondi alle seguenti domande con frasi complete.

1. Cosa vorrebbe fare Matteo durante i suoi fine settimana?

2. Cosa suggerisce di fare Matteo per proteggere l'ambiente?

3. Qual è il messaggio che Giada cerca di dare quando parla di "piccoli e grandi"?

4. Perché, secondo Giada, il nostro stile di vita causa problemi all'ambiente?

5. La signora Anna preferisce i cani o i gatti e perché?

6. Dove si possono trovare più parchi e zone dedicate agli animali?

F. Facciamo un'intervista! Immagina di intervistare Giada e di chiederle dei chiarimenti sul suo punto di vista. Con un compagno/una compagna, create un'intervista e poi recitatela alla classe.

©Cengage Learning 2015

iLrn

Share it! • • • **Le zone per i nostri amici a quattro zampe (*paws*).** Cerca su Internet dei video sulle aree dedicate agli animali. Metti il link del video che preferisci su *Share it!* Poi guarda almeno due video che i tuoi compagni di classe hanno messo sul blog e indica quello che ti piace di più.

VOCABOLARIO

I materiali da riciclare	Recyclable Items
l'alluminio	aluminum
la carta	paper
il cartone	cardboard
il metallo	metal
la pila	battery
la plastica	plastic
il vetro	glass

L'ambiente	Environment
l'alluvione	flood
l'ambientalista (m./f.)	environmentalist
l'ambiente	environment
il bidone	bin
il buco dell'ozono	hole in the ozone layer
la conservazione	conservation
il disboscamento	deforestation
l'energia alternativa	alternative energy
l'energia nucleare	nuclear energy
i giornali	newspapers
l'immondizia	trash, garbage
l'incendio	fire
indifferenziato	other recyclables
l'industria	industry
l'inquinamento (atmosferico)	pollution (atmospheric)
i prodotti sintetici	synthetic products
il riciclaggio	recycling
i rifiuti organici	organic waste, compost
i rifiuti tossici	toxic waste
le risorse naturali	natural resources
lo smog	smog
la sostenibilità	sustainability
il territorio	territory
la valanga (di fango)	avalanche (mudslide)

Espressioni utili	Useful Expressions
fare la raccolta differenziata	to sort recyclables
non disperdere nell'ambiente	don't litter

Gli animali domestici	Domesticated Animals
il cane	dog
la capra	goat
il cavallo	horse
il gatto	cat
la mucca	cow
la pecora	sheep
il pesce (i pesci)	fish
l'uccello	bird

La fauna	Wildlife
il falcone	falcon
il gatto selvatico	wildcat
il lupo	wolf

La flora	Plant Life
l'albero	tree
il fiore	flower
la pianta	plant
la quercia	oak tree
l'ulivo	olive tree
la vegetazione	vegetation

Indicazioni	Directions
nord	north
sud	south
est	east
ovest	west
a nord / sud di...	(to the) north / south of . . .
settentrionale	northern
centrale	central
meridionale	southern

I luoghi	Places
l'area protetta	protected area
il bosco	woods
la collina	hill
la costa	coast
la fattoria	farm (livestock farm)
la foresta	forest
il fiume	river
il giardino	yard
il lago	lake
il mare	sea
la masseria	farm
la montagna	mountain
la pianura	plain, flat country
l'orto	garden (vegetable)
il parco nazionale	national park
la roccia	rock, crag
il sentiero	trail
il torrente	torrent, stream

I verbi	Verbs
buttare (via)	to throw (away)
combattere	to fight
difendere	to defend
disperdere	to litter
distruggere	to destroy
incentivare	to incentivize / to provide an incentive
pescare	to fish
piantare	to plant
potare	to prune
promuovere	to promote
proteggere	to protect
raccogliere	to gather
ricaricare	to refill / to reload
riciclare	to recycle
ridurre	to reduce
rispettare	to respect
scavare	to dig / to excavate
sensibilizzare	to raise awareness of
sviluppare	to develop

Espressioni idiomatiche	Idiomatic Expressions
Chi dorme non piglia pesci.	The early bird gets the worm. (fig.)
essere forte come un leone	to be as strong as a lion
essere furbo come una volpe	to be as clever as a fox
essere lento come una tartaruga	to be as slow as a turtle
essere solo come un cane	to be as lonely as a dog
essere testardo come un mulo	to be as stubborn as a mule
In bocca al lupo!	Break a leg! Good luck! (fig.)
mangiare come un uccello	to eat like a bird

Dizionario personale

_____

_____

_____

_____

_____

_____

_____

_____

_____

_____

Pratichiamo!

3-1. Che lingua si parla? Completa il brano sulle lingue sarde con la forma corretta del *si impersonale*.

Nella mappa linguistica della Sardegna _____ (1. classificare) le lingue più conosciute. _____ (2. vedere) che in una parte della Sardegna _____ (3. parlare) il Campidanese e _____ (4. parlare) il Logudorese e il Nuorese nel centro nord dell'isola. Ma in realtà la lingua sarda varia da paese a paese, anche se le loro distanze sono spesso solo di pochi chilometri! _____ (5. distinguere) i cambiamenti tra una lingua e l'altra quando _____ (6. avvicinarsi) alle zone di confine. In quelle zone _____ (7. creare) una sorta di ibrido perché le lingue si mischiano (*they mix*). Niente di strano, in realtà _____ (8. capirsi) con le popolazioni locali.

3-2. Ti piacciono le specialità regionali? Tommaso, Regina e sua madre sono a cena a casa del loro amico di Matera, Vincenzo che gli insegna a preparare un piatto tipico lucano: pasta con pomodori al forno (pasta a ru furnu). A ognuno assegna un compito preciso. Completa le seguenti frasi con la forma corretta dell'**imperativo** e il **pronome oggetto diretto** quando indicato.

Le lingue ufficiali nella Sardegna sono l'italiano e il sardo. Le altre lingue parlate ed evidenziate in questa mappa sono dialetti.

© Cengage Learning 2015

Pasta con pomodori al forno

B. and E. Dudzinscy/ Shutterstock.com

Ingredienti

500 g. di bucatini

10–15 pomodori piccoli, tondi e maturi

pangrattato

aglio

prezzemolo

basilico

pecorino e parmigiano grattugiati

pepe nero

olio d'oliva

sale

Preparazione

Vicenzo: Allora, _____ (1. voi / tagliare) i pomodori a metà e poi Regina _____ (2. tu / distribuirli) in una teglia unta d'olio. Tommaso, _____ (3. tritare) un po' di aglio, prezzemolo e basilico, e _____ (4. aggiungere) pangrattato, formaggio, pepe nero, olio d'oliva e sale. Signora, _____ (5. Lei / mettere) il composto sui pomodori e _____ (6. bagnarli) con un po' d'acqua e olio. _____ (7. Voi / farli) cuocere in forno per 10 minuti. Tommaso, _____ (8. cuocere) la pasta; _____ (9. scolarla); Regina, _____ (10. servirla) con i pomodori appena tolti dal forno. Buon appetito!

3-3. Il miraggio della fata Morgana. Leggi "Il miraggio della fata Morgana" e poi indica se le frasi sono vere (V) o false (F).

Il miraggio (*mirage*) della fata Morgana è un fenomeno ottico (*optical*) straordinario che succede in Italia, sulla costa calabrese dello Stretto di Messina, nei giorni caldi d'estate. È un'illusione dovuta ai cambiamenti di temperatura e di densità dell'aria quando il mare è in risacca (*undertow*). Il mare si trasforma in un grande specchio che riflette nell'aria gli edifici vicini. Dalla Calabria, chi guarda verso Messina vede sospesa (*suspended*) la città di Reggio a causa di un'illusione ottica.

La leggenda dice che la fata Morgana, sorella di Re Artù, è responsabile di questo fenomeno sul mare. La fata, dopo aver accompagnato (*having accompanied*) suo fratello ai piedi dell'Etna, si trasferisce in Sicilia dove costruisce un palazzo di cristallo. Sempre in base alla leggenda, Morgana esce dall'acqua con una carrozza (*coach*) tirata da sette cavalli e getta (*throws*) nell'acqua tre sassi che fanno diventare il mare come il cristallo e riflette le immagini. Grazie alle sue abilità, la fata Morgana riesce a ingannare (*fool*) i naviganti che, illusi dal movimento dei castelli riflessi nell'aria, credono di arrivare a Reggio, ma in realtà muoiono naufragati (*drowned*) nelle braccia della fata.

	V	F
1. Il miraggio della fata Morgana succede d'inverno.	_____	_____
2. Il miraggio è dovuto a cambiamenti atmosferici.	_____	_____
3. Chi guarda verso Messina vede la città di Messina.	_____	_____
4. Re Artù è responsabile di questo fenomeno sul mare.	_____	_____
5. La fata Morgana tira sassi verso Messina.	_____	_____
6. La fata Morgana fa morire i naviganti.	_____	_____

3-4. La Città del Sole. Descrivi la *Città del Sole* di Campanella completando il seguente testo con il **condizionale semplice**.

La Città del Sole _____ (1. trovarsi) su un'isola. La città _____ (2. essere) circondata da sette cerchie (*circles*) di mura, ognuna indicata con il nome di un pianeta. Le persone _____ (3. potere) entrare nella città da quattro porte in corrispondenza dei quattro punti cardinali. La scuola _____ (4. iniziare) per tutti all'età di tre anni e _____ (5. proseguire) per tutta la vita. Gli abitanti _____ (6. lavorare) solo quattro ore al giorno e _____ (7. dedicare) il resto della giornata alla scuola e alla religione. Tutti _____ (8. dovere) imparare a occuparsi di salute, alimentazione, piante e animali.

TOMMASO CAMPANELLA
1568   1639
POSTE ITALIANE L.50

rook76/Shutterstock.com

Tommaso Campanella (1568–1639), famoso filosofo calabrese, scrisse la *Città del Sole* nel 1602.

3-5. La geografia della Calabria e della Basilicata. Completa le seguenti frasi con il **comparativo** seguito da **di** (o *di* + *articolo*) o **che**.

1. Le coste del litorale ionico sono (=) _____ belle _____ quelle del litorale tirrenico.
2. La popolazione della Calabria è (–) _____ alta _____ media nazionale.
3. Le escursioni sui sentieri che partono da Piazza Buraglia sono (+) _____ tre ore.
4. In Calabria c'è (+) _____ flora caratteristica _____ fauna caratteristica.
5. Nel Parco del Pollino ci sono (–) _____ rane (*frogs*) _____ lupi.
6. Voi conoscete tante piazze della Calabria (=) _____ ne conosco io.

Tiriamo le somme!

3-6. Consigli sulla salute. Un esperto di salute consiglia queste otto azioni. Leggete insieme i suggerimenti e poi discutete fra di voi quali di questi consigli seguite già, quali dovreste seguire, e quali non seguireste mai. Giustificate le vostre risposte.

1. Mangia verdure di colore verde come spinaci che proteggono dai raggi UV.

2. Se tu hai la tosse, prendi lo zenzero (*ginger*) e l'aglio perché forniscono calore al corpo.

3. Consuma regolarmente le noci di cocco che prolungano la vita.

4. Mangia frutta perché è sempre una medicina per migliorare la digestione.

5. Vai a letto presto e la mattina fai una passeggiata.

6. Fai yoga ogni giorno perché aiuta il corpo come nessun altro esercizio.

7. Ridi spesso. Una risata naturale attiva 32 muscoli del nostro corpo che è quasi il doppio dei muscoli attivati quando siamo tristi o infelici.

8. Bevi almeno 5–6 litri di acqua ogni giorno perché purifica il sangue.

3-7. Cosa avrei fatto? A coppie, parlate di una vacanza che avete fatto e ognuno di voi dice al compagno/alla compagna che cosa avrebbe fatto di diverso, cosa avrebbe voluto / dovuto / potuto fare e non ha fatto, cosa rifarebbe e cosa non rifarebbe mai più.

Porto Cannai, isola di Sant'Antioco, Sardegna

3-8. Vacanze, salute e ambiente. In gruppo, organizzate una vacanza in una delle regioni studiate nei **Capitoli 7–9**, combinando divertimento, salute e ambiente. Decidete dove andrete, chi verrà con voi, mezzi di trasporto, ecc. Cosa dovreste, vorreste e potreste fare, vedere, mangiare, ecc. Nella fase dell'organizzazione, potete usare l'**imperativo** se necessario.

3-9. Conversazioni. In gruppo, scegliete e discutete di uno dei seguenti argomenti.

1. **La vita nel futuro:** Descrivete come sarà la vita tra 100 anni (o più) e cosa farebbero le persone nel campo del lavoro, della salute, della vita normale, ecc. Usate il **futuro** e il **condizionale**.

2. **Che situazione imbarazzante!** Raccontate al vostro gruppo un episodio un po' "strano" o una situazione imbarazzante in cui vi siete trovati e chiedete ai vostri compagni quello che avrebbero fatto loro al vostro posto.

◄ **Parco Nazionale dello Stelvio, Trentino-Alto Adige e Lombardia**

Antonio S/Shutterstock.com

3-10. La prossima volta. Cambia le seguenti frasi usando il **futuro** e le **espressioni indefinite** o **negative** opposte. Fai attenzione agli altri cambiamenti necessari.

Esempio   Di solito, quando viaggiano, loro non vanno in nessun ristorante.
          La prossima volta andranno in **tutti i ristoranti** o in **qualsiasi ristorante**.

1. Di solito vengono tutti i tuoi amici in montagna con te.
2. Di solito non ci raccontate niente dei vostri viaggi.
3. Di solito Ruggero non mette nessuna delle sue foto su Facebook.
4. Di solito nessuno sa dove vado quando viaggio.
5. Di solito compriamo regali per tutti gli amici quando siamo all'estero.
6. Di solito non mi mandi nessuna cartolina da nessun posto in cui vai.
7. Di solito non viaggio e non vado da nessuna parte d'estate.
8. Di solito Sergio al ristorante paga sempre per tutti.

3-11. Quante domande! Rispondi alle seguenti domande usando i **pronomi doppi.** Fai attenzione all'uso dell'**indicativo, imperativo** o del **condizionale** e ai tempi verbali.

Esempio   Preparo <u>la valigia</u> _per Ruggero_? (Sì)
          Sì, prepara**gliela**!

1. _Mi_ metto <u>la crema solare</u> prima di andare al mare? (Sì)
2. _Mi_ dai <u>il tuo indirizzo mail</u>, per favore? (Certo)
3. Manderete <u>le foto</u> _a Ruggero_? (No)
4. Quanto <u>zucchero</u> mettete _nel caffè_? (1 cucchiaino)
5. Danilo porterebbe <u>i suoi cugini</u> _in Sicilia_ con lui per le vacanze? (No, mai)
6. Hai regalato <u>una pianta</u> _a Regina_? (Sì)
7. Laura _vi_ dà <u>dei buoni consigli sull'alimentazione</u>? (Sì, sempre)
8. _Ci_ dareste <u>un passaggio</u>? (Certo, volentieri)

Faccia a faccia
L'Italia e il tuo Paese

3-12. Confronti tra culture. In gruppi di tre o quattro, parlate dei seguenti argomenti e paragonate (*compare*) le cose simili e differenti tra l'Italia e il vostro Paese.

1. **Luoghi da visitare:** Nel **Capitoli 7–9** abbiamo visitato molte regioni, ognuna delle quali è caratterizzata da particolari luoghi per le vacanze: mare, montagna, campagna, parchi naturali, zone termali, ecc. Indica i luoghi del tuo Paese che i turisti generalmente scelgono per determinate caratteristiche. Quale luogo consiglieresti a un amico che vuole andare al mare (o in montagna, o nei parchi naturali, ecc.)?

2. **Iniziative per la salute e per l'ambiente:** Nei capitoli precedenti abbiamo visto che in Italia ci sono diverse iniziative per incoraggiare le persone a prendersi cura della salute e dell'ambiente. Fai un confronto con quello che succede nel tuo Paese e cosa si potrebbe fare in aggiunta o diversamente in Italia e nel tuo Paese.

Visitiamo l'Italia!

3-13. Eventi e posti da visitare. Cerca su Internet informazioni sui seguenti luoghi. Poi racconta alla classe quello che hai trovato.

1. Dammusi nell'isola di Pantelleria (Sicilia)
2. La Marcialonga (Trentino)
3. Il Lungomare Falcomatà (Reggio Calabria)
4. Orgosolo e i murales (Sardegna)

Il Lungomare Falcomatà a Reggio, Calabria

La Marcialonga in Trentino

Gli italiani nel mondo

3-14. L'impronta italiana nel mondo. Fate una delle seguenti ricerche per sapere di più sull'impronta italiana nel mondo.

1. **Il Toro di Wall Street:** Il siciliano Arturo di Modica (Vittoria, 1960) è l'autore della scultura in bronzo *The Charging Bull* che si trova a New York. Di Modica ha creato la scultura dopo il crollo del mercato finanziario del 1987. Il toro rappresenta il simbolo della forza e del potere degli americani come anche della loro speranza nel futuro. Nel 2006 Antonio di Modica ha ricevuto il premio "Siciliani nel mondo, ambasciatori di cultura".

iStockphoto

2. **Progetto KOALA:** Le università della Basilicata e quelle di Adelaide in Australia collaborano a un progetto di ricerca sul tema della gestione delle risorse naturali e della lotta al degrado ambientale. Il progetto si chiama **KOALA** (*Knowledge and operation to combat land degradation*). L'obiettivo è quello di attivare un rapporto di cooperazione scientifica e formativa tra le istituzioni della Basilicata e del Sud Australia, per poi verificare l'applicazione in Basilicata del sistema Landcare, cioè un sistema per trasferire a livello locale i risultati della ricerca.

Goodluz/Shutterstock.com

CAPITOLO 10

LEARNING STRATEGY

Making Listening Easier

Sometimes when listening to native speakers and/or your teacher speaking in the target language, you can freeze up and totally miss the meaning. Follow these steps in class to improve your comprehension:

- Make sure that there are no distractions (cell phones, papers to shuffle, mind wandering, etc.).
- Focus your attention entirely on the teacher—including his/her movements and facial expressions, not just the spoken words.
- Sit towards the front of the classroom.

All of these steps will make it easier to make eye contact with the speaker and pay attention to nonverbal cues as the person speaks. Remember that you don't need to understand every word that is being said. If you failed to catch something, let it go and keep pace with the speaker. Relax and listen for the main point.

MODA E TECNOLOGIA S'INCONTRANO IN PIAZZA

A Vigevano, a un'ora di strada da Milano, si trova Piazza Ducale, probabilmente il più tipico esempio di piazza rinascimentale d'Italia. Il grande maestro Arturo Toscanini la paragonava a una sinfonia musicale, perché è simile ai quattro movimenti delle sinfonie.

© Fausto Fiori/Dreamstime

COMMUNICATIVE GOALS

❯ Talk about progress and contemporary society

❯ Talk about technology: computers, text messaging, social networks

❯ Express opinions about new technologies

❯ Express opinions about "the best" or "the worst"

Risorse Audio ▶ Video ilrn.heinle.com

La Lombardia e la Liguria

❯ La Lombardia è una regione in cui coesistono il passato, il presente e il futuro: il passato per la storia e le tradizioni, il presente per il commercio e l'economia e il futuro per gli sviluppi tecnologici.

❯ Genova, il capoluogo della Liguria, è il punto d'incontro tra le due riviere: la Riviera di Ponente e la Riviera di Levante.

© Cengage Learning 2015

© Jenifoto/Fotolia

◀ Il **Parco Nazionale delle Cinque Terre,** in Liguria, è un territorio fatto di terrazzi e muretti per coltivare la vite (*grapevines*). Ci sono molti percorsi da fare a piedi, tra cui la famosa "Via dell'amore", che va lungo il mare tra Riomaggiore e Manarola.

In Liguria, tra Camogli e Portofino, si può ▶ arrivare alla piccola baia (*bay*) di **San Fruttuoso di Capodimonte** solo via mare oppure a piedi seguendo un sentiero roccioso. Nella baia c'è l'Abbazia di San Fruttuoso, costruita intorno alla seconda metà del decimo secolo. Spesso l'attrazione principale di questo posto è la statua del Cristo degli Abissi, che si trova immersa nel mare.

© aspechi/Fotolia

Andiamo in piazza!

iLrn Vai su iLrn per trovare informazioni sulla Piazza del Duomo.

Tupungato / Shutterstock.com

Piazza del Duomo è il simbolo di Milano. Qui il turista vede la magnificenza della basilica gotica e gli abitanti trovano il punto del quotidiano milanese. Come molte piazze, è un luogo di eventi tipici come concerti, feste tradizionali, manifestazioni politiche e religiose, ma anche sfilate di moda.

© Antonio Scarpi/Fotolia

Piazza de Ferrari è uno dei luoghi simbolici di Genova e anche un luogo di ritrovo per i giovani genovesi. Pochi sanno che Genova è la *"patria"* dei *blue jeans*. Infatti, la parola *jeans* deriva da *Gênes*, il nome francese per Genova. I *bleu de Gênes* sono i famosi *blue jeans* che indossavano i lavoratori del porto di Genova nel 1500.

iLrn

Share it!●●● **Quale regione ti interessa di più?** Scegli una delle due regioni e cerca informazioni generali (storia, tradizioni, luoghi da visitare, cibi caratteristici, personaggi famosi, ecc.) che puoi mettere su *Share it!* Leggi i commenti degli altri e rispondi con le tue opinioni sulle informazioni.

▶ To learn more about **la Lombardia** and **la Liguria,** watch the cultural footage in the Video Library.

La tecnologia e la moda

3–14

lo stilista · lo schermo · l'applicazione · la tastiera · la modella · il capo firmato · il microfono · il portatile / il computer · il cavo · il mouse

© Cengage Learning 2015

La tecnologia e la moda uniscono cultura e progresso.

Il computer	Computer
la chiavetta	flash drive
il sito Web	website
il tasto	key

La moda	Fashion
il design	design
il marchio / la firma	brand name
la passerella	runway
la sfilata	fashion show
lo sviluppo	development
i tacchi alti / bassi	high / low heels
la tecnica	technique
il tessuto	fabric

La tecnologia	Technology
la grafica	graphics
l'hi-tech (m.)	high-tech
l'innovazione	innovation
l'invenzione	invention
la rete / il Web	Web
il tecnico	technician
il telecomando	remote control

Gli aggettivi	Adjectives
interattivo	interactive
multimediale	multimedia
tecnologico	technological
virtuale	virtual

I verbi	Verbs
bloccarsi	to freeze
cercare	to look for
cliccare	to click
collegare / collegarsi	to connect
funzionare	to work / to function
navigare su Internet	to surf the Internet
riparare	to fix
trasmettere	to broadcast
unire	to unite / join together

Espressioni utili	Useful Expressions
essere alla moda	to be in style
essere fuori moda	to be out of style

Pratichiamo!

10-1. Tutti su Internet! Completa le seguenti frasi con il verbo, il tempo e la coniugazione giusta.

> bloccarsi / cliccare / collegarsi / funzionare / navigare / unire

1. Ieri il computer _____ e non sono riuscita più a lavorare.
2. Dove (io) _____ per accedere al dizionario?
3. Mario passa troppe ore a _____ su Internet. Non potrebbe fare altro?
4. Voi _____ con il Wi-Fi gratuito?
5. Se le compagnie _____ la moda alla tecnologia, i loro design saranno stupendi.
6. Il Mac _____ meglio per fare la grafica?

10-2. L'intruso. Cancella la parola che non appartiene alla categoria.

1. il mouse	il tasto	il tessuto	lo schermo
2. il sito Web	la rete	la chiavetta	navigare su Internet
3. l'invenzione	la passerella	la sfilata	la modella
4. il marchio	l'applicazione	il capo firmato	il design
5. il telecomando	l'innovazione	l'invenzione	lo sviluppo
6. i tacchi	il portatile	il microfono	la tastiera

10-3. Fashion Camp. Scegli la parola che meglio completa il seguente brano.

Due giorni di Fashion Camp quest'anno a Milano saranno dedicati alla (1. *moda /
multimediale*) e nuove tecnologie. Questo evento è accessibile anche in (2. *marchi / rete*) con
la partecipazione gratuita. Lo scopo è quello di scambiare idee tra gli appassionati di moda e
nuove (3. *hi-tech / tecnologie*). L'evento è aperto agli (4. *stilisti famosi / design*) ma anche ai
giovani. È un'opportunità per (5. *unire / collegarsi*) la passione per la moda a nuovi usi
(6. *nell'hi-tech / nell'innovazione*). Moda e tecnologia saranno il tema principale e si parlerà
del ruolo (7. *grafica / multimediale*) della moda e dei grandi (8. *marchi / tessuti*) che i
consumatori amano.

10-4. Non funziona! A coppie, create una conversazione. Una persona fa il cliente e l'altra il
commesso/la commessa. Hai comprato un nuovo PC una settimana fa ma adesso non funziona
e non sei molto felice. Il commesso/La commessa ti fa delle domande e tu spieghi cosa non
funziona. Trovate una soluzione per il problema.

10-5. Il computer e la moda. Voi usate il computer per conoscere dei nuovi stili di moda?
Comprate i vestiti online? Comprate le scarpe online o preferite andare in un negozio? Quali
siti frequentate che sono associati alla moda? Secondo voi, è più economico comprare i vestiti
online o andare nei negozi? Fra dieci anni, pensi che la maggior parte delle persone farà solo
acquisti (*purchases*) online?

10-6. Tu e la moda. Intervistate tre persone con le seguenti domande e aggiungete una vostra
domanda. Poi riferite i risultati a un altro gruppo.

1. Hai mai comprato qualcosa solo perché era di moda? Cosa? Se no, perché no?
2. La moda ha una funzione importante nella società? Spiega.
3. Ti piacerebbe fare il modello/la modella? Perché?
4. L'Italia è famosa per molte firme importanti. Quali conosci? Quali nomi / firme del tuo
   Paese sono importanti?

Prima di tutto... Quando mandi gli SMS con il cellulare, usi delle sigle (*abbreviations*)? Quali? Quali sono le sigle più tipiche nel tuo Paese?

© arek_malang/ShutterStock

Davvero?! Il problema con le sigle in Italia e anche in altri Paesi è che ormai i giovani sono troppo abituati a scrivere in questo modo e cominciano a usare lo stesso linguaggio anche a scuola! Per esempio, può succedere che uno studente scriva "k" al posto di *che*, anche in un saggio accademico. Ci sono "errori" simili anche nel vostro Paese?

Chiacchieriamo un po'! La tendenza del linguaggio degli SMS in Italia è quella di usare solo le consonanti di una parola. Per esempio, *dove* = dv; *bello* = bll; *brutto* = brtt; *simpatico* = smptc. Si usano spesso anche simboli come: :| :) :(. Lavorate a coppie, ognuno con un foglio di carta. Siete in Piazza del Duomo a Milano. Vi piace molto andarci per guardare le persone e siete specialmente interessati/e al modo in cui si vestono. Oggi vedete delle cose, alcune belle e alcune brutte, e dovete assolutamente raccontare tutto al vostro amico/alla vostra amica. Decidete di scrivergli/le un SMS (sul foglio di carta). Descrivete quello che vedete in Piazza del Duomo con il linguaggio degli SMS che si usa in Italia. Cercate di creare delle abbreviazioni comprensibili. Passate il foglio al vostro compagno/alla vostra compagna e aspettate la sua risposta per vedere se ha capito. Continuate così, scrivendo messaggi e risposte, scambiando i fogli con il compagno/la compagna. Se vi siete capiti siete esperti di SMS.

(iLrn™

Share it!••• **Che stile!** Fai una ricerca sul Fashion Camp Milano. Quale workshop ti interesserebbe? Guarda qualche video del Fashion Camp su YouTube. Metti il link al video su *Share it!* e commenta se ti piace o no.

Spero che anche tu veda la sfilata!

3–15

Ascolta e/o leggi il dialogo e rispondi alle domande.

Serena e Gianni sono in Piazza del Duomo e oggi c'è più confusione del solito.

Gianni: Ma che succede, cos'è tutta questa confusione?

Serena: Credo che tutte quelle persone **preparino** la piazza per la settimana della moda. So che comincia fra qualche giorno.

Gianni: Hai ragione! L'ho letto sul giornale. Credo che **arrivino** stilisti da tutto il mondo. Che peccato! Io sono impegnato con il lavoro e temo **di** non poterci andare. Dubito proprio **di** riuscire a liberarmi[1] in tempo. Ma tu ci vai?

Serena: Credi che io mi **perda** un'occasione del genere? Sono un'appassionata di moda. E poi sono contenta che quest'anno l'evento **apra** con una sfilata di abiti hi-tech, la mia passione.

Credo che questi stilisti **ricevano** dei premi ogni anno. Spero che anche tu **veda** la sfilata in piazza, altrimenti penso che la TV e Internet **trasmettano** le sfilate dal vivo così puoi guardarle da casa e anche dal telefonino.

Gianni: Evviva la tecnologia!

Piazza del Duomo durante la manifestazione "Milano Loves Fashion", la settimana della moda.

[1]*get away from it*

Comprensione

Rispondi alle seguenti domande con frasi complete ed elaborate.

1. Perché c'è molta confusione in Piazza del Duomo?
2. Parteciperanno all'evento solo stilisti milanesi?
3. Come si aprirà la settimana della moda?
4. Se Gianni è fuori città, può ugualmente vedere le sfilate? Come?

Osserviamo la struttura!

Nel dialogo sopra, osserva le parole in grassetto e completa le seguenti attività.

1. Which of the following sentences expresses a fact and which one expresses an opinion? What is the element in each sentence that makes this distinction?
   a. Credo che arrivino stilisti da tutto il mondo.
   b. So che la sfilata comincia fra qualche giorno.
2. Observe all the verbs and expressions preceding each verb in bold and, on a separate piece of paper, list them under the following categories:
   Opinions   Beliefs   Feelings   Hopes   Fears
3. What is the difference between these two pairs of sentences? Why is the infinitive used in the first pair and not in the second?
   a. Temo **di non poterci andare.** Dubito **di riuscire** a liberami.
   b. Temo che **lui non ci possa andare.** Dubito che **lui riesca** a liberarsi.

NOTA CULTURALE

Milano Loves Fashion, per un'intera settimana, trasforma Piazza del Duomo in "Sala Duomo" per ospitare centinaia di persone. Le sfilate sono trasmesse in diretta in TV e in *streaming* su Internet, ma anche su maxi schermi localizzati nelle piazze o in diversi luoghi della città.

Il presente congiuntivo (*Present subjunctive*)

Che bella ragazza! Credo che sia una modella e che lavori per "Milano Loves Fashion".

Unlike the **indicativo** (*indicative*), which is used to express facts and certainty, the **congiuntivo** (*subjunctive*)[1] is used to express opinions (**credere, pensare**), doubts or uncertainty (**dubitare, non essere sicuro**), emotions (**essere contento / triste, piacere, dispiacere**), fears (**temere, avere paura di**), wishes (**desiderare, volere**), hopes (**sperare**), or necessities (**avere bisogno**).

A. The **congiuntivo** is used only in dependent clauses, clauses that cannot stand alone, when the main clause contains a verb or an expression like those listed above. With the **congiuntivo,** the subjects of the dependent and the main clauses are different.

<u>Tu</u> credi che <u>io</u> mi **perda** un'occasione del genere?
*Do you think I **would miss** such an occasion?*

- Notice that the verb in the main clause determines whether to use the **indicativo** or the **congiuntivo** in the dependent clause.

(*main clause*)		(*dependent clause*)	
Io <u>so</u> (*certainty*)	che	**arrivano** stilisti da tutto il mondo.	**(indicativo)**
I know	*that*	*designers **come** from all over the world.*	
Io <u>credo</u> (*opinion*)	che	**arrivino** stilisti da tutto il mondo.	**(congiuntivo)**
I believe	*that*	*designers **come** from all over the world.*	

B. The **congiuntivo** has four tenses: **presente, passato, imperfetto,** and **trapassato**. The following table shows how to form the **presente congiuntivo** of regular verbs.

Presente congiuntivo				
	mandare	**ricevere**	**partire**	**spedire**
io	mand-**i**	ricev-**a**	part-**a**	sped-**isca**
tu	mand-**i**	ricev-**a**	part-**a**	sped-**isca**
Lei, lui/lei	mand-**i**	ricev-**a**	part-**a**	sped-**isca**
noi	mand-**iamo**	ricev-**iamo**	part-**iamo**	sped-**iamo**
voi	mand-**iate**	ricev-**iate**	part-**iate**	sped-**iate**
loro	mand-**ino**	ricev-**ano**	part-**ano**	sped-**iscano**

ATTENZIONE!

Notice that the singular pronouns (**io, tu, Lei, lui/lei**) share the same verb form. Therefore, when using the **congiuntivo,** it is common to express the subject pronoun in order not to create confusion.

Io spero che <u>tu</u> **vada** a vedere la sfilata.

*I hope **you go** to see the fashion show.*

C. The **congiuntivo presente** is used in the dependent clause to express status or an action happening in the present or in the future. Notice that the main and the dependent clauses are joined by **che.**

Credo <u>che</u> questi stilisti **ricevano** un premio ogni anno.

*I believe these designers **receive** an award every year.*

Voglio che tu **parta** con me per Milano la settimana prossima.

*I want you to **leave** with me for Milan next week.*

[1]The use of the subjunctive is not very common in English.

D. To form the **congiuntivo** with verbs ending in **-care** and **-gare**, such as **ricaricare** and **pagare**, add an **-h** after the **-c** and **-g** in every verb form in order to keep the hard sound. Verbs ending in **-ciare** and **-giare**, such as **cominciare** and **mangiare,** do not double the **-i.**

Credo che Gianni **ricarichi** la scheda del cellulare su Internet e che **paghi** con la carta di credito.	*I think Gianni **adds** money to his phone card on the Internet and **pays** with his credit card.*
Serena crede che la sfilata **cominci** alle 8.00 in Piazza del Duomo.	*Serena thinks the fashion show **starts** at 8:00 in Piazza del Duomo.*

E. When the main and the dependent clauses share the same subject, *di* + **infinito** is used in the dependent clause.

Temo **di** non poter andare alla sfilata.	*I am afraid I will not be able to go to the fashion show.*

Verbi irregolari nel congiuntivo presente

The following chart shows some irregular verbs in the formation of the **congiuntivo**.

Verbi irregolari nel congiuntivo presente					
	io	**tu**	**Lei, lui/lei**	**noi**	**voi**	**loro**
andare	vada	vada	vada	andiamo	andiate	vadano
avere	abbia	abbia	abbia	abbiamo	abbiate	abbiano
bere	beva	beva	beva	beviamo	beviate	bevano
dare	dia	dia	dia	diamo	diate	diano
dire	dica	dica	dica	diciamo	diciate	dicano
dovere	debba	debba	debba	dobbiamo	dobbiate	debbano
essere	sia	sia	sia	siamo	siate	siano
fare	faccia	faccia	faccia	facciamo	facciate	facciano
potere	possa	possa	possa	possiamo	possiate	possano
sapere	sappia	sappia	sappia	sappiamo	sappiate	sappiano
rimanere	rimanga	rimanga	rimanga	rimaniamo	rimaniate	rimangano
stare	stia	stia	stia	stiamo	stiate	stiano
tenere	tenga	tenga	tenga	teniamo	teniate	tengano
uscire	esca	esca	esca	usciamo	usciate	escano
venire	venga	venga	venga	veniamo	veniate	vengano
volere	voglia	voglia	voglia	vogliamo	vogliate	vogliano

The verb **piacere** is also irregular in the **congiuntivo presente**. Its forms are **piaccia** (+ singular noun or infinitive) and **piacciano** (+ plural noun).

Credi che a Gianni **piaccia** la moda?	*Do you think Gianni **likes** fashion?*
Non penso che gli **piaccia** molto la moda ma credo che gli **piacciano** le novità tecnologiche.	*I don't think he **likes** fashion a lot but I think he **likes** the latest technologies.*
Credo che Serena **voglia** diventare una stilista e che le **piaccia** la moda hi-tech.	*I think Serena **wants** to become a fashion designer and she **likes** hi-tech fashion.*

Pratichiamo!

10-7. Al Vogue Talents Corner. Associa gli elementi della colonna A e quelli della colonna B per creare delle frasi complete con l'**indicativo**, il **congiuntivo** o l'**infinito**.

A

1. _____ So che molte persone...
2. _____ Penso che molti artisti...
3. _____ Noi speriamo di...
4. _____ Gianni teme di...
5. _____ Mi dispiace che lui...
6. _____ Gianni ha detto che...
7. _____ Serena vuole che voi...
8. _____ Ho letto che *Vogue Italia*...

B

a. arrivino da tutto il mondo con le loro creazioni.
b. guardiate la sfilata sul Web.
c. farà presto delle sfilate per nuovi talenti.
d. avere troppi impegni di lavoro e non vedere la sfilata.
e. andare alla sfilata con Serena.
f. non possa venire con noi.
g. parteciperanno alla sfilata.
h. tornerà a Milano in tempo per vedere la sfilata.

NOTA CULTURALE

The Vogue Talents Corner presenta sfilate organizzate da *Vogue Italia* per far conoscere nuovi talenti del mondo della moda. Si possono conoscere i designer, ammirare le loro creazioni e comprarle in tempo reale sul loro sito Web.

© Bob Suir <http://www.dreamstime.com/bobsphotography_info>

10-8. Cosa pensi di... ? Riscrivi le seguenti frasi con le espressioni indicate in parentesi e cambiando i verbi in *corsivo* dall'indicativo al **congiuntivo presente**. Segui l'esempio.

Esempio   Milano è famosa per la moda e per la tecnologia. (Penso che...)
           ***Penso che** Milano **sia** famosa per la moda e per la tecnologia.*

1. Loro non *arrivano* in tempo per vedere la sfilata. (Mi dispiace che...)
2. Serena *ha* una passione per la moda. (Io credo che...)
3. Gianni *è* fuori città per lavoro questa settimana. (Dubito che...)
4. Voi *vedete* Milano Loves Fashion con noi. (Vogliamo che...)
5. Tu *preferisci* andare in piazza invece di restare a casa. (Loro pensano che...)
6. Lo spettacolo *comincia* verso le 8.00 e *finisce* prima di mezzanotte. (Speriamo che...)
7. Serena e i suoi amici si *collegano* su Internet e *comunicano* ogni giorno. (Sono contento che...)
8. Io *resto* a Milano per lavoro per una settimana. (Loro temono che...)

10-9. Piani per il futuro? Completa le seguenti frasi con gli elementi dati ed usando *che +* *congiuntivo* o *di + infinito*. Crea una frase per ogni soggetto indicato.

Esempio Spero… (voi / loro venire) in Lombardia.
*Spero che **voi veniate** in Lombardia.*
*Spero che **loro vengano** in Lombardia.*

1. Serena spera… (lei / tu potere) diventare una stilista.
2. Tu temi… (Gianni / noi volere) trasferirsi in un'altra città.
3. Gianni e Serena vogliono… (Alice / voi andare) a trovarli a Milano.
4. Noi dubitiamo… (loro / noi rimanere) a Milano per tutta la vita.
5. Io desidero… (voi / io fare) le vacanze in Lombardia l'estate prossima.
6. Pensiamo… (noi / Serena visitare) la Liguria in estate.
7. Tu speri… (tu / loro trovare) un buon lavoro.
8. Voglio… (tu / voi dire) a tutti i tuoi piani per il futuro.

10-10. Cosa sai e cosa pensi di me? A coppie, dite al vostro compagno/alla vostra compagna quello che sapete e quello che pensate di lui/lei. Usate almeno cinque frasi. Dovete giustificare le vostre opinioni. Il compagno/La compagna dirà se avete indovinato o no.

Esempio **S1:** *So che studi due lingue straniere. Speri di andare in Italia in estate ma temi che sia troppo costoso.*

S2: *È vero che studio due lingue. Non credo di andare in Italia in estate… Penso che…*

10-11. Cosa fai questo fine settimana? A turno, fate almeno cinque domande sui piani per il fine settimana. Usate verbi come **pensare, credere, sperare,** ecc.

Esempio **S1:** *Esci questo fine settimana?*

S2: *Sì, credo di andare al Festival del Vintage.*

S1: *Vengono anche i tuoi amici?*

S2: *Sì, penso che vengano anche loro.*

S1: *Indosserai qualcosa all'ultima moda?*

S2: *…*

10-12. Certezze e speranze, dubbi e timori per il futuro. In gruppo, esprimete le certezze, le opinioni, i dubbi e i timori sul vostro futuro riguardo ai seguenti punti. Poi riferite i risultati alla classe.

Studio:
Luogo di residenza:
Lavoro:
Famiglia:
Successo:

NOTA CULTURALE

MUSEI MAZZUCCHELLI
www.museimazzucchelli.it · info@museimazzucchelli.it
via G. Mazzucchelli, 2
Ciliverghe di Mazzano (BS) · Italy

Per gli appassionati di abiti d'epoca, il **Festival del Vintage** è una mostra di moda d'epoca e di accessori vintage che nasce come occasione per valorizzare le collezioni del Museo della Moda e del Costume all'interno dei Musei Mazzucchelli, a Brescia.

Courtesy of Museo Mazzucchelli

Ovunque tu sia, restiamo in contatto.

Ascolta e/o leggi la mail e rispondi alle domande.

Serena scrive una mail alla sua amica Alice che vive a Brescia per comunicarle che andrà a trovarla presto.

Ciao Alice,

come stai? Ho appena rivisto le foto che abbiamo fatto insieme in Piazza della Loggia l'ultima volta che ci siamo incontrate a Brescia. Ti scrivo perché ci sono delle novità. **È possibile che io vada** a Brescia a maggio per iscrivermi a un corso professionale per stilisti di moda. **È molto importante** che io **faccia** questo corso perché, come sai, spero di diventare una stilista. **Sembra che** anche Gianni **venga** con me. **Pare che** nello stesso periodo **ci sia** la Mille Miglia e Gianni è un appassionato. Vorrei sapere se sarai in città in quel periodo. So che viaggi molto e vorrei vederti **a meno che tu non abbia** impegni di lavoro. È vero che resteremo poco a Brescia, ma vorremmo visitare un po' la città e i dintorni. Poi faremo un giro in Liguria in macchina. Non ti preoccupare, non ci perderemo, **basta che** Gianni **porti** il GPS! **È vero che** Milano non è molto lontana da Brescia, ma è **meglio**[1] **che ci sia** il navigatore. In ogni caso, **prima che** Gianni **faccia** le prenotazioni per l'albergo, ti darò dettagli più precisi. Ma **comunque vadano** le cose e **ovunque tu sia**, restiamo in contatto.

Baci, Serena

Piazza della Loggia, una delle quattro piazze nel centro storico di Brescia, è considerata la piazza più bella della città. Si nota l'influenza di origine veneziana nella Loggia e nella Torre dell'Orologio che ha un orologio simile a quello del campanile di Piazza San Marco a Venezia.

[1]*better*

Comprensione

Rispondi alle seguenti domande con frasi complete ed elaborate.

1. Cosa ci sarà a Brescia di particolarmente interessante?
2. Quali sogni ha Serena per il futuro?
3. Gianni e Serena resteranno a lungo a Brescia?
4. Quando Serena darà più informazioni ad Alice?

Osserviamo la struttura!

Nella mail sopra, osserva le parole in grassetto e completa le seguenti attività.

1. Find all the expressions preceding each **congiuntivo** and list them under the following categories:
   Impersonal expressions
   Indefinite expressions (see **Capitolo 8**)
   Conjunctions
2. Are the expressions in bold introduced by verbs expressing opinion, belief, fear, etc., as we learned in *Struttura 1*? List a few of the verbs you see that may give these examples.
3. In the following sentence there are two impersonal expressions. However, one introduces the **indicativo** and the other one the **congiuntivo**. Can you explain why?

   È <u>vero</u> che Milano non **è** molto lontana da Brescia, ma è <u>meglio</u> che **ci sia** il navigatore.

NOTA CULTURALE

La **Mille Miglia** è una gara automobilistica che si tiene ogni anno nel mese di maggio e a cui possono partecipare solo macchine d'epoca. La gara parte da Brescia, attraversa sette regioni dell'Italia centro-settentrionale e poi ritorna a Brescia. È un grande evento per gli amanti dell'automobilismo.

Espressioni che richiedono il congiuntivo (*Expressions that require the subjunctive*)

Sebbene abbia visitato la Liguria già tante volte, voglio sempre ritornarci.

In *Struttura 1* we learned that **congiuntivo** is introduced by verbs expressing opinion, doubt, fear, etc. However the **congiuntivo** can also be introduced by certain impersonal and indefinite expressions as well as certain conjunctions.

A. *Impersonal expressions* indicating opinion, probability, or uncertainty introduce dependent clauses with the **congiuntivo**. Some examples are:

È importante che (*It is important that*)	**Sembra / Pare che** (*It seems that*)
È possibile che (*It is possible that*)	**Si dice che** (*People say that*)
È bene / meglio che (*It is good / better that*)	**Bisogna / È necessario che** (*It is necessary that*)

È possibile che io <u>vada</u> a Brescia a giugno.	*It is possible that I may go to Brescia in June.*
Sembra che anche Gianni <u>venga</u> con me.	*It seems that Gianni may also come with me.*

B. Dependent clauses introduced by *indefinite expressions* also require the use of **congiuntivo**.

chiunque (*whoever*)	**ovunque / dovunque** (*anywhere*)
qualunque / qualsiasi (*any*)	**comunque** (*however*)

Comunque <u>vadano</u> le cose e **ovunque** tu <u>sia</u>, restiamo in contatto!	*However things go and wherever you go, let's stay in touch!*

C. Certain conjunctions introduce the **congiuntivo**. The most common are:

basta che (*as long as*)	**prima che** (*before*)
benché / sebbene (*although*)	**senza che** (*without*)
affinché (*so that / in order to*)	**a meno che non** (*unless*)
purché / a condizione che (*provided that*)	

Non ci perderemo, **basta che** Gianni <u>porti</u> il GPS.	*We will not get lost as long as Gianni brings the GPS.*
Prima che Gianni <u>faccia</u> le prenotazioni, ti darò dettagli più precisi.	*Before Gianni makes the reservations, I will give you more precise details.*

Come si dice *i<3u* ("*I love you*")?

Text messages are very popular in Italy as they are almost everywhere today. The following is a list of the most common Italian text messages (SMS):

tvb	Ti voglio bene
km st	Come stai?
c sent dp	Ci sentiamo dopo
dv 6	Dove sei?
t tel + trd	Ti telefono più tardi
xxx	Tanti baci

Pratichiamo!

10-13. La risposta di Alice. Alice risponde al messaggio di Serena. Completa la seguente mail con le espressioni indicate.

> pare che / ovunque / prima che / è importante /
> Si dice che / Sebbene / sembra che / senza che

Ciao Serena,

hai ragione, il corso da stilista può essere utile per la carriera, e quindi (so) _____ (1) che tu lo faccia. E _____ (2) la Mille Miglia sia davvero un evento molto interessante. _____ (3) non ti piacciano le corse automobilistiche, so che ti divertirai. Purtroppo _____ (4) noi non possiamo incontrarci. Io sarò fuori per lavoro. Ma _____ (5) io vada, ci sentiremo sicuramente. Vi consiglio di non partire da Brescia _____ (6) voi vediate Piazza Arnaldo. _____ (7) tutti i turisti vogliano vederla la sera perché è molto caratteristica. In ogni caso, _____ (8) tu parta, fammi sapere il tuo itinerario.

Xxx,

Alice

NOTA CULTURALE

Piazza Arnaldo è da anni il cuore pulsante della *night life* della città di Brescia: il divertimento comincia all'ora dell'*happy hour*. Vivissima è anche la scena musicale live: dal jazz, al rock alternativo, all'elettronica, ecc.

© Ingolf Pompe 36 / Alamy

10-14. Quante condizioni! Completa le frasi sottolineate, scegliendo prima l'espressione appropriata tra quelle indicate e poi coniugando il verbo dato al **congiuntivo presente**.

> ovunque / benché / qualunque / pare che / basta che /
> chiunque / purché / bisogna che

Esempio Io parteciperò alla mostra, _____ (andare) le cose.
Io parteciperò alla mostra, *comunque **vadano** le cose.*

1. Chissà dove andrà Gianni stasera, ma _____ (lui / andare) noi andremo con lui.
2. _____ (io / piacere) i social network, non uso mai Facebook.
3. Io e Serena andiamo alla sfilata, _____ (tu / venire) con noi. Altrimenti non ci andiamo.
4. Metti su Facebook _____ foto o video _____ (tu / fare), così li possiamo vedere.
5. Se volete arrivare in tempo alla mostra, _____ (voi / uscire) un po' prima dall'ufficio.
6. Non è ancora sicuro, ma _____ la nuova edizione di Milano Loves Fashion del prossimo anno _____ (tenersi) all'inizio di settembre.
7. Non importa chi, ma _____ (rimanere) alla sfilata fino a tardi, può darmi un passaggio a casa?
8. Per registrarvi sul sito, _____ (voi / dare) tutte le informazioni via Internet, è proprio necessario.

10-15. Tante domande. Sostituisci le parole in *corsivo* con le espressioni indicate in parentesi per riscrivere le seguenti frasi usando il **congiuntivo** o l'**indicativo**.

1. *So che* tu e Gianni tornerete a Brescia per le sfilate di moda. (È sicuro che...)
2. *Forse* andate a Vigevano a vedere il Museo della Scarpa. (Sembra che...)
3. *Ho sentito che* Gianni verrà con te a Cremona il mese prossimo. (Si dice che...)
4. *Dovresti* visitare il Museo Stradivariano a Cremona. Ti sarà utile. (È bene che...)
5. Serena vuole *veramente* diventare una stilista. (È vero che...)
6. *Dovete* portare il navigatore in macchina, se temete di perdervi durante il viaggio. (Basta che...)
7. Loro si fermeranno a Mantova alla Festa del Vespa Club, *ma* Serena non vuole. (sebbene...)
8. Gianni e Serena vedranno la Mille Miglia e *dopo* andranno in Liguria. (prima che...)

10-16. Cosa fai? A coppie, chiedete al vostro compagno/alla vostra compagna cosa farà nelle situazioni indicate o in altre create da voi. Il vostro compagno/La vostra compagna deve rispondere trasformando le frasi date con un'espressione come **comunque, dovunque, bisogna che,** ecc.

Esempio **S1:** *Se vai in Italia per le vacanze, cosa farai?*
S2: *Ovunque io vada, voglio fare un giro in Vespa e partecipare al Vespa Club.*

Se prendi un brutto o un bel voto
Se il semestre finisce bene o male
Se incontri la tua anima gemella (*soul mate*) o solo un amico
Se decidi di continuare gli studi o lavorare
Se...

10-17. I social network. A coppie, esprimete le vostre opinioni positive o negative, i dubbi e i timori sui social network. Li usate? Quali? Perché? Spiegate i motivi se non li usate. Credete che siano davvero un modo per socializzare? Usate le espressioni come **sembra che / sebbene / chiunque...** Poi riferite le opinioni alla classe.

© Cengage Learning 2015

10-18. Indagini. In gruppo, esprimete le vostre opinioni sulle persone descritte in queste situazioni. Poi riferite alla classe le opinioni comuni e quelle in disaccordo.

1. Le persone che seguono la moda nell'abbigliamento e sono disposte a spendere molto
2. Le persone che per principio non seguono mai la moda, anzi fanno tutto il contrario
3. Le persone che comprano sempre l'ultimo gadget tecnologico uscito sul mercato
4. Le persone che non usano i social network
5. Le persone che...

Reading Strategy: Distinguishing Cause and Effect

Distinguishing cause and effect is a strategy used by readers to help identify and understand relationships in a text, analyze why something happens (*cause*), and describe the consequences (*effect*). There is not always a one-to-one relationship between cause and effect. Sometimes one cause may have several effects, or several causes may contribute to one effect. When you recognize these relationships, your comprehension will increase. When trying to distinguish cause and effect:

> identify causes—examine events and their outcomes.

> find effects—analyze why an identifiable fact happens the way it does.

> look for evidence—justify your position.

> look for key words: **quindi, di conseguenza, ecco perché, il risultato, influisce**—these words may be in the text or may be understood and can signal cause and effect.

Pre-lettura

1. A coppie, elencate i vantaggi e gli svantaggi dei seguenti mezzi (*means*) di comunicazione.

   Computer   Internet   Cellulare   SMS   Chat

2. Mettete in ordine d'importanza per voi ogni mezzo di comunicazione da *1–5* (*1* è il più importante). Giustificate le vostre scelte e poi condividetele con gli altri.

3. È giusto, secondo voi, usare un SMS per terminare una relazione (*break up*)? Perché?

4. Preferite ricevere una lettera d'amore con la posta normale o con la posta elettronica? Giustificate la vostra risposta.

La società dei "tvb" e degli smiley

tvb

© Cengage Learning 2015

di Gianluca Matarelli

Nell'ultimo decennio° computer, cellulari e Internet hanno cambiato il modo di vivere, accorciando° le distanze tra amici e famiglia. SMS, posta elettronica, chat e forum virtuali permettono una comunicazione immediata. Internet è una sorta di grande piazza virtuale spesso sostituendo incontri tradizionali e "reali". — decade / shortening

Molti giovani (e adulti) preferiscono comunicare attraverso SMS o email. Per alcuni, è difficile esprimere le proprie opinioni e i propri sentimenti guardando negli occhi una persona. È più facile fare un complimento o un rimprovero°, esprimere affetto o risentimento°, corteggiare° o troncare° una relazione con i mezzi° virtuali. — reprimand / resentment / to court / to break off / means

I ritmi della vita quotidiana, la fretta di comunicare, hanno portato a una rivoluzione della lingua. Negli SMS e nelle email spesso la lingua è più semplice e fatta di consonantiche° e di sigle°. "Ti voglio bene"° è sostituito da "tvb", "Che" è sostituito dalla "k", "comunque" da "cmq". Gli stati d'animo° sono comunicati con gli smiley o combinazioni di lettere e punteggiatura ;-).

with consonants / initials / I love you / state of being

Ma chat e forum non possono sostituire completamente una conversazione reale con pause, sguardi°, gesti° e inflessioni° della voce. "Tvb" non ha il fascino° di un "ti voglio bene" detto a voce. C'è, inoltre, il rischio di un'alienazione dell'individuo che non riesce più a relazionarsi con la realtà.

glances / gestures / inflections / charm

È importante utilizzare con moderazione la tecnologia, non dimenticando anche mezzi tradizionali: una chiacchierata° al bar, una telefonata, una lettera. Il progresso tecnologico aiuta l'umanità, ma il mondo ha bisogno di poesia, di sguardi, di abbracci reali, di lettere d'amore.

chat

⁇ Dopo la lettura

1. **Causa-effetto.** In questo articolo ci sono vari esempi di causa-effetto. Completate la seguente mappa con causa-effetto. Poi paragonate i risultati con i vostri compagni.

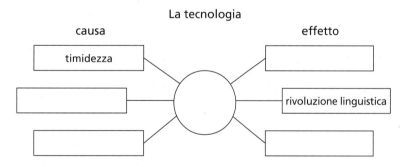

La tecnologia

causa   effetto

- timidezza
- rivoluzione linguistica

2. **Momenti reali.** La tecnologia ha sostituito per voi momenti reali? Quali esempi dà l'autore? Come vedete la vostra vita cambiata dalla tecnologia?

3. **Alienazione.** L'autore dice che "C'è, inoltre, il rischio di un'alienazione dell'individuo che non riesce più a relazionarsi con la realtà". Siete d'accordo? Spiegate.

4. **Un'altra generazione.** Pensate che la conclusione dell'autore sia accurata o pensate che l'autore sia di un'altra generazione? Perché?

iLrn

Share it!•••   **K roba!** Cerca sul Web altre sigle usate per comunicare con i mezzi tecnologici. Scrivi la sigla e cosa significa su *Share it!* e poi scrivi una frase usandola in contesto.

3–18

L'hi-tech e l'informatica

I nomi

il telefonino /
il cellulare

la mail (l'email) /
la posta elettronica

la stampante

l'uso sicuro

le cuffie

la sicurezza

la connessione

lo spamming

I verbi

accendere /
spegnere

chattare

SEND

mandare / inviare

scaricare

© Cengage
Learning 2015

L'hi-tech della Liguria fornisce lavoro a oltre 13.000 persone a Genova soprattutto nel campo dell'informatica, di Internet, dei software, dell'elettronica, dell'hardware, dell'automazione e della robotica.

I nomi	*Nouns*
l'abuso	*abuse*
l'accesso	*access*
l'apparecchio	*apparatus, device*
il caricabatteria	*charger*
il collegamento / il link	*connection / link*
il contenuto	*content*
il destinatario	*addressee, recipient*
i dati	*data*
il documento	*document*
l'informatica	*computer science*
il/la mittente	*sender*
il programma	*program*
il progresso	*progress*
il rischio	*risk*
la tessera	*pass / membership card*
il virus	*virus*

Gli aggettivi	*Adjectives*
digitale	*digital*
gratuito	*free*
pericoloso	*dangerous*

scarico	*dead, run-down (as in battery)*

I verbi	*Verbs*
abusare	*to abuse*
accedere	*to access*
caricare	*to upload / to charge*
connettere / connettersi	*to connect*
dare fastidio	*to bother*
faxare / mandare un fax	*to fax*
formattare	*to format*
installare	*to install*
limitare	*to limit*
postare / mettere un post	*to post (a comment on a blog)*
proteggersi	*to protect oneself*
registrarsi	*to register oneself*
scannerizzare	*to scan*
squillare	*to ring*

Pratichiamo!

10-19. Associazioni. Abbina il verbo con il nome più logico e poi forma una frase completa con i due elementi.

A	B
1. _____ collegare	a. un post
2. _____ mettere	b. l'applicazione
3. _____ inviare	c. una mail
4. _____ limitare	d. una foto
5. _____ scannerizzare	e. l'accesso
6. _____ scaricare	f. il computer

10-20. I rischi tecnologici. Completa la seguente mail scegliendo tra le parole date.

> rischio / accesso / applicazione / telefonino / documenti / mail / dati / virus

Ciao Tiziana,

ho provato a chiamarti sul _____ (1) ma non ti ho trovato. Ti volevo dire che non ho risposto alla tua _____ (2) perché il mio computer ha preso un _____ (3). Non solo, ma hanno rubato tutti i miei _____ (4) personali. Ho dovuto portarlo dal tecnico e quindi non ho avuto _____ (5) a Internet per tre giorni. Per fortuna, il tecnico è riuscito a salvare i miei _____ (6). Non sapevo di essere a _____ (7) perché ho un'_____ (8) che mi serve da firewall e credevo di essere al sicuro. Non si sa mai! Chiamami quando puoi.

Un abbraccio,

Antonella

10-21. Soluzioni. Completa le frasi scegliendo dalle parole offerte. *Attenzione:* ci sono più parole che risposte.

> caricabatteria / cuffie / destinatario / gratuito / installino / tessera / tecnologico / colleghino

1. Non devo pagare la connessione a Internet. Ho il servizio _____.
2. Se vuoi ascoltare la musica, per favore, mettiti le _____.
3. All'Internet Café, bisogna comprare una _____ per lavorare su Internet.
4. Non posso usare il cellulare perché è scarico. Mi puoi prestare il tuo _____?
5. Hanno mandato un fax senza mettere il nome del _____. Non ho idea a chi consegnarlo.
6. È giusto che i genitori _____ il software per limitare l'accesso al computer ai figli?

10-22. Il tuo uso personale. Parlate delle vostre abitudini riguardo alla tecnologia. Quanto tempo passate ogni giorno al computer e al cellulare? Accendete il computer appena vi svegliate? Avete accesso a Internet sul telefonino? Quante volte al giorno controllate la mail? Quante volte al giorno andate su Facebook / Twitter? Infine, decidete se passate troppo tempo con la tecnologia o il tempo giusto.

10-23. Le regole. Insieme scrivete sette regole per il comportamento educato (*polite*) dell'uso dei cellulari in pubblico. Poi condividete le regole con la classe e decidete le sette regole migliori.

Prima di tutto... Quando hai bisogno di collegarti a Internet, dove vai? Nella tua città, ci sono molti posti pubblici dove puoi accedere a Internet?

© Samo Trebizan/ShutterStock

Davvero?!
Negli Stati Uniti molte persone lavorano o studiano con il loro computer anche quando vanno a prendere il caffè. Starbucks, per esempio, è un posto popolare tra gli studenti universitari perché possono studiare per delle ore grazie alla connessione Wi-Fi e all'atmosfera tranquilla. In Italia lavorare al bar non è una cosa comune. Anche se Starbucks è modellato sui bar italiani, l'idea di rimanere seduti al bar per molto tempo e portare il computer per lavorare è un'idea americana. Per accedere a Internet in Italia, si può andare all'Internet Café (dove tipicamente NON servono il caffè), a casa o in biblioteca.

© Dominik Zorgie/ShutterStock

Chiacchieriamo un po'! Lavorate a coppie e discutete sul modo americano di portare il computer al bar e lavorare per molto tempo seduti al tavolino e quello italiano dove questa non è un'usanza diffusa. Parlate dei vantaggi e degli svantaggi di tutti e due i sistemi.

iLrn

Share it! • • • **Genova spettacolare** è una serie di eventi organizzati dalla città di Genova. Vai su iLrn per trovare più informazioni e parla di un evento che ti interessa e perché. Condividi anche link e foto su *Share it!*

Temo che abbia spento il cellulare!

3-18

Ascolta e/o leggi il dialogo e rispondi alle domande.

Alice è riuscita a liberarsi dal lavoro e ha raggiunto Serena a Genova. Sono in Piazza Giuseppe Verdi. Sono sedute in un ristorante sotto i portici e mangiano gli gnocchi con il pesto genovese.

Fiorenzo Pampolini

Alice: Mi dispiace che non ci **siamo incontrati** a Brescia. Spero che **vi siate divertiti**.

Serena: Sì. Per me è stato anche utile per gli studi e credo che per Gianni **sia stato** fantastico vedere la Mille Miglia. Peccato che oggi lui **abbia preso** degli impegni di lavoro all'IIT[1].

Alice: Ma allora non siete venuti a Genova solo per una vacanza?

Serena: No, infatti. Gianni aveva una riunione di lavoro e spero che **sia andata** bene. Ma credo che **abbia finito** a quest'ora. Adesso lo chiamo. […] Che strano, non risponde. Temo che **abbia spento** il cellulare! Riproverò più tardi. In ogni caso, qualunque cosa **abbia fatto**, me lo racconterà stasera. Dai, intanto mangiamo questi deliziosi gnocchi al pesto genovese.

Piazza Giuseppe Verdi, a Genova, rappresenta un incrocio tra classico e moderno. In questa storica piazza infatti si trova l'ingresso alla stazione ferroviaria e la fermata del tram.

[1] *Italian Institute of Technology*

Comprensione

Rispondi alle seguenti domande con frasi complete ed elaborate.

1. Che cosa dispiace ad Alice?
2. Perché per Serena e Gianni è stata una bella esperienza andare a Brescia?
3. Serena e Gianni sono a Genova in vacanza?
4. Secondo Serena, perché Gianni non risponde al telefono?

Osserviamo la struttura!

Nel dialogo sopra, osserva le parole in grassetto e rispondi alle seguenti domande.

1. In what tense (present, past, future) are the verbs in bold? Is it a simple or a compound tense?
2. In general, what are the elements that form this tense?
3. What is the time relation between the main clause and the dependent clause? What tense will we find in the main clause in order to have this new tense of **congiuntivo**?

NOTA CULTURALE

L'Istituto Italiano di Tecnologia (IIT) è una fondazione, con sede a Genova, che promuove l'eccellenza nella ricerca scientifica. Ricercatori e scienziati da tutto il mondo collaborano qui per costruire robot e lavorare all'insegna della scienza e del progresso.

Massimo Brega - The lighthouse

Il congiuntivo passato (*Past subjunctive*)

Serena non risponde. Temo che **sia** già **uscita**.

The **congiuntivo passato** (*past subjunctive*) is a compound tense. It is formed by using the **presente congiuntivo** of the auxiliary (**avere** or **essere**) and the past participle of the main verb.[2]

Mi dispiace che non ci **siamo incontrati** a Brescia la settimana scorsa.	*I am sorry we did not meet in Brescia last week.*
Credo che per Gianni **sia stato** fantastico vedere la Mille Miglia lo scorso fine settimana.	*I think it was fantastic for Gianni to see the Mille Miglia last weekend.*
Qualunque cosa Gianni **abbia fatto,** me lo racconterà stasera.	*Whatever Gianni did, he will tell me tonight.*

A. The following table shows how to form the **congiuntivo passato.**

Congiuntivo passato		
	inviare	**partire**
io	**abbia** inviato	**sia** partito/a
tu	**abbia** inviato	**sia** partito/a
Lei, lui/lei	**abbia** inviato	**sia** partito/a
noi	**abbiamo** inviato	**siamo** partiti/e
voi	**abbiate** inviato	**siate** partiti/e
loro	**abbiano** inviato	**siano** partiti/e

B. The **congiuntivo passato** is used in the dependent clause when the action of the dependent clause preceded that in the main clause. Usually the verb in the main clause is in the present tense. In the dependent clause it is very common to find expressions of time such as **ieri** (*yesterday*), **qualche giorno fa** (*a few days ago*), **la settimana scorsa** (*last week*), **due mesi fa** (*two months ago*), **l'anno scorso** (*last year*), etc.

Temo che Gianni **abbia spento** il cellulare.	*I am afraid Gianni **turned off** his cell phone.*
Spero che la riunione **sia andata** bene ieri.	*I hope the meeting **went** well yesterday.*
Spero che vi **siate divertiti** durante il viaggio il mese scorso.	*I hope you **had fun** during your trip last month.*

[2]As we learned for **passato prossimo** and other compound tenses, the choice of the auxiliary is determined by the verb.

Pratichiamo!

10-24. **Cosa pensano di quello che abbiamo fatto?** Completa le seguenti frasi con il **congiuntivo passato** del verbo in parentesi.

1. Penso che ieri Gianni non _____ (accendere) il cellulare o non _____ (caricare) le batterie.
2. Sembra che tu _____ (divertirsi) durante il viaggio dell'estate scorsa.
3. È incredibile che Serena non _____ (comprare) quel computer in svendita. Era un vero affare.
4. Credo che Serena e Gianni _____ (collegarsi) su Skype con gli amici durante il loro viaggio.
5. Peccato! Temo che tu non _____ (installare) l'aggiornamento per l'anti-virus sul tuo computer.
6. Pare che qualcuno ci _____ (mandare) un fax. Non so perché lui o lei non _____ (usare) la posta elettronica.
7. I miei amici sono contenti che io _____ (andare) al Festival della Scienza a Genova.
8. Dubito che Serena e Gianni _____ (mettere) tutte le foto del loro viaggio su Facebook.

10-25. **Presente o passato?** Scrivi le seguenti frasi usando il **presente** o il **passato congiuntivo** del verbo in parentesi.

1. Serena vuole che Gianni la _____ (accompagnare) al Festival della Scienza.
2. Sembra che martedì scorso Gianni _____ (andare) all'IIT per una riunione di lavoro.
3. Non è possibile che quando siete stati a Genova non _____ (vedere) l'Acquario.
4. Sono contenta che loro _____ (visitare) le Cinque Terre durante il loro ultimo viaggio in Liguria.
5. È assurdo che tu non _____ (sapere) che a San Remo c'è un famoso casinò dove ogni anno si fa il Festival della Canzone Italiana.
6. È stupendo che molte piazze italiane _____ (avere) il Wi-Fi gratuito. Che bell'idea.
7. Temo che Gianni _____ (dimenticare) la password per accedere a Skype.
8. Credo che lasciare il computer acceso quando piove _____ (essere) pericoloso.

10-26. **Il racconto di un'amica.** Riscrivi il seguente brano usando il **congiuntivo passato** o il **passato prossimo** dei verbi in parentesi.

Sembra che ieri Serena e Gianni _____ (1. passare) una bellissima giornata. Dalle foto su Facebook sembra che la mattina loro _____ (2. fare) una gita in mare. È possibile che _____ (3. fermarsi) a Camogli o a Portofino. Da alcune foto ho capito che _____ (4. vedere) il Cristo degli Abissi. Immagino anche che Serena _____ (5. spendere) tanti soldi con la sua passione per la moda. Insomma, ovunque _____ (6. andare), Gianni e Serena _____ (7. divertirsi) tantissimo. Sebbene io _____ (8. essere) in Liguria già diverse volte, ci ritorno sempre con piacere.

10-27. Cosa pensi, temi, speri...? A turno, dite cosa pensate, temete, sperate... che sia successo, nelle seguenti situazioni. E cosa credete di fare? Riferite le risposte del compagno/della compagna alla classe.

Esempio Trovi un computer portatile (o un tablet) in classe ma non c'è nessuno.

S1: *Credo che uno studente lo **abbia dimenticato** in classe.*

S2: *Chiunque lo **abbia perso**, rischia di non trovarlo più se resta qui.*

- Cerchi di contattare il tuo migliore amico, ma da giorni non risponde al cellulare.
- Un amico o un'amica ti ha eliminato dal suo Facebook.
- Prima di uscire hai spento il computer. Quando torni lo trovi acceso, con la tua posta aperta.
- Hai ricevuto un SMS romantico da un anonimo.

10-28. E tu cosa ci racconti? A coppie, raccontate esperienze personali usando il **congiuntivo passato** e le espressioni **benché, ovunque, qualunque cosa, chiunque**. Create una frase per ogni espressione.

Esempio *Sebbene **abbia speso** una fortuna per il nuovo computer, continuo a usare quello vecchio.*

10-29. Fissato o negato per la tecnologia? Andate in giro per la classe e fate le domande indicate (o altre a vostra scelta) ai vostri compagni. Poi traete (*draw*) le vostre conclusioni su chi è fissato o negato per la tecnologia. Riferite alla classe i risultati usando espressioni come **sembra che / pare che / sebbene** perché non hai modo di verificare le informazioni.

Esempio S1: *Indossi dei jeans o una giacca con social network incorporato? Perché sì/no?*

S2: *No, non li indosso perché non mi piacciono.*

S1: *Sebbene John sembri **fissato** con la tecnologia, sembra che non indossi dei jeans o una giacca con il social network incorporato. Pare che non gli piacciano. È **negato** per l'abbigliamento con il social network incorporato.*

- quanti cellulari hai cambiato negli ultimi tre anni
- quante canzoni hai scaricato nell'ultimo mese
- quanti videogiochi hai usato nell'ultimo anno
- quanto tempo hai passato al computer per divertimento nell'ultimo mese
- sai installare programmi o componenti come stampante, ecc.

NOTA CULTURALE

I jeans con il social network incorporato sono la rivoluzione portata da AngelDevil, marchio italiano della *fashion evolution*. Basta indossare AngelDevil Touch, i nuovi jeans con social network device integrato, per scambiarsi il numero di telefono, l'indirizzo mail o il profilo sui social network più diffusi.

Source: AngelDevil

3–19

Qual è la più bella?

Ascolta e/o leggi la mail e rispondi alle domande.

Serena è seduta in un caffè in Piazza Matteotti. Mentre aspetta Gianni, mette un messaggio sulla bacheca[1] di Facebook con il suo smart phone.

Ciao a tutti,

oggi sono in un caffè di Piazza Matteotti a Sarzana. Qui adesso c'è il Festival della Mente. È molto interessante. Certo che questa è una **delle piazze più particolari** che abbia mai visto. È una piazza molto antica ma è allo stesso tempo... digitale. È proprio il massimo! Ora che sono quasi di ritorno, non so quale sia stata **la cosa più bella di** questo viaggio. Per non parlare del mangiare. Di tutte le cose che ho assaggiato, non so quale sia stata **la migliore**, forse gli gnocchi con il pesto genovese? O i dolci di Camogli? Sicuramente il pesto che ho mangiato a Genova è **il migliore** che abbia mai mangiato in vita mia. Purtroppo **la cosa meno bella di** tutte è il traffico. Peccato che di tutti i bei viaggi **la cosa peggiore** sia il ritorno. Guardate le foto e giudicate voi! Qual è **la più bella**? Ci vediamo presto. Ciao!

© Maurizio Biso/Dreamstime

In **Piazza Giacomo Matteotti**, a Sarzana, in Liguria, antico e moderno si incontrano in perfetta armonia. È infatti una piazza molto antica che però, allo stesso tempo, offre il Wi-Fi gratuito a cittadini e turisti. È anche sede di diversi festival che celebrano la storia, come il Napoleon Festival e il progresso, come il Festival della Mente.

[1]wall

Comprensione

Rispondi alle seguenti domande con frasi complete ed elaborate.

1. Cosa fa Serena mentre aspetta Gianni?
2. Cosa pensa in generale dell'esperienza del suo viaggio?
3. Cosa pensa Serena del pesto che ha mangiato a Genova?
4. Cosa pensa Serena del ritorno?

Osserviamo la struttura!

Nella mail sopra, osserva le parole in grassetto e completa le seguenti attività.

1. What are the differences and similarities between the **comparativi** we learned in **Capitolo 9** and the expressions in bold?
2. Sometimes after the adjective there is **di** or **che**, as in the examples below. Can you explain why?
   a. Purtroppo **la cosa meno bella di** tutte è il traffico.
   b. Questa è una **delle piazze più particolari che** abbia mai visto.
3. When the expressions in bold precede a conjugated verb, is the verb in the **indicativo** or **congiuntivo**?

NOTA CULTURALE

Sarzana
Festival della Mente

Il Festival della Mente, a Sarzana in Piazza Matteotti, è il primo festival europeo dedicato alla creatività. Si riuniscono a Sarzana scienziati, scrittori, artisti, musicisti, psicoanalisti, neuroscienziati, filosofi, storici, attori. Molti eventi sono anche dedicati a bambini e ragazzi, le menti del futuro.

Courtesy of Città di Sarzana – Itinerari Culturali (S.c.r.l.)

Superlativi (*Superlatives*)

OGGI NELLE PIAZZE C'È IL MEGLIO DELLA SOCIETÀ CIVILE ITALIANA

The **superlativo relativo** (*relative superlative*) indicates the highest (*the most, the best*) or lowest (*the least, the worst*) degree of quality of a person, place, or thing seen in relation to more than one of the same category.

A. The **superlativo di maggioranza** (*the most, the best*) can be formed in two ways; both of them are equally common.

> **ATTENZIONE!**
>
> Notice that **di** becomes a compound preposition (**del, della,** etc.) if it precedes a definite article.
>
> Genova è la città più importante **della** Liguria.
>
> *Genoa is the most important city **in** Liguria.*

- *article + noun + **più** + adj. + di (+ art.)* → **L'esperienza più bella di** tutte (*o* **degli** ultimi anni).

- *article + **più** + adj. + noun + di (+ art.)* → **La più** bella esperienza **di** tutte (*o* **degli** ultimi anni). ***The most** beautiful experience **of** all (in recent years).*

B. The **superlativo di minoranza** (*the least, the worst*) is formed as follows:

- *article + noun + **meno** + adj. + di (+ art.)* → **Il viaggio meno** piacevole **di** tutti (*or* **dell'**anno). ***The least** pleasant trip **of** all (or of the year).*

C. If the **superlativo** precedes a conjugated verb, **che + congiuntivo** must be used.

La Liguria è una delle regioni <u>più belle</u> che **tu possa** vedere.

*Liguria is one of the <u>most beautiful</u> regions that **you could** see.*

Piazza Sarzana è una delle piazze <u>più interessanti</u> che **abbia** mai **visto**.

*Piazza Sarzana is one of the <u>most interesting</u> piazzas that I **have** ever seen.*

Superlativi irregolari

A. The following adjectives have their own form of the **superlativo**. However, it is also common to use the construction learned above, *article + **più** + adjective* instead of the irregular forms.

Aggettivo		Superlativo	
buono	*good*	**il/la migliore**	*the best*
cattivo / brutto	*bad*	**il/la peggiore**	*the worst*
grande	*big*	**il/la maggiore**	*the biggest / the most*
piccolo	*small*	**il/la minore**	*the smallest / the least*

Il pesto genovese è **il migliore** di tutti.

*Pesto genovese is the **best** of all.*

La cosa **peggiore** dei bei viaggi è sempre il ritorno.

*The **worst** thing about nice trips is always the return.*

B. The superlatives **il meglio**, **il massimo** (*the best, the greatest*), **il peggio**, and **il minimo** (*the worst, the least*), can be used as nouns in place of *the best / worst / least*. They are always used in the masculine singular form.

In piazza c'è **il meglio** della società italiana.	*In the piazza there is **the best** (part) of Italian society.*
Il peggio del mio ultimo viaggio è stato il traffico.	*The worst (thing) about my last trip was the traffic.*
Mettere i video del mio viaggio su Facebook è **il minimo** che possa fare per i miei amici.	*Putting videos of my trip on Facebook is **the least** I can do for my friends.*

C. The expressions **di più** (*the most*) or **di meno** (*the least*) express an overall preference.

Tra i social network, mi piace **di più** Facebook e **di meno** Twitter.	*Among social networks, I like Facebook **the most** and Twitter **the least**.*

ATTENZIONE!

> In **Capitolo 1** we learned that *very + adjective* in Italian can be expressed by using **molto** + *adjective* or by attaching **-issimo** (**-issima / -issimi / issime**) to the end of the adjective after deleting the last vowel. In Italian this is called **superlativo assoluto** because the quality of the noun has no comparison with others.

Il pesto genovese è buon**issimo**.	*Pesto from Genova is **very good**.*
Le piazze italiane sono bell**issime**.	*Italian piazzas are **very beautiful**.*

> **Ottimo** (*very good*) is the equivalent of **molto buono** (or **buonissimo**), and **pessimo** (*very bad*) is the equivalent of **molto brutto / cattivo** (or **bruttissimo / cattivissimo**).

La focaccia genovese è **ottima**.	*Focaccia bread from Genova is **very good**.*
Oggi il tempo è **pessimo**.	*Today the weather is **very bad**.*

©Wiktory/Shutterstock.com

Per fare il **pesto alla genovese** occorre: basilico, pecorino romano, olio di oliva, pinoli e un pizzico sale. Buon appetito!

Pratichiamo!

10-30. Per essere più precisi. Riscrivi le seguenti frasi usando il **superlativo relativo di maggioranza** o **di minoranza**. Segui l'esempio.

Esempio   I fiori della Liguria sono molto belli rispetto a quelli delle altre regioni d'Italia.

I fiori della Liguria sono i fiori più belli d'Italia.

1. Il mio computer è più nuovo rispetto ai computer del mio ufficio.
2. Questa stampante è meno costosa rispetto alle stampanti del negozio.
3. Il Festival della Canzone Italiana di San Remo è un evento molto famoso rispetto ad altri in Italia.
4. Il pesto genovese è buonissimo rispetto agli altri.
5. Secondo me, la Mille Miglia è una gara molto bella rispetto a tutte le altre.
6. Secondo Gianni, Portofino è un posto molto affascinante rispetto agli altri della Liguria.
7. Secondo Serena, il suo cellulare non è molto sofisticato rispetto ai cellulari dei suoi amici.
8. Secondo me, Facebook è molto popolare rispetto agli altri social network.

10-31. Anzi (In fact). Crea una frase corrispondente a ogni frase indicata usando il **superlativo relativo** e il **congiuntivo presente** o **passato**.

Esempio   Le foto che Serena ha messo su Facebook sono molto belle.

Anzi, sono le foto più belle che abbia mai messo su Facebook.

1. L'acquario che ho visitato a Genova è molto bello.
2. Il computer che ho comprato è poco costoso.
3. Le focacce che abbiamo mangiato a Genova sono molto buone.
4. La connessione a Internet che potete avere oggi è molto veloce.
5. Il viaggio che Serena e Gianni hanno fatto è stato molto bello.
6. I programmi che devono installare sono molto semplici.
7. La chiavetta che hai comprato non è molto utile.
8. Il Festival della Scienza che abbiamo visto a Genova è stato molto interessante.

10-32. L'espressione migliore. Sostituisci le espressioni in *corsivo* con quelle indicate. Fai attenzione ai cambiamenti necessari.

migliore / ottimo / pessimo / maggiore / il minore / il minimo / il peggio / il meglio

1. Oggi ho mangiato *le cose più buone* della cucina genovese.
2. Per fortuna non c'è più traffico. *La parte peggiore* del viaggio è alle nostre spalle (*behind us*).
3. Oh, questo risotto alla milanese è *buonissimo*.
4. Serena è la figlia *più grande* della sua famiglia.
5. Il tempo a Genova in inverno è *molto brutto*.
6. Serena vuole diventare la *più brava* stilista del mondo.
7. Non avere un cellulare molto sofisticato è *il più piccolo* dei miei problemi.
8. *La cosa più piccola* che possa fare per ringraziarti dell'ospitalità è invitarti a cena.

La Liguria è famosa nel mondo per le innovazioni tecnologiche. Una tra le tante è la **Sfera** del famoso architetto Renzo Piano, una vera e propria biosfera, che si trova a Genova, vicino al più grande acquario d'Europa. Anche le soluzioni tecnologiche adottate nell'acquario stesso di Genova lo rendono uno dei più avanzati del mondo.

© 2circles/Dreamstime

10-33. Tu e l'elettronica. A coppie, esprimete le vostre opinioni sugli apparecchi elettronici che avete adesso o che avete avuto. Usate frasi complete e incorporate i **superlativi** ma, quando è possibile, anche il **congiuntivo** e le espressioni che lo introducono. Poi ognuno riferisce alla classe quello che ha detto il compagno/la compagna.

> Esempio *Sebbene abbia pagato molto per il mio ultimo computer, credo che sia anche il migliore che abbia mai avuto.*

Il più o meno costoso

Il più economico ma efficiente

Il più o meno utile

Il più costoso ma anche il peggiore

NOTA CULTURALE

I Liguri, un popolo di inventori geniali. Alcune statistiche dimostrano che gli abitanti della Liguria depositano più brevetti che in ogni altra regione d'Italia. Le loro invenzioni vanno dal campo dell'elettronica alla medicina, ai sistemi di sicurezza e così via. Tra le loro invenzioni ricordiamo il casco con airbag per motociclisti.

© AFP/Getty Images

10-34. Pregi e difetti (*Strengths and weaknesses*). A coppie, parlate di quello che distingue, in meglio o in peggio, ognuno di voi dal resto della vostra famiglia. Potete parlare delle caratteristiche fisiche o del carattere oppure delle abilità e capacità. Fornite almeno cinque frasi. Poi ognuno riferisce alla classe quello che ha detto il compagno/la compagna.

10-35. Il meglio della tecnologia. In gruppo, discutete e decidete quali sono gli articoli tecnologici migliori o peggiori sul mercato, più utili o meno utili, tra quelli indicati e spiegate le vostre ragioni.

televisori / computer / tablet / telefoni cellulari / telecamere / libri elettronici

iLrn™

Complete the diagnostic tests to check your knowledge of the vocabulary and grammar structures presented in this chapter.

Insieme in Piazza!

Scegliete una delle seguenti situazioni e create una conversazione con il compagno/la compagna. Ricordate di usare le strutture imparate nel capitolo, ma non limitatevi solo a quelle.

Scena 1: Siete in Piazza del Duomo, a Milano e state per assistere a una sfilata di moda, come Milano Loves Fashion o Vogue Talents Corner. Commentate con i vostri amici quello che vedete. Quali sono le vostre opinioni sulla sfilata? E sugli abiti? Qual è il più bello e perché? E cosa pensate dell'organizzazione?

Scena 2: Immaginate di essere in una piazza della Liguria a mangiare una delle migliori focacce genovesi. Uno dei vostri amici ha bisogno di comprare un computer (o un cellulare, un tablet, ecc.) e chiede il vostro consiglio. In base ai suoi bisogni e alla sua esperienza con la tecnologia, consigliate l'oggetto che meglio si adatti alle sue esigenze. Potete poi cercare il negozio più conveniente dove acquistarlo.

Scena 3: Create la vostra scena.

Presentazioni orali

A coppie, preparate una breve presentazione orale su uno dei seguenti argomenti. Ecco alcuni suggerimenti oppure decidete voi l'argomento della vostra ricerca.

1. Dario Fo (24 marzo 1926–), drammaturgo, attore, scrittore, costumista

2. San Remo e la musica

3. Lago di Como, posto di vacanza

Scriviamo!

Scrivi un riassunto della lettura di questo capitolo a pagina 378.

> ## Writing Strategy: **Summary Writing**
>
> In preparing summaries, original material and ideas are paraphrased and condensed. The process requires rethinking, reflecting, and rewriting. Focus is on the most important information. Generally, summaries are written in the present tense.
>
> ❯ **Introduction:** List title of the work, author's name, and genre. Follow with a few words that state the main idea of the work.
>
> ❯ **Body:** Each paragraph should focus on a separate main idea and the very most important details from the article. Don't include or restate any repetitive material. Describe *what* happens, *where* it happens, or to *whom* it happens.
>
> - Use your own words; avoid copying phrases and sentences from the work.
> - Use transitional words and phrases to connect ideas. (See *Scriviamo!* in **Capitolo 4**.)
> - Where appropriate, express the thoughts, fears, and doubts of the characters.
>
> ❯ **Conclusion:** Briefly present the underlying meaning of the article.

1. Brainstorming

Two-sentence summary. Leggete il riassunto di un libro e poi descrivetelo con due frasi.

Antonio è uno studente molto bravo ma anche arrogante. Lui crede che la sua ragazza sia la più bella della scuola. Antonio è un musicista e suona con altri ragazzi della scuola. Sebbene il suo grande sogno sia quello di diventare un musicista conosciuto in tutto il mondo, arriva un giorno in cui, a causa della sua arroganza, va tutto male. Prima la ragazza lo lascia. Poi i membri della band litigano (*fight*) e decidono di non suonare più insieme. Ma per fortuna sembra che il destino gli dia una seconda possibilità (*chance*). Finalmente pare che Antonio capisca di essersi comportato male. Quindi scrive una bellissima canzone per l'ex-fidanzata, che è commossa (*moved*) e lo perdona. Alla fine gli amici tornano a suonare insieme.

2. Organizzazione

Summary-outline notes. Usando la lettura a pagina 378, cerca i punti principali della lettura. Prima scrivi una parola o due per ogni punto principale e poi una frase o due che lo descrivano.

3. Scrittura libera

Scrivi 12–14 frasi dalle idee che hai documentato nell'*Organizzazione*.

4. Prima correzione

Scambiate le frasi con un compagno/una compagna e fate le correzioni necessarie. Rispondete alle seguenti domande.

a. Ha incluso il titolo dell'articolo e il nome dell'autore?

b. Il messaggio principale è chiaro?

c. Ci sono i dettagli importanti per il riassunto? Quali sono?

d. Ha scritto i pensieri dei personaggi?

5. Finale

Scrivi un riassunto della lettura a pagina 378 e includi l'introduzione, la parte centrale e la conclusione. Quando esprimi i pensieri, la paura, i dubbi, ecc. dei personaggi, usa verbi come pensare, credere, dubitare e il congiuntivo.

La moda e la tecnologia

Prima della visione

A. La tecnologia e la comunicazione. Tu credi che la tecnologia abbia cambiato la comunicazione tra le persone? Scegli ogni risposta che ti sembra giusta e poi aggiungi alcune tue risposte.

___ c'è meno comunicazione diretta

___ il linguaggio è cambiato

___ ha velocizzato la comunicazione

___ c'è più comunicazione attraverso gli strumenti

___ ha ristretto il vocabolario

___ ha semplificato la comunicazione

___ ha reso possibile contattare vecchi amici

___ aiuta gli anziani a comunicare con la famiglia

___ si comunica di più con persone che non si conoscono

B. Seguono la moda? Guarda le foto qui sotto e indovina se queste persone seguono la moda e se comprano capi di abbigliamento firmati. Spiega le tue risposte.

© Cengage Learning 2015

© Cengage Learning 2015

Durante la visione

Guarda il video due volte. La prima volta, fai attenzione al significato generale. La seconda volta, completa le seguenti attività.

C. A chi si riferisce? Indica con una X le persone a cui queste cose si riferiscono.

	Matteo	Il signor Alberto	Il signor Franco	La signora Cristina	Il signor Giorgio
1. Si considera anziano.					
2. Ha sempre amato Yves Saint Laurent.					
3. Crede che la tecnologia abbia cambiato il rapporto interpersonale.					
4. Non può lui giudicare le necessità degli altri.					
5. Vale la pena pagare il prezzo per eventi come le ricorrenze.					
6. Ha ricevuto un sacco di richieste di amicizia da persone che non conosce.					
7. Lui non ha un computer.					

D. Avevate ragione? Matteo e la signora Cristina seguono la moda? Parlate delle vostre risposte iniziali e paragonatele alle risposte date nel video.

Dopo la visione

E. Comprensione. Rispondi alle seguenti domande con frasi complete.

1. Perché Matteo compra qualche volta capi di abbigliamento firmati?

2. Perché Matteo si è divertito alla sfilata di moda?

3. Secondo il signor Alberto, che cosa non si fa più a causa dell'uso della tecnologia?

4. Perché il signor Franco non fa distinzione d'età per l'importanza dei computer?

5. Perché il signor Giorgio ha usato Facebook? Gli piace? Spiega.

6. Perché, secondo la signora Cristina, si giustificano i prezzi dei capi firmati?

F. Compra un computer! Immagina una conversazione tra il signor Franco e il signor Giorgio in cui il signor Giorgio cerca di convincere il signor Franco a comprare un computer. Il signor Giorgio deve spiegare perché crede che sia importante il computer e come aiuterà il signor Franco. Recita la conversazione alla classe.

© Cengage Learning 2015

iLrn

Share it! • • • **Le sfilate di moda in Italia.** Cerca sul Web delle informazioni sulle sfilate in Italia. Riconosci alcuni stilisti? Vedi qualche modello che colpisce? Quali sono i nuovi look che ti piacciono? Preferisci uno/a stilista in particolare? Metti alcune foto su *Share it!* con una giustificazione della tua scelta e poi commenta la scelta di almeno un compagno/una compagna.

VOCABOLARIO

Il computer	Computer
il cavo	cable
la chiavetta	flash drive
il computer	computer
il microfono	microphone
il mouse	mouse
il portatile	laptop computer
lo schermo	screen
il sito Web	website
la tastiera	keyboard
il tasto	key

La moda	Fashion
il capo firmato	designer clothing
il design	design
il marchio / la firma	brand name
la modella/ il modello	model
la passerella	runway
la sfilata	fashion show
lo/la stilista	designer (of clothes)
lo sviluppo	development
i tacchi alti / bassi	high / low heels
la tecnica	technique
il tessuto	fabric

Espressioni utili	Useful Expressions
essere alla moda	to be in style
essere fuori moda	to be out of style

La tecnologia	Technology
l'abuso	abuse
l'accesso	access
l'apparecchio	apparatus, device
l'applicazione	application, software program
il caricabatteria	charger
il collegamento / il link	connection / link
la connessione	connection (to a server)
il contenuto	content
le cuffie	headset, earphones
i dati	data
il destinatario	addressee, recipient
il documento	document
la mail (l'email) / la posta elettronica	e-mail
la grafica	graphics

l'hi-tech (m.)	high-tech
l'informatica	computer science
l'innovazione	innovation
l'invenzione	invention
il/la mittente	sender
il programma	program
il progresso	progress
la rete / il Web	Web
il rischio	risk
la sicurezza	safety
lo spamming	spam
la stampante	printer
il tecnico	technician
il telecomando	remote control
il telefonino / il cellulare	cell phone
la tessera	pass / membership card
l'uso sicuro	safe use
il virus	virus

Gli aggettivi	Adjectives
digitale	digital
gratuito	free
interattivo	interactive
multimediale	multimedia
pericoloso	dangerous
scarico	dead, run-down (as in battery)
tecnologico	technological
virtuale	virtual

I verbi	Verbs
abusare	to abuse
accedere	to access
accendere	to turn on
bloccarsi	to freeze
caricare	to upload / to charge
cercare	to look for
chattare	to chat
cliccare	to click
collegare / collegarsi	to connect
connettere/ connettersi	to connect
dare fastidio	to bother
faxare / mandare un fax	to (send a) fax
formattare	to format
funzionare	to work / to function
installare	to install

inviare	*to send*
limitare	*to limit*
mandare	*to send*
navigare su Internet	*to surf the Internet*
postare / mettere un post	*to post (a comment on a blog)*
proteggersi	*to protect oneself*
registrarsi	*to register oneself*

riparare	*to fix*
scannerizzare	*to scan*
scaricare	*to download*
spegnere	*to turn off*
squillare	*to ring*
trasmettere	*to broadcast*
unire	*to unite / to join together*

Dizionario personale

_____

_____

_____

_____

_____

_____

_____

_____

_____

_____

_____

_____

_____

_____

_____

_____

_____

_____

CAPITOLO 11

LEARNING STRATEGY

Thinking in Italian

To train yourself to think in Italian rather than translating from your native language to Italian, try the following:

- Use images to help express yourself: As you learn new words and phrases, always try to associate them with an image. When someone asks you a question, think of that image before you speak.

- Create a language bubble: As much as possible surround yourself with Italian friends, films, television, newspapers, radio, music, magazines, and any number of valuable resources that you can find on the Internet.

- Give up perfectionism: Part of learning to think in Italian is conditioning. Even if you don't have all the vocabulary you need, learn to talk around the subject and use the words you know to express meaning.

PIAZZE MULTICULTURALI

Piazza Duomo, meglio conosciuta come Piazza del Mercato, è la maggiore e la più importante delle piazze di L'Aquila e ospita spesso eventi musicali e teatrali. L'Aquila è canditata a essere la Capitale Europea della Cultura 2019.

© Gianpetro Migheli Photography/Getty Images

COMMUNICATIVE GOALS

> Talk about multiethnic societies in Italy and other countries

> Talk about immigration

> Express opinions about past events

> Discuss the effects of globalization and new economies

Risorse 🔊 Audio ▶ Video **iLrn** ilrn.heinle.com

NEL **CUORE** DELLA **REGIONE**

L'Abruzzo e il Molise

› L'Abruzzo è conosciuto come la regione verde per i suoi tre parchi nazionali e moltissime altre riserve naturali e aree ambientali protette.

› Il Molise è diventato la ventesima regione d'Italia nel 1963 dopo una scissione dalla vecchia regione Abruzzi e Molise.

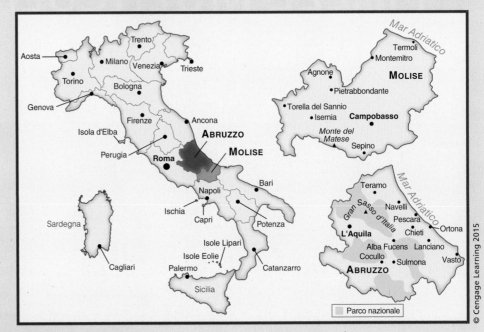

Parco nazionale

© Cengage Learning 2015

© AndreaGiusep/Fotolia

◀ Pescara, la città più popolata dell'Abruzzo, è un posto di mare molto frequentato. La recente costruzione del **Ponte del mare** collega le due riviere e permette a ciclisti e pedoni di attraversarla.

iLrn Vai su iLrn per trovare informazioni sul Tempio del Santuario.

© Sergio Di Giovanni/Fotolia

Il **Tempio del Santuario dell'Addolorata** a ▶ Castelpetroso, in stile neogotico, è situato ai piedi delle montagne, vicino a Isernia, in Molise. Il santuario è stato costruito lì perché, secondo la leggenda, i fedeli hanno visto le apparizioni della Vergine Maria.

Andiamo in piazza!

Courtesy of Vincenzo Donadio

Piazza d'Arti, a L'Aquila*, è una piazza modernissima costruita con strutture diverse (ad esempio container e case in legno) dopo il terremoto del 2009. La piazza ospita molte associazioni che lavorano per aiutare i cittadini colpiti dal terremoto, per migliorare lo spirito, l'arte e la mente. La piazza crea uno spazio aperto per la gente e un luogo di incontro che permette di far circolare le idee e stimolare le esperienze creative.

Piazza Vittorio ▶ Emanuele, a Campobasso, è un luogo di tradizione, arte, cultura e turismo. La piazza è anche la destinazione finale della famosa processione dei misteri, una rappresentazione religiosa che avviene nel periodo di Pasqua.

© mirio/Fotolia

iLrn

Share it!••• **Quale regione ti interessa di più?** Scegli una delle due regioni e cerca informazioni generali (storia, tradizioni, luoghi da visitare, cibi caratteristici, personaggi famosi, ecc.) che puoi mettere su *Share it!* Leggi i commenti degli altri e indica quello che ti piace di più.

▶ To learn more about **l'Abruzzo** and **il Molise**, watch the cultural footage in the Video Library.

*The name of the city, **L'Aquila**, when preceded by a preposition should follow this form: *simple preposition* + *L'Aquila* (a L'Aquila, di L'Aquila).

VOCABOLARIO

🔊 3–20

L'immigrazione

Alla Festa dei Popoli, a Chieti, si vedono persone di tante etnie diverse.

l'immigrazione
(immigration)

multiculturale
(multicultural)

l'immigrante
(immigrant)

la benevolenza
(kindness)

abbattere le barriere culturali
(break down cultural barriers)

l'integrazione
(integration)

interculturale
(intercultural)

multirazziale
(multiracial)

© Cengage Learning 2015

L'immigrazione e l'integrazione	Immigration and Integration
l'accoglienza	welcome, reception
la cittadinanza	citizenship
il cittadino/la cittadina	citizen
il clandestino/ la clandestina	illegal alien
il decennio	decade
la democrazia	democracy
i diritti umani	human rights
la discriminazione	discrimination
l'emigrazione	emigration
l'extracomunitario	person from outside European Union
l'identità	identity
l'intolleranza	intolerance
il multiculturalismo	multiculturalism
la nostalgia	nostalgia, longing
il pregiudizio	prejudice
il/la razzista	racist
la sensibilità	sensitivity

lo straniero/ la straniera	foreigner
la tolleranza	tolerance
il trattamento	treatment
la tristezza	sadness
il visto	visa

Gli aggettivi	Adjectives
emigrato	emigrant
immigrato	immigrant
multietnico	multiethnic

I verbi	Verbs
abbattere	to break down
aiutare (il prossimo)	to help (others)
coinvolgere	to involve
combattere	to fight / to battle
contribuire	to contribute
emigrare	to emigrate
favorire	to favor / to support
immigrare	to immigrate
promuovere	to promote

Pratichiamo!

11-1. La parola giusta. Scrivi la parola che completa la definizione.

> clandestino / decennio / emigrazione / extracomunitario / immigrazione /
> pregiudizio / sensibilità / tolleranza

1. Fenomeno che porta le persone a lasciare il proprio Paese per stabilire la residenza in un Paese straniero: _____
2. Durata di tempo di 10 anni: _____
3. Una persona che vive in un Paese straniero in modo illegale: _____
4. Opinione sbagliata basata su poca conoscenza dei fatti: _____
5. Fenomeno che porta in un Paese persone straniere che cercano la residenza e il lavoro: _____
6. La capacità di capire, accettare e rispettare opinioni diverse dalle proprie: _____
7. I sentimenti, gli affetti e le emozioni sono fortemente sentiti: _____
8. Persona che non viene dall'Unione Europea: _____

11-2. Torneo per l'integrazione. Scegli la parola più logica per completare il brano.

Il Centro Polivalente per (1. *stranieri / la benevolenza*) a L'Aquila organizza tornei di sport (2. *multietnico / extracomunitario*) con lo scopo di promuovere lo sport come elemento per costruire un ponte tra (3. *accoglienza / razzismo*) e integrazione. Il torneo multietnico (4. *favorisce / combatte*) l'integrazione. Lo sport dà alle varie comunità (5. *multiculturali / sensibili*) l'occasione di incontrarsi e giocare insieme indipendentemente dalle differenze culturali ed etniche. Lo sport (6. *contribuisce / affronta*) a realizzare una convivenza pacifica tra le varie etnie.

11-3. Associazioni. Abbina il verbo con il nome più logico e poi forma una frase completa con le coppie di parole che hai scelto.

1. _____ abbattere
2. _____ aiutare
3. _____ coinvolgere
4. _____ combattere
5. _____ contribuire
6. _____ promuovere

a. alla democrazia
b. il razzismo
c. le barriere culturali
d. il prossimo
e. i cittadini
f. l'immigrazione

11-4. Il multiculturalismo nella tua città. Parlate di come si manifesta il multiculturalismo nella vostra città. Ad esempio, pensate ai ristoranti, alla musica, ai festival, ai balli o ad altri eventi che rappresentano le varie culture. A quali di queste cose partecipate voi? Siete appassionati di una di queste culture? Spiegate.

11-5. Un mondo pacifico. Lavorate in gruppi di quattro per creare un manifesto sulla convivenza armoniosa tra tutti i popoli. Cosa potete fare per vivere in una società multietnica in modo pacifico? Cosa possono fare gli individui e cosa può fare il governo? Scrivete sei suggerimenti e poi condivideteli con la classe.

Prima di tutto... Riesci a identificare le seguenti immagini? Che cosa sono? Dove si trovano? Secondo te, che cosa possono rappresentare per una città?

Davvero?! Si può imparare molto su una cultura grazie alla sua lingua. In italiano c'è una parola che descrive un aspetto storico della mentalità italiana: il *campanilismo*. È difficile tradurre questo termine in inglese ma esprime l'amore per la propria città o il proprio Paese.

Chiacchieriamo un po'! Lavorate a gruppi di tre o quattro. Un gruppo deve preparare un argomento sui vantaggi del campanilismo in un Paese multiculturale come l'Italia di oggi. L'altro gruppo si concentra sugli svantaggi del campanilismo per quanto riguarda i nuovi immigrati in Italia. Fate un dibattito tra i due gruppi e alla fine la classe deciderà quale gruppo ha fatto il discorso più convincente.

iLrn

Share it! **Gabriele D'Annunzio.** A Pescara c'è la casa natale di Gabriele D'Annunzio, un famoso scrittore italiano. Ci sono visite guidate per conoscere la sua città. Cerca su Internet un itinerario a Pescara con informazioni sulla vita del poeta e scrittore. Scrivi il luogo che vorresti visitare e metti la foto su *Share it!* Poi guarda quello che hanno scritto i tuoi compagni di classe e indica quello che ti piace.

🔊 Pensavo che fossi cittadino italiano.

3–21

Ascolta e/o leggi il dialogo e rispondi alle domande.

Karim e Annamaria sono in Piazza Duomo durante una manifestazione di solidarietà per gli immigrati.

Annamaria: Che bella manifestazione! Immagino che sia difficile lasciare la propria terra. Anche mio nonno era un emigrante. Credo che **avesse** solo diciassette anni quando lasciò[1] l'Italia per andare in America.

Karim: Davvero? Non sapevo che tuo nonno **fosse** un emigrante. Sì, è difficile emigrare ma io non vedo l'ora di ricevere la cittadinanza italiana.

Annamaria: Ma come? Io pensavo che **fossi** già cittadino italiano.

Karim: Non ancora. Credevo che lo **sapessi**. Sono qui con un permesso di studio. Quando la avrò la cittadinanza, i miei genitori verranno dall'Egitto per festeggiare. Mi piacerebbe che **venissero** anche i miei fratelli e che **restassero** qualche settimana qui con me. Sai, vorrei che voi vi **conosceste**.

Annamaria: Sì, mi farebbe molto piacere!

La bellissima **Piazza Duomo** a L'Aquila è un luogo di incontro per i cittadini, una meta per i turisti e anche spesso un luogo per manifestazioni pubbliche e culturali.

[1]*he left*

Comprensione

Rispondi alle seguenti domande con frasi complete ed elaborate.

1. Che cosa racconta Annamaria di suo nonno?
2. Cosa pensava Annamaria di Karim?
3. Di dov'è Karim e perché è in Italia?
4. Cosa piacerebbe a Karim?

Osserviamo la struttura!

Nel dialogo sopra, osserva le parole in grassetto e completa le seguenti attività.

1. In sentence (a) below, the verb *era* is an **indicativo imperfetto**. In sentence (b) the verb *fosse* is a **congiuntivo imperfetto**. What determines the use of a **congiuntivo** in sentence (b)?
   a. Anche mio nonno **era** un emigrante.
   b. Non sapevo che tuo nonno **fosse** (*was*) un emigrante.
2. In sentence (a) the **congiuntivo imperfetto** is introduced by a form of the **presente indicativo**; in sentence (b), it is introduced by a form of the **indicativo imperfetto**. Can you explain why?
   a. <u>Credo</u> che mio nonno **avesse** solo diciassette anni quando ha lasciato l'Italia.
   b. Non <u>sapevo</u> che tuo nonno **fosse** un emigrante.
3. In the following sentence the **congiuntivo imperfetto** is not introduced by a verb in the indicative mood. What mood is it? Can you find another example in the dialogue?

   Mi piacerebbe che **venissero** anche i miei fratelli.

NOTA CULTURALE

PERCORSI MIGRANTI

Giornata conclusiva del progetto
Domenica 17 giugno - L'AQUILA

Ricostruire Insieme è un'unione di associazioni nate a L'Aquila dopo il terremoto del 6 aprile 2009 per ricostruire insieme questa regione. Tra gli scopi (*purposes*) c'è anche quello di aiutare gli immigrati a integrarsi in Abruzzo. Queste associazioni manifestano spesso in Piazza Duomo, a L'Aquila.

Il congiuntivo imperfetto (*Imperfect subjunctive*)

Devo andare a fare i documenti per la cittadinanza.

Credevo che avessi già la cittadinanza italiana.

© CREATISTA/ShutterStock

A. The **congiuntivo imperfetto** (*imperfect subjunctive*) is used only in dependent clauses to express:

- descriptions (age, physical characteristics, physical and emotional states, weather conditions, and time of day)

- habitual, recurring, and ongoing actions that took place in the past

Remember that, when using the **imperfetto**, the beginning and ending times of these events are not defined. To use the **congiuntivo imperfetto** in the dependent clause, the verb of the independent clause can be either an <u>indicative</u> (present or past) or a <u>conditional</u>.

(*main clause*)		(*dependent clause*)
<u>Credo</u>	che	mio nonno **avesse** 17 anni quando è emigrato in America.
I believe		*my grandfather **was** 17 years old when he emigrated to America.*
<u>Pensavo</u>	che	**sapessi** che non ho ancora la cittadinanza italiana.
I thought		*you **knew** I don't have Italian citizenship yet.*
<u>Sembra</u>	che	a mio nonno **mancasse** la famiglia quando viveva in America.
It seems		*that my grandfather **missed** his family when he lived in America.*
<u>Vorrei</u>	che	tu e i miei genitori vi **conosceste**.
I would like		*you and my parents to **meet** each other.*

B. The following table shows how to conjugate regular verbs in the **congiuntivo imperfetto**.

Congiuntivo imperfetto			
	aiutare	**vivere**	**favorire**
io	aiut**assi**	viv**essi**	favor**issi**
tu	aiut**assi**	viv**essi**	favor**issi**
Lei, lui/lei	aiut**asse**	viv**esse**	favor**isse**
noi	aiut**assimo**	viv**essimo**	favor**issimo**
voi	aiut**aste**	viv**este**	favor**iste**
loro	aiut**assero**	viv**essero**	favor**issero**

C. The **congiuntivo imperfetto** can also be introduced by expressions such as **sebbene, benché, prima che, ovunque**, etc., as we learned for the **congiuntivo presente** in **Capitolo 10**.

Prima che Karim **arrivasse** in Italia, parlava già bene l'italiano.

Before Karim arrived in Italy, he already spoke Italian well.

Ovunque emigrassero gli Abruzzesi, cercavano sempre di conservare la loro cultura.

Wherever people from Abruzzo emigrated, they always tried to preserve their culture.

D. The following verbs are irregular in the **congiuntivo imperfetto**.

Verbi irregolari nel congiuntivo imperfetto						
	bere	**dare**	**dire**	**essere**	**fare**	**stare**
io	bevessi	dessi	dicessi	fossi	facessi	stessi
tu	bevessi	dessi	dicessi	fossi	facessi	stessi
Lei, lui/lei	bevesse	desse	dicesse	fosse	facesse	stesse
noi	bevessimo	dessimo	dicessimo	fossimo	facessimo	stessimo
voi	beveste	deste	diceste	foste	faceste	steste
loro	bevessero	dessero	dicessero	fossero	facessero	stessero

Pensavo che **fossi** già cittadino italiano.
Sebbene gli emigranti Italiani degli inizi del 1900 **facessero** molti sacrifici nei Paesi in cui lavoravano, non perdevano mai la speranza per un futuro migliore.

Benché mio nonno **dicesse** ai suoi parenti che era felice, loro sapevano che gli mancava l'Italia.

Prima che io **facessi** il primo viaggio in America, non ero mai stato all'estero.

I miei parenti americani vorrebbero che noi **stessimo** con loro tutta l'estate, ma dobbiamo tornare in Italia.

Non sapevo che il MUSPAC **fosse** in Piazza d'Arti! L'ho appena visitato ed è bellissimo.

*I thought that you already **were** an Italian citizen.*
*Although the emigrants at the beginning of the 1900s **made** many sacrifices in the countries where they worked, they never lost hope for a better future.*

*Although my grandfather **told** his relatives that he was happy, they knew he missed Italy.*

*Before I **made** my first trip to America, I had never been abroad.*

*Our American relatives would like us to **stay** with them all summer, but we need to go back to Italy.*

*I did not know that the MUSPAC **was** in Piazza d'Arti! I just went there and it is very nice.*

Courtesy of Museo Muspac

Il MUSPAC è un museo sperimentale d'arte contemporanea che supera la concezione di museo come semplice "raccoglitore", per orientarsi sempre più verso la ricerca e la sperimentazione, sfruttando i vantaggi delle nuove tecnologie. Vanta di una collezione permanente che comprende sia opere di artisti internazionali come Joseph Beuys, Jannis Kounellis, Fabio Mauri, Mario Merz, Michelangelo Pistoletto, Giulio Paolini che di artisti italiani di origine abruzzese. Danneggiato dal terremoto del 2009, si è trasferito in Piazza d'Arti.

Pratichiamo!

11-6. Considerazioni. Completa le seguenti frasi con il **congiuntivo imperfetto** dei verbi indicati in *corsivo*.

NOTA CULTURALE

migrantiBUS
servizi sul territorio

Migrantibus è un servizio che svolge gratuitamente attività d'informazione, orientamento e consulenza per gli immigrati. Migrantibus è stato inaugurato proprio in Piazza Duomo nel 2011.

© Coordinamento Ricostruire Insieme.

1. Non sapevo che Migrantibus *essere* un servizio d'informazioni per aiutare gli immigrati.
2. Credo che Karim *avere* 19 anni quando è arrivato in Italia per studiare all'università.
3. Karim pensava che noi *sapere* che non è ancora un cittadino italiano.
4. Vorrei che voi *venire* con me e che *conoscere* i miei amici.
5. Speravo che il permesso di soggiorno non *impiegare* tanto tempo ad arrivare.
6. Quando sono partito dall'Egitto, i miei genitori temevano che io *soffrire* a causa dei pregiudizi.
7. Sarebbe bello che tutti gli immigrati *ricevere* una buona accoglienza com'è successo a me.
8. Sembrava che i miei nuovi amici mi *aiutare* ad alleviare la nostalgia e la tristezza che avevo.

11-7. Riflessioni di un vecchio emigrante italiano. Crea frasi complete con gli elementi forniti e i verbi in parentesi al **congiuntivo imperfetto**. Per ogni frase cambia il soggetto della frase dipendente come indicato.

Esempio   Temevo che... (mio fratello / i miei amici / tu) non (venire) mai a trovarmi.
Temevo che *mio fratello non **venisse*** mai a trovarmi.
Temevo che *i miei amici non **venissero*** mai a trovarmi.
Temevo che *tu non **venissi*** mai a trovarmi.

1. Sembrava che... (un emigrante / i miei genitori / voi) (avere) tanti amici in Italia.
2. Speravo che... (tu / i nostri amici / voi) (aiutare) gli immigrati a integrarsi.
3. Mi dispiaceva che... (loro / la mia famiglia / voi) non (potere) tornare in Italia tutti gli anni.
4. Era bene che... (le organizzazioni / voi emigranti / la società) (promuovere) la cultura.
5. Sebbene... (le famiglie / noi / voi) (vedersi) poco, ci si scriveva spesso.
6. Qualunque occasione... (loro / la mia famiglia / io) (festeggiare), si cucinava sempre all'italiana.
7. Ovunque... (le persone / noi / mio nonno) (emigrare), l'Italia restava sempre nel cuore.
8. Oggi vorrei che... (gli emigranti / lo stato / noi) (contribuire) a preservare la cultura.

© Milos Luzanin/Shutterstock.com

11-8. Non adesso ma prima. Riscrivi le seguenti frasi al **passato** usando l'**indicativo imperfetto** nella frase principale e il **congiuntivo imperfetto** nella frase dipendente.

Esempio   Credo che loro *siano* stranieri e che *lavorino* in Italia.
<u>Credevo</u> che loro **fossero** stranieri e che **lavorassero** in Italia.

1. È importante che non ci *siano* pregiudizi e che la gente *faccia* le cose secondo la legge.
2. Credo che lui *voglia* tornare a casa e che *stia* solo una settimana con la sua famiglia.
3. Mi dispiace che voi *andiate* sempre da soli all'ufficio immigrazione e che *dobbiate* fare tanti documenti.
4. Sebbene tu *stia* bene all'estero e *dica* di essere felice, sappiamo che hai molta nostalgia.
5. Gli spedisco sempre del caffè italiano, affinché loro *facciano* e *bevano* il loro espresso preferito.
6. Sembra che tu non *possa* tornare nel tuo paese e che *vada* invece in un'altra città.
7. Pare che *siate* felici e che vi *troviate* bene nel nuovo Paese.
8. Qualunque cosa loro *dicano* o *facciano*, dimostrano sempre di essere molto integrati nella società.

11-9. Emigrare tanto tempo fa. A coppie, fate una discussione sulle condizioni delle persone che emigravano nel secolo scorso. Esprimete le vostre opinioni con espressioni come **sembrava che / sebbene… + congiuntivo imperfetto**. Per esempio, immaginate e discutete su:

- il modo di viaggiare
- il modo di comunicare
- le difficoltà
- i sentimenti

11-10. Un vecchio amico "straniero". Avete mai conosciuto un compagno o una compagna di scuola o di giochi "straniero/a" che non parlasse la vostra lingua o che la parlasse poco? A coppie, raccontate le vostre esperienze. Cosa pensavate di questa persona? Temevate che non vi capisse? Era importante che lui/lei facesse amicizia con altri bambini? Usate **speravo che / pensavo che / credevo che… + congiuntivo imperfetto**.

11-11. Le vostre origini. In gruppo, parlate delle origini della vostra famiglia per quello che avete sentito dire dai vostri genitori, nonni e parenti in generale.

- Da dove venivano?
- Quanti anni avevano quando sono emigrati?
- Cosa facevano?
- Come vivevano?

Rispondete con **sembrava che… / pareva che… / sebbene… / prima che…** e il **congiuntivo imperfetto**.

NOTA CULTURALE

Nel secolo scorso più di un milione di Abruzzesi sono emigrati in altri Paesi d'Europa e d'oltre oceano. Oggi, sparse in tutti i continenti, ci sono più di 200 associazioni di **Abruzzesi nel mondo**, fondate proprio da emigranti e i loro discendenti. Questi hanno contribuito a diffondere e a mantenere le tradizioni, la cultura e il Made in Abruzzo nei paesi d'accoglienza.

Courtesy of Abruzzesi nel mondo

🔊 C'è chi va e c'è chi viene.
3–22

Ascolta e/o leggi il dialogo e rispondi alle domande.

Annamaria e Karim sono stati alla Festa dei Popoli a Chieti e adesso vanno verso Piazza Vico.

Annamaria: Guarda, la casa **che** vedi lì in fondo alla strada era di mio nonno. Credo che sia la casa **in cui** è nato. Mi diceva che giocava sempre in una piazza.

Karim: Probabilmente la piazza **di cui** ti parlava era proprio questa. Ma tuo nonno non era emigrato in America?

Annamaria: Sì, e **quello che** vediamo adesso è sicuramente diverso dalla città **che** lui ricordava. Ci sono tanti palazzi, tante macchine. La gente è cambiata. **Quella che** era una piccola città, adesso sembra una città internazionale, multiculturale.

Karim: Eh sì, prima l'Italia era un Paese **da cui** si emigrava e adesso è un Paese **nel quale** ci sono molti immigrati come me, tante culture. Come in molti Paesi, anche in Italia oggi c'è **chi** va e c'è **chi** viene.

© CuboImages srl/Alamy

Piazza Giovan Battista Vico, nel centro della città di Chieti, è dedicata al famoso filosofo napoletano. La piazza è circondata da chiese e palazzi di diversi stili architettonici.

Comprensione

Rispondi alle seguenti domande con frasi complete ed elaborate.

1. Che cosa mostra Annamaria a Karim?
2. Di cosa parlava il nonno di Annamaria?
3. La città di Chieti è cambiata? Come e perché?
4. Com'è cambiata l'Italia negli ultimi anni?

Osserviamo la struttura!

Nel dialogo sopra, osserva le parole in grassetto e completa le seguenti attività.

1. The following sentence is a combination of two phrases (a + b). Can you tell what the function of the word **che** is?
   La casa **che** vedi lì in fondo era di mio nonno.
   a. La casa lì in fondo era di mio nonno.
   b. Tu vedi la casa lì in fondo.
2. What characteristic do you notice with all the instances of the word **cui**?
3. What do you think the following sentence means? How would you define the function of the word **chi** in the following sentence? Could you replace **chi** with a different word?
   C'è **chi** va e c'è **chi** viene.

NOTA CULTURALE

La **Festa dei Popoli** si svolge ogni anno in Abruzzo e in altre regioni. È uno strumento per facilitare lo scambio fra identità culturali diverse e aiutare a vincere l'odio, l'intolleranza e il razzismo. La festa prevede laboratori interattivi, degustazione di piatti etnici, spettacoli folkloristici teatrali con musica e danze.

Courtesy of La Festa dei Popoli

Pronomi relativi (*Relative pronouns*)

A. The **pronomi relativi** (*relative pronouns*) connect two clauses in order to create a more complex sentence. These pronouns refer back to a noun (person, place, or thing) mentioned before and for which more information is given. They also help avoid repetitions.

La casa nella foto era di mio nonno.	+ Tu vedi la casa nella foto.
The house in the photo was my grandfather's.	+ *You see a house in the photo.*
La casa **che** vedi nella foto era di mio nonno.	*The house that you see in the picture was my grandfather's.*

Although relative pronouns are sometimes omitted in English, in Italian they are always expressed.

L'uomo che vedi nella foto era mio nonno.

B. The most common Italian **pronomi relativi** are:

Pronomi relativi	
che *who, whom, which, that*	**chi** *those who, the one(s) who*
cui *whom, which*	**quello che** / **ciò che** *what, that which*

- **Che** (*who, whom, which, that*) is invariable and refers to people and things.

  Le persone **che** sono oggi in piazza manifestano per i diritti civili degli immigrati.

  *The people **who** are in the piazza today are demonstrating for immigrants' rights.*

  Il Paese **che** tuo nonno ha lasciato, oggi è un Paese multiculturale.

  *The country **that** your grandfather left, is a multicultural country today.*

- **Cui** (*whom, which*) is also invariable and is used only after a preposition.

  La piazza **di cui** mio nonno mi parlava era Piazza Duomo.

  The piazza my grandfather used to tell me about was Piazza Duomo.

  Questa è la casa **in cui** è nato tuo nonno.

  *This is the house **where** (**in which**) your grandfather was born.*

- **Cui** preceded by a definite article indicates possession, ownership, and corresponds to the English *whose*.

  Mio padre, **i cui** nonni erano italiani, mi ha insegnato i valori della nostra cultura.

  *My father, **whose** grandparents were Italian, taught me the values of our culture.*

  L'Italia, **la cui** storia ha visto l'emigrazione, oggi è un Paese con molti immigrati.

  *Italy, **whose** history included emigration, is a country with many immigrants today.*

- **Chi** (*those who, the one / the person who* or *the ones / the people who*) refers only to people.

C'è **chi** va e c'è **chi** viene.	There are those **who** go and those who come. (Lit. *People come, people go.*)
Chi emigra all'estero, porta sempre il suo Paese nel cuore.	Those **who** emigrate, always carry their country in their heart.

- **Quello che / Quel che / Ciò che** (*what, that which*) only refers to things or concepts. **Quel che** is a shortened form of **quello che**.

Quello che vedi adesso è un mondo multiculturale.	**What** you see now is a multicultural world.
Mi ricordo tutto **quello che** mi raccontava mio nonno.	*I remember all **that** my grandfather used to tell me.*
Ciò che dici della nostra società è vero.	**What** you say about our society is true.

Come si dice *"He who laughs last, laughs best"?*

Ride bene **chi** ride ultimo.

Proverbs often use expressions such as *He who, Those who,* or *All that*. Here are some examples:

• *He who hesitates is lost.*	**Chi** si ferma è perduto.
• *All that glitters is not gold.*	Non è oro **tutto quello che** luccica.
• *What goes around comes around.*	**Chi** la fa, l'aspetti.
• *God helps those who help themselves.*	Aiutati che Dio ti aiuta.

To find other proverbs (**proverbi**) in Italian, search the Internet.

Pratichiamo!

11-12. È una scelta difficile? Scegli il **pronome relativo** che completa la frase.

1. I documenti per il visto (*che / cui*) mi hai richiesto sono pronti.
2. Chieti è una città in (*chi / cui*) ci sono molti immigrati.
3. L'Abruzzo, (*quello che / la cui*) gente è molto generosa, accoglie sempre bene gli immigrati.
4. (*Cui / Chi*) lascia la strada vecchia per la nuova, sa (*cui / quel che*) lascia e non sa (*ciò che / cui*) trova.
5. (*Chi / Che*) lascia il proprio Paese porta sempre dentro di sé tanta nostalgia.
6. Annamaria, (*il cui / che*) nonno è emigrato in America tanti anni fa, adesso vive in Abruzzo.
7. "Ridere dei pregiudizi" è uno spettacolo teatrale (*che / cui*) Percorsi Migranti ha organizzato.
8. Le ragioni per (*cui / chi*) dobbiamo lottare contro la discriminazione sono tante.

11-13. Facciamo frasi complesse. Unisci le due frasi usando un **pronome relativo**. Per alcune frasi c'è più di una possibilità.

> Esempio La casa nella foto era di mio nonno. Tu vedi la casa nella foto.
> *La casa **che** vedi nella foto era di mio nonno.*

1. Il nonno abitava in una casa. La casa era molto grande.
2. L'anno scorso ho conosciuto un ragazzo. Il ragazzo si chiama Karim.
3. Karim segue un corso di lingua. Il corso di lingua è interessante.
4. Noi viviamo in una città. La città si chiama Chieti.
5. L'amico del nonno si chiamava Giuseppe. Il nonno parlava sempre di Giuseppe.
6. Cosa dici? Non capisco.
7. Voi aiutate molte persone. Loro sono immigranti.
8. Gli immigrati combattono per motivi importanti. I motivi sono i diritti civili.

11-14. La storia di Karim. Completa il seguente brano con i **pronomi relativi**.

Ho conosciuto un ragazzo _____ (1) si chiama Karim. La città in _____ (2) è nato si chiama Alessandria d'Egitto, ma quella da _____ (3) è partito per emigrare è Il Cairo. Le persone _____ (4) ha incontrato in Italia lo hanno aiutato molto. _____ (5) ha fatto in Italia da quando è arrivato è incredibile e lo ammiro molto. Ha imparato subito la lingua e poi l'ha insegnata a _____ (6) è arrivato in Italia dopo di lui. Karim, _____ (7) origini sono egiziane, dice di sentirsi anche un italiano. Questa è la ragione per _____ (8) è rimasto in Italia e fa parte di un'associazione per aiutare gli immigrati.

11-15. Breve intervista. A coppie e a turno, fate le seguenti domande o altre create da voi e rispondete usando i **pronomi relativi**.

> Esempio In che città vivi?
> *La città **in cui** vivo è New York.*

- Da dove vieni?
- Perché studi?
- Con chi vivi?
- Cosa ti piace fare?

11-16. L'immigrazione nel tuo Paese. A coppie, parlate della situazione dell'immigrazione nel vostro Paese. Usate i **pronomi relativi**.

Sono molti gli immigranti che arrivano nel tuo Paese?

Quali sono i Paesi da cui emigrano?

Quali sono le ragioni per cui lasciano il loro Paese?

Cosa devono fare nel momento in cui arrivano nel nuovo Paese?

Da chi ricevono aiuto?

11-17. Di chi parliamo? In gruppo, ognuno di voi crea la descrizione di una persona famosa nel mondo. Non indicate l'identità. I vostri compagni devono indovinarla. Dopo aver scoperto le identità dei personaggi del vostro gruppo, vedete se il resto della classe indovina i vostri personaggi. Usate i **pronomi relativi** nella descrizione.

> Esempio *Vi parliamo di una persona famosa **che** è nata in Italia (o **le cui** origini sono italiane). La città **da cui** viene è...*

Reading Strategy: **Recognizing Word Families**

Learning to recognize word families, or groups of words with a common feature, will help you make important connections when you come across new words that share those features. In your vocabulary list, you have some words that belong to word families, for example: **consumare, consumatore, consumismo** or **moderno, modernità, modernizzazione.**

Notice that these words share the same root (**consum-** and **modern-**), with which you are already familiar. When reading, remember these three steps:

> Identify word roots.
> Recognize the patterns of that root word.
> Decode the words.

Pre-lettura

1. Abbina le parole che appartengono alla stessa famiglia.

a.	_____ disastrato	1.	sperare
b.	_____ tendopoli	2.	pizzeria
c.	_____ prodotti	3.	disastro
d.	_____ pizza	4.	tenda
e.	_____ speranza	5.	banco
f.	_____ bancone	6.	produrre

2. Quest'articolo parla della vita dopo il terremoto del 2009 a L'Aquila e dei tentativi di ricostruire la vita degli Aquilani. C'è mai stato un disastro naturale nella vostra città o nel vostro Paese che ha sconvolto (*turned upside down*) la vita degli abitanti? A coppie, discutete le seguenti informazioni.

a. Evento: cosa, dove, quando è successo
b. Abitanti: casa, problemi economici, problemi di salute
c. Ricostruzione: quanto tempo, dove, chi

L'Aquila, la vita in centro ricomincia con una pizzeria

Pizza al taglio "Gran Sasso", in Corso Federico II

L'Aquila (Il Velino) – "Ormai c'è più gente da fuori° che prima del terremoto". Vincenzo Sferella ha 77 anni e da meno di una settimana ha riaperto la pizza al taglio "Gran Sasso" a corso Federico II, in pieno centro cittadino. I clienti però sono tutti di fuori: molti hanno accenti settentrionali°, girano per il corso disastrato con le macchine fotografiche al collo°.

out of town

northern

around the neck

Una tendopoli a L'Aquila

Come un simbolo, è anche il piccolo Angelo Iacob, di sette anni appena. "Io sono italiano, papà invece è romeno", dice con accento aquilano mentre beve un succo di frutta al bancone della pizzeria. Racconta divertito dei mesi passati nella tendopoli° di Piazza d'Armi, dei bambini cinesi che aveva come vicini° e delle parole che gli hanno insegnato nella loro lingua. Si oscura° solo quando gli chiedi che cosa ricorda del terremoto. Riesce solo a dire "tanto rumore".

Un anno dal sisma°, l'unico altro locale aperto a L'Aquila centro è a piazza Duomo, il bar-pasticceria dei fratelli Nurzia, storico locale di prodotti tipici per la produzione artigianale di torrone. Un emblema da sempre del capoluogo abruzzese, che ha riaperto a dicembre. "Abbiamo voluto dare un segnale per mostrare che questa città non era morta" —afferma Natalia Nurzia, la proprietaria. Gli affari stentano° ancora, ma siamo qui perché è importante esserci, pure per gli aquilani. "È una speranza che ci può portare avanti" anche se nel primo pomeriggio la piazza già si è svuotata° del tutto, i "turisti del disastro" sono andati via e non è rimasto che un cane, che si rotola° all'ombra della chiesa delle Anime Sante.

encampment

neighbors

He (His mood) gets dark
earthquake

are still struggling

already emptied out

rolling

Dopo la lettura

1. **Famiglie di parole.** Trovate nell'articolo parole che appartengono alla stessa famiglia.

   a. città   b. segno   c. fotografia   d. prodotto   e. storia   f. Cina

2. **Personaggi.** Identificate le persone menzionate nell'articolo e la loro origine.

3. **Spirito dei personaggi.** Riguardate l'articolo e giudicando dalle loro parole, come descrivereste il carattere delle seguenti persone? Usate più aggettivi possibili (minimo tre).

   a. Vincenzo Sferrella   b. Angelo Iacob   c. Natalia Nurzia

4. **Vero o falso?** Indica se le seguenti frasi sono vere **(V)** o false **(F)**. Giustifica la tua scelta.

   a. _____ La ricostruzione di L'Aquila è stata veloce.
   b. _____ Il bambino si è divertito molto e ha dimenticato il terremoto.
   c. _____ I turisti sono curiosi di vedere la distruzione del terremoto.
   d. _____ La maggior parte dei turisti viene dal sud.
   e. _____ L'Aquila è nota anche per il torrone.

(iLrn)

Share it! • • • **"La terra trema..."** Cerca un video su Internet del terremoto avvenuto a L'Aquila del 2009. Scegli il video che ti ha colpito (*impressed you*) e spiega il perché. Cerca di scoprire se i luoghi che hai visto nel video sono stati ristrutturati. Metti il link su *Share it!* Guarda almeno un video di un altro compagno ed esprimi le tue opinioni.

◀))) ## La globalizzazione
3–23

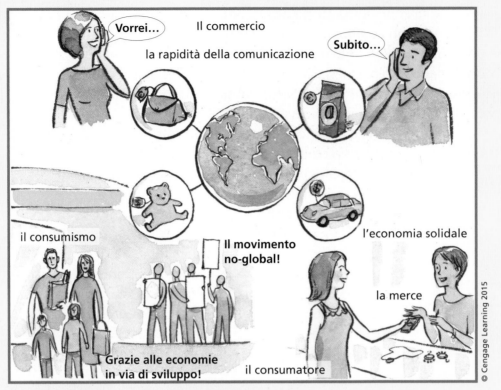

Quali sono le **ripercussioni** della **globalizzazione**?
La globalizzazione ha portato sviluppo in tutti i settori industriali ma allo stesso tempo ha portato tagli alla spesa pubblica, alla privatizzazione e alla produzione.

La globalizzazione — *Globalization*

l'aumento	*increase*
l'azienda	*business, company*
la crescita	*growth, increase*
l'esportazione	*exportation*
l'importazione	*importation*
l'industria	*industry*
l'influenza	*influence*
l'interesse	*interest*
il libero mercato	*free market*
il linguaggio	*language, speech*
la modernizzazione	*modernization*
la multinazionale	*multinational company*
la privatizzazione	*privitization*
le radici	*roots*
lo scambio (commerciale)	*exchange*
il settore	*sector*
la standardizzazione (mondiale)	*(worldwide) standardization*

Gli aggettivi — *Adjectives*

commerciale	*commercial*
culinario	*culinary*
etico	*ethical*
finanziario	*financial*
globale	*global*
materialista	*materialistic*
mondiale	*worldwide*
multilingue	*multilingual*
multinazionale	*multinational*
orientale	*eastern, Asian*

I verbi — *Verbs*

amalgamare	*to amalgamate / to mix*
consumare	*to consume*
incrementare	*to increase / to grow*
investire	*to invest*
mischiare	*to mix*
sfruttare	*to exploit*
unificare	*to unite*

Pratichiamo!

11-18. Abbinamenti. Quali di questi aggettivi possono essere abbinati ai tre nomi? Scrivi gli aggettivi che vanno bene per tutte e tre le parole.

| l'industria | il commercio | le ripercussioni |

commerciale / culinario / economico / etico / finanziario / globale / materialista / mondiale / multilingue / multinazionale / orientale

11-19. Definizioni. Scrivi il verbo corrispondente alla definizione.

amalgamare / consumare / investire / mischiare / sfruttare

1. _____: legare insieme in modo omogeneo
2. _____: approfittare di qualcosa o di qualcuno
3. _____: utilizzare un bene
4. _____: unire cose diverse tra loro
5. _____: impiegare capitali finanziari

11-20. La globalizzazione. Completa il brano scegliendo la parola più logica.

Che cos'è la globalizzazione? È un fenomeno (1. *materialista / globale*) con aspetti positivi e negativi. Il termine si trova spesso (2. *nel linguaggio / nell'interesse*) tecnologico ed economico. Con la globalizzazione, praticamente tutto quello che era nazionale è diventato (3. *orientale / mondiale*). (4. *Gli scambi / Le importazioni*) di mercato delle multinazionali sono presenti nell'intero globo. Nei Paesi (5. *etici / orientali*) arrivano aziende e fabbriche, dove la gente lavora per poco mentre si perde il lavoro nel Paese di origine. Anche per questo c'è il movimento no-global che protesta contro (6. *la crescita / la globalizzazione*). Il movimento no-global crede che (7. *lo sviluppo / l'aumento*) dei Paesi poveri soffra perché i Paesi ricchi diventano più ricchi e i poveri sono (8. *sfruttati / incrementati*).

11-21. Una società materialista? A coppie, rispondete alle seguenti domande e date motivazioni per le vostre risposte.

In una società che si presta al consumismo, come vi comportate? Comprate oggetti che non sono necessari? Comprate sempre il nuovo modello di qualcosa (cellulare, televisore, scarpe, portatile, ecc.)? Riuscite a resistere alle tentazioni del marketing? Cosa fate con i vecchi oggetti?

11-22. L'economia mondiale. A coppie, rispondete alle seguenti domande e date motivazioni per le vostre risposte.

Con le multinazionali, il mercato libero, la tecnologia e altro, il mondo economico sta cambiando. Secondo voi, quali sono i vantaggi e quali sono gli svantaggi? Chi approfitta e chi perde? Come vi aiuta nella vita di tutti i giorni?

11-23. La cucina multietnica. Chiedete a tre persone di rispondere alle seguenti domande. Poi condividete i risultati più comuni con la classe.

1. Qual è la tua cucina tradizionale?
2. In quali ristoranti preferisci andare?
3. Secondo te, quali sono due cucine che insieme sarebbero una buona combinazione?

Prima di tutto... Come definiresti il termine "globalizzazione"? Dove e come vedi la globalizzazione nella tua vita quotidiana? Secondo te, la globalizzazione è una cosa positiva o negativa? Perché?

pcruciatti / Shutterstock.com

Davvero?! In Italia ci sono molti negozi, ristoranti e prodotti americani, soprattutto nelle grandi città. Il McDonald's nella foto di sopra si trova nella Galleria Vittorio Emanuele II a Milano, proprio al centro della città. A Firenze, hanno aperto perfino una gelateria di Ben & Jerry's in Piazza Duomo e adesso, nella grandi città, si cominciano a vedere i primi Starbucks.

Chiacchieriamo un po'! Pensate alle cose di cui non sapete fare a meno: un certo tipo di caffè, un piatto di pasta fatta in un certo modo in un certo ristorante, ecc. Sono prodotti americani o anche prodotti italiani? Fate una lista. Adesso immaginate di andare in Italia il prossimo semestre per studiare. Dite al vostro compagno/alla vostra compagna le cose che sperate di trovare anche in Italia e spiegate perché sarebbe difficile per voi vivere senza quelle cose.

iLrn™

Share it!••• **Un po' di questo, un po' di quello...** Cerca su Internet informazioni sulla cucina multietnica in Abruzzo, in Molise o in Italia e trova un ristorante interessante. Descrivi il ristorante o la ricetta più interessante. Poi guarda quello che hanno scritto i compagni e indica quello che ti piace di più.

Credevo che l'avessi conosciuta all'università.

Ascolta e/o leggi il dialogo e rispondi alle domande.

Annamaria e Karim sono in Piazza Prefettura a Campobasso per incontrare un'amica di Annamaria.

Annamaria: Meno male! Temevo che Melania **fosse** già **arrivata**, e invece non è ancora qui.

Karim: Credevo che **aveste preso** appuntamento per le cinque e mancano circa dieci minuti.

Annamaria: Lo so, ma lei arriva sempre in anticipo. È un'abitudine che ha fin da piccola.

Karim: Davvero? Io credevo che l'**avessi conosciuta** all'università. Ma è molto che non la vedi?

Annamaria: Sì, l'anno scorso ha fatto uno stage all'estero con un progetto per internazionalizzare le imprese molisane. Non sapevo che **fosse** già **tornata**. Mi ha chiamata qualche giorno fa e ci siamo date appuntamento.

Karim: Ho letto qualcosa su Internet su questo progetto. Non sapevo che tante aziende del Molise **avessero investito** così tanto nel mercato estero. Sono curioso di sapere della sua esperienza.

Annamaria: Vedrai che Melania ci racconterà tutto. Oh, eccola! Melania, siamo qui!

Piazza Pepe, a Campobasso, conosciuta anche come Piazza Prefettura, costituisce il cuore della città. Si può ammirare la neoclassica Cattedrale, del 1829, con campanile.

Comprensione

Rispondi alle seguenti domande con frasi complete ed elaborate.

1. Che cosa temeva Annamaria?
2. A che ora era l'appuntamento?
3. Cos'ha fatto Melania l'anno scorso?
4. Che cosa non sapeva Karim del Molise?

Osserviamo la struttura!

Nel dialogo sopra, osserva le parole in grassetto e rispondi alle seguenti domande.

1. What tense is used with the verbs preceding the expressions in bold?
2. Based on what you know about compound tenses (**passato prossimo, trapassato, passato congiuntivo**), how do you think the new tense in bold is formed?
3. Do the verbs in bold express a simultaneous action with the action in the main clause or did the action occur before? Find one example from the dialogue to support your answer.

NOTA CULTURALE

Il **Molise** è una regione molto impegnata nel campo delle strategie di internazionalizzazione delle imprese molisane. Per questo organizza stage in vari Paesi tra cui USA, Canada, Australia, Brasile e Argentina.

Il congiuntivo trapassato (*Past perfect subjunctive*)

Ciao, come stai? Non sapevo che **fossi** già **tornata** dagli Stati Uniti. Com'è andata la conferenza sulla globalizzazione?

A. The **congiuntivo trapassato** (*past perfect subjunctive*) is used in dependent clauses to express a past action that occurred before the action of the independent clause which is also in the past.

(*main clause*)		(*dependent clause*)
<u>Credevo</u>	che	lei **avesse** già **seguito** un corso sulla globalizzazione.
I believed	*that*	*she **had** already **taken** a course on globalization.*
Non <u>sapevo</u>	che	le aziende **fossero andate** all'estero e **avessero investito** tanto.
I didn't know	*that*	*companies **had gone** abroad and **had invested** so much.*

B. The **congiuntivo trapassato** is a compound tense. It is formed with the imperfect form of the auxiliary (*essere* or *avere*) and the past participle of the verb. The following table shows how to form the **congiuntivo trapassato**.

Congiuntivo trapassato		
	investire	**andare**
io	**avessi** investito	**fossi** andato/a
tu	**avessi** investito	**fossi** andato/a
Lei, lui/lei	**avesse** investito	**fosse** andato/a
noi	**avessimo** investito	**fossimo** andati/e
voi	**aveste** investito	**foste** andati/e
loro	**avessero** investito	**fossero** andati/e

The **congiuntivo trapassato** can also be introduced by expressions such as **sebbene, nonostante che, benché**, etc.

Sebbene mio nonno da giovane **avesse investito** molto nella sua azienda all'estero, non aveva mai chiuso la sua azienda in Italia.

*Even though my grandfather **invested** a lot in his business abroad when he was young, he never closed his business in Italy.*

Pratichiamo!

11-24. Nel passato. Riscrivi le seguenti frasi cambiando il verbo della frase principale al passato con l'**indicativo imperfetto** e il verbo della dipendente al **congiuntivo trapassato**.

> Esempio   Credo che sia partito.
> *Credevo* che **fosse partito**.

1. Credo che lei abbia seguito un corso sull'economia mondiale.
2. Sebbene non abbiano ancora trovato un lavoro, loro sono molto felici di essere in Italia.
3. Crediamo che le imprese del Molise abbiano investito molto all'estero.
4. Pare che la globalizzazione abbia incrementato gli scambi commerciali.
5. Noi dubitiamo che loro si siano integrati bene nel Paese in cui lavorano.
6. Pare che voi abbiate imparato la lingua in pochi mesi.
7. È un peccato che tu e i tuoi fratelli siate rimasti in Egitto per problemi di visto.
8. Sembra che l'economia mondiale sia cambiata molto negli ultimi anni.

11-25. Pensieri e opinioni. Completa le frasi con il **congiuntivo trapassato** dei verbi in parentesi.

1. Parlate molto bene l'italiano. Pensavo che voi lo _____ (studiare) prima di arrivare in Italia.
2. I miei figli credevano che io, da giovane, _____ (investire) dei capitali all'estero.
3. Karim e Annamaria sono vecchi amici. Non sapevo che loro _____ (conoscersi) tanto tempo fa.
4. Siamo arrivati tardi alla marcia per la multiculturalità. Credevamo che la marcia _____ (finire).
5. Ma c'eravate anche voi al festival del folklore? Pensavamo che _____ (rimanere) a casa.
6. Sebbene le imprese locali _____ (unire) le loro forze, non sono riuscite a sopravvivere alla crisi.
7. Hai cenato a casa ieri? Credevamo che _____ (provare) quel nuovo ristorante di fusion food.
8. I miei amici non sapevano che io _____ (seguire) uno stage sulla globalizzazione.

11-26. Al Matese Friend Festival. Completa il seguente brano con il **congiuntivo trapassato** dei verbi indicati in parentesi.

Quando sono arrivato, credevo che il concerto _____ (1. già / iniziare). Sebbene io e Annamaria _____ (2. comprare) i biglietti su Internet e _____ (3. fare) la fila di un'ora per entrare, c'era tanta gente e rischiavamo di non trovare posto. Poi Annamaria era anche in ritardo e io temevo che lei _____ (4. perdersi) per strada. Quando è arrivata e mi ha visto, ha cominciato a salutarmi. Credeva che io la _____ (5. già / vedere), ma era impossibile, c'era troppa gente. Si diceva tra la folla che circa 80 mila persone _____ (6. arrivare) da tutta Italia per questo concerto e che tutti lo _____ (7. definire) la "Woodstock" dei giorni nostri. Ma voi dov'eravate? Vi abbiamo cercato. Credevo che _____ (8. trovare) posto vicino al palco.

NOTA CULTURALE

Il **Matese Friend Festival**, in Molise, è uno degli eventi multiculturali più importanti dell'estate. Migliaia di spettatori partecipano a quattro giorni di musica nazionale e internazionale, spettacoli, mostre di arte contemporanea, concorsi, cinema e fotografie.

11-27. Davvero? A coppie e a turno, fate almeno cinque domande al compagno/alla compagna e poi commentate sorpresi. Dovete giustificare la vostra sorpresa.

Esempio **S1:** *Hai mai studiato in Italia?*

S2: *No, non ho mai studiato in Italia.*

S1: *Davvero? Credevo che **avessi studiato** in Italia perché hai una pronuncia perfetta.*

NOTA CULTURALE

Erasmus Final Day — L'Antenna Europe Direct della Provincia di Campobasso partecipa ogni anno alla festa della Giornata finale per salutare gli studenti Erasmus dell'Università degli Studi del Molise alla fine del loro soggiorno accademico in Italia.

© Ruzanna/Dreamstime

11-28. Un grande fraintendimento (*A big misunderstanding*). A coppie, prima scrivete qualche appunto su un episodio in cui avete frainteso una situazione e poi raccontate l'episodio al vostro compagno/alla vostra compagna.

Esempio *Un giorno ho invitato degli amici a cena ma non è venuto nessuno. Pensavo che avessero dimenticato il mio invito o temevo che avessero avuto un incidente o... Poi mi sono accorto che li avevo invitati per il giorno dopo.*

11-29. Cinquant'anni dopo. In gruppo, immaginate di rivedervi a un incontro (*reunion*) dell'università fra cinquant'anni. All'università tutti avevate progetti di lavorare all'estero, diventare avvocati, economisti, cantanti rock..., avere una famiglia, ecc. Ma poi scoprite che non è stato così. Rappresentate la scena in classe.

Esempio **S1:** *Allora come sta la famiglia?*

S2: *Veramente non mi sono mai sposato.*

S3: *Ma come? Credevo che ti **fossi sposato** e che **avessi avuto** cinque figli. E tu (S1), cosa fai qui? Pensavo che **ti fossi trasferito** in Italia...*

©Andrew Bassett/Shutterstock.com

Sei un dottore? Credevo che fossi diventato un avvocato!

3–25

Temo che il festival inizi fra poco o che sia già iniziato.

Ascolta e/o leggi il dialogo e rispondi alle domande.

Annamaria, Karim e Melania passeggiano per le vie di Termoli verso Piazza Duomo, dove stasera c'è il Festival Internazionale del Folklore.

Melania: Non credi che questa città **sia** proprio carina? Però sembra che **cambi** ogni giorno che passa.

Annamaria: È vero, sembra che **sia cambiata** molto negli ultimi anni. Negozi di grandi catene, ristoranti etnici, sembra che tutto si **amalgami**. Non vedevo Termoli da tanto tempo e non credevo che **fosse cambiata** tanto.

Karim: Io penso che **sia** bello vedere un ristorante cinese o indiano vicino a una trattoria molisana.

Annamaria: Sì, anche a me tanto. Ma la cosa che a me dispiace un po' è che, per via delle grandi catene multinazionali, tanti negozi locali e tipici non ci **siano** più e che **abbiano chiuso**. A volte vorrei che **ritornasse** a essere come prima. Non **vorrei** che si **perdesse** l'identità culturale di ogni Paese.

Melania: Hai ragione. Credevo che questi cambiamenti **capitassero** solo nelle grandi città. Anch'io avrei preferito che la città **avesse conservato** l'aspetto caratteristico di un tempo.

Karim: Dai, affrettiamoci! Temo che il festival **inizi** fra poco o che **sia** già iniziato.

© Claudio Colombo/Fotolia

Piazza Duomo, a Termoli, ospita molti eventi culturali del Molise.

Comprensione

Rispondi alle seguenti domande con frasi complete ed elaborate.

1. Cosa pensa Melania della città?
2. Qual è l'impressione che ha Annamaria della città dopo tanti anni?
3. Annamaria esprime dei sentimenti contrastanti. Quali?
4. Che cosa avrebbe preferito Melania?

Osserviamo la struttura!

Nel dialogo sopra, osserva le parole in grassetto e completa le seguenti attività.

1. What is the difference in the tenses of the following sentence? Why is **congiuntivo presente** used and then **congiuntivo passato** used? Try to find similar sentences in the text.
   Temo che il festival **inizi** fra poco o che **sia** già iniziato.

2. What is the difference in the use of the tenses in each of the following sentences?
   a. **Sembra** che la città **sia cambiata** molto negli ultimi anni.
   b. **Credevo** che solo le grandi città **cambiassero** con l'effetto della globalizzazione.
   c. Non **credevo** che la città **fosse cambiata** tanto.

3. Find all verbs in the **congiuntivo** introduced by the **condizionale**. Then indicate the tenses of these verbs in the **congiuntivo**.

Concordanza dei tempi (*Sequence of tenses with subjunctive*)

Non credo che sia già partita ma credo che parta in questi giorni.

È già partita Melania?

In **Capitolo 10** and in this chapter, we learned the four tenses of the **congiuntivo**. When a dependent clause contains the **congiuntivo**, its tense is determined not only by the time (present or past) when the action occurs but also by the tense of the verb in the independent clause. In this *Struttura* we will review the sequence of tenses with independent and dependent clauses using the **congiuntivo**.

Indicativo + Congiuntivo

A. When the tense of the independent clause is **presente indicativo**, the dependent clause contains:[1]

- a **congiuntivo presente**, if the action is simultaneous or projected in the near future;
- a **congiuntivo passato**, if the action is in the past and completed.

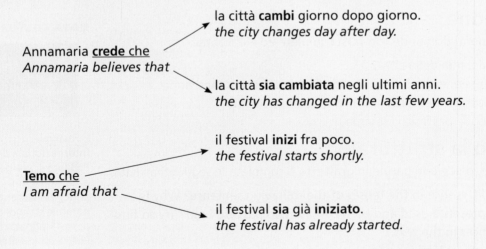

Annamaria **crede** che
Annamaria believes that

→ la città **cambi** giorno dopo giorno.
the city changes day after day.

→ la città **sia cambiata** negli ultimi anni.
the city has changed in the last few years.

Temo che
I am afraid that

→ il festival **inizi** fra poco.
the festival starts shortly.

→ il festival **sia** già **iniziato**.
the festival has already started.

---

[1] Other combinations are possible, such as **presente indicativo + congiuntivo imperfetto**:
Credo che il nonno di Annamaria **fosse** Abruzzese ma che da giovane **lavorasse** all'estero. (*I believe that Annamaria's grandfather was from Abruzzo but that when he was young, he worked abroad.*)

B. When the tense of the independent clause is an **imperfetto indicativo**, the dependent clause contains:

- a **congiuntivo imperfetto**, if the action is in the past and shares the characteristics of the **imperfetto**.
- a **congiuntivo trapassato**, if the action is in the past and completed.

questi cambiamenti **capitassero** solo nelle grandi città.
these changes were happening only in big cities.

Karim **credeva** che
Karim believed that

questi cambiamenti **fossero capitati** solo nelle grandi città.
these changes had happened only in big cities.

voi **guardaste** il festival in TV.
you were going to watch the festival on TV.

Pensavo che
I thought that

aveste **guardato** il festival in TV.
you had watched the festival on TV.

Condizionale + Congiuntivo

If the independent clause contains a **condizionale presente**, the verb of dependent clause is a **congiuntivo imperfetto**.

Vorrei che tu **venissi** con me in Italia l'anno prossimo.
I'd like for you to come to Italy with me next year.

Non vorrei che **si perdesse** l'identità culturale di ogni paese.
I wouldn't want the cultural identity of each town to be lost.

A **condizionale passato** usually requires a **congiuntivo trapassato** in the dependent clause.

Avrei voluto che tu **fossi venuto** con me in Italia l'anno scorso.
I would have liked if you had come to Italy with me last year.

Avrei preferito che la città **avesse conservato** l'aspetto caratteristico del passato.
I would have preferred if the city had preserved the characteristic look of the past.

Courtesy of Kenneth Bandes

Piazza Obelisco, a Tagliacozzo, è una piazza storica con un bellissimo obelisco che risale al 1824.

Pratichiamo!

11-30. La coppia giusta. Accoppia le frasi della colonna A con quelle della colonna B per creare delle frasi complete.

A

1. _____ Spero che un giorno tu
2. _____ Credevano che noi
3. _____ Preferirei che tu
4. _____ Noi vorremmo che voi
5. _____ Loro credevano che la globalizzazione
6. _____ Pare che negli ultimi anni il progresso
7. _____ Voi temete che, in futuro, il libero mercato
8. _____ Sembra che già molte aziende italiane

B

a. ci preparaste un buon piatto di fusion food.
b. avessimo studiato un corso di economia.
c. possa lavorare per Piacere Molise.
d. non fossi tanto consumista.
e. porti dei danni alle piccole aziende.
f. avesse aiutato l'economia, ma avevano torto.
g. abbiano investito all'estero.
h. abbia incrementato la rapidità delle comunicazioni.

NOTA CULTURALE

Piacere Molise è un marchio molisano che punta su imprese di qualità per rispondere alla domanda del consumatore italiano e straniero esaltando quanto di buono, di bello e di interessante può offrire la regione in Italia e nel mondo.

Courtesy of Piacere Molise

11-31. In tempi diversi. Crea le seguenti frasi fornendo tutte le <u>possibili</u> concordanze dei tempi. Attenzione: non sempre è possibile creare quattro frasi.

Esempio (Credo / Credevo) che Melania *studiare* economia.

    Credo che Melania **studi** economia.

    Credo che Melania **abbia studiato** economia.

    Credevo che Melania **studiasse...**

    Credevo che Melania **avesse studiato...**

1. (Pare / Pareva) che Karim *ritornare* in Egitto.
2. (Sembra / Sembrava) che loro *capire* il significato di globalizzazione.
3. (Speriamo / Speravamo) che tu *prendere* la cittadinanza italiana presto.
4. (Vorrei / Avrei voluto) che tu *venire* con me in Egitto a conoscere la mia famiglia.
5. (È meglio / Sarebbe meglio) che la società *fare* delle campagne per sensibilizzare la comunità.
6. (Noi vogliamo / Volevamo) che la società *tollerare* di più le differenze culturali.
7. (Siete / Eravate) molto informati sull'economia mondiale, sebbene non *seguire* dei corsi.
8. (Voglio / Volevo / Avrei voluto) che il mio Paese *favorire* la multiculturalità ma che allo stesso tempo *conservare* i suoi usi e costumi.

11-32. Siamo sicuri che sia "fusion food"? Melania, Karim e altri amici sono in un ristorante che si chiama "fusion food". Non capiscono i nomi dei piatti sul menu ma ordinano ugualmente. Completa il seguente dialogo con il congiuntivo dei verbi in parentesi e rispettando la concordanza dei tempi.

Karim: Credevo che voi _____ (1. conoscere) questo ristorante. Melania, pensavo che tu _____ (2. venire) già altre volte. Sembra che _____ (3. essere) molto famoso. Uhm, ho una fame da lupi. Speriamo che il cameriere _____ (4. arrivare) presto. Ah eccolo. Allora, vorrei che ci _____ (5. portare) questi piatti, questo, e anche questo.

Il cameriere ritorna con i piatti e sono tutti sorpresi.

Melania: Scusa, ma cosa ci ha portato? Karim, credevo che tu _____ (6. prendere) un piatto cinese.

Karim: E io credevo che voi _____ (7. ordinare) un antipasto coreano. Scusi cameriere, ma forse c'è un errore.

Cameriere: Mi dispiace, signori, ma credevo che voi _____ (8. sapere) che i nomi sul menu sono inventati. In realtà avete ordinato degli gnocchi molisani con un nome cinese e una pizza napoletana con un nome coreano. Di "fusion" noi abbiamo solo il nome del ristorante e i nomi dei piatti sul menù.

11-33. Sembra che... A coppie, seguite gli schemi sulla concordanza dei tempi nella *Struttura 4* per condividere opinioni su ristoranti "etnici" nella vostra città.

Esempio **S1:** *Sembra che ci **sia** un buon ristorante italiano vicino all'università.*

S2: *Sì, credo che il mio compagno di stanza ci **sia andato** qualche tempo fa.*

S1: *Credo che il proprietario **fosse** molisano e che **avesse aperto** un ristorante anche a Dublino. Ora però sembra che **sia andato** in pensione...*

NOTA CULTURALE

Pinocchio, un ristorante italiano a Dublino, nominato **"The Best Italian Restaurant"** dalla "Grande guida dei ristoranti di Dublino", pubblicata in Irlanda, vanta come suoi fondatori due molisani, Maurizio Mastrangelo e Marco Giannantonio.

Courtesy of Pinocchio

11-34. Desideri presenti e passati. A coppie, esprimete le vostre opinioni su come vorreste che le cose indicate (o altre a vostra scelta) cambiassero o come avreste voluto che fossero cambiate fino ad ora.

l'economia del tuo Paese / i trasporti / l'immigrazione
il libero mercato / l'università / la comunicazione

11-35. Tavola rotonda sulla globalizzazione. In gruppo, discutete sul fenomeno della globalizzazione. Quali erano le speranze e le aspettative quando è iniziato questo fenomeno? Secondo voi, quali sono i risultati, gli effetti positivi e negativi? Fornite le vostre opinioni e fate un resoconto alla classe.

iLrn

Complete the diagnostic tests to check your knowledge of the vocabulary and grammar structures presented in this chapter.

Insieme in Piazza!

Scegliete una delle seguenti situazioni e create una conversazione con il compagno/la compagna. Ricordate di usare le strutture imparate nel capitolo, ma non limitatevi solo a quelle.

Scena 1: Immaginate di essere in Piazza Duomo a L'Aquila e di assistere a un evento multiculturale. Commentate con i vostri amici quello che vedete.

Scena 2: Immaginate di essere in una delle piazze del Molise. Fate amicizia con alcune persone che sono curiose di sapere le vostre opinioni sull'Italia e su quello che vi aspettavate di trovare. Poi loro vi chiedono di fare dei confronti tra la società del vostro Paese e l'Italia. Parlate della situazione attuale e dei cambiamenti che sono avvenuti negli ultimi anni.

Scena 3: Create una situazione a vostra scelta.

Presentazioni orali

A coppie, preparate una breve presentazione orale su uno dei seguenti argomenti, oppure decidete voi un argomento presentato nel capitolo, dalle note culturali, dalle attività, dagli *Share it!* oppure un argomento a vostra scelta. Trovate informazioni semplici (biografiche, geografiche, storiche, culinarie) che possono essere accompagnate da immagini e presentate tutto alla classe in modo interattivo come un PowerPoint o un video.

1. John Fante, scrittore italo-americano di origine abruzzese è molto celebrato in Italia.

2. "La chitarra", un'attrezzatura particolare, è usata per fare i maccheroni alla chitarra dalla cucina tipicamente abruzzese.

3. Termoli è il centro balneare più famoso nel Molise.

Scriviamo!

Riassumete e trascrivete le informazioni che avete raccolto intervistando un immigrante.

> ## Writing Strategy: Writing Effective Interview Questions
>
> ❯ Write interview questions ahead of time and give them to the interviewee in advance.
> ❯ Write open-ended and unbiased or leading questions. Avoid yes/no questions.
> - Biased questions encourage participants to respond to the question in a certain way. "Did people treat you badly when you got here?" is a biased question.
> - A non-biased and open-ended question would be: "How did people treat you when you arrived?"
> ❯ Write questions designed to get interesting, pertinent, and even surprising responses.
> ❯ Conclude with a question designed to provide closure to the overall interview. For example, What advice would you give new immigrants?

1. Brainstorming

A coppie, rispondete alle seguenti domande.

a. **Chi?** Chi sono le possibili persone da intervistare? C'è un "Little Italy" nella vostra città dove potete intervistare proprietari, clienti, ecc.? Ci sono altri istituti italiani?

b. **Cosa?** Pensate a possibili temi / argomenti per le domande.

c. **Come?** In quale formato farete l'intervista per la presentazione orale? Video, PowerPoint, testo con foto?

2. Organizzazione

Adesso scrivete le domande iniziali in forma abbreviata per l'intervista.

a. Dati biografici: Paese / città di nascita, età, famiglia...

b. Motivo per l'immigrazione: famiglia, economico...

c. Assimilazione nella cultura: prime impressioni, tradizioni nuove e vecchie, modo di comportarsi, differenze dalla cultura d'origine, la vita oggi

d. Lingua: difficoltà linguistiche all'inizio, difficoltà linguistiche

e. Osservazioni generali: suggerimenti per altri immigranti

3. Scrittura libera

Scrivete 12 domande in italiano in ordine logico dalle informazioni che avete raccolto nell'*Organizzazione*. Se è necessario fare l'intervista in inglese, potete tradurre le domande dopo.

4. Prima correzione

Scambiate le domande con un'altra coppia e fate le correzioni, se è necessario.

a. Sono domande che suscitano risposte interessanti?

b. Sono domande aperte e non domande con una risposta implicita?

c. Le domande includono una varietà di temi?

5. Finale

Scrivi un'introduzione breve. Indica chi hai intervistato e il contenuto generale dell'intervista. Se non riesci a trascrivere le parole esatte, esprimi le risposte con parole tue. Concludi con il risultato dell'intervista. Includi foto e/o video.

◉ Un mondo multiculturale

Prima della visione

A. La coppia giusta. Abbina le parole alle definizioni.

1. ricongiungimento		a. perdita di ricchezza	
2. paterna		b. modo di pensare	
3. materna		c. vanno via, fuggono	
4. speranza		d. porta ricchezza	
5. scappano		e. da parte di madre	
6. mentalità		f. processo che riunisce (*es.* la famiglia)	
7. redditizio		g. desiderio	
8. impoverimento		h. da parte di padre	

B. Chi è Salah? Il ragazzo che vedi nella foto si chiama Salah. Secondo te, da dove viene? Perché ha lasciato il suo Paese? È in Italia per studio o per lavoro? È in Italia con la sua famiglia o no? La sua esperienza in Italia è stata ed è positiva o no?

© Cengage Learning 2015

Durante la visione

Guarda il video due volte. La prima volta, fai attenzione al significato generale. La seconda volta, completa le seguenti attività.

C. Di cosa parlano? Abbina ogni persona con l'argomento di cui parla.

1. Salah		a. l'esperienza di sua madre immigrata in Italia
2. Giada		b. le speranze e le paure della sua esperienza da emigrante
3. Il signor Gigi		c. i suoi sogni di un mondo tecnologico
4. Il signor Alberto		d. i suoi sogni da bambino di un'Italia moderna come l'America

D. A chi si riferisce? Indica con una **X** le persone a cui queste cose si riferiscono.

	Salah	Giada	Il signor Gigi	Il signor Alberto
1. Sperava di ritrovare suo padre.				
2. È di origine peruviana.				
3. Quando era bambino, l'Italia usciva dalla seconda guerra mondiale.				
4. Da bambino non aveva mai visto un immigrato nel suo paesino.				
5. Alcuni suoi parenti sono emigrati dall'Italia.				
6. Aveva paura che la sua famiglia restasse divisa.				

Dopo la visione

E. Comprensione. Rispondi alle seguenti domande con frasi complete.

1. Quali sono le origini di Salah e com'è arrivato in Italia?

2. Quali erano le paure e le speranze di Salah prima di arrivare in Italia?

3. Perché la madre di Giada è andata a vivere in Italia e com'è stata la sua esperienza?

4. Il signor Gigi come vorrebbe che fosse l'Italia?

5. Secondo il signor Gigi, cosa causa l'impoverimento economico, sociale e culturale?

6. Perché, secondo il signor Alberto, l'Italia multiculturale è stata una sorpresa?

F. Facciamo un'intervista! Immagina di intervistare il signor Gigi e di chiedergli quali consigli darebbe a una persona italiana che lascia l'Italia per cercare lavoro. Con un compagno/una compagna, create un'intervista e poi recitatela alla classe.

© Cengage Learning 2015

iLrn

Share it! • • • **C'è chi va e c'è chi viene.** Cerca su Internet informazioni sui flussi migratori che arrivano in Italia. Da quali Paesi arrivano maggiormente? E gli italiani che lasciano l'Italia, dove vanno maggiormente? Esiste anche nel tuo Paese il fenomeno dei cervelli in fuga? Metti sul blog le informazioni che trovi più interessanti. Poi guarda i post dei tuoi compagni e indica quello che ti piace di più.

VOCABOLARIO

L'immigrazione e l'integrazione — *Immigration and Integration*

l'accoglienza	welcome, reception
le barriere culturali	cultural barriers
la benevolenza	kindness
la cittadinanza	citizenship
il cittadino/la cittadina	citizen
il clandestino/la clandestina	illegal alien
il decennio	decade
la democrazia	democracy
i diritti umani	human rights
la discriminazione	discrimination
l'emigrazione	emigration
l'extracomunitario	person from outside European Union
l'identità	identity
l'immigrante	immigrant
l'immigrazione	immigration
l'integrazione	integration
l'intolleranza	intolerance
il multiculturalismo	multiculturalism
la nostalgia	nostalgia, longing
il pregiudizio	prejudice
il/la razzista	racist
la sensibilità	sensitivity
lo straniero/la straniera	foreigner
la tolleranza	tolerance
il trattamento	treatment
la tristezza	sadness
il visto	visa

La globalizzazione — *Globalization*

l'aumento	increase
l'azienda	business, company
il commercio	commerce, trade
il consumatore	consumer
la crescita	growth, increase
l'esportazione	exportation
l'importazione	importation
l'industria	industry
l'influenza	influence
l'interesse	interest
il libero mercato	free market
il linguaggio	language, speech
la merce	merchandise
la modernizzazione	modernization
la multinazionale	multinational company
la privatizzazione	privitization
le radici	roots
la rapidità della comunicazione	speed of communication
lo scambio (commerciale)	exchange
il settore	sector
la standardizzazione (mondiale)	(worldwide) standardization

Il movimento no-global — *Anti-Globalization Movement*

il consumismo	consumerism
l'economia solidale	fair-trade economy
le economie in via di sviluppo	developing economies
le ripercussioni	repercussions
la scomparsa	disappearance
le tradizioni e usanze locali	local traditions and customs

Gli aggettivi — *Adjectives*

commerciale	commercial
culinario	culinary
emigrato/a	emigrant
etico	ethical
finanziario	financial
globale	global
immigrato/a	immigrant
interculturale	intercultural
materialista	materialistic
mondiale	worldwide
multiculturale	multicultural
multietnico	multiethnic
multilingue	multilingual
multinazionale	multinational
multirazziale	multiracial
orientale	eastern, Asian

I verbi	*Verbs*
abbattere	*to break down*
aiutare (il prossimo)	*to help (others)*
amalgamare	*to amalgamate /*
	to mix
coinvolgere	*to involve*
combattere	*to fight / to battle*
consumare	*to consume*
contribuire	*to contribute*

emigrare	*to emigrate*
favorire	*to favor / to support*
immigrare	*to immigrate*
incrementare	*to increase / to grow*
investire	*to invest*
mischiare	*to mix*
promuovere	*to promote*
sfruttare	*to exploit*
unificare	*to unite*

Dizionario personale

CAPITOLO 12

LEARNING STRATEGY

Continuing Success

You now have a working knowledge of Italian. Technology offers many options to help you maintain that knowledge. Web resources include grammar review, music videos, Italian newspapers and other literature, film clips, and much more. Review what you've learned and apply it whenever possible. Check your local institutions and theaters to see what Italian events are being offered. Use the language at every opportunity. Of course, ideally, it would be a great time to take a trip to Italy and visit all of your favorite piazzas!

GLI ITALIANI UNITI NELLE PIAZZE E NEL MONDO

Piazza Navona, una volta uno stadio per ospitare i giochi atletici greci, oggi è una delle più suggestive e celebri piazze romane. Al centro della piazza c'è la famosa fontana dei Quattro Fiumi di Gian Lorenzo Bernini.

© Lucertolone / Shutterstock.com

COMMUNICATIVE GOALS

> Talk about the Italian government

> Make hypotheses

> Talk about famous Italians in history

> Talk about accomplishments of famous Italians at home and abroad

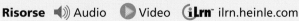

Risorse 🔊 Audio ▶ Video (iLrn™) ilrn.heinle.com

Il Lazio

> ❯ Più del 70% degli abitanti del Lazio risiede nella provincia di Roma.

> ❯ Oltre ai monumenti della capitale, che sono famosi in tutto il mondo, il Lazio offre un paesaggio molto vario, dalla costa ai laghi, ai monti e alle città etrusche.

◀ Il **Parco dei mostri** a Bomarzo, in provincia di Viterbo, è un complesso artistico e culturale unico al mondo. In questo parco vediamo, tra le tante cose, delle sculture gigantesche che rappresentano creature del mondo reale e fantastico, come per esempio, un'enorme tartaruga, uno spaventoso drago e due colossali sirene. In questo parco c'è anche la Piazza dei vasi. Il parco è aperto ai visitatori tutto l'anno.

iLrn Vai su iLrn per trovare informazioni sul Parco dei mostri.

iLrn Vai su iLrn per trovare informazioni sulle Isole Ponziane.

Anche il Lazio ha le sue isole, le **Isole Ponziane** ▶ (dette anche Pontine), che sono cinque e che si possono raggiungere facilmente da varie città tra Roma e Napoli. L'isola Palmarola è anche chiamata "la perla" delle cinque isole.

Andiamo in piazza!

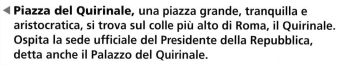 Vai su iLrn per trovare informazioni sulla Piazza del Quirinale.

© claudio zaccherini/ShutterStock

◀ **Piazza del Quirinale,** una piazza grande, tranquilla e aristocratica, si trova sul colle più alto di Roma, il Quirinale. Ospita la sede ufficiale del Presidente della Repubblica, detta anche il Palazzo del Quirinale.

© Cashcb/Dreamstime.com

Piazza del Plebiscito è la piazza principale della città di Viterbo. È dominata dalla Torre dell'Orologio e da due leoni che sono il simbolo della città. ▶

iLrn

Share it! • • • **Roma e le sue piazze!** Le piazze di Roma sono molte e sono bellissime. Fai una ricerca sul Web per trovare tutte le piazze che puoi. Scegli una che trovi particolarmente interessante e cerca delle informazioni. Metti su *Share it!* la foto della piazza e le informazioni che hai trovato. Guarda almeno due piazze dei tuoi compagni di classe e indica quale preferisci.

▶ To learn more about **il Lazio**, watch the cultural footage in the Video Library.

3–26

Il governo e la politica

la bandiera / il tricolore

il seggio elettorale

gli elettori

la cabina elettorale

il candidato

la candidata dell'opposizione

la tessera elettorale

il voto

le urne

© Cengage Learning 2015

Durante **le elezioni,** le scuole diventano **le urne** dove gli italiani vanno a **votare** per i candidati e approvare o annullare **i referendum.**

Il governo e la politica	*Government and Politics*	**l'unificazione**	*unification*
		la vittoria	*victory*
la corruzione	*corruption*	**Le persone**	*People*
la costituzione	*constitution*	**l'ambasciatore**	*ambassador*
la democrazia	*democracy*	**il capo di stato**	*head of state*
il dibattito	*debate*	**il console**	*consul general*
il divieto	*prohibition*	**il ministro**	*minister*
la legge	*law*	**il senatore/la senatrice**	*senator*
la legislatura	*legislature*	**il sindaco**	*mayor*
la maggioranza	*majority*	**il vice**	*deputy / vice …*
il ministero	*ministry / high office*		
il partito	*political party*	**I verbi**	*Verbs*
la riforma	*reform*	**abolire**	*to abolish*
il sistema	*system*	**crollare**	*to collapse*
il socialismo	*socialism*	**eleggere**	*to elect*
		governare	*to govern*
	150th Anniversary of the Unification of Italy	**inaugurare**	*to inaugurate*
Il 150° anniversario dell'Unità d'Italia*		**proclamare**	*to proclaim*
la caduta	*fallen (war hero)*	**Espressioni utili**	*Useful Expressions*
la fondazione	*foundation*	**andare alle urne**	*to go to the polls*
l'inaugurazione	*inauguration*	**essere eletto**	*to be elected*
la nascita	*birth*	**fare un discorso**	*to give a speech*
la ricorrenza	*anniversary / occasion*	**passare / varare una legge**	*to pass a law*
il Risorgimento	*Resurgence (19th-century movement for Italian unification)*	**perdere / vincere le elezioni**	*to win / to lose an election*
		rispettare la legge	*to respect the law*

*In 2011, Italy celebrated the 150th anniversary of its unification (1861).

Pratichiamo!

12-1. L'anagramma. Ordina le lettere in modo da creare una parola che si riferisca al governo.

1. mistase: ___ ___ ___ ___ ___ ___ ___
2. patriot: ___ ___ ___ ___ ___ ___ ___
3. crazedioma: ___ ___ ___ ___ ___ ___ ___ ___ ___ ___
4. toaddanic: ___ ___ ___ ___ ___ ___ ___ ___ ___
5. eggle: ___ ___ ___ ___ ___
6. tuitionscoze: ___ ___ ___ ___ ___ ___ ___ ___ ___ ___ ___ ___

12-2. L'intruso. Cancella la parola che non appartiene alla categoria.

1. votare	il presidente	il divieto	le urne
2. governare	lo Stato	l'unificazione	la legislatura
3. passare	la legge	il referendum	l'opposizione
4. abolire	la legislatura	il divieto	la nascita
5. rispettare	la maggioranza	la costituzione	il socialismo
6. eleggere	il ministro	la caduta	il capo di Stato

12-3. La festa per l'Unificazione. Completa il seguente brano con le parole adatte scegliendo fra quelle offerte.

anniversario / bandiere / festa nazionale / nascita / ricorrenza / Risorgimento / Stato / tricolore

Una lunga notte _____ (1) ha colorato Roma in occasione del centocinquantesimo (150°) _____ (2) dell'Unità d'Italia tra il 16 e il 17 marzo 2011. Ci sono stati concerti, eventi culturali, musei aperti, incontri, letture, spettacoli per ricordare e celebrare la _____ (3). Roma, in una manifestazione gioiosa con molte _____ (4), ha festeggiato questa importante _____ (5) in tutte le piazze romane. Anche le scuole hanno studiato i principali avvenimenti storici e culturali del _____ (6) e tutto quello che ha contribuito alla creazione dello _____ (7) unitario e la _____ (8) dell'Italia.

12-4. Una festa nazionale. Descrivete una festa nazionale che celebri un evento storico o politico del vostro Paese*. Come si chiama la festa e quale evento ricorda? Quali sono alcune tradizioni associate a questa celebrazione? Quali attività fate voi per questa festa che non sono necessariamente tradizionali? Partecipate sempre alle celebrazioni di questa festa? Date più dettagli possibili.

12-5. Un proverbio italiano. In Italia un proverbio dice "se non ti occupi di politica, la politica si occuperà di te". Cosa significa questo proverbio secondo voi? Nel vostro Paese i politici hanno molto potere? È giusto che i politici abbiano tanto potere? E come si comportano i politici? Sono coinvolti in molti scandali? Vengono penalizzati o vivono con una certa immunità?

12-6. Sondaggio. Fate le seguenti domande ad almeno tre compagni. Poi in gruppi, parlate dei risultati.

1. Ti consideri una persona interessata alla politica?
2. Sai chi sono i tuoi senatori e legislatori?
3. Voti alle elezioni regionali e nazionali?
4. In base a quali criteri scegli un candidato?
5. Molte persone nel tuo Paese votano alle elezioni?
6. Come si spiega l'interesse di chi vota o il disinteresse di chi non vota?
7. In quale giorno della settimana si vota nel tuo Paese?

*Remember that when the word **Paese** is capitalized it means *country*. Otherwise **paese** means *town*.

Prima di tutto... Guardi il telegiornale regolarmente? Quale telegiornale guardi? Perché ti piace? Leggi anche il giornale? Quale? Perché ti piace? C'è un telegiornale o un giornale che non ti piace? Perché?

Courtesy of Alice Peretti

Davvero?! Molti italiani guardano il
telegiornale in TV o su Internet, ma leggono anche le notizie sui quotidiani stampati o su quelli pubblicati su Internet. I maggiori quotidiani italiani sono *Il Corriere della Sera*, *La Repubblica*, *il Sole 24 Ore*, *La Stampa*, *il Quotidiano* e, per gli sportivi, la *Gazzetta dello Sport*. Molti giornali e riviste (*magazines*) sono anche accessibili dagli smart phone scaricando una semplice *app*, in modo che i lettori possano tenersi aggiornati in qualsiasi momento e da qualsiasi parte del mondo.

Courtesy of Alice Peretti

Chiacchieriamo un po'! Lavorate a gruppi di tre o quattro. Siete dei giornalisti. C'è una notizia sensazionale e dovete preparare il reportage della sera. Descrivete la notizia (chi, che cosa, dove, quando, perché) e se questa ha ripercussioni sulla popolazione. Includete interviste con persone note.

iLrn

Share it!••• **Giornali e riviste.** Cerca su Internet i siti dei quotidiani italiani elencati in questa sezione e indica quello che ti piace di più e perché. Cerca anche riviste specializzate (salute, bellezza, automobili, sport, moda...) ed indica la tua preferenza. Metti su *Share it!* Poi leggi le informazioni di almeno uno studente e fai un commento.

🔊 Se tu fossi un politico...
3–27

Ascolta e/o leggi il dialogo e rispondi alle domande.

Carla e Leonardo stanno facendo una passeggiata per Roma e adesso sono vicino al Quirinale.

Carla: Sai, Leonardo, ogni volta che passo davanti al Quirinale provo una certa emozione. Qui vive il Presidente della Repubblica. Sai, mi piacerebbe tanto visitare il palazzo.

Leonardo: Ma perché non me l'hai detto? **Se vai** su Internet, **trovi** sicuramente delle informazioni per visitare il Quirinale.

Carla: Davvero? Che peccato! **Se** lo **avessi saputo** prima, **avrei cercato** le informazioni.

Leonardo: Ma quanti "se". A proposito, tu sogni di entrare in politica. Ma **se tu fossi** un politico, cosa **faresti**?

Giorgio Napolitano, Presidente della Repubblica dal 2005.

Carla: **Se io diventassi** un politico, **cambierei** tante cose. Comunque, quando divento il Presidente della Repubblica, ti invito a cena al Quirinale.

Leonardo: Ah, sei ottimista! **Se diventi** presidente, **ricordati** di me! Certo, **se tu diventassi** presidente, **saresti** la prima donna in Italia a ricoprire questo ruolo. Dai, ora basta con i se e andiamo, ho una fame da lupo. Mangiamo qualcosa e brindiamo al futuro!

Comprensione

Rispondi alle seguenti domande con frasi complete ed elaborate.

1. Perché Carla prova una certa emozione passando vicino al Quirinale?
2. Dove si possono trovare informazioni per visitare il Quirinale?
3. Che cosa farebbe Carla se entrasse in politica?
4. Se Carla diventasse Presidente della Repubblica, quale sarebbe la novità rispetto alla situazione attuale in Italia?

Osserviamo la struttura!

Nel dialogo sopra, osserva le parole in grassetto e completa le seguenti attività.

1. Find the sentences introduced by *se + indicativo*. In the second part of the sentences, is the verb in the **indicativo** or **congiuntivo**? Do you think each entire sentence introduced by *se + indicativo* expresses a realistic situation or one that might never happen?

2. Does the underlined phrase in the following sentence indicate something that is likely, possible, or improbable?
   Se diventassi un politico, cambierei tante cose.
   If I became a politician, I would change many things.

3. Can you explain why the **congiuntivo trapassato** and the **condizionale passato** are used in the following sentence? What does the use of those tenses imply or convey?
   Se lo **avessi saputo** prima, **avrei cercato** le informazioni.
   If I had known (it) earlier, I would have looked for the information.

Cosa farei se fossi milionario?

© dimich_32/Fotolia

Il periodo ipotetico (If-clauses)

A. The **periodo ipotetico** (*hypothetical construction* or *if*-clause) consists of two parts:

- a **frase subordinata** (*dependent clause*), introduced by **se** (*if*), which expresses a hypothetical situation or condition.
- a **frase principale** (*independent clause*) expressing the consequence.

Frase subordinata (If-clause)	Frase principale (Independent clause)
Se vai a Roma,	vedrai il Colosseo e tanti altri monumenti famosi.
If you go to Rome,	*you will see the Colosseum and many other famous monuments.*

B. There are three types of **periodo ipotetico: reale** (*realistic, very likely to happen*), **possibile** (*possible, even if imaginary*), and **irreale** (*unrealistic, impossible, contrary-to-fact*).

- The **periodo reale** is generally formed with the indicative mood in both the main and the dependent clauses.

  reale: Se **vai** su Internet, **trovi** delle informazioni per visitare il Quirinale.
  *If **you go** on the Internet, **you'll find** information about visiting the Quirinale.*

- The **periodo possibile** is formed with the **congiuntivo imperfetto** in the dependent clause which is introduced by **se,** and with the **condizionale presente** in the main clause.

  possibile: Se io **diventassi** un politico, **cambierei** tante cose.
  *If I **became** a politician, I **would change** many things.*

- The **periodo irreale** (or **impossibile**) is usually formed with the **condizionale passato** (or **composto**) in the clause introduced by **se** and the **congiuntivo passato** in the main clause.

  irreale: Se **avessi controllato**, forse **avremmo visitato** il Quirinale oggi.
  *If you **had checked**, maybe **we would have visited** the Quirinale today.*

C. The following table shows the use of tenses and moods for each example in the **periodo ipotetico.**

Frase subordinata (if-*clause*) (*hypothesis, condition*)			Frase principale (*consequence*)
reale		indicativo (*present, future, past*)	indicativo (*present, future*) / imperativo
possibile	**Se +**	congiuntivo imperfetto	condizionale presente
irreale		congiuntivo trapassato	condizionale passato / presente

   reale: Se **studiate** la storia italiana, **imparate** (o **imparerete**) tante cose interessanti.
       *If **you study** Italian history, **you'll learn** many interesting things.*

   reale: Se **vai** a Roma, **va'** a visitare il Quirinale!
       *If **you go** to Rome, **go** visit the Quirinale!*

       Se **hai studiato** per l'esame, sicuramente **prenderai** un bel voto.
       *If **you studied** for the exam, surely **you will get** a good grade.*

   possibile: Se tu **fossi** un politico, cosa **faresti**?
       *If you **were** a politician, what **would you do**?*

irreale:	Se lo **avessi saputo** prima, **avrei cercato** delle informazioni.
	*If **I had known** earlier, **I would have looked for** some information.*
irreale:	Se tu **avessi studiato** scienze politiche, adesso **potresti** essere un diplomatico.
	*If you **had studied** political science, now **you could** be a diplomat.*

As shown in the last two examples, the main clause of the **periodo ipotetico irreale** can have a **condizionale passato** or **presente**. However, in both cases, the hypothesis is unrealistic and contrary-to-fact.

Pratichiamo!

12-7. La coppia giusta. Accoppia le frasi delle due colonne per creare un **periodo ipotetico** completo. Poi indica se il periodo ipotetico che hai formato è **reale, possibile** o **irreale**.

A

1. _____ Se io sono in Italia l'anno prossimo per le elezioni,
2. _____ Ragazzi, se andate a scuola,
3. _____ Se hai delle proposte per la città,
4. _____ Se tutti rispettassero la legge,
5. _____ Se il governo fosse caduto l'anno scorso,
6. _____ Se noi fossimo andati in Italia nel 2011,
7. _____ Se loro andassero a Roma,
8. _____ Se io vedessi un dibattito politico,

B

a. il mondo sarebbe migliore.
b. non capirei niente.
c. vado a votare.
d. fai una petizione e vai dal sindaco!
e. andrebbero a visitare il Quirinale.
f. sarebbe stato un disastro per gli italiani.
g. avremmo partecipato al 150° anniversario dell'Unità.
h. studierete il Risorgimento.

12-8. Quanti "se". Coniuga i verbi in parentesi dei seguenti **periodi ipotetici.**

1. Se in Italia ci fossero meno partiti politici, il governo _____ (funzionare) meglio.
2. Se tutti _____ (votare) "Sì" alle prossime elezioni, la riforma sarà approvata.
3. Se lui _____ (rispettare) le leggi, non avrebbe avuto tanti problemi.
4. Se io _____ (studiare) giurisprudenza, sarei sicuramente entrato in politica.
5. Se il governo passerà la riforma sulla privatizzazione, _____ (essere) una vittoria per quel partito.
6. Se ci sono le elezioni, (tu) _____ (andare) a votare! È un tuo dovere civico.
7. Se voi _____ (venire) con me a Roma il mese scorso, avreste visitato i sette colli.
8. Se noi conosciamo bene la Costituzione, _____ (sapere) bene quali sono i nostri diritti e doveri.

NOTA CULTURALE

In **Italia** le persone vanno alle urne il sabato e la domenica. In Italia, come in altri Paesi, le scuole ospitano le sedi elettorali. Votare è considerato un dovere civico.

© Lupoalb68/Dreamstime

12-9. **In altri "periodi".** Trasforma ogni frase negli altri due periodi ipotetici.

> Esempio   Se *studio* la storia italiana, *imparo* molte cose interessanti.
>
> Se *studiassi* la storia italiana, *imparerei* molte cose interessanti.
>
> Se *avessi studiato* la storia italiana, *avrei imparato* molte cose interessanti.

1. Se *vai* su Internet, *trovi* delle informazioni sulla storia dell'inno nazionale e del tricolore.
2. Se il popolo *elegge* quel partito, molti *saranno* contenti.
3. Se tu *avessi lavorato* all'ambasciata americana di Roma, *avresti fatto* una bella esperienza.
4. Se voi *conosceste* diverse lingue, *potreste* lavorare al Ministero degli Esteri.
5. Se *dici* sempre la verità, non *avrai* mai problemi.
6. Se lo Stato *abolisce* qualche tassa, la gente è felice.
7. Se ci *fosse* una crisi, *andremmo* alle urne.
8. Se ci *incontriamo* in Piazza del Popolo, *vediamo* i luoghi dove è stato girato il film *To Rome with Love*.

12-10. **Cosa fai se...** A coppie, dite al vostro compagno/alla vostra compagna cosa fate se le seguenti condizioni, o altre create da voi, si verificano. Usate il **periodo ipotetico reale**.

> Condizioni: finire di studiare presto oggi   prendere una "A" in tutti i corsi
>
> risparmiare molto durante l'anno   vedere un gatto nero che vi passa davanti
>
> Esempio   **S1:** *Se oggi torno presto dall'università, vado a fare una passeggiata. E tu?*
>
> **S2:** *Se...*

12-11. **Immaginiamo.** A coppie, dite al vostro compagno/alla vostra compagna cosa fareste o cosa succederebbe se le seguenti condizioni, o altre create da voi, si verificassero. Usate il **periodo ipotetico possibile**.

> Condizioni: vincere la lotteria   vivere in un altro Paese
>
> diventare un politico   incontrare il presidente del tuo Paese
>
> Esempio   andare a Roma
>
> *Se io* **andassi** *a Roma,* **andrei** *a visitare il Palatino.*

12-12. **Cosa avresti fatto se...** In gruppo, chiedete cosa ognuno di voi avrebbe fatto diversamente da quello che ha fatto. Raccogliete le informazioni e poi fate un resoconto alla classe. Usate il **periodo ipotetico irreale**.

> Esempio   *non studiare in questa università*
>
> Cosa avresti fatto se non **avessi studiato** in questa università?

NOTA CULTURALE

Roma fu costruita sui sette colli che si trovano a est del Tevere e che rappresentano il cuore di Roma. La tradizione dice che Roma fu fondata da Romolo sul Palatino.

© Cengage Learning 2015

Un grande problema!

Ascolta e/o leggi il dialogo e rispondi alle domande.

Carla è in Piazza del Popolo e aspetta Leonardo.

Leonardo: Ciao Carla, scusa il ritardo ma ho un grande **problema**. Non trovo la tessera elettorale e fra pochi giorni c'è il referendum sulle riforme dell'università. Sono in una **crisi** totale. E poi un gatto nero mi ha attraversato la strada!

Carla: Ma voi **uomini**, dove avete la testa? E non mi dire che sei anche superstizioso[1]! Comunque, non mi sembra un **dilemma**.

Leonardo: Per me è un **dramma**. I referendum sono importantissimi perché è il popolo che decide. Devo trovare un **sistema** per richiedere un'altra tessera. Se non voto a questo referendum, non me lo perdonerò mai.

Carla: Non fare queste **ipotesi** negative! Se vai all'ufficio comunale puoi richiedere un duplicato. Forse ti posso dare una **mano**. Conosco un **uomo** che lavora all'ufficio comunale e che ti potrà aiutare. *[Ironically]* Prendiamo il coraggio a **due mani** e andiamoci subito. Su con la vita e non facciamo **drammi**!

Leonardo: Come sei spiritosa[2]!

Piazza del Popolo è una delle più celebri piazze di Roma. Spesso luogo di manifestazioni, in questa piazza è stata anche girata una scena del film *To Rome with Love* di Woody Allen.

[1]*superstitious* [2]*funny*

Comprensione

Rispondi alle seguenti domande con frasi complete ed elaborate.

1. Quale problema ha Leonardo?
2. Quali sono le ipotesi negative che fa Leonardo?
3. Come può aiutarlo Carla?
4. Dove vanno Carla e Leonardo?

Osserviamo la struttura!

Nel dialogo sopra, osserva le parole in grassetto e completa le seguenti attività.

1. Can you tell what the gender of the word **problema** is? How can you determine it? Can you find other words ending in **-ma** and having the same gender as the noun **problema**?
2. Can you determine the gender of the word **ipotesi**? What parts of the phrase can help you determine the gender?
3. What is the gender of the following two words? Can you provide their plural form?
   a. **mano**: m. *or* f., plurale: _____   b. **uomo**: m. *or* f., plurale: _____

NOTA CULTURALE

La **tessera elettorale** — Gli italiani hanno diritto a votare a cominciare dall'età di 18 anni. Per votare gli elettori devono mostrare un documento d'identità e la tessera elettorale personale che viene spedita a ogni cittadino. Dal 2002 anche gli italiani residenti all'estero possono votare per corrispondenza.

Sostantivi irregolari e suffissi (*Irregular nouns and suffixes*)

Che gelida manina.

© altafulla/ShutterStock

Sostantivi irregolari

In **Capitolo 1** we learned gender (masculine, feminine) and number (singular, plural) of nouns as summarized in the following table.

Sing. → Pl.	Singolare (*s.*)	Plurale (*pl.*)
-o → -i	il vot**o** il partit**o**	i vot**i** i partit**i**
-a → -e	la bandier**a** la fest**a**	le bandier**e** le fest**e**
-e → -i	la legg**e** (*f.*) il consol**e** (*m.*)	le legg**i** i consol**i**

- Some nouns are irregular when they change from the singular to the plural form. For example, the noun **uomo** (*man*) changes to **uomini** (*men*) in the plural.

  un **uomo** → due **uomini**

- Some Italian singular masculine nouns end in -a. Some of them end in -**ma** because of their Greek origins. Their plural form ends in -**i** like all masculine nouns. Most of these nouns have English cognates.

  il poet**a** → i poet**i**   il problem**a** → i problem**i**

  il sistem**a** → i sistem**i**   il dramm**a** → i dramm**i**

  il poem**a** → i poem**i**   il dilemm**a** → i dilemm**i**

- The noun **mano** (*hand*) is feminine and its plural form is **mani** (*hands*): la man**o** → le man**i**
- The word **radio** (*radio*) is also feminine and its plural form is invariable: la radi**o** → le radi**o**
- The word **ala** (*wing*) is feminine but its plural, **ali,** is irregular: l'al**a** → le al**i**
- Singular nouns ending in -**si** are feminine and invariable. They do not change in the plural form.

  la te**si** → le te**si**   l'ipote**si** → le ipote**si**   la cri**si** → le cri**si**

- Remember that nouns ending with an accent (*città, università, caffè*) and foreign words do not change in the plural form.
- We also learned that some masculine nouns become feminine in the plural form (*il braccio / le braccia, il ditto / le dita*), etc.

Suffissi

A. A **suffisso** (*suffix*) can be added to nouns and adjectives in order to modify their meaning and give a particular connotation such as size, age, affection, or contempt. Most often they are added to the end of the noun after dropping the final vowel. Other times the entire word changes.

- The suffixes -**ino**, -**etto**, -**uccio** express smallness or affection, while the suffix -**one** indicates largeness.

  una mano → una man**ina** (*a small hand*)   una casa → una cas**etta** (*a small house*)

  un ragazzo → un ragazz**ino** (*a young boy*)   un uomo → un om**one** (*a big man*)

  un bacio → un bac**etto** / bac**ino** (*a small kiss*) / un bac**ione** (*a big kiss*)

- The suffix -**accio** expresses contempt or something bad.

  un ragazz**accio** (*a bad boy*)   una parol**accia** (*a bad word*)   una giornat**accia** (*a bad day*)

B. The **suffissi** are often used when speaking to children and in fairy tales but they are also common in lyrics and poems.

Biancaneve entrò nella cas**etta** dove c'era una tavola apparecchiata con sette piatt**ini**, sette bicchier**ini**, sette cucchia**ini** e sette forchett**ine**.

"Che gelida man**ina**" è una famosa aria di Puccini in *La Boheme*.

"Un bacio piccol**ino**, come questa tua bocc**uccia**", è un verso di una poesia di D'Annunzio.

*Snow White entered the **house** where there was a table set with seven **little plates**, seven **little glasses**, seven **little spoons** and seven **little forks**.*

*"What a cold **little hand**" is a famous aria in Puccini's La Boheme.*

*"A **little kiss**, like this your **little mouth**" is a line from a poem by D'Annunzio.*

- Remember that we also learned the use of the suffix **-issimo** as **superlativo assoluto**.

  Roma è una città **bellissima**.   *Rome is a **very beautiful** city.*

C. Be aware that suffixes cannot be used with every noun because, in certain cases, they completely change the meaning. Always check the dictionary before using a suffix you are unsure about.

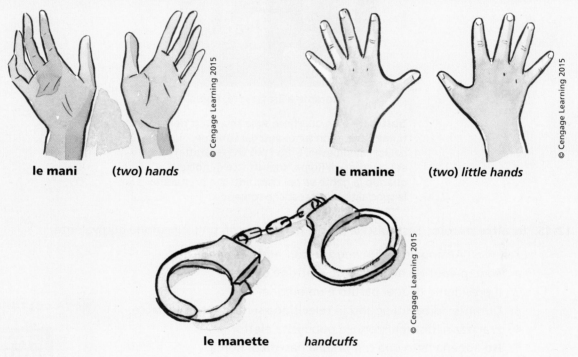

le mani   (two) hands   **le manine**   (two) little hands

le manette   handcuffs

Pratichiamo!

12-13. Manca qualcosa. Completa le seguenti frasi con l'articolo determinativo e fai l'accordo tra sostantivo e aggettivo.

1. _____ sistema politic_ italian_ è divers_ da quello americano.
2. _____ tesi che ho scritto sul Risorgimento è lung_ ma molto interessant_.
3. _____ ipotesi che hai fatto sul futuro del governo italiano è molto realistic_.
4. _____ programma televisiv__ di stasera parla dell'Unificazione d'Italia.
5. _____ radio che volete comprare sono molto costos_.
6. _____ crisi economic_ degli ultimi anni ha colpito molti Paesi.
7. Se perdiamo il referendum, restiamo con _____ mani legat_.
8. _____ problem_ politic_ sono diffici_ da risolvere.

12-14. Non tanti ma solo uno. Cambia le seguenti frasi dal plurale al singolare.

1. Gli uomini italiani parlano spesso di politica.
2. Quali sono i programmi per i prossimi referendum?
3. Se le tue ipotesi sono vere, lo Stato supererà le prossime crisi.
4. Poveri uccellini. Hanno le ali spezzate.
5. Complimenti! Stringiamo le mani dei vincitori.
6. Le radio italiane trasmettono sempre i risultati delle votazioni.
7. Quali sono i loro dilemmi?
8. I sistemi governativi di quei Paesi sono diversi.

NOTA CULTURALE

Un ristorante a Trastevere, Roma

Trastevere è un quartiere sulla riva ovest del fiume Tevere con tante vecchie stradine, vicoli e palazzi medioevali. È tra i più vivi e caratteristici dei quartieri di Roma, soprattutto di notte quando la gente va nei ristoranti che preparano le specialità caratteristiche romane.

© Tupungato/ShutterStock

12-15. In altre parole. Sostituisci le parole in corsivo con un'espressione equivalente.

Esempio   All'angolo c'è un *negozietto*. → **piccolo negozio**

1. Sono pieno! Ho mangiato un *piattone* di pasta.
2. Il presidente di quel partito è un *omone*.
3. Durante i dibattiti politici in televisione sento tante *parolacce*.
4. I *ragazzini* distribuiscono la pubblicità elettorale.
5. Ho appena letto una *tesina* sulla nascita di Roma.
6. Ieri ho dimenticato di dirti una *cosuccia*.
7. Per andare da Piazza di Spagna all'ambasciata americana, prenda quella *stradina* a destra.
8. A Trastevere ci sono dei *ristorantucci* stupendi.

12-16. Facciamo due chiacchiere. A coppie, rispondete alle seguenti domande e poi riferite le risposte del compagno/della compagna alla classe.

1. Se hai un problema, con chi ne parli?
2. Quali uomini della storia ammiri? Perché?
3. Hai un sistema per studiare? Quale?
4. Su cosa scriverai la tua tesi?

12-17. Una bella figura o una figuraccia (*A good or a bad impression*). A coppie, raccontate di una bella figura e una brutta figura che avete fatto. Se aveste fatto qualcosa diversamente, cosa sarebbe cambiato?

NOTA CULTURALE

BEPPE SEVERGNINI
LA BELLA FIGURA

AN INSIDER'S GUIDE TO THE ITALIAN MIND

Il concetto di **bella figura** è molto importante per gli italiani e vuol dire fare una buona impressione agli altri. Molti libri sono stati scritti su questo argomento. Il contrario di una bella figura è una **figuraccia** o **brutta figura**.

Jacket Cover copyright © 2006 by Broadway Books, a division of Random House, Inc. from LA BELLA FIGURA A FIELD GUIDE TO THE ITALIAN MIND by Beppe Severgnini, translated by Giles Watson. Used by permission of Broadway Books, a division of Random House, Inc.

12-18. I cervelloni! In gruppo, cercate di rispondere alle seguenti domande (e aggiungete quelle che volete) senza guardare sul libro. Chi di voi risponde a più domande vince il titolo di "cervellone".

- Descrivi i rami del governo italiano.
- Qual è la figura politica più importante in Italia?
- Il Presidente della Repubblica è un uomo o una donna?
- Quali colori ha la bandiera italiana?
- Se il governo va in crisi, cosa succede?

12-19. Un giretto (*little tour*) in moto. Avete mai fato un giro in motocicletta? Dove siete andati? Com'è stata l'esperienza? Se poteste andare in giro per Roma in moto, dove andreste? Usate questa mappa per descrivere un giretto che fareste a Roma. Indicate le stradine che vorreste percorrere, il ristorantino in cui andreste a mangiare una cenetta squisita con i vostri amici, ecc. Se avete accesso a Internet potete cercare una mappa più dettagliata. Fate una breve conversazione commentando il vostro itinerario e le cose che fareste.

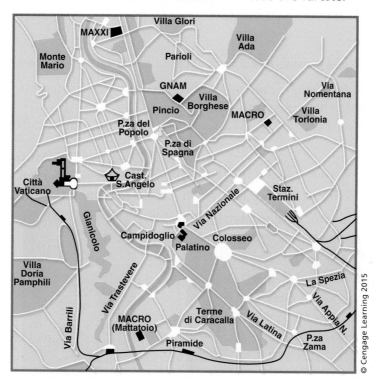

12-20. Elsa Morante. Leggi la biografia di Elsa Morante. Trova tutti i sostantivi irregolari e quelli con i suffissi. Poi rispondi alle domande che seguono.

Elsa Morante è stata una famosissima scrittrice italiana nata a Roma nel 1912, da madre ebrea e padre cattolico. Nel 1941 ha sposato lo scrittore Alberto Moravia, anche lui ebreo. Verso la fine della seconda guerra mondiale, a causa della persecuzione fascista, tutti e due scapparono sulle montagne a Fondi della Ciociaria. Quell'esperienza, i drammi vissuti e le crisi causate dalla guerra sono stati l'ispirazione sia di un bellissimo e famoso libro di Moravia, *La Ciociara*, sia di *La Storia* di Elsa Morante, pubblicato nel 1974 e diventato un bestseller in Italia. La Morante e Moravia si sono separati nel 1962 e lei è morta a Roma nel 1985. Nella prossima sezione, tratto da *La Storia*, leggerete un brano che parla dell'avventura di un ragazzino.

1. Dove e quando è nata la Morante?
2. Secondo te, perché la biografia parla di drammi e crisi? A cosa si riferisce?
3. Com'è stato ricevuto il suo libro *La Storia* dalla critica e dai lettori?

LEGGIAMO!

Reading Strategy: Reading Italian Literature

Some reading strategies that you've already learned in Italian and in your own language that are useful for reading Italian literature are:

❭ Learn a little about the author and his or her life.

❭ Learn about social and cultural background of the text.

❭ Enter the historical reality of the book; don't read from your present day perspective.

Here are additional tips to help you read in Italian.

❭ In Italian, the historical past **(passato remoto)** is most often used in place of the **passato prossimo**. You'll need to recognize the infinitive of the verb to determine the meaning.*

❭ Try to understand unfamiliar words from the context and don't focus on words you don't know unless they repeat or seem critical to comprehension.

❭ Summarize difficult passages in your own words before going forward.

*We will learn about the **passato remoto** in *Struttura 3*.

Pre-lettura

1. **Verbi.** Abbina i verbi al **passato remoto** con il verbo corrispondente al **passato prossimo**.

> ha risposto / si è accigliato / ha sollecitato / ha soggiunto / hanno fatto / è stato / ha rimormorato / ha dichiarato

a. _____ dichiarò

b. _____ fecero

c. _____ fu

d. _____ rimormorò (*to murmur again*)

e. _____ rispose

f. _____ si accigliò (*to frown*)

g. _____ soggiunse (*to add*)

h. _____ sollecitò (*to urge*)

2. Descrivete le seguenti foto. Date più dettagli possibili.

La Storia di Elsa Morante

Useppe is a young boy who is developmentally impaired and who has rarely been outside of his home in Rome. His mother is a school teacher. One day, his older and worldly half-brother Nino (Ninnarieddu, Ninnuzzu) takes him on a wild motorcycle ride all through Rome.

   La partenza fu strepitosa°; e il viaggio, un vero raid° fantascientifico per Useppe! Fecero tutto il centro storico, da Piazza Venezia a Piazza del Popolo, e poi a via Veneto, Villa Borghese, e poi di nuovo indietro Piazza Navona, e il Gianicolo, e San Pietro! Si scaraventavano° per tutte le strade

very noisy / sport race

flung themselves

© Josef Kubes/Dreamstime.com

Piazza Venezia è situata ai piedi del Campidoglio. Il monumento a Vittorio Emanuele II fu eretto tra il 1855 e il 1911 per glorificare l'unità nazionale.

con un rumore gigantesco, perché Ninnarieddu, per far sentire chi era lui, aveva abolito° il sistema della marmitta°. E al loro passaggio la gente scappava da tutte le parti sui marciapiedi, e protestavano, e le guardie fischiavano. Useppe non aveva mai conosciuto quei quartieri°, che in un ciclone risplendente correvano addosso alla motocicletta di Nino, come a una sonda spaziale° lanciata attraverso i pianeti. A voltare° gli occhi in alto, si vedevano statue volare con le ali° distese fra le cupole e le terrazze, e trascinare° i ponti in corso con le tuniche° bianche al vento. E alberi e bandiere giostrare°. E personaggi mai visti, sempre di marmo bianco, in forma d'uomo e di donna e d'animale, portare i palazzi, giocare con l'acqua, suonare trombe d'acqua, correre e cavalcare° dentro alle fontane e appresso° alle colonne. Useppe, proprio ubriacato° dal piacere dell'avventura, accompagnava il tuono del motore con uno scoppiettio° continuo di risate°. E quando Nino fece per posarlo° giù, si accigliò° e aggrappandosi° alla macchina lo sollecitò° "Ancòa!°" ... "Ancòa! Ancòa!" gli rifece il verso, canzonandolo, Ninnuzzu, mentre ripartiva di volata per accontentarlo, "a' maschio, è ora che t'impari a dire l'erre!" poi, dopo la terza scarrozzata°, dichiarò: "Mò basta!... E me lo dai, un bacetto?" soggiunse per salutarlo, lasciandolo al portone. "Ancòa" rimormorò° Useppe, pur senza speranza, levando° gli occhi verso di lui. Però Nino stavolta°, definitivo, neanche gli rispose, chinandosi° senz'altro a dargli il bacetto di saluto.

to suppress, to disable / (motorcycle) muffler

neighborhoods

space probe

to turn, to look towards / wings / dragging / tunics flying flags competing

to straddle / close by

drunk or inebriated

crackling / laughs

*put him down / he frowned / clinging on to urged / **Ancora!***

ride

murmured again

raising / this time

leaning down

👥 Dopo la lettura

1. Guardando di nuovo la mappa a pagina 449, potete identificare alcuni luoghi che Useppe e Nino hanno visitato?

2. Useppe ha fatto, per la prima volta in vita sua, molte esperienze durante questo viaggio. Fate un elenco dei posti che ha visto e delle situazioni in cui si è trovato.

3. Cosa capite della personalità di Nino in base alle descrizioni in questo brano? Motivate la risposta con alcuni esempi.

4. Guardate di nuovo le foto a pagina 450. Come descrive queste statue Useppe? Come sono diverse le vostre descrizioni?

iLrn™

Share it! • • • **Villa Borghese.** Fai una ricerca su Villa Borghese, sulla galleria e sui giardini. Metti una foto con descrizione su *Share it!* e spiega la tua scelta. Leggi almeno una descrizione di un compagno/una compagna e fai un commento.

VOCABOLARIO

Gli italiani illustri

Guglielmo Marconi
(Premio Nobel, Fisica, 1909)

scienziato

Enrico Fermi (Premio Nobel, Fisica, 1938)

fisico

Luigi Pirandello
(Premio Nobel, Letteratura, 1934)

scrittore

Giulio Natta
(Premio Nobel, Chimica, 1963)

chimico

Maria Montessori
(Tre volte candidata al Nobel per la Pace)

medico, pedagogista, filosofa, scienziata

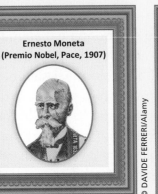

Ernesto Moneta
(Premio Nobel, Pace, 1907)

giornalista

Rita Levi-Montalcini
(Premio Nobel, Medicina, 1986)

medico e scienziata

Franco Modigliani
(Premio Nobel Economia, 1985)

economista

Molti italiani hanno meritato il Premio Nobel. Il più recente è stato riconosciuto nel 2007 a Mario Capecchi, nato a Verona ma residente in America, che ha vinto il premio per la fisiologia e la medicina.

La creatività	Creativity
la biografia	biography
il brevetto	patent
l'invenzione	invention
noto	well-known
rinomato	renowned
il sogno	dream
l'utopia	utopia

Le professioni	Professions
l'architetto	architect
l'artista	artist
l'attore/l'attrice	actor
l'astronomo	astronomer
l'atleta	athlete
il calciatore	soccer player
il cantante/la cantante	singer
il comico/la comica	comedian
l'inventore	inventor

il musicista/la musicista	musician
il regista/la regista	film director
lo scultore	sculptor

I verbi	Verbs
abbandonare	to abandon
comporre	to compose
fondare	to found
integrarsi	to integrate
inventare	to invent
ottenere (riconoscimenti)	to obtain (recognition)
raggiungere (successo)	to achieve (success)
realizzare	to fulfill
riconoscere	to recognize
risiedere	to reside
ritirarsi	to retreat / to withdraw
ritrovarsi	to find oneself
scoprire	to discover
sognare	to dream

Pratichiamo!

12-21. È / Era un grande... Completa le seguenti frasi con la professione del personaggio famoso.

1. Luciano Pavarotti era il tenore più famoso del mondo. Era un grande _____.
2. Sophia Loren ha recitato in moltissimi film. È una grande _____.
3. Michelangelo Buonarotti ha scolpito la famosa *Pietà* in San Pietro. Era un grande _____.
4. Roberto Baggio ha fatto gol in tre campionati di calcio del mondo. Era un grande _____.
5. Galileo Galilei era un fisico, matematico e filosofo. Era anche un grande _____, infatti ha avuto un ruolo molto importante nella rivoluzione astronomica.
6. Roberto Benigni, oltre a essere attore e regista, nel suo ruolo di Johnny Stecchino era molto divertente, davvero un grande _____.

12-22. Definizioni. Abbina la parola con la definizione.

1. _____ brevetto
2. _____ il sogno
3. _____ l'utopia
4. _____ la biografia
5. _____ noto
6. _____ rinomato

a. ben conosciuto
b. famoso, celebre
c. documento che attesta la paternità dell'invenzione
d. sequenza d'immagini durante il sonno
e. narrazione della vita
f. una società ideale immaginaria

12-23. Il sogno. Completa il seguente brano con il verbo coniugato scegliendo tra quelli offerti.

abbandonare / ha inventato / ha fatto / ha raggiunto / si è realizzato / ha riconosciuto / si è ritrovato / sognava

Roberto era un insegnante di scienze al liceo che _____ (1) di integrarsi nel mondo scientifico. Un giorno _____ (2) un colloquio di lavoro in una grande ditta ed è stato assunto. Roberto ha deciso di _____ (3) la sua carriera per seguire il suo sogno. Con questo nuovo lavoro, Roberto _____ (4) in un mondo bellissimo per il quale si era preparato tutta la vita. _____ (5) quasi subito il successo con una sua invenzione. Roberto _____ (6) un marchingegno (*sophisticated tool*) che organizzava i cassetti (*drawers*). La ditta l' _____ (7) con un premio. Roberto è diventato un personaggio famoso e il suo sogno _____ (8).

12-24. Gli italiani nel mondo. Più di quattro milioni di italiani che hanno conservato la cittadinanza italiana sono residenti all'estero. I continenti più popolari sono l'Europa e l'America. A coppie, date minimo quattro motivi per cui gli italiani scelgono un continente straniero. Conoscete italiani che abitano nelle vostre città? Cosa sapete della loro decisione di vivere in un altro Paese? Come sono diversi i motivi da 100 anni fa?

12-25. Un'intervista. Conan O'Brien intervisterà un famoso personaggio italiano e ha chiesto al pubblico di esprimere la sua scelta per l'intervista e di giustificarla. A coppie, scegliete un personaggio italiano famoso e spiegate perché sarebbe la persona perfetta per l'intervista. Discutete alcune domande che vorreste che O'Brien facesse. Poi con la classe, votate chi ha scelto il personaggio più interessante.

12-26. Nord America. Nel Nord America ci sono molti italiani di seconda e terza generazione che sono famosi. Chiedete a tre compagni di nominare una persona e di spiegare chi è e perché è conosciuta. Con la classe, decidete chi sono le persone più menzionate e in quali campi lavorano.

Prima di tutto... Come si chiama l'inno nazionale del tuo Paese? Chi l'ha scritto? Quando è stato scritto? Di che cosa parla? Sai come si chiama l'inno nazionale italiano?

Fratelli d'Italia	*Brothers of Italy,*
L'Italia s'è desta	*Italy has awoken,*
Dell'elmo di Scipio	*Bound Scipio's helmet*
S'è cinta la testa.	*Upon her head.*
Dov'è la vittoria?	*Where is Victory?*
Le porga la chioma,	*Let her bow down.*
Ché schiava di Roma	*For God created her*
Iddio la creò.	*Slave of Rome.*
Stringiamoci a coorte.	*Let us join in a cohort,*
Siam pronti alla morte.	*We are ready to die.*
Siam pronti alla morte,	*We are ready to die,*
L'Italia chiamò.	*Italy has called.*
Noi siamo da secoli	*We were for centuries*
Calpesti, derisi	*Downtrodden, derided,*
Perché non siam Popolo,	*Because we are not one people,*
Perché siam divisi.	*Because we are divided.*
Raccolgaci un'unica	*Let one flag, one hope*
Bandiera, una speme:	*Gather us all.*
Di fonderci insieme	*The hour has struck*
Già l'ora suonò.	*For us to unite.*

© Jim Barber/ShutterStock

Davvero?!

L'inno nazionale italiano, il cui titolo è *Il Canto degli Italiani*, conosciuto anche come *Fratelli d'Italia* o l'*Inno di Mameli*, è stato scritto nel 1847 da un giovane patriota genovese, Goffredo Mameli. Un altro genovese, Michele Novaro, ne compose la musica. Il testo commemora alcuni eroi della storia italiana, fin dai tempi romani. Hai letto sopra due strofe dell'inno. Riconosci qualche nome o qualche luogo? Qual è il messaggio principale? Il contenuto è simile o diverso dall'inno del tuo Paese?

 Chiacchieriamo un po'! Conoscete altri inni e il loro contenuto? Secondo voi, come dovrebbe essere oggi un inno nazionale e quale messaggio dovrebbe trasmettere? A coppie, scrivete qualche messaggio che vorreste sentire in un inno nazionale dei giorni nostri.

iLrn

Share it!•• **Un italo-americano famosissimo!** Cerca informazioni personali e professionali su Mike Bongiorno, un italo-americano che ha fatto carriera in Italia. All'inizio della sua carriera ha lavorato con la TV italiana con *Arrivi e partenze*. Scopri anche il contenuto del programma televisivo. Metti una foto e altre informazioni che trovi interessanti su *Share it!*

Furono tempi difficili.

3–30

Ascolta e/o leggi il dialogo e rispondi alle domande.

Carla e suo nonno sono a Viterbo, in Piazza Plebiscito, seduti al tavolino di un bar e chiacchierano del passato.

Nonno di Carla: Eh, quanti ricordi ho in questa piazza, l'infanzia, la guerra e tante altre cose.

Carla: Nonno, parlami dei tempi della guerra!

Nonno di Carla: Eh, **furono** tempi molto difficili. Molti uomini **partirono** per la guerra e tanti non **tornarono** mai più. Io ero molto piccolo quando **iniziò**.

Carla: Ricordi la fine della guerra?

Nonno di Carla: Oh certo, ricordo quando la guerra **finì**. Un giorno la radio **annunciò** la notizia e la **ripeté** durante tutta la giornata. Noi tutti eravamo contenti e **festeggiammo** per le strade e per le piazze. Ma anche il dopoguerra **fu** un periodo molto difficile per l'Italia, proprio come si vede nei film del Neorealismo.

Carla: E cos'altro ricordi?

Nonno di Carla: Ricordo quando si **fece** il referendum nel 1946 e l'Italia **diventò** una Repubblica. **Fu** un evento importante anche perché **fu** la prima volta che le donne **votarono** in Italia. Quel referendum **segnò** la fine di un'epoca e l'Italia **cominciò** una nuova vita. Dai, prendiamoci questo caffè e pensiamo al futuro.

Foto della corsa **"150 per il 150°"**, da Piazza Plebiscito di Viterbo al Quirinale, Roma, per celebrare i primi 150 anni dell'Unità nazionale nel 2011.

Comprensione

Rispondi alle seguenti domande con frasi complete ed elaborate.

1. Come ricorda il nonno i tempi della guerra?
2. Come hanno saputo gli italiani che la guerra era finita?
3. Cita due motivi per cui il referendum del 1946 fu molto importante.

Osserviamo la struttura!

Nel dialogo sopra, osserva le parole in grassetto e rispondi alle seguenti domande.

1. In general, does Carla's grandfather talk about a recent or a distant past?
2. Do the verbs in bold indicate a simple tense or a compound tense?
3. Some verb forms have an accent mark on the final vowel. First find them and then determine their subject pronouns.

NOTA CULTURALE

Il **Neorealismo** è stato un famoso movimento culturale italiano, nella prima metà degli anni cinquanta, che si è espresso soprattutto nella letteratura e nel cinema e che ha rappresentato l'Italia del dopoguerra. Tra i film più famosi ci sono *Ossessione*, *Ladri di biciclette*, *Roma città aperta* (nella foto) e *Miracolo a Milano*.

Passato remoto (Historical past)

The **passato remoto** (*historical past*) is a past tense used to describe completed actions that occurred in the distant past and have no continuing effect in the present. It is rarely used for everyday conversation unless the speaker refers to a very distant past.[1]

Le donne italiane **votarono** per la prima volta nel 1946.

A. The **passato remoto** is used when narrating historical events or biographies of famous people in history, and in literary works such as poems, novels, and fairy tales. It is often used in combination with the **imperfetto**.

Noi tutti <u>eravamo</u> contenti e **festeggiammo** per le strade e per le piazze.

*We <u>were</u> all happy and **celebrated** in the streets and in the piazzas.*

B. The following table shows how to form regular verbs in the **passato remoto**.

Il passato remoto dei verbi regolari			
	arrivare	**ricevere**	**scoprire**
io	arriv**ai**	ricev**ei** (ricev**etti**)	scopr**ii**
tu	arriv**asti**	ricev**esti**	scopr**isti**
Lei, lui/lei	arriv**ò**	ricev**é** (ricev**ette**)	scopr**ì**
noi	arriv**ammo**	ricev**emmo**	scopr**immo**
voi	arriv**aste**	ricev**este**	scopr**iste**
loro	arriv**arono**	ricev**erono** (ricev**ettero**)	scopr**irono**

Notice that verbs ending in **-ere** have two forms for **io, lui/lei,** and **loro**. Each form is considered acceptable usage.

Molti uomini **partirono** per la guerra e tanti non **tornarono** mai più.

*Many men **left** for the war and many never **came back**.*

C. Many verbs are irregular in the formation of the **passato remoto**. The following verbs are some of the most common:

Passato remoto dei verbi irregolari							
	bere	**comporre**	**dare**	**dire**	**essere**	**fare**	**stare**
io	bevvi	composi	diedi (detti)	dissi	fui	feci	stetti
tu	bevesti	componesti	desti	dicesti	fosti	facesti	stesti
Lei, lui/lei	bevve	compose	diede (dette)	disse	fu	fece	stette
noi	bevemmo	componemmo	demmo	dicemmo	fummo	facemmo	stemmo
voi	beveste	componeste	deste	diceste	foste	faceste	steste
loro	bevvero	composero	diedero (dettero)	dissero	furono	fecero	stettero

Giuseppe Verdi **compose** l'Aida, la Traviata e tante altre opere.

*Giuseppe Verdi **composed** Aida, La Traviata, and many other operas.*

[1]Its use varies by region. Central and Southern regions use it more than Northern regions.

1-3-3 pattern of verbs

A. Some irregular verbs follow the so-called **1-3-3 pattern**, because only the verb forms for **io, lui/lei,** and **loro** are irregular. If you know the infinitive of the verb and the verb form for the first person, it is easy to predict the other verb forms. The **tu, noi,** and **voi** forms are based on the stem of the verb and endings are those of regular verbs.[2]

Passato remoto con il modello 1-3-3			
		conoscere	**scrivere**
1	io	**conobbi**	**scrissi**
	tu	conoscesti	scrivesti
3	Lei, lui/lei	**conobbe**	**scrisse**
	noi	conoscemmo	scrivemmo
	voi	conosceste	scriveste
3	loro	**conobbero**	**scrissero**

B. The most common verbs following the 1-3-3 pattern are the following.

avere: io **ebbi**, tu av**esti**, lui/lei...

chiedere: io **chiesi**, tu chied**esti**, lui/lei...

decidere: io **decisi**, tu decid**esti**, lui/lei...

dipingere: io **dipinsi**, tu diping**esti**, lui/lei...

leggere: io **lessi**, tu legg**esti**, lui/lei...

mettere: io **misi**, tu mett**esti**, lui/lei...

nascere: io **nacqui**, tu nasc**esti**, lui/lei...

piacere: **piacque, piacquero**

prendere: io **presi**, tu prend**esti**, lui/lei...

rimanere: io **rimasi**, tu riman**esti**, lui/lei...

rispondere: io **risposi**, tu rispond**esti**, lui/lei...

sapere: io **seppi**, tu sap**esti**, lui/lei...

scendere: io **scesi**, tu scend**esti**, lui/lei...

sconfiggere: io **sconfissi**, tu sconfigg**esti**, lui/lei...

sorridere: io **sorrisi**, tu sorrid**esti**, lui/lei...

uccidere: io **uccisi**, tu uccid**esti**, lui/lei...

vedere: io **vidi**, tu ved**esti**, lui/lei...

vivere: io **vissi**, tu viv**esti**, lui/lei...

venire: io **venni**, tu ven**isti**, lui/lei...

vincere: io **vinsi**, tu vinc**esti**, lui/lei...

volere: io **volli**, tu vol**esti**, lui/lei...

Giulio Cesare **disse** *"Veni, vidi, vici"*
che in italiano vuol dire *"Venni, vidi, vinsi"*.

Shakespeare **scrisse** *Giulietta e Romeo*,
la storia di due giovani di Verona.

*Julius Caesar said, "Veni, vidi, vici," which,
in Italian, means "I came, I saw, I won."*

Shakespeare wrote Romeo and Juliet,
the story of two young people from Verona.

Come si dice *Once upon a time?*

iLrn Vai su iLrn per guardare la favola
di *Cappuccetto Rosso.*

C'era una volta is the typical phrase that starts a **favola** (*fairy tale*) in Italian.

C'era una volta una bambina che si chiamava Cappuccetto rosso.

Once upon a time *there was little girl whose name was Little Red Riding Hood.*

E tutti vissero felici e contenti (*And they all lived happily ever after*) is the ending phrase of an Italian **favola**.

Now you have the key elements to read and tell a **favola** in Italian.

[2]The dictionary will usually provide the first person of **passato remoto** if the verb follows the 1-3-3 pattern.

Pratichiamo!

12-27. Cenni di 150 anni di storia italiana. Completa le seguenti frasi con il **passato remoto** dei verbi regolari indicati in parentesi.

1. Nel Risorgimento gli italiani _____ (unirsi) e _____ (combattere) per l'Unità d'Italia.
2. Vittorio Emanuele II _____ (ricevere) il titolo di primo re d'Italia nel 1861.
3. L'Italia _____ (entrare) nella prima guerra mondiale, la Grande guerra, nel 1915.
4. La seconda guerra mondiale _____ (finire) nel 1945 quando in Italia _____ (arrivare) le truppe americane.
5. Gli italiani _____ (votare) per la Repubblica il 2 giugno 1946 e così _____ (abolire) la monarchia per sempre.
6. Dopo il referendum, il re d'Italia e tutta la sua famiglia _____ (andare) in esilio in un Paese straniero.
7. Le donne italiane _____ (potere) votare per la prima volta nel 1946.
8. Dal 1946 in poi gli italiani _____ (ricostruire) l'Italia, il Bel Paese.

12-28. Nostalgia dei tempi passati. Carla e suo nonno vanno a Rieti, dove lui ha dei ricordi molto particolari. Coniuga i verbi **irregolari** in parentesi al **passato remoto** per conoscere la sua storia.

Guarda Carla, io e tua nonna ci sposammo proprio in questa chiesetta, in Piazza San Rufo. La cerimonia _____ (1. essere) bellissima. Un mio amico _____ (2. comporre) perfino la marcia nuziale (*wedding march*). Alla festa noi tutti mangiammo e _____ (3. bere) per celebrare la nostra festa. Gli invitati ci _____ (4. dare) tanti regali. Per qualche anno noi _____ (5. stare) in una casetta piccolina ma accogliente. Dopo qualche anno a Rieti, tua nonna _____ (6. dire) che voleva andare a vivere a Viterbo. Allora noi _____ (7. fare) il trasloco (*move*) e da allora abbiamo sempre vissuto a Viterbo. Quegli anni _____ (8. essere) tra i più belli della mia vita.

12-29. Italiani famosi. Completa le seguenti descrizioni coniugando al **passato remoto** il verbo indicato e conoscerai alcuni italiani famosi non solo in Italia ma anche nel mondo.

1. Cristoforo Colombo _____ (chiedere) aiuto alla regina di Spagna che _____ (volere) aiutarlo. Lui _____ (avere) da lei tre navi con le quali _____ (arrivare) in America. Quando lui _____ (scendere) dalla nave e _____ (mettere) piede sulla terra ferma, _____ (baciare) il suolo.

2. Michelangelo, nato ad Arezzo, _____ (decidere) di trasferirsi a Roma nel 1496 e lì _____ (rimanere) per molto tempo. A Roma Michelangelo _____ (scolpire) la famosa Pietà e _____ (dipingere) la Cappella Sistina.

3. Goffredo Mameli e Michele Novaro _____ (nascere) a Genova, _____ (conoscersi) da bambini e grazie a loro _____ (nascere) l'inno nazionale italiano.

4. Giuseppe Verdi e Giacomo Puccini _____ (vivere) nello stesso periodo. Entrambi _____ (avere) molto successo e ognuno di loro _____ (comporre) famose opere musicali rappresentate in tutto il mondo.

5. Guglielmo Marconi _____ (creare) la prima radio. Ne _____ (mettere) un modello sul *Titanic* che _____ (permettere) di chiedere aiuto quando la nave _____ (avere) quel tragico incidente.

6. Antonio Meucci _____ (inventare) il telefono anche se Alexander Bell per molto tempo ne _____ (prendere) i meriti. Nel 2002 il Congresso degli Stati Uniti _____ (riconoscere) a Meucci quest'invenzione.

NOTA CULTURALE

Il 13 aprile negli Stati Uniti si festeggia il **Meucci Day**, in onore del bicentenario della nascita di Antonio Meucci.

© Mary Evans Picture Library / Alamy

12-30. Quiz di storia. A coppie e a turno, fate domande sulla storia, gli eventi e i personaggi famosi nella storia. Chi di voi è un esperto di storia?

Esempio   *Chi inventò il telefono?* oppure
          Chi fu il primo uomo ad andare sulla luna?

12-31. Raccontiamo favole. A coppie, preparate un breve riassunto di una favola che conoscete. Usate almeno otto frasi elaborate. Usate il **passato remoto** e l'**imperfetto**. Usate anche i **suffissi**.

12-32. Indoviniamo il personaggio famoso. In gruppo, create delle piccole biografie di personaggi famosi della storia senza rivelarne l'identità. I compagni del vostro gruppo devono indovinare il vostro personaggio. Poi, potete fare questa attività tra i gruppi della classe.

Essere uniti è importante.

3–31

Ascolta e/o leggi il dialogo e rispondi alle domande.

Leonardo e Carla sono in Piazza San Pietro per incontrare alcuni amici che sono arrivati dall'America per partecipare a un incontro dei "Giovani Italiani nel Mondo" a Roma.

© Banauke/ShutterStock

Carla: Mamma mia! Guarda che bello! Ci sono centinaia di giovani italiani da tutto il mondo. Adoro **vedere** queste cose. Voglio **andare** più vicino. Quando cominciano a **parlare**, temo di non **riuscire** a **sentire** niente.

Leonardo: Hai ragione, così possiamo **vedere** anche i nostri amici. Forse **fanno parlare** Marco. Speriamo di **riuscire** a **vederlo**.

Carla: Anche se vivono lontani e sparsi nel mondo, per loro **essere** uniti è molto importante. **Venire** in Italia per quest'occasione non sarà stato facile per tutti. Queste cose mi **fanno commuovere**.

Leonardo: Ma cosa fai? Inizi **a piangere**? Come sei sensibile!

Piazza San Pietro, a Roma, forse la più famosa piazza del mondo, è il punto d'incontro quotidiano sia per migliaia di fedeli cattolici sia per turisti curiosi provenienti da tutto il mondo. La piazza rappresenta il capolavoro architettonico di Bernini.

Comprensione

Rispondi alle seguenti domande con frasi complete ed elaborate.

1. Perché Carla vuole andare più vicino alla piazza?
2. C'è qualcuno che Carla e Leonardo conoscono a questo incontro?
3. Cosa è importante per gli italiani che vivono all'estero?
4. Perché Carla piange?

Osserviamo la struttura!

Nel dialogo sopra, osserva le parole in grassetto e completa le seguenti attività.

1. Find an example of each of the following structures in the dialogue.
   a. a verb immediately followed by an infinitive
   b. a verb followed by the preposition **a** + *infinitive*
   c. a verb followed by the preposition **di** + *infinitive*

2. Which of the underlined expressions corresponds to *let* and which to *make*?
   a. Forse (loro) <u>fanno</u> parlare Marco.
   b. Queste cose mi <u>fanno</u> commuovere.

3. Can you find in the dialogue at least one example where the infinitive functions as a noun?

L'**Associazione Giovani Italiani nel Mondo** (AGIM) ha lo scopo di riunire tutti i giovani italiani che vivono all'estero. L'associazione appoggia e aiuta questi giovani a restare in contatto con l'Italia e a costruire una comunità, una piazza per tutti.

© Giuseppe Celestino

L'uso dell'infinito (*Uses of the Infinitive*)

A. In Italian it is common to find a conjugated verb directly followed by an infinitive.

- The **infinito** immediately follows modal verbs, **volere, potere, dovere,** and verbs such as:

  adorare (*to adore / to love*)
  amare (*to love*)
  desiderare (*to desire*)
  odiare (*to hate*)
  preferire (*to prefer*)
  piacere (*to like*)

Essere o non **essere**? Questo è il problema.

Adoro **vedere** queste cose.	*I love **seeing** these things.*
Voglio **andare** più vicino.	*I want **to go** closer.*

B. The verb **fare** followed by an infinitive corresponds to the English construction *to make* or *let someone do something.*

Forse **fanno** parlare Marco.	*Maybe they'**ll let** Marco talk.*
Queste cose mi **fanno** piangere.	*These things **make** me cry.*

C. Some verbs require the preposition **a** or **di** before an **infinito.** The most common are:

Verbi + *a* + infinito		Verbi + *di* + infinito	
aiutare a	incoraggiare a	cercare di	permettere di
andare a	iniziare a	chiedere di	promettere di
cominciare a	persuadere a	consigliare di	ricordare di
continuare a	prepararsi a	decidere di	sognare di
convincere a	provare a	dire di	sperare di
divertirsi a	rinunciare a	finire di	suggerire di
imparare a	riuscire a	pensare di	temere di

D. The English construction *to be + adjective + infinitive,* in Italian is **essere + aggettivo + di + infinito.**

Io sono contento **di** vederti.	*I am happy to see you.*

E. The **infinito** can also be used as a noun or as an imperative.

Leggere è un bel passatempo.	***Reading** is a nice pastime.*
Scrivere poesie è molto bello.	***Writing** poems is very nice.*
Per domani, **studiare** l'uso dell'infinito!	*For tomorrow, **study** the use of the infinitive!*

Pratichiamo!

12-33. Con o senza? Completa le seguenti frasi con le preposizioni **a** o **di** se sono necessarie. Metti una **X** se la preposizione <u>non</u> è necessaria.

1. Leonardo vuole _____ incontrare i suoi amici che sono arrivati dall'estero.

2. I Giovani Italiani nel Mondo sperano _____ creare una comunità sempre più grande.

3. Le comunità italiane all'estero aiutano _____ promuovere la lingua e la cultura italiana.

4. Carla preferisce _____ organizzare una bella festa per gli amici che sono arrivati dall'estero.

5. Marco ama _____ rivedere gli amici italiani e già pensa _____ ritornare il prossimo anno.

6. La mia amica deve _____ trasferirsi in America perché va _____ lavorare per una multinazionale.

7. Gli organizzatori della riunione inizieranno _____ parlare verso le 6.00 e finiranno _____ salutare gli ospiti verso le 8.00.

8. Carla, ricordati _____ venire in piazza stasera per salutare i nostri amici che partono.

NOTA CULTURALE

Il 25 aprile in Italia si celebra la **Festa della Liberazione**, una festa nazionale che ricorda l'arrivo degli americani in Italia che insieme ai partigiani italiani hanno liberato l'Italia dalla dittatura fascista.

© SOTK2011/Alamy

12-34. Lo riconosci? Completa le seguenti frasi con il verbo **fare** e indica se corrisponde a *let* o *make*.

1. Le feste nazionali ci _____ ricordare la storia.

2. Il mio amico russa (*snores*) e non mi _____ dormire.

3. Il film di Benigni è bellissimo ma anche molto triste. Quando lo vedrete, vi _____ piangere.

4. Leonardo, tu e i tuoi amici siete molto simpatici. Ogni volta che vi vedo, voi mi _____ divertire.

5. Non ti _____ scappare questo lavoro all'estero! È una grande opportunità.

6. Incontrare i miei connazionali all'estero mi _____ commuovere sempre.

7. Noi siamo genitori molto comprensivi. A mio figlio, noi _____ decidere quello che vuole.

8. Carla, sei testarda e non mi ascolti mai. Tu mi _____ sempre arrabbiare.

12-35. Sostituzioni. Sostituisci le espressioni in corsivo con un **infinito**.

1. *La lettura* è il mio passatempo preferito.

2. *Il canto* è un mestiere.

3. *Il ricordo*, soprattutto quando si parla della storia, è importante per il futuro.

4. *Il viaggio* all'estero è costoso.

5. *Il ritorno* in Italia, per gli italiani che vivono all'estero, è un evento molto felice.

6. Per la prossima volta, *leggete* la storia del Risorgimento!

7. *Il voto* è un diritto di tutti i cittadini.

12-36. I tuoi gusti. A coppie, chiedete al vostro compagno/alla vostra compagna di indicare almeno due cose che **amate / odiate / desiderate** e **preferite** fare e perché. Il compagno riferirà alla classe quello che l'altro ha detto.

12-37. Progetti. A coppie e a turno, create delle frasi complete sul vostro futuro immediato con le seguenti espressioni.

Esempio   *La settimana prossima inizio ad andare in palestra perché voglio essere in forma. E tu?*

iniziare a

prepararsi a

finire di

decidere di

12-38. Come sei? In gruppo, fate ai vostri compagni le seguenti domande (o altre a vostra scelta) per scoprire la loro personalità.

> Cosa ti fa divertire?
>
> Cosa ti fa annoiare?
>
> Cosa ti fa innervosire?
>
> Cosa ti fa rilassare?
>
> Cosa ti fa arrabbiare?
>
> Cosa ti fa piangere?
>
> Cosa non ti fa dormire?
>
> Cosa ti fa passare l'appetito?
>
> Cosa ti fa venire l'acquolina in bocca?

NOTA CULTURALE

© Francesco83/ShutterStock

Gli spaghetti alla carbonara sono un piatto tipico romano a base di uova, pancetta e pecorino. Fanno davvero venire l'acquolina in bocca (*mouth watering*).

iLrn

Complete the diagnostic tests to check your knowledge of the vocabulary and grammar structures presented in this chapter.

Insieme in piazza!

Scegliete una delle seguenti situazioni e create una conversazione con il compagno/la compagna. Ricordate di usare le strutture imparate nel capitolo, ma non limitatevi solo a quelle.

Scena 1: Immaginate di essere in Piazza del Popolo, a Roma, e di assistere a una manifestazione ma non sapete se è pericoloso o no, se restare o se andare via. Volete visitare tanti posti oggi a Roma e dovete organizzarvi. Fate ipotesi e discutete le possibilità che avete.

Scena 2: Immaginate di essere in Piazza Navona (o un'altra piazza famosa di Roma) e di ammirare l'arte e l'architettura di questa piazza. Cercate di ricordare chi furono gli autori di queste opere d'arte. Quando non lo sapete, chiedete gentilmente le informazioni a un passante.

Scena 3: Create una situazione a vostra scelta in uno dei posti menzionati nel capitolo.

Presentazioni orali

A coppie, preparate una breve presentazione orale su uno dei seguenti argomenti oppure decidete voi un argomento presentato nel capitolo, dalle note culturali, dalle attività, dagli *Share it!*, oppure un argomento a vostra scelta. Trovate informazioni semplici (biografiche, geografiche, storiche, culinarie) che possono essere accompagnate da immagini e presentate alla classe in modo interattivo come un PowerPoint o un video.

1. Eros Ramazzotti, nato a Roma nel 1963, è uno dei più grandi cantautori italiani.

2. Campo dei Fiori a Roma, oggi è un vivacissimo mercato all'aperto.

3. La Necropoli Etrusca di Tarquinia, in provincia di Viterbo

Scriviamo!

Scrivi una breve biografia di un italiano famoso che abita ancora in Italia oppure all'estero.

> **Writing Strategy: Writing a Biography**
>
> In addition to basic facts about a person and his/her family information, a biography should include:
>
> > Major events of his/her life   > His/Her impact on society
>
> > Lifetime accomplishments   > What makes this person special
>
> Choose as a subject of a biography a person you think is interesting. Find out something about him/her that you didn't expect to learn (who, what, where, when, why). It will help make a good story.

1. Brainstorming

Pensate a italiani famosi del passato o del presente, in Italia o in altri Paesi (italo-canadesi, italo-americani, ecc.) e fate una lista di tutte le persone a cui potete pensare. Poi scegliete il personaggio che vi interessa di più. Se non conoscete nessuno, potete riferirvi ai personaggi menzionati nelle note culturali o nella sezione *Tiriamo le somme*.

Italiani in Italia	Italiani all'estero

2. Organizzazione

a. Cosa sapete già e cosa volete imparare del personaggio che avete scelto? Scrivete appunti nelle seguenti categorie:

   Infanzia   Amore   Lavoro   Politica   Momenti difficili   Altro

b. Ognuno di voi fa una breve bozza (*outline*) in ordine cronologico della vita di questa persona prima di scrivere la composizione.

3. Scrittura libera

Scrivi 14–16 frasi che descrivano la vita del personaggio e che rispondano agli appunti scritti nell'*Organizzazione*.

4. Prima correzione

Scambiate le frasi con un'altra persona e rispondete alle domande.

a. Questo personaggio ti sembra interessante?

b. Hai imparato qual è stata la sua influenza nella società? Sugli altri?

c. Ha usato molti aggettivi per descrivere questa persona? Quali?

d. Quali esempi ha dato per mostrare l'importanza di questa persona?

e. Quali eventi della sua vita hanno contribuito alla sua formazione?

f. Se questa persona non fosse vissuta, come sarebbe il mondo oggi?

5. Finale

Con le informazioni più interessanti che hai raccolto, scrivi una biografia di due pagine sul personaggio scelto. Inizia con un evento o fatto interessante che attiri il lettore per non iniziare con dati biografici. Cerca di scrivere in ordine cronologico. Concludi con una sorpresa, informazioni interessanti che hai scoperto. Includi una fotografia del personaggio nel saggio.

● L'Italia e gli italiani nel mondo

Prima della visione

A. La coppia giusta. Abbina le parole alle definizioni.

1. chiusura mentale
2. conservatorismo
3. fattore chiave
4. piantare un seme
5. sprechi
6. campi di concentramento
7. prigioniero
8. indennizzo

a. iniziare qualcosa
b. corrente politico-culturale
c. rifiuto di capire e di conoscere
d. aiuto
e. luoghi di tortura e sterminio
f. cose non necessarie
g. cosa molto importante
h. persona non libera

B. Amici. Il signor Giorgio (a sinistra) e il signor Franco (a destra) sono molto amici ma, secondo te, vanno d'accordo quando parlano di politica? Sapresti individuare la tendenza politica di ognuno di loro semplicemente guardando la foto? Secondo te, sono soddisfatti della politica italiana?

© Cengage Learning 2015

Durante la visione

Guarda il video due volte. La prima volta, fai attenzione al significato generale. La seconda volta, completa le seguenti attività.

C. Di cosa parlano? Abbina le persone con l'argomento di cui parlano.

1. Giada
2. Il signor Giorgio
3. Il signor Franco

a. la cosa principale è la riforma elettorale
b. l'importanza di creare posti di lavoro
c. un personaggio italiano che ammira è Rita Levi-Montalcini

D. Chi lo dice? Indica con una **X** le persone che dicono queste cose.

	Giada	Il signor Giorgio	Il signor Franco
1. Uno dei problemi nella politica italiana è la chiusura di mentalità.			
2. È di sinistra.			
3. È moderato.			
4. È meglio evitare di parlare di politica perché si finisce in discussioni animate.			
5. Ai partiti non interessa il bene del Paese.			
6. Suo padre ebbe un indennizzo dal governo tedesco.			
7. Suo padre non parlava molto della guerra.			
8. Bisogna educare i bambini alla sensibilizzazione.			

Dopo la visione

E. Comprensione. Rispondi alle seguenti domande con frasi complete.

1. Cosa farebbe Giada se fosse in politica?

2. Perché Giada ammira Rita Levi-Montalcini?

3. Su quali temi il signor Franco e il signor Giorgio vanno d'accordo?

4. Cosa cambierebbe il signor Giorgio nella politica italiana? E il signor Franco?

5. Cosa successe al padre del signor Franco durante la seconda guerra mondiale?

6. Che tipo di esperienza ebbe il padre del signor Giorgio durante la seconda guerra mondiale?

F. Facciamo un'intervista! Immagina di intervistare il signor Franco e di chiedergli cosa ricorda dell'Italia della sua infanzia e/o giovinezza. Quali domande gli faresti? E lui come risponderebbe? Con un compagno/una compagna, create un'intervista e poi recitatela alla classe.

© Cengage Learning 2015

(iLrn)

Share it!••• Rita Levi-Montalcini. Cerca su Internet informazioni su Rita Levi-Montalcini, sulla sua biografia e sulle scoperte che ha fatto nel campo della medicina. C'è una persona del tuo Paese a cui paragoneresti Rita Levi-Montalcini? Metti sul blog le informazioni e le foto che trovi più interessanti. Poi guarda i post dei tuoi compagni e indica quello che ti piace di più.

Il governo e la politica — *Government and Politics*

la cabina elettorale	*voting booth*
il candidato/la candidata	*candidate*
la corruzione	*corruption*
la costituzione	*constitution*
la democrazia	*democracy*
il dibattito	*debate*
il divieto	*prohibition*
gli elettori	*voters*
le elezioni	*elections*
la legge	*law*
la legislatura	*legislature*
la maggioranza	*majority*
il ministero	*ministry / high office*
l'opposizione	*opposition*
il partito	*political party*
la riforma	*reform*
il seggio elettorale	*polls*
il sistema	*system*
il socialismo	*socialism*
la tessera elettorale	*voter identification card*
le urne	*polls*
il voto	*vote*

150° anniversario dell'Unità d'Italia — *150th Anniversary of the Unification of Italy*

la bandiera / il tricolore	*flag*
la caduta	*fallen (war hero)*
la fondazione	*foundation*
l'inaugurazione	*inauguration*
la nascita	*birth*
il referendum	*referendum*
la ricorrenza	*anniversary / occasion*
il Risorgimento	*resurgence (19th-century movement for Italian unification)*
l'unificazione	*unification*
la vittoria	*victory*

La creatività — *Creativity*

la biografia	*biography*
il brevetto	*patent*
l'invenzione	*invention*
noto	*well-known*
rinomato	*renowned*
il sogno	*dream*
l'utopia	*utopia*

Le persone — *People*

l'ambasciatore	*ambassador*
il capo di stato	*head-of-state*
il console	*consul general*
il ministro	*minister*
il senatore/la senatrice	*senator*
il sindaco	*mayor*
il vice	*deputy / vice...*

Gli italiani illustri — *Renowned Italians*

il chimico	*chemist*
l'economista	*economist*
il filosofo/la filosofa	*philospher*
il fisico	*physicist*
il/la giornalista	*journalist*
il medico	*doctor*
il/la pedagogista	*educator*
lo scienziato/la scienziata	*scientist*
lo scrittore	*writer*

Le professioni — *Professions*

l'architetto	*architect*
l'artista	*artist*
l'attore/l'attrice	*actor/actress*
l'astronomo	*astronomer*
l'atleta	*athlete*
il calciatore	*soccer player*
il/la cantante	*singer*
il comico/la comica	*comedian*
l'inventore	*inventor*
il/la musicista	*musician*
il/la regista	*film director*
lo scultore	*sculptor*

I verbi — *Verbs*

abbandonare	*to abandon*
abolire	*to abolish*
comporre	*to compose*
crollare	*to collapse*
eleggere	*to elect*
fondare	*to found*
governare	*to govern*
inaugurare	*to inaugurate*
integrarsi	*to integrate*
inventare	*to invent*
ottenere (riconoscimenti)	*to obtain (recognition)*
proclamare	*to proclaim*

raggiungere (successo)	*to achieve (success)*		
realizzare	*to fulfill*		
riconoscere	*to recognize*		
risiedere	*to reside*		
ritirarsi	*to retreat / to withdraw*		
ritrovarsi	*to find oneself*		
scoprire	*to discover*		
sognare	*to dream*		
votare	*to vote*		

Espressioni utili — *Useful Expressions*

andare alle urne	*to go to the polls*
essere eletto	*to be elected*
fare un discorso	*to give a speech*
passare / varare una legge	*to pass a law*
perdere / vincere le elezioni	*to win / to lose an election*
rispettare la legge	*to respect the law*

Dizionario personale

_____

_____

_____

_____

_____

_____

_____

_____

_____

_____

_____

_____

_____

_____

_____

_____

_____

_____

_____

_____

_____

_____

_____

_____

_____

_____

Pratichiamo!

4-1. Che tempo è? Completa le seguenti frasi con i tempi appropriati del **congiuntivo**.

1. Penso che la moda italiana _____ (essere) davvero bella e sempre all'avanguardia.
2. Sebbene Serena _____ (comprare) solo un vestito in via Montenapoleone, ha speso una fortuna.
3. Loro non sapevano che al Quirinale _____ (vivere) il Presidente della Repubblica.
4. Quando Maria ha conosciuto Karim, credeva che lui _____ (nascere) in Tunisia.
5. In qualunque posto loro _____ (andare) l'anno scorso, so che si sono divertiti molto.
6. Voglio che voi _____ (sapere) che sarete sempre benvenuti in Italia.

Via Montenapoleone a Milano è una via famosissima per l'alta moda.

4-2. Grattacielo Pirelli. Completa il seguente dialogo con la forma corretta del **congiuntivo** o dell'**infinito**.

Serena: Oggi io speravo di _____ (1. andare) a vedere il Grattacielo Pirelli benché tu l'_____ (2. vedere / già) il mese scorso. Lo sai che Pirelli è anche nel mondo nella moda?

Gianni: Ma perché? Fanno pneumatici (*tires*).

Serena: Pensavo che tu _____ (3. sapere) che esistono abbigliamento e scarpe firmati Pirelli. Ho visto una mostra qui a Milano intitolata "L'anima di gomma".

Il famoso Grattacielo Pirelli, a Milano

Gianni: Incredibile. Ma com'è possibile che la ditta _____ (4. fare) anche articoli di abbigliamento?

Serena: Con la tecnologia tutto è possibile. Dai! Andiamo a vedere il grattacielo. Penso che _____ (5. meritare) una visita!

Gianni: Sì. Mi piacciono i progetti di Giò Ponti. Sai che è alto 127 metri?

Serena: Vogliamo prendere la metro? Temo di non _____ (6. farcela) a piedi.

Gianni: Sì, prendiamola purché ci _____ (7. essere) una fermata vicino.

4-3. Precisazioni. Completa le seguenti frasi con il **congiuntivo passato** del verbo in corsivo e il **superlativo relativo** (di maggioranza o minoranza) dell'aggettivo sottolineato. Segui l'esempio.

Esempio   La sfilata che *ho visto* a Milano è stata molto <u>bella</u>.
Anzi (Actually), è *la sfilata **più bella che abbia mai visto***.

1. Il pesto che *ho mangiato* a Genova è <u>buonissimo</u>.
2. L'albergo di Genova in cui *sono stati* Serena e Gianni è poco <u>costoso</u>.
3. La statua del Cristo degli Abissi che *hai fotografato* è molto <u>caratteristica</u>.
4. Le isole delle Cinque Terre, in cui Serena è *andata* in estate, sono molto <u>affascinanti</u>.
5. Io *sono uscita* con Karim che non è un ragazzo <u>egoista</u>.
6. *Abbiamo studiato* Fellini ed è stato un regista molto <u>eclettico</u>.

4-4. I carciofi alla romana. Leonardo vuole sapere la ricetta dei carciofi alla romana che Carla aveva preparato la sera prima. Carla gliela dice e lui la riscrive usando l'infinito dei verbi. Completa il brano trasformando il verbo all'**infinito**.

Bonus: Scrivi tutte le parole che trovi con i suffissi!

I carciofi alla romana

© Giuseppe Parisi/Shutterstock

Ingredienti

i carciofi (6–8)
1/2 limone
4 rametti di prezzemolo
4 foglie di menta
1 spicchio d'aglio
sale e pepe
olio extravergine di oliva
250 ml circa di brodo vegetale

Preparazione

Prima *ho pulito* (1) i carciofi e *ho tolto* (2) le foglie esterne. *Ho tagliato* (3) i gambi un po'. Poi *ho messo* (4) i carciofi in acqua fredda con il succo di mezzo limone. *Ho lavato* (5) le foglioline di prezzemolo e di menta e mezzo spicchio d'aglio. *Ho scolato* (6) i carciofi e *li ho riempiti* (7) con un cucchiaino di prezzemolo, menta e un pizzico di sale, pepe e un filo d'olio. Poi *ho messo* (8) i carciofi a testa in giù in un pentolino. *Ho unito* (9) del brodo per coprire 1/3 dei carciofi. *Ho coperto* (10) tutto e *l'ho cotto* (11) per 30 minuti a fiamma media. Dopo 30 minuti *ho tolto* (12) il coperchio e *li ho fatti* (13) cuocere per altri 10 minuti e... pronti!

4-5. Giornata degli abruzzesi nel mondo. Completa il seguente brano scegliendo il **pronome relativo** corretto.

La Regione Abruzzo, per ricordare l'emigrazione di centinaia di migliaia di abruzzesi (1. *i cui / le cui*) condizioni di vita li spinsero a cercare fortuna in altri Paesi, ha dichiarato il 5 agosto la "Giornata degli abruzzesi nel mondo". È un ricordo annuale (2. *che / in cui*) rafforza l'identità degli abruzzesi nel mondo e i rapporti con la terra di origine. Gli obiettivi principali sono di ricordare tutto (3. *chi / ciò che*) è successo in passato e di onorare tutti quelli (4. *che / chi*) hanno contribuito al mondo. C'è anche un riconoscimento onorifico (*honorable recognition*) a (5. *chi / cui*) ha esaltato le migliori qualità dell'Abruzzo. In questa occasione, gli abruzzesi nominati ritornano nel loro paese e rivedono le persone (6. *che / con cui*) sono cresciuti.

4-6. La storia di Cristoforo Colombo. Completa il seguente brano con il **passato remoto**, l'**imperfetto** e il **trapassato prossimo**.

Cristoforo Colombo _____ (1. nascere) a Genova nel 1451. La sua famiglia _____ (2. essere) molto povera. Cristoforo _____ (3. studiare) cartografia, geometria, disegno e calcolo. Nel 1486, lui _____ (4. trasferirsi) in Portogallo dove suo fratello _____ (5. stabilirsi) qualche anno prima. Dopo tanti studi in cartografia, Cristoforo _____ (6. cominciare) a coltivare l'idea di raggiungere le Indie, navigando verso occidente. Ma Colombo _____ (7. avere) bisogno di soldi e di navi. Quindi _____ (8. chiedere) aiuto alle corti di Portogallo, Spagna, Francia e Inghilterra. I sovrani di Spagna, Isabella di Castiglia e Ferdinando d'Aragona, _____ (9. decidere) di finanziare il suo progetto, dandogli tre caravelle: *Niña, Pinta* e *Santa Maria*, che il 3 agosto 1492 _____ (10. partire) da Palos con 120 uomini. Il 12 ottobre, i marinai _____ (11. vedere) l'isola di Guanahani, nell'arcipelago delle Bahamas, battezzata da Colombo San Salvador. Il resto è storia. Cristoforo Colombo _____ (12. morire) a Valladolid nel 1506.

© Wlablack/Dreamstime

Tiriamo le somme!

Torre Garibaldi, Milano

4-7. È il futuro che ci affascina. Leggete la seguente citazione di Luigi Manzetti, un vecchio Milanese. Poi rispondete alle domande.

"Noi milanesi non glorifichiamo la nostra storia come fanno a Roma, o a Firenze, o a Venezia.
È il futuro che ci affascina".

1. Da quello che avete imparato di Milano e della Lombardia, credete che sia vera questa dichiarazione di Luigi Manzetti sul futuro?
2. Secondo voi, quali sono gli elementi che portano questo signore a dire che il futuro affascina i milanesi?
3. Nel vostro Paese, la gente crede che sia più importante la storia o il futuro?
4. Per voi cosa è più importante?

4-8. Opinioni sulle regioni. A coppie, esprimete le vostre opinioni (usando il **congiuntivo**) sulle regioni che abbiamo visitato nei **Capitoli 10–12**. Fate dei paragoni tra le regioni. Indicate quale regione (o piazza, o città, o evento, ecc.) vi è piaciuta di più e perché. Scambiate le vostre opinioni e poi riferite alla classe.

4-9. Una favola "diversa". In gruppo, scegliete una favola famosa e cambiatela a vostro piacimento, incluso il finale. Potete anche mischiare personaggi di altre favole. Dovete usare il **passato remoto** e l'**imperfetto**, ma, soprattutto nei dialoghi, sono possibili tutti gli altri tempi e modi. Usate anche i **suffissi**. Potete anche creare delle illustrazioni e fare una presentazione in PowerPoint. Raccontate o recitate la vostra favola alla classe che voterà la migliore.

4-10. Facciamo delle ipotesi. Completa come preferisci i seguenti **periodi ipotetici** con la forma corretta del verbo (**congiuntivo** o **condizionale**).

> **Esempio**   Se andassimo a Roma... *vorrei* vedere Palazzo Chigi.

1. Se uscissimo alle 8.00 noi...
2. Sarebbero arrivati a Viterbo la mattina se...
3. Sarebbe bello se anche voi...
4. Se Castel Sant'Angelo fosse aperto tutti i giorni, noi...
5. Vi avremmo invitati se...
6. Se avessi guardato bene la mappa...

Palazzo Chigi, Roma

4-11. Conversazioni. In gruppo, scegliete e discutete di uno dei seguenti argomenti.

1. **Se fossi un inventore...** Dite al vostro gruppo cosa fareste se foste un inventore. Che cosa inventereste e perché. A chi chiedereste aiuto? A cosa servirebbe questa invenzione?

2. **Se non fosse mai successo...** Descrivete brevemente un evento storico famoso usando il **passato remoto**. Poi, con il **periodo ipotetico irreale**, pensate a varie possibilità se quell'evento non fosse mai accaduto. Cosa sarebbe cambiato? Sarebbe stato meglio o peggio?

4-12. Extra Quality: il valore degli immigrati. Leggete il seguente articolo e poi, a coppie, rispondete alle domande che seguono.

Natalia, proveniente dalla Moldavia, diplomata maestra elementare, quando è venuta in Italia ha trovato solo lavori umili, per i quali "c'era bisogno solo della forza delle braccia". Ma il suo sogno era ricominciare a lavorare con i bambini, e così, dopo aver chiesto ai mediatori culturali della sua città di aiutarla a essere inserita nelle scuole, ha cominciato da sola a girare per le scuole di Montesilvano, la città dove risiede, per proporsi come assistente o come insegnante di danza. E all'istituto Tecnico commerciale Natalia ha trovato un Preside, Gianni Pagannone, che l'ha ascoltata e le ha suggerito di rivolgersi alla Provincia di Pescara, dove stavano organizzando corsi per il diploma riservati esclusivamente agli immigrati, con lezioni serali in alcune scuole della città, tra cui la sua.

Oggi Natalia ha un diploma di perito commerciale (*expert in business*), che le consentirà di cercare una nuova occupazione. È anche riuscita ad avere un ruolo come allenatrice di basket in un gruppo sportivo. È stata una delle tante testimonianze, a margine del convegno **"Extra Quality: il valore degli immigrati"** inserito nel progetto di iniziativa comunitaria sulla certificazione e il riconoscimento dei titoli di studio degli immigrati.

1. Quando Natalia è arrivata in Italia, è riuscita a trovare lo stesso tipo di lavoro che faceva nel suo Paese? Spiegate.
2. Cosa ha fatto Natalia per trovare lavoro nelle scuole a Montesilvano?
3. Chi è Gianni Pagannone e quale aiuto ha offerto a Natalia?
4. Descrivete i corsi offerti agli immigrati dalla Provincia di Pescara?
5. Quale diploma ha preso Natalia e che cosa le consentirà di fare?
6. Perché il titolo dell'articolo si chiama "Extra Quality: il valore degli immigrati"?

Faccia a faccia
L'Italia e il tuo Paese

4-13. Confronti tra culture. In gruppi di tre o quattro, parlate dei seguenti argomenti e paragonate (*compare*) le cose simili e differenti tra l'Italia e il vostro Paese.

1. **Moda e tecnologia:** In uno dei capitoli precedenti, abbiamo visto il ruolo della moda e della tecnologia nella vita degli italiani. Fai un confronto tra l'Italia e il tuo Paese di origine o di residenza. Cosa determina le tendenze della moda nel tuo Paese? E avere l'ultimo accessorio tecnologico uscito sul mercato, vuol dire seguire la moda?

2. **Integrazione e globalizzazione:** Nei capitoli precedenti abbiamo visto che in Italia ci sono diverse iniziative per incoraggiare l'integrazione di altre culture e il cammino verso la globalizzazione. Fai un confronto tra quello che succede in Italia e nel tuo Paese di origine o di residenza. Fai anche un confronto tra i percorsi storici che hanno portato alla situazione attuale. Se si potesse tornare indietro, che cosa avremmo potuto fare per evitare alcuni errori?

Visitiamo l'Italia!

4-14. Eventi e posti da visitare. Cerca su Internet informazioni sui seguenti luoghi. Poi racconta alla classe quello che hai trovato.

1. Montecassino (Lazio)
2. Sulmona, la città di Ovidio (Abruzzo)
3. Lerici (Liguria)
4. Pavia (Lombardia)

Gli italiani nel mondo

4-15. L'impronta italiana nel mondo. Fate una delle seguenti ricerche per sapere di più sull'impronta italiana nel mondo.

Piazza Garibaldi, Sulmona, Abruzzo

1. **Pierluigi Nervi** (1891–1979), nato a Sondrio, in Lombardia è stato uno dei più grandi e geniali ingegneri del 20° (ventesimo) secolo. I suoi capolavori sono sparsi in tutto il mondo. Molti esempi si trovano nel Nord America, come, ad esempio, St. Mary's Cathedral a San Francisco, il George Washington Bus Terminal a New York City, lo Scope Cultural and Convention Center a Norfolk, VA, e la Victoria Square Tower a Montreal. Nervi, nel 1957, è stato nominato Honorary Member of the American Institute of Architects e Honorary Member of the American Concrete Institute nel 1969. Ha vinto la Gold Medal del Royal Institute of British Architects nel 1960.

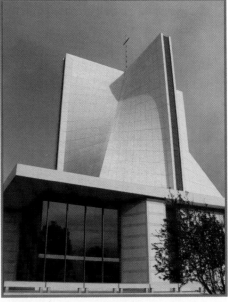

St. Mary's Cathedral, San Francisco, California

2. **L'Italia in Piazza:** L'Italia in Piazza è un festival che celebra la tradizione italiana, lo stile e l'innovazione "Made in Italy" nello splendido scenario toscano di Montecasino a Fourways, Johannesburg. Sì, avete capito bene, in Sudafrica. La città riproduce una vera e propria piazza italiana con tanto di campanile. L'evento è una vetrina della cultura italiana attraverso un ricco ed emozionante calendario quotidiano di appuntamenti. La Piazza di Montecasino è animata dagli sbandieratori del Palio di Asti, da partite a scacchi in costume rinascimentale, dall'Italian film festival, da sfilate di moda, dimostrazioni di artigiani veneziani e fiorentini, nonché da musicisti di strada ed eventi dedicati alla scoperta dell'innovazione automobilistica italiana.

With Permission by Enrico de Agostini

© paolo maria airenti/Fotolia

Università di Pavia

3. **Medaglia d'oro di Pavia da MIT Boston:** Nel 2010, per il terzo anno consecutivo, l'Università di Pavia si è distinta tra le altre al mondo e ha ricevuto la medaglia d'oro alla *Student competition* **iGEM 2010** (*International Genetically Engineered Machine*) al MIT di Boston. L'Università di Pavia si è confrontata con studenti e ricercatori di 130 università del mondo (America del nord, Europa, Asia) e ha preso la medaglia d'oro. Pavia era l'unico ateneo italiano presente.

4. **L'iCub:** è il robot umanoide sviluppato dall'IIT come parte del progetto RobotCub dell'EU (Unione Europea) e successivamente adottato da più di venti laboratori in tutto il mondo. Ha 53 motori che muovono la testa, le braccia, le mani, il busto e le gambe. Il robot può vedere e sentire, ha il senso della propriocezione (configurazione del corpo) e del movimento (usando accelerometri e giroscopi). L'iCub è stato sviluppato da un gruppo multidisciplinare di ingegneri, neuroscienziati e ricercatori di scienze materiali. Il nome significa "Cognitive Universal Body". Ci sono iCub in laboratori in Europa, negli Stati Uniti, in Turchia e in Giappone. I robot sono usati per studiare la conoscenza del corpo nei sistemi artificiali.

Massimo Brega - The lighthouse

A. *Avere* and *essere*

avere

present	imperfect	future	conditional	historical past	present subjunctive	imperfect subjunctive	imperative
ho	avevo	avrò	avrei	ebbi	abbia	avessi	
hai	avevi	avrai	avresti	avesti	abbia	avessi	abbi
ha	aveva	avrà	avrebbe	ebbe	abbia	avesse	abbia
abbiamo	avevamo	avremo	avremmo	avemmo	abbiamo	avessimo	abbiamo
avete	avevate	avrete	avreste	aveste	abbiate	aveste	abbiate
hanno	avevano	avranno	avrebbero	ebbero	abbiano	avessero	abbiano

past participle: avuto

simple past: ho avuto, hai avuto, ha avuto, abbiamo avuto, avete avuto, hanno avuto

essere

present	imperfect	future	conditional	historical past	present subjunctive	imperfect subjunctive	imperative
sono	ero	sarò	sarei	fui	sia	fossi	
sei	eri	sarai	saresti	fosti	sia	fossi	sii
è	era	sarà	sarebbe	fu	sia	fosse	sia
siamo	eravamo	saremo	saremmo	fummo	siamo	fossimo	siamo
siete	eravate	sarete	sareste	foste	siate	foste	siate
sono	erano	saranno	sarebbero	furono	siano	fossero	siano

past participle: stato

simple past: sono stato/a, sei stato/a, è stato/a, siamo stati/e, siete stati/e, sono stati/e

B. Verbs conjugated with *essere*

The following verbs are conjugated with **essere**. In addition, all reflexive verbs are conjugated with **essere** (for example, **lavarsi**, *to wash oneself*: **mi sono lavato/a, ti sei lavato/a, si è lavato/a, ci siamo lavati/e, vi siete lavati/e, si sono lavati/e**).

andare to go
arrivare to arrive
cadere to fall
costare to cost
diminuire to diminish / to decrease
dispiacere to mind / to be sorry
diventare to become
entrare to enter
essere (stato) to be
mancare to lack
morire (morto) to die

nascere (nato) to be born
partire to depart
piacere to like
restare to remain
rimanere (rimasto) to remain
ritornare to return
riuscire to succeed
salire* to climb up
scendere (sceso)* to go down / to get off
sembrare to seem

stare to be
succedere (successo) to happen
tornare to return
uscire to go out
venire (venuto) to come

* Conjugated with **avere** when used with a direct object

C. Verbs with irregular past participles

accendere (acceso) to turn on
affiggere (affisso) to post / to affix
aggiungere (aggiunto) to add
apparire (apparso) to appear
appendere (appeso) to hang
apprendere (appreso) to learn
aprire (aperto) to open
assumere (assunto) to hire
bere (bevuto) to drink
chiedere (chiesto) to ask
chiudere (chiuso) to close
cogliere (colto) to gather
comprendere (compreso) to understand
concludere (concluso) to conclude
convincere (convinto) to convince
coprire (coperto) to cover
correre (corso) to run
correggere (corretto) to correct
cuocere (cotto) to cook
decidere (deciso) to decide
dire (detto) to say
discutere (discusso) to discuss
eleggere (eletto) to elect
esprimere (espresso) to express
essere (stato) to be

fare (fatto) to do / to make
indire (indetto) to call / to announce
interrompere (interrotto) to interrupt
leggere (letto) to read
mettere (messo) to put
morire (morto) to die
muovere (mosso) to move
nascere (nato) to be born
nascondere (nascosto) to hide
offrire (offerto) to offer
perdere (perso *or* **perduto)** to lose
permettere (permesso) to permit
porre (posto) to place
prendere (preso) to take
prevedere (previsto) to expect / to foresee
promettere (promesso) to promise
promuovere (promosso) to promote
proporre (proposto) to propose
proteggere (protetto) to protect
raggiungere (raggiunto) to arrive / to reach
rendere (reso) to render
richiedere (richiesto) to require / to seek
ridere (riso) to laugh

ridurre (ridotto) to reduce
rimanere (rimasto) to remain
riprendere (ripreso**)** to start again
risolvere (risolto) to resolve
rispondere (risposto) to answer
rompere (rotto) to break
scegliere (scelto) to select
scendere (sceso) to go down / to get off
scomparire (scomparso) to disappear
scrivere (scritto) to write
soffrire (sofferto) to suffer
sorridere (sorriso) to smile
spegnere (spento) to turn off
spendere (speso) to spend
succedere (successo) to happen
togliere (tolto) to remove
trarre (tratto) to draw / to pull
trasmettere (trasmesso) to transmit
vedere (visto *or* **veduto)** to see
venire (venuto) to come
vincere (vinto) to win

D. Regular verbs: Simple tenses and compound tenses with *avere* and *essere*

	verbi in -*are*		verbi in -*ere*	verbi in -*ire*	
	comp*rare*	ent*rare*	vend*ere*	dorm*ire*	fin*ire*
present indicative	comp**ro**	ent**ro**	vend**o**	dorm**o**	fin**isco**
	i	**i**	**i**	**i**	**isci**
	a	**a**	**e**	**e**	**isce**
	iamo	**iamo**	**iamo**	**iamo**	**iamo**
	ate	**ate**	**ete**	**ite**	**ite**
	ano	**ano**	**ono**	**ono**	**iscono**
imperfect	comp**ravo**	ent**ravo**	vend**evo**	dorm**ivo**	fin**ivo**
	avi	**avi**	**evi**	**ivi**	**ivi**
	ava	**ava**	**eva**	**iva**	**iva**
	avamo	**avamo**	**evamo**	**ivamo**	**ivamo**
	avate	**avate**	**evate**	**ivate**	**ivate**
	avano	**avano**	**evano**	**ivano**	**ivano**
future	comp**rerò**	ent**rerò**	vend**erò**	dorm**irò**	fin**irò**
	erai	**erai**	**erai**	**irai**	**irai**
	erà	**erà**	**erà**	**irà**	**irà**
	eremo	**eremo**	**eremo**	**iremo**	**iremo**
	erete	**erete**	**erete**	**irete**	**irete**
	eranno	**eranno**	**eranno**	**iranno**	**iranno**
historical past	comp**rai**	ent**rai**	vend**ei**	dorm**ii**	fin**ii**
	asti	**asti**	**esti**	**isti**	**isti**
	ò	**ò**	**è**	**ì**	**ì**
	ammo	**ammo**	**emmo**	**immo**	**immo**
	aste	**aste**	**este**	**iste**	**iste**
	arono	**arono**	**erono**	**irono**	**irono**
simple past	ho **comprato**	sono **entrato/a**	ho **venduto**	ho **dormito**	ho **finito**
	hai	sei	hai	hai	hai
	ha	è	ha	ha	ha
	abbiamo	siamo **entrati/e**	abbiamo	abbiamo	abbiamo
	avete	siete	avete	avete	avete
	hanno	sono	hanno	hanno	hanno
pluperfect	avevo **comprato**	ero **entrato/a**	avevo **venduto**	avevo **dormito**	avevo **finito**
	avevi	eri	avevi	avevi	avevi
	aveva	era	aveva	aveva	aveva
	avevamo	eravamo **entrati/e**	avevamo	avevamo	avevamo
	avevate	eravate	avevate	avevate	avevate
	avevano	erano	avevano	avevano	avevano
imperative	comp**ra**	ent**ra**	vend**i**	dorm**i**	fin**isci**
	comp**ri**	ent**ri**	vend**a**	dorm**a**	fin**isca**
	comp**riamo**	ent**riamo**	vend**iamo**	dorm**iamo**	fin**iamo**
	comp**rate**	ent**rate**	vend**ete**	dorm**ite**	fin**ite**
	comp**rino**	ent**rino**	vend**ano**	dorm**ano**	fin**iscano**
present conditional	comp**rerei**	ent**rerei**	vend**erei**	dorm**irei**	fin**irei**
	eresti	**eresti**	**eresti**	**iresti**	**iresti**
	erebbe	**erebbe**	**erebbe**	**irebbe**	**irebbe**
	eremmo	**eremmo**	**eremmo**	**iremmo**	**iremmo**
	ereste	**ereste**	**ereste**	**ireste**	**ireste**
	erebbero	**erebbero**	**erebbero**	**irebbero**	**irebbero**
present subjunctive	comp**ri**	ent**ri**	vend**a**	dorm**a**	fin**isca**
	i	**i**	**a**	**a**	**isca**
	i	**i**	**a**	**a**	**isca**
	iamo	**iamo**	**iamo**	**iamo**	**iamo**
	iate	**iate**	**iate**	**iate**	**iate**
	ino	**ino**	**ano**	**ano**	**iscano**
imperfect subjunctive	comp**rassi**	ent**rassi**	vend**essi**	dorm**issi**	fin**issi**
	assi	**assi**	**essi**	**issi**	**issi**
	asse	**asse**	**esse**	**isse**	**isse**
	assimo	**assimo**	**essimo**	**issimo**	**issimo**
	aste	**aste**	**este**	**iste**	**iste**
	assero	**assero**	**essero**	**issero**	**issero**
past participle	comp**rato**	ent**rato**	vend**uto**	dorm**ito**	fin**ito**

E. Irregular verbs

The verbs in this section are irregular only in the tenses listed here.

accendere	*to turn on*
Historical past:	accesi, accendesti, accese, accendemmo, accendeste, accesero
affiggere	*to post / to affix*
Historical past:	affissi, affiggesti, affisse, affiggemmo, affiggeste, affissero
andare	*to go*
Pres. ind.:	vado, vai, va, andiamo, andate, vanno
Future:	andrò, andrai, andrà, andremo, andrete, andranno
Imperative:	va', vada, andiamo, andate, vadano
Conditional:	andrei, andresti, andrebbe, andremmo, andreste, andrebbero
Pres. subj.:	vada, vada, vada, andiamo, andiate, vadano
apprendere	*to learn (compound of* **prendere***)*
assumere	*to hire*
Historical past:	assunsi, assumesti, assunse, assumemmo, assumeste, assunsero
bere	*to drink*
Pres. ind.:	bevo, bevi, beve, beviamo, bevete, bevono
Imperfect:	bevevo, bevevi, beveva, bevevamo, bevevate, bevevano
Future:	berrò, berrai, berrà, berremo, berrete, berranno
Historical past:	bevvi, bevesti, bevve, bevemmo, beveste, bevvero
Imperative:	bevi, beva, beviamo, bevete, bevano
Conditional:	berrei, berresti, berrebbe, berremmo, berreste, berrebbero
Pres. subj.:	beva, beva, beva, beviamo, beviate, bevano
Imp. subj.:	bevessi, bevessi, bevesse, bevessimo, beveste, bevessero
cadere	*to fall*
Future:	cadrò, cadrai, cadrà, cadremo, cadrete, cadranno
Historical past:	caddi, cadesti, cadde, cademmo, cadeste, caddero
Conditional:	cadrei, cadresti, cadrebbe, cadremmo, cadreste, cadrebbero
chiedere	*to ask for*
Historical past:	chiesi, chiedesti, chiese, chiedemmo, chiedeste, chiesero
chiudere	*to close*
Historical past:	chiusi, chiudesti, chiuse, chiudemmo, chiudeste, chiusero
comprendere	*to understand (compound of* **prendere***)*
concludere	*to conclude*
Historical past:	conclusi, concludesti, concluse, concludemmo, concludeste, conclusero
conoscere	*to know*
Historical past:	conobbi, conoscesti, conobbe, conoscemmo, conosceste, conobbero
convincere	*to convince (compound of* **vincere***)*
dare	*to give*
Pres. ind.:	do, dai, dà, diamo, date, danno
Historical past:	diedi (detti), desti, diede (dette), demmo, deste, diedero (dettero)
Imperative:	da', dia, diamo, date, diano
Pres. subj.:	dia, dia, dia, diamo, diate, diano
Imp. subj.:	dessi, dessi, desse, dessimo, deste, dessero
decidere	*to decide*
Historical past:	decisi, decidesti, decise, decidemmo, decideste, decisero
dire	*to say / to tell*
Pres. ind.:	dico, dici, dice, diciamo, dite, dicono
Imperfect:	dicevo, dicevi, diceva, dicevamo, dicevate, dicevano
Historical past:	dissi, dicesti, disse, dicemmo, diceste, dissero
Imperative:	di', dica, diciamo, dite, dicano
Pres. subj.:	dica, dica, dica, diciamo, diciate, dicano
Imp. subj.:	dicessi, dicessi, dicesse, dicessimo, diceste, dicessero

discutere	*to discuss*
Historical past:	discussi, discutesti, discusse, discutemmo, discuteste, discussero
dovere	*to have to, must*
Pres. ind.:	devo, devi, deve, dobbiamo, dovete, devono
Future:	dovrò, dovrai, dovrà, dovremo, dovrete, dovranno
Conditional:	dovrei, dovresti, dovrebbe, dovremmo, dovreste, dovrebbero
Pres. subj.:	debba, debba, debba, dobbiamo, dobbiate, debbano
eleggere	*to elect*
Historical past:	elessi, eleggesti, elesse, eleggemmo, eleggeste, elessero
esprimere	*to express*
Historical past:	espressi, esprimesti, espresse, esprimemmo, esprimeste, espressero
fare	*to do / to make*
Pres. ind.:	faccio, fai, fa, facciamo, fate, fanno
Imperfect:	facevo, facevi, faceva, facevamo, facevate, facevano
Historical past:	feci, facesti, fece, facemmo, faceste, fecero
Imperative:	fa', faccia, facciamo, fate, facciano
Pres. subj.:	faccia, faccia, faccia, facciamo, facciate, facciano
Imp. subj.:	facessi, facessi, facesse, facessimo, faceste, facessero
indire	*to call (compound of **dire**)*
interrompere	*to interrupt*
Historical past:	interruppi, interrompesti, interruppe, interrompemmo, interrompeste, interruppero
leggere	*to read*
Historical past:	lessi, leggesti, lesse, leggemmo, leggeste, lessero
mettere	*to place / to put*
Historical past:	misi, mettesti, mise, mettemmo, metteste, misero
morire	*to die*
Pres. ind.:	muoio, muori, muore, moriamo, morite, muoiono
Future:	morirò, morirai, morirà, moriremo, morirete, moriranno
Pres. subj.:	muoia, muoia, muoia, moriamo, moriate, muoiano
nascere	*to be born*
Historical past:	nacqui, nascesti, nacque, nascemmo, nasceste, nacquero
nascondere	*to hide*
Historical past:	nascosi, nascondesti, nascose, nascondemmo, nascondeste, nascosero
ottenere	*to obtain (compound of **tenere**)*
permettere	*to permit (compound of **mettere**)*
piacere	*to like / to please*
Pres. ind.:	piaccio, piaci, piace, piacciamo, piacete, piacciono
Historical past:	piacqui, piacesti, piacque, piacemmo, piaceste, piacquero
Pres. subj.:	piaccia, piaccia, piaccia, piacciamo, piacciate, piacciano
potere	*to be able*
Pres. ind.:	posso, puoi, può, possiamo, potete, possono
Future:	potrò, potrai, potrà, potremo, potrete, potranno
Conditional:	potrei, potresti, potrebbe, potremmo, potreste, potrebbero
Pres. subj.:	possa, possa, possa, possiamo, possiate, possano
prendere	*to take*
Historical past:	presi, prendesti, prese, prendemmo, prendeste, presero
prevedere	*to foresee (compound of **vedere**)*
promettere	*to promise (compound of **mettere**)*
promuovere	*to promote*
Historical past:	promossi, promovesti, promosse, promovemmo, promoveste, promossero
raggiungere	*to reach*
Historical past:	raggiunsi, raggiungesti, raggiunse, raggiungemmo, raggiungeste, raggiunsero
richiedere	*to require / to seek (compound of **chiedere**)*
ridere	*to laugh*
Historical past:	risi, ridesti, rise, ridemmo, rideste, risero

ridurre	*to reduce*
Pres. ind.:	riduco, riduci, riduce, riduciamo, riducete, riducono
Future:	ridurrò, ridurrai, ridurrà, ridurremo, ridurrete, ridurranno
Historical past:	ridussi, riducesti, ridusse, riducemmo, riduceste, ridussero
Conditional:	ridurrei, ridurresti, ridurrebbe, ridurremmo, ridurreste, ridurrebbero
Pres. subj.:	riduca, riduca, riduca, riduciamo, riduciate, riducano
rimanere	*to remain*
Pres. ind.:	rimango, rimani, rimane, rimaniamo, rimanete, rimangono
Future:	rimarrò, rimarrai, rimarrà, rimarremo, rimarrete, rimarranno
Historical past:	rimasi, rimanesti, rimase, rimanemmo, rimaneste, rimasero
Imperative:	rimani, rimanga, rimaniamo, rimanete, rimangano
Conditional:	rimarrei, rimarresti, rimarrebbe, rimarremmo, rimarreste, rimarrebbero
Pres. subj.:	rimanga, rimanga, rimanga, rimaniamo, rimaniate, rimangano
riprendere	*to start again (compound of* **prendere***)*
rispondere	*to answer*
Historical past:	risposi, rispondesti, rispose, rispondemmo, rispondeste, risposero
salire	*to go up*
Pres. ind.:	salgo, sali, sale, saliamo, salite, salgono
Pres. subj.:	salga, salga, salga, saliamo, saliate, salgano
sapere	*to know*
Pres. ind.:	so, sai, sa, sappiamo, sapete, sanno
Future:	saprò, saprai, saprà, sapremo, saprete, sapranno
Historical past:	seppi, sapesti, seppe, sapemmo, sapeste, seppero
Imperative:	sappi, sappia, sappiamo, sappiate, sappiano
Conditional:	saprei, sapresti, saprebbe, sapremmo, sapreste, saprebbero
Pres. subj.:	sappia, sappia, sappia, sappiamo, sappiate, sappiano
scegliere	*to choose*
Pres. ind.:	scelgo, scegli, sceglie, scegliamo, scegliete, scelgono
Historical past:	scelsi, scegliesti, scelse, scegliemmo, sceglieste, scelsero
Imperative:	scegli, scelga, scegliamo, scegliete, scelgano
Pres. subj.:	scelga, scelga, scelga, scegliamo, scegliate, scelgano
scendere	*to go down / to get off*
Historical past:	scesi, scendesti, scese, scendemmo, scendeste, scesero
scrivere	*to write*
Historical past:	scrissi, scrivesti, scrisse, scrivemmo, scriveste, scrissero
sedere	*to sit*
Pres. ind.:	siedo, siedi, siede, sediamo, sedete, siedono
Imperative:	siedi, sieda, sediamo, sedete, siedano
Pres. subj.:	sieda, sieda, sieda, sediamo, sediate, siedano
sorridere	*to smile (compound of* **ridere***)*
Historical past:	sorrisi, sorridesti, sorrise, sorridemmo, sorrideste, sorrisero
spegnere	*to turn off*
Historical past:	spensi, spegnesti, spense, spegnemmo, spegneste, spensero
stare	*to be*
Historical past:	stetti, stesti, stette, stemmo, steste, stettero
Imperative:	sta', stia, stiamo, state, stiano
Pres. subj.:	stia, stia, stia, stiamo, stiate, stiano
Imp. subj.:	stessi, stessi, stesse, stessimo, steste, stessero
tenere	*to keep*
Pres. ind.:	tengo, tieni, tiene, teniamo, tenete, tengono
Future:	terrò, terrai, terrà, terremo, terrete, terranno
Historical past:	tenni, tenesti, tenne, tenemmo, teneste, tennero
Imperative:	tieni, tenga, teniamo, tenete, tengano
Conditional:	terrei, terresti, terrebbe, terremmo, terreste, terrebbero
Pres. subj.:	tenga, tenga, tenga, teniamo, teniate, tengano

trasmettere	*to transmit (compound of* **mettere***)*
uscire	*to go out*
Pres. ind.:	esco, esci, esce, usciamo, uscite, escono
Imperative:	esci, esca, usciamo, uscite, escano
Pres. subj.:	esca, esca, esca, usciamo, usciate, escano
vedere	*to see*
Future:	vedrò, vedrai, vedrà, vedremo, vedrete, vedranno
Historical past:	vidi, vedesti, vide, vedemmo, vedeste, videro
Conditional:	vedrei, vedresti, vedrebbe, vedremmo, vedreste, vedrebbero
venire	*to come*
Pres. ind.:	vengo, vieni, viene, veniamo, venite, vengono
Future:	verrò, verrai, verrà, verremo, verrete, verranno
Historical past:	venni, venisti, venne, venimmo, veniste, vennero
Imperative:	vieni, venga, veniamo, venite, vengano
Conditional:	verrei, verresti, verrebbe, verremmo, verreste, verrebbero
Pres. subj.:	venga, venga, venga, veniamo, veniate, vengano
vincere	*to win*
Historical past:	vinsi, vincesti, vinse, vincemmo, vinceste, vinsero
vivere	*to live*
Future:	vivrò, vivrai, vivrà, vivremo, vivrete, vivranno
Historical past:	vissi, vivesti, visse, vivemmo, viveste, vissero
Conditional:	vivrei, vivresti, vivrebbe, vivremmo, vivreste, vivrebbero
volere	*to want*
Pres. ind.:	voglio, vuoi, vuole, vogliamo, volete, vogliono
Future:	vorrò, vorrai, vorrà, vorremo, vorrete, vorranno
Historical past:	volli, volesti, volle, volemmo, voleste, vollero
Conditional:	vorrei, vorresti, vorrebbe, vorremmo, vorreste, vorrebbero
Pres. subj.:	voglia, voglia, voglia, vogliamo, vogliate, vogliano

F. Verbs and expressions followed by a preposition + infinitive

I. Verbs followed by the preposition *a* + infinitive:

abituarsi a	*to get used to*	insegnare a	*to teach*
affrettarsi a	*to hurry*	invitare a	*to invite*
aiutare a	*to help*	mandare a	*to send*
cominciare (incominciare) a	*to begin*	mettersi a	*to start*
condannare a	*to condemn*	obbligare a	*to oblige*
continuare a	*to continue*	persuadere a	*to convince*
convincere a	*to convince*	preparare a	*to prepare*
costringere a	*to compel*	provare a	*to try*
decidersi a	*to make up one's mind*	rinunciare a	*to give up*
divertirsi a	*to have a good time*	riprendere a	*to start again / to resume*
fare meglio a	*to be better off*	riuscire a	*to succeed*
fare presto a	*to do (something) quickly*	sbrigarsi a	*to hurry*
imparare a	*to learn*	servire a	*to be good for*
incoraggiare a	*to encourage*	volerci a (per)	*to take / to require*

II. Verbs followed by the preposition *di* + infinitive:

accettare di	to accept	fingere di	to pretend
accorgersi di	to notice	finire di	to finish
ammettere di	to admit	illudersi di	to delude oneself
aspettare di	to wait for	impedire di	to prevent
aspettarsi di	to expect	infischiarsi di	not to care about
augurare di	to wish	lamentarsi di	to complain about
augurarsi di	to hope	meravigliarsi di	to be surprised
avere bisogno di	to need	minacciare di	to threaten
avere il diritto di	to have the right	offrire di	to offer
avere fretta di	to be in a hurry	ordinare di	to order
avere l'impressione di	to have the feeling	pensare di	to plan
avere intenzione di	to intend	pentirsi di	to repent
avere paura di	to be afraid	permettere di	to permit
avere ragione di	to be right	pregare di	to beg
avere torto di	to be wrong	preoccuparsi di	to fret
avere vergogna di	to be ashamed	proibire di	to prohibit
avere voglia di	to feel like	promettere di	to promise
cercare di	to try	proporre di	to propose
cessare di	to stop	rendersi conto di	to realize
chiedere di	to ask	ricordare (ricordarsi) di	to remember
comandare di	to order	rifiutare (rifiutarsi) di	to refuse
confessare di	to confess	ringraziare di	to thank
consigliare di	to advise	sapere di	to know
contare di	to plan	sentirsela di	to feel up to
credere di	to believe	sforzarsi di	to make an effort
decidere di	to decide	smettere di	to stop
dimenticare (dimenticarsi) di	to forget	sognare (sognarsi) di	to dream / to imagine
dire di	to say / to tell	sperare di	to hope
dispiacere di	to be sorry	stancarsi di	to get tired
domandare di	to ask	suggerire di	to suggest
dubitare di	to doubt	temere di	to fear
essere in grado di	to be in a position to	tentare di	to attempt
fantasticare di	to imagine	non vedere l'ora di	to look forward to
fare a meno di	to do without	vergognarsi di	to be ashamed about
fare segno di	to motion	vietare di	to forbid

G. Verbs and expressions followed by a preposition + noun or pronoun

I. Verbs and expressions followed by the preposition *a* + noun or pronoun

credere a	to believe (*in somebody / something*)
pensare a	to think about (*somebody / something*)

II. Verbs and expressions followed by the preposition *di* + noun or pronoun

accorgersi di	to notice	innamorarsi di	to fall in love with
avere bisogno di	to need	infischiarsi di	to not care about
avere paura di	to be afraid	intendersi di	to be knowledgeable about
beffarsi di	to make fun (*of*)	interessarsi di	to be interested in
coprire di	to cover with	lamentarsi di	to complain about
dimenticarsi di	to forget	meravigliarsi di (per)	to be surprised about
fare a meno di	to do without	nutrirsi di	to feed on / to nourish oneself with
fidarsi di	to trust	occuparsi di	to take care of / to attend to

pensare di	*to have in mind / to plan*	riempire di	*to fill with*
pentirsi di	*to be sorry about*	ringraziare di (per)	*to thank (someone) for*
non poterne più di	*to not be able to stand / to tolerate*	soffrire di	*to suffer from*
preoccuparsi di (per)	*to worry about*	stupirsi di	*to be astonished at*
rendersi conto di	*to realize*	trattare di	*to deal with*
ricordarsi di	*to remember*	vergognarsi di	*to be ashamed about*
ridere di	*to laugh at*	vivere di	*to live on*

III. Verbs followed by the preposition *su* + noun or pronoun

contare su	*to count on*	riflettere su	*to ponder on*
giurare su	*to swear on*	scommettere su	*to bet on*

H. Verbs and expressions that require the subjunctive

I. Verbs that express:

Sentiment

augurarsi (sperare)	*to hope*	essere contento	*to be glad*	preferire	*to prefer*
non vedere l'ora	*to look forward*	essere felice	*to be happy*	temere	*to fear*
avere bisogno	*to need*	piacere	*to like*	tenerci	*to value*
avere paura	*to be afraid*	dispiacere	*to be sorry*		

Wishes, wants, desires, orders

comandare	*to order*	lasciare	*to let / to allow*	proibire	*to prohibit*
desiderare	*to wish*	ordinare	*to order*	proporre	*to propose*
esigere	*to demand*	permettere	*to permit*	suggerire	*to suggest*
impedire	*to prevent*	pregare	*to beg*	vietare	*to forbid*
insistere	*to insist*	pretendere	*to demand*	volere	*to want*

Opinions

avere l'impressione	*to have the feeling*	negare	*to deny*
credere	*to believe*	pensare	*to think*
immaginare (immaginarsi)	*to wonder*	supporre	*to suppose*

Doubt or uncertainty

non capire	*not to understand*	non sapere	*not to know*
chiedersi (domandarsi)	*to wonder*	aspettare	*to wait*
dubitare	*to doubt*	aspettarsi	*to expect*

II. Impersonal expressions

è bene (male)	*it is good (bad)*	(impossibile)	*(impossible)*
è essenziale	*it is essential*	è probabile	*it is probable*
è facile (= è probabile)	*it is probable*	(improbabile)	*(improbable)*
è difficile (= è improbabile)	*it is improbable*	è raro	*it is rare*
è giusto	*it is right*	è strano	*it is strange*
è importante	*it is important*	è utile (inutile)	*it is useful (useless)*
è incredibile	*it is incredible*	è una vergogna	*it is a shame*
è indispensabile	*it is indispensable*	basta	*it suffices*
è meglio	*it is better*	bisogna	*it is necessary*
è naturale	*it is natural*	importa	*it matters*
è necessario	*it is necessary*	occorre	*it is necessary*
è normale	*it is normal*	pare	*it seems*
è ora	*it is time*	può darsi	*it is possible*
[è un] peccato	*it is a pity*	sembra	*it seems*
è possibile	*it is possible*		

ITALIA
(Carta Politica)

ITALIA
(Carta Fisica)

SCALA DI CHILOMETRI
0 40 80 120 160

SCALA DI MIGLIA
0 20 40 60 80 100

A

a (*prep.*) at, in, to
abbandonare to abandon
abbattere to break down
abbigliamento clothing
abbracciarsi (*rec.*) to hug each other
abbronzarsi (*rifl.*) to get a tan
abitare to live
abolire to abolish
abusare to abuse
abuso abuse
accanto (a) (*prep.*) next (to)
accedere (*p.p.* **accesso**) to access
accendere (*p.p.* **acceso**) to turn on / to light
accesso access
accogliente (*agg.*) welcoming
accoglienza welcome, reception
aceto vinegar
acqua water / **acqua minerale gasata** carbonated mineral water / **acqua minerale naturale** water; (still) mineral water
addobbare to adorn / to decorate
addormentarsi (*rifl.*) to fall asleep
adolescenza adolescence
adorare to adore
aereo airplane
aeroporto airport
afa humidity / **c'è afa** it's muggy
affettati (*pl.*) sliced deli meats
affettuoso (*agg.*) affectionate
affitto rent
afoso muggy
agendina daily planner
agenzia agency / **agenzia di viaggi** travel agency
aggettivo adjective
aglio garlic
agosto August
aiutare to help / **aiutarsi** (*rec.*) to help each other
albergo hotel
albero tree / **albero di Natale** Christmas tree
alimentazione (*f.*) nourishment / diet
allegro/a (*agg.*) happy
alloggio lodging
alluminio aluminum
alluvione (*f.*) flood

alto (*agg.*) tall
altopiano upland
altruista (*agg.*) (*m./f.*) altruistic
alzare to lift / **alzarsi** (*rifl.*) to get up
amalgamare to amalgamate / to mix
amare to love
ambasciatore (*m.*)/**ambasciatrice** (*f.*) ambassador
ambientalista (*m./f.*) environmentalist
ambiente (*m.*) environment
ambulanza ambulance
americano (*agg.*) American
amico/amica (del cuore) (best) friend
ammalarsi (*rifl.*) to get sick
analisi (*f., s./pl.*) (medical) tests
andare to go
angolo corner / **all'angolo (di)** at the corner (of)
animale / animale domestico animal / pet
anno year / **l'anno prossimo** next year / **l'anno scorso** last year / **avere... anni** to be... years old
annuncio (di lavoro) (classified) ad
antenato ancestor
antipasto appetizer
antipatico (*agg.*) mean, not nice
anziano (*agg.*) old
apparecchio apparatus
appartamento apartment
applaudire to applaud
applicazione (*f.*) application / software program
aprile April
aprire (*p.p.* **aperto**) to open
aquila reale golden eagle
arabo Arab
arachidi peanuts
aragosta lobster
arancia / arance (*pl.*) orange (fruit)
aranciata orange soda
arancione (*agg.*) orange (color)
architetto architect
area (protetta) (protected) area
aria (condizionata) air (conditioning)
armadietto cabinet
armadio closet

arrabbiarsi (*rifl.*) to get upset / to get mad
arredamento furniture
arredare to furnish / **arredato** furnished
arrivare to arrive
arrivederci / arrivederLa (*formale*) good-bye (to more than one person) / good-bye (to one person / formal)
arrivo arrival
arrosto roasted
artista (*m./f.*) artist / **artista grafico** graphic artist
ascensore (*m.*) elevator
asciugacapelli (*m., s.*) hair dryer
asciugamano (*m., s.*) / **asciugamani** towel(s)
asciugarsi (*rifl.*) to dry oneself
ascoltare to listen to
asparagi (*m., pl.*) asparagus
aspettare to wait for
aspirina aspirin
assumere (*p.p.* **assunto**) to hire
astronomo astronomer
atleta (*m./f.*) athlete
atterrare to land (airplane)
attività activity
attore (*m.*)/**attrice** (*f.*) actor/ actress
attrezzatura (sports) equipment
augurare to wish
aula classroom
aumento raise, increase
autista (*m./f.*) driver
autobus (*m.*) bus
automobile (*f.*) car
autunno fall (season), autumn
avantieri (*avv.*) the other day
avere (*p.p.* **avuto**) / **avere mal di...** (orecchio, schiena, testa, pancia, gola, ecc.) to have / to have a bad / achy . . . (ear, back, head, stomach, throat, etc.)
avventura adventure
avvocato lawyer
azienda business, company

B

Babbo Natale Santa Claus
baciarsi (*rec.*) to kiss each other
bagaglio baggage
bagnino lifeguard
bagno bathroom

balcone balcony
banca bank
banco desk
bancomat (*m.*) automatic teller
banda band (concert, marching)
bandiera flag
bar (*m.*) coffee / snack bar
barbiere (*m.*) barber shop
barca boat / **andare in barca** to go boating
baritono baritone
barriera (**culturale**) (cultural) barrier
basso / basso (*agg.*) bass (voice) / short
batteria drums
bello (*agg.*) beautiful / **fa bello** / **fa bel tempo** it's nice weather
bene (*avv.*) well
benedire to bless
benessere (*m.*) well-being
benevolenza kindness
bere (*p.p.* **bevuto**) to drink
bevanda drink
bianco (*agg.*) white
biblioteca library
bicchiere (*m.*) glass
bicicletta (**o bici**) bike / **andare in bicicletta** to ride a bike
bidone (*m.*) bin
biglietteria ticket office, ticket counter / booth
biglietto ticket
binario train track
biografia biography
biologia biology
biologico (*agg.*) organic
biondo (*agg.*) blonde
bistecca steak
bloccare / bloccarsi (*rifl.*) to block / to stop / to freeze
blu (*agg. inv.*) blue
bocca mouth
bosco woods
box (*m.*) garage
braccio (*m., s.*) / braccia (*f., pl.*) arm / arms
brevetto patent
brindare to make a toast
brindisi (*m.*) celebratory toast
broccoli broccoli
brodo broth
bruno/a (*agg.*) brown-haired, brunette

bruschetta toasted bread with topping
brutto (*agg.*) ugly / **fa brutto tempo** it's bad weather
buco (**dell'ozono**) hole (in the ozone layer)
buon giorno (*or* buongiorno) good morning
Buon Natale Merry Christmas
buona notte (*or* buonanotte) good night
buona sera (*or* buonasera) good evening
buono (*agg.*) good
burrone ravine
buttare (**via**) to throw (away)

C

cabina (**elettorale**) (voting) booth
cadere to fall
caduti (*m., pl.*) fallen (war heroes)
calciatore (*m.*)/calciatrice (*f.*) soccer player
caldo hot / **avere caldo** to be hot / **fa caldo** it's hot
calvo (*agg.*) bald
calza sock / stocking
calzino sock (*for males*)
cambio exchange
camera room
camera da letto bedroom
camera singola / matrimoniale room (single / double with double bed)
cameriere (*m.*)/cameriera (*f.*) waiter/waitress / **cameriere/ cameriera d'albergo** hotel maid / **cameriere/cameriera di camera** chamber maid
camino fireplace
campagna countryside
campeggio campground / **andare in campeggio** to go camping
cancellino board eraser
candelabro Menorah
candidato/candidata candidate
cane (*m.*) dog
cantante (*m./f.*) singer
cantare to sing
cantautore (*m.*)/cantautrice (*f.*) singer-songwriter
cantina basement
canzone (*f.*) song

capello / capelli hair
capire to understand
capo boss
capo di stato head-of-state
capo firmato designer clothing
Capodanno (**1° gennaio**) New Year's Day
cappellacci filled pasta pockets shaped like hats
cappellino cap
cappello hat
capra goat
caramella candy
carbone (*m.*) coal
caricabatteria charger
caricare to upload / to charge
carino (*agg.*) cute
carne (*f.*) meat
Carnevale (*m.*) Carnival
carrello cart
carro float
carta paper
carta d'identità I.D. card
carta geografica map
cartellina folder
cartone (*m.*) cardboard
cartoni animati cartoons
casa house / **a casa** at home
caserma dei vigili del fuoco fire station
cassettiera dresser
castagna chestnut
cattedra teacher's desk
cattivo (*agg.*) bad / **fa cattivo tempo** it's bad weather
cavallo horse / **andare a cavallo** to go horseback riding
cavo cable
celebrare to celebrate
cellulare cell phone
centrale (*agg.*) central
centro center / downtown
centro di benessere wellness center
cercare to look for
cereali (*m., pl.*) cereal
cerotto bandage, Band-Aid®
cestino wastebasket / lunch box
chanucchia menorah
chattare to chat (online)
chiamare to call / **chiamarsi** (*rifl.*) to call oneself / each other
chiave key
chiavetta flash drive

chiedere (*p.p.* **chiesto**) to ask for
chimica chemistry
chimico chemist
chitarra guitar
chiudere (*p.p.* **chiuso**) to close
ci vediamo! see you later!
ciao! hi / bye (*informal*)
cibo food
cinema movie theatre, cinema /
  cinema all'aperto outdoor
  cinema
cinese (*agg.*) Chinese
cioccolatino chocolate candy
circo circus
cittadinanza citizenship
cittadino/cittadina citizen
clandestino/clandestina illegal
  alien
classe (*f.*) classroom
cliccare to click
**clinica di bellezza / clinica
  estetica** day spa
cognata/cognato sister-in-law/
  brother-in-law
coinvolgere to involve
colazione (*f.*) breakfast /
  colazione compresa breakfast
  included
collega (*m./f.*) co-worker,
  colleague
collegamento connection / link
collegare / collegarsi (*rifl./rec.*) to
  connect
collo neck
colomba dove / dove-shaped
  Easter cake
colonna sonora soundtrack
colore (*m.*) color
coltello knife
combattere to fight / to battle
come (*avv.*) how / as
comico/comica comedian
cominciare to begin
commedia comedy
commerciale (*agg.*) commercial
commercio commerce, trade
comò (*m.*) dresser
comodino night stand
comodo (*agg.*) comfortable
compleanno birthday
complesso band (rock, jazz, etc.)
comporre (*p.p.* **composto**) to
  compose
comprare to buy

computer (*m.*) computer
con (*prep.*) with
concerto concert
condizione atmosferica weather
  condition
connessione (*f.*) connection (to a
  server)
connettere (*p.p.* **connesso**) /
  connettersi (*rifl./rec.*)
  to connect
conoscere to know
conservazione (*f.*) conservation
consiglio advice
console consul general
consumare to consume
consumatore (*m.*)/**consumatrice**
  (*f.*) consumer
consumismo consumerism
contagiare to infect
contenuto content
contorno side dish
contrabbasso string bass
contribuire to contribute
controllare to check
controllore controller
coperto cover charge
copione (*m.*) script
corpo body
correggere (*p.p.* **corretto**) to
  correct
correre (*p.p.* **corso**) to run
corruzione (*f.*) corruption
corto (*agg.*) short
costa coast
costare to cost
costituzione (*f.*) constitution
costoso (*agg.*) expensive
costume costume / **costume da
  bagno** (*m.*) bathing suit
cotechino spiced Italian sausage
cotoletta cutlet
crema solare sunscreen
crescere to grow
crescita growth, increase
crociera cruise
crollare to collapse
crostata tart / **crostata di
  frutta** fruit tart
crostino toasted and crispy bread
  with topping
cucchiaio spoon
cucina stove / range / kitchen /
  cuisine
cucinare to cook

cuffia / cuffie cap / headset,
  earphones
cugino/cugina cousin
culinario (*agg.*) culinary
cuoco/cuoca cook
curriculum vitae CV / resume

D

da (*prep.*) from
dare (*p.p.* **dato**) to give / **darsi**
  (*rifl./rec.*) to give to each other
dare fastidio to bother
dati (*pl.*) data
davanti (a) (*prep.*) in front of
decennio decade
decidere (*p.p.* **deciso**) to decide
decimo tenth
decollare to take off (airplane)
decorare to decorate
decorazione (*f.*) decoration /
  ornament
democrazia democracy
dente (*m., s.*) tooth
dentifricio toothpaste
dentro inside
dépliant brochure
desiderare to want
destinatario recipient, addressee
destra right / **a destra (di)** (*prep.*)
  to the right (of)
di (*prep.*) of, to be from
di fronte (a) (*prep.*) opposite side
diario diary
dibattito debate
dicembre December
dietro (*prep.*) behind
difendere (*p.p.* **difeso**)
  to defend
difficile (*agg.*) difficult
digitale (*agg.*) digital
dimagrire to lose weight
dire (*p.p.* **detto**) to say / to tell
direttore conductor
dirigere (*p.p.* **diretto**) to conduct
diritto right / **diritti (umani)**
  (human) rights
diritto (*or* **dritto**) (*prep.*) straight
  ahead
disboscamento deforestation
discoteca discotheque / club
discriminazione
  (*f.*) discrimination
discutere (*p.p.* **discusso**) to
  discuss

disperdere (*p.p.* **disperso**) to litter / to disperse / to scatter

distruggere (*p.p.* **distrutto**) to destroy

ditta company / firm

divano couch / sofa

diventare to become

divertente (*agg.*) fun

divertirsi (*rifl.*) to have fun

divieto prohibited

divorziato divorced

doccia shower

documentario documentary

documento I.D. card / document

dodicesimo twelfth

dolce (*m.*) dessert

dolce (*agg.*) sweet

domani tomorrow / **A domani!** See you tomorrow!

domenica Sunday

donna woman

dopo (*avv.*) after, then, later

dormire to sleep

dosaggio dosage

dose dose

dottore (*m., s.*)/**dottoressa** (*f., s.*) doctor

dramma (*m.*) drama / play

dritto straight / straight ahead

E

é afoso it's humid / muggy

é nuvoloso it's cloudy

é sereno it's clear

economia / economia solidale economics / fair trade economy

economico affordable

edicola newsstand

edificio building

effetto effect

egoista (*s./m./f.*) / **egoisti** (*m., pl.*) / **egoiste** (*f., pl.*) (*agg.*) selfish

eleggere (*p.p.* **eletto**) to elect

elettore (*m.*)/**elettrice** (*f.*) voter

elezione (*f.*) elections

emigrare to emigrate

emigrato emigrant

emigrazione (*f.*) emigration

energia (**alternativa / nucleare**) (alternative / nuclear) energy

entrare to enter

entusiasta/e/i (*agg.*) enthused

epifania (**Befana, 6 gennaio**) Epiphany

erba grass

erboristeria herbal remedy shop

esame (*m.*) exam / **esame di maturità** exit exams from high school

esercitarsi (*rifl.*) to practice

esibirsi (*rifl.*) to perform

esploratore explorer

esportazione (*f.*) exportation

espressione (*f.*) (**idiomatica**) (idiomatic) expression

essere (*p.p.* **stato**) to be

est East

estate (*f.*) summer

estero / all'estero abroad

estetista (*m./f.*) facialist, aesthetician / beautician

estroverso (*agg.*) outgoing, extroverted

etico (*agg.*) ethical

extracomunitario person from outside European Union

F

fa ago / **una settimana fa** a week ago / **un mese fa** a month ago

facchino bell hop, porter

fagiolino green bean

facile (*agg.*) easy

falco falcon

fame hunger / **avere fame** to be hungry

famiglia family / **famiglia estesa** extended family

fantascienza science fiction

fare (*p.p.* **fatto**) to do / to make

fare l'alpinismo to hike

fare (farsi) (*rifl.*) **il bagno / nel mare / in piscina** to take a bath / to swim (in the sea / pool)

fare (farsi) (*rifl.*) **la barba** (*rifl.*) to shave

fare bello it's nice weather / **fare brutto** it's bad weather

fare il ciclismo to cycle

fare colazione to have breakfast

fare un colloquio to have an interview

fare la corsa to run

fare la dieta to go on a diet

fare un discorso to make a speech

fare (farsi) la doccia (*rifl.*) to take a shower

fare domanda to apply

fare un esame to take an exam

fare (delle) esperienze to have experiences

fare le ferie (andare in ferie) to take time off from work (for a vacation)

fare una gara to race

fare ginnastica to get exercise / to do aerobics, gymnastics

fare una gita to take a short trip

fare male to hurt

farsi male (*rifl.*) get hurt

fare il nuoto to swim

fare una passeggiata to take a walk

fare le prove to rehearse

fare la raccolta differenziata to sort recyclables

fare uno scherzo to play a joke

fare una scoperta to make a discovery

fare silenzio to be quiet

fare la spesa to do grocery shopping

fare le spese to go "fun" shopping

fare sport to play sports

fare un tuffo to take a dip

fare la vela to go sailing

fare un viaggio to take a trip

farmacia pharmacy

farmacista (*m./f.*) pharmacist

farsi (*rifl.*) to do something to oneself

farsi un graffio / taglio (*rifl.*) to scratch / to cut oneself

fattoria farm (livestock farm)

fauna wildlife, fauna

favola fairy tale

favorire to favor / to support

faxare to (send a) fax

febbraio February

febbre (*f.*) fever

felpa sweatshirt

ferie days off / vacation / **andare in ferie** to take time off (for vacation)

fermata (dell'autobus) (bus) stop

ferragosto (15 agosto) Feast of the Assumption

ferro da stiro iron

festa holiday, party
festeggiare to celebrate
fidanzarsi (*rifl./rec.*) to get engaged
fidanzato/fidanzata fiancé/ fianceé, partner
figlio/figlia son/daughter
figlio unico only child
fila line
film (*m.*) film / movie
dare (un film al cinema) to show a film
finanziario (*agg.*) financial
finestra window
finire to finish
fiore (*m.*) flower
firma brand name
fisarmonica accordion
fischiare to whistle
fisica physics
fisico/a physicist
fisioterapia physical therapy
fisioterapista physical therapist
fiume (*m.*) river
flauto flute
flora plant life
fondare to found
fondazione (*f.*) foundation
fontana fountain
forchetta fork
foresta forest
formaggio cheese
formattare to format
forno oven
fra (*or* tra) (*prep.*) among, between, in
fragola strawberry
francese (*agg.*) french
fratello brother
freddo cold / **avere freddo** to be cold / **fa freddo** it's cold
frequentare to attend
fresco cool / **fa fresco** it's cool (temperature)
frigobar minibar
frigorifero refrigerator
frittella di riso sweet rice fritter
frutta fruit
fumetti comics
fumo smoking / **il fumo fa male alla salute** smoking is bad for your health
fungo mushroom
funzionare to work / to function

fuochi d'artificio fireworks
fuori (da) (*prep.*) outside

G

gabinetto toilet
gamba leg
gara race, competition
garage (*m.*) garage
gatto cat
gatto selvatico wildcat
gelato ice cream
gemello/gemella twin
genere genre
genero son-in-law
generoso (*agg.*) generous
genitore parent
gennaio January
gentile (*agg.*) polite
giacca jacket (parka) / **giacca a vento** windbreaker
giallo mystery (literary genre)
giallo (*agg.*) yellow
giapponese (*agg.*) Japanese
giardino yard
ginocchio (*m., s.*) / **ginocchia** (*f., pl.*) knee / knees
giocare to play (a sport or a game)
giocare a baseball to play baseball
giocare a calcio / a pallone to play soccer
giocare a carte to play cards
giocare a tennis to play tennis
giocare a tombola to play bingo
giornale newspaper
giornalismo journalism
giornalista journalist
giorno day
giovane (*agg.*) young
giovedì Thursday
girare to turn / **girare un film** to film
gita trip / **gita scolastica** field trip
giugno June
giurisprudenza law
globale (*agg.*) global
globalizzazione (*f.*) globalization
goccia / gocce (*pl.*) drop / drops
gomito elbow
gomma rubber eraser
gonna skirt
governare to govern

governo government
grafica graphics
grande (*agg.*) big
grano grain
grasso (*agg.*) fat
gratuito (*agg.*) free
grazie thank you
grigio (*agg.*) grey
griglia (*f., s.*) grill / **alla griglia** grilled
grigliata mixed grilled meats
gruppo band (rock, jazz, etc.)
guanto glove
guardare to look at

H

hi-tech high-tech

I

identità identity
ieri yesterday / **l'altro ieri** the day before yesterday
illustre renowned
imbarcare to embark
immigrante immigrant
immigrare to immigrate
immigrato/a immigrant
immigrazione (*f.*) immigration
immondizia trash / garbage
impaziente (*agg.*) impatient
impermeabile (*m.*) raincoat
impiegato employee
importazione (*f.*) importation
imprevisto unforeseen, unexpected event
in (*prep.*) at, in, to
inaugurare to inaugurate
inaugurazione (*f.*) inauguration
incartare to wrap
incendio fire
incentivare to provide an incentive
incominciare to begin
incontrarsi (*rifl./rec.*) to meet each other
incrementare to increase / to grow
indicazione (*f.*) direction
indietro (*prep.*) back
indifferente (*agg.*) indifferent
indifferenziato other recyclables
indimenticabile unforgettable
industria industry
infanzia childhood

infermiera/infermiere nurse
influenza influence / flu
informatica computer science
ingegnere engineer
ingegneria engineering
inglese (agg.) English
ingrassare to gain weight
ingresso entrance
iniezione (f.) injection
iniziare to begin
innovazione (f.) innovation
inquinamento
  (atmosferico) pollution
  (atmospheric)
insalata salad / insalata
  mista mixed green salad
insegnante (m./f.) teacher
installare to install
integrare / integrarsi (rifl.) to
  integrate
integrazione (f.) integration
intelligente (agg.) intelligent,
  smart
interattivo interactive
interculturale intercultural
interessante (agg.) interesting
interesse (m.) interest
Internet point / train / cafè
  Internet access location /
  business
interpretare to play a role
intolleranza intolerance
inventare to invent
inventore (m.) inventor
invenzione (f.) invention
inverno winter
investire to invest
inviare to send
invitare to invite
istrice porcupine
italiano (agg.) Italian

J

jacuzzi (f.) jacuzzi

L

lago lake
lampada lamp
lampione (m.) street light
lampone (m.) raspberry
lasagne (f., pl.) lasagna
laurea college degree
laurearsi (rifl.) to graduate (from
  university)

lavagna whiteboard
lavandino sink
lavarsi (rifl.) to wash oneself
lavastoviglie (f.) dishwasher
lavatrice (f.) washing machine
lavoro work / job
legge (f.) law
leggere (p.p. letto) to read
leggero (agg.) light
legislatura legislature
lenticchie (f., pl.) lentils
lento/a (agg.) slow
lenzuola (f., pl.) sheets
lepre (f.) jack rabbit
lettera di raccomandazione letter
  of recommendation
letteratura literature
lettino (da mare) lounge chair
letto bed / a letto in, to bed /
  letto matrimoniale queen /
  king-sized bed
lezione (f.) class
libero (agg.) free / libero
  mercato free market
libreria bookstore
libro book
limitare to limit
lingua language / lingua
  straniera foreign language
linguaggio language, speech
località location
località termale hot springs,
  thermal baths
lontano (da) (prep.) far
luce (f.) light
luglio July
luminoso (agg.) bright
lunedì Monday
lungo (agg.) long
luogo place / luogo (di
  lavoro) place of work
lupo wolf

M

macchina car / in macchina in
  the car, by car
macchina fotografica camera
macchinetta machine (to validate
  ticket)
macedonia fruit salad
macelleria butcher shop
madre (f.) mother
maestra teacher (elementary
  school)

maggio May
maggioranza majority
maggiore (agg.) older
maglia shirt / jersey
maglietta T-shirt
maglione (m.) pullover
  sweater
magro (agg.) thin, slim / magro
  (cibo) nonfat / low-fat
maiale (m.) pig
mail (f.) e-mail
malato/a (agg.) sick
malato/malata (or ammalato)
  (n.) sick person
malattia illness
male (avv.) not well, badly
malinconia melancholy, sadness
mancia tip
mandare to send / mandare un
  fax to send a fax
mangiare to eat
mano (f., s.) / mani (f., pl.) hand /
  hands
marchio brand name
mare (m.) sea
marito husband
marrone (agg.) brown
martedì Tuesday
marzo March
maschera mask
massaggio massage
masseria farm
massiccio (agg.) solid, massive
matematica mathematics
materiale material / materiale da
  riciclare recyclable item
materialista materialistic
materia subject matter
materno (agg.) maternal
matita pencil
meccanico mechanic
medicina medicine
medico doctor
mela apple
melone (m.) melon
merce (f.) merchandise
mercoledì Wednesday
meridionale (agg.) southern
mese month / il mese scorso last
  month / il mese prossimo next
  month
messicano (agg.) (n.) Mexican
mestiere (m.) profession
metallo metal

metro meter / **metro quadrato** square meter

metro / metropolitana subway

mettere (p.p. messo) / mettersi (rifl.) to put / to place / to put something on

mettere in ordine (la camera) to tidy up (the room)

mettere un post to post (a comment on a blog)

mezzo pubblico public transportation

microfono microphone

microonde, forno a... microwave oven

migliorare to get better

mimosa mimosa

minestrone vegetable soup with pasta

ministero ministry / high office

ministro minister

minore (agg.) younger

mirtillo blueberry

mischiare to mix

misurare (la temperatura) to take (the temperature)

mittente (m./f.) sender

moda fashion

modella/modello model

modernizzazione (f.) modernization

moglie wife

mondiale worldwide

monolocale studio apartment

montagna / montagne mountain(s)

morire (p.p. morto) to die

motocicletta / moto (abbr.) motorcycle

movimento no-global anti-globalization movement

mucca cow

multiculturale (agg.) multicultural

multiculturalismo multiculturalism

multietnico multiethnic

multilingue multilingual

multimediale multimedial

multinazionale (agg.) multinational / **multinazionale** multinational company

multirazziale multiracial

musica (classica / rock) music (classical / rock)

musicista musician

N

nascere (p.p. nato) to be born

nascita birth

naso nose

Natale (25 dicembre) Christmas (December 25th)

nave (f.) ship

navigare su Internet to surf the Internet

nazionalità nationality

nebbia fog / **c'è (la) nebbia** it's foggy

negozio store / **negozio di alimentari** grocery store

nero (agg.) black

neve (f.) snow / **c'è (la) neve** it's snowy

nipote (m./f.) nephew/niece; grandson/granddaughter

noce (f.) walnut

noioso (agg.) boring

noleggiare (l'auto, la bicicletta, la barca...) to rent (car, bike, boat . . .)

nome noun

nonno grandfather / **nonna** grandmother

nono (agg.) ninth

nord north / **a nord (di)** to the north (of)

nostalgia nostalgia, longing

noto/a (agg.) well-known

novembre November

nubile unmarried woman

numero number / **numero ordinale** ordinal number

nuora daughter-in-law

nuotare to swim

nuoto swimming

nuovo/a (agg.) new

nutrimento nourishment

nutrizionista nutritionist

nuvoloso cloudy

O

obelisco obelisk

occhiali da sole sunglasses

occhio / occhi eye / eyes

offrire to offer

olio olive oil

ombrellone beach umbrella

opposizione (f.) opposition

opuscolo brochure

orario schedule / **in orario** on time

ordinare to order

orecchio (m., s.) / orecchie (f., pl.) ear / ears

organo organ

orientale (agg.) eastern, Asian

orologio clock / watch

orrore horror

orto garden (vegetable)

ospedale (m.) hospital

ostello hostel

ottavo (agg.) eighth

ottenere to obtain

ottimista (agg.) optimistic

ottobre October

ovest West

P

pace (f.) peace

padre father

padrone/padrona owner / **padrone/padrona di casa** landlord

paesaggio landscape

pagare to pay

palazzo building / palace

palco(scenico) stage

palestra gym

palla ball / **pallone** soccer ball

pallacanestro (f.) basketball

palline Christmas ball decorations

pandoro Christmas cake topped with powdered sugar

pane (m.) bread

panettone (m.) Christmas cake with candied fruit

panforte (m.) Sienese fruit and nut cake

panino sandwich

pantaloncini shorts

pantaloni pants / **pantaloni da neve** snowpants

parata parade

parco nazionale national park

parente (m./f.) relative

parlare to speak

parmigiano Parmesan cheese

parruchiere (m.)/parrucchiera (f.) hair dresser

partenza departure

partire to leave (for a destination)

partito political party
Pasqua Easter / **Pasqua ebraica (festa di Pessach)** Passover
passaporto passport
passare to spend (time)
passare una legge to pass a law
passato past
passeggero passenger
passerella runway
patata potato / **patatine fritte** french fries
paterno/a (*agg.*) paternal
pattinaggio skating
pattinare (sul ghiaccio) to skate (ice skate)
pavimento floor
paziente (*m./f.*) patient / **paziente** (*agg.*) patient
pecora sheep
peggiorare to get worse
penna pen
pennarello marker / felt-tip pen
pensione (*f.*) bed and breakfast (B&B)
pepe pepper
peperone (*m.*) bell pepper
per (*prep.*) for, in order to
per favore / **per piacere** please
perdere to lose / **perdere peso** to lose weight
pericoloso dangerous
periferia outskirts
persona person / **persone** people
pescare to fish
pesce (*s.*) (*m.*) / **pesci** (*pl.*) fish
peso / **pesi** weight / barbells
pessimista (*agg.*) pessimistic
pettinare to comb / **pettinarsi** (*rifl.*) to comb one's hair
pettine (*m.*) comb
petto chest
piacere pleasure
piadina flat bread
piano floor / **piano** (*avv.*) slowly
piano(forte) (*m.*) piano
pianoterra ground floor
pianta plant
piantare to plant
pianterreno ground floor
pianura plain, flat country
piatto plate / **piatto fondo** pasta bowl

piazza square
piccolo (*agg.*) small
piede foot / **a piedi** on foot
pigiama pajamas
pigro (*agg.*) lazy
pila battery
pillola pill
pino pine tree
piscina pool
plastica plastic
politica politics
poliziotto policeman/woman
pollo chicken
poltrona armchair
pomata ointment
pomeriggio afternoon
pomodoro tomato
porta door
portare to bring
portatile (*m.*) laptop computer
porto port
posta mail / **posta elettronica** e-mail
postare to post (a comment on a blog)
postino mail carrier
posto position / seat
potare to prune
praticare to practice / **praticare sport** to play sports
preferire to prefer
pregiudizio prejudice
prego you are welcome
premio prize / award
prendere (*p.p.* **preso**) to take
prenotare to reserve
prenotazione (*f.*) reservation
preparare to prepare / **prepararsi** (*rifl.*) to get ready
preposizione (*f.*) preposition
prescrivere (*p.p.* **prescritto**) to prescribe
presto (*avv.*) soon / **A presto!** See you soon!
prevenire (*p.p.* **prevenuto**) to prevent
prevenzione (*f.*) prevention
primavera spring
primo first
privatizzazione (*f.*) privatization
processione (*f.*) procession
proclamare to proclaim
prodotto product / **prodotto sintetico** synthetic product

professione (*f.*) profession
professore (*m.*)/**professoressa** (*f.*) professor
progetto project / plan
programma (*m.*) program
programmatore (*m.*) computer programmer
progresso progress
proiettore (*m.*) projector
promettere to promise
promuovere to promote
pronto soccorso emergency room (ER)
prosciutto ham
protagonista protagonist
proteggere (*p.p.* **protetto**) to protect
proteggere to protect / **proteggersi** (*rifl.*) to protect oneself
provare to rehearse
psicologia psychology
pubblicare to publish
pubblico audience
pulire to clean
pullman coach
puntura injection
puzzola skunk

Q

quaderno notebook
quarto fourth
quercia oak tree
questura police station, headquarters
quinto fifth

R

racchetta da tennis tennis racquet
raccogliere to gather
radice root
raffreddore (avere il...) cold (to have a . . .)
ragazzo young man
raggiungere to reach / **raggiungere (il successo)** to achieve (success)
ragione (*f.*) reason / **avere ragione** to be right
rapidità speed
rapido (*agg.*) fast
razzista (*agg.*) racist
realizzare to fulfill

recezione (*f.*) reception (hotel)
recita performance
recitare to act
redazione (*f.*) editorial office
regalare to give a gift
regalo gift
regionale (*m.*) local (train)
regista (*m./f.*) (film) director
registrare to register / registrarsi (*rifl.*) to register oneself
relazione (*f.*) relationship
respirare to breathe / respirare aria pura to breathe fresh air
restare to stay
restituire to give back
rete (*f.*) Web
ricaricare to refill / to reload
ricetta recipe / ricetta medica prescription
ricevere to receive
riciclaggio recycling
riciclare to recycle
riconoscere to recognize
ricordo memory, remembrance / a souvenir
ricorrenza anniversary / occasion
ridere (*p.p.* riso) to laugh
ridurre (*p.p.* ridotto) to reduce
rientrare to go / to come back
riferire to refer
rifiuto refuse / rifiuti organici organic waste, compost / rifiuti tossici toxic waste
riforma reform
rifugio refuge
rigenerarsi (*rifl.*) to regenerate oneself / to renew oneself
rilassare to relax / rilassarsi (*rifl.*) to relax onelf
rimanere to remain / rimanere in contatto to stay in contact
rimedio remedy
rinomato (*agg.*) renowned
riparare to fix
ripercussione (*f.*) repercussion
riposarsi (*rifl.*) to rest
rischio risk
risiedere to reside
riso rice / risotto Italian rice dish
Risorgimento The Risorgimento (*lit.* resurgence, 19th-century movement for Italian unification)

risorsa resource / risorse naturali natural resources
rispettare respect / rispettare la legge to respect the law
rispondere (*p.p.* risposto) to answer
ristorante restaurant
ritardo delay / in ritardo to be late
ritirare to withdraw / ritirarsi (*rifl.*) to retreat
ritrovare / ritrovarsi (*rec.*) to find again / to recover / to find oneself
riunire / riunirsi (*rec.*) to reunite
roccia rock, crag
roccioso (*agg.*) rocky
rosa (*agg.*) (*inv.*) pink
rosso (*agg.*) red
ruolo role
rupe (*f.*) cliff, rock
rupestre rocky

S

sabato Saturday
sagra gastronomica food festival
sala d'attesa waiting room
salario salary
sale (*m.*) salt
salire / salire a bordo to climb up (or in) / to board
salone (*m.*) hair salon
salotto living room
salutare (*agg.*) healthy
salutare to greet someone / salutarsi (*rec.*) to greet each other
salute (*f.*) health
saluto greeting / saluti greetings and salutations
salve (*informale, formale*) hi / bye
San Valentino (14 febbraio) Valentine's Day
sandalo sandal / sandali sandals
sano healthy / wholesome
sapere to know
sassofono saxophone
scaffale bookshelf / scaffali bookshelves
scambiare to exchange / scambiarsi (*rec.*) to exchange with each other / scambiarsi (auguri / regali) (*rec.*) to exchange (wishes / presents)

scambio exchange
scannerizzare to scan
scapolo unmarried man / bachelor
scappare to escape
scaricare download
scarico dead, run-down (*i.e.*, battery)
scarpa shoe / scarpe da ginnastica gym shoes, sneakers / scarpe da tennis tennis shoes
scarponi (*m., pl.*) ski boots
scatola del trucco make-up case
scavare to dig / to excavate
scegliere (*p.p.* scelto) to choose
scena scene
scenario story, plot (drama, opera)
scendere (*p.p.* sceso) to go down
sceneggiatore (*m.*)/sceneggiatrice (*f.*) screenwriter
sceneggiatura script
schermo screen
sci (*sport*) (*m., s.*) skiing
sciare to ski
scienze science / scienze politiche political science
scienziato scientist
sciopero labor strike
sciroppo cough syrup
scomparsa disappearance
scompartimento train compartment / train car
scoprire (*p.p.* scoperto) to discover
scorso (*agg.*) last / scorso anno last year / mese scorso last month
scottarsi (al sole) (*rifl.*) to get a sunburn
scrittore (*m.*)/scrittrice (*f.*) writer
scrivania desk
scrivere (*p.p.* scritto) to write
scultore (*m.*)/scultrice (*f.*) sculptor
scuola school / scuola elementare elementary school / scuola media middle school / scuola superiore high school
secco (*agg.*) dry
secondo second dish
secondo (*agg.*) second
sedia chair, seat / sedia a sdraio beach chair
seggio elettorale the polls
segretario/segretaria administrative assistant

seguire to follow / **seguire un'alimentazione corretta** to follow a healthy diet

senatore/senatrice senator

sensibilità sensitivity

sensibilizzare to raise awareness

sentiero trail

sentire to hear / to feel

sentirsi (bene / male) (*rifl.*) to feel (good / bad)

separato (*agg.*) separated

serio (*agg.*) serious

sereno clear, calm, serene

sesto (*agg.*) sixth

sete thirst / **avere sete** to be thirsty

settembre September

settentrionale (*agg.*) Northern

settimana week / **la settimana scorsa** last week / **la settimana prossima** next week

settimo (*agg.*) seventh

settore sector

sfilata fashion show

sfruttare to exploit

sgarbato (*agg.*) rude, impolite

sicurezza safety

signore/signora gentleman, Mr./lady, Mrs.

signorina young (unmarried) woman / Miss

simpatico (*agg.*) nice

sindaco mayor

single (*m./f.*) single

sinistra left / **a sinistra (di)** to the left (of)

sintomo symptom

sistema (*m.*) system

sistemare (la camera) to tidy up (the room)

sito Web website

smog smog

socialismo socialism

soffrire to suffer

soggiorno living room

sognare to dream

sogno dream

sole sun / **c'è il sole** it's sunny

sonno sleep / **avere sonno** to be sleepy

sopra (*prep.*) above

soprano (*m.*) soprano

sorella sister

sostenibilità sustainability

sotto (*prep.*) under / underneath

spagnolo (*agg.*) Spanish

spalla shoulder

spartito score

spazzolino da denti toothbrush

specchio mirror

specie (*f., s./pl.*) species / **specie protette** protected species

spegnere (*p.p.* spento) to turn off

spendere (*p.p.* speso) to spend (money, energy)

spettacolare (*agg.*) spectacular

spettacolo performance

spiaggia beach

spiegare to explain

spinaci spinach

sport (*m.*) sport

sportivo (*agg.*) athletic

sposarsi (*rifl./rec.*) to get married to each other

sposato (*agg.*) married

spumante (*m.*) sparkling white wine

squillare to ring

stadio stadium

stage (*m.*) internship

stagione (*f.*) season

stampante (*f.*) printer

standardizzazione (*f.*) standardization

stare (*p.p.* stato) to be / to stay

statua statue

stazione station / **stazione dei treni, stazione ferroviaria (*f.*)** train station

stella star

stilista (*m./f.*) designer (of clothes)

stipendio pay / wages

stivale (*m., s.*) boot / **stivali (*pl.*) da pioggia** rain boots

storia history / **storia dell'arte** art history

straniero (*agg.*) / (*n.*) foreigner

strumento instrument

studente (*m.*)/studentessa (*f.*) student

studiare to study

studio study / **studio legale** law office / **studio medico** doctor's office

stupido (*agg.*) stupid

su (*prep.*) on, about

succedere to happen

successo success / **avere successo** to be successful

sud south / **a sud (di)** to the south (of)

suocero/suocera father-in-law/ mother-in-law

suonare to play (a musical instrument)

supermercato supermarket

supplemento additional fee

sveglia alarm clock / wake-up call

svegliare to wake up somebody / **svegliarsi (*rifl.*)** to wake (oneself) up

sviluppare to develop

sviluppo development

T

tabaccheria tobacco shop

tacco heel / **tacchi alti / bassi** high heels / low heels

tardi (*avv.*) late / **A più tardi!** See you later!

tartufo truffle

tastiera keyboard

tasto (computer) key

tavola table (set for dining) / **a tavola** at the table

tavolino coffee table

tavolo table (dining)

taxi taxi cab

teatro theater / **a teatro** at the theater

tecnica technique

tecnico technician

tecnologia technology

tecnologico (*agg.*) technological

tedesco (*agg.*) German

telecomando remote control

telefonare to call / **telefonarsi (*rec.*)** to call each other

telefonino cell phone

televisione (*f.*) TV (broadcasting)

televisore (*m.*) television / TV set

telo (da) bagno / (da) mare beach towel

tenda tent

tenere to keep / to hold

tenersi in forma (*rifl.*) to stay in shape

tenore (*m.*) tenor

terme (*pl.*) hot springs, thermal baths

termometro thermometer
terrazzo/a terrace
territorio territory
terzo (*agg.*) third
tessera pass / membership card / **tessera elettorale** voter identification card
tessuto fabric
testa head
timbrare to stamp
timido (*agg.*) shy
tirare to pull / **tira (il) vento** it's windy
tirchio (*agg.*) stingy, cheap
tirocinio internship
titolo title
tolleranza tolerance
tombola type of bingo
tornare to return
torrente torrent, stream
torta cake
tortellino pasta ring filled with cheese or meat
torto wrong / **avere torto** to be wrong
tosse (*f.*) cough
tossire (avere la tosse) to cough
tovaglia tablecloth
tovagliolo napkin
tra (*or* fra) (*prep.*) among, between, in
tradizione (*f.*) tradition / **tradizioni e usanze locali** local traditions and customs
traffico traffic
traghetto ferry
tranquillo peaceful
trasmettere to broadcast
trattamento treatment
trekking (mountain) hiking
treno train / **sul treno** on the train / **in treno** by train
triste (*agg.*) sad
tristezza sadness
tromba trumpet

trombone (*m.*) trombone
trovare to find
tuba tuba
tuffarsi (*rifl.*) to dive

U

uccello bird
ufficio office / **in ufficio** in the office
ufficio postale post office
ulivo olive tree
ultimo last / **ultimo piano** last floor
undicesimo eleventh
unificare to unite
unificazione (*f.*) unification
unire to unite / join together
unità d'Italia unification of Italy
uomo (*s.*) / **uomini** (*pl.*) man / men
uovo (*s.*) / **uova** (*pl.*) egg / eggs
uovo di Pasqua Easter egg
urna ballot box / **urne** polls / **andare alle urne** to go to the polls
uscire to go out
utopia utopia
uva (*f., s.*) grapes

V

vacanza vacation / **vacanza studio** study vacation / **in vacanza** on vacation
valanga (di fango) avalanche / mudslide
valigia suitcase
valle (*f.*) valley
varare (una legge) to pass (a law)
vasca da bagno bathtub
vecchio (*agg.*) old / **vecchio amico** an old friend / **vecchio amore** an old love
vedere (*p.p.* visto) to see / **vedersi** (*rec.*) to see each other
vedova/vedovo widow/widower

vegetazione (*f.*) vegetation
vendere to sell
venerdì Friday
venire to come
ventesimo (*agg.*) twentieth
verde (*agg.*) green
verdura / verdure vegetable(s)
vespa motor scooter
vetro glass
vice deputy, vice…
vicino (a) (*prep.*) near
vietare to prohibit
vigile del fuoco fireman
vigilia (di Natale) eve (Christmas)
vigile traffic policeman / **vigile del fuoco** firefighter
vincere (*p.p.* vinto) to win
viola (*agg.*) (*inv.*) purple
violino violin
violoncello cello
virtuale virtual
virus virus
visitare to visit
visto visa
vite (*f.*) vine
vittoria victory
vivere (*p.p.* vissuto) to live
voce (*f.*) voice
volontariato volunteer
votare to vote
voto vote

W

Web / rete Web

Z

zaino backpack
zio (*m.*)/**zia** (*f.*) uncle/aunt
zucchero sugar / **zucchero filato** cotton candy
zucchina / zucchine squash / zucchini
zuppa soup / **zuppa inglese** custard type desert

GLOSSARIO INGLESE–ITALIANO

A

to abandon abbandonare
to abolish abolire
above sopra (*prep.*)
abroad estero / all'estero
abuse abuso
to abuse abusare
access accesso / **to access** accedere (*p.p.* **accesso**)
accordion fisarmonica
to act recitare
activity attività
actor/actress attore (*m.*)/attrice (*f.*)
ad / classified annuncio (di lavoro)
additional fee supplemento
addressee destinatario
adjective aggettivo
administrative assistant segretario/segretaria
adolescence adolescenza
to adore adorare
to adorn / to decorate addobbare
adventure avventura
advice consiglio
affectionate affettuoso (*agg.*)
affordable economico
after dopo (*avv.*)
afternoon pomeriggio
agency agenzia / **travel agency** agenzia di viaggi
ago fa / **a week ago** una settimana fa / **a month ago** un mese fa
air (conditioning) aria (condizionata)
airplane aereo
airport aeroporto
alarm clock / wake-up call sveglia
altruistic altruista (*agg.*) (*m./f.*)
aluminum alluminio
to amalgamate / to mix amalgamare
ambassador ambasciatore
ambulance ambulanza
American americano (*agg.*)
among, between, in fra (*or* tra) (*prep.*) / tra (*or* fra) (*prep.*)
ancestor antenato
animal animale / **pet** animale domestico
anniversary / occasion ricorrenza
to answer rispondere (*p.p.* **risposto**)

apartment appartamento
apparatus apparecchio
appetizer antipasto
to applaud applaudire
apple mela
application / software program applicazione
to apply fare domanda
April aprile
Arab arabo
architect architetto
area area / **protected area** area protetta
arm / arms braccio (*m., s.*) / braccia (*f., pl.*)
armchair poltrona
arrival arrivo
to arrive arrivare
artist artista (*m./f.*)
to ask for chiedere (*p.p.* **chiesto**)
asparagus asparagi (*m./pl.*)
aspirin aspirina
astronomer astronomo
at the corner (of) angolo / all'angolo (di)
at, in, to a (*prep.*) / in (*prep.*)
athlete atleta (*m./f.*)
athletic sportivo (*agg.*)
to attend frequentare
audience pubblico
August agosto
aunt zia
automatic teller bancomat (*m.*)
avalanche / mudslide valanga (di fango)

B

back indietro (*prep.*)
backpack zaino
bad cattivo (*agg.*) / **it's bad weather** brutto (*agg.*) / fa cattivo tempo
baggage bagaglio
balcony balcone
bald calvo (*agg.*)
ball palla / **soccer ball** pallone
ballot box urna / **polls** urne / **to go to the polls** andare alle urne
band (concert, marching) banda / gruppo / complesso
bandage, Band-Aid® cerotto
bank banca
barber shop barbiere (*m.*)
baritone baritono

barrier barriera / **cultural barrier** barriera culturale
basement cantina
basketball pallacanestro (*f.*)
bass basso
bathroom bagno
bathtub vasca da bagno
battery pila
to be essere (*p.p.* **stato**) / stare (*p.p.* **stato**)
to be born nascere (*p.p.* **nato**)
to be quiet fare silenzio
beach spiaggia
beach towel telo (da) bagno / (da) mare
beach umbrella ombrellone
beautiful bello (*agg.*) / **it's nice weather** fa bello / fa bel tempo
to become diventare
bed letto / **in bed** a letto / **queen- / king-sized bed** letto matrimoniale
bed and breakfast (B&B) pensione
bedroom camera da letto
to begin cominciare / incominciare / iniziare
behind dietro (*prep.*)
bell hop facchino
bell pepper peperone (*m.*)
big grande (*agg.*)
bike bicicletta (o bici) / **to ride a bike** andare in bicicletta
bin bidone (*m.*)
biography biografia
biology biologia
bird uccello
birth nascita
birthday compleanno
black nero (*agg.*)
to bless benedire
to block / to stop / to freeze bloccare / bloccarsi (*rifl.*)
blonde biondo/a (*agg.*)
blue blu (*agg., inv.*)
blueberry mirtillo
board eraser cancellino
boat barca / **to go boating** andare in barca
body corpo
book libro
bookshelf / bookshelves scaffale (*s.*) / scaffali (*pl.*)

bookstore libreria
boot stivale (*m./s.*) / **rain boots** stivali da pioggia
booth (voting) cabina (elettorale)
boring noioso (*agg.*)
boss capo
to bother dare fastidio
brand name firma / marchio
bread pane (*m.*)
to break down abbattere
breakfast colazione (*f.*) / **breakfast (included)** colazione compresa
to have breakfast fare colazione
to breathe respirare / **to breathe fresh air** respirare aria pura
bright luminoso
to bring portare
to broadcast trasmettere
broccoli broccoli
brochure opuscolo / dépliant
broth brodo
brother fratello
brother-in-law cognato
brown marrone (*agg.*)
brown-haired / brunette bruno/a (*agg.*)
building (palace) edificio / palazzo
bus autobus (*m.*)
business, company azienda
butcher shop macelleria
to buy comprare

C

cabinet armadietto
cable cavo
cake torta
to call chiamare / telefonare / **to call each other** chiamarsi / telefonarsi
calm sereno (*agg.*) / **it's clear (weather)** è sereno
camera macchina fotografica
campground campeggio / **to go camping** andare in campeggio
candidate candidato (*m.*)/ candidata (*f.*)
candy caramella
cap cappellino
car automobile (*f.*) / macchina
cardboard cartone (*m.*)

carnival Carnevale (*m.*)
cart carrello
cartoons cartoni animati
cat gatto
to celebrate celebrare / festeggiare
celebratory toast brindisi (*m.*)
cell phone cellulare / telefonino
cello violoncello
center / downtown centro
central centrale (*agg.*)
cereal cereali (*m., pl.*)
chair, seat sedia / **beach chair** sedia a sdraio
charger caricabatteria
to chat (online) chattare
to check controllare
cheese formaggio
chemist chimico
chemistry chimica
chest petto
chestnut castagna
chicken pollo
childhood infanzia
Chinese cinese (*agg.*)
chocolate candy cioccolatino
to choose scegliere (*p.p.* **scelto**)
Christmas (December 25th) Natale (25 dicembre)
Christmas ball decorations palline
circus circo
citizen cittadino/cittadina
citizenship cittadinanza
class lezione (*f.*)
classroom aula / classe (*f.*)
to clean pulire
to click cliccare
cliff, rock rupe (*f.*)
to climb up (or in) salire / **to board** salire a bordo
clock / watch orologio
to close chiudere (*p.p.* **chiuso**)
closet armadio
clothing abbigliamento
cloudy nuvoloso / **it's cloudy** è nuvoloso
coach pullman
coal carbone (*m.*)
coast costa
coffee / snack bar bar (*m.*)
coffee table tavolino

cold cold / **to have a ...** raffreddore (avere il...) / **to be cold** avere freddo / **it's cold** fa freddo
to collapse crollare
college degree laurea
color colore (*m.*)
comb pettine (*m.*)
to comb pettinare / **to comb one's hair** pettinarsi (*rifl.*)
to come venire
comedy commedia
comfortable comodo (*agg.*)
comics fumetti
comedian comico/comica
commerce, trade commercio
commercial commerciale (*agg.*)
company / firm ditta
to compose comporre (*p.p.* **composto**)
computer computer (*m.*)
computer programmer programmatore (*m.*)
computer science informatica
concert concerto
to conduct dirigere (*p.p.* **diretto**)
conductor direttore
to connect collegare / collegarsi (*rifl./rec.*) / connettere (*p.p.* **connesso**) / connettersi (*rifl./rec.*)
connection (to a server) connessione (*f.*)
connection / link collegamento
conservation conservazione (*f.*)
constitution costituzione (*f.*)
consul general console (*m.*)
to consume consumare
consumer consumatore (*m.*)/ consumatrice (*f.*)
consumerism consumismo
content contenuto
to contribute contribuire
controller controllore
cook cuoco/cuoca
to cook cucinare
cool fresco / **it's cool (temperature)** fa fresco
to correct correggere (*p.p.* **corretto**)
corruption corruzione (*f.*)
to cost costare
costume costume / **bathing suit** costume da bagno (*m.*)
couch / sofa divano

cough tosse (f.)
to cough tossire / avere la tosse
cough syrup sciroppo
countryside campagna
cousin cugino/cugina
cover charge coperto
cow mucca
co-worker collega (m./f.)
cruise crociera
culinary culinario (agg.)
cute carino (agg.)
cutlet cotoletta
CV (resume) curriculum vitae
to cycle fare il ciclismo

D

daily planner agendina
dangerous pericoloso/a
data dati
daughter figlia
daughter-in-law nuora
day giorno / the other
 day avantieri (avv.)
day spa clinica di bellezza /
 clinica estetica
days off / vacation ferie / to take
 time off (for a vacation) andare
 in ferie
dead, run-down (as in
 battery) scarico
debate dibattito
decade decennio
December dicembre
to decide decidere (p.p. deciso)
to decorate decorare
decoration /
 ornament decorazione (f.)
to defend difendere (p.p. difeso)
deforestation disboscamento
democracy democrazia
departure partenza
deputy, vice- vice
designer (of clothes) stilista
 (m./f.)
designer clothing capo firmato
desk banco / scrivania
dessert dolce (m.)
to destroy distruggere (p.p.
 distrutto)
to develop sviluppare
development sviluppo
diary diario
to die morire (p.p. morto)
difficult difficile (agg.)

to dig / to excavate scavare
digital digitale (agg.)
direction indicazione (f.)
director direttore (m.)/direttrice
 (f.) / film director regista (m./f.)
disappearance scomparsa
discotheque / club discoteca
to discover scoprire (p.p.
 scoperto)
discrimination discriminazione
 (f.)
to discuss discutere (p.p.
 discusso)
dishwasher lavastoviglie
to dive tuffarsi (rifl.)
divorced divorziato/a
to do / to make fare (p.p. fatto)
to do grocery shopping fare la
 spesa
to do something to oneself farsi
 (rifl.)
doctor (academic title) / medical
 doctor dottore (m.)/dottoressa
 (f.) / medico (m.)
document documento
documentary documentario
dog cane (m.)
door porta
dosage dosaggio
dose dose
dove / dove-shaped Easter
 cake colomba
download scaricare
drama / play dramma (m.)
dream sogno
to dream sognare
dresser cassettiera / comò (m.)
drink bevanda
to drink bere (p.p. bevuto)
driver autista (m./f.)
drop goccia / gocce (pl.)
drums batteria
dry secco (agg.)
to dry oneself asciugarsi (rifl.)

E

ear / ears orecchio (m., s.)/
 orecchie (f., pl.)
East est
Easter Pasqua / Passover Pasqua
 ebraica (festa di pessach)
Easter egg uovo di Pasqua
eastern, Asian orientale (agg.)
easy facile (agg.)

to eat mangiare
economics economia / fair trade
 economy economia solidale
editorial office redazione (f.)
effect effetto
egg / eggs uovo (m., s.) / uova (f., pl.)
eighth ottavo (agg.)
elbow gomito
to elect eleggere (p.p. eletto)
elections elezione (f.)
elevator ascensore (m.)
eleventh undicesimo
e-mail mail (f.) / posta
 elettronica
to embark imbarcare
emergency room pronto
 soccorso
emigrant emigrato/a
to emigrate emigrare
emigration emigrazione (f.)
employee impiegato (m.)/
 impiegata (f.)
energy energia /
 alternative energia alternativa /
 nuclear energy nucleare
engineer ingegnere
engineering ingegneria
English inglese (agg.)
to enjoy divertire / divertirsi (rifl.)
to enter entrare
enthused entusiasta/e/i (agg.)
entrance ingresso
environment ambiente (m.)
environmentalist ambientalista
 (m./f.)
epiphany epifania (Befana, 6
 gennaio)
equipment (sports) attrezzatura
to escape scappare
ethical etico (agg.)
eve (Christmas) vigilia (di Natale)
exam esame (m.) / exit exams
 from high school esame di
 maturità
exchange / exchange
 rate cambio, scambio / tasso si
 scambio
to exchange scambiare /
 to exchange with each
 other scambiarsi / to exchange
 (wishes / presents) scambiarsi
 (auguri / regali)
to exercise, do aerobics fare
 ginnastica

expensive costoso (agg.)
experience esperienza / **to have experiences** fare delle esperienze
to explain spiegare
to exploit sfruttare
explorer esploratore
exportation esportazione (f.)
expression espressione (f.) / **idiomatic expression** espressione idiomatica
eye / eyes occhio / occhi

F

fabric tessuto
facialist, aesthetician, beautician estetista (m./f.)
fairy tale favola
falcon falco
to fall cadere
fall autunno
to fall asleep addormentarsi (rifl.)
fallen (war heroes) caduti (m., pl.)
family famiglia / **extended family** famiglia estesa
far lontano (da) (prep.)
farm masseria
farm (livestock farm) fattoria
fashion moda
fashion show sfilata
fast rapido (agg.)
fat grasso (agg.)
father padre
father-in-law suocero
fauna, (protected) wildlife fauna
to favor / to support favorire
favor favore / **to favor** favorire
Feast of the Assumption ferragosto (15 agosto)
February febbraio
to feel (good / bad) sentirsi (bene / male) (rifl.)
ferry traghetto
fever febbre (f.)
fiancé/fiancée, partner fidanzato/a
fifth quinto
to fight / to battle combattere
filled pasta pockets shaped like hats cappellacci
to film girare un film

film / movie film (m.)
financial finanziario (agg.)
to find trovare
to find oneself ritrovarsi (rifl.)
to finish finire
fire incendio
fire station caserma dei vigili del fuoco
fireman vigile del fuoco
fireplace camino
fireworks fuochi d'artificio
first primo
fish pesce (m.) / pesci (pl.)
to fish pescare
to fix riparare
flag bandiera
flash drive chiavetta
flat bread piadina
float carro
flood alluvione (f.)
floor pavimento / piano (level in building)
flower fiore (m.)
flu influenza
flute flauto
fog nebbia / **it's foggy** c'è (la) nebbia
folder cartellina
to follow seguire / **to follow a healthy diet** seguire un'alimentazione corretta
food cibo
food festival sagra gastronomica
foot piede / **on foot** a piedi
for (in order to) per (prep.)
foreign language lingua straniera
foreign (adj) / foreigner (n.) straniero/straniera (agg.) / (n.)
forest foresta
fork forchetta
to format formattare
to found fondare
foundation fondazione (f.)
fountain fontana
fourth quarto (agg.)
free libero (agg.) / **free of charge** gratuito (agg.) / **free-trade market** libero mercato
French francese (agg.)
french fries patatine fritte

Friday venerdì
friend / best friend amico/amica (del cuore)
from da (prep.)
fruit frutta
fruit salad macedonia
to fulfill realizzare
fun divertente (agg.)
to have fun divertire / divertirsi (rifl.)
to furnish arredare
furnished arredato
furniture arredamento
to gain weight ingrassare

G

garage box / garage (m.)
garden (vegetable) orto
garlic aglio
to gather raccogliere
generous generoso (agg.)
genre genere
German tedesco (agg.)
to get a scratch / cut farsi un graffio / taglio (rifl.)
to get a sunburn scottarsi (al sole) (rifl.)
to get a tan abbronzarsi (rifl.)
to get better migliorare
to get engaged fidanzarsi
to get married sposarsi
to get sick ammalarsi (rifl.)
to get upset / mad arrabbiarsi (rifl.)
to get worse peggiorare
gift regalo
to give dare (p.p. dato) / **to give to each other** darsi
to give a gift regalare
to give back restituire
glass bicchiere (m.) / vetro (materiale)
global globale (agg.)
globalization globalizzazione
anti-globalization movement movimento no-global
glove guanto
to go andare
to go back (to come back) tornare / ritornare / rientrare
to go "fun" shopping fare le spese
to go down scendere (p.p. sceso)

to go in entrare
to go on a diet fare la dieta
to go out uscire
to go sailing fare la vela
goat capra
golden eagle aquila reale
good buono (agg.)
good evening buona sera (or buonasera)
good morning buon giorno (or buongiorno)
good night buona notte (or buonanotte)
good-bye (to more than one person) / good-bye (to one person / formal) arrivederci / arrivederLa (formale)
to govern governare
government governo
to graduate (from university) laurearsi (rifl.)
grain grano
grandfather nonno
grandmother nonna
grapes uva (f., s.)
graphic artist artista grafico
graphics grafica
grass erba
green verde (agg.)
green bean fagiolino
to greet someone salutare / to greet each other salutarsi (rec.)
greeting saluto / greetings and salutations saluti
grey grigio (agg.)
grill griglia (f., s.) / grilled alla griglia
ground floor pianoterra / pianterreno
to grow crescere
growth, increase crescita
guitar chitarra
gym palestra

H

hair capello / capelli
hair dresser parruchiere/ parrucchiera
hair dryer asciugacapelli (m., s.)
hair salon salone (m.)
ham prosciutto
hand / hands mano (f., s.) / mani (f., pl.)
to happen succedere

happy allegro (agg.)
hat cappello
to have avere (p.p. avuto) /
to have a bad / achy . . . (ear, back, head, stomach, throat, etc.) avere mal di... (orecchio, schiena, testa, pancia, gola, ecc.)
to have an interview fare un colloquio
head testa
head-of-state capo di stato
headset, earphones cuffia / cuffie (pl.)
health salute (f.)
healthy salutare (agg.)
healthy / wholesome sano
to hear sentire
heel tacco / high heels/ low heels tacchi alti / bassi
to help aiutare / to help each other aiutarsi
herbal remedy shop erboristeria
hi (informal) ciao! / hi (informal/ formal) salve!
high-tech hi-tech
to hike fare l'alpinismo / fare il trekking
hiking (mountain) alpinismo
to hire assumere (p.p. assunto)
history storia / art history storia dell'arte
hole (in the ozone layer) buco (dell'ozono)
holiday, party festa
horror orrore
horse cavallo / to go horseback riding andare a cavallo
hospital ospedale (m.)
hostel ostello
hot caldo / to be hot avere caldo / it's hot fa caldo
hot springs, thermal baths località termale / terme (pl.)
hotel albergo
hotel maid / chamber maid cameriere / cameriera d'albergo / di camera
house / at home casa / a casa
how / as come (avv.)
to hug each other abbracciarsi
humid afoso / it's humid / muggy è afoso

humidity afa / it's muggy c'è afa
hunger fame / to be hungry avere fame
to hurt fare male
husband marito

I

ice cream gelato
I.D. card carta d'identità
identity identità
illegal illegale / illegal alien clandestino
illness malattia
immigrant immigrante / immigrato (agg.) / (n.)
to immigrate immigrare
immigration immigrazione (f.)
impatient impaziente (agg.)
importation importazione (f.)
in front of davanti (a) (prep.)
to inaugurate inaugurare
inauguration inaugurazione (f.)
to increase incrementare
indifferent indifferente (agg.)
industry industria
to infect contagiare
influence influenza
injection iniezione (f.) / puntura
innovation innovazione (f.)
inside dentro
to install installare
instrument strumento
to integrate integrare / integrarsi (rifl.)
integration integrazione (f.)
intelligent, smart intelligente (agg.)
interactive interattivo
intercultural interculturale
interest interesse (m.)
interesting interessante (agg.)
Internet / Wi-Fi access location or business Internet point / train / cafè
internship stage (m.) / tirocinio
interview fare un colloquio
intolerance intolleranza
to invent inventare
invention invenzione (f.)
inventor inventore (m.)

to invest investire
to invite invitare
to involve coinvolgere
iron ferro da stiro
Italian italiano (agg.)
Italian rice dish risotto

J

jack rabbit lepre (f.)
jacket (parka) giacca
jacuzzi jacuzzi (f.)
January gennaio
Japanese giapponese (agg.)
journalism giornalismo
journalist giornalista
July luglio
June giugno

K

to keep / to hold tenere
key chiave (f.) / tasto (computer
  key)
keyboard tastiera
kindness benevolenza
to kiss each other baciarsi
knee / knees ginocchio (m., s.) /
  ginocchia (f., pl.)
knife coltello
to know conoscere / sapere

L

labor strike sciopero
lake lago
lamp lampada
to land (airplane) atterrare
landlord padrone/padrona di
  casa
landscape paesaggio
language lingua / linguaggio
laptop computer portatile (m.)
lasagna lasagne
last (final) ultimo (agg.) /
  last floor ultimo piano / last
  (moment in the past) scorso/a
  (agg.) / last (month / year) lo
  scorso mese / lo scorso anno
late in ritardo / tardi (avv.) / See
  you later! A più tardi!
later dopo (avv.)
to laugh ridere (p.p. riso)
law giurisprudenza / legge (f.)
lawyer avvocato
lazy pigro (agg.)
to leave (for a destination) partire

left sinistra / to the left a
  sinistra (di)
leg gamba
legislature legislatura
lentils lenticchie (f., pl.)
letter of recommendation lettera
  di raccomandazione
library biblioteca
lifeguard bagnino
to lift alzare / to get up alzarsi
  (rifl.)
light leggero (agg.) / luce (f.)
to limit limitare
line fila
to listen to ascoltare
literature letteratura
to litter disperdere (p.p.
  disperso)
to live abitare / vivere (p.p.
  vissuto)
living room salotto / soggiorno
lobster aragosta
regional / local train regionale
lodging alloggio
long lungo (agg.)
to look sembrare
to look at guardare
to look for cercare
to lose perdere
to lose weight dimagrire /
  perdere peso
lounge chair lettino (da mare)
to love amare

M

machine to validate ticket
  macchinetta
mail carrier postino
majority maggioranza
to make a discovery fare una
  scoperta
to make a speech fare un
  discorso
to make a toast brindare
make-up case scatola del
  trucco
man uomo (s.) / uomini (pl.)
gentleman / Mr. signore
map carta geografica
March marzo
marker / felt-tip pen pennarello
married sposato (agg.)
mask maschera
massage massaggio

material materiale / recyclable
  item materiale da riciclare
materialistic materialista
maternal materno (agg.)
mathematics matematica
May maggio
mayor sindaco
mean, not nice antipatico
  (agg.)
meat carne (f.)
mechanic meccanico
medicine medicina
to meet each other (at a
  location) incontrarsi
melancholy, sadness
  malinconia
melon melone (m.)
memory, remembrance /
  souvenir ricordo
Menorah candelabro /
  chanucchia
merchandise merce (f.)
Merry Christmas Buon
  Natale
metal metallo
meter metro / square
  meters metro quadrato
Mexican messicano (agg.)
microphone microfono
microwave (oven) microonde
  (m.) / forno a microonde
mimosa mimosa
minibar frigobar
minister ministro
ministry (high office) ministero
mirror specchio
to mix mischiare
mixed green salad insalata
  mista
mixed grilled meats grigliata
model modella/modello
modernization modernizzazione
Monday lunedì
month mese / last month mese
  scorso / next month mese
  prossimo
mother madre
mother-in-law suocera
motor scooter vespa
motorcycle motocicletta / moto
  (f.) (abbr.)
mountain(s) montagna /
  montagne
mouth bocca

movie theater, cinema cinema /
outdoor cinema cinema
all'aperto
multicultural multiculturale
(*agg.*)
multiculturalism
multiculturalismo
multiethnic multietnico
multilingual multilingue
multimedia multimedia (*n.*) /
multimediale (*agg.*)
multinational / **multinational**
company multinazionale (*agg.*) /
multinazionale (*n.*)
multiracial multirazziale
mushroom fungo
music (classical / rock) musica
(classica / rock)
musician musicista
mystery (literary genre) mistero /
giallo

N

napkin tovagliolo
national park parco nazionale
nationality nazionalità
near vicino (a) (*prep.*)
neck collo
nephew/niece; grandson/
granddaughter nipote (*m./f.*)
new nuovo (*agg.*)
New Year's Day Capodanno
(1° gennaio)
newspaper giornale
newsstand edicola
next (to) accanto (a) (*prep.*)
nice simpatico (*agg.*)
night stand comodino
ninth nono (*agg.*)
North nord / **to the north (of)** a
nord (di)
northern settentrionale (*agg.*)
nose naso
nostalgia, longing nostalgia
not well, badly male (*avv.*)
notebook quaderno
noun nome
nourishment / diet nutrimento /
alimentazione
November novembre
number numero / **ordinal**
number numero ordinale
nurse infermiera/infermiere
nutritionist nutrizionista

O

oak tree quercia
obelisk obelisco
to obtain ottenere
October ottobre
of (to be from) di (*prep.*)
to offer offrire
office ufficio / **in the office** in
ufficio
ointment pomata
old person anziano/anziana / **old**
people gli anziani
old vecchio (*agg.*) / **an old**
friend vecchio amico/amica / **an**
old love vecchio amore
older maggiore (*agg.*)
olive oil olio
olive tree ulivo
on (about) su (*prep.*)
only child figlio unico
to open aprire (*p.p.* **aperto**)
opposite side di fronte (a)
(*prep.*)
opposition opposizione(*f.*)
optimistic ottimista/i/e (*agg.*)
orange (adj.) arancione (*agg.*) /
orange (fruit) arancia (*n.*)
orange soda aranciata
to order ordinare
organ organo
organic biologico (*agg.*)
other recyclables indifferenziato
outgoing estroverso (*agg.*)
outskirts periferia (*f.*)
outside fuori (da) (*prep.*)
oven forno

P

pants pantaloni /
snowpants pantaloni da neve
paper carta
parade parata
parent genitore
Parmesan cheese parmigiano
to pass a law passare una
legge
pass / membership card
tessera
passenger passeggero/a
passport passaporto
past passato
patent brevetto
paternal paterno/a (*agg.*)

patient (adj.) paziente (*agg.*) /
patient (sick person) (*n.*)
paziente (*n.*)
to pay pagare
pay / wages stipendio
peace pace (*f.*)
peaceful tranquillo
peanuts arachidi
pen penna
pencil matita
pepper pepe
to perform esibirsi (*rifl.*)
performance recita / spettacolo
person persona / **people**
persone
person from outside European
Union extracomunitario
pessimistic pessimista/i/e (*agg.*)
pharmacist farmacista
pharmacy farmacia
physical therapist fisioterapista
physical therapy fisioterapia
physicist fisico
physics fisica / **physicist (n.)**
fisico (*n.*)
piano piano(forte) (*m.*)
pig maiale
pajamas pigiama
pill pillola
pine tree pino
pink rosa (*agg. / inv.*)
place luogo / **place of**
work luogo (di lavoro)
plain, flat country pianura
plant pianta
to plant piantare
plant-life flora
plastic plastica
plate piatto / **pasta bowl** piatto
fondo
to play (a musical
instrument) suonare
to play (a sport or a
game) giocare
to play a joke fare uno scherzo
to play a role interpretare
to play baseball giocare a
baseball
to play bingo giocare a tombola
to play cards giocare a carte
to play soccer giocare a calcio / a
pallone
to play sports fare sport
play tennis giocare a tennis

please per favore / per piacere

pleasure piacere

police station, headquarters questura

policeman/woman poliziotto

polite gentile (*agg.*)

political party partito

politics politica

polls seggio elettorale (*m.*)

pollution (atmospheric) inquinamento (atmosferico)

pool piscina

porcupine istrice

port porto

porter facchino

position / seat posto

to post (a comment on a blog) mettere un post / postare

post office ufficio postale

to practice esercitare / praticare / **to practice (to play sports)** esercitarsi (*rifl.*) / praticare sport

to prefer preferire

prejudice pregiudizio

to prepare preparare / **to get ready** prepararsi (*rifl.*)

preposition preposizione (*f.*)

to prescribe prescrivere (*p.p.* **prescritto**)

prescription ricetta medica

to prevent prevenire (*p.p.* **prevenuto**)

prevention prevenzione (*f.*)

printer stampante (*f.*)

privatization privatizzazione (*f.*)

prize / award premio

procession processione (*f.*)

to proclaim proclamare

product prodotto / **synthetic product** prodotto sintetico

profession mestiere (*m.*) / professione (*f.*)

professor professore (*m.*)/ professoressa (*f.*)

program programma (*m.*)

progress progresso

to prohibit vietare

prohibited divieto

project / plan progetto

projector proiettore (*m.*)

to promise promettere

to promote promuovere

protagonist protagonista

to protect proteggere (*p.p.* **protetto**) / **to protect oneself** proteggersi (*rifl.*)

to provide an incentive incentivare

to provide fornire / dare

to provide an incentive incentivare

to prune potare

psychology psicologia

public pubblico

public transportation mezzo pubblico / trasporto

to publish pubblicare

to pull tirare

pullover sweater maglione (*m.*)

purple viola (*agg., inv.*)

to put / to place mettere (*p.p.* **messo**)

to put something on mettersi (*rifl.*)

to race fare una gara

R

race / competition gara

racist razzista (*agg.*)

raincoat impermeabile (*m.*)

to raise awareness of sensibilizzare

raise, increase aumento

raspberry lampone (*m.*)

ravine burrone

to reach raggiungere / **to achieve (success)** raggiungere (il successo)

to read leggere (*p.p.* **letto**)

reason ragione (*f.*) / **to be right** avere ragione

to receive ricevere

reception (hotel) recezione (*f.*)

recipe ricetta

recipient destinatario

to recognize riconoscere

to recycle riciclare

recycling riciclaggio

red rosso (*agg.*)

to reduce ridurre (*p.p.* **ridotto**)

to refer riferire

to refill / reload ricaricare

reform riforma

refrigerator frigorifero

refuge rifugio

refuse rifiuto / **organic refuse / compost** rifiuti organici / **toxic waste** rifiuti tossici

to regenerate oneself / to renew oneself rigenerarsi (*rifl.*)

to register oneself registrarsi (*rifl.*)

to rehearse fare le prove / provare

relationship relazione (*f.*)

relative parente (*m./f.*)

to relax rilassarsi (*rifl.*)

to remain rimanere / **to stay in contact** rimanere in contatto

remedy rimedio

remote control telecomando

renowned illustre / rinomato (*agg.*)

rent affitto / noleggio

to rent (car, bike, boat . . .) noleggiare (l'auto, la bicicletta, la barca…)

repercussion ripercussione (*f.*)

reservation prenotazione (*f.*)

to make a reservation fare una prenotazione

to reserve prenotare

to reside risiedere

resource risorsa / **natural resources** risorse naturali

to respect rispettare / **to respect the law** rispettare la legge

to rest riposare / riposarsi (*rifl.*)

restaurant ristorante

The Risorgimento (lit. "resurgence": 19th-century movement for Italian unification) Risorgimento

to retreat / to withdraw ritirarsi (*rifl.*)

to return tornare / ritornare

to reunite riunire / riuniursi (*rifl.*)

rice riso

right diritto / **(human) rights** diritti (umani)

right destra / **to the right (of)** a destra (di) (*prep.*)

to ring squillare

risk rischio

river fiume (*m.*)

roasted arrosto

rock, crag roccia
rocky roccioso (*agg.*) / rupestre
role ruolo
room camera / stanza / **single room** camera singola / **double room** matrimoniale
root radice
rubber eraser gomma
rude, impolite sgarbato (*agg.*)
to run correre (*p.p.* **corso**) / fare la corsa
runway passerella

S
sad triste (*agg.*)
sadness tristezza
safety sicurezza
salary salario
salt sale (*m.*)
sandal / sandals sandalo / sandali
sandwich panino
Santa Claus Babbo Natale
Saturday sabato
saxophone sassofono
to say dire (*p.p.* **detto**)
to scan scannerizzare
scene scena
school scuola / **elementary school** scuola elementare / **middle school** scuola media / **high school** scuola superiore
science scienze / **political science** scienze politiche
science fiction fantascienza
scientist scienziato
score spartito
screen schermo
screenwriter sceneggiatore (*m.*)/ sceneggiatrice (*f.*)
script copione (*m.*) / sceneggiatura
sculptor scultore (*m.*)/scultrice (*f.*)
sea mare (*m.*)
season stagione (*f.*)
second secondo (*agg.*)
second dish secondo
sector settore
to see vedere (*p.p.* **visto**) / **to see each other** vedersi
See you later! Ci vediamo!
selfish egoista/e/i (*agg.*)
to sell vendere
senator senatore/senatrice

to send inviare / mandare
to (send a) fax faxare / mandare un fax
sender mittente (*m./f.*)
sensitivity sensibilità
separated separato (*agg.*)
September settembre
serious serio (*agg.*)
seventh settimo (*agg.*)
to shave fare la barba / farsi la barba (*rifl.*)
sheep pecora
sheets lenzuola (f., pl)
ship nave (*f.*)
shirt / jersey maglia
shoe scarpa / **gym shoes / tennis shoes** scarpe da ginnastica / scarpe da tennis
short basso (*agg.*) / corto (*agg.*)
shorts pantaloncini
shoulder spalla
to show mostrare / **to show a film** dare (un film al cinema)
shower doccia
shy timido (*agg.*)
sick malato (*agg.*) / **sick person** ammalato (*agg.*) / (*n.*)
side dish contorno
to sing cantare
singer cantante (*m./f.*)
songwriter cantautore (*m.*)/ cantautrice (*f.*)
single single (*m./f.*)
sink lavandino
sister sorella
sister-in-law cognata
sixth sesto (*agg.*)
to skate (ice skate) pattinare (sul ghiaccio)
skating pattinaggio
ski boots scarponi (*m., pl.*)
skiing sci (*sport*) (*m., s.*)
skirt gonna
skunk puzzola
to ski sciare
to sleep dormire
sleep sonno / **to be sleepy** avere sonno
sliced deli meats affettati (*pl.*)
slow lento (*agg.*)
slowly piano (*avv.*)
small piccolo (*agg.*)
smog smog

smoking fumo / **smoking is bad for your health** il fumo fa male alla salute
snow neve (*f.*) / **it's snowy** c'è (la) neve
soccer player calciatore
socialism socialismo
sock (for males) calzino
sock / stocking calza
solid / massive massiccio (*agg.*)
son figlio
song canzone (*f.*)
son-in-law genero
soon presto (*avv.*) / **See you soon!** A presto!
soprano soprano (*m.*)
to sort recyclables fare la raccolta differenziata
soundtrack colonna sonora
soup zuppa / **custard type desert** zuppa inglese
south sud / **to the south (of)** a sud (di)
southern meridionale (*agg.*)
Spanish spagnolo (*agg.*)
sparkling white wine spumante (*m.*)
to speak parlare
species specie (*f., s./pl.*) / **protected species** specie protette
spectacular spettacolare (*agg.*)
speed rapidità
to spend (money, energy) spendere (*p.p.* **speso**)
to spend (time) passare
spiced Italian sausage cotechino
spinach spinaci (*pl.*)
spoon cucchiaio
sport sport (*m.*)
spring primavera
square piazza
stadium stadio
stage palco(scenico)
to stamp timbrare
standardization standardizzazione (*f.*)
star stella
station stazione / **train station** stazione dei treni, stazione ferroviaria (*f.*)
statue statua
to stay restare

to stay in shape tenersi in forma (rifl.)
steak bistecca
stingy, cheap tirchio (agg.)
stop / bus stop fermata (dell'autobus)
to stop fermare / fermarsi (rifl.)
store negozio / grocery store negozio di alimentari
story scenario
stove / range / kitchen (room) cucina
straight / straight ahead dritto
straight ahead diritto (or dritto) (prep.)
strawberry fragola
street light lampione (m.)
string bass contrabbasso
student studente (m.)/ studentessa (f.)
studio apartment monolocale
study studio / law office studio legale / doctor's office studio medico
to study studiare
stupid stupido (agg.)
subject matter materia
subway metro / metropolitana
success successo / to be successful avere successo
to suffer soffrire
sugar zucchero / cotton candy zucchero filato
suitcase valigia
summer estate (f.)
sun sole/ it's sunny c'è il sole
Sunday domenica
sunglasses occhiali da sole
sunscreen crema solare
supermarket supermercato
to surf the Internet navigare su Internet
sustainability sostenibilità
sweatshirt felpa
sweet dolce (agg.)
sweet rice fritter frittella di riso
to swim nuotare / fare il nuoto
swimming nuoto
symptom sintomo
system sistema (m.)

T

table (dining) tavolo / at the table a tavola

tablecloth tovaglia
to take prendere (p.p. preso)
to take a bath fare (farsi) il bagno / to swim (in the sea / pool) fare (farsi) il bagno / nel mare / in piscina (rifl.)
to take a dip fare un tuffo
to take an exam fare un esame
to take a short trip fare una gita
to take a shower fare (farsi) la doccia (rifl.)
to take (the temperature) misurare (la temperatura)
to take a trip fare un viaggio
to take a walk fare una passeggiata
to take off (airplane) decollare
to take time off from work (for a vacation) fare le ferie (andare in ferie)
tall alto (agg.)
tart crostata / fruit tart crostata di frutta
taxi cab taxi
teacher insegnante (m./f.) / elementary school teacher maestro/maestra
teacher's desk cattedra
technician tecnico
technique tecnica
technological tecnologico (agg.)
technology tecnologia
television / TV set televisore (m.)
to tell dire (p.p. detto)
tennis racquet racchetta da tennis
tenor tenore (m.)
tent tenda
tenth decimo
terrace terrazzo/a
territory territorio
test esame (m.) / medical tests analisi (f., s./pl.)
thank you grazie
theater teatro / at the theater a teatro
then dopo (avv.)
thermometer termometro
thin magro (agg.)
third terzo (agg.)
thirst sete / to be thirsty avere sete
to throw (away) buttare (via)
Thursday giovedì

ticket biglietto
ticket office, ticket counter / booth biglietteria
to tidy up (the room) mettere in ordine / sistemare (la camera)
schedule orario / on time in orario
tip mancia
title titolo
toasted and crispy bread with topping crostino
toasted bread with topping bruschetta
tobacco shop tabaccheria
toilet gabinetto
tolerance tolleranza
tomato pomodoro
tomorrow domani / See you tomorrow! A domani!
tooth / teeth dente (m., s.) / denti (m., pl.)
toothbrush spazzolino da denti
toothpaste dentifricio
torrent, stream torrente
towel(s) asciugamano / asciugamani
tradition tradizione / local traditions and customs tradizioni e usanze locali
traffic traffico
trail sentiero
train treno / on the train sul treno / by train in treno
train compartment / car scompartimento
train track binario
trash / garbage immondizia / rifiuti
treatment trattamento
tree albero / Christmas tree albero di Natale
trip gita / field trip gita scolastica
trombone trombone (m.)
truffle tartufo
trumpet tromba
T-shirt maglietta
tuba tuba
Tuesday martedì
to turn off spegnere (p.p. spento)
to turn on, to light accendere (p.p. acceso)
television televisione (f.)
twelfth dodicesimo

twentieth ventesimo (*agg.*)
twin gemello (*m.*)/gemella (*f.*)
type of bingo tombola

U

ugly brutto (*agg.*) / **it's bad weather** fa brutto tempo
uncle zio
under(neath) sotto (*prep.*)
to understand capire
unforeseen, unexpected imprevisto
unforgettable indimenticabile
unification unificazione (*f.*) / **unification of Italy** unità d'Italia
to unite / to join together unire / unificare
unmarried man / bachelor scapolo
unmarried woman nubile
upland altopiano
to upload, to charge caricare
utopia utopia

V

vacation vacanza / **study vacation** vacanza studo / **on vacation** in vacanza
Valentine's Day San Valentino (14 febbraio)
valley valle (*f.*)
vegetable(s) verdura / verdure
vegetable soup with pasta minestrone
vegetation vegetazione (*f.*)
victory vittoria
vine vite
vinegar aceto
violin violino
virtual virtuale
virus virus
visa visto
to visit visitare
voice voce (*f.*)
volunteer volontariato

vote voto
to vote votare
voter elettore (*m.*)/elettrice (*f.*)

W

to wait for aspettare
waiter/waitress cameriere (*m.*)/ cameriera (*f.*)
waiting room sala d'attesa
to wake up somebody svegliare / **to wake (oneself) up** svegliarsi (*rifl.*)
walnut noce (*f.*)
to want desiderare
to wash lavare / **to wash oneself** lavarsi (*rifl.*)
washing machine lavatrice
wastebasket / lunch box cestino
water acqua / **carbonated water** acqua minerale gassata / **(still) mineral water** acqua minerale naturale
weather tempo / **it's nice weather** fa bello, fa bel tempo / **it's bad weather** fa brutto tempo / **weather condition** condizione atmosferica
Web, website rete (*f.*) / Web (*m.*) / sito Web
Wednesday mercoledì
week settimana / **last week** la settimana scorsa / **next week** la settimana prossima
weight / lifting weights peso / pesi
welcome, reception accoglienza
welcoming accogliente (*agg.*)
well bene (*avv.*)
well-being benessere (*m.*)
well-known noto (*agg.*)
wellness center centro per il benessere
west ovest
to whistle fischiare

white bianco (*agg.*)
whiteboard / blackboard lavagna
widow vedova
wildcat gatto selvatico
wiodower vedovo
wife moglie
to win vincere (*p.p.* **vinto**)
windbreaker giacca a vento
window finestra
winter inverno
to wish augurare
with con (*prep.*)
wolf lupo
woman donna
woman / lady / Mrs. / Madam signora
woods bosco
work / job lavoro
to work, to function funzionare
worldwide mondiale
to wrap incartare
to write scrivere (*p.p.* **scritto**)
writer scrittore (*m.*)/scrittrice (*f.*)
wrong torto / **to be wrong** avere torto

Y

yard giardino
year anno / **next year** l'anno prossimo / **last year** l'anno scorso
to be . . . years old avere… anni
yellow giallo (*agg.*)
yesterday ieri / **the day before yesterday** l'altro ieri
young giovane (*agg.*) / **young (unmarried) woman / Miss** signorina
young man/young woman ragazzo/ragazza
younger minore (*agg.*)

Z

zucchini (squash) zucchina, zucchine

🔊 Vocabolario

Write the translations for the following words on the blank lines. Then use these cards to study for your exams!

Domande ed espressioni utili in classe	*Questions and Useful Expressions in Class*
Apri il libro! / Aprite il libro!	
Come si dice... in italiano?	
Come si scrive... ?	
Grazie	
Ho una domanda.	
Io sono di...	
Leggi! / Leggete!	
Mi dispiace.	
(Non) Capisco.	
(Non) Lo so.	
Per favore / Per piacere	
Prego!	
Ripeta!	
Ripeti! / Ripetete!	
Scriva!	
Scrivi! / Scrivete!	
Scusa (*informale*) / Scusi (*formale*) / Scusate!	
Scusami (*informale*) / Mi scusi (*formale*)	
Scusi, ripeta per favore! (*formale*)	

In piazza	*In the Piazza*
l'automobile (*f.*)	
il bar (*m.*)	
il cane (*m.*)	
la donna (*f.*)	
l'erba (*f.*)	
la fontana (*f.*)	
il gelato (*m.*)	
l'hotel (*m.*)	
l'insegnante (*m./f.*)	
il lampione (*m.*)	

Parole in azione!

1. **scusi** (formale): "**Scusi**, dov'è la tabaccheria?" "Vicino alla fontana".
   "Excuse me, where is the tobacco shop?" "Near the fountain."

2. **Le presento:** Dottore, **Le presento** mia madre.
   Doctor, I'd like you to meet my mother.

3. **Come si dice... in italiano?:** "Professoressa, **come si dice** 'statue' **in italiano?**" "Si dice 'statua'".
   "Professor, how do you say 'statue' in Italian?" "You say, 'statua'."

4. **Come si scrive... in italiano?:** "Scusa, John, **come si scrive** 'piazza' **in italiano?**" "Non lo so".
   "Excuse me, John, how do you spell / write 'piazza' in Italian?" "I don't know."

5. **mi dispiace: Mi dispiace**, professore, ma non capisco la domanda.
   I'm sorry, Professor, but I don't understand the question.

la motocicletta (*f.*)	
il negozio (*m.*)	
l'obelisco (*m.*)	
la piazza (*f.*)	
il quaderno (*m.*)	
il ragazzo (*m.*)	
la statua (*f.*)	
la tabaccheria (*f.*)	
l'uomo (*m.*)	
la Vespa (*f.*)	
lo zaino (*m.*)	

I mesi dell'anno	*Months of the Year*
gennaio	
febbraio	
marzo	
aprile	
maggio	
giugno	
luglio	
agosto	
settembre	
ottobre	
novembre	
dicembre	

I saluti — *Greetings and Salutations*

A domani! _____

A presto! _____

A dopo! / A più tardi! _____

Arrivederci _____

ArrivederLa (*formale*) _____

bene / male / così così _____

Buon giorno (*or* Buongiorno) _____

Buona notte (*or* Buonanotte) _____

Buona sera (*or* Buonasera) _____

Ci vediamo! _____

Ciao / Salve _____

Come si chiama Lei? (*formale*) _____

Come ti chiami tu? (*informale*) _____

Come sta? (*formale*) _____

Come stai? (*informale*) _____

Come va? _____

Di dov'è Lei? (*formale*) _____

Di dove sei tu? (*informale*) _____

Di dove siete voi? _____

E Lei? (*formale*) _____

E tu? (*informale*) _____

Le presento… (*formale*) _____

Ti presento… (*informale*) _____

Piacere (di conoscerLa)! (*formale*) _____

Piacere (di conoscerti)! (*informale*) _____

Il piacere è mio! _____

I titoli — *Titles*

Signore _____

Signora _____

Signorina _____

Dottore _____

Professore _____

Professoressa _____

I verbi — *Verbs*

essere _____

stare _____

I numeri (*Numbers*)

0–9	10–19	20–29	30–39	40–90	100 +
0 _____	10 _____	20 _____	30 _____	40 _____	100 _____
1 _____	11 _____	21 _____	31 _____	50 _____	101 _____
2 _____	12 _____	22 _____	32 _____	60 _____	102 _____
3 _____	13 _____	23 _____	33 _____	70 _____	200 _____
4 _____	14 _____	24 _____	34 _____	80 _____	300 _____
5 _____	15 _____	25 _____	35 _____	90 _____	1.000 _____
6 _____	16 _____	26 _____	36 _____		2.000 _____
7 _____	17 _____	27 _____	37 _____		3.000 _____
8 _____	18 _____	28 _____	38 _____		10.000 _____
9 _____	19 _____	29 _____	39 _____		100.000 _____
					1.000.000 _____
					2.000.000 _____

🔊 Vocabolario

Write the translations for the following words on the blank lines. Then use these cards to study for your exams!

Un'aula / Una classe — *A Classroom*

un'agendina _____

un banco _____

un cancellino _____

una carta geografica _____

una cartellina _____

una cattedra _____

un cestino _____

un computer _____

una finestra _____

una gomma _____

una lavagna _____

un libro _____

una luce (*f.*) _____

una matita _____

un orologio _____

una penna _____

un pennarello _____

una porta _____

un portatile _____

un professore (*m.*) _____

una professoressa (*f.*) _____

un proiettore _____

un quaderno _____

uno schermo _____

una sedia _____

uno studente (*m.*) _____

una studentessa (*f.*) _____

un televisore _____

uno zaino _____

Le facoltà e le materie — *Schools and Subjects*

la biologia _____

la chimica _____

l'economia _____

il giornalismo _____

la giurisprudenza _____

l'informatica _____

l'ingegneria _____

la letteratura _____

le lingue straniere _____

la matematica _____

la psicologia _____

le scienze _____

le scienze politiche _____

la storia _____

la storia dell'arte _____

Parole in azione!

1. **avere ragione:** Il professore di matematica **ha ragione**: 2 + 2 = 4.
   The mathematics professor is right: 2 + 2 = 4.

2. **avere sonno:** Alle 8 di mattina gli studenti **hanno** molto **sonno**.
   At 8 in the morning, students are very sleepy.

3. **avere... anni:** Mia nonna **ha** 85 **anni**.
   My grandmother is 85 years old.

4. **avere torto:** Secondo Giovanni, il cielo è verde. Mamma mia, **ha** proprio **torto**!
   According to Giovanni, the sky is green. My goodness, he's so wrong!

5. **avere fame:** È l'ora di cena: **avete fame**?
   It's dinnertime: are you (all) hungry?

Gli aggettivi — *Adjectives*

affettuoso _____

alto _____

altruista _____

antipatico _____

anziano _____

basso _____

bello _____

biondo _____

bruna _____

brutto _____

buono _____

calvo _____

carino _____

cattivo _____

corto _____

difficile _____

divertente _____

egoista _____

estroverso _____

facile _____

felice _____

generoso _____

gentile _____

giovane _____

grande _____

grasso _____

impaziente _____

indifferente _____

intelligente _____

interessante _____

lungo _____

magro _____

noioso _____

nuovo _____

ottimista _____

paziente _____

pessimista _____

piccolo _____

pigro _____

scontroso _____

serio _____

simpatico _____

sportivo _____

stupido _____

timido _____

tirchio _____

triste _____

vecchio _____

I colori — *Colors*

arancione _____

bianco _____

blu _____

giallo _____

grigio _____

marrone _____

nero _____

rosa _____

rosso _____

verde _____

viola _____

Alcune nazionalità — *Some Nationalities*

americano _____

arabo _____

cinese _____

francese _____

giapponese _____

inglese _____

italiano _____

messicano _____

spagnolo _____

tedesco _____

Espressioni con *avere* — *Expressions with to have*

avere… anni _____

avere caldo _____

avere fame _____

avere freddo _____

avere fretta _____

avere paura di _____

avere ragione / torto _____

avere sete _____

avere sonno _____

I giorni della settimana — *Days of the Week*

lunedì _____

martedì _____

mercoledì _____

giovedì _____

venerdì _____

sabato _____

domenica _____

🔊 Vocabolario

Write the translations for the following words on the blank lines. Then use these cards to study for your exams!

Il nucleo familiare · *The Nuclear Family*

il figlio/la figlia _____

il figlio unico _____

i figli _____

il fratello _____

il fratello maggiore / minore _____

il gemello/la gemella _____

i genitori _____

la madre _____

il marito _____

la moglie _____

il nonno/la nonna _____

il padre _____

la sorella _____

la sorella maggiore / minore _____

La famiglia estesa · *The Extended Family*

il cognato/la cognata _____

il cugino/la cugina _____

il genero _____

il/la nipote (*m./f.*) _____

la nuora _____

il/la parente (*m./f.*) _____

il suocero/la suocera _____

i suoceri _____

lo zio/la zia _____

Relazioni · *Relationships*

divorziato/a _____

fidanzato/a _____

materno/a _____

nubile _____

paterno/a _____

scapolo _____

separato/a _____

Parole in azione!

1. **passare:** Durante l'estate **passo** molto tempo con i miei zii e i miei cugini.
   During the summer I spend a lot of time with my aunts, uncles, and cousins.

2. **aspettare:** Io e vostra nuora **aspettiamo** l'autobus insieme ogni mattina.
   Your daughter-in-law and I wait for the bus together every morning.

3. **frequentare:** La gemella di Giulia **frequenta** la scuola di ballo nel nuovo palazzo in centro.
   Giulia's twin sister attends dance class in the new building downtown.

4. **darsi:** All'università, **vi date** del Lei, voi e i vostri professori?
   At the university, do you and your professors address each other formally?

5. **laurearsi:** Io e i miei amici **ci laureiamo** il prossimo anno.
   My friends and I are graduating from college next year.

single _____

sposato/a _____

vedovo/a _____

Gli edifici · *Buildings*

l'appartamento _____

il box / il garage _____

la casa _____

il monolocale _____

il palazzo _____

il pianoterra / il pianterreno _____

il primo piano _____

il secondo piano _____

l'ultimo piano _____

Il bagno · *Bathroom*

la doccia _____

il dentifricio _____

il gabinetto _____

il lavandino _____

il pettine _____

lo spazzolino da denti _____

lo specchio _____

la vasca da bagno _____

La camera da letto — *Bedroom*

l'armadio _____

il comò / la cassettiera _____

il comodino _____

il letto _____

il letto matrimoniale _____

il pavimento _____

la sveglia _____

Lo studio — *Study*

il computer _____

gli scaffali _____

la scrivania _____

la sedia _____

La cucina — *Kitchen*

l'armadietto _____

la cucina _____

il forno _____

il frigorifero _____

la lavastoglie _____

la lavatrice _____

il microonde (il forno
   a microonde) _____

la tavola / il tavolo _____

Il salotto / Il soggiorno — *Living Room*

il camino _____

il divano _____

la lampada _____

la poltrona _____

il tavolino _____

il televisore _____

Altri luoghi della casa — *Other Places in the House*

il balcone _____

la cantina / lo scantinato _____

il giardino _____

l'ingresso _____

il terrazzo/la terrazza _____

Altre parole utili — *Other Useful Words*

l'affitto _____

l'arredamento _____

arredato _____

l'ascensore (*m.*) _____

in centro _____

comodo _____

la finestra _____

luminoso _____

i metri quadrati _____

i mobili _____

il padrone/la padrona di casa _____

in periferia _____

I verbi riflessivi* — *Reflexive Verbs**

addormentarsi _____

alzarsi _____

arrabbiarsi _____

asciugarsi _____

chiamarsi _____

farsi _____

laurearsi _____

lavarsi _____

pettinarsi _____

prepararsi _____

riposarsi _____

svegliarsi _____

Espressioni con fare — *Expressions with fare*

fare attenzione _____

fare / farsi il bagno /
   la doccia _____

fare / farsi la barba _____

fare colazione _____

fare un esame _____

fare una passeggiata _____

fare silenzio _____

fare la spesa / fare le spese _____

fare un viaggio / una gita _____

*Refer to page 91 for additional verbs.

🔊 Vocabolario

Scrivi la traduzione delle parole date. Poi usa il tuo nuovo glossario per studiare per gli esami!

L'abbigliamento	*Clothing*
l'abito	
i calzini (*m., pl.*)	
la camicia	
il cappello	
il cappellino	
il costume da bagno	
la felpa	
la giacca	
la gonna	
i guanti (*m., pl.*)	
l'impermeabile (*m.*)	
la maglia	
la maglietta	
il maglione (*m.*)	
gli occhiali da sole	
i pantaloncini	
i pantaloni	
i pantaloni da neve	
i sandali	
le scarpe da ginnastica	
le scarpe da tennis	
gli scarponi (*m., pl.*)	
gli stivali da pioggia	
il vestito	

Il tempo	*Weather*
c'è afa	
c'è (la) nebbia	
c'è (la) neve	
c'è il sole	
c'è vento	
è afoso	
è nuvoloso	
è sereno	
fa bel tempo	
fa brutto tempo	

Parole in azione!

1. **correre / fare una corsa:** Claudio **corre** molto: **fa una corsa** di 10 chilometri ogni mattina.
   Claudio runs a lot: he goes for a 10-kilometer run every morning.

2. **fare il bagno:** Quando sono in Puglia, Daniele e Luigi **fanno il bagno** nel mar Ionio.
   When they are in Puglia, Daniele and Luigi swim in the Ionian Sea.

3. **il nuoto / nuotare:** Io e Davide pratichiamo **il nuoto**: facciamo le gare il fine settimana.
   Davide and I swim competitively: we race on the weekends.

4. **divertirsi: Ti diverti** quando vai allo stadio?
   Do you have fun (Do you have a good time) when you go to the stadium?

5. **restituire:** Ogni lunedì Lucia restituisce i libri.
   Every Monday Lucia returns (takes back) the books.

fa caldo	
fa freddo	
fa fresco	
nevica	
piove	
tira vento	

Le stagioni	*The Seasons*
la primavera	
l'estate (*f.*)	
l'autunno	
l'inverno	

Sport e attrezzatura*	*Sports and Equipment**
andare in barca	
andare in barca a vela	
andare in bicicletta	
correre / fare una corsa	
fare alpinismo	
fare il bagno (nel mare / in piscina)	
fare ciclismo	
fare una gara	
fare ginnastica / fare attività fisica	

*Refer to page 127 for additional verbs.

fare sport / praticare
uno sport _____

fare una passeggiata _____

giocare a baseball (*m.*) _____

giocare a calcio /
giocare a pallone _____

giocare a pallacanestro (*f.*) _____

giocare a pallavolo _____

giocare a tennis (*m.*) _____

nuotare _____

il nuoto _____

la palla / il pallone _____

la pallacanestro (*f.*) / basket _____

il pattinaggio _____

pattinare (sul ghiaccio) _____

la racchetta da tennis _____

gli sci _____

lo sci _____

sciare _____

il tennis _____

I luoghi *Places*

l'agenzia di viaggi _____

la banca _____

il Bancomat _____

il bar _____

il barbiere _____

il cinema _____

la discoteca _____

l'edicola _____

la farmacia _____

la fermata dell'autobus _____

il negozio di alimentari _____

l'Internet Point / Train / Cafè _____

la macelleria _____

il parrucchiere _____

la questura _____

la spiaggia _____

lo stadio _____

la stazione dei treni _____

il supermercato _____

il tabacchino / la tabaccheria _____

l'ufficio postale _____

I preposizioni *Prepositions*

a casa _____

a letto _____

a lezione _____

a piedi _____

a tavola _____

a teatro _____

in aereo _____

in autobus _____

in biblioteca _____

in bicicletta _____

in campagna _____

in centro _____

in macchina _____

in montagna _____

in moto _____

in palestra _____

in piscina _____

in treno _____

in ufficio _____

in vacanza _____

Indicazioni *Directions*

all'angolo (di) _____

a destra (di) _____

a sinistra (di) _____

diritto / dritto _____

indietro _____

Altre preposizioni *Other Prepositions*

accanto a _____

davanti a _____

dentro _____

dietro _____

di fronte (a) _____

fuori (da) _____

lontano (da) _____

sopra _____

sotto _____

vicino (a) _____

🔊 Vocabolario

Scrivi la traduzione delle parole date. Poi usa il tuo nuovo glossario per studiare per gli esami!

La musica — *Music*

l'artista _____

la banda _____

il baritono _____

il basso _____

la biglietteria _____

il/la cantante _____

il cantautore (*m.*)/
   la cantautrice (*f.*) _____

la canzone _____

il concerto _____

il direttore _____

il gruppo _____

il/la musicista _____

il palco(scenico) _____

la prenotazione _____

il pubblico _____

il soprano _____

lo spartito _____

lo spettacolo _____

il tenore _____

il testo _____

Gli strumenti — *Instruments*

la batteria _____

la chitarra _____

il contrabbasso _____

la fisarmonica _____

il flauto _____

l'organo _____

il pianoforte _____

il sassofono _____

la tromba _____

il trombone _____

la tuba _____

il violoncello _____

il violino _____

la voce _____

Parole in azione!

1. **accendere:** Alla fine dello spettacolo, il regista **ha acceso** le luci nel teatro.
   At the end of the show, the director turned on the lights in the theater.

2. **dirigere:** Il direttore **dirige** i cantanti (i tenori e i soprani) e anche l'orchestra durante il concerto.
   The conductor conducts the singers (the tenors and the sopranos) as well as the orchestra, during the concert.

3. **esibirsi:** Il mio complesso rock preferito **si esibisce** domani sera alle 9.00.
   My favorite rock group performs tomorrow night at 9:00.

4. **fischiare:** Il pubblico **ha fischiato** i musicisti alla fine del concerto: forse non gli piace la musica ska.
   The audience booed the musicians at the end of the concert: they must not like ska music.

5. **costare:** Il biglietto per il cinema all'aperto **è costato** pochissimo.
   The ticket for the outdoor cinema cost very little.

I generi musicali (*Types of Music*)

il blues	il pop
l'hip-hop	il rap
il jazz	lo ska
la musica (classica / rock)	la techno

Il cinema e il teatro — *Cinema and Theater*

l'attore (*m.*)/l'attrice (*f.*) _____

il cinema all'aperto _____

la colonna sonora _____

il film _____

il premio _____

il/la protagonista _____

il/la regista _____

il ruolo _____

la scena _____

lo scenario _____

lo sceneggiatore _____

la sceneggiatura / il copione _____

lo schermo _____

lo spettacolo _____

la stella _____

la trama _____

Il genere — *Genre*

l'avventura _____

i cartoni animati _____

la commedia _____

il documentario _____

il dramma _____

gli effetti speciali _____

la fantascienza _____

il giallo _____

l'orrore _____

Espressioni di tempo al passato — *Time Expressions*

ieri _____

l'altro ieri / avantieri _____

un giorno / due giorni fa _____

la settimana scorsa /
   la scorsa settimana _____

un mese fa _____

il mese scorso /
   lo scorso mese _____

un anno fa / l'anno scorso /
   lo scorso anno _____

I verbi — *Verbs*

accendere _____

andare _____

applaudire _____

aprire _____

arrivare _____

bere _____

cadere _____

cantare _____

chiedere _____

chiudere _____

conoscere _____

correggere _____

correre _____

costare _____

crescere _____

dare (un film al cinema) _____

decidere _____

dire _____

dirigere _____

discutere _____

diventare _____

entrare _____

esercitarsi / praticare _____

esibirsi _____

fare le prove / provare _____

finire _____

fischiare _____

girare _____

iniziare _____

interpretare _____

leggere _____

morire _____

nascere _____

offrire _____

partire _____

perdere _____

prendere _____

prenotare _____

promettere _____

recitare _____

restare _____

rimanere _____

rispondere _____

ritornare _____

salire _____

scegliere _____

scendere _____

scrivere _____

soffrire _____

spegnere _____

spendere _____

stare _____

succedere _____

suonare _____

tornare _____

uscire _____

vedere _____

venire _____

vincere _____

vivere _____

◀)) Vocabolario

Scrivi la traduzione delle parole date. Poi usa il tuo nuovo glossario per studiare per gli esami!

Le feste — *Holidays*

il Capodanno (1/1) _____

la vigilia di Capodanno / San Silvestro (31/12) _____

l'Epifania / la Befana (6/1) _____

San Valentino (14/2) _____

il Carnevale _____

la Pasqua _____

la Pasqua ebraica (Festa di Pessach) _____

la Festa del papà (19/3) / San Giuseppe _____

la Festa della donna (8/3) _____

la Festa della Liberazione (25/4) _____

la Festa del lavoro (1/3) _____

la Festa della mamma _____

la Festa della Repubblica (2/6) _____

il Palio di Siena (2/7 / 16/8) _____

il Ferragosto (15/8) _____

la Festa di Ognissanti (1/11) _____

la vigilia di Natale _____

il Natale (25/12) _____

la Festa della Chanukah (Festa delle luci) _____

la sagra gastronomica _____

la festa del patrono _____

la Festa di San Giovanni Battista (24/6) _____

I verbi — *Verbs*

addobbare _____
augurare _____
benedire _____
brindare _____
celebrare _____
decorare _____

Parole in azione!

1. **(fare) uno scherzo:** Ogni anno Giuliano **fa uno scherzo** a sua sorella per il pesce d'aprile, e lei ci casca sempre!
Every year Giuliano plays a joke on his sister on April Fool's Day, and she always falls for it!

2. **addobbare:** Io e mia madre **addobbiamo** la casa per Natale ogni anno con le calze, le decorazioni e le luci.
My mother and I decorate the house for Christmas every year with stockings, decorations, and lights.

3. **benedire:** Il prete **benedice** il bambino durante il battesimo.
The priest blesses the baby during his baptism.

4. **brindare:** Con lo spumante in mano, io e i miei amici **brindiamo** al nuovo anno.
With sparkling wine in hand, my friends and I toast to the New Year.

5. **il brindisi:** Al matrimonio di Maria e Paolo, abbiamo fatto un **brindisi** agli sposi.
At Maria and Paolo's wedding, we made a toast to the bride and groom.

incartare _____
regalare _____
scambiarsi (auguri / regali) _____

Le tradizioni e i cibi tradizionali — *Traditions and Their Foods*

il Capodanno (e la vigilia) _____
il brindisi _____
il cenone _____
il cotechino _____
le lenticchie _____
lo spumante _____
la Festa della Donna _____
le mimose _____
la Festa di San Giuseppe _____
le frittelle di riso _____
la Pasqua _____
la colomba _____
l'uovo (*pl.* le uova) di Pasqua _____
il Natale _____

le castagne _____

il pandoro _____

il panettone _____

il panforte _____

il pesce _____

la tombola _____

Altre parole — *Other Words*

l'albero di Natale _____

Babbo Natale _____

Buon Natale! _____

la calza _____

il candelabro _____

le caramelle _____

il carbone _____

il carro _____

i cioccolatini _____

le decorazioni _____

Felice Chanukah! _____

le luci _____

la maschera _____

le palline _____

il regalo _____

la sfilata _____

Il passato — *The Past*

l'adolescenza _____

l'infanzia _____

la malinconia _____

la nostalgia _____

un ricordo _____

un vecchio amico _____

un vecchio amore _____

La scuola — *School*

il cestino _____

il diario _____

l'esame _____

l'esame di maturità _____

la gara _____

la gita scolastica _____

la laurea _____

la maestra _____

un professore
indimenticabile _____

la recita _____

la scuola elementare _____

la scuola media _____

la scuola superiore _____

Gli altri ricordi — *Other Memories*

amici del cuore _____

andare a cavallo _____

il circo _____

essere entusiasta/e/i _____

(fare) uno scherzo _____

i fumetti _____

fuochi d'artificio _____

giocare a carte / tombola _____

le giostre _____

la parata _____

la processione _____

lo zucchero filato _____

🔊 Vocabolario

Scrivi la traduzione delle parole date. Poi usa il tuo nuovo glossario per studiare per gli esami!

La tavola — *Table*

il bicchiere _____

il coltello _____

il cucchiaio _____

la forchetta _____

il piatto _____

il piatto fondo _____

la tovaglia _____

il tovagliolo _____

Gli antipasti — *Appetizers*

gli affettati _____

la bruschetta _____

il crostino _____

il parmigiano _____

la piadina _____

il prosciutto _____

I primi piatti — *First Dishes*

i cappellacci _____

le lasagne _____

il minestrone _____

il risotto _____

il tortellino _____

la zuppa _____

Le pizze — *Pizzas*

la pizza margherita _____

la pizza quattro stagioni _____

I secondi — *Second (Main) Dishes*

la bistecca _____

la cotoletta _____

la grigliata _____

il pesce _____

il pollo _____

I contorni — *Side Dishes*

il fagiolino _____

l'insalata mista _____

le patatine fritte _____

gli spinaci _____

le verdure _____

Parole in azione!

1. **gradirei (gradire):** "E la Signora, che cosa desidera?" "**Gradirei** una bistecca.
   "And you, Madam, what would you like?" "I would like a steak."

2. **hai voglia di...:** "Edoardo, **hai voglia di** andare a prendere un gelato?" "No, non ho voglia".
   "Edoardo, do you feel like going to get ice cream?" "No, I'm not in the mood."

3. **assumere:** La ditta di mio padre **ha assunto** due impiegati nuovi.
   My father's company hired two new employees.

4. **fare domanda:** Ho visto un annuncio di lavoro molto interessante e domani **faccio domanda**.
   I saw an interesting classified ad and tomorrow I'm going to apply.

5. **fare un colloquio:** La scuola ha risposto alla mia domanda, e lunedì **faccio un colloquio**.
   The school responded to my application, and Monday I have an interview.

I dolci — *Desserts*

la crostata di frutta _____

la frutta fresca _____

il gelato _____

la macedonia _____

la torta _____

la zuppa inglese _____

La frutta — *Fruit*

la fragola _____

il lampone _____

la mela _____

il melone _____

il mirtillo _____

l'uva _____

Le verdure — *Vegetables*

l'aglio _____

gli asparagi _____

i broccoli _____

la cipolla _____

il fungo _____

il peperone _____

il pomodoro _____

le zucchine _____

Altre parole — *Other Words*

l'aceto _____

alla griglia _____

le arachidi _____

l'aragosta _____

arrosto _____

il brodo _____

la carne _____

i cereali _____

il coperto _____

il formaggio _____

il grano _____

la noce _____

l'olio _____

il pane _____

la pasta _____

il pepe _____

il prosciutto crudo _____

il riso _____

il sale _____

l'uovo (*s.*) / le uova (*pl.*) _____

Le bevande — *Drinks*

l'acqua minerale gasata _____

l'acqua minerale naturale _____

l'aranciata _____

Espressioni utili — *Useful Phrases*

biologico _____

Cosa desidera? (*formal*) _____

Desidero / Gradirei / Vorrei _____

Mi può portare... ? (*formal*) _____

Cosa prende? (*formal*) /
    Cosa prendi? (*informal*) _____

fare la dieta /
    essere a dieta _____

Io prendo... / prenderei... _____

Hai voglia di... ? _____

Sì, ho voglia di... _____

Il lavoro — *Work / Job*

l'annuncio di lavoro _____

assumere (*p.p.* assunto) _____

l'aumento _____

l'azienda _____

il capo _____

il/la collega _____

il curriculum vitae _____

la ditta / l'azienda _____

fare domanda _____

fare un colloquio _____

le ferie _____

la lettera di presentazione _____

la lettera di raccomandazione _____

il posto _____

il salario _____

lo stage / il tirocinio _____

lo stagista / il tirocinante _____

lo stipendio _____

il volontariato _____

Le professioni / I mestieri — *Professions*

l'artista grafico _____

l'autista (*m./f.*) _____

l'avvocato _____

il cuoco/la cuoca _____

il/la farmacista _____

il/la giornalista _____

l'infermiera/l'infermiere _____

l'ingegnere _____

il meccanico _____

il medico / il dottore/
    la dottoressa _____

il parrucchiere
    la parrucchiera _____

il poliziotto _____

il postino _____

il programmatore _____

il segretario/la segretaria _____

il vigile del fuoco _____

il garage / l'officina _____

il ristorante _____

il salone (di belezza) _____

l'ospedale _____

l'ufficio _____

l'ufficio postale _____

la caserma dei vigili
    del fuoco _____

la farmacia _____

la questura _____

la redazione _____

lo studio legale _____

lo studio medico _____

🔊 Vocabolario

Scrivi la traduzione delle parole date. Poi usa il tuo nuovo glossario per studiare per gli esami!

I mezzi pubblici — *Public Transportation*

l'aereo _____

l'autobus _____

l'automobile _____

la metro / la metropolitana _____

la nave _____

il pullman _____

lo scompartimento _____

il taxi _____

il traghetto _____

il treno _____

Gli alloggi — *Lodgings*

l'albergo / l'hotel _____

il campeggio _____

l'ostello _____

la pensione _____

Altre parole — *Other Words*

l'aria condizionata _____

gli arrivi _____

l'ascensore _____

l'asciugamano / gli asciugamani _____

i bagagli _____

il bagnino _____

il balcone _____

il biglietto _____

il binario _____

il cambio _____

la camera _____

la camera (singola / matrimoniale) _____

il cameriere / la cameriera _____

il cameriere/la cameriera d'albergo / di camera _____

Parole in azione!

1. **atterrare:** L'aereo **atterrerà** a Venezia alle 19.00.
   The plane will land in Venice at 7 P.M.

2. **decollare:** L'aereo **è decollato** tre ore dopo l'orario previsto.
   The plane took off three hours after the scheduled departure time.

3. **imbarcare:** Loro **Imbarcano** i bagagli sulla nave.
   They embark the luggage on the ship.

4. **scottarsi:** Giulia è andata al mare senza mettersi la crema solare e **si è** completamente **scottata**.
   Giulia went to the beach without putting on sunscreen and she got completely sunburned.

5. **timbrare:** In Italia, i biglietti del treno devono essere **timbrati** prima di salire a bordo.
   In Italy, train tickets must be stamped before getting on the train.

---

il carrello _____

la chiave _____

la colazione compresa _____

il controllore _____

costoso _____

il costume da bagno _____

la crema solare _____

la crociera _____

il documento / la carta d'identità _____

economico _____

all'estero _____

il facchino _____

il ferro da stiro _____

la fila _____

il frigobar _____

l'impiegato _____

l'imprevisto _____

lento _____

le lenzuola _____

il lettino _____

la macchina fotografica _____

la macchinetta _____

la mancia _____

la multa _____

gli occhiali da sole _____

l'ombrellone _____

l'opuscolo / il dépliant _____

l'orario _____

la palestra _____

le partenze _____

il passaporto _____

i passeggeri _____

la piscina _____

rapido _____

la recezione _____

regionale _____

il ristorante _____

la sala d'attesa _____

lo sciopero _____

la (sedia a) sdraio _____

la spiaggia _____

il supplemento _____

la sveglia _____

il telo (da) bagno / (da) mare _____

la tenda _____

il terzo piano _____

il trekking _____

la vacanza studio _____

la valigia _____

in anticipo _____

in orario _____

in ritardo _____

Espressioni utili — *Useful Expressions*

A che ora c'è la colazione? _____

Fumatori o non fumatori? _____

La colazione è compresa nel prezzo? _____

Mi può fare la sveglia alle... ? _____

Non vedo l'ora di... _____

Scusi, dov'è la fermata dell'autobus? _____

Scusi, per andare a... ? _____

Scusi, quant'è il cambio oggi? _____

Vorrei chiedere / sapere un'informazione _____

Vorrei fare una prenotazione _____

Vorrei sapere se c'è un... in camera?

I luoghi — *Places*

l'aeroporto _____

l'agenzia di viaggi _____

la biglietteria _____

la campagna _____

la fermata (dell'autobus) _____

il lago _____

il mare _____

la montagna / le montagne _____

il porto _____

la stazione ferroviaria _____

I verbi — *Verbs*

abbronzarsi _____

andare in campeggio _____

andare in vacanza _____

atterrare _____

decollare _____

imbarcare _____

mettere in ordine / sistemare (*es.* la camera) _____

noleggiare (l'auto, la bicicletta, la barca...) _____

prendere le ferie / fare le ferie / andare in ferie _____

prendere il sole _____

prenotare _____

salire a bordo _____

scappare _____

scoprire _____

scottarsi (al sole) _____

timbrare _____

tuffarsi / fare un tuffo _____

◀) Vocabolario

Scrivi la traduzione delle parole date. Poi usa il tuo nuovo glossario per studiare per gli esami!

Le parti del corpo
Parts of the Body

la bocca _____

il braccio / le braccia _____

i capelli _____

il collo _____

i denti _____

la gamba _____

il ginocchio / le ginocchia _____

il gomito _____

la mano / le mani _____

il naso _____

l'occhio / gli occhi _____

l'orecchio / le orecchie _____

il petto _____

il piede _____

la spalla _____

la testa _____

I problemi di salute e i rimedi
Health Problems and Remedies

l'ambulanza _____

le analisi _____

l'aspirina _____

il cerotto _____

il consiglio _____

la dose / il dosaggio _____

il dottore / il medico _____

la febbre _____

le gocce _____

l'influenza _____

l'iniezione / la puntura _____

il malato (or l'ammalato) (noun) _____

la malattia _____

la medicina _____

il/la paziente _____

la pillola _____

Parole in azione!

1. **contagiare:** Mio fratello aveva l'influenza la settimana scorsa e me l'**ha contagiata**!
   My brother had the flu last week and he gave it to me!

2. **dimagrire:** Se mangerò più verdure e farò più attività fisica, **dimagrirò**.
   If I eat more vegetables and do more physical activity, I will lose weight.

3. **ingrassare: Ingrasso** sempre molto durante le vacanze invernali perché mangio troppi dolci.
   I always gain a lot of weight during winter vacation because I eat too many sweets.

4. **migliorare:** La salute della nonna di Giuseppe **è migliorata** molto negli ultimi mesi.
   Giuseppe's grandmother's health has improved a great deal in the last few months.

5. **rigenerarsi:** Mi piace andare alle terme quando sono stressato perché è un buon modo per **rigenerarmi** e sentirmi più tranquillo e rilassato.
   I like to go to the hot springs when I'm stressed because it's a good way to recharge and feel calmer and more relaxed.

---

la pomata _____

il raffreddore (avere il...) _____

la ricetta medica _____

lo sciroppo _____

il sintomo _____

il termometro _____

la tosse _____

Espressioni utili
Useful Expressions

mi fa male... (la testa, la gola...) _____

mi fanno male... (le gambe, le braccia, i muscoli) _____

mi sono fatto/a male... (al braccio, alla gamba) _____

Gli aggettivi
Adjectives

accogliente _____

biologico _____

magro (cibo) _____

malato/a   _____

salutare   _____

sano   _____

spettacolare   _____

tranquillo   _____

la palestra   _____

il panorama   _____

il pronto soccorso   _____

lo studio medico   _____

le terme / le località termali   _____

Al centro per il benessere

At the Wellness Center

l'alimentazione   _____

il benessere   _____

l'estetista   _____

la fisioterapia   _____

il/la fisioterapista   _____

il massaggio   _____

il nutrimento   _____

la nutrizionista   _____

i pesi   _____

la prevenzione   _____

il trattamento (per il corpo)   _____

I numeri ordinali

Ordinal Numbers

primo   _____

secondo   _____

terzo   _____

quarto   _____

quinto   _____

sesto   _____

settimo   _____

ottavo   _____

nono   _____

decimo   _____

undicesimo   _____

dodicesimo   _____

ventesimo   _____

Essere in forma

To Be in Shape

fare la dieta / stare a dieta   _____

il fumo fa male alla salute   _____

il movimento fa bene alla salute   _____

mangiare cibi sani   _____

perdere / prendere peso   _____

respirare aria pura   _____

seguire un'alimentazione corretta   _____

stare all'aria aperta   _____

tenersi in forma   _____

I verbi

Verbs

ammalarsi   _____

avere mal di... (orecchio, schiena, testa, pancia, gola, ecc.)   _____

contagiare   _____

controllare   _____

dimagrire   _____

farsi un taglio / un graffio   _____

ingrassare   _____

migliorare   _____

misurare (la temperatura)   _____

peggiorare   _____

prescrivere   _____

prevenire   _____

rigenerarsi   _____

rilassarsi   _____

sentirsi (bene / male)   _____

I luoghi

Places

il centro per il benessere   _____

la clinica estetica / di bellezza   _____

l'erboristeria   _____

la farmacia   _____

la jacuzzi   _____

l'ospedale   _____

◀)) Vocabolario

Scrivi la traduzione delle parole date. Poi usa il tuo nuovo glossario per studiare per gli esami!

I materiali da riciclare
Recyclable Items

l'alluminio _____

la carta _____

il cartone _____

il metallo _____

la pila _____

la plastica _____

il vetro _____

L'ambiente
Environment

l'alluvione _____

l'ambientalista (*m./f.*) _____

l'ambiente _____

il bidone _____

il buco dell'ozono _____

la conservazione _____

il disboscamento _____

l'energia alternativa _____

l'energia nucleare _____

i giornali _____

l'immondizia _____

l'incendio _____

indifferenziato _____

l'industria _____

l'inquinamento (atmosferico) _____

i prodotti sintetici _____

il riciclaggio _____

i rifiuti organici _____

i rifiuti tossici _____

le risorse naturali _____

lo smog _____

la sostenibilità _____

il territorio _____

la valanga (di fango) _____

Parole in azione!

1. **disperdere:** Ragazzi, non **disperdete** nel bosco!
   Boys and girls, don't litter in the woods!

2. **incentivare:** Un mondo senza inquinamento **dovrebbe incentivare** le persone a fare la raccolta differenziata.
   A world without pollution should provide an incentive for people to recycle.

3. **ricaricare: Ho ricaricato** il mio telefonino con la carta di credito prima di partire per le vacanze.
   I loaded my cell phone minutes with my credit card before leaving on vacation.

4. **scavare:** Il mio cane **scava** sempre buche nel giardino.
   My dog always digs holes in the garden.

5. **sensibilizzare:** Una manifestazione in piazza **sensibilizzerebbe** il popolo sull'importanza di proteggere l'ambiente.
   A demonstration in the town square would raise awareness of the importance of protecting the environment.

Espressioni utili
Useful Expressions

fare la raccolta differenziata _____

non disperdere nell'ambiente _____

Gli animali domestici
Domesticated Animals

il cane _____

la capra _____

il cavallo _____

il gatto _____

la mucca _____

la pecora _____

il pesce (i pesci) _____

l'uccello _____

La fauna
Wildlife

il falcone _____

il gatto selvatico _____

il lupo _____

La flora — *Plant Life*

l'albero	_____
il fiore	_____
la pianta	_____
la quercia	_____
l'ulivo	_____
la vegetazione	_____

Indicazioni — *Directions*

nord	_____
sud	_____
est	_____
ovest	_____
a nord / sud di...	_____
settentrionale	_____
centrale	_____
meridionale	_____

I luoghi — *Places*

l'area protetta	_____
il bosco	_____
la collina	_____
la costa	_____
la fattoria	_____
la foresta	_____
il fiume	_____
il giardino	_____
il lago	_____
il mare	_____
la masseria	_____
la montagna	_____
l'orto	_____
il parco nazionale	_____
la roccia	_____
il sentiero	_____
il torrente	_____

I verbi — *Verbs*

buttare (via)	_____
combattere	_____
difendere	_____
disperdere	_____
distruggere	_____
incentivare	_____
pescare	_____
piantare	_____
potare	_____
promuovere	_____
proteggere	_____
raccogliere	_____
ricaricare	_____
riciclare	_____
ridurre	_____
rispettare	_____
scavare	_____
sensibilizzare	_____
sviluppare	_____

Espressioni idiomatiche — *Idiomatic Expressions*

Chi dorme non piglia pesci.	
essere forte come un leone	
essere furbo come una volpe	_____
essere lento come una tartaruga	_____
essere solo come un cane	
essere testardo come un mulo	
In bocca al lupo!	_____
mangiare come un uccello	

◀)) Vocabolario

Scrivi la traduzione delle parole date. Poi usa il tuo nuovo glossario per studiare per gli esami!

Il computer   *Computer*

il cavo   _____

la chiavetta   _____

il computer   _____

il microfono   _____

il mouse   _____

il portatile   _____

lo schermo   _____

il sito Web   _____

la tastiera   _____

il tasto   _____

La moda   *Fashion*

il capo firmato   _____

il design   _____

il marchio / la firma   _____

la modella/il modello   _____

la passerella   _____

la sfilata   _____

lo/la stilista   _____

lo sviluppo   _____

i tacchi alti / bassi   _____

la tecnica   _____

il tessuto   _____

Espressioni utili   *Useful Expressions*

essere alla moda   _____

essere fuori moda   _____

La tecnologia   *Technology*

l'abuso   _____

l'accesso   _____

l'apparecchio   _____

l'applicazione   _____

il caricabatteria   _____

il collegamento / il link   _____

Parole in azione!

1. **bloccarsi:** Spero che il mio computer non **si blocchi** mentre scarico questa nuova applicazione.
   I hope my computer doesn't freeze while I download this new software.

2. **collegarsi:** L'altro giorno non riuscivo a **collegarmi** a Internet perché la connessione era troppo lenta.
   The other day I couldn't connect to the Internet because the connection was too slow.

3. **scannerizzare:** Maria **scannerizza** le vecchie fotografie nel computer.
   Maria scans the old photographs into the computer.

4. **squillare:** Che imbarazzo! Mi **è squillato** il telefono durante una riunione importante!
   How embarassing! My phone rang during an important meeting!

5. **trasmettere:** Ogni martedì la RAI **trasmette** il programma di *Montalbano*, un telefilm poliziesco che mi piace moltissimo.
   Every Tuesday RAI broadcasts Montalbano, *a cop show that I like very much.*

---

la connessione   _____

il contenuto   _____

le cuffie   _____

i dati   _____

il destinatario   _____

il documento   _____

la mail (l'email) / la posta elettronica   _____

la grafica   _____

l'hi-tech (*m.*)   _____

l'informatica   _____

l'innovazione   _____

l'invenzione   _____

il/la mittente   _____

il programma   _____

il progresso   _____

la rete / il Web   _____

il rischio   _____

la sicurezza   _____

lo spamming   _____

la stampante   _____

il tecnico _____

il telecomando _____

il telefonino / il cellulare _____

la tessera _____

l'uso sicuro _____

il virus _____

Gli aggettivi   *Adjectives*

digitale _____

gratuito _____

interattivo _____

multimediale _____

pericoloso _____

scarico _____

tecnologico _____

virtuale _____

I verbi   *Verbs*

abusare _____

accedere _____

accendere _____

bloccarsi _____

caricare _____

cercare _____

chattare _____

cliccare _____

collegare / collegarsi _____

connettere / connettersi _____

dare fastidio _____

faxare / mandare un fax _____

formattare _____

funzionare _____

installare _____

inviare _____

limitare _____

mandare _____

navigare su Internet _____

postare / mettere un post _____

proteggersi _____

registrarsi _____

riparare _____

scannerizzare _____

scaricare _____

spegnere _____

squillare _____

trasmettere _____

unire _____

🔊 Vocabolario

Scrivi la traduzione delle parole date. Poi usa il tuo nuovo glossario per studiare per gli esami!

L'immigrazione e l'integrazione — *Immigration and Integration*

l'accoglienza _____

le barriere culturali _____

la benevolenza _____

la cittadinanza _____

il cittadino/la cittadina _____

il clandestino/la clandestina _____

il decennio _____

la democrazia _____

i diritti umani _____

la discriminazione _____

l'emigrazione _____

l'extracomunitario _____

l'identità _____

l'immigrante _____

l'immigrazione _____

l'integrazione _____

l'intolleranza _____

il multiculturalismo _____

la nostalgia _____

il pregiudizio _____

il/la razzista _____

la sensibilità _____

lo straniero/la straniera _____

la tolleranza _____

il trattamento _____

la tristezza _____

il visto _____

La globalizzazione — *Globalization*

l'aumento _____

l'azienda _____

il commercio _____

il consumatore _____

la crescita _____

l'esportazione _____

Parole in azione!

1. **amalgamar(si):** L'idea del multiculturalismo è che molte culture **si amalgamano** per creare una società che promuova la diversità.
   The idea of multiculturalism is that many cultures mix in order to create a society that promotes diversity.

2. **emigrare:** All'inizio del ventesimo secolo molti italiani **sono emigrati** dall'Italia.
   At the beginning of the twentieth century, many Italians emigrated from Italy.

3. **favorire:** Sembra che il Presidente del Consiglio **favorisca** la globalizzazione.
   It seems that the Prime Minister supports globalization.

4. **immigrare:** Non sapevo che gli italiani **fossero immigrati** anche in Australia.
   I didn't know that Italians also immigrated to Australia.

5. **sfruttare:** È importante che le multinazionali non **sfruttino** i loro impiegati.
   It's important for multinational corporations not to exploit their employees.

l'importazione _____

l'industria _____

l'influenza _____

l'interesse _____

il libero mercato _____

il linguaggio _____

la merce _____

la modernizzazione _____

la multinazionale _____

la privatizzazione _____

le radici _____

la rapidità della communicazione _____

lo scambio (commerciale) _____

il settore _____

la standardizzazione (mondiale) _____

Il movimento no-global — *Anti-Globalization Movement*

il consumismo _____

l'economia solidale _____

le economie in via
di sviluppo _____

le ripercussioni _____

la scomparsa _____

le tradizioni e usanze locali _____

Gli aggettivi   *Adjectives*

commerciale _____

culinario _____

emigrato/a _____

etico _____

finanziario _____

globale _____

immigrato/a _____

interculturale _____

materialista _____

mondiale _____

multiculturale _____

multietnico _____

multilingue _____

multinazionale _____

multirazziale _____

orientale _____

I verbi   *Verbs*

abbattere _____

aiutare (il prossimo) _____

amalgamare _____

coinvolgere _____

combattere _____

consumare _____

contribuire _____

emigrare _____

favorire _____

immigrare _____

incrementare _____

investire _____

mischiare _____

promuovere _____

sfruttare _____

unificare _____

🔊 Vocabolario

Scrivi la traduzione delle parole date. Poi usa il tuo nuovo glossario per studiare per gli esami!

Parole in azione!

1. **comporre:** Giuseppe Verdi **compose** l'opera *La traviata* nell'Ottocento.
   Giuseppe Verdi composed the opera La traviata in the 1800s.

2. **fondare:** Cinecittà, "Hollywood italiano", **fu fondata** a Roma nel 1937.
   Cinecittà, "Hollywood of Italy," was founded in Rome in 1937.

3. **raggiungere:** Dopo molti anni di studio **ho** finalmente **raggiunto** il mio obiettivo: la laurea!
   After many years of study, I finally reached my goal: my college degree!

4. **realizzare:** Per molti italiani che emigrarono dall'Italia, **realizzare** il sogno di una vita migliore non fu facile.
   For many of the Italians who emigrated from Italy, achieving the dream of a better life was not easy.

5. **ritirarsi:** Il popolo vuole che le loro truppe **si ritirino** dalla guerra.
   The people want their troops to retreat from the war.

Il governo e la politica — *Government and Politics*

la cabina elettorale _____

il candidato/la candidata _____

la corruzione _____

la costituzione _____

la democrazia _____

il dibattito _____

il divieto _____

gli elettori _____

le elezioni _____

la legge _____

la legislatura _____

la maggioranza _____

il ministero _____

l'opposizione _____

il partito _____

la riforma _____

il seggio elettorale _____

il sistema _____

il socialismo _____

la tessera elettorale _____

le urne _____

il voto _____

150° anniversario dell'Unità d'Italia — *150th Anniversary of the Unification of Italy*

la bandiera / il tricolore _____

la caduta _____

la fondazione _____

l'inaugurazione _____

la nascita _____

il referendum _____

la ricorrenza _____

il Risorgimento _____

l'unificazione _____

la vittoria _____

La creatività — *Creativity*

la biografia _____

il brevetto _____

l'invenzione _____

noto _____

rinomato _____

il sogno _____

l'utopia _____

Le persone — *People*

l'ambasciatore _____

il capo di stato _____

il console _____

il ministro _____

il senatore/la senatrice _____

il sindaco _____

il vice _____

Gli Italiani illustri — *Renowned Italians*

il chimico _____

l'economista _____

il filosofo/la filosofa _____

il fisico _____

il/la giornalista _____

il medico _____

il/la pedagogista _____

lo scienziato/la scienziata _____

lo scrittore _____

Le professioni — *Professions*

l'architetto _____

l'artista _____

l'attore/l'attrice _____

l'astronomo _____

l'atleta _____

il calciatore _____

il/la cantante _____

il comico/la comica _____

l'inventore _____

il/la musicista _____

il/la regista _____

lo scultore _____

I verbi — *Verbs*

abbandonare _____

abolire _____

comporre _____

crollare _____

eleggere _____

fondare _____

governare _____

inaugurare _____

integrarsi _____

inventare _____

ottenere (riconoscimenti) _____

proclamare _____

raggiungere (successo) _____

realizzare _____

riconoscere _____

risiedere _____

ritirarsi _____

ritrovarsi _____

scoprire _____

sognare _____

votare _____

Espressioni utili — *Useful Expressions*

andare alle urne _____

essere eletto _____

fare un discorso _____

passare / varare una legge _____

perdere / vincere le elezioni _____

rispettare la legge _____

CAPITOLO PRELIMINARE: Piacere! Io mi chiamo...

In this chapter, I have learned how to:

☐ Greet others, introduce myself, and say good-bye
☐ Say the Italian alphabet: sounds and pronunciation

☐ Exchange personal information
☐ Ask and answer questions

To check my understanding of these concepts and prepare for testing, I have performed the following steps:

☐ Filled in the vocabulary list in the *Piazza* tear-out cards
☐ Took the diagnostic pre-test in iLrn and followed the recommendations for review:
    ☐ Completed review in the e-book as needed
    ☐ Completed Student Activities Manual exercises
    ☐ Took the **Capitolo preliminare** online practice quiz
☐ Tested my knowledge of chapter vocabulary using the *Piazza* flash cards
☐ Took the diagnostic post-test in iLrn for a final check of my understanding of **Capitolo preliminare** concepts and followed any final recommendations for review

CAPITOLO 1: In piazza dopo le lezioni

In this chapter, I have learned how to:

☐ Discuss my classes and my school day
☐ Talk about purchasing school supplies

☐ Describe people and objects
☐ Talk about wants, needs, and physical states

To check my understanding of these concepts and prepare for testing, I have performed the following steps:

☐ Filled in the vocabulary list in the *Piazza* tear-out cards
☐ Took the diagnostic pre-test in iLrn and followed the recommendations for review:
    ☐ Completed review in the e-book as needed
    ☐ Completed Student Activities Manual exercises
    ☐ Took the **Capitolo 1** online practice quiz
☐ Watched the following grammar tutorials online:
    ☐ Definite and indefinite articles   ☐ Adjectives   ☐ Verbs **essere** and **avere**
☐ Tested my knowledge of chapter vocabulary using the *Piazza* flash cards
☐ Took the diagnostic post-test in iLrn for a final check of my understanding of **Capitolo 1** concepts and followed any final recommendations for review

CAPITOLO 2: La vita in piazza e in famiglia

In this chapter, I have learned how to:

☐ Talk about family and family relationships
☐ Indicate ownership and possession

☐ Describe my place of residence
☐ Describe my activities in my place of residence

To check my understanding of these concepts and prepare for testing, I have performed the following steps:

☐ Filled in the vocabulary list in the *Piazza* tear-out cards
☐ Took the diagnostic pre-test in iLrn and followed the recommendations for review:
    ☐ Completed review in the e-book as needed
    ☐ Completed Student Activities Manual exercises
    ☐ Took the **Capitolo 2** online practice quiz
☐ Watched the following grammar tutorials online:
    ☐ Possessives   ☐ Present indicative tense: Regular and irregular verbs   ☐ Reciprocal verbs   ☐ Reflexive verbs
☐ Tested my knowledge of chapter vocabulary using the *Piazza* flash cards
☐ Took the diagnostic post-test in iLrn for a final check of my understanding of **Capitolo 2** concepts and followed any final recommendations for review

CAPITOLO 3: Lo sport in piazza

In this chapter, I have learned how to:

☐ Talk about seasons and weather

☐ Talk about clothing items

☐ Talk about sports

☐ Talk about daily routines, obligations, and leisure-time activities

☐ Talk about what I can do, what I have to do, and what I want to do

To check my understanding of these concepts and prepare for testing, I have performed the following steps:

☐ Filled in the vocabulary list in the *Piazza* tear-out cards

☐ Took the diagnostic pre-test in iLrn and followed the recommendations for review:
　☐ Completed review in the e-book as needed
　☐ Completed Student Activities Manual exercises
　☐ Took the **Capitolo 3** online practice quiz

☐ Watched the following grammar tutorials online:
　☐ Prepositions　　　☐ Present indicative tense: Regular and irregular verbs

☐ Tested my knowledge of chapter vocabulary using the *Piazza* flash cards
　☐ Took the diagnostic post-test in iLrn for a final check of my understanding of **Capitolo 3** concepts and followed any final recommendations for review

CAPITOLO 4: Che bello spettacolo in piazza!

In this chapter, I have learned how to:

☐ Talk about music, theater, and cinema

☐ Talk about leisure activities

☐ Refer to people and things that have already been mentioned

☐ Talk about past events

To check my understanding of these concepts and prepare for testing, I have performed the following steps:

☐ Filled in the vocabulary list in the *Piazza* tear-out cards

☐ Took the diagnostic pre-test in iLrn and followed the recommendations for review:
　☐ Completed review in the e-book as needed
　☐ Completed Student Activities Manual exercises
　☐ Took the **Capitolo 4** online practice quiz

☐ Watched the following grammar tutorials online:
　☐ Pronouns
　☐ The past tense: **il passato prossimo** with **essere** and **avere**

☐ Tested my knowledge of chapter vocabulary using the *Piazza* flash cards

☐ Took the diagnostic post-test in iLrn for a final check of my understanding of **Capitolo 4** concepts and followed any final recommendations for review

CAPITOLO 5: Feste in piazza

In this chapter, I have learned how to:

☐ Narrate and describe memories of events

☐ Talk about holidays, traditions, and celebrations

☐ Recount childhood and adolescent experiences

☐ Recall childhood friends

☐ Talk about social and cultural events

To check my understanding of these concepts and prepare for testing, I have performed the following steps:

☐ Filled in the vocabulary list in the *Piazza* tear-out cards

☐ Took the diagnostic pre-test in iLrn and followed the recommendations for review:
　　☐ Completed review in the e-book as needed
　　☐ Completed Student Activities Manual exercises
　　☐ Took the **Capitolo 5** online practice quiz

☐ Watched the following grammar tutorials online:
　　☐ Imperfect　　☐ **Passato prossimo**　　☐ Adverbs　　☐ Pronouns

☐ Tested my knowledge of chapter vocabulary using the *Piazza* flash cards

☐ Took the diagnostic post-test in iLrn for a final check of my understanding of **Capitolo 5** concepts and followed any final recommendations for review

CAPITOLO 6: Al ristorante della piazza con i colleghi

In this chapter, I have learned how to:

☐ Talk about ordering a meal in a restaurant

☐ Talk about grocery shopping, quantities, preparing meals

☐ Talk about likes and dislikes

☐ Talk about professions and internships

☐ Talk about things we had done

To check my understanding of these concepts and prepare for testing, I have performed the following steps:

☐ Filled in the vocabulary list in the *Piazza* tear-out cards

☐ Took the diagnostic pre-test in iLrn and followed the recommendations for review:
　　☐ Completed review in the e-book as needed
　　☐ Completed Student Activities Manual exercises
　　☐ Took the **Capitolo 6** online practice quiz

☐ Watched the following grammar tutorials online:
　　☐ Pronouns　　☐ Prepositions　　☐ The **trapassato prossimo**

☐ Tested my knowledge of chapter vocabulary using the *Piazza* flash cards

☐ Took the diagnostic post-test in iLrn for a final check of my understanding of **Capitolo 6** concepts and followed any final recommendations for review

CAPITOLO 7: In vacanza tra piazze e bellezze naturali

In this chapter, I have learned how to:

☐ Talk about vacations and taking trips

☐ Discuss methods of transportation

☐ Express plans and intentions

☐ Make hotel or room reservations

To check my understanding of these concepts and prepare for testing, I have performed the following steps:

☐ Filled in the vocabulary list in the *Piazza* tear-out cards

☐ Took the diagnostic pre-test in iLrn and followed the recommendations for review:
    ☐ Completed review in the e-book as needed
    ☐ Completed Student Activities Manual exercises
    ☐ Took the **Capitolo 7** online practice quiz

☐ Watched the following grammar tutorials online:
    ☐ Simple future tense   ☐ Pronouns   ☐ Adjectives

☐ Tested my knowledge of chapter vocabulary using the *Piazza* flash cards

☐ Took the diagnostic post-test in iLrn for a final check of my understanding of **Capitolo 7** concepts and followed any final recommendations for review

CAPITOLO 8: In piazza per promuovere la salute

In this chapter. I have learned how to:

☐ Identify parts of the body

☐ Talk about health and physical conditions

☐ Give and receive advice about wellness

☐ Talk about maintaining a healthy lifestyle

To check my understanding of these concepts and prepare for testing, I have performed the following steps:

☐ Filled in the vocabulary list in the *Piazza* tear-out cards

☐ Took the diagnostic pre-test in iLrn and followed the recommendations for review:
    ☐ Completed review in the e-book as needed
    ☐ Completed Student Activities Manual exercises
    ☐ Took the **Capitolo 8** online practice quiz

☐ Watched the following grammar tutorials online:
    ☐ The imperative: Informal and formal   ☐ Pronouns   ☐ The progressive tense

☐ Tested my knowledge of chapter vocabulary using the *Piazza* flash cards

☐ Took the diagnostic post-test in iLrn for a final check of my understanding of **Capitolo 8** concepts and followed any final recommendations for review

CAPITOLO 9: In piazza per un ambiente sano

In this chapter, I have learned how to:

☐ Discuss the environment

☐ Talk about ways to improve the environment

☐ Talk about geographical characteristics and landscape

☐ Make comparisons

To check my understanding of these concepts and prepare for testing, I have performed the following steps:

☐ Filled in the vocabulary list in the *Piazza* tear-out cards

☐ Took the diagnostic pre-test in iLrn and followed the recommendations for review:
    ☐ Completed review in the e-book as needed
    ☐ Completed Student Activities Manual exercises
    ☐ Took the **Capitolo 9** online practice quiz

☐ Watched the following grammar tutorials online:
    ☐ Present conditional   ☐ Past conditional   ☐ Pronouns
    ☐ Comparatives   ☐ Irregular comparatives and superlatives

☐ Tested my knowledge of chapter vocabulary using the *Piazza* flash cards

☐ Took the diagnostic post-test in iLrn for a final check of my understanding of **Capitolo 9** concepts and followed any final recommendations for review

CAPITOLO 10: Moda e tecnologia s'incontrano in piazza

In this chapter, I have learned how to:

☐ Talk about progress and contemporary society

☐ Talk about technology: computers, text messaging, social networks

☐ Express opinions about new technologies

☐ Express opinions about "the best" or "the worst"

To check my understanding of these concepts and prepare for testing, I have performed the following steps:

☐ Filled in the vocabulary list in the *Piazza* tear-out cards

☐ Took the diagnostic pre-test in iLrn and followed the recommendations for review:
    ☐ Completed review in the e-book as needed
    ☐ Completed Student Activities Manual exercises
    ☐ Took the **Capitolo 10** online practice quiz

☐ Watched the following grammar tutorials online:
    ☐ Present subjunctive: Regular and irregular verbs   ☐ Past subjunctive
    ☐ Superlatives   ☐ Irregular comparatives and superlatives

☐ Tested my knowledge of chapter vocabulary using the *Piazza* flash cards

☐ Took the diagnostic post-test in iLrn for a final check of my understanding of **Capitolo 10** concepts and followed any final recommendations for review

CAPITOLO 11: Piazze multiculturali

In this chapter, I have learned how to:

☐ Talk about multiethnic societies in Italy and other countries

☐ Talk about immigration

☐ Express opinions about past events

☐ Discuss the effects of globalization and new economies

To check my understanding of these concepts and prepare for testing, I have performed the following steps:

☐ Filled in the vocabulary list in the *Piazza* tear-out cards

☐ Took the diagnostic pre-test in iLrn and followed the recommendations for review:
    ☐ Completed review in the e-book as needed
    ☐ Completed Student Activities Manual exercises
    ☐ Took the **Capitolo 11** online practice quiz

☐ Watched the following grammar tutorials online:
    ☐ Imperfect subjunctive   ☐ Pronouns   ☐ Past perfect subjunctive

☐ Tested my knowledge of chapter vocabulary using the *Piazza* flash cards

☐ Took the diagnostic post-test in iLrn for a final check of my understanding of **Capitolo 11** concepts and followed any final recommendations for review

CAPITOLO 12: Gli italiani uniti nelle piazze e nel mondo

In this chapter, I have learned how to:

☐ Talk about the Italian government

☐ Make hypotheses

☐ Talk about famous Italians in history

☐ Talk about accomplishments of famous Italians at home and abroad

To check my understanding of these concepts and prepare for testing, I have performed the following steps:

☐ Filled in the vocabulary list in the *Piazza* tear-out cards

☐ Took the diagnostic pre-test in iLrn and followed the recommendations for review:
    ☐ Completed review in the e-book as needed
    ☐ Completed Student Activities Manual exercises
    ☐ Took the **Capitolo 12** online practice quiz

☐ Watched the following grammar tutorials online:
    ☐ "If-clauses"

☐ Tested my knowledge of chapter vocabulary using the *Piazza* flash cards

☐ Took the diagnostic post-test in iLrn for a final check of my understanding of **Capitolo 12** concepts and followed any final recommendations for review